发揮橋樑紐帶作用更好地為企業和企業家服務

江澤民

一九九四年五月廿四日

发展具有国际竞争力的大企业集团，提高国家竞争力。

陈锦华

二〇〇八年六月

贯彻落实科学发展观
扎实做强做大做久

王忠禹

二〇〇八年七月

做好中国企业500强研究分析工作，为企业提高国际竞争力服务。

張彦宁 2008.6.20.

2013
中国500强企业发展报告

中国企业联合会
中国企业家协会 编

企业管理出版社

图书在版编目（CIP）数据

2013中国500强企业发展报告/中国企业联合会、中国企业家协会编. -北京：企业管理出版社. 2013. 8

ISBN 978 - 7 - 5164 - 0470 -6

Ⅰ. ①2… Ⅱ. ①中…②中… Ⅲ. ①企业发展-研究报告-中国-2013 Ⅳ. ①F279. 2

中国版本图书馆CIP数据核字（2013）第191368号

广告经营许可证：京海工商广字第8127号

书　　名：2013 **中国500强企业发展报告**

作　　者：中国企业联合会、中国企业家协会

责任编辑：张德华　殷恒晨　吴　晓

书　　号：ISBN 978-7-5164-0470-6

出版发行：企业管理出版社

地　　址：北京市海淀区紫竹院南路17号　　邮编：100048

网　　址：http：//www. emph. cn

电　　话：出版部：68414643　发行部：68701638　编辑部：88413605

电子信箱：80147@ sina. com　　zbs@ emph. cn

印　　刷：北京联兴盛业印刷股份有限公司

经　　销：新华书店

规　　格：210毫米×285毫米　大16开　26印张　700千字

版　　次：2013年8月第1版　2013年8月第1次印刷

定　　价：300. 00元

《2013 中国 500 强企业发展报告》

顾　问：陈锦华　袁宝华　张彦宁

主　编：王忠禹

副主编：李德成　王基铭　李建明

强化创新驱动　提高企业发展质量和效益

中国企业联合会 中国企业家协会会长　王忠禹

当前，在我国经济发展中既有难得的机遇和有利条件，又存在一些亟待加强和解决的问题。企业最需要做好的是解决创新能力不足和生产经营成本上升的问题。党的十八大提出，要加快形成新的经济发展方式，把推动发展的立足点转到更多依靠科技进步、劳动者素质提高、提高质量和效益上来，着力增强创新驱动发展新动力。而且强调这种新动力不仅包括科技创新，也包括管理创新、商业模式的创新。创新的目标，是要提高经济发展的质量和效益，增强可持续发展能力。这次全国企业管理创新大会，关键词就是“创新驱动”。会议将通过交流经验，推广典型，弘扬创新精神，形成创新共识，贯彻落实党中央的部署，促进企业提高全方位创新水平。

一、切实转变企业发展观念

经过30多年的经济快速发展，我国国内生产总值、制造业规模、进出口总额、利用外资和对外投资额等都跃居世界前列，综合国力、国际竞争力显著提高，促进了社会进步和人民生活的改善。这些成就的取得，凝聚了企业的努力和贡献。但是，我们在为成绩而骄傲的同时，也需要深入反思快速发展带来的各种问题。多年来，一些企业由于受短缺经济和市场体系不够完善的影响，习惯于依靠政策和投资拉动、同质化大规模生产、低劳动成本的发展模式，过度追求总量指标而盲目求“大”，对于质量指标、效率指标、可持续发展指标等关注不够。目前，低水平的盲目发展已导致许多行业呈现产能严重过剩、生态环境恶化、资源对外依赖不断提高。更为严重的是，一些产品虽然产量已居世界前列，但由于品质难以保证，国内一些消费者不愿接受的事实，从一个侧面反映了我国经济发展的质量和效益问题。提高经济发展质量和效益，实现科技含量高、经济效益好、资源消耗低、环境污染少、人力资源优势得到充分发挥的科学发展，需要作为经济活动主体的企业做出积极努力。当前，最迫切的是切实转变发展观念。要认真思考企业的使命，不能以营利为最高追求，要认真地把社会责任理念融入企业使命、价值观和愿景，使履行社会责任与企业发展有机结合。要以满足客户需求为导向，充分体现投资者、劳动者、协作伙伴和社会的利益诉求。要妥善处理竞争与合作的关系，积极营造和维护良好的市场秩序，诚信经营，推动整个行业健康发展。要建设质量效益型企业，努力提高产品生产和服务质量，实现经济效益与社会效益、生态效益的统一。

二、着力推进商业模式创新

去年，中央经济工作会议在提出“创新驱动发展新动力”时特别强调，要着力加强企业的商业模式创新。这是我国企业当前及今后一个时期在谋划未来发展时必须考虑的一个战略性问题。商业模式创新，管理学界有过很多探讨和论述，基本的含义就是企业通过创新自己的产品、特别是服务方式，为客户创造出新的价值，企业本身也随之产生不同于以往的新价值，直到形成新的核心能力和竞争优势。从企业发展的历史看，商业模式是一个动态的演化过程。传统的以产品规模化经营为基本套路的商业模式为什么要变革？因为资源约束、生态失衡、劳动力成本上升、企业间同质化竞争等时代性制约因素使以靠产品规模化经营的路子越走路越窄。我国严重的产能过剩问题就是这种发展模式带来的直接后果。据统计，我国钢铁、水泥、电解铝、平板玻璃、焦炭等行业的产能利用率大体在 70% 左右，而国际上衡量比较正常的市场竞争，产能利用率超过 85% 比较正常。光伏设备、多晶硅、风电设备、某些新材料等新兴产业也出现了同样的问题。作为制造业大国，产能过剩不仅会造成大量资源浪费，而且使整个行业陷入困境，一批企业将被迫关闭或重组。现实迫使我们必须从创新中寻找新的出路。

应该看到，当前我国企业在遇到发展难题的同时，也面临前所未有的历史机遇。紧跟时代，顺势而为，不失时机地实施互联网时代的管理变革，就是这种历史机遇之一。本世纪以来，信息革命迅速延伸至各产业领域，以互联网、物联网、云计算、大数据等为代表的信息技术正在全面变革传统管理和企业的运营方式，为我们实施商业模式创新提供了各种潜在的可能性。从这几年全国企业管理创新成果可以看到，一批企业率先起步，果敢变革，已经借信息化的东风，从同质化竞争中脱颖而出。海尔集团从日清日高、到以市场链为纽带的业务流程再造、到以自主经营体为基础的人单合一管理，反映的是企业管理随当代信息技术发展而逐步升级，并全面完成了互联网时代新的商业模式的构建；中广核工程公司以信息网络为载体，实施产业链上下游企业在技术创新、项目群管理、创新联盟建设等方面全方位合作，探索出了一条主导产业链协同创新的新路；杭州制氧、中海气电、陕鼓集团等以本企业核心技术或优势资源为龙头，整合供应链合作各方，实现了从生产型企业到生产服务型企业的转型；中石化西气东输工程、四川电力和山东电力应急救援体系，通过全范围覆盖、全过程监控的信息平台建设，全面提高了企业的运营效率。以上案例，为我们提供了互联网时代企业商业模式创新的有益经验，值得好好总结和推广。

三、发挥技术创新主体作用

转方式、调结构，关键还是要提高技术创新能力。近几年来，国家陆续制定了各项推动企业开展技术创新的政策。今年1月，国务院办公厅发布了《关于强化企业技术创新主体地位、全面提升企业创新能力的意见》，提出促进创新要素向企业集聚，到2015年基本形成以企业为主体、市场为导向、产学研相结合的技术创新体系。目前，企业技术创新已有了一定基础。2012年，我国全社会用于研发的支出中，企业投入占比达74%。国家认定企业技术中心累计达887家，省级企业技术中心达8137家。

企业要真正发挥出技术创新主体作用，就必须从长远考虑，加大研发投入，加强研发能力建设，建立和完善技术创新体系。要根据行业发展和客户需求选择创新重点，集中资金、人员、设备等资源有效开展技术创新，争取在某个行业、某个领域或某项产品上成为技术领先者。要加强产学研、上下游、国内外合作，有效整合企业外部资源，共同开展技术攻关和技术推广，引导开展技术创新活动。要加强技术创新成果的应用，促进企业依靠技术进步提高发展的质量和效益，增强市场竞争能力。

四、强化生态文明建设

我国到现在还没有完全摆脱一些发达国家曾经走过的先污染、后治理的工业化道路，特别是由于重化工业快速发展，带来了严重的生态问题。据统计，2011年全国地表水总体为轻度污染，地下水优良率仅占11%；工业固体废物综合利用率为60.5%。2012年未达到第一类海水水质标准的海域面积达17万平方公里。中国有5个城市名列全球十大污染最严重的城市之列，全国500多座城市中大气质量符合世界卫生组织标准的不到1%。二氧化碳排放量已居世界第一位，人均排放量也高于世界平均水平。土壤污染也日益严重。

面对资源约束趋紧、环境污染严重、生态系统退化的严峻形势，党的十八大提出必须树立尊重自然、顺应自然、保护自然的生态文明理念，把生态文明建设放在突出地位。企业在生态文明建设方面承担着十分重要的责任。当前，要加强生态文明教育，营造珍爱自然、保护环境、节约资源、杜绝浪费的良好氛围。要大力实施清洁生产，通过产品开发、加工制造、营销服务和回收利用的全过程严格管理，打造资源节约型、环境友好型企业。要注重发展环保技术和环保产业，促进资源的有效利用和生态环境的改善。

五、不断深化内部改革

转变传统发展模式、提高企业发展质量和效益，必须加快体制机制创新，特别是要加快市场化改革、国际化运营、信息化提升，以促进企业变革。国有企业要适应强化市场在配置资源中的基础性作用要求，顺应不同所有制企业平等竞争、混合所有制加快发展的趋势，大力推进股权多元化改造，完善公司治理结构，提高市场化运作水平，增强发展的内在动力；民营企业在发展壮大过程中，要探索“去家族化”，使所有权与经营权适当分离，实现永续经营和规范化管理。

加入世贸组织极大地促进了我国经济与世界经济的融合，提高了企业国际化水平。国际金融危机的爆发，为中国企业实施“走出去”战略、向跨国企业发展带来良好机遇。适应经济全球化的新形势和全面提高开放型经济水平的新要求，企业必须努力学习国际规则、掌握国际规则、适应国际规则，并按国际规则办事。同时，参照国外跨国公司的管理模式和运营机制，加速体制变革。

面对信息技术的快速发展和广泛应用，企业必须运用信息技术手段优化业务流程，推动工艺设计仿真化、加工装配数控化、检测监测自动化、业务管理信息化，加快制造模式向数字化、网络化、智能化、服务化转变。适应电子商务的发展，加快改变生产和营销模式，提高客户响应能力。

（本文摘自作者2013年3月31日在全国企业管理创新大会上的讲话）

目 录

彩页：

2013 中国企业 500 强、2013 中国制造业企业 500 强、2013 中国服务业企业 500 强部分企业介绍

中国铁道建筑总公司、中国航空工业集团公司、正威国际集团有限公司、山西焦煤集团有公司、山西潞安矿业（集团）有限责任公司、山西晋城无烟煤矿业集团有限责任公司、山东能源集团有限公司、上海东浩国际服务贸易（集团）有限公司、新疆广汇实业投资（集团）有限责任公司、红云红河烟草（集团）有限责任公司、大冶有色金属集团控股有限公司、广东省广新控股集团有限公司、四川省宜宾五粮液集团有限公司、中国太平保险集团有限公司、北京金隅集团有限公司、陕西建工集团总公司、中国盐业总公司、郑州煤炭工业集团有限公司、云南建工集团有限公司、湖南省建筑工程集团总公司、东北特殊钢集团有限责任公司、世纪金源投资集团有限公司、亨通集团有限公司、四川公路桥梁建设集团有限公司、广西交通投资集团有限公司、上上集团有限公司、海南农垦集团有限公司、维维集团股份有限公司、天瑞集团有限公司、福建省交通运输集团有限责任公司、上海永达控股（集团）有限公司、深圳市神州通投资集团有限公司、宝胜集团有限公司、河北新武安钢铁集团文安钢铁有限公司、沈阳远大集团有限公司、天津天士力集团有限公司、山东恒源石油化工股份有限公司、三环集团公司、广州金博物流贸易集团有限公司、振石控股集团有限公司、月星集团有限公司、山东润峰集团有限公司、金州集团有限公司、广东珠江实业集团有限公司、天津贻成集团有限公司、中国对外贸易中心（集团）、武汉农村商业银行、浙江万丰企业集团公司、新疆前海集团公司、银江科技集团有限公司、广东省广播电视网络股份有限公司、安徽省旅游集团有限责任公司、中国天津国际经济技术合作集团公司

向 2013 中国企业 500 强、2013 中国制造业企业 500 强、2013 中国服务业企业 500 强表示祝贺单位

埃森哲（中国）有限公司、金蝶软件（中国）有限公司、联瑞集团、华夏幸福基业

The Development Report on 2013 China Top 500 Enterprises
Contents

第一章
2013 中国企业 500 强分析报告

2013 中国企业 500 强是由中国企业联合会、中国企业家协会连续第 12 次向社会发布“中国企业 500 强”排行榜。在换榜方面，2013 中国企业 500 强有 42 家换榜，说明我国大企业格局已经具有较高的稳定性。2012 年，中国大企业最突出的特征是：（1）企业规模扩张明显放缓。入围中国企业 500 强的门槛接近 200 亿元，营业收入超过 1000 亿元的企业数量达到 123 家，进入世界 500 强的企业数量达到 86 家，且排名也更加靠前。（2）500 强企业在国民经济中的地位更加突出。500 家最大规模企业营收总额与 GDP 的比率高达 96. 3%（比上年的 95% 有所增加）；纳税总额占 2012 年全国税收的 36. 3%（比上年的 37% 有所降低）。无论褒贬，中国大企业群体的涌现，已经成为当今世界经济和我国经济中的突出现象，也正在成为改变世界企业版图的现实或潜在力量。（3）经济效益低幅增长，经营绩效延续了上年以来的下行态势，钢铁、有色、建材、煤炭、石油、远洋等重化工和外贸型大企业的经济效益受到巨大冲击。在经济增速下行背景下 2013 中国 500 强企业的整体表现，体现出我国经济内部的深层次矛盾和问题，也体现出我国推进经济转型升级、提高增长质量和效益的必要性和紧迫性。中国大企业要善用经济形势的倒逼作用，抓住经济改革释放的红利，促进企业向创新驱动型转变。

一、2013 中国企业 500 强的规模特征

1. 2013 中国企业 500 强规模扩张明显放缓

2013 中国企业 500 强的整体规模持续壮大，但增速已经显著降低。从总体规模上看，（1）入围门槛继续较快提高。2013 中国企业 500 强的入围门槛提高到了 198. 7 亿元，较上年的 175. 1 亿元增长了 23. 6 亿元，较上年增幅（33. 1 亿元）有明显下降。（2）营业收入总额保持较快增长。2013 中国企业 500 强的营业收入总额达到 50. 02 万亿元，较上年（44. 9 万亿）仅增长了 11. 6%；与 2012 年国内生产总值 51. 9 万亿元的比率达到了 96. 4%，较上年的 95. 3% 有进一步的提高。这说明我国 500 强企业在国民经济的地位和作用更加突出和重要。（3）资产总额较快增长。2013 中国企业 500 强资产总额达到 151. 0 万亿元，较上年（131. 3 万亿）增长了 15. 0%，增幅较上年（20. 4%）有一定下降（见图 1-1）。

从个体规模上看，（1）最大企业规模增幅明显下降。2013 中国企业 500 强中，两家规模最大的石油企业的规模有了进一步提升，其中最大的中国石油化工集团公司 2012 年营业收入达到了

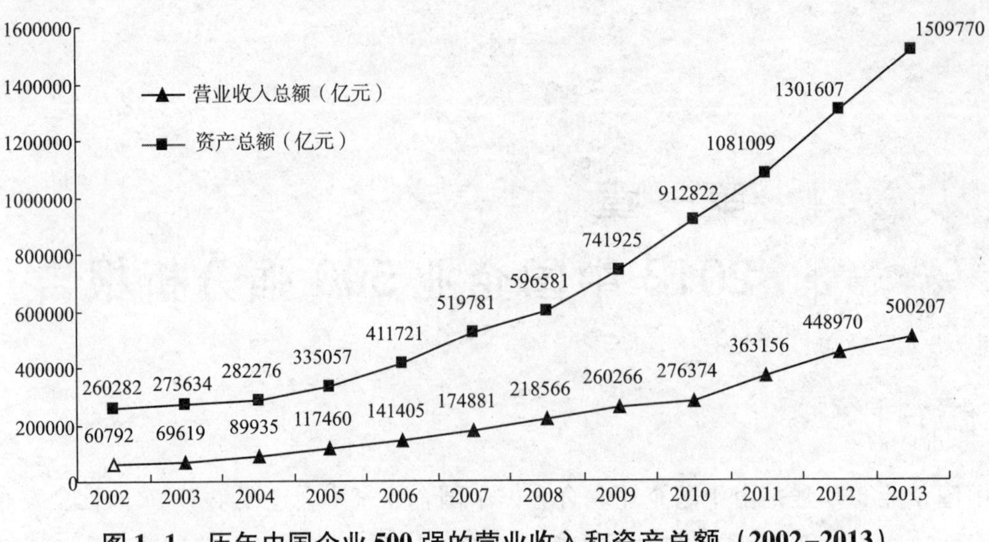

图 1-1　历年中国企业 500 强的营业收入和资产总额（2002-2013）

28306.1 亿元，有望在明年突破 3 万亿元大关。但是较上年（25519.5 亿元）增长了 10.9%，增幅比上年（29.6%）大幅下降；中国石油天然气集团公司 2012 年营业收入达到了 26834.8 亿元，较上年（23812.8 亿元）增长了 12.7%，增速较上年（38.4%）也大幅下降。

（2）进入“1000 亿元俱乐部”（营业收入超过 1000 亿、低于 10000 亿的企业群体）的企业进一步增加，达到 120 家，比上年的 104 家增加了 16 家。2013 中国企业 500 强中，除了 3 家万亿以上规模的企业，还有 120 家企业的 2012 年营业收入达到千亿以上规模，其中包括 16 家民营企业（比上年增加了 2 家），分别是平安保险公司（3399 亿元）、苏宁电器（2327 亿元）、联想控股（2266 亿元）、华为公司（2202 亿元）、江苏沙钢（2180 亿元）、正威国际（1867 亿元）、山东魏桥创业集团（1865 亿元）、民生银行（1793 亿元）、海尔集团（1631 亿元）、浙江吉利控股（1549 亿元）、大连万达集团（1417 亿元）大连大商集团（1310 亿元）、国美电器（1175 亿元）、美的集团（1027 亿元），以及新增加的海航集团（1074 亿元）、雨润控股（1062 亿元）。这 120 家企业中，已经有 83 家企业进入了 2013 财富世界 500 强，其他 27 家企业都是未来世界 500 强的有力争夺者。

（3）进入世界 500 强的内地企业数量大幅增加。今年，我国共有 86 家内地企业进入 2013 财富世界 500 强，比去年增加了 16 家，上榜企业数量仅次于美国，但离美国上榜企业数量（132 家）还有很大距离。今年财富世界 500 强企业的上榜门槛比上年上升了 11.7 亿美元，达到 231.8 亿美元，但我国内地仍然有 16 家企业第一次进入世界 500 强。从上榜企业看，主要有几个特点：第一，今年中国上榜企业的数量和质量均有所提高，规模和排名大多有所提升。中国不仅以 86 家上榜企业位，绝大部分上榜企业的排名也节节攀升，其中有 11 家进入前 100 名、3 家企业进入前 10 名。第二，商业银行的排名集体大幅提升。工行从 54 位提升到 29 位，是除了中石油、中石化和国家电网外排名最高的中国内地企业。建行从 77 位提升到 50 位，农行从第 84 位升至 64 位，中国银行从第 93 位上升到第 70 位，交通银行从第 326 位升至第 243 位，招商银行从 498 升至 412 位，还有三家银行首次跻身世界 500 强，分别是民生银行、兴业银行、上海浦东发展银行，分别排名第 411 位、428 位、第 460 位。第三，民营企业阵容进一步壮大。中国内地上榜的民营企业增加 2 家，

由去年的6家增加至8家。新跻身世界500强的民营企业分别是正威国际集团（第387位）和中国民生银行（第411位）。

2. 2013中国企业500强内部的企业规模差距仍然很大

中国企业500强总体及个体规模在不断扩大，入围500强企业的规模差距仍然非常大。

（1）入围门槛企业与最大规模企业的差距仍然很大。2013中国企业500强排名第1位的中国石油化工集团公司拥有资产总计达1.96万亿元（上年1.75万亿元），实现营业收入2.83万亿元（上年2.55万亿元）；而排名第500位的天津纺织集团（控股）有限公司的资产和营业收入分别为229.26亿元、198.67亿元，分别只是中国石油化工集团公司的1.17%和0.70%。12年来，中国500强企业的入围门槛企业与最大规模企业的巨大差距一直较大（见图1-2）。

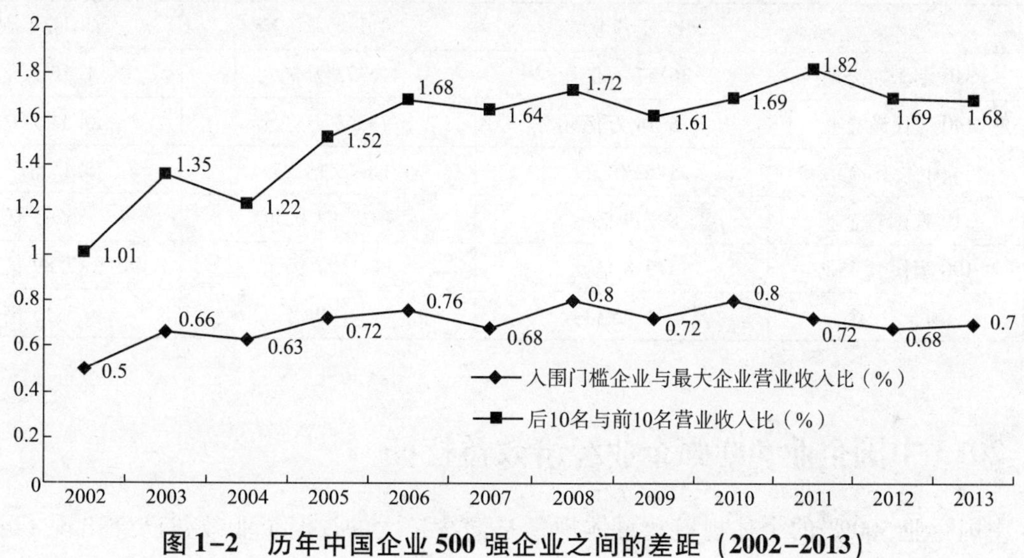

图1-2 历年中国企业500强企业之间的差距（2002-2013）

（2）国有企业与民营企业的差距继续扩大。2013中国企业500强中共有310家国有企业、190家民营企业，分别占62%、38%。自从中国企业联合会2002年发布“中国企业500强”排行榜以来，上榜的“国有—民营企业”企业数量比例长期大致维持在“2∶1”的水平，整体上，民营企业上榜数量呈现缓慢增加趋势。但是，国有大企业与民营大企业的规模差距依然悬殊，且逐年扩大。2012年，310家国有企业的营业收入总额达到40.99万亿元，平均营业收入达到1322.26亿元；资产总额达到了137.78万亿元，平均资产总额达到4444.52亿元；利润总额达到1.87万亿元，平均利润总额达到60.32亿元。310家国有企业的营业收入、资产、净利润平均值分别是190家民营大企业的2.78倍、6.40倍、3.70倍，比2012中国企业500强的同一指标大幅增加（见表1-1、表1-2）。

表 1-1　　2013 中国企业 500 强中国有企业与民营企业的差距

		2012 年营业收入	2012 年总资产	2012 年净利润
总和	310 家国有企业	40.99 万亿元	137.78 万亿元	1.87 万亿元
	190 家民营企业	9.03 万亿元	13.20 万亿元	0.31 万亿元
	国企/民企	4.54 倍	10.44 倍	6.03 倍
平均	310 家国有企业	1322.26 亿元	4444.52 亿元	60.32 亿元
	190 家民营企业	475.26 亿元	694.74 亿元	16.31 亿元
	国企/民企	2.78 倍	6.40 倍	3.70 倍

表 1-2　　2012 中国企业 500 强中国有企业与民营企业的差距

		2011 年营业收入	2011 年总资产	2011 年利润
总和	310 家国有企业	36.77 万亿元	116.73 万亿元	1.75 万亿元
	190 家民营企业	8.14 万亿元	13.43 万亿元	0.34 万亿元
	国企/民企	4.52 倍	8.69 倍	5.15 倍
平均	310 家国有企业	897.9 亿元	4937.83 亿元	56.45 亿元
	190 家民营企业	579.8 亿元	1121.27 亿元	17.89 亿元
	国企/民企	1.55 倍	4.40 倍	3.15 倍

二、2013 中国企业 500 强企业经济效益特征

2013 中国企业 500 强的个体规模和总体规模是继续扩大的，但企业效益已经出现了重大变化。主要是：营业收入负增长、净利润负增长的企业数量大幅增加，达到或者超过国际金融危机前的程度；业绩亏损企业数量明显增多；多个行业出现绩效大幅下滑现象；制造业与商业银行业之间的利润“鸿沟”进一步扩大。

1. 各项绩效指标均明显下降

（1）净利润总额继续增长，但增幅下降。2013 中国企业 500 强的归属母公司利润总额 2.17 万亿元，较 2012 中国企业 500 强的利润总额 2.1 万亿元仅增长了 3.65%，属于微幅增长。238 家企业的净利润出现正增长，比上年减少了 99 家，占 500 强的 47.6%；4 家扭亏为盈；215 家企业的净利润出现负增长，占 500 强的 43%，较上年的 149 家增加了 66 家；此外，33 家企业新出现亏损，3 家企业亏损有所缩小，7 家企业亏损进一步扩大。

（2）营业收入负增长和净利润负增长的企业再次增加。2013 中国企业 500 强中，营业收入出现正增长的有 416 家，比上年减少了 62 家；营业收入负增长的有 84 家，比上年增加了 62 家，接近国际金融危机爆发第二年（2009 年）出现营收负增长的企业数量；归属母公司净利润负增长的有 215 家企业，接近了国际金融危机的冲击程度（图 1-3）。国际金融危机发生以后，我国迅速推出大规模刺激政策，使我国经济和企业绩效在全球率先实现“V 型”反转，但此后随着大规模刺激政策的退

出，我国经济出现了长达两年的经济下行，我国大企业也再现国际金融危机前的“颓势”。

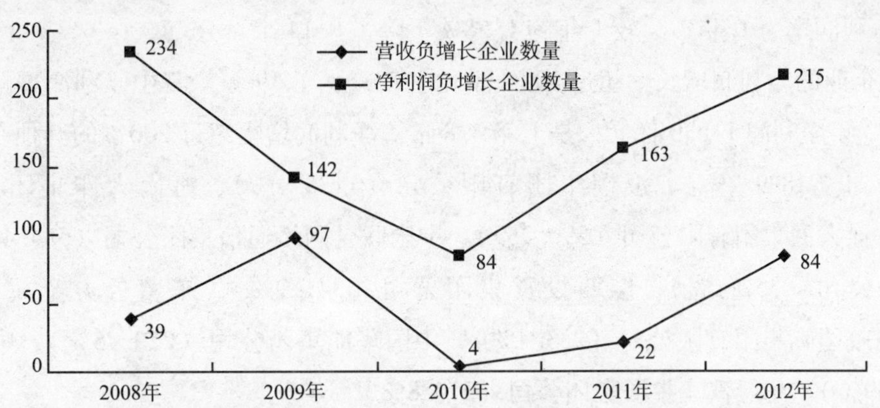

图1-3 近5年中国企业500强中营业收入出现负增长的企业数量（2008-2012年）

（3）亏损企业数量有所增加。2013中国企业500强中，亏损企业有43家，比上年增加了30家，亏损面大幅增加；其中，有10家钢铁企业、10家煤炭企业、7家有色企业。亏损额超过10亿元的有16家企业，包括7家钢铁企业、2家煤炭企业，石油石化、化工、有色、铁路运输、航运、通信设备制造、保险各有1家（表1-3）。

表1-3　　2013中国企业500强中亏损额超过10亿元的企业　　（单位：亿元）

名次	公司名称	企业性质	所属行业	2012年营业收入	2012年母公司净利润
14	中国人寿保险（集团）公司	国有	保险	4648.14	-110.05
89	鞍钢集团公司	国有	钢铁	1488.25	-100.48
40	中国冶金科工集团有限公司	国有	钢铁	2319.05	-50.85
36	中国铝业公司	国有	有色	2449.40	-49.61
102	山东钢铁集团有限公司	国有	钢铁	1166.82	-47.64
168	广州铁路（集团）公司	国有	铁路运输	686.21	-37.31
140	中兴通讯股份有限公司	国有	通信设备制造	842.19	-28.41
66	河南煤业化工集团有限责任公司	国有	煤炭	1806.77	-27.51
99	陕西煤业化工集团有限责任公司	国有	煤炭	1250.55	-27.26
64	中国远洋运输（集团）总公司	国有	航运	1813.04	-23.96
267	大连西太平洋石油化工有限公司	国有	石油石化	386.75	-19.74
144	马钢（集团）控股有限公司	国有	钢铁	818.47	-17.48
53	中国化工集团公司	国有	化工	2016.95	-11.78
35	河北钢铁集团有限公司	国有	钢铁	2478.28	-11.50
303	安阳钢铁集团有限责任公司	国有	钢铁	343.05	-11.44
277	江西萍钢实业股份有限公司	民营	钢铁	372.24	-10.88

（4）收入净利润率和资产净利润率均有所下降。从收入净利润率看，2013 中国企业 500 强的收入净利润率为 4. 34%，比上年的 4. 67% 下降了 0. 33 个百分点；从资产净利润率来看，2013 中国企业 500 强的资产净利润率为 1. 44%，较上年的 1. 58% 下降了 0. 14 个百分点。

（5）17 家企业的净利润增长率超过 100%，比上年减少了 19 家。其中，利润增幅最大的是中国海运集团，2012 年净利润 11. 30 亿元，是上年 4. 8 倍。净利润增幅超过 200% 的其他企业是：天津物产集团有限公司（1899. 2%）、浪潮集团有限公司（1176. 9%）、海南大印集团有限责任公司（754. 8%）、大连大商集团有限公司（596. 2%）、中国联合网络通信集团公司（554. 4%）、上海华信石油集团有限公司（352. 1%）、广西投资集团公司（341. 9%）、东营鲁方金属材料有限公司（249. 4%）、正威国际集团有限公司（233. 4%）、中国华能集团公司（229. 75%）、中国能源建设集团公司（216. 59%）、华晨汽车控股集团公司（210. 8%）。

2. 商业银行业与制造业企业存在巨大的"利润鸿沟"

近年来，制造业等实体经济部门出现了"空心化"趋势。2007-2011 年间，500 强中的制造业企业的营业收入总和都占到 500 强总和的 40% 以上，而利润总额却只有 500 强总和的 30% 左右。相反的是，同一时期，我国最大 5 家国有商业银行的营业收入总额均只有 500 强总和的 6% 左右，但它们的利润总和却已经占到 500 强总额的 30% 左右。从 2013 中国企业 500 强数据可以看出，商业银行部门与制造业部门之间的效益"鸿沟"没有缩小，相反在继续扩大。2012 年，中国最大的 5 家商业银行（工农中建交）的营业收入占 500 强企业营业收入总额的比例是 6. 2%，利润却占到 35. 6%；267 家制造业企业的营业收入总额占 500 强企业营业收入总额的比例是 41. 1%，利润却仅占 20. 2%（表 1-4，图 1-4）。这是第 2 次五大国有商业银行占 500 强企业的利润比例超过制造业部门。一方面，制造业部门的上榜企业越来越少；另一方面，2012 年五大国有商业银行的净利润占比远远超过制造业部门，且差距越拉越大。未来，实体经济的衰微势必将影响到商业银行的绩效。

表 1-4　　5 大国有商业银行与制造业企业的悬殊差距（2008-2012 年）　　（单位：亿元、%）

类型	指标	年份	2008 年	2009 年	2010 年	2011 年	2012 年
5 家国有商业银行	营业收入	总和	16788	16756. 5	19710. 2	25811. 1	31057. 3
		占 500 强之比	6. 1	6. 1	5. 4	5. 7	6. 2
	利润	总和	3956. 2	4165. 2	5444. 7	6745. 5	7746. 1
		占 500 强之比	26. 3	27. 7	26. 1	32. 2	35. 6
制造业企业	营业收入	总和	114563. 3	116864. 7	157366. 1	191656. 6	205817. 94
		占 500 强之比	44	42. 3	43. 3	42. 7	41. 1
	利润	总和	3568. 5	4539. 3	6312. 4	5250. 2	4382. 4
		占 500 强之比	29. 6	30. 2	30. 3	25. 0	20. 2

注：（1）5 家国有商业银行分别是中国工商银行、中国农业银行、中国建设银行、中国银行、交通银行；（2）2008-2013 中国企业 500 强中分别有 294、279、279、272、268 家制造业企业。

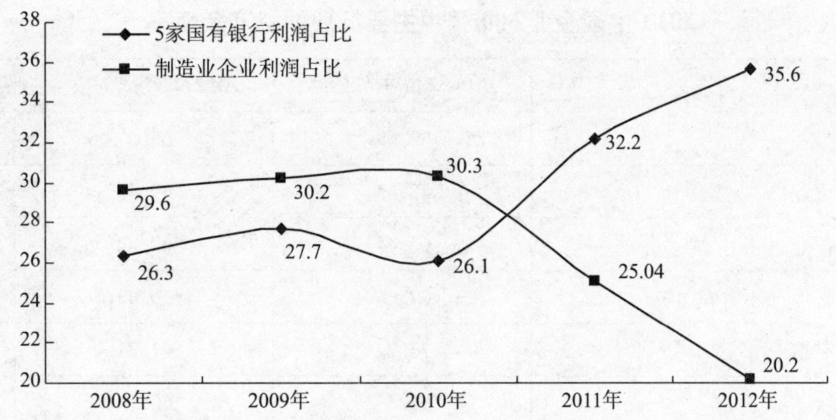

图1-4 5大国有商业银行与制造业企业的利润占比趋势（2008-2012年）

3. 2013中国企业500强平均资产负债率为84.0%

资产负债率是反映公司资产状况和经营情况的一个重要指标。正常的情况下，资产负债率是企业调节财务管理的一个杠杆，借贷和股东投入应该存在一个比例。从积极的角度来看，资产负债率普遍偏低表明公司的财务成本较低，风险较小，偿债能力强，经营较为稳健，对于投资行为的态度比较慎重。但是也有观点认为，资产负债率的普遍偏低说明企业的经营趋于谨慎。从会计的角度来看，资产负债率过低或过高均属不太正常，如果过低则表明企业的经营非常保守或对于自己的行业看淡。欧美国家在上世纪五六十年代经济高速增长时期，均维持了较高的资产负债率，一般维持在70%左右；目前欧美企业的资产负债率是55%左右，日本、韩国则为75%左右。

2013中国企业500强中（除1家未提供资产和所有者权益数据、1家所有者权益为负值外），根据测算，2013中国企业500强的平均资产负债率为84.0%，较上年的83.8%略有升高。500家企业中，资产负债率低于50%的500强企业有71家，占14.2%；资产负债率位于50%-70%的500强企业有207家，占41.4%；资产负债率高于70%的有220家，占44.0%。资产负债率超过50%的500强企业有427家占85.4%。这说明我国大企业在经营中普遍采用较为扩张型的经营策略或风格。这是我国经济高速发展阶段大企业普遍具有的特征。

分行业看，2012年重化工行业的资产负债率有所增高。煤炭行业的资产负债率增高幅度最大，增长了3.5个百分点；有色行业（不含黄金）的资产负债率增幅第二，升高了1.77个百分点；石油行业、钢铁行业分别升高了1.08、1.4个百分点。制造业的资产负债率变化不大，仅比上年升高了0.29个百分点；其中的汽车制造业、家电制造业、食品饮料制造业的资产负债率还出现了下降态势（表1-5）。

表 1-5　　**2013 中国企业 500 强中主要行业的资产负债率**　　（单位：%）

序号	行业	2011 年资产负债率	2012 年资产负债率	增长趋势
1	煤炭行业	62.08	65.57	5.6
2	石油行业	48.35	49.43	2.2
3	钢铁行业	66.44	67.84	2.1
4	有色行业（不含黄金）	67.66	69.43	2.6
5	家电制造业	73.72	71.71	-2.7
6	汽车制造业	62.43	60.33	-3.4
7	食品饮料制造业	65.49	64.72	-1.2
8	发电行业	82.12	81.37	-0.9
9	电网	61.16	58.72	-4.0
10	建筑业	80.91	81.48	0.7
11	房地产业	75.56	76.50	1.2
12	商业银行业	94.06	93.85	-0.2
13	保险行业	92.67	92.17	-0.5
14	制造业（267 家企业）	63.93	64.22	0.5
15	总体（500 家）	83.80	84.00	0.2

从单个企业看，资产负债率超过 90% 的 500 强企业有 33 家，占 6.6%。其中，广东振戎能源有限公司资产负债率最高，达到 98.0%。33 家企业中，除了 21 家金融企业（有 15 家商业银行、5 家保险公司、1 家邮政企业）本身具有高负债经营特征外，其他行业企业在高速扩张时，均需要考虑股东的权益。

资产负债率低于 50% 的 71 家企业中，有 28 家介于 40%–50% 之间，有 19 家介于 30%–40% 之间，有 17 家介于 20%–30% 之间，有 5 家介于 10%–20% 之间，有 2 家企业低于 10%。这些企业分布在石油石化、食品饮料、铁路运输、房地产、烟草、钢铁等多个行业领域，并无显著行业特征。低于 10% 的 2 家企业分别是上海烟草集团、上海人民企业集团，2012 年资产负债率分别仅有 7.61% 和 1.58%（见表 1-6）。

表 1-6　　**2013 中国企业 500 强中资产负债率最小的 10 家企业**

总排名	公司名称	资产负债率（%）	所有者权益（亿元）
366	上海人民企业（集团）有限公司	1.58	145.19
118	上海烟草集团有限责任公司	7.61	1058.44
209	浙江中烟工业有限责任公司	12.79	266.21

总排名	公司名称	资产负债率（%）	所有者权益（亿元）
309	扬子江药业集团有限公司	13.52	116.23
386	福佳集团有限公司	17.03	395.70
357	山东金诚石化集团有限公司	18.45	34.42
494	河北新武安钢铁集团文安钢铁公司	19.89	42.43
298	科创控股集团有限公司	20.27	238.35
278	中太建设集团股份有限公司	20.41	45.31
337	中国贵州茅台酒厂（集团）公司	21.34	460.16

4. 2013中国企业500强的杠杆率为7.94

2013中国企业500强的资产总和达到150.98万亿元，归属母公司权益总和达到19.02万亿元，按照总体的杠杆率（以总资产除以净资产）计算，2013中国企业500强的总体杠杆率为7.94，较上年杠杆率7.79有所升高（表1-7）。由于2013中国企业500强中金融业的资产、净利润占比很大，因此再去除金融企业后，发现2012年500家企业的总体杠杆率为4.37，较上年的4.23有所升高。

表1-7　2013中国企业500强的杠杆水平（2011年、2012年）

年度	资产总和（万亿元）	去除金融企业后	所有者权益总和（万亿元）	去除金融企业后	归属母公司权益总和（万亿元）	去除金融企业后
2012年	150.98	58.74	24.14	18.34	19.02	13.42
			杠杆率6.25	杠杆率3.20	杠杆率7.94	杠杆率4.37
2011年	131.29	51.77	21.30	16.49	16.86	12.22
			杠杆率6.16	杠杆率3.13	杠杆率7.79	杠杆率4.23

与2013美国企业500强和2013世界500强对比发现，中国大企业的总体杠杆水平大幅超过美国大企业的总体杠杆水平。2013美国企业500强的总体杠杆率为5.91，大幅低于中国的7.94。但2013中国企业500强的总体杠杆率又大幅低于2013世界500强的杠杆水平8.35（见表1-8）。总体杠杆率的高低取决于许多因素，比如不同国家之间企业融资体系的差异、经济发展阶段差异等等，因此需要辩证地看杠杆率。

表 1-8　　美国企业 500 强和世界 500 强的杠杆水平　　（单位：万亿美元）

<table>
<tr><th rowspan="2">年度</th><th colspan="2">2013 美国企业 500 强</th><th colspan="2">2013 世界企业 500 强</th></tr>
<tr><th>资产总和</th><th>股东权益
（归属母公司）总和</th><th>资产总和</th><th>股东权益
（归属母公司）总和</th></tr>
<tr><td rowspan="2">2012 年</td><td rowspan="2">29.56</td><td>5.00</td><td rowspan="2">121.51</td><td>14.55</td></tr>
<tr><td>杠杆率　5.91</td><td>杠杆率　8.35</td></tr>
<tr><td rowspan="2">2011 年</td><td rowspan="2">34.63</td><td>5.79</td><td rowspan="2">117.45</td><td>13.73</td></tr>
<tr><td>杠杆率　5.98</td><td>杠杆率　8.55</td></tr>
</table>

注：去除中国大陆企业后，世界 500 强 2012 年的资产总和为 102.22 万亿美元，杠杆率为 8.26；2011 年分别为 102.11 万亿美元和 8.54。去掉中国企业前后，杠杆率变化不大。

5. 2013 中国企业 500 强税收总额占国家税收的 36.3%

纳税是 500 强企业对国民财富贡献的一个直接反映。2013 中国企业 500 强纳税总额达到 3.65 万亿元，较上年的 3.34 万亿增长了 10.92%；占 2012 年我国税收总额（10.06 万亿）的 36.3%，比上年的 37.2%有所下降。但 500 强企业对国家税收的贡献仍然十分突出。

从单个企业看，2013 中国企业 500 强中，有 69 家企业的纳税额超过 100 亿元，比上年增加了 9 家。其中，纳税额超过 1000 亿元的有 4 家，比上年增加 1 家，分别是中石油（2012 年纳税额 3930.16 亿元，纳税增长率下降了 2.10%，下同）、中石化（3223.06 亿元，下降了 2.28%）、国家电网公司（1189.18 亿元，增长了 16.10）、中国工商银行（1078.83 亿元，增加了 12.46。表 1-9 描述了 500 家企业的纳税分布。

表 1-9　　2013 中国企业 500 强的纳税分布

纳税总额	超过 1000 亿	100-1000 亿	50～100 亿	10～50 亿	1～10 亿	1 亿以下
企业数目（家）	4	65	53	209	157	6
占 500 强企业比例（%）	0.8	13	10.6	41.8	31.4	1.2

注：2013 中国企业 500 强中，有 2 家未填报纳税数据。

从行业看，有 10 个行业的纳税额超过 1000 亿元，和去年持平（表 1-10）。电力生产业纳税额首次突破 1000 亿元，但是黑色冶金及压延加工业今年的纳税额跌破 1000 亿元。尽管存在经营困难，重化工业是国家税收的主体。

表 1-10 2013 中国企业 500 强中纳税额最多的 10 个行业

行业名称	上榜企业数	营业收入（亿元）	纳税总额（亿元）
石油、天然气开采及生产业	3	33721.8	5334.6
商业银行业	15	42613.9	4911.6
石化产品、炼焦及其他燃料加工业	8	30475.0	3360.9
烟草加工业	8	5199.1	3216.3
汽车及零配件制造业	15	22849.9	2572.1
煤炭采掘及采选业	26	28847.6	2436.7
建筑业	44	39533.5	1569.3
电力、热力、燃气等能源供应服务业	7	24905.4	1612.8
邮电通信业	4	15264.2	1202.4
电力生产业	9	12380.7	1132.4

三、2013 中国企业 500 强行业特征

从行业看，2013 中国企业 500 强的行业特征更加突出。(1) 重化工特征明显。限于中国经济的工业化中后期的发展阶段，重化工企业占主体的大企业结构在短期内仍然难以改变。钢铁、有色、化工、建材、煤炭等行业，无论上榜企业数量还是企业营业收入总额、资产总额比例，都占据着突出地位。(2) 重化工行业的效益出现大幅下滑，特别是钢铁、有色、煤炭、船舶及航运等出现了严峻的产能过剩现象，"巨亏"现象较多。我们必须研究并有效解决当前上述行业存在的体制机制性问题。

1. 石油行业大企业增速大幅回落

石油作为我国第二大能源种类，其市场需求深受我国经济发展阶段影响。近十年来，我国进入工业化中期的重化工业化阶段，重化工业的高速发展对石油供应产生巨大需求，也带动了石油行业的高速发展。但随着近两年我国经济增速下行，石油行业也出现了一些新的发展特征。从营收看，石油行业的几大企业的企业运行与我国宏观经济增长轨迹高度吻合。

从近 5 年营业收入增速看，中国石化、中国石油、中海油、延长石油、珠海振戎等 5 家公司，除了延长石油增速相对平稳外，其余四家企业均出现了大起大落。2010 年中石化、中石油、中海油和珠海振戎四家公司在大规模经济刺激政策作用下，营业收入增长达到历史高点；此后两年（2011 年、2012 年），营收增速逐年大幅下降，2012 年珠海振戎的营业收入甚至出现了负增长（图 1-5）。

从近 5 年净利润增速看，5 大石油企业均也出现了"大起大落"态势，特别是 2011-2012 年间，5 大石油企业均出现了净利润增速下降的态势。2012 年，除了延长石油集团和中国石油集团的净利润为正的增长速度外，中石化、中海油、珠海振戎的净利润均出现负增长（2009 年也是三家净利润负增长）(图 1-6)。

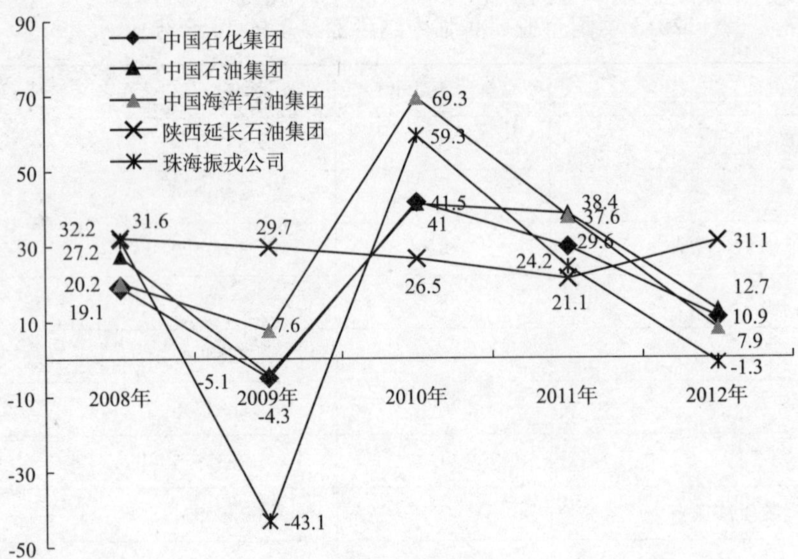

图 1-5　近年来五大石油企业营收增速（2008-2012 年）

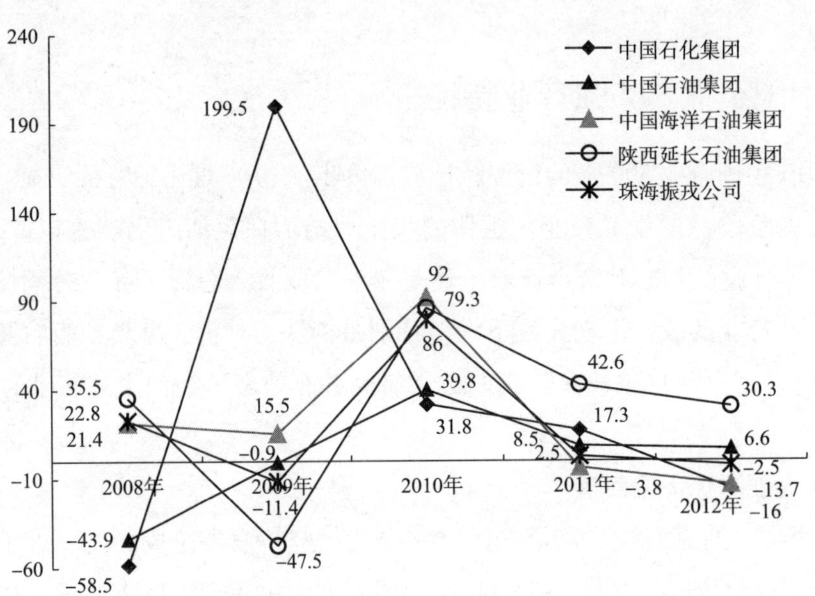

图 1-6　近年来五大石油企业净利润增速（2008-2012 年）

就石油行业来说，如果算上地方炼油企业和其他石油外贸企业，2013 年中国企业 500 强中，有 13 家企业入围。2012 年这些企业营业收入总额为 6. 59 万亿元，营业收入较上年增长了 12. 7%，占全国 500 强总额的 13. 16%；资产总额为 6. 52 万亿元，较去年增加了 13. 06%，占全国总额的 11. 22%。但是石油行业受全球石油价格下跌、生产成本大幅上升的影响，全行业整体效益在不断下降。2012 年利润总额为 2316. 27 亿元，比去年下降了 3. 48 个百分点，在全国 500 强中也只占到 10. 66%。

2. 煤炭行业大企业增速大幅回落

煤炭是我国第一大能源种类。随着工业化和城镇化进程的深入，国民经济对包括煤炭、石油等化石能源的市场需求快速增加，直接带动了大型煤炭企业的涌现。2013 中国企业 500 强中，共有 27

家煤炭企业上榜。2012 年，27 个煤炭企业的营业收入总额达到 2.92 万亿元，比上年增长了 20.5%，比上年的 40.2% 大幅回落；资产总额是 3.78 万亿元，增长了 24.5%，比上年的 24.7% 略有回落；净利润总额是 54.68 亿元，增长率从上年的 22.1% 骤降至 4.80%。

随着近两年我国宏观经济增速下行，煤炭行业下游的发电、钢铁、有色、建材、装备制造等用煤和用电需求大幅下降，使煤炭行业出现了供大于求、库存上升、价格下跌等情况，煤炭企业的绩效也不同程度下滑。从营业收入看，上榜的 27 家煤炭企业中，有 2 家营业收入出现了负增长（上年没有）；更重要的是，2012 年 27 家煤炭企业中有 24 家营收增幅较上年下降，其中 9 家呈现连续 2 年营收增速下降态势（如图 1-7）、12 家呈现"先升后降"态势（如图 1-8）、3 家出现"先降后升"态势（如图 1-9）。

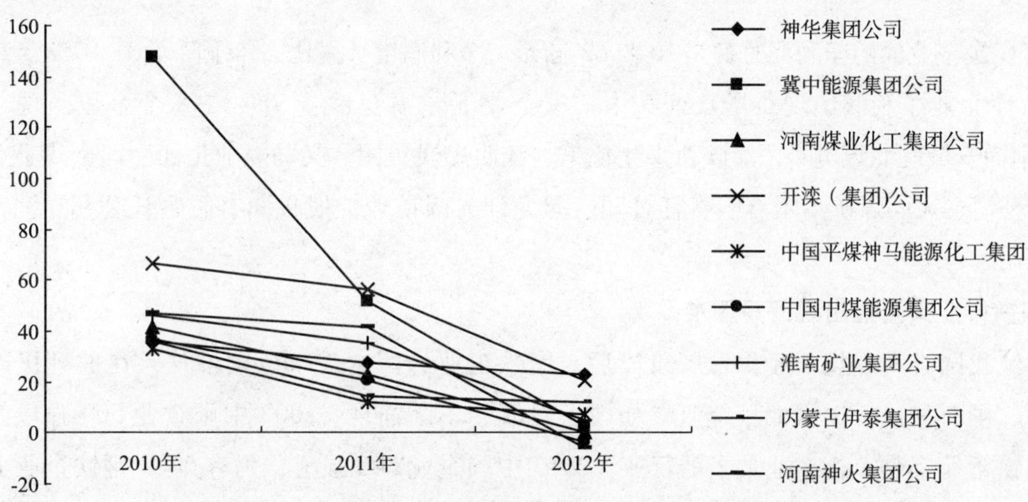

图 1-7　近 3 年营业收入持续下降的煤炭企业（2010-2012 年）

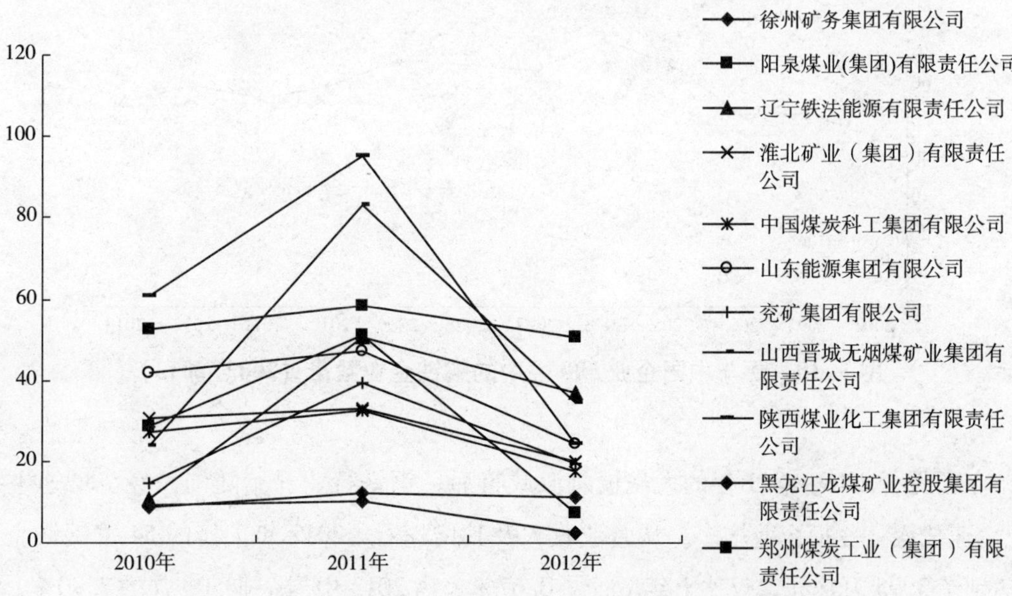

图 1-8　近 3 年营业收入"先升后降"的煤炭企业（2010-2012 年）

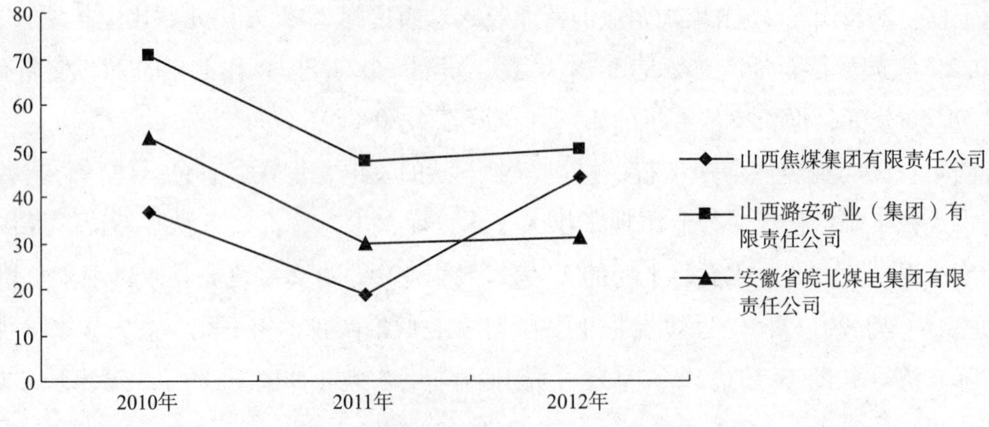

图 1-9　近 3 年营业收入“先降后升”的煤炭企业（2010-2012 年）

27 家煤炭企业的的净利润总额是 1048.62 亿元，净利润增长率比去年下降了 33.97%。27 个企业中，有 13 个企业净利润出现负增长（其中 7 家企业下降幅度超过 50%）、8 个企业出现“由盈转亏”，分别为安徽皖北煤电集团、陕西煤化化工、江西煤炭集团、义马煤业集团、河南煤业化工集团有限责任公司、大同煤矿集团有限责任公司、黑龙江龙煤矿业控股集团有限责任公司、河南神火集团有限公司。

3. 钢铁行业大企业出现严重困难

新世纪我国进入重化工业化发展阶段后，钢铁工业的国内需求急剧增加，在放开民间资本准入条件下，国有和民营钢铁大型企业“如雨后春笋”不断涌现，2002 中国企业 500 强以来的十余年间，钢铁行业都是上榜企业最多的行业。2013 中国企业 500 强上，仍有 54 家钢铁企业上榜（图 1-10）。

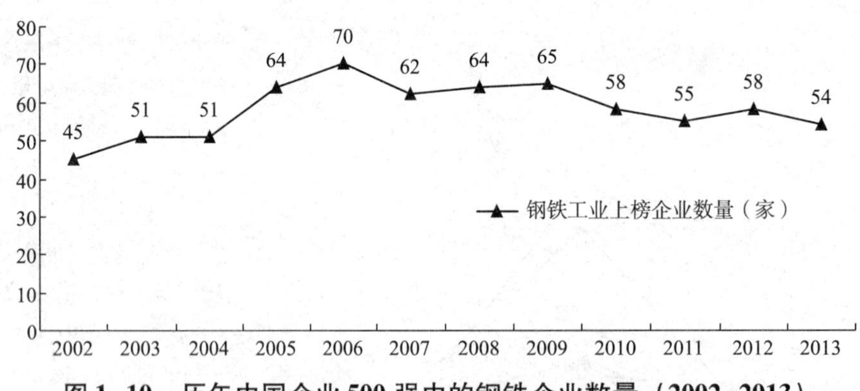

图 1-10　历年中国企业 500 强中的钢铁企业数量（2002-2013）

然而，在经历了 2009-2011 年的大规模刺激政策后，钢铁行业开始随国民经济增速下行而“衰落”，企业增速放缓，亏损企业增多。从营业收入及其增速看，2012 年上榜的 54 家钢铁企业的营业收入总额达到了 3.95 万亿元，仅比上年增长了 0.67%，占 2013 中国企业 500 强的 7.90%，比上年的 8.95% 有较大幅度下降；从总资产及其增速看，2012 年 54 家钢铁企业资产总额达到 4.06 万亿元，较

上年增长了 5.56%，占 2013 中国企业 500 强的 2.69%，比上年的 3.02% 也有下降。从净利润看，2012 年 54 家钢铁企业由盈转亏，净利润之和从 2011 年的盈利 498.43 元降至-37.02 亿元；2012 年 54 家企业的纳税总额下降了 5.99%。

从企业本身看，54 家企业中有 26 企业的营业收入负增长，接近入围企业的一半；有 33 家企业的净利润出现了负增长，11 家企业亏损，亏损面不断扩大。以宝钢、首钢、沙钢、萍钢为例，近三年来，全部出现了营收增速下降趋势（图 1-11）。

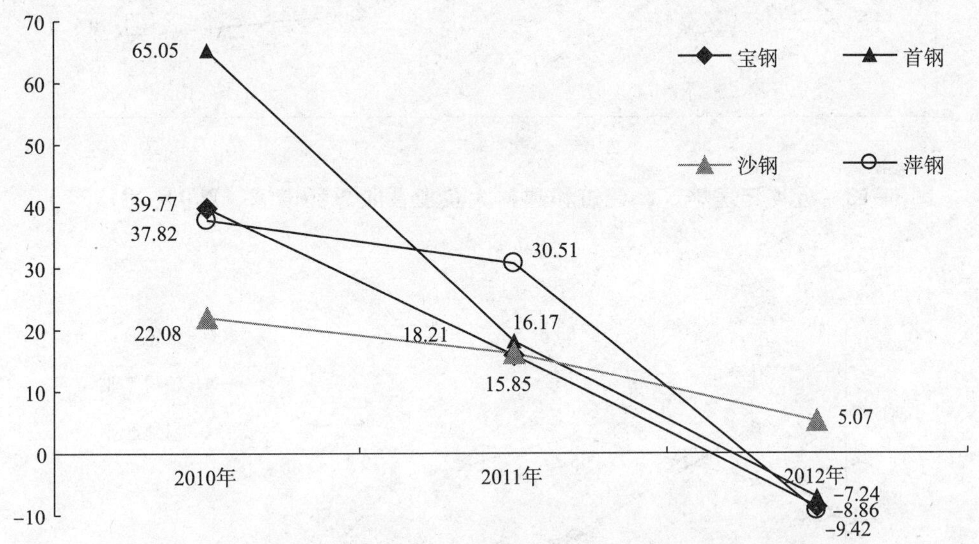

图 1-11　近 3 年来部分钢铁大企业营收增速（2010-2012 年）

值得特别提到的是，国有钢铁企业和民营钢铁企业存在一定的效益差别。2013 中国企业 500 强的 54 家钢铁企业中，有 25 家国有及国有控股企业，有 29 家民营企业。2012 年，25 家国有钢铁企业营收达到 2.66 万亿元，较上年降低了 1.11%；净利润亏损了 95.12 亿元（上年净利润为 308.00 亿元）。反观 29 家民营企业，2012 年共实现营业收入 1.29 万亿元，较上年增长了 4.92%；共实现净利润 70.38 亿元，较上年大幅下降了 63.04%。

4. 房地产、建筑、建材受到严重影响

在我国过去十年间形成的经济发展模式中，以房地产业为龙头、包括建筑业和建材工业、广义上还包括家电等行业在内的“房地产经济”，在我国国民经济和投资中占据着特殊重要地位。过去三四年间，我国出台多项调控房地产业的政策，特别是 2012 年政府继续执行购买第二套住房贷款首付比例政策，加快保障性住房建设，从进入 2013 中国企业 500 强的房地产、建筑业、建材工业企业的 2012 年指标看，建筑业大企业的营业收入增幅出现了小幅下降，净利润增幅出现一定幅度的回升；建材大企业的营业收入增幅出现了大幅下降，净利润增幅出现大幅下降；房地产大企业的营收增幅则出现了一定上升，净利润增幅小幅下降（见图 1-12、图 1-13）

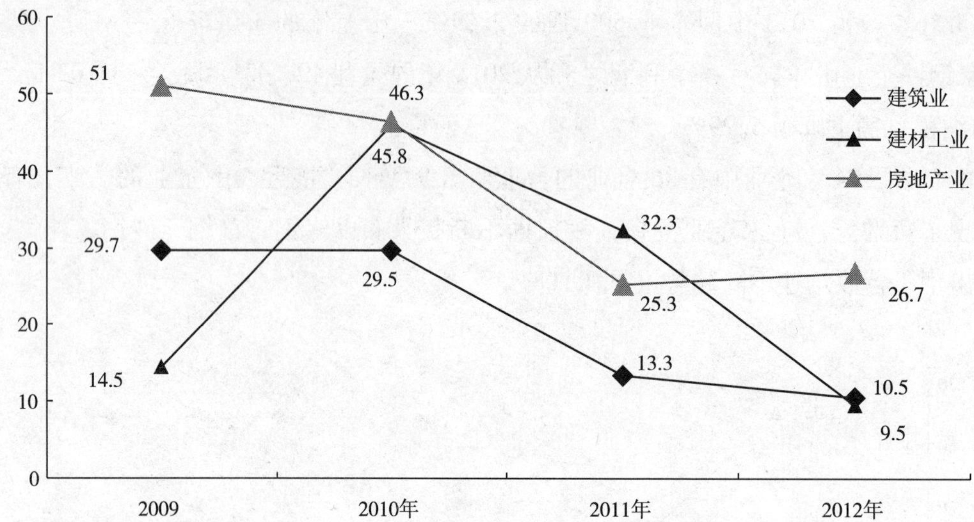

图 1-12　近 4 年房地产、建筑和建材大企业营收总额增速（2009-2012 年）

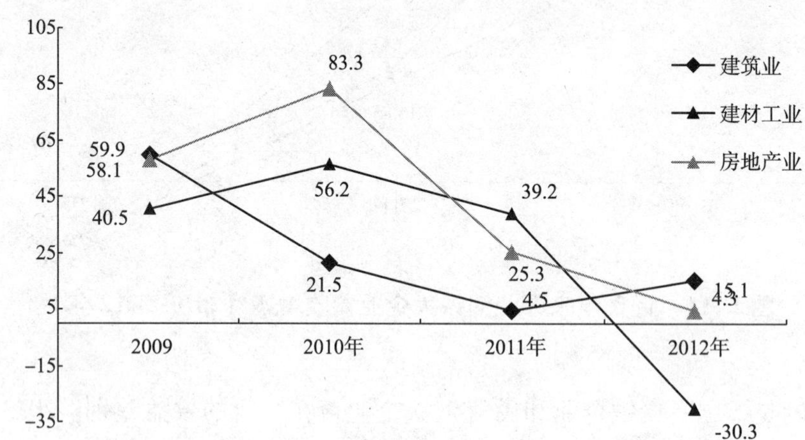

图 1-13　近 4 年房地产、建筑和建材大企业净利润总额增速（2009-2012 年）

分行业看，2013 中国企业 500 强中有 15 家房地产企业，与上年数量相同。2013 年，15 家企业的营业收入总额达到 7804. 76 亿元，比上年增长了 26. 66%；资产总额达到 1. 45 万亿元，比上年增长了 30. 66%；利润总额达到 545. 56 亿元，比上年增长了 4. 31%。15 家企业中，有 13 家企业的营业收入是正增长的，增长率最高的是绿城房地产集团有限公司，增长了 54. 67%；有 2 家企业的营业收入出现了下降，下降幅度最大的是世纪金源投资集团有限公司，2012 年营业收入下降了 7. 05%。

2013 中国企业 500 强中有 44 家建筑业企业，比上年增加 2 家。2012 年，44 家建筑企业的营业收入总额达到了 3. 69 万亿元，比上年增长了 10. 46%；资产总额达到了 3. 96 万亿元，比上年增长了 15. 90%；利润总额达到 507. 68 亿元，比上年 15. 10%。44 家企业中，有 42 家企业的营业收入是正增长的，增长率最高的是中太建设集团股份有限公司，增长了 70. 77%；只有 2 家企业的营业收入出现了下降，下降幅度最大的是中国冶金科工集团有限公司，2012 年营业收入下降

了 4.63%。

2013 中国企业 500 强中有 9 家建材企业，比上年减少一家。2012 年，9 家建材企业的营业收入总额达到了 5194.97 亿元，比上年增长了 9.54%；资产总额达到了 7746.08 亿元，比上年增长了 28.44%；利润总额达到 156.57 亿元，比上年下降了 30.30%。9 家企业中，营业收入有 6 家是正增长的，其中增长率最高的是吉林亚泰（集团）股份有限公司，2012 年增长了 30.0%。出现负增长的 3 家公司分别是安徽海螺集团有限责任公司、冀东发展集团有限责任公司和沈阳远大企业集团，营业收入分别下降了 5.08%、0.13%、0.59%。9 家企业中，5 家企业 2012 年净利润出现负增长，他们分别是，中国中材集团有限公司、吉林亚泰（集团）股份有限公司、安徽海螺集团有限责任公司、中国建筑材料集团有限公司、沈阳远大企业集团净利润分别下降了 63.58%、47.18%、43.88%、29.94%、3.77%。

5. 汽车工业大企业营收大幅下降，净利润稍有回升

2012 年面对国内经济下行加大的严峻形势，国家按照稳重求进的总基调加强宏观调控，国民经济平稳发展。国民经济稳中有进，促进了汽车市场需求的稳定增长；人均国民收入的增加，为汽车消费带来动力。汽车行业在国内外严峻的市场形势考验下，依然取得了一定的发展。2013 年中国企业 500 强，汽车行业有 16 个企业入围，和去年持平。2012 年 16 家汽车企业的营业收入总额为 2.34 万亿元，比去年增加 5.6%，占 500 强总额的 4.68%；资产总额为 1.66 万亿元，比去年增加 10.05%，占 500 强总额的 1.10%。2012 年营业收入超过 1000 亿元的汽车企业有 7 家企业（如表1-11）。

表 1-11　　2012 年营业收入超过 1000 亿元汽车企业的部分指标　　（单位：亿元、%）

排名	公司名称	营业收入	资产总额	归属母公司利润总额	资产利润率	收入利润率
13	上海汽车集团股份有限公司	4809.8	3172.0	207.5	6.54	4.31
17	中国第一汽车集团公司	4093.8	2435.6	165.5	6.79	4.04
18	东风汽车公司	3894.2	2283.7	84.1	3.68	2.16
50	北京汽车集团有限公司	2105.7	1702.7	67.8	3.98	3.22
85	浙江吉利控股集团有限公司	1548.9	1132.6	3.3	0.29	0.21
87	广州汽车工业集团有限公司	1523.4	1125.3	4.2	0.37	0.27
109	华晨汽车集团控股有限公司	1067.5	740.8	7.0	0.95	0.66

2012 年中国国内的市场需求快速增长，但是国内汽车企业却没有在庞大的市场需求中获得更多的利润，国内市场依然以德系车和日系车为主。国内汽车行业的盈利能力在激烈的竞争中有所下降。2012 年汽车行业利润总额为 633.55 亿元，比去年下降了 0.79%。就单个企业而言，进入 500 强的 16 个汽车企业中，只有 7 家利润出现正的增长；1 家亏损的是庞大汽贸集团；8 家企业出现负增长，占 16 家企业的一半；其中利润下降最大的企业是广州汽车工业集团，净利润下降了 80.99%（图1-14）。

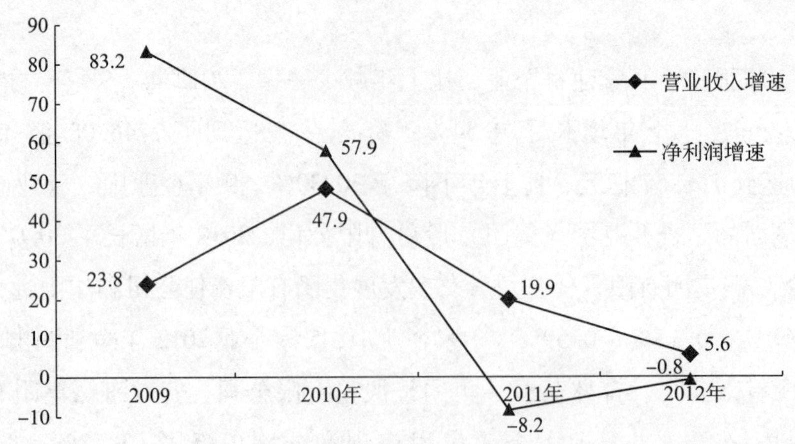

图 1-14　近 4 年汽车大企业营收总额和净利润增速（2009-2012 年）

我国的汽车企业在国际市场的竞争实力一直不是很强，究其主要原因是没有好的自主品牌，技术研发能力不足，技术投入力度不大。汽车行业是一个技术密集型行业，没有技术支撑，最终会被淘汰。但是2012 年我国汽车行业的研发投入力度远远低于世界其他国家。2012 年 16 个企业中，除一个是汽车销售企业没有研发费用外，其它的 15 个企业的研发费用总额是 382. 27 亿元，比去年增加了 14. 9%，平均研发强度只有 1. 67%。

6. 家电生产和连锁销售大企业持续“双下跌”

家电行业（含家电生产、家电连锁销售）是居民消费的主要对象之一，能够密切反映居民消费在经济增长中的地位和作用。2012 年是我国在国际金融危机期间推出的“家电下乡”、“以旧换新”以及家电补贴等刺激政策退出的第一年。家电消费刺激政策透支了一定家电消费需求，因此对家电生产和连锁销售企业产生了一定影响。但总体看，2012 年家电生产和销售行业的大企业业绩稳中有降。

2013 中国企业 500 强中，共有 10 家家电企业、3 家家电零售企业上榜。13 家企业 2012 年的营业收入为 1. 09 万亿元，比去年增加了 6. 14%；其中，家电生产企业实现营业收入总额为 7110. 8 亿元，较上年增长了 3. 6%；家电连锁销售企业实现营业收入 3820 亿元，较上年增长了 11. 2%。2012 年，13 家企业的净利润总额是 279. 4 亿元，比去年下降了 2. 10%；其中，10 家家电制造企业实现净利润 248. 5 亿元，较上年增长了 20. 76%；3 家家电零售企业实现净利润 30. 8 亿元，较上年降低了 61. 23%。13 家企业中，只有 4 家企业净利润出现正增长，分别是海信集团（2012 年净利润率为 48. 60%）、珠海格力电器（41. 90%）、奥克斯集团（40. 05%）、海尔集团（19. 40%）、四川长虹（4. 37%）。在行业不景气的背景下，这 4 家企业，在困境中求突破，赢利能力出现大的增长。

从最近四年家电生产和家电连锁销售企业的营收、净利润增速看，尽管 2010 年该行业在家电消费刺激政策作用下家电生产和销售都一片大好，但随着刺激政策退出，家电行业出现持续两年的衰退，营业收入增速和净利润增速持续“双下跌”。2012 年，家电生产企业净利润率增长幅度有小幅的增加；家电连锁销售企业净利润则继续下跌，3 家家电销售企业，两家出现负增长，1 家亏损，其中苏宁控股净利润下降了 44. 79%、国美电器净利润率下降了 84. 03%，天音通信出现亏损（图 1-15，表 1-12，表 1-13）。

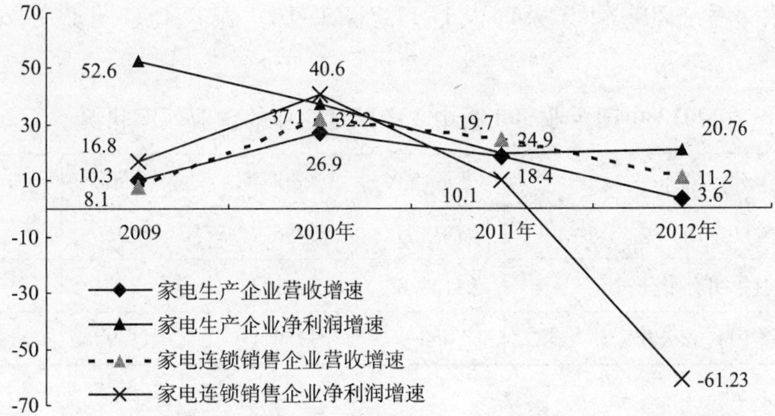

图 1-15 近 4 年家电大企业营收总额和净利润增速（2009-2012 年）

表 1-12　　2013 中国企业 500 强中 10 家家电企业的营业效率状况　　（单位：亿元、%）

排名	公司名称	营业收入	资产总额	净利润	资产利润率	收入利润率
81	海尔集团公司	1631	1490.9	74.9	5.0	4.6
114	美的集团有限公司	1027.1	877.4	32.6	3.7	3.2
123	珠海格力电器股份公司	1001.1	1075.7	74.3	6.9	7.4
146	海信集团有限公司	810.5	736.3	43.5	5.9	5.4
149	四川长虹电子集团公司	803.1	631.4	1.6	0.3	0.2
165	TCL 集团股份有限公司	694.5	797.4	8.0	1.0	1.1
256	奥克斯集团有限公司	405.3	200.1	9.9	5.0	2.4
364	广东格兰仕集团有限公司	282.4	182.5	1.0	0.5	0.3
417	江苏双良集团有限公司	245.6	212.7	1.9	0.9	0.8
478	广州万宝集团有限公司	210.2	144.6	0.8	0.5	0.4

表 1-13　　2013 中国企业 500 强中 3 家家电零售企业的营业效率状况　　（单位：亿元、%）

排名	公司名称	营业收入	资产总额	净利润	资产利润率	收入利润率
39	苏宁控股集团	2327.2	761.6	26.8	3.5	1.1
100	国美电器有限公司	1174.8	508.8	4.9	1.0	0.4
325	天音通信有限公司	318.1	83.8	-0.8	-1.0	-0.3

7. 航运企业成为经济下行重灾区，船舶制造也受牵连

在世界经济低迷不振、国际贸易流量下降背景下，海洋运输业深受影响，航运企业经营困难；随着航运业需求不振，其直接关联的船舶制造业也成为此次经济下行的“重灾区”之一。2013 中国企业 500 强中，有 3 家航运企业、2 家船舶制造企业上榜，航运企业上榜数量较稳定，船舶制造企业则逐年减少（2010 年 4 家、2011 年 3 家）(表 1–14，图 1–16，表 1–15，图 1–17)。

表 1–14　　2013 中国企业 500 强中 3 家航运企业的营业效率状况　　（单位：亿元、%）

排名	公司名称	营业收入	总资产额	净利润额	资产利润率	收入利润率
64	中国远洋运输（集团）总公司	1813. 0	3496. 7	–51. 1	–1. 5	–2. 8
110	中国外运长航集团有限公司	1166. 8	1229. 3	–2. 9	–0. 2	–0. 4
173	中国海运（集团）总公司	660. 9	1758. 1	11. 9	0. 7	1. 8

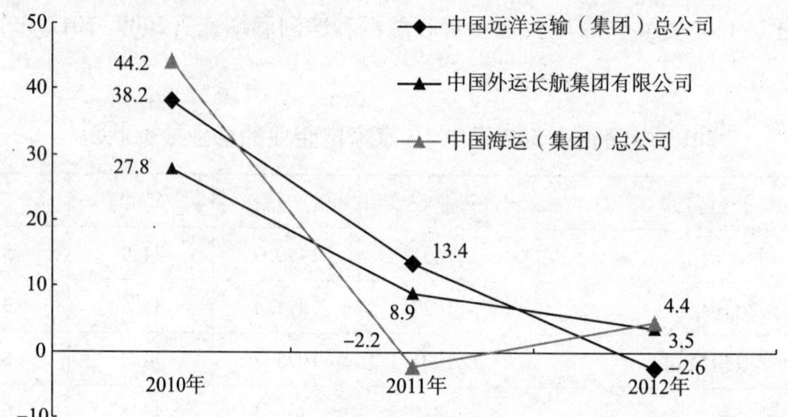

图 1–16　近 3 年来三大航运企业营收增速（2010–2012 年）

表 1–15　　2013 中国企业 500 强中 2 家船舶制造企业的营业效率状况　　（单位：亿元、%）

排名	公司名称	营业收入	资产总额	净利润率	资产利润率	收入利润率
74	中国船舶重工集团公司	1751	3893. 5	64. 7	1. 7	3. 7
352	江苏扬子江船业集团公司	295. 4	531. 2	33. 6	6. 3	11. 4

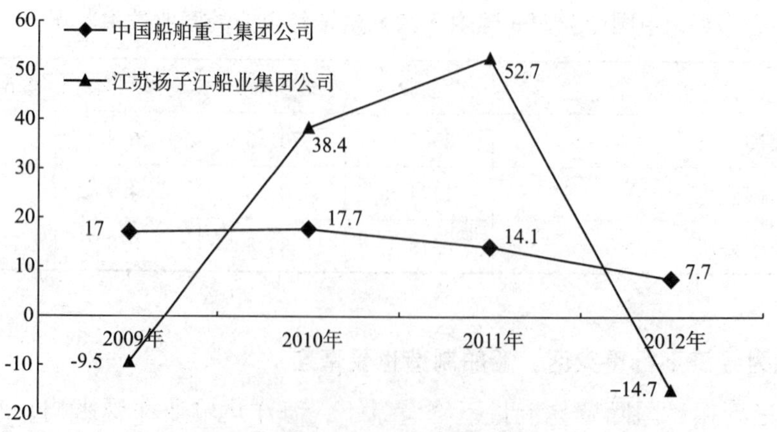

图 1–17　近 3 年来两大造船企业营收增速（2010–2012 年）

8. 行业利润率对比

2013中国500强企业有4个行业的平均收入利润率超过10%，比上年减少1个，分别为“商业银行业”（23.6%）、“酿酒制造业”（15.4%）、“木材、家具及竹、藤、棕、草制品业加工业”（13.9%）、“饮料加工业”（10.9%）。其中，“银行业”的平均收入利润率最高，达23.6%，位居榜首。上年“互联网传媒、商务、娱乐服务业”、“黄金冶炼及压延加工业”的行业平均收入利润率均超过了10%，今年都大幅下降，并且互联网传媒、商务、娱乐服务业中没有企业进入2013年中国500强。。

平均收入利润率不到1%的有18个行业，比上年增加10个行业。行业平均收入利润率不到5%的有55个行业，占全部76个行业的72.4%。有62个行业的平均收入利润率不到3%，占全部76个行业的81.6%，比上年的44个有大幅增加；有37个行业的平均收入利润率不足2%，占全部76个行业的48.7%，比去年有所增加。但是在劳动力成本、财务成本等持续上升，国内外需求萎缩的背景下，行业平均收入利润率低于2%的行业企业，生存压力非常大。表1-16列出了行业平均收入利润率超过5%的14个行业，表1-17列出了行业平均收入利润率不足2%的37个行业。

表1-16　　2013中国企业500强中平均收入利润率超过5%的14个行业（单位：家、亿元、%）

所属行业	上榜企业数量	营业收入	母公司净利润	收入利润率
银行业	15	42613.9	10052.9	23.6
酿酒制造业	4	1508.5	232.2	15.4
木材、家具及竹、藤、棕、草制品业加工业	1	234.4	32.5	13.9
饮料加工业	2	864.5	94.3	10.9
烟草加工业	8	5199.1	497.9	9.6
港口服务业	4	1101.2	92.5	8.4
软件、程序、线路的设计和计算机应用、网络工程等计算机、微电子服务业	3	1529.3	125.0	8.2
邮电通信业	4	15264.2	1103.3	7.2
房地产开发与经营、物业及房屋装饰、修缮、管理等服务业	15	7804.8	545.6	7.0
研发、科技交流与推广和地勘、规划、设计、评估、咨询、认证及总承包等服务业	1	348.5	22.9	6.6
工程机械、设备及零配件制造业	3	2738.0	167.0	6.1
电梯及运输、仓储设备、器材与设施制造业	2	749.2	43.7	5.8
石油、天然气开采及生产业	3	33721.8	1790.2	5.3
商务服务业	8	9006.4	472.5	5.2

表 1-17　　2013 中国企业 500 强中平均收入利润率不到 2%的 22 个行业（单位：个、亿元、%）

所属行业	上榜企业数量	营业收入	母公司净利润	收入利润率
化学纤维制造业	7	3547.4	69.4	1.96
农副食品及农产品加工业	5	2004.7	38.5	1.92
电力生产业	9	12380.7	234.8	1.90
综合制造业（以制造业为主，含有服务业）	12	7267.3	134.8	1.86
粮油食品及农林、土畜、果蔬、水产品等内外批发商贸业	1	2003.3	36.9	1.84
煤炭采掘及采选业	26	28847.6	523.9	1.82
石化产品、炼焦及其他燃料加工业	8	30475.0	516.6	1.70
生活消费品（含家具、家居）和文体用品、玩具、首饰、珠宝、工艺等轻工产品加工业	4	1334.9	21.5	1.61
航空运输业	4	4015.8	64.6	1.61
金属制品业	3	680.7	10.7	1.57
工业机械、设备及零配件制造业	2	758.3	10.4	1.38
建筑业	44	36924.1	507.7	1.37
医药专营批发业、零售业	3	2213.9	27.6	1.25
航空、航天、核工业与兵器制造业	3	9693.6	120.8	1.25
机电、电子批发及内外商贸业	2	2069.9	25.6	1.24
金属内外商贸及加工、配送、批发零售业	4	1769.5	21.7	1.22
纺织、服装、文体、烟酒、玩具、工艺、首饰等轻工产品和家具、家居商品内外批发及商贸业	8	2628.6	30.1	1.14
化工产品及医药批发及内外商贸业	1	4531.6	51.3	1.13
电子元器件与仪器仪表、自动化控制设备制造业	2	2055.4	22.8	1.11
计算机及零部件制造业	4	3365.1	30.7	0.91
商业零售业	13	7031.4	64.0	0.91
物流、仓储、运输、配送服务业	8	4173.4	37.6	0.90
旅游、宾馆及娱乐服务业	2	879.8	7.6	0.86
一般有色冶金及压延加工业	25	17391.7	144.0	0.83
电器商贸批发业、零售业	3	3820.1	30.8	0.81
动力、发电、电力生产等机械、装备制造业	6	3356.3	25.1	0.75
化学原料及化学制品制造业	12	6368.7	47.3	0.74
航空港及相关服务业	1	203.8	1.4	0.69

所属行业	上榜企业数量	营业收入	母公司净利润	收入利润率
技术、智力、人力资源、劳务、培训、会展、博览等国内外合作以及其他对外经济合作服务业	2	612.9	4.0	0.65
汽车及摩托车商贸、维修保养及租赁业	3	1297.4	4.2	0.32
生产资料批发及内外商贸业	4	5126.9	14.1	0.28
矿产、能源内外商贸及批发业	6	7005.6	19.1	0.27
农、林、渔、畜牧业	2	1373.2	3.4	0.25
综合性内外商贸及批发业、零售业	4	1849.0	4.2	0.23
黑色冶金及压延加工业	54	39533.5	-24.7	-0.06
水上运输业	2	2474.0	-12.7	-0.51
人寿保险业	4	6906.3	-60.4	-0.87

2013 中国 500 强企业有 6 个行业的平均资产利润率超过 10%，分别为“软件、程序、线路的设计和计算机应用、网络工程等计算机、微电子服务业”、“农林机械、设备及零配件制造业”、“饮料加工业”、“木材、家具及竹、藤、棕、草制品业加工业”、“烟草加工业”、“酿酒制造业”制造业（见表 1-18）。平均资产利润率超过 10% 的行业与去年持平。平均资产利润率最高的是“软件、程序、线路的设计和计算机应用、网络工程等计算机、微电子服务业”，达到 21.1%%。“饮料加工业”、“木材、家具及竹、藤、棕、草制品业加工业”、“酿酒制造业”的平均资产利润率和平均收入利润率都超过了 10%。76 个行业中，只有 13 个行业的平均资产利润率高于 5%，比上年的 31 个明显减少。而平均资产利润率不到 2% 的，有 39 个行业，比上年增加了 26 个；平均资产利润率不到 1% 的，有 22 个行业，比上年增加了 18 个（见表 1-19）。

表 1-18　　2013 中国企业 500 强中资产利润率超过 10% 的 6 个行业　（单位：个、亿元、%）

所属行业	上榜企业数量	资产总额	母公司净利润	资产利润率
软件、程序、线路的设计和计算机应用、网络工程等计算机、微电子服务业	3	591.5	125.0	21.1
农林业机械、设备及零配件制造业	1	55.2	11.0	19.9
饮料加工业	2	512.7	94.3	18.4
木材、家具及竹、藤、棕、草制品业加工业	1	219.3	32.5	14.8
烟草加工业	8	4630.0	497.9	10.8
酿酒制造业	4	2246.2	232.2	10.3

表 1-19　　2013 中国企业 500 强中资产利润率不到 1%的 22 个行业（单位：个、亿元、次）

所属行业	上榜企业数量	资产总额	母公司净利润	资产利润率
财产保险业	1	6886.5	68.3	0.99
商务服务业	8	48267.6	472.5	0.98
一般有色冶金及压延加工业	25	15722.6	144.0	0.92
计算机及零部件制造业	4	3627.6	30.7	0.85
物流、仓储、运输、配送服务业	8	4510.7	37.6	0.83
公用事业、市政服务、公共设施、水务等经营与管理业	2	1674.7	13.3	0.79
航空运输业	4	8341.8	64.6	0.77
生产资料批发及内外商贸业	4	1931.7	14.1	0.73
旅游、宾馆及娱乐服务业	2	1043.4	7.6	0.73
综合保险业	3	37322.6	261.4	0.70
矿产、能源内外商贸及批发业	6	2818.4	19.1	0.68
化学原料及化学制品制造业	12	6994.7	47.3	0.68
电力生产业	9	39538.2	234.8	0.59
综合性内外商贸及批发业、零售业	4	742.9	4.2	0.57
动力、发电、电力生产等机械、装备制造业	6	4600.1	25.1	0.55
汽车及摩托车商贸、维修保养及租赁业	3	1056.9	4.2	0.40
道路运输、城市公交业及交通辅助、服务业	3	5506.7	17.7	0.32
农、林、渔、畜牧业	2	1681.3	3.4	0.20
航空港及相关服务业	1	1076.9	1.4	0.13
黑色冶金及压延加工业	54	40606.0	-24.7	-0.06
人寿保险业	4	32984.3	-60.4	-0.18
水上运输业	2	5254.9	-12.7	-0.24

从资产周转率看，2013 中国 500 强企业的行业资产周转率也有显著差异。76 个行业中，有 11 个行业的资产周转率超过 2 次，与上年相同；其中“技术智力、人力资源、劳务等国际合作及其他对外经济合作服务业”的资产周转率和去年一样，依然最高，达到了 6.71 次/年。11 个资产周转最快的行业，有 8 个是服务业，有 7 个都是商贸流通领域的服务业，说明我国服务业、商贸流通服务业的高效商业模式。11 个行业中，只有“农林机械、设备及零配件制造业”、“乳制品加工业”、“农副食品及农产品加工业”三个行业的资产周转率超过了 2 次/年（见表 1-20）。

76 个行业中，资产周转率最低的 10 个行业都是服务业，包括商业银行业、水上运输业、船舶制

造业、公用事业、电力生产业、港口服务业、保险业、邮电通信业、商贸服务业等。商业银行业和保险业均属金融领域，具有负债经营的行业特征；公用事业、电力、港口等基础设施领域由于资产规模庞大，价格又受到管制，本身就属于资产周转率较低的领域；水上运输业和船舶制造业周转率下降是受到了经济下行的影响（见表 1-21）。

表 1-20　　2013 中国企业 500 强中资产周转率最高的 11 个行业　　（单位：亿元、次）

行业	企业数	营业收入	资产总额	资产周转率
技术、智力、人力资源、劳务、培训、会展、博览等国内外合作以及其他对外经济合作服务业	2	612. 991. 4	6. 71	
农林业机械、设备及零配件制造业	1	282. 2	55. 2	5. 11
电器商贸批发业、零售业	3	3820. 1	1354. 2	2. 82
生产资料批发及内外商贸业	4	5126. 9	1931. 7	2. 65
软件、程序、线路的设计和计算机应用、网络工程等计算机、微电子服务业	3	1529. 3	591. 5	2. 59
综合性内外商贸及批发业、零售业	4	1849. 0	742. 9	2. 49
矿产、能源内外商贸及批发业	6	7005. 6	2818. 4	2. 49
金属内外商贸及加工、配送、批发零售业	4	1769. 5	787. 7	2. 25
商业零售业	13	7031. 4	3211. 1	2. 19
乳制品加工业	1	419. 9	198. 2	2. 12
农副食品及农产品加工业	5	2004. 7	1002. 3	2. 00

表 1-21　　2013 中国企业 500 强中资产周转率最低的 10 个非金融行业　　（单位：亿元、次）

名称	企业数	营业收入	资产总额	资产周转率
航空运输业	4	4015. 8	8341. 8	0. 48
水上运输业	2	2474. 0	5254. 9	0. 47
船舶制造	2	2046. 4	4424. 6	0. 46
港口服务业	4	1101. 2	2700. 7	0. 41
公用事业、市政服务、公共设施、水务等经营与管理业	2	646. 1	1674. 7	0. 39
电力生产业	9	12380. 7	39538. 2	0. 31
邮电通信业	4	15264. 2	75786. 3	0. 20
航空港及相关服务业	1	203. 8	1076. 9	0. 19
商务服务业	8	9006. 4	48267. 6	0. 19
道路运输、城市公交业及交通辅助、服务业	3	839. 7	5506. 7	0. 15

表 1-22　　**2013 中国企业 500 强分行业主要指标**　　（单位：个、亿元、万人）

所属行业	企业数	营业收入	资产总额	母公司净利润	缴纳税款	人　数
全国	500	500207.5	1509770.7	21719.7	36470.7	3071.5
黑色冶金及压延加工业	54	39533.5	40606.0	-24.7	986.3	179.6
建筑业	44	36924.1	39593.7	507.7	1569.4	314.3
煤炭采掘及采选业	26	28847.6	37449.8	523.9	2436.7	295.3
一般有色冶金及压延加工业	25	17391.7	15722.6	144.0	348.7	64.8
汽车及零配件制造业	15	22849.9	15961.5	641.8	2572.1	81.1
银行业	15	42613.9	845184.8	10052.9	4911.6	197.7
房地产开发与经营、物业及房屋装饰、修缮、管理等服务业	15	7804.8	14540.5	545.6	803.6	25.4
电力、电气、输变电等机械、设备、器材、元器件和线缆制造业	14	3916.8	2832.1	111.6	130.1	24.0
商业零售业	13	7031.4	3211.1	64.0	161.2	81.4
化学原料及化学制品制造业	12	6368.7	6994.7	47.3	252.0	33.7
综合制造业（以制造业为主，含有服务业）	12	7267.3	7320.5	134.8	258.0	54.0
家用电器及零配件制造业	10	7110.8	6349.0	248.5	384.0	52.5
电力生产业	9	12380.7	39538.2	234.8	1132.4	70.9
建材及玻璃等制造业	9	5195.0	7746.1	156.6	441.1	42.3
烟草加工业	8	5199.1	4630.0	497.9	3216.3	10.1
石化产品、炼焦及其他燃料加工业	8	30475.0	20973.9	516.6	3361.0	108.9
医药制造业	8	2742.0	1855.8	93.0	121.6	14.8
物流、仓储、运输、配送服务业	8	4173.4	4510.7	37.6	124.4	16.3
纺织、服装、文体、烟酒、玩具、工艺、首饰等轻工产品和家具、家居商品内外批发及商贸业	8	2628.6	1456.8	30.1	54.0	8.0
商务服务业	8	9006.4	48267.6	472.5	496.8	83.8
纺织、印染业	8	3892.2	2123.5	128.7	104.0	24.3
化学纤维制造业	7	3547.4	2036.5	69.4	70.3	10.4
电力、热力、燃气等能源供应服务业	7	24905.4	33490.0	920.0	1612.8	124.6
造纸及纸制品加工业	6	2294.3	2427.7	60.2	79.9	9.0
动力、发电、电力生产等机械、装备制造业	6	3356.3	4600.1	25.1	206.8	20.2

所属行业	企业数	营业收入	资产总额	母公司净利润	缴纳税款	人 数
矿产、能源内外商贸及批发业	6	7005.6	2818.4	19.1	200.3	14.4
农副食品及农产品加工业	5	2004.7	1002.3	38.5	48.2	13.6
纺织品、服装、鞋帽（含皮草、毛、绒等）加工业	5	1645.2	1490.9	73.3	70.0	13.2
橡胶制品业	5	1317.2	687.1	64.7	44.0	4.9
综合服务业（以服务业为主，含有制造业）	5	5268.5	7000.8	140.4	318.9	20.9
酿酒制造业	4	1508.5	2246.2	232.2	335.1	13.1
生活消费品（含家具、家居）和文体用品、玩具、首饰、珠宝、工艺等轻工产品加工业	4	1334.9	836.8	21.5	27.6	7.8
黄金冶炼及压延业	4	2464.7	2151.6	92.2	125.3	10.5
计算机及零部件制造业	4	3365.1	3627.6	30.7	80.5	11.3
港口服务业	4	1101.2	2700.7	92.5	62.8	6.3
航空运输业	4	4015.8	8341.8	64.6	265.6	29.5
邮电通信业	4	15264.2	75786.3	1103.3	1202.4	190.5
生产资料批发及内外商贸业	4	5126.9	1931.7	14.1	49.4	4.5
综合性内外商贸及批发业、零售业	4	1849.0	742.9	4.2	32.2	3.1
人寿保险业	4	6906.3	32984.3	-60.4	162.7	35.5
金属内外商贸及加工、配送、批发零售业	3	1071.6	549.9	7.1	7.7	0.5
石油、天然气开采及生产业	3	33721.8	44413.9	1790.2	5334.6	188.6
食品加工制造业	3	2037.2	2821.9	50.4	67.6	16.2
肉食品加工业	3	1882.1	1151.6	70.1	57.7	21.6
金属制品业	3	680.7	407.3	10.7	16.2	3.4
工程机械、设备及零配件制造业	3	2738.0	2698.1	167.0	105.8	10.9
通讯器材及设备、元器件制造业	3	4499.6	3826.4	178.1	140.5	29.4
航空、航天、核工业与兵器制造业	3	9693.6	11319.8	120.8	368.2	98.3
铁路运输及辅助服务业	3	3491.1	4659.2	83.2	82.1	26.7
道路运输、城市公交业及交通辅助、服务业	3	839.7	5506.7	17.7	69.3	8.9
软件、程序、线路的设计和计算机应用、网络工程等计算机、微电子服务业	3	1529.3	591.5	125.0	12.2	4.9
汽车及摩托车商贸、维修保养及租赁业	3	1297.4	1056.9	4.2	20.6	6.3

所属行业	企业数	营业收入	资产总额	母公司净利润	缴纳税款	人　数
电器商贸批发业、零售业	3	3820.1	1354.2	30.8	83.5	24.8
医药专营批发业、零售业	3	2213.9	1560.6	27.6	62.2	9.1
综合保险业	3	5655.6	37322.6	261.4	213.8	31.4
农、林、渔、畜牧业	2	1373.2	1681.3	3.4	26.9	75.9
饮料加工业	2	864.5	512.7	94.3	67.0	5.1
工业机械、设备及零配件制造业	2	758.3	840.3	10.4	32.1	7.4
电梯及运输、仓储设备、器材与设施制造业	2	749.2	971.6	43.7	32.8	6.9
轨道交通设备及零部件制造业	2	1849.3	2249.0	43.0	89.4	17.6
电子元器件与仪器仪表、自动化控制设备制造业	2	2055.4	1703.8	22.8	43.2	13.8
摩托车及零配件制造业	2	445.6	573.9	9.2	13.3	2.7
船舶制造	2	2046.4	4424.6	98.4	71.0	17.4
水上运输业	2	2474.0	5254.9	-12.7	53.2	12.0
机电、电子批发及内外商贸业	2	2069.9	1411.8	25.6	81.7	6.7
旅游、宾馆及娱乐服务业	2	879.8	1043.4	7.6	37.4	9.9
公用事业、市政服务、公共设施、水务等经营与管理业	2	646.1	1674.7	13.3	47.3	9.2
技术、智力、人力资源、劳务、培训、会展、博览等国内外合作以及其他对外经济合作服务业	2	612.9	91.4	4.0	14.2	0.8
乳制品加工业	1	419.9	198.2	17.2	26.6	2.3
木材、家具及竹、藤、棕、草制品业加工业	1	234.4	219.3	32.5	20.4	0.8
农林业机械、设备及零配件制造业	1	282.2	55.2	11.0	3.6	2.2
航空港及相关服务业	1	203.8	1076.9	1.4	28.3	5.0
化工产品及医药批发及内外商贸业	1	4531.6	2866.2	51.3	84.9	4.8
粮油食品及农林、土畜、果蔬、水产品等内外批发商贸业	1	2003.3	2667.8	36.9	0.0	10.7
财产保险业	1	2573.5	6886.5	68.3	170.5	49.4
研发、科技交流与推广和地勘、规划、设计、评估、咨询、认证及总承包等服务业	1	348.5	354.3	22.9	24.7	3.2

四、2013中国企业500强地域分布特征

十多年来，我国大企业发展都存在地区间的发展不平衡问题，大企业主要集中在东部沿海的经济发达地区。近年来中西部地区大企业数量有所增加。2013中国企业500强中，东部地区有355家企业上榜，占71%，比上年减少了10家；中部地区有59家企业上榜，占11.8%，比上年增加了3家；西部地区有62家企业上榜，占12.4%，比上年增加了7家；东部地区有24家，占4.8%，比上年减少了5家。中部和西部地区比例均有所增加，东北地区比例有所减少。事实上，从2002年中国企业联合会第一次发布中国企业500强以来，东部地区的大企业数量都占70%以上；这种格局近十多年来没有大的变化。

从单个省份的上榜情况看，和上年一样，全国共有29个省区有企业进入2013中国企业500强，只有西藏、宁夏没有企业入围。

东部地区：浙江48家、山东46家、广东35家、江苏49家、河北24家、北京99家、天津20家、上海26家、福建8家。

中部地区：河南14家、安徽13家、湖南7家、湖北8家、江西6家、山西11家。

西部地区：重庆13家、四川15家、云南8家、陕西6家、广西6家、内蒙古4家、贵州2家、甘肃4家、新疆3家、青海1家、海南3家。

东北地区：辽宁14家、吉林3家、黑龙江4家。

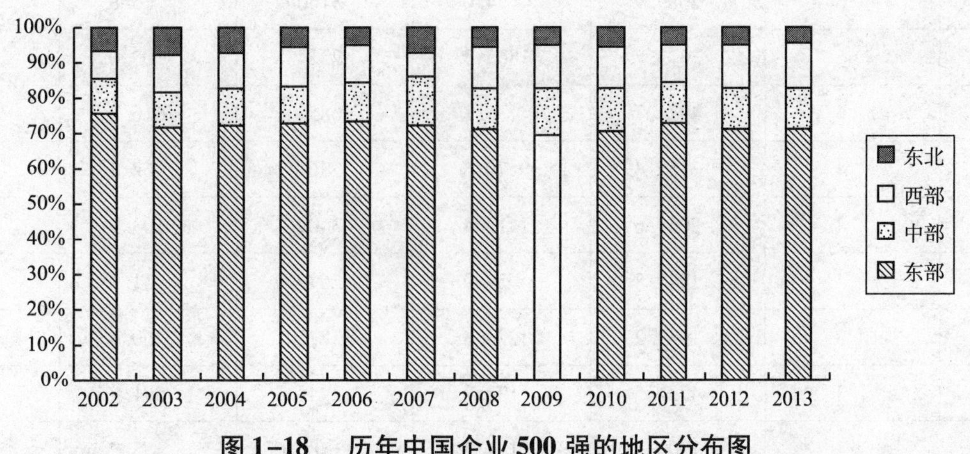

图1-18 历年中国企业500强的地区分布图

表1-23 **2013中国500强企业地域分布** （单位：个、亿元、万人）

名称	企业数	营业收入	净利润	资产总额	缴纳税款	从业人数
全国	500	500207.5	21719.7	1509770.7	36470.7	3071.5
北京	99	253472.1	323.5	1073547.9	20698.7	1479.7
江苏	49	22497.1	3439.4	15225.5	635.1	126.6
浙江	48	21780.6	369.1	15828.4	996.3	104.5

名称	企业数	营业收入	净利润	资产总额	缴纳税款	从业人数
山东	46	22409.4	23.3	20535.8	998.8	146.7
广东	35	32489.8	307.7	112816.7	1916.4	241.1
上海	26	28179.7	1709.3	117169.6	2567.2	108.8
河北	24	13093.9	71.2	9208.4	412.4	72.8
天津	20	12122.8	185.4	9855.1	194.2	36.6
四川	15	6261.0	643.5	6567.6	361.8	55.2
河南	14	6475.8	515.5	6817.3	343.4	65.7
辽宁	14	8824.4	28.5	10560.6	740.2	82.8
安徽	13	6538.1	66.4	6928.9	476.8	46.1
重庆	13	3760.1	52.4	9821.7	216.2	38.9
山西	11	14032.6	44.0	12552.2	765.0	106.6
福建	8	4871.0	4469.4	35052.2	326.3	19.5
湖北	8	9239.0	399.6	7652.6	872.6	43.6
云南	8	3765.0	2540.5	5079.7	1115.3	21.9
湖南	7	4067.8	-0.5	4064.9	644.4	20.2
广西	6	2089.9	4.0	3160.2	66.8	26.1
江西	6	3373.7	1865.3	2224.8	103.0	17.7
陕西	6	4923.7	136.1	6856.1	616.7	36.6
甘肃	4	3155.4	70.6	2761.1	62.4	13.4
黑龙江	4	2064.6	1419.4	3009.3	103.9	103.6
内蒙古	4	1940.8	59.9	2699.9	211.8	11.1
海南	3	1939.2	223.8	3875.1	60.4	18.8
吉林	3	4721.5	132.7	2943.1	591.9	12.3
新疆	3	1300.9	121.2	1780.6	55.9	10.4
贵州	2	600.7	740.1	782.6	306.0	2.9
青海	1	236.7	1592.7	392.6	10.8	1.1

五、2013中国企业500强所有制分布特征

在当前国际国内经济形势下，国有企业、民营企业都受到了较大冲击，尤其中国企业500强长期以来由重化工企业占据突出地位，此次重化工领域是“重灾区”。这显示出包括国有大企业、民营大

企业在内的市场经济主体，在应对经济形势变化时的活力和灵活性方面不足。2013年7月23日，习近平主席在武汉召开全面深化改革的座谈会，着重提出要“进一步增强经济发展活力，为实现经济持续健康发展提供不竭动力，要坚持和完善基本经济制度，增强公有制经济特别是国有经济发展活力，鼓励、支持和引导非公有制经济发展，完善财税体系、发展更高水平的开放型经济体系，不断增强经济发展微观基础的活力”。这对于中国500强企业、对于国有资本的战略性调整和国有企业改革、对于民营企业进一步提高发展质量和效益，具有重要指导意义。

1. 国有大企业和民营大企业均受到严重影响

两年来，中国企业500强中的国有企业和民营企业的营业收入增速、净利润增速均持续下滑。在国有企业方面，除了营业收入增速在2011年较上年稍有提高（从21.9%升为23.1%），2012年营收增速则大幅下降到12.1%；净利润增速则出现了连续两年的大幅下降，从2010年的28.6%降至2011年的16.1%再降至2012年的4.8%，下降幅度非常大。在民营企业方面，营业收入增速和净利润增速均持续两年下跌，其中净利润增速更从2010年的37.6%大幅降至2011年的8.2%在降至2012年的0.26%（如图1-19）。

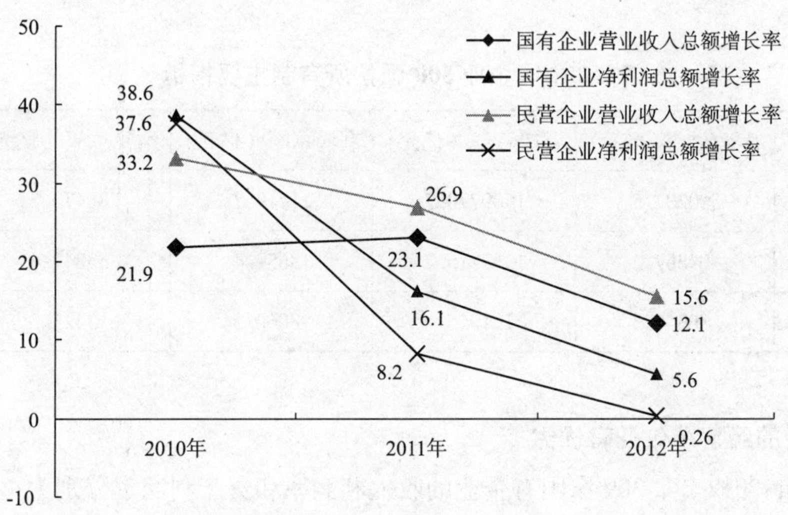

图1-19 近3年中国企业500强中国企和民企的营收和净利润增速（2010-2012年）

从国有企业看，2012年310家国有企业中出现了50家营业收入负增长的，比2011年的14家、2010年的5家出现了大幅增长；净利润负增长的，有127家，比2011年的84家、2010年的49家出现了大幅增长；亏损面逐年扩大，2012年亏损企业有38家，比2011年的10家、2010年的5家出现了大幅增长。

从民营企业看，2012年190家民营企业中出现了34家营业收入负增长的，比2011年的8家、2010年的3家出现了大幅增长；净利润负增长的有89家，占民营数量的46.6%。比2011年的53家、2010年的25家出现大幅增长；亏损企业数量也有所增多，2012年亏损企业有5家，2011年有3家，2010年有2家。

2. 国有大企业居于主导地位

经过多年的国有企业改革和并购重组，国有大企业成为了国有企业的主体，尤其 2003 年成立国资委系统后，国有大企业目前已经成长为具有巨大规模、强大盈利能力的企业群体。在历年中国企业 500 强中，国有及国有控股企业占 2/3，民营及民营控股企业占 1/3。这种格局近十年来没有大的变化。2013 中国企业 500 强与往年相比，所有制结构没有发生变化，国有及国有控股企业仍旧保持主导地位。

2013 中国企业 500 强中，国有及国有控股企业共有 310 家，占总数的 62%，与上年相同；实现营业收入 40.9 万亿元，较上年增长了 12.09%，占 500 强企业营业收入总额的 81.94%；资产总额为 137.76 万亿，较上年增长了 14.14%，占 500 强资产总额的 91.26%；实现利润总额为 1.87 万亿元，较上年增长了 5.59%，占 500 强企业利润总额的 85.91%。

在 2013 中国企业 500 强中，民营企业共有 190 家，占总数的 38%，与上年相同；实现营业收入 9.03 万亿元，较上年增长了 15.32%，占 500 强企业营业收入总额的 18.06%；资产总额为 13.22 万亿，较上年增长了 24.77%，占 500 强资产总额的 8.74%；实现利润总额为 0.31 万亿元，较上年增加了 0.26%，占 500 强企业利润总额的 14.09%（见表 1-24）。

表 1-24　　　　2013 中国企业 500 强按所有制主要指标

所有制	企业数	营业收入（亿元）	资产总额（亿元）	利润总额（亿元）	纳税总额（亿元）	从业人数（万人）
全国	500	500207.5	1509770.7	21719.7	36470.7	3071.5
国有及其控股	310	409867.2	1377815.7	18659.4	33047.4	2572.9
民营	190	90340.3	131955	3060.3	3423.3	498.6

3. 国企和民企的经营绩效各有优劣

从盈利水平看，2012 年，309 家国有企业的收入利润率和资产利润率分别为 4.55%、1.35%，前者显著高于 191 家民营企业的 3.38%，后者显著低于 191 家民营企业的 2.32%。出现这一现象的原因在于，2012 年国有企业和民营企业的营业收入都大幅增长（分别增长了 12.10% 和 15.58%），但国有企业利润总额增长了 5.59%，民营企业利润总额增加了 0.26%，显示出 2012 年我国民营大企业的经营状况有所恶化。

从劳动生产率看，国有企业和民营企业的劳动生产率都有所提高。2013 中国企业 500 强中，国有企业的人均营业收入为 159.3 万元/人（上年为 145.6 万元/人），显著低于民营企业的 182.5 万元/人（上年 165.6 万元/人）；国有企业的人均利润为 7.26 万元/人（比上年的 6.94 万元/人明显上升），显著高于民营企业的 6.17 万元/人（比上年的 6.99 万元/人略有下降上升）。

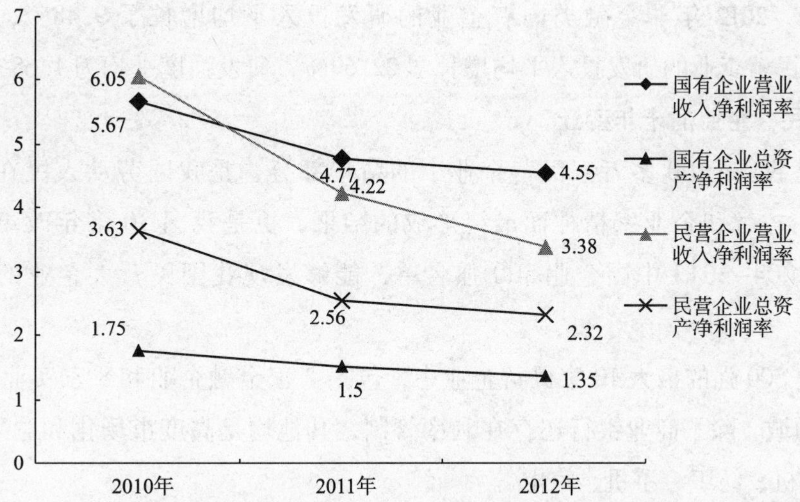

图1-20 近3年中国企业500强中国企和民企的营收和净利润增速（2010-2012年）

表1-25 2013中国企业500强按所有制经济效益与效率

所有制	收入利润率（%）	资产利润率（%）	资产周转率（次/年）	人均营业收入（万元）	人均利润（万元）	平均研发强度（%）
500强	4. 34	1. 35	0. 33	163. 09	7. 08	1. 27（1. 33）
国有	4. 55	2. 32	0. 30	159. 32	7. 26	1. 15（1. 19）
民营	3. 38	1. 44	0. 69	182. 53	6. 17	1. 82（1. 90）

注：平均研发强度等于填报研发数据的企业研发投入之和与其营业收入之和的百分比；（）内为去除金融业企业后的研发强度。

4. 去除金融类企业后国企与民企的比较

2013中国企业500强中，共有290家非金融类国有企业，187家非金融类民营企业。

从营业收入数据看，2012年非金融类国有企业的营业收入平均增长了11. 14%，非金融类民营企业平均增长了14. 81%；从企业平均规模看，2012年非金融类国有企业的平均营业收入为1238. 38亿元，非金融类民营企业的为452. 58亿元。

从利润数据看，2012年非金融类国有企业的利润平均下降了3. 15%，民营企业的平均下降了3. 88%；从企业平均利润看，2012年非金融类国有企业的平均利润为30. 91亿元，民营企业的为13. 19亿元。

从收入利润率和资产利润率看，2012年非金融类国有企业的收入利润率为2. 50%，资产利润率为1. 72%；民营企业的收入利润率为2. 91%，资产利润率为3. 68%。

从资产负债率看，2012年非金融类国有企业的平均资产负债率为66. 09%，民营企业的平均资产负债率为66. 31%。

从纳税看，2012年非金融类国有企业的平均纳税额为12. 26亿元，民营企业的平均纳税额为6. 33亿元。

从研发投入看，2012 年非金融类国有企业的研发投入平均增长了 9.48%，研发强度平均为 1.12%；非金融类民营企业的研发投入平均增长了 22.69%，研发强度平均为 1.68%。

5. 最大 10 家民营企业的十年变迁

民营大企业是我国 1200 多万家民营企业中的精华部分，是我国劳动人民在改革开放和全球化大潮中发挥聪明才智和企业家精神而最终形成的结果，更是我国 30 多年改革开放的主要成果之一。通过观察 2004-2013 中国企业 500 强名单，能够发现我国民营大企业的演进过程和最新特点。

2013 中国企业 500 强的最大 10 家民营企业中，包括 2 家金融企业和 8 家实业企业（表 1-26）。10 家企业所覆盖领域，除了商业银行还存在利率管制，其他均是高度市场化和竞争激烈的领域，如钢铁、汽车、计算机、纺织、手机、家电等。

（1）2 家金融企业分别是中国平安保险集团和民生银行，都是财富世界 500 强企业；前者是我国规模最大的民营企业和民营金融控股公司，2012 年营业收入达到 3399 亿元；后者是我国第一家、很长时间也是唯一一家、现在是规模最大的民营银行，2012 年营业收入达到 1631 亿元。

（2）8 家实业企业包括 1 家钢铁企业（沙钢集团）、1 家有色金属企业（正威国际集团）、1 家电信设备制造和智能终端消费品制造企业（华为技术）、1 家汽车制造企业（吉利控股集团）、1 家纺织企业（魏桥创业集团）、1 家多元化企业（海尔集团）、1 家家电连锁销售和电子商务企业（苏宁控股集团）、1 家综合经营集团（联想控股）。其覆盖领域十分均衡，既有轻工业（纺织），又有重化工业（钢铁、有色）；既有劳动密集型产业（纺织），又有高技术和高资本密集型产业（电信设备制造）；既有过程工业（钢铁、有色），又有终端消费工业（家电、手机、汽车）。

（3）10 年间，最大 10 家民营企业的规模实现了高速增长。从第 10 名营业收入看，2004 中国企业 500 强中，第 10 名民营企业万向集团营业收入为 152 亿元；2013 中国企业 500 强的第 10 名营业收入已达到 1549 亿元，十年间成长了 10 倍。从第 1 名的营业收入看，2004 中国企业 500 强中第 10 名营收为 806 亿元，2013 中国企业 500 强的第 1 名营收则为 3399 亿元，为 10 年前的 4 倍。十年前我国没有一家民营企业进入世界 500 强，十年后已经有 8 家民营企业进入世界 500 强，另外两家也达到入围标准。

（4）民营大企业发展具有高度稳定性。观察十年来最大 10 家民营企业的榜单，能够发现除了 2004 年榜单中的多数企业已经跌出前十名外，其余九年间上榜的前十名民营企业相当稳定，平安、联想、华为、沙钢、魏桥、海尔、苏宁等年年上榜。值得注意的是，浙江吉利控股集团通过收购沃尔沃汽车实现了跨越式发展，近三年连续进入前十名；民生银行通过走差异化路线，为中小微企业提供融资服务，实现了高速增长，连续两年进入前十名。

表 1-26　　2013 中国企业 500 强中的最大 10 家民营企业　　（单位：亿元、%）

名次	公司名称	营业收入	营收增长率（%）	归属母公司净利润	资产总额
22	中国平安保险（集团股份有限公司	3399.2	36.56	200.5	28442.7
39	苏宁控股集团	2327.2	19.51	26.8	761.6
42	联想控股有限公司	2266.5	19.82	17.3	1872.0
44	华为技术有限公司	2202.0	7.98	153.7	2100.1
45	江苏沙钢集团有限公司	2180.4	5.07	6.0	1644.3
59	正威国际集团有限公司	1866.8	45.82	35.9	866.9
60	山东魏桥创业集团有限公司	1865.1	15.84	67.8	988.6
70	中国民生银行股份有限公司	1793.1	31.85	375.6	32120.0
81	海尔集团公司	1631.0	8.06	74.9	1490.9
85	浙江吉利控股集团有限公司	1548.9	2.58	3.3	1132.6

表 1-27　　2010 中国企业 500 强中的最大 10 家民营企业　　（单位：亿元、%）

名次	公司名称	营业收入	营收增长率	归属母公司净利润	总资产
37	华为技术有限公司	1492.5	21.60	182.0	1396.5
38	中国平安保险（集团股份有限公司	1478.4	5.75	144.8	9357.1
40	江苏沙钢集团有限公司	1463.1	0.74	36.9	1335.5
47	海尔集团公司	1249.1	5.01	29.3	965.9
50	江苏苏宁电器集团有限公司	1170.0	14.32	29.9	358.4
55	国美电器控股有限公司	1068.0	2.20	27.3	—
56	联想控股有限公司	1063.8	-7.68	12.1	872.7
67	美的集团有限公司	865.7	7.13	45.9	577.2
73	山东魏桥创业集团有限公司	806.2	6.53	48.9	515.9
86	大连大商集团有限公司	705.4	12.76	—	—

表 1-28　　2005 中国企业 500 强中的最大 10 家民营企业　　（单位：亿元、%）

名次	公司名称	营业收入	营收增长率	归属母公司净利润	总资产
18	海尔集团公司	1009.1	25.12	5.6	428.1
33	中国平安保险（集团股份有限公司	632.5	-5.06	31.2	2645.0
56	联想控股有限公司	419.2	3.95	14.8	222.0
72	华为技术有限公司	315.2	—	50.2	—
75	江苏沙钢集团有限公司	311.2	52.29	23.5	264.5

名次	公司名称	营业收入	营收增长率	归属母公司净利润	总资产
83	上海复星高科技（集团）有限公司	281.3	20.57	19.3	340.3
94	江苏华西集团公司	260.4	129.03	13.0	124.1
103	国美电器有限公司	244.0	34.73	7.7	75.9
109	山东魏桥创业集团有限公司	231.2	102.34	9.6	223.0
117	苏宁电器连锁集团股份有限公司	221.1	79.55	4.0	31.9

表 1-29　　2004 中国企业 500 强中的最大 10 家民营企业　　（单位：亿元、%）

名次	公司名称	营业收入	营收增长率	归属母公司净利润	总资产
19	海尔集团公司	806.5	13.50	11.6	339.9
26	中国平安保险（集团股份有限公司	674.6	8.76	21.1	1831.6
61	上海复星高科技（集团）有限公司	269.7	166.57	25.6	368.4
86	江苏沙钢集团有限公司	204.0	—	7.8	214.0
88	珠海格力集团公司	198.4	40.93	2.2	168.1
90	春兰（集团）公司	191.5	3.06	1.1	189.7
101	美的集团有限公司	175.3	24.46	3.1	93.4
114	中兴通讯股份有限公司	160.4	38.82	7.5	157.7
118	广厦控股创业投资有限公司	156.4	49.96	6.6	140.3
122	万向集团公司	152.1	28.63	9.5	128.3

六、2013 中国企业 500 强的研发状况

1. 整体研发投入继续增长，平均研发强度有所下降

2013 中国企业 500 强有 431 家企业填报了研发数据，共投入研发资金 5426.55 亿元，较上年增长了 11.37%（增幅较上年的 16.5%有明显回落）；平均研发费用为 12.59 亿元，较上年的 11.33 亿元增长了 11.12%（较上年 16.26%的增幅有明显回落）；431 家企业的平均研发强度（研发投入占营业收入的百分比）仅为 1.27%，已经连续两年下滑（前两年分别是 1.33%、1.44%）。

2013 中国企业 500 强中，研发投入资金最大的五家企业均超过 100 亿元，分别是：华为技术有限公司（2012 年研发费用 300.90 亿元，比上年增长了 26.98%；研发强度为 13.66%，较上年增长了 2.92 个百分点，下同）、中国石油天然气集团公司（272.98 亿元，增长了 12.41%；研发强度为 1.02%，与去年持平）、中国航空工业集团公司（240.99 亿元，增长了 11.16%；研发强度为 8.02%，降低了 0.19 百分点）、中国移动通信集团公司（157.87 亿元，增长了 10.00%；研发强度为 2.58%，较上年增长了 0.04 个百分点）、中国船舶重工集团公司（101.35 亿元，增长了-0.78%；研

发强度为5.79%，较上年下降了0.48个百分点）。可以看出，华为技术有限公司的研发强度有大幅增长，中国石油天然气集团公司的研发强度基本持平，中国移动通信集团公司略有增长外，2家企业的研发强度有不同程度下降。

2013中国企业500强中，研发强度超过5%的有12家企业，超过10%的有2家公司，分别为：华为技术有限公司（研发强度13.66%）、中兴通讯股份有限公司（研发强度10.48%）。2012年，430家企业中有104家企业的研发投入出现了负增长，较上年增加了28家。

表1-30　　2013中国企业500强研发强度超过5%的企业

500强名次	公司名称	2012年研发费用（万元）	研发增长率（%）	研发强度（%）
44	华为技术有限公司	3009000	26.98	13.66
140	中兴通讯股份有限公司	882919	3.96	10.48
28	中国航空工业集团公司	2409868	11.16	8.02
392	京东方科技集团股份有限公司	178080	56.26	6.91
335	哈尔滨电气集团公司	204633	13.31	6.68
387	山东胜通集团股份有限公司	151452	34.58	5.79
74	中国船舶重工集团公司	1013471	-0.78	5.79
81	海尔集团公司	890513	4.65	5.46
422	春风实业集团有限责任公司	127530	10.30	5.25
129	中国南车集团公司	478005	51.97	5.16
376	利华益集团股份有限公司	134541	27.42	5.05

2. 专利数和发明专利数量都大幅提高

从研发的专利产出看，有399家企业提供了专利数据，其中373家企业有发明专利数据（华为技术有限公司、上海复星高科技集团公司、万向集团公司等技术密集型企业未提供相关数据）。

从这些数据可以看出，2013中国企业500强共拥有专利33.29万项，比上年的25.84万项目增加了28.83%；其中共有发明专利8.49万项，比上年的7.50万项增加了13.2%，占全部专利数量的25.50%。从平均数据看，399家企业平均每家企业拥有专利数量834.31项，比上年的685.41项增长了21.72%；平均拥有发明专利228.19项，比上年的197.73项增加了15.40%。

最单个企业看，拥有专利数量超过10000项的有5家企业，分别是国家电网公司、中兴通讯股份有限公司、中国石油天然气集团公司、美的集团公司和中国石油化工集团公司。拥有发明专利数量超过1000项的有21家企业，比上年增加了4家，分别是：中兴通讯股份有限公司、中国石油化工集团公司、海尔集团公司、中国移动通信集团公司、联想控股有限公司、TCL集团股份有限公司、中国化工集团公司、中国石油天然气集团公司、中国航空工业集团公司、中国北方机车车辆工业集团公司、宝钢集团有限公司、中国船舶重工集团公司、国家电网公司、东风汽车公司、中国铝业公司、中国兵器工业集团公司（见表1–31）。

拥有专利数量尤其发明专利数量，是企业技术创新活动的重要指标，但科技产出包括中间产出和最终产出，专利只是衡量中间产出的指标，专利要转化成企业的营业收入和利润，最终还要表现为收益性产出、技术性产出和竞争性产出三个方面。企业能否通过加强技术创新，转变企业增长方式，促进国民经济的转型升级，最终都要靠企业创新活动和产出来决定。

表1–31　　2013中国企业500强中拥有发明专利项数最多的10家企业

500强排序	公司名称	2012年研发费用（万元）	研发强度（%）	拥有专利项数（项）	发明专利项数（项）
140	中兴通讯股份有限公司	882919	10.48	14000	11000
1	中国石油化工集团公司	819982	0.29	10608	7989
81	海尔集团公司	890513	5.46	8987	4716
2	中国石油天然气集团公司	2729834	1.02	13905	2916
28	中国航空工业集团公司	2409868	8.02	7987	2513
53	中国化工集团公司	406607	2.02	3583	2510
146	海信集团有限公司	325167	4.01	8409	2417
114	美的集团有限公司	339200	3.30	12458	2251
3	国家电网公司	793973	0.42	16399	2117
130	中国北方机车车辆工业集团公司	259837	2.82	5296	2107

七、2013中国企业500强的国际化分析

进入21世纪以后，中国企业国际化进程进入快速发展时期，尤其在2008年国际金融危机以后，我国大企业的海外发展之路进入突飞猛进的增长时期。进入2012年，欧债危机愈演愈烈，海外投资也面临着严峻的考验，但是即使这样，面对着激烈的国际竞争格局，我们每个企业要生存、要发展，绝对不可能闭门造车。

1. 海外营业收入较快增长，但增速大幅下降

2013中国企业500强中，有271家企业提供了海外营业收入数据，比上年增加了4家。271家企业共实现海外营业收入5.72万亿元，比上年的4.92万亿元增长了16.26%（比上年的44.15%有大幅下降）；占270家营业收入总额的11.43%，较上年的11.14%基本持平。

第一，海外营业收入超过500亿元的有18家企业，与去年持平。其中，海外营业收入最高的是中国石油天然气集团公司，2012年海外营收达到了13384.99亿元，比上年增长了19.75%，占营业收入的比例为49.88%（见表1–32）。

表 1–32　　2013 中国企业 500 强中海外营业收入超过 500 亿元的企业

500 强排序	公司名称	2012 年营业收入（亿元）	2012 年海外收入（亿元）	海外收入占比（%）	海外收入增长率（%）
2	中国石油天然气集团公司	26834.8	13385.0	49.9	19.7
1	中国石油化工集团公司	28306.1	8896.4	31.4	23.5
15	中国中化集团公司	4531.6	3660.5	80.8	–4.2
10	中国海洋石油总公司	5265.7	2261.3	42.9	12.0
44	华为技术有限公司	2202.0	1644.2	74.7	16.1
85	浙江吉利控股集团有限公司	1548.9	1292.8	83.5	1.2
64	中国远洋运输（集团）总公司	1813.0	1277.0	70.4	5.5
42	联想控股有限公司	2266.5	1216.8	53.7	12.5
19	中国兵器工业集团公司	3661.1	1141.0	31.2	20.0
27	中国兵器装备集团公司	3026.4	1002.7	33.1	33.4
63	中国电子信息产业集团有限公司	1830.3	992.3	54.2	49.2
37	中国航空油料集团公司	2425.5	982.6	40.5	43.8
25	中国五矿集团公司	3268.7	911.2	27.9	–4.2
157	珠海振戎公司	747.7	733.6	98.1	–3.0
30	宝钢集团有限公司	2882.3	697.4	24.2	32.6
20	中国中信集团有限公司	3497.6	602.7	17.2	6.0
52	中国电力建设集团有限公司	2017.1	590.4	29.3	14.6
59	正威国际集团有限公司	1866.8	527.3	28.2	118.1

第二，海外营业收入占营业收入比例超过 50% 的企业有 11 家，比去年增加 1 家。11 家企业中，海外收入增长率最大的是中国电子信息产业集团有限公司，2012 年海外营收比 2011 年增加了 49.17%。而前两年连续海外营收增速最高的浙江吉利控股今年海外营收增长率只有 1.19%，显示吉利控股集团整合沃尔沃汽车公司需要有一个过程（见表 1–33）。

表 1–33　　2013 中国企业 500 强中海外营业收入超过 50% 的企业

500 强排序	公司名称	2012 年营业收入（亿元）	2012 年海外收入（亿元）	海外收入占比（%）	海外收入增长率（%）
157	珠海振戎公司	747.7	733.6	98.1	–3.0
85	浙江吉利控股集团有限公司	1548.9	1292.8	83.5	1.2
15	中国中化集团公司	4531.6	3660.5	80.8	–4.2

500 强排序	公司名称	2012 年营业收入（亿元）	2012 年海外收入（亿元）	海外收入占比（%）	海外收入增长率（%）
44	华为技术有限公司	2202.0	1644.2	74.7	16.1
64	中国远洋运输（集团）总公司	1813.0	1277.0	70.4	5.5
202	中国国际海运集装箱（集团）股份有限公司	543.3	311.3	57.3	-25.3
233	浙江省国际贸易集团有限公司	448.0	253.3	56.5	1.2
238	上海纺织（集团）有限公司	440.1	243.3	55.3	-1.0
63	中国电子信息产业集团有限公司	1830.3	992.3	54.2	49.2
42	联想控股有限公司	2266.5	1216.8	53.7	12.5
140	中兴通讯股份有限公司	842.2	446.0	53.0	-4.5

第三，海外营业收入占比差异巨大。270 家企业中，海外营业收入占比超过 90% 的有 1 家企业；介于 50%-90% 之间的有 10 家企业；介于 30%-50% 之间的有 14 家企业；介于 10%-30% 的有 59 家，低于 10% 的有 186 家企业。一般认为海外收入超过 30% 是企业国际化经营能力的一个标志。2013 中国 500 强企业中海外收入比例高于 30% 的企业只有 25 家，而且多数以贸易或中间产品为主的企业，这说明中国大企业的国际竞争力还需要进一步提高，需要用更过硬的最终产品去占领国际市场（见表 1-34）。

表 1-34　　2013 中国企业 500 强海外收入占比情况

增长率	90% 以上	50%-90%	30%-50%	30%-10%	10% 以下	总数
企业数目	1	10	14	59	186	270
比例（%）	0.37	3.70	5.19	21.85	68.89	100

2. 2013 中国企业 500 强的海外资产大幅增长

随着我国大企业的全球化进程的加快，企业的海外资产及其占比都可能越来越大。2013 中国企业 500 强中，有 234 家企业提供了海外资产数据。从这些数据可以看到，2012 年 234 家企业的海外资产总额达到了 6.75 万亿元，较上年的 5.54 万亿元增长了 21.64%；占 234 家企业资产总额的 8.35%。

第一，海外资产超过 1000 亿元的有 10 家企业。其中海外资产最高的是中国工商银行，2012 年海外资产达到 10143.28 亿元，占总资产的比例为 5.78%；其他企业均为中央国有企业（见表 1-35）。

表 1-35 2013 中国企业 500 强中海外资产超过 1000 亿元的企业 （单位：亿元、%）

500 强排名	公司名称	2012 年资产总额	2012 年海外资产	海外资产增长率	海外资产占比
4	中国工商银行股份有限公司	175422.2	10143.3	29.1	5.8
2	中国石油天然气集团公司	34094.2	8201.5	23.0	24.1
1	中国石油化工集团公司	19568.3	7150.9	25.1	36.5
5	中国建设银行股份有限公司	139782.9	5185.8	17.0	3.7
32	交通银行股份有限公司	52733.8	3860.1	15.3	7.3
20	中国中信集团有限公司	35656.9	2978.5	6.8	8.4
10	中国海洋石油总公司	8181.0	2436.9	19.6	29.8
15	中国中化集团公司	2866.2	1932.7	8.9	67.4
64	中国远洋运输（集团）总公司	3496.7	1874.6	13.0	53.6
36	中国铝业公司	4284.1	1423.7	18.2	33.2

第二，海外资产占总资产比例超过 30% 的企业有 14 家。其中浙江吉利控股集团有限公司占比最高，为 67.60%。中国中化集团公司次之，为 67.43%；中国远洋运输（集团）总公司、中兴通讯股份有限公司、TCL 集团股份有限公司位居 3-5 位（见表 1-36）。

表 1-36 2013 中国企业 500 强中海外资产占比超过 30%的企业

500 强排名	公司名称	2012 年资产总额（亿元）	2012 年海外资产（亿元）	海外资产增长率（%）	海外资产占比（%）
85	浙江吉利控股集团有限公司	1132.6	765.7	11.2	67.6
15	中国中化集团公司	2866.2	1932.7	8.9	67.4
64	中国远洋运输（集团）总公司	3496.7	1874.6	13.0	53.6
140	中兴通讯股份有限公司	1074.5	475.4	8.5	44.2
165	TCL 集团股份有限公司	797.4	350.9	7.3	44.0
305	山东如意科技集团有限公司	164.0	71.3	78.3	43.5
235	中国中纺集团公司	273.3	117.0	137.3	42.8
42	联想控股有限公司	1872.0	752.8	6.0	40.2
25	中国五矿集团公司	2471.6	964.2	24.2	39.0
1	中国石油化工集团公司	19568.3	7150.9	25.1	36.5
122	兖矿集团有限公司	1845.8	648.9	66.4	35.2
173	中国海运（集团）总公司	1758.1	598.4	5.1	34.0
459	同方股份有限公司	337.0	114.4	12.3	34.0
36	中国铝业公司	4284.1	1423.7	18.2	33.2

第三，海外资产增长率差异巨大。从 2013 中国企业 500 强数据看，2012 年 234 家企业的海外资产增长率差异巨大。有 4 家企业增长率超过 1000%。此外还有 26 家企业的海外资产增长率介于 100%-1000%；167 家企业的海外资产介于0-100%之间；有28 家企业海外资产出现了负增长，其中降幅最大的企业降幅均超过 60%（见表 1-37）。

表 1-37　　2013 中国企业 500 强中海外资产增幅最大的 10 家企业　　（单位：亿元、%）

500 强排名	公司名称	2012 年资产总额	2012 年海外资产	海外资产增长率	海外资产占比
119	徐州工程机械集团有限公司	749.5	43.4	4189.4	5.8
147	潍柴控股集团有限公司	839.9	168.6	1961.0	20.1
212	河北津西钢铁集团公司	303.0	4.9	1325.8	1.6
461	中基宁波集团股份有限公司	51.3	8.0	1028.1	15.6
294	中南控股集团有限公司	621.0	58.4	967.2	9.4
182	大冶有色金属集团公司	288.2	18.1	776.7	6.3
499	江苏省苏豪控股集团有限公司	224.5	0.8	547.9	0.4
95	光明食品（集团）有限公司	2256.0	251.9	325.3	11.2
265	浙江省商业集团有限公司	503.1	1.5	304.3	0.3
295	安徽省皖北煤电集团公司	408.9	0.4	258.3	0.1

3. 2013 中国企业 500 强的海外职工人数明显增长

2013 中国企业 500 强共有 239 家企业填报了海外职工人数。2012 年，239 家企业的海外员工总数为 66.09 万人，较上年的 55.92 万人增长了 18.18%，占这些企业职工总数 1950.45 万人的 3.39%。单个企业看，海外员工人数最多的是中国石油天然气集团公司，2012 年海外员工数量为 10.43 万人；海外员工人数占企业职工数量最多的是青建集团股份有限公司，2012 年海外员工数量为 0.62 万人，占全公司人数的 51.16%。2013 中国企业 500 强有 2 个海外员工人数占比超过 50% 的企业，分别是青建集团（2012 年海外人数占比是 51.16%）、浙江吉利控股集团有限公司（2012 年海外人数占比是 50.7%）（见表 1-38、表 1-39）。

表 1-38　　2013 中国企业 500 强中海外职工数量超过 1 万人的企业　　（单位：人、%）

500 强名单	公司名称	2012 年平均人数	2012 年海外员工数	海外人数占比
2	中国石油天然气集团公司	1656465	104319	6.3
52	中国电力建设集团有限公司	207526	75000	36.1
20	中国中信集团有限公司	163468	55070	33.7
1	中国石油化工集团公司	1015039	52171	5.1

500 强名单	公司名称	2012 年平均人数	2012 年海外员工数	海外人数占比
85	浙江吉利控股集团有限公司	40500	20530	50.7
91	大连万达集团股份有限公司	78530	18229	23.2
236	雅戈尔集团股份有限公司	48201	15564	32.3
28	中国航空工业集团公司	486084	13124	2.7
81	海尔集团公司	74693	11951	16.0
63	中国电子信息产业集团公司	129948	10759	8.3
94	中国能源建设集团有限公司	163342	10324	6.3
53	中国化工集团公司	127107	10215	8.0

表 1-39　　2013 中国企业 500 强中海外职工占比超过 10%的企业　　（单位：人、%）

名次	公司名称	2012 年平均人数	2012 年海外员工数	海外人数占比
291	青建集团股份有限公司	12034	6156	51.2
85	浙江吉利控股集团有限公司	40500	20530	50.7
276	白银有色集团股份有限公司	17452	7858	45.0
52	中国电力建设集团有限公司	207526	75000	36.1
20	中国中信集团有限公司	163468	55070	33.7
236	雅戈尔集团股份有限公司	48201	15564	32.3
338	上海华信石油集团有限公司	5005	1603	32.0
125	万向集团公司	20915	6270	30.0
474	浙江龙盛控股有限公司	8465	2000	23.6
91	大连万达集团股份有限公司	78530	18229	23.2
305	山东如意科技集团有限公司	23978	5458	22.8
176	广东省广新控股集团公司	23693	5267	22.2
42	联想控股有限公司	39553	8300	21.0
124	中国保利集团公司	37731	7404	19.6
15	中国中化集团公司	47718	9054	19.0
86	中国有色矿业集团有限公司	53811	8843	16.4
382	安徽建工集团有限公司	12643	2046	16.2
81	海尔集团公司	74693	11951	16.0
395	重庆轻纺控股（集团）公司	27656	4319	15.6
235	中国中纺集团公司	22386	3288	14.7
245	青山控股集团有限公司	14200	2000	14.1

名次	公司名称	2012 年平均人数	2012 年海外员工数	海外人数占比
157	珠海振戎公司	128	18	14.1
440	广州轻工工贸集团有限公司	8306	1042	12.5
324	金龙精密铜管集团公司	4597	528	11.5
140	中兴通讯股份有限公司	78402	8825	11.3
119	徐州工程机械集团有限公司	27790	2856	10.3
279	中国恒天集团有限公司	54504	5588	10.3
470	三河汇福粮油集团有限公司	3000	305	10.2
143	三一集团有限公司	50000	5000	10.0

八、兼并重组浪潮继续推进

2013 中国企业 500 强共有 144 家企业实施了兼并重组活动。2012 年，144 家企业共并购重组了 1061 家企业，比上年的 1112 家减少了 50 家，说明 2012 年的并购重组活动仍然十分活跃。和上年一样，2012 年的并购重组活动仍然是由国有企业主导的。2012 年，93 家国有企业共兼并重组了 860 企业，占全部并购数量的 81.06%；51 家民营企业共兼并重组了 201 家企业，占 18.94%；国有企业平均兼并重组了 9.2 家，民营企业平均兼并重组了 3.9 家。

从兼并重组的行业看，2011 年我国兼并重组最为活跃的主要在煤炭、建材、电力。在煤炭领域，2012 年山西焦煤集团公司、开滦集团公司、陕西煤化集团公司、徐州矿物集团公司、中国平煤神马能源化工集团公司、山东能源集团有限公司、大同煤矿集团公司、河南神火集团公司、阳泉煤业集团公司、内蒙古伊泰集团公司等 10 家企业就兼并重组了 331 家企业，占全部被兼并企业数量的 31.20%，远小于去年的比例。在建材领域，中国建筑材料集团、吉林亚泰集团等共兼并收购了 271 家，占 25.54%。电力生产领域，中国电力投资集团、中国国电集团等共兼并收购了 51 家企业，占 4.81%（见表 1-40）。

表 1-40　　2013 中国企业 500 强中兼并重组超过 10 家的企业

500 强排名	公司名称	营收增长率（%）	资产增长率（%）	并购或重组企业数
65	山西焦煤集团有限责任公司	44.1	31.4	164
73	开滦（集团）有限责任公司	20.7	11.6	61
99	陕西煤业化工集团有限责任公司	24.1	40.4	23
383	徐州矿务集团有限公司	11.1	9.5	20
98	中国平煤神马能源化工集团有限责任公司	7.5	7.3	11

500 强排名	公司名称	营收增长率（%）	资产增长率（%）	并购或重组企业数
69	中国电力投资集团公司	14.2	13.8	20
46	中国建筑材料集团有限公司	12.0	44.9	235
268	吉林亚泰（集团）股份有限公司	13.9	27.3	14
179	中国中材集团有限公司	6.9	13.8	10
120	中国黄金集团公司	27.0	22.6	19
108	海航集团有限公司	14.4	20.3	20
195	庞大汽贸集团股份有限公司	4.2	20.2	25
80	中国医药集团总公司	32.2	22.7	34
177	恒大地产集团有限公司	5.4	33.5	19
55	绿地控股集团有限公司	35.4	74.3	10

九、经济下行背景下中国大企业的几个突出问题

近两年来，我国经济增速持续下行。一方面，这说明我国经济的潜在增长率在下降，正在由中高速增长向中速“换档”；另一方面，事实求是地看，本轮经济增速下行的确给我国大企业带来相当大的影响，市场需求减少，市场竞争加剧，产品价格下降，但各种成本整体仍不断增高，企业利润在双重挤压下增长困难；同时，降本增效的空间和潜力都十分有限，不少企业反映，“有效地驾驭错综复杂的管理任务比以往任何时候都更为艰巨”。突出的有以下几个方面：

1. 宏观经济增速下行直接影响大企业的市场空间

当前我国企业面临的最直接困难就是经济下行所带来的市场需求减少，企业订货数量减少，企业生产能力难以满足，产能利用率不同程度下降。第一，从需求端看，中国经济内生增长动力趋缓，尤须是固定资产投资增速回落趋势确立，进而决定了对煤炭、石油、电力、钢铁、有色、建材、家电等需求增速不快，甚至局部时段负增长，维持时间也趋向中长期化。以煤炭为例，GDP 增速下降尤其是二产增速下降，必然导致重资产行业的需求端增速下滑。2001-2012 年，国内原煤产量复合增速 10%，2012 年产量下降主要原因是需求端萎缩导致煤炭企业不得不压低产量。

第二，从供给端看，钢铁、煤炭、有色、建材、家电等行业在惯行投资作用下，未来 3 年内的新增供给仍呈上升趋势，产能过剩问题会愈加突出，同时“去落后产能”和“去新增产能”的可能性和幅度均有限。以煤炭为例，2012 年中国煤炭行业固定资产投资 5285 亿元，同比增长 7.7%。虽然增速大幅回落 18.2 个百分点，但固定资产投资快速增长仍然在增加新增产能，增速下降但仍贡献新增产能，预计未来几年煤炭新增产能仍会年均增长 1.5 亿吨，远期供给能力很大，产能和需求“悬崖”可能会更加突出。

第三，从市场效果看，产品价格长期持续下跌，综合成本持续上升，即使交易量稳定，营业收入和净利润也持续下降。以煤炭为例，煤炭供需由趋紧转向驱松，供求关系的转换必然给予煤炭价格以较大下降压力。2008-2012 年，主要煤炭公司吨原煤净利均值分别为 125 元/吨、90 元/吨、101 元/吨、114 元/吨和 94 元/吨，明显收窄。在这种背景下，2012 年我国大型钢铁、煤炭、有色、建材企业的营业收入总额和净利润总额均大幅下降，一些企业甚至出现大幅亏损。

序号	煤种	2007	2008	2009	2010	2011	2012	13 年前 5 月
1	开滦肥精煤	707	1278	1006	1229	1324	1168	1095
	涨跌		571	-272	223	95	-156	-335
2	晋城无烟煤	540	931	806	818	1115	1009	900
	涨跌		391	-125	12	297	-106	-215
3	大同动力煤	248	481	456	472	546	496	450
	涨跌		233	-25	16	74	-50	-100

图 1-21　近年来国内煤炭价格走势

2. 金融改革滞后严重影响制造业等实体企业发展

近两年，中国企业 500 强中的突出现象是制造业的利润占比大幅下降，以五大国有商业银行为代表的商业银行业的利润占比大幅上升，2011-2012 年，5 家国有商业银行的利润占比连续两年大幅超过 260 多家制造业企业的利润占比，且差距越来越大。在近两年对 500 强企业调研中，实业企业普遍反映融资难、融资贵的问题愈加突出，同时人民币近两年的大幅升值对实业企业的利润空间形成严重侵蚀。金融改革的严重滞后已经深刻影响到实体经济的可持续发展。

第一，流动性过剩背景下企业融资困难十分突出。2013 年 4 月底，我国广义货币供应量 M2 突破 100 万亿大关，达到 103 万亿，4 月份同比增长了 16.1%，增速达到 2011 年 3 月份以来的最高值；同时，1-4 月份我国社会融资总量已经达到 7.9 万亿；总体而言，流动性仍处在较宽松的局面。但即使如此，企业仍然感觉到货币政策是偏紧的。另一方面，许多实业企业都不同程度出现融资困难，许多企业酝酿上市融资。一些资源企业正在向节能、环保、绿色经济转型，但需要投入大量资金和前期投入，但“偏紧的货币政策使企业融资难题突出”，融资成本大幅增加，和原料成本、劳动力成本叠加在一起，成为经营难题。这一现象是值得反思的。这说明金融业还没有真正形成支持实体经济发展的态势。

第二，人民币持续升值侵蚀企业利润。近两年人民币汇率升值成为困扰许多 500 强企业的突出问题。截止 2013 年 6 月 7 日，中国货币交易中心授权公布美元对人民币中间报价为 6.1620，这标志着人民币兑美元汇率中间价强势突破前高 6.1735，再创汇改以来新高。从 6.28 元/美元一路攀升至 6.16 元/美元，从 4 月至 6 月 7 日短短 45 个交易日，人民币对美元累计升值逾 1.71%，已经远远超过去年全年 0.24% 的升值幅度，并创下人民币 2010 年 10 月以来的最快升值速度。此外根据国家外汇管理局的数据统计，人民币兑欧元日元等货币的升值态势更为凌厉。人民币屡创新高，人民币升值的步伐加快，直接导致了制造业企业出口签约和利润受到影响，叫苦连连。机电、纺织、船舶和海工平台、装备制造、高技术产品、轻工业等产品出口都受到人民币加速升值的影响。企业反映，如

果再继续升值，海外订单做得越多，亏损越多。

以“两率”为指标的金融改革滞后，对制造业、服务业等实体经济影响很大。以工业增加值和能够反映实体经济运行态势的“克强指数”来看，2012年全年至2013年上半年，工业增加值增速和克强指数显示出一致下跌的态势，其中构成克强指数的三大指标中，工业用电量和铁路货运量下滑，而中长贷余额增速基本持平。这显示出实体经济孱弱不堪。

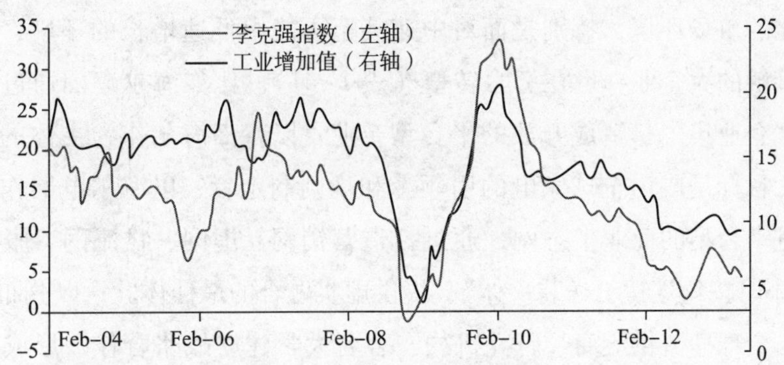

图1–22 近年来能够反映实体经济走势的“克强指数”和工业增加值变化趋势

新一届中央政府高度重视金融改革对于实体经济发展、大企业转型的作用，并在行政审批制度之后，将放松银行利率管制作为改革的优先序之一。2013年7月1日，国务院办公厅下发《关于金融支持经济结构调整和转型升级的指导意见》，《意见》提出要更好地发挥金融对经济结构调整和转型升级的支持作用，推动解决制约经济持续健康发展的结构性问题，真正提高金融服务实体经济的质量和水平；其主要目的在于促进中国经济的结构性调整和转型，特别是要解决资金分布不合理，部分领域融资渠道少、成本高的问题，减少和消除经济运行当中的不稳定和不确定因素，并最终解决好结构性矛盾，推进经济转型升级。

3. 大企业对经济中低速增长的适应能力较低

2011–2012年，我国以500强为代表的大企业，特别是重化工企业、外向型企业以及部分消费类企业，都不同程度受到经济增速下行带来的冲击。显然，许多企业十分不适应“较低”的经济增长速度和固定资产投资增速，即大企业在应对市场变化特别是急剧变化时的灵活性或快速反应能力较低。由于大企业的规模超级大，通常横跨多个产业领域和区域，内部关系复杂，从市场第一线到最上层的战略决策中心要经历许多程序，且不一定能做出有效、正确的决策，因而常常导致大企业在应对市场变化时缺乏灵活性。这是“大企业病”的病症之一。

企业管理本质上是企业与变化着的背景或环境不断对话的过程，企业对环境的快速反应能力是企业为获取投资扩张战略所需关键能力；系统的战略反应能力，即感知变化的能力、设计应变方案的能力和迅速采取行动的能力，关系到能力系统的生存。企业要在快速变化的市场环境下生存，就要求企业具备全球范围内的信息搜寻、获取与反馈的能力，树立像海尔集团那样的“快速反应，马上行动”观念，监控并评估外部环境的关键因素。美国麻省理工学院琼斯教授在2005年指出，目前中国企业关注的焦点仍然是快速扩大规模，而不是提高效率；要打入西方国家市场，中国企业要在提高产品技术含量和对市场反应能力两方面下功夫。正如杰克·韦尔奇指出，“当前中国许多优秀企业面临的困境正是战略的困境。在充满不确定因素的产业环境中，中国企业应通过战略管理来保持生存和发展，在全球化扩张中实现持续平滑的增长。”战略管理学家安索夫（H. I. Ansoff）指出：企业要适应环境，一个很重要的方面就是要能够对自身所处的环境以及未来的变化趋势有所认识，特别是对环境中不确定事件的分析和应付能力尤为重要。

在面对急剧变化的市场环境，特别是面对中速甚至可能中低速增长的环境，部分中国大企业特别是与消费者密切接触的大企业，也在努力转型（表1-41）。比如海尔集团通过解决方案和管理模式的破坏性创新，把企业集团打造成开放的平台型企业：以青岛海尔作为主体的平台，以破坏性创新推进智慧化家电，目标是成为全球家电的引领者和规则制定者；以海尔电器作为主体的、以交互平台和配送平台推进平台型的商业生态网，通过打造营销网、虚网、物流网、服务网四网融合的竞争力，为用户“24小时按约送达、送装一体”，提供虚实融合的最佳体验；以分布全球的五大研发中心作为资源接口，与全球一流供应商、研究机构、著名大学建立战略合作，形成了以虚实网为媒介的120多万名科学家和工程师的创新生态圈。联想、华为、苏宁、大连万达等企业也成为大企业转型的代表。但占据中国企业500强绝大多数的传统制造加工业、资源能源类企业、金融企业在转型升级方面则行动缓慢，依旧习惯于在过去经济快速增长的惯性和模式。

表1-41　　部分2013中国企业500强的转型案例

企业	传统领域	新的转型	目标	效果
海尔集团	传统家电制造	适应个性化生产的需求，实施网络化战略，通过解决方案和管理模式的破坏性创新，打造开放的平台型企业，海尔为用户提供引领的美好生活解决方案；在管理方面，海尔通过人单合一双赢模式创新使组织充满创造力	全球家电的引领者和规则制定者	近年来海尔利润复合增长率达35%，资金周转天数（CCC）为-10天
联想控股有限公司	电脑生产和销售	转变为综合经营企业，核心资产运营、资产管理、孵化器投资三大板块。核心资产运营包括IT、房地产、消费与现代服务等五大行业。资产管理板块将持续创造现金流，为核心资产的运营和孵化器的投资提供资金保障	2010年制定了中期发展战略：通过购、建核心资产，实现跨越性增长，2014-2016年成为上市的控股公司	
华为技术有限公司	通信设备制造	定位为信息与通信解决方案供应商，在电信网络、企业网络、消费者和云计算等领域构筑了端到端的解决方案		

企业	传统领域	新的转型	目标	效果
苏宁控股集团	家电零售	提出“云商”模式，即“店商+电商+零售服务商相结合的新零售业模式”，全力打造连锁店面和电子商务两大开放平台，线上线下虚实结合	要把三年左右时间里整个模式的创新进行定型和固化。	2013 年 1-6 月，苏宁云商实现营业总收入 554.54 亿元，比上年同期增长 17.51%，实现利润总额 8.61 亿元
大连万达集团	商业地产开发	打造商业地产的完整产业链，进军文化	2015 年目标：资产 4000 亿元，年收入 2500 亿元，年纳税 300 亿元，净利润 200 亿元	2013 年 1-6 月，万达集团总收入 745.1 亿元，完成全年目标的 42.2%、上半年目标的 109.3%，同比增长 33%

数据来源：中国企联研究部整理。

4. 内外部资源的管控和整合能力需要提高

大企业的最突出特征是总体规模大、内部组织多、遍布区域广、利益主体多。今天，国内外多数大企业都以企业集团的形式存在，通常采用母子公司的组织架构，我国大企业还多出现跨行业、跨地区、跨所有制的“三跨”特征。这种情况下大企业最容易出现的就是“大企业病”，其中突出的症状有两个。

第一是内部资源管控能力下降，企业总部和子孙公司相互脱节。大企业的内部资源管控能力是大企业的“向心力”。内部资源管控能力弱，企业内部就容易军心涣散、离心离德、跑冒滴漏、贪污腐败等负面结果，市场竞争力则弱；相反，企业内部则会产生人尽其才、物尽其用、团队合作、风险防范等正面结果，市场竞争力则强。大企业是从中小企业逐渐成长或重组为大企业的。对于如何建立一套能够有效治理超大规模的企业集团的治理结构，许多企业并没有做好准备。许多大企业对大企业集团管控体系及其运作缺乏清晰的理解，以至于建立的管控体系不能充分满足集团战略的要求。主要体现在集团管控体系与战略规划不一致，许多大企业都制定了五年发展战略规划，甚至十年、二十年中长期战略，但是并未相应地制定管控体系。大企业现有管控体系往往是短期的、局部的，缺乏长期性和规划性，难以支撑集团中长期战略的实施和长效推进。同时，当前面临的特殊事项造成现阶段无法构建与战略规划相匹配的管控体系。这些特殊事项包括企业内外部两个层面，内部层面主要有领导换届、集团业务重组等；外部层面可能涉及外部环境不确定性增大等。一旦遇到这些问题，集团管控方案设计和措施落实就会出现议而不决、以拖待变等各种障碍。集团管控问题的改进偏重于解决当下一些具象矛盾，其结果就是导致缺乏前瞻性的长远谋划。这种做法和大企业集团风险多层次性、经营目标的多维度性、利益主体的多种类性、业务结构复杂性等现实要求相违背，影响了集团整体的价值创造。

第二是外部资源整合能力弱。从资源理论的角度，企业可以被视为由特定资源所构成的社会共同体，并且资源得以在这一共同体中转移和创造。从网络组织理论的角度，大企业可以被视为组织间的网络体系，是由各个经营单位之间的关系构成的地理分散的网络。综合这两种观点，大企业是由分散在若干个地理区域的经营单位构成的、可以在其中进行资源转移和创造的跨国企业网络。对于一家现有的大企业来说，如果国外的子公司在经营中获得了一定的优势，那么产生优势的原因可以归结为母子公司之间有效的资源整合。跨国经营中的资源整合与优势创造可以从以下几个方面去认识：一是对海外经营区域内的资源的获取问题。二是跨国企业集团内部的资源转移问题。三是在拥有某些资源后，尽量发挥和利用这些资源，从而获得优势；或者是在取得某些资源后，对这些资源进行综台，在全球范围探索有利条件，实现对资源的有效配置及内外资源的整合，以取得更大的优势。

5. 大企业的软竞争力亟待加强

之所以提出我国大企业的软实力问题，是因为最近两年一些大企业无论在国外还是国内的许多重大投资项目，均不同程度受到了干扰而暂停或中止投资，造成不同程度的损失，比如国内多地对PX（对二甲苯）、核电、有色金属矿等项目的抵制。这尽管存在国内正在经历中等收入阶段、社会矛盾多发、政府公信力降低等原因，但是也不容忽视大企业长期以来重视“硬实力”、忽视“软实力”的建设。对于企业“软实力”的外延范畴，约瑟夫·奈在《软实力》一书中将之分为“行为部分”（包括通过议程设置、吸引来同化对方）和潜在资源（包括制度、价值观、文化、政策等）；对于国家软实力来说，其来源主要有文化、政治价值观、外交政策三个方面。这一外延是很宽泛的、开放性的和抽象的。事实上，软实力一定不可能是抽象的、不能被执行的概念。我们认为，在“软实力”的诸多体现方面中，大企业的信息披露、合规经营、社会责任、民间外交等，是中国大企业着重需要重视的。

第一，信息披露以及与公众沟通的能力。信息披露制度产生于企业所有权和经营权的分离，所有者为了更好监督企业经营者的行为，了解企业经营状况，要求经营者向其提供可以反映企业运营状况的信息。现在，信息披露制度已经成为证券市场监督上市公司、保护投资者的重要工具。当今的国际竞争推崇公开透明原则。一个“神秘”的企业，注定是难以监督和难以取得信任的。麦肯锡在一份分析报告中指出，“中国企业能够成为更好的国际合作伙伴，关键不在于其所有权的归属，而在于开放度和透明度”。中国大企业要在不同国际环境下开展业务，建立并完善其信息披露机制，增强信息透明性，对于消除或减少国内外社区居民对大企业的怀疑、担忧或恐惧，具有正面意义。

第二，承担企业社会责任、发挥企业公民工作的能力。企业公民是指一个公司将社会基本价值与日常商业实践、运作和政策相整合的行为方式。一个企业公民认为公司的成功与社会的健康和福利密切相关，因此，它会全面考虑公司对所有利益相关人的影响，包括雇员、客户、社区、供应商和自然环境。企业公民包括四个方面：一是好的公司治理和道德价值，主要包括遵守法律、现存规则以及国际标准，防范腐败贿赂，包括道德行为准则问题以及商业原则问题。二是对人的责任，主要包括员工安全计划，就业机会均等、反对歧视、薪酬公平等等。三是对环境的责任，主要包括维护环境质量，使用清洁能源，共同应对气候变化和保护生物多样性等等。四是对社会发展的广义贡献，主要指广义的对社会和经济福利的贡献，比如传播国际标准、向贫困社区提供要素产品和服务，如水、能源、医药、教育和信息技术等，这些贡献在某些行业可能成为企业核心战略的一部分，成为企业社会投资、慈善或者社区服务行动的一部分。

第三，合规经营能力。合规（Compliance）通常包括两层含义：（1）遵守法律法规和监管规定；

(2) 遵守企业伦理和内部规章及社会规范、诚信和道德行为准则等。狭义的合规主要指强化反对商业贿赂的合规。目前，强化打击商业贿赂力度是国际组织和发达国家政府的新动向，经过近十年来的制度完善和处罚，合规经营正成为西方跨国企业的新趋势。在有长期“官商”传统的中国，合规是一件艰难的“戒毒”过程。2013 年 4-5 月，随着中国上市公司 2012 年年报的逐年披露，许多上市公司的巨额业务招待费引起轩然大波。数据显示，2012 年，2469 家上市公司业务招待费高达 137.98 亿元，其中，11 家公司业务招待费过亿元。如果在合规方面不能有效控制，在法制健全的经济体内，不合规经营将会使企业竞争力受到严重影响。

十、促进中国大企业稳健发展的建议

持续两年的经济增速下行以及中央政府对经济增速下行容忍度的提高，使我国大企业的可持续发展处在一个关键时期。新一届中央政府高度重视经济增长的质量和效益，着力打造中国经济升级版。大企业是国民经济的骨干力量，经济增长质量和效益的提高，离不开大企业增长质量和效益的提高。在当前背景下，我国大企业必须通过内部制度变革，激发企业内部活力，同时密切关注并有效研判当前及未来我国经济产业形势变化，兼顾短期现金流和中长期产业竞争的制高点，提高企业增长的质量和效益。对于大多数受到经济下行影响的大企业来说，在短期内必须快速有效“止血”，重视现金回收能力和盈利性；从中长期来看，需要依据经济的中速甚至低速增长来对企业发展战略进行再定位，通过管理变革、技术变革以及加强风险防范、提高软实力，来谋求企业从量变向质变转化。概括起来应该是：优化资产结构、战略重新定位、促进管理变革、加强技术创新、注重风险防控、提高软实力。

1. 大力调整优化资产结构，提高资产利用效率

应该说，现阶段我国还有很多大企业追求的第一目标仍然是扩大规模。但资产规模必须流动起来，才能创造价值，无利润或低利润的规模扩大并不经济。2013 中国企业 500 强中，有 113 家企业的净资产收益率低于 3%，低于一年期定期存款利率。这其中主要包括了 4 家钢铁企业、16 家煤炭企业、10 家有色企业，显示出这些行业企业的资产收益效率过低，需要大力优化资产结构，激发企业内在活力。

第一，应该进行资产结构调整，盘活存量，增强资产流动性。企业应当摒弃不计代价、无盈利扩张的战略，而转而努力追求“可持续的发展、优化资产结构、实现盈利增长”。许多企业在经营中无法创造满足资本回报要求的赢利，是因为它们有过多的非经营性资产，比如说许多国内企业有自己的会议中心、食堂、员工宿舍等“企业办社会”资产，也有不少企业帐面上挂着大量的无变现价值的库存、应收帐款、呆账坏账，还有不少企业因为投资大量公共基础设施建设、房地产建设而形成短期内无法回收的“固定资产”。这些资产显然并未直接为企业产生价值，却占用了大量资金，产生相当的机会成本。这些企业假如想提高资本使用效率、降低资本成本，一方面可以通过灵活的经营战略变现库存、应收帐款，另一方面可以考虑运用财务手段，剥离非经营性资产和严重亏损的部门资产。

第二，应该淘汰过剩产能，增强资产使用效率。2013 中国企业 500 强中，工业企业面临的最突出问题是需求减少、供给持续增加导致的供给端产能过剩。分行业来看，库存压力较高的行业主要在上游原材料行业，尤其是煤炭、钢铁、有色、建材等行业。在经济增速持续下行背景下，前期大规模投资形成的过剩产能要在短期内消化掉绝非易事，产能过剩仍将是未来一段时间我国面临的主要矛盾。可以预见，从今年到明后两年，中国实体经济很可能会经历从去库存转向去产能的过程。这个过程会比较痛苦，可能会出现大量的兼并与破产。对于一些竞争力较弱的企业，主动淘汰过剩产能，甚至战略性退出某些过剩领域，都是值得考虑的选择。

2. 建立适应经济中低速增长的企业战略定位及经营模式

从 2010 年 1 季度开始，我国经济增速进入了下行通道，GDP 增速逐季度降低，截止 2013 年 2 季度，除了 2012 年第四季度受一系列稳增长政策增速稍有回升外，下行态势已经持续了 14 个季度。从 2012 年第二季度开始，我国经济增速进入 7% 区间（高于 7%，低于 8%），迄今已经持续了 14 个月。今年二季度，我国 GDP 累计同比增速为 7.6%，固定资产投资增速进一步降至 20.1%。2013 年 7 月中旬，国务院总理李克强表示，今年新一届政府的目标是使经济运行处于合理区间，经济增长率、就业水平等不滑出“下限”，物价涨幅等不超出“上限”；随后财政部长楼继伟表示，从政策取向上来看，今年中国不会出台大规模的财政刺激政策。从新一届政府对经济增长速度的较高容忍度看，从 2013 年开始我国经济真正进入中速增长甚至中低速增长的转型时期。

第一，要充分认识到经济增速长期放缓的必然性和必要性，放弃等靠要思想。从近两年的企业调研看，尽管许多企业相当理性，反对为了短期目标采取大规模刺激政策，但仍然不少企业怀有“等靠要”心理，希望再次靠政府刺激政策走出困境。应该认识到，此次经济增速下行是客观和主观等多种因素综合作用的结果，既有 2009-2011 年大规模经济刺激政策退出、世界经济增长长期低迷的原因，也有中央宏观和社会政策的主动调控、我国制定的十二五时期年均增长 7% 的目标，目的是治理严重的“不平衡、不协调、不可持续”的问题，为经济转型和结构调整的创造一定空间。尽管政府投资主导的经济增长模式饱受诟病，但也必须承认，如果中央政府依靠自己庞大的财政收入能力，再次实施大规模刺激政策，也还有一定空间，至少短期内统计数据会比较好看，一些重化工企业的产能过剩问题会部分得到解决。但是，经济的中低速增长是“调结构”的必要条件。目前的经济减速恰恰是调结构的好机会，比如下决心淘汰落后的经济成分如高能耗高污染高排放产业，鼓励具有战略价值和引领作用的产业板块等等。新一届中央政府对于大规模刺激政策的成本、收益是清楚的，对于经济转型和结构调整的紧迫性是清醒的。因此对于“等靠要”的企业来说，应该克服等靠要心理，根据经济中低速增长的现实，重新审视企业的增长模式、盈利模式以及在产业链中的位置，及时对企业战略进行再定位。

第二，我国大企业要认真审视经济中低速增长条件下企业的战略定位和生存模式。在经济高速增长条件下，我国大企业形成了一定的发展理念和经营模式。绝大多数的中国企业都习惯于在经济高速增长过程中，依靠生产要素的投入和市场容量的快速扩张来获取利润。一项研究结果表明，当中国的经济增长速度低于 7% 的时候，大部分企业是亏损的。而习惯于在经济增长只有 1%-3% 的欧美企业，却能够保持持续的增长和盈利。这样的增长依靠的不是要素投入、也不是市场容量的扩张，而是企业内部的技术创新和生产效率、管理能力的提升。以制造业来说，单纯制造过程已不再产生

更多的附加价值，研发、采购、储存、物流、营销、服务、融资和技术支持服务等，成为产品价值的重要来源。随着服务与制造相互渗透和融合，服务环节在制造业价值链中的作用越来越大，并促进制造业加速服务化。而中国制造业企业仍然处在纯产品生产加工上面，增加值较低。根据IBM商业研究院的数据，如今在一些欧美主要发达国家制造业中，兼有服务和制造业务的企业已达20%以上，其中美国高达58%，而97.8%的中国制造型企业仍停留在纯产品生产加工阶段，缺少服务业务。然而，过去几年中国制造企业不断扩大生产规模的同时，正在受到产品同质化，利润率不断下降，经过数年来严峻行业竞争的洗礼，一些低端的制造企业已进入了微利时代。事实上，美国制造业的转型升级或服务化趋势并不久远。20世纪90年代，美国制造业在工业化后期全球化经济背景下，成本压力上升、盈利下降、节能环保要求提高，企业开始思考战略转型，这一过程也成就了卡特彼勒、GE等跨国企业的成长。经济增速下行有助于倒逼中国大企业思考战略转型，从速度效益型向质量效益型转变，从要素投入驱动到创新驱动转变。

3. 积极利用新时代信息技术推进管理变革，增强市场灵活性

在全球经济一体化背景下，中国的区域经济快速融入世界经济；在大企业运营网络化布局背景下，要求多组织跨时空实时业务协同。在中国经济调结构、转方式的关键时期，面对后金融危机国际经济环境，大企业亟需寻求新的可持续发展之路。企业在迈向国际化、全球化的道路上，表现出更为整合、集约、协同的管理特征，管理模式、方法、手段上更为开放、灵活、高效和专业。第一，企业竞争由传统的要素竞争转向运营能力的竞争。提升企业的运营能力，就要使企业的生产、营销、组织、管理等方面都敏捷起来，实现向“敏捷管理”方式的转变。一个企业要适应超倍速的竞争，必须在以下各层面具备敏捷性的特点：生产方面具有依照顾客订单、任意批量制造产品和提高售后服务的能力；营销方面具有以顾客价值为中心、生产个性化产品和服务组合的特点；组织方面要求能够整合企业内部和外部与生产经营过程相关的资源，创造和发挥资源杠杆的竞争优势；管理方面要求将管理思想从强调指挥控制转换到领导、激励、支持和信任。第二，企业间的合作由一般合作模式转向供应链协作、网络组织、虚拟企业、国际战略联盟等形式。现代企业不能只提供各种产品和服务，还必须懂得如何把自身的核心能力与技术专长恰当地同其它各种有利的竞争资源结合起来，弥补自身的不足和局限性。在现代企业的生存原则中，排他已被合作所取代和包容。

特别需要指出的是，云计算技术的出现和成熟，使得大型企业变革管理模式和商业模式成为可能。尤其是利用私有云、实时数据分析和大数据管理等新兴技术，可以帮助大企业整合经营资源、全国动态调配、提高资源利用率，从而满足“以客户为中心”的矩阵式管理需要，探索创新的业务发展模式。云计算商业运营平台通过广泛互联、弹性部署、资源共享、高效协同，有效支持高端集团企业从“以产品为中心”到“以客户为中心”的转变，支持高端企业从总部和全局的战略高度动态调配资源，降低资源消耗，提高资源的投入产出，面向消费者实施大规模个性化营销服务，把握未来竞争的主动。大企业私有云是技术与企业诉求碰撞的必然产物，私云呼叫中心由于跟业务结合得更紧密，因此在实际应用中走在了前列，看到的案例也较多。据了解，目前打算上马私云呼叫中心的企业一般都是需要加强集团管控的高端企业，以银行、保险、能源、制造等行业居多。希望其他行业企业也能够积极采用现代信息技术推动企业从IT到业务的全面转型升级。

4. 下决心和力气提高技术研发力度，占领未来产业竞争制高点

一个国家的经济发展，大致要经历要素驱动、投资驱动、创新驱动等阶段。在要素驱动阶段，经济发展的主要驱动力来自廉价的劳力、土地、矿产等资源。投资驱动阶段，经济发展主要依靠大规模投资带动。然而，随着投入量的增加，投资效益呈递减趋势。要破解这一难题，实现经济持续增长，唯一途径是推动经济发展进入更高层次的创新驱动阶段。一些创新型国家，研发投入占 GDP 比重达到3%以上，科技进步的贡献率达到 70%以上，对外技术依存度 30%以下。这些国家的共同特点是，主要依靠科技创新推动经济增长，形成强大的竞争优势。目前阶段，投资在我国国民经济中的投资收益日趋递减，经济下行正好倒逼市场主体从投资驱动向创新驱动转变。但从 2013 中国企业 500 强数据看，研发强度超过 10%的仅有 2 家公司（华为技术、中兴通讯）；超过 5%的仅有 11 家企业，仅占 500 家企业总数的 2.4%；超过 3%的 46 家企业，不足 500 家企业 10%；430 家填报研发数据的企业的平均研发强度（研发投入占营业收入的百分比）仅有 1.27%，连续两年下降（前两年分别为 1.33%、1.44%）；430 家企业中有 104 家企业的研发投入出现了负增长，较上年增加了 28 家。在经济下行背景下，我国大企业在研发投入和技术创新方面的力度不但没有增长，反而不断弱化。大企业往往决定着技术标准和行业发展的方向，全世界研发投入的 80%、技术创新的 70%、技术转移的 60%都是由世界 500 强企业主导完成的。要想全面扭转目前我国大企业在国际竞争格局中的不利地位，大企业自身必须从根本上改变对技术研发投入的态度，积极进行企业自主创新能力建设。

第一，应当继续加大对科技研发的投入，跨越研究开发的“阀值效应”。实证研究表明，企业技术研究和开发只有在研发投入达到或超过某一“阀值”时，才可能突破某些关键环节和障碍；保持技术领先优势，则需要进一步提高研发投入力度。因此，相当一部分具有国际竞争力的企业，都将企业销售收入的 5%-10%，作为企业研发投入，以不断开发新产品，以持续维持企业在产业领域内的技术领先优势，以及更好的为用户提供产品与服务。目前在我国，大企业的科研投入明显不足。2011-2013 中国 500 强的研发投入强度已经连续两年下降。在目前全球市场不景气的情况下，我国大企业中相当多的企业采取了缩减研发投入的传统策略。这虽然在短期内可以减少企业支出，提高企业利润率；但从长期看，必将使我国大企业的竞争能力受到损害。

第二，我国大企业应当始终坚持以市场为导向的产品研发策略。以市场为导向的产品研发已经成为当今企业竞争的利器，其重要意义也已经被众多国际一流企业的发展实践所证明。虽然我国大企业已经在整体上改变了以前对市场研究不重视的倾向，但仍然有相当一部分我国大企业并没有对市场研究消费规律给予应有的重视。市场研究费用投入的不足依然是企业界一个比较普遍的现象。为了更好的建立与强化我国大企业的市场竞争优势，我国大企业自身必须实质性的加强对市场研究的重视，加大对市场研究的投入，及时把握消费市场新的变化趋势，并主动根据消费需求的变化来进行预测与做出产品研发安排，以确保能够为消费市场提供他们所需要的产品与服务。其实就当前国内消费市场来说，与消费需求不足相比，我们更缺乏的是能够真正满足消费需求的产品与服务。

5. 加强企业走出去的前期准备和风险防控工作

近年来，虽然我国大企业的国际化进程进入快速发展时期，但一个突出问题是中国企业在海外

直接投资频频遭遇阻力，不但国有大企业走出去受到政治歧视，民营大企业开拓业务也受到阻挠。中海油收购美国石油公司优尼科折戟、中铝增持澳大利亚力拓公司失利、华为在美投资受阻、三一集团同样在美国投资受阻、双汇国际收购史密斯菲尔德正在遭受重重审查等案例，成为国内学者和媒体常常引用的几起投资案例。这样的投资阻力近年来有愈演愈烈的趋势。一方面，国外的政治阻力是中国企业海外投资最容易遭受的障碍，而“国家安全”则成为惯用的理由。另一方面，也有我国企业的问题，主要是对于海外市场的制度环境、文化环境、法律规则和市场规则等缺少深入了解，准备不充分，风险防范不到位。按照中国经济发展的总体战略部署，根据国内外经济发展的趋势和客观要求，今后一段时期中国企业“走出去”的努力方向，应当有如下两个问题。

第一，要重视企业的本土化。事实上，国际化必须靠本土化来实现。没有哪个国家对外来资本不持有警惕心理。因此，本土化是企业构建国际化格局的重要一环。中国企业加快“走出去”步伐，其最终目的就是走向国际化，造就中国的跨国公司。而本土化是实现企业国际化的必由之路。爱立信副总裁郗建民层说过：“我们把每个地方的本地化看作是我们国际化的一部分，因为这到底是一个在全球运作的企业”。全球最大的商业零售企业沃尔玛的经营理念也是一样，他们在每个不同的地方就地取材，同时把每个地方取出的最优秀的产品，出口到全世界的各个地方。所以，真正的跨国企业并非单纯是在海外注册一家子公司，更应该包括人员国际化、生产国际化、销售国际化和研发的国际化。只有雇用当地人员使用当地资源，了解当地法律文化并在东道国建立自主的生产销售渠道，才能全面实现本土化。

第二，要根据走出去的目的和出发点，以及企业自身的能力和行业特点，选择合适的切入点，量力而行。海外直接投资需要强大的资金、技术、管理等多方面实力。由于政策刺激和本身经验的不足，中国企业容易一窝蜂涌出去，容易为了“走出去”而走出去。在项目考察中不够完善，除了目标企业的基本信息外，对当地的人文背景、政治和商业环境等了解甚少，有的企业并没有相应行业的经营资质，也缺乏对未来市场前景和发展空间的充分考虑，这样盲目地启动投资大多以投资失败而告终。同时，注意充分了解全球化的经营环境，对境外投资环境进行充分评估。通过收集当地的各种信息，了解当地的政策法规，研究如何遵守当地法规政策。熟悉经营环境，客户对企业产品和服务的需求，进而进行产品和服务的本地化。明确当地的人力资源，自然资源，和创新资源的供求情况，以便制定合适的供应链战略，同时善于利用我国政府的外交资源。

6. 更加重视公众沟通能力，提高企业软竞争力

中国大企业经过近十余年的高速成长，与欧美国家企业在资本控制规模和范围、国际市场影响等方面的差距有所缩小，甚至在国际上还形成了一些“财大气粗”的形象。但是，最突出的问题也随之产生，一味强调“硬实力”，可能会使我国大企业进入误区，即以为自己竞争力很强大，不考虑诸多利益相关者的感受，结果可能“像一条冲进瓷器店的公牛”，市场效果大打折扣。在国内以及其他国家或地区从事生产经营、投资时，必须注重企业的“软实力”塑造，弱化资本的“强势掠夺”形象，塑造共同发展的亲和形象。

第一，应该高度重视企业信息披露。不同于绝大多数美国企业 500 强都在美国证券市场上市，绝大多数中国企业 500 强等大企业都不是整体上市，甚至有相当一部分中国大企业没有任何一块资产上市。中国大企业的上市“惯例”是，将旗下的一块“优质资产”切割出来然后包装上市，通常存在一个集团公司（母公司、总公司）和股份公司（上市公司）的治理架构，按照上市公司信息披露制度，企业只需要发布股份公司的相关信息即可，对于集团公司或总公司则没有强制性的制度要求发布。信息披露困难广泛存在于国有大企业和民营大企业之间。这造成了中国大企业在国内、国外的一种“神秘性”。以国有大企业为例，有学者研究了 120 家国务院国资委承担出资人监督管理责任的中央企业的信息披露情况，发现目前中国的中央国有大企业的信息披露仍然是以对上级负责的行政性信息披露为主，以向社会公开的自愿性信息披露为辅，比如发布企业社会责任报告等；绝大多数中央企业的信息披露对象是国资委等少数相关部门，只有中国诚通控股集团于 2004 年按照上市公司要求，向公众发布了年报。社会公众、市场、媒体和舆论可以获得的信息数量极少，这不利于公众对大企业的了解和监督。

第二，应该高度重视合规经营。对于中国企业来说，合规具有特殊意味。安永公司对几百家国际化企业的风险调查显示，中国企业通常把监管和合规在优先序中排位靠后，而跨国公司通常都把合规列为第一风险。中国企业和企业家对于合规及其风险的了解还很不够。通常，大企业出现过严重腐败案件的，其合规管理和经营都存在严重缺陷。在中国大企业未来发展中，要坚持遵守法律法规，坚守各种合同制度，以及一些职业道德和职业操守，坚决抵制商业贿赂，严格禁止向当地公职人员、国际组织官员和关联企业相关人员行贿，不得借助围标、串标等违法手段谋取商业利益。更重要的是，合规不仅是合规管理部门、合规岗位以及专业合规人员的责任，更是公司各部门和分支机构、每一位员工的责任。公司各部门和分支机构应当主动进行日常的合规自查，定期向合规管理部门或者合规岗位提供合规风险信息或者风险点，支持并配合合规管理部门或者合规岗位的风险监测和评估。

第二章 2013 中国制造业企业500强分析报告

2013 中国制造业企业500强是中国企业联合会、中国企业家协会连续第9次向社会发布“中国制造业500强”年度排行榜。与2012 中国制造业企业500强相比，2013 中国制造业企业500强的发展态势发生明显变化，尽管入围门槛迈上新的台阶，达到70.6亿元，比上年的64.0亿元提高了6.6亿元，但增长速度明显放缓，为国际金融危机爆发以来的次低；经济效益连续第二年显著下滑，资产质量运营效率下降；积极应对复杂局面，加快推进转型升级，是制造业大企业面临的紧迫任务。

自2009年以来，中国制造业企业入围中国企业500强的企业数量持续减少。2013 中国制造业企业500强中，有268家企业入围2013 中国企业500强，比上年少了4家。这268家企业的营业收入总额为20.6万亿元，占2013 中国企业500强总营业收入的41.12%，这个数值比上年（42.76%）下降了1.64个百分点；净利润（归属母公司所有者净利润，下同）总额为4382.4亿元，占2013 中国企业500强实现利润总额的20.16%，这个数值比上年下降了4.88个百分点。另外，在《财富》杂志2013年公布的世界500强中，有86家中国大陆企业入围。其中，制造业企业有28家入围，比去年多4家。

一、2013 中国制造业企业500强的规模及其分布特征

1. 增长大幅放缓，为国际金融危机爆发以来的次低

2013 中国制造业企业500强的入围门槛由上年的64.0亿元提高到70.6亿元，提高了10.31%。2013 中国制造业企业500强营业收入总额23.38万亿元，比上年增长了7.68%，与上年21.99%的增长速度相比，增幅大幅下降14.31个百分点；资产总额达到21.44万亿元，比上年增长了9.11%；从业人数达到1264万人，与上年基本持平。2012–2013 中国制造业企业500强的总体规模对比，详见表2–1。

表2–1　　2012–2013 中国制造业企业500强总体规模对比

年度 \ 项目	入围门槛（亿元）	总营收（亿元）	总资产（亿元）	从业人数（人）	入围中国500强企业个数	入围世界500强企业个数
2012年	64.0	217147.75	196529.37	12607343	272	24
2013年	70.6	233822.59	214424.08	12643875	267	28
增长率	10.31%	7.68%	9.11%	0.29%	少5家	增4家

国际金融危机爆发以来，中国制造业企业 500 强营业收入在 2009-2012 年的增长速度依次为 2.2%、34.6%、22.0% 和 7.68%，增长呈现大幅波动态势，平均增长率为 15.96%。通过对比可以看出，虽然 2013 中国制造业企业 500 强在规模上仍然延续增长势头，但增速大幅放缓，明显低于前几年，偏离了这几年的增长轨道。这与当前国内、国际复杂的经济形势有必然的联系。作为实体经济的主体，制造业在这一轮经济动荡过程中，势必受到较大影响。

2. 千亿级企业增加 10 家，规模分布上“两极分化”严重

2013 中国制造业企业 500 强千亿规模以上企业数目由上年的 37 家增加到了 47 家，增加了 10 家，其中最大 1 家近 3 万亿元；500 亿企业（营业收入超过 500 亿元、低于 1000 亿元的企业）数目达到了 53 家，比上年减少了 8 家；百亿企业（营业收入超过 100 亿元、低于 500 亿元的企业）有 324 家，比上年多 9 家；营业收入不足 100 亿元的企业有 76 家，比上年少 10 家。

从资产规模来看，2013 中国制造业企业 500 强中有 45 家企业资产达到 1000 亿元以上，比上年多 6 家，其中资产规模最大的是中国石油化工集团公司，资产为 2.0 万亿元；另外，包括中国航空工业集团公司在内的 44 家企业资产超过了 1000 亿元；资产在 500～1000 亿元的企业有 60 家，比上年增加了 8 家；资产在 100～500 亿元的企业有 251 家，比上年增加了 6 家；资产在 100 亿元以下的企业有 144 家，比上年减少了 18 家。可见，2013 中国制造业企业 500 强资产规模的分布仍然很不均衡，主要力量仍然集中分布在中等规模的企业。不过，通过与 2012 年的相应数据比较，可以看出，规模中上等的企业数量在逐渐增多，规模偏小的企业数量在减少。

2013 中国制造业企业 500 强的规模分布仍然呈现“两极分化”的现象，延续了以往“两头窄、中间宽”的模式。从入围 2013 中国制造业企业 500 强前 10 名企业与后 10 名企业的情况相比来看，前 10 名企业营业收入总和与资产总额分别为 5.9 万亿元和 4.9 万亿元，后 10 名企业营业收入总和与资产总额则分别为 29.3 亿元和 1106.2 亿元，后 10 名企业营业收入总和与资产总额仅为前 10 名企业数据的 1.22% 和 2.24%，而上年这两个比值分别为 1.17% 与 1.84%。这又再一次说明，2013 中国制造业企业 500 强在规模上的个体差距仍然很大，而且这种悬殊的差距在短期内无法改变。2012-2013 中国制造业企业 500 强整体规模分布对比情况见表 2-2。

表 2-2　　2012-2013 中国制造业企业 500 强整体规模分布对照表

项目 / 年度	1000 亿元以上		500-1000 亿元		100-500 亿元		100 亿元以下	
	营业收入	总资产	营业收入	总资产	营业收入	总资产	营业收入	总资产
2012 年	38 家	39 家	61 家	52 家	315 家	245 家	86 家	162 家
2013 年	46 家	45 家	53 家	60 家	324 家	251 家	76 家	144 家
增长情况	增加 9 家	增加 6 家	减少 8 家	增加 8 家	增加 9 家	增加 6 家	减少 10 家	减少 18 家

二、2013 中国制造业企业 500 强的经济效益及其分布特征

1. 经济效益加速下滑，总体经济绩效下降

2013 中国制造业企业 500 强共实现净利润 5202.9 亿元（实报 497 家），比上年的 6304.5 亿元减少了 17.47%，连续两年下降，且下降幅度比上年扩大 3.81 个百分点。

从人均实现利润看，2013 中国制造业企业 500 强人均利润为 4.0 万元，比上年降低了 20.00%；从收入利润率看，2013 中国制造业企业 500 强平均收入利润率为 2.23%，比上年降低了 0.67 个百分点；从资产利润率来看，2013 中国制造业企业 500 强平均资产利润率为 2.43%，比上年降低了 0.75 个百分点。从人均营业收入看，2013 中国制造业企业 500 强人均营业收入为 185.0 万元，比上年的 171.5 万元提高了 7.87%，这主要是因为员工人数几乎没有增长。

从总体上看，延续上年经济效益下滑的态势，2013 中国制造业企业 500 强的总体经济效益继续下滑，盈利水平不如上年。可以看到，国内外经济形势的持续恶化，对我国实体经济特别是制造业企业产生了重大影响。

2. 效益主体有所分化，效益低下及亏损企业增多

2013 中国制造业企业 500 强实现利润超过 100 亿元的企业有 6 家，比上年减少 1 家，其利润总额为 1309.2 亿元，占制造业 500 强利润总额的 25.16%，这个比例比上年提高了 1.42 个百分点；实现利润 50-100 亿元的企业有 21 家，比上年增加 2 家，其利润总额为 1454.3 亿元，占制造业 500 强利润总额的 27.95%；实际利润在 50 亿元以上的企业共计 27 家，但其实现利润超过全部 500 家企业的一半比例，制造业企业的利润高度集中于为数不多的企业；实现利润 10-50 亿元的企业有 85 家，比上年减少了 35 家，其利润总额为 1657.0 亿元，占制造业 500 强利润总额的 31.85%；实现利润 0-10 亿元的企业有 351 家，比上年增加了 14 家，其利润总额为 1205.4 亿元，占制造业 500 强利润总额的 23.17%。另外，有 34 家企业亏损，比上年多 20 家，共亏损 423.0 亿元。有 3 家企业未填报利润情况。2012-2013 中国制造业企业 500 强利润分布情况见表 2-3。

表 2-3　　2012-20123 中国制造业企业 500 强利润分布情况对照表

	100 亿元以上	50-100 亿元	10-50 亿元	0-10 亿元	亏损企业	未填报企业
2012 年	7	19	120	337	14	3
2013 年	6	21	85	351	34	3
增长情况	减少 1 家	增加 2 家	减少 35 家	增加 14 家	增加 20 家	—

3. 资产管理质量和盈利能力均有所下降

资产周转率是衡量企业资产管理效率的重要财务指标，2013 中国制造业企业 500 强平均资产周转率达到 1.09 次/年，比上年的 1.10 次/年略有下降。资产周转率大于 2.00 次/年的企业有 112 家，比上年少 2 家；资产周转率小于 1.00 次/年的企业有 171 家，比上年多 8 家。资产周转率排在首位的是双胞胎（集团）股份有限公司，达到 22.05 次/年。按资产周转率排序，排在第 2 至第 5 位的分别

是湖南金龙国际集团、武安市广耀铸业有限公司、天正集团有限公司、邯郸市正大制管有限公司，资产周转率依次为 11.94 次/年、8.53 次/年、7.28 次/年、7.03 次/年。

净资产利润率反映了企业为股东创造价值的能力，是反映企业盈利能力的一个综合指标。2013 中国制造业企业 500 强平均净资产利润率为 9.35%，比上年减少了 2.8 个百分点。净资产利润率最高的天津市恒兴钢业有限公司，达到 71.05%，比上年最高的净资产利润率 200.00% 大幅降低。排在第 2 至第 5 位的分别是天津友发钢管集团有限公司、山东胜通集团股份有限公司、得力集团有限公司、金鼎重工股份有限公司，净资产利润率分别为 59.80%、58.78%、57.49%、53.84%。今年没有企业的净资产利润率超过 100.00%，而上年有 3 家。从净资产利润率的角度看，2013 中国制造业企业 500 强的盈利能力远远低于上年。

从资本保值增值率看，2013 中国制造业企业 500 强平均资本保值增值率为 109.68%，比上年低 5.06 个百分点。其中，天瑞集团股份有限公司的资本保值增值率最高，为 381.90%，列第 2 到第 5 位的分别是河北鑫海化工有限公司 280.50%、大冶有色金属集团控股有限公司 225.87%、华晨汽车集团控股有限公司 224.94%、上上集团有限公司 215.62%。

通过与上年的数据比较可以发现，2013 中国制造业企业 500 强的资产管理质量和利用效率远不如上年。

4. 纳税总额低幅增长，税收贡献稳中趋降

纳税总额直接反映了中国制造业企业 500 强对国民经济发展所做的贡献。2013 中国制造业企业 500 强纳税总额达到了 1.59 万亿元，较上年 1.5 万亿元增长了 6.67%，增幅下降高达 15.16 个百分点，呈低幅增长态势。近年来，中国制造业企业 500 强的纳税贡献稳定在 17% 上下，但 2013 中国制造业企业 500 强纳税总额只占 2012 年全国税收总收入（10.06 万亿）的 15.81%，比上年减少 1.19 个百分点。可以看出，增长速度的放缓以及效益的下滑明显影响了企业对国家和社会做贡献的能力。

从单个企业来看，2013 中国制造业企业 500 强中，纳税额超过 100 亿元的企业有 22 家，比上年增加了 3 家。其中，中国石油化工集团公司连续第三年纳税额超 1000 亿元，与上年基本持平，达到 3223.06 亿元。

三、2013 中国制造业企业 500 强的行业结构与分布特征

从产业结构特征看，中国制造业企业 500 强门类比较齐全，传统产业、高新技术产业、轻工业、重工业等都有不同程度的发展。2013 中国制造业企业 500 强分布在 40 个行业中。

1. 行业分布比较分散，各行业的地位相对稳定

从 40 个行业中所分布的企业数目来看，2013 中国制造业企业 500 强的行业分布比较分散。入围企业数最多的行业，仍然是黑色冶金及压延加工业，共有 81 家企业入围，比上年多 1 家。自 2005 年推出中国制造业企业 500 强以来，该行业连续九年占据入围企业最多的地位。九年来，由于我国经济结构不断进行调整，钢铁行业并购重组现象频出，使得该行业的企业数连年递减，但仍然无法改变其在中国制造业企业 500 强中居于主导的行业地位。

入围企业数排在第 2 至第 5 位的行业分别是一般有色冶金及压延加工业 41 家，化学原料及化学制品制造业 36 家，电力、电气、输变电等机械、设备、器材、元器件和电池、线缆制造业 26 家，汽车及零配件制造业 25 家。以上提到的 5 个行业，近五年来一直都排在入围企业数最多的前 5 位，只是位次稍有变化。

入围企业数最少的行业是乳制品加工业，只有 1 家企业入围。其次是办公、影像等电子设备、元器件制造业，轨道交通设备及零部件制造业，电梯及运输、仓储设备与设施制造业，农林机械、设备及零配件制造业，和木材、藤、竹、家具等加工及木制品、纸制品等印刷、包装业 5 个行业，分别有 2 家企业入围。

通过 2013 中国制造业企业 500 强各行业入围企业数与前几年数据的对比我们发现，中国制造业企业 500 强的行业分布虽然比较分散，但各行业的市场地位相对稳定，个别企业的变动不会影响相关行业在整个国民经济中的地位。

2. 大部分行业的平均盈利能力下降，各行业间的差距显著

收入利润率和资产利润率是两个能够反映企业盈利能力的指标。下面就这两个指标的变化和分布情况，分析入围 2013 中国制造业企业 500 强的各行业的盈利能力。

从收入利润率来看，2013 中国制造业企业 500 强的平均收入利润率是 2.23%。平均收入利润率高于 10% 的行业有 3 个，其中酿酒制造业的行业平均收入利润率连续五年最高，达到 14.70%；其余两个行业是木材、藤、竹、家具等加工及木制品、纸制品等印刷、包装业和饮料加工业，行业平均收入利润率分别为 11.25% 和 11.05%。除以上三个行业之外，行业平均收入利润率高于 2.23% 的还有烟草加工业等 23 个行业。另外，还有 14 个行业的平均收入利润率低于 2.23%，其中，行业平均收入利润率最低的是黑色冶金及压延加工业（0.01%）。

从资产利润率来看，2013 中国制造业企业 500 强的平均资产利润率为 2.43%。平均资产利润率高于 10% 的行业有 3 个，其中饮料加工业的行业平均资产利润率最高，为 18.07%；另外，烟草加工业的行业平均资产利润率为 10.92%，酿酒制造业的行业平均资产利润率为 10.75%。除以上三个行业之外，还有 21 个行业的平均资产利润率高于 2.43%。另外，有 16 行业的平均资产利润率低于 2.43%，其中黑色冶金及压延加工业的行业平均资产利润率最低，为 0.01%。详见表 2-4。

表 2-4　　2012-2013 中国制造业企业 500 强按行业平均指标对照表

项目行业	平均收入利润率(%)		平均资产利润率(%)		入围企业数	
	2012 年	2013 年	2012 年	2013 年	2012 年	2013 年
酿酒制造业	12.55	14.70	9.27	10.75	9	9
黄金冶炼及压延加工业	12.02	3.74	14.72	4.28	4	4
烟草加工业	8.79	9.46	9.92	10.92	14	13
电梯及运输、仓储设备与设施制造业	7.35	5.83	6.37	4.50	3	2
办公、影像等电子设备、元器件制造业	7.27	4.75	1.87	1.87	1	2

项目行业	平均收入利润率(%)		平均资产利润率(%)		入围企业数	
	2012年	2013年	2012年	2013年	2012年	2013年
工程机械、设备及零配件制造业	6.69	4.54	6.71	3.85	12	13
纺织品、服装、鞋帽（含皮草、毛、绒等）加工业	6.68	4.62	6.94	4.75	14	14
船舶工业	6.30	4.01	3.31	1.90	8	6
塑料制品业	6.05	4.46	9.20	6.78	3	3
食品加工制造业	6.02	2.48	5.11	2.10	9	10
乳制品加工业	4.83	4.09	9.08	8.67	1	1
通讯器材及设备、元器件制造业	4.41	3.86	5.10	4.43	5	5
橡胶制品业	4.37	4.77	7.50	8.92	6	8
医药、医疗设备制造业	4.19	3.86	4.83	4.79	14	14
纺织、印染业	3.89	3.33	6.42	5.53	14	13
造纸及纸制品加工业	3.83	2.89	4.14	2.79	7	8
化学纤维制造业	3.82	1.91	6.01	3.22	14	14
建筑材料及玻璃等制造业	3.62	3.15	2.97	2.15	17	14
农林机械、设备及零配件制造业	3.48	3.25	10.05	8.53	2	2
汽车及零配件制造业	2.96	2.78	4.28	3.90	28	25
肉食品加工业	2.95	3.70	4.85	5.54	6	6
化学原料及化学制品制造业	2.67	1.57	2.39	1.42	35	36
家用电器及零配件制造业	2.61	3.43	3.17	3.91	13	13
综合制造业（以制造业为主，含有服务业）	2.43	2.08	2.87	2.12	23	24
工业机械、设备及零配件制造业	2.41	2.57	2.22	2.32	9	10
轨道交通设备及零部件制造业	2.39	2.32	2.00	1.91	2	2
石化产品、炼焦及其他燃料加工业	2.34	1.71	3.39	2.48	19	18
饮料加工业	2.23	11.05	4.26	18.07	3	3
农副食品及产品加工业	1.99	1.87	3.33	3.04	14	12
航空、航天及国防军工业	1.91	1.32	1.35	1.11	5	4
电力、电气等设备、机械、元器件及光伏、电池、线缆制造业	1.90	2.69	2.31	3.58	31	26
电子元器件与仪器仪表、自动化控制设备制造业	1.86	1.63	2.05	1.73	9	8
一般有色冶金及压延加工业	1.83	0.93	1.89	1.05	35	41
生活用品（含文体、玩具、工艺品、珠宝）等轻工产品加工制造业	1.83	1.65	2.87	2.46	4	5

项目行业	平均收入利润率(%)		平均资产利润率(%)		入围企业数	
	2012 年	2013 年	2012 年	2013 年	2012 年	2013 年
金属制品、加工工具、工业辅助产品加工制造业	1.71	1.22	2.30	1.61	13	13
摩托车及零配件制造业	1.71	2.12	1.45	1.83	3	4
黑色冶金及压延加工业	1.56	0.01	1.45	0.01	80	81
计算机及零部件制造业	1.42	0.91	1.23	0.85	4	4
动力、电力生产等装备、设备制造业	1.39	0.94	1.12	0.70	7	8
木材、藤、竹、家具等加工及木制品、纸制品等印刷、包装业	—	11.25	—	8.64	0	2

通过表 2-4 的数据对比分析可以看出，大部分入围 2013 中国制造业企业 500 强的行业的平均盈利能力有所下降，个别行业严重下滑，行业间差距显著。

3. 盈利能力与行业规模不匹配，黑色冶金及压延行业盈利能力最差

如前所述，2013 中国制造业企业 500 强中入围企业数最多的行业分别是黑色冶金及压延加工业，一般有色冶金及压延加工业，化学原料及化学制品制造业，电力、电气等设备、机械、元器件及光伏、电池、线缆制造业和汽车及零配件制造业，分别有 81 家、41 家、36 家、26 家和 25 家企业入围。但从表 2-4 的数据可以看出，这 5 个行业的盈利能力都低于平均水平。需要引起注意的是，作为入围企业数量连续数年排在首位的重点行业黑色冶金及压延加工业，虽然仍然入围企业数最多，但盈利能力却与之不匹配，在前几年几乎垫底的情况下，2012 年更是遭遇惨境，不仅平均收入利润率和资产利润率双双落至末位，而且与其他行业的差距相当悬殊。这样的问题需要引起行业内部乃至整个社会的关注，没有质量和效益的发展是没有意义的发展。

2013 中国制造业企业 500 强分行业主要指标见表 2-5。

表 2-5　　　　2013 中国制造业企业 500 强分行业主要指标

名称	企业数	营业收入（万元）	利润（万元）	资产（万元）	纳税总额（万元）	从业人数（人）
全国	500	2338225923	52028652	2144240837	159135714	12643875
农副食品及农产品加工业	12	29477724	550688	18088845	693921	226674
食品加工制造业	10	29722216	736217	35065469	1088731	239455
乳制品加工业	1	4199069	171721	1981540	265621	23329
饮料加工业	3	9583494	1058840	5858651	763900	58884
酿酒制造业	9	22144593	3254428	30281798	4535769	215827
烟草加工业	13	57797254	5466960	50073868	35818358	119764

名称	企业数	营业收入（万元）	利润（万元）	资产（万元）	纳税总额（万元）	从业人数（人）
纺织、印染业	13	43932876	1462093	26417577	1213598	277906
纺织品、服装、鞋帽、服饰加工业	14	26798213	1239016	26109604	1341807	304796
肉食品加工业	6	22043638	814758	14716102	713486	237829
木材、藤、竹、家具等加工及木制品、纸制品等印刷、包装业	2	3149882	354259	4100893	250186	69318
造纸及纸制品加工业	8	25082562	725454	26042584	892932	105583
生活用品（含文体、玩具、工艺品、珠宝）等轻工产品加工制造业	5	14198754	234158	9500269	285928	81231
石化产品、炼焦及其他燃料生产加工业	18	318190942	5405325	217747916	34047498	1115856
化学原料及化学制品制造业	36	91058711	1433182	100715529	3717443	539654
医药、医疗设备制造业	14	35435112	1368356	28574874	1610751	226356
化学纤维制造业	14	43004153	821458	25519660	884851	131752
橡胶制品业	8	17249355	823378	9234201	545051	65212
塑料制品业	3	3537801	157844	2326585	68594	8014
建筑材料及玻璃等制造业	14	57576629	1810894	84062008	4712004	466636
黑色冶金及压延加工业	81	429210477	22148	429273592	10595293	1957320
一般有色冶金及压延加工业	41	193262520	1774779	168762869	4052617	751806
金属制品、加工工具、工业辅助产品加工制造业	13	18123927	221689	13799724	475610	90283
工程机械、设备及零配件制造业	13	39655980	1799019	46749322	2162910	193695
工业机械、设备及零配件制造业	10	17056577	438113	18850919	705868	142725
农林机械、设备及零配件制造业	2	4684535	152091	1783603	77344	35386
电力、电气等设备、机械、元器件及光伏、电池、线缆制造业	26	53861970	1449193	40435878	1829080	312886
电梯及运输、仓储设备与设施制造业	2	7491645	436994	9715764	327997	69305
轨道交通设备及零部件制造业	2	18493479	429667	22490474	893698	176099
家用电器及零配件制造业	13	74031611	2541536	64998960	3937850	563164
黄金冶炼及压延加工业	4	24646604	921908	21515653	1253109	105142
电子元器件与仪器仪表、自动化控制设备制造业	8	26944299	439764	25444073	736545	214468
计算机及零部件制造业	4	33651060	307496	36276271	804645	113076
通讯器材及设备、元器件制造业	5	48161738	1860421	42011643	1535829	328176

名称	企业数	营业收入（万元）	利润（万元）	资产（万元）	纳税总额（万元）	从业人数（人）
办公、影像等电子设备、元器件制造业	2	1721851	81730	4374172	141541	25517
汽车及零配件制造业	25	240553536	6689616	171571288	26189830	918440
摩托车及零配件制造业	4	6464978	136739	7486356	202828	52833
航空航天及国防军工业	4	98359967	1293483	116524384	3704330	1001900
动力、电力生产等装备、设备制造业	8	35812267	336143	47861841	2143598	214016
综合制造业（以制造业为主，含有服务业）	24	85925792	1768602	83322504	3101305	649732
船舶工业	6	25928132	1038492	54573574	813458	213830

四、2013 中国制造业企业 500 强的区域结构与分布特征

中国制造业企业 500 强的企业总部分布格局与中国地区经济的发展程度基本保持一致，并且长期以来始终稳定在一种发展相对不均衡的状态上，这种不均衡状态与地区经济发展的差异性一样在短期内不会改变。

2013 中国制造业企业 500 强总部所在地涉及了 30 个省、自治区、直辖市，全国 31 个省、自治区、直辖市中，只有西藏没有企业入围 2013 中国制造业企业 500 强。这 500 家企业在各个地区的分布同以往一样，呈现出不均衡性。其中东部地区有 345 家企业，占 69.00%；中部地区有 61 家企业，占 12.20%；西部地区有 69 家企业，占 13.80%；东北地区有 25 家企业，占 5.00%。

东部地区：浙江 85 家、江苏 45 家、山东 76 家、北京 33 家、河北 38 家、广东 20 家、天津 21 家、上海 20 家、福建 6 家、海南 1 家。这 10 省市共有 345 家企业入围，比上年多 3 家，占 2013 中国制造业企业 500 强总数的 69.00%，超过了 2/3 的比例。

中部地区：河南 13 家，安徽 10 家，湖南 8 家，湖北 14 家，江西 11 家，山西 5 家。这 6 省共有 61 家企业入围 2013 中国制造业企业 500 强，与上年一样，占 12.20%。

西部地区：四川 18 家、重庆 14 家、云南 8 家、陕西 4 家、广西 10 家、内蒙古 3 家、甘肃 3 家、贵州 2 家、新疆 3 家、青海 2 家、宁夏 2 家。这 11 个省市共有 69 家企业进入 2013 中国制造业企业 500 强，比上年多 2 家，占 13.80%。

东北地区：辽宁 19 家、黑龙江 2 家、吉林 4 家。这 3 个省共有 25 家企业进入 2013 中国制造业企业 500 强，比上年少了 5 家，占 5.00%。

图 2-1 是 2006-2013 中国制造业企业 500 强的企业在各个区域分布的变化示意图。8 年来，东部地区入围中国制造业企业 500 强的企业数目基本上保持在 70% 左右，中、西部地区以及东北地区在过去的几年里受到“中部崛起”、“西部大开发”、“振兴东北老工业基地”等区域扶持政策的支持后，虽然入围的企业数目有所增加，但幅度不大。2013 中国制造业企业 500 强分地

区主要指标详见表2-6。

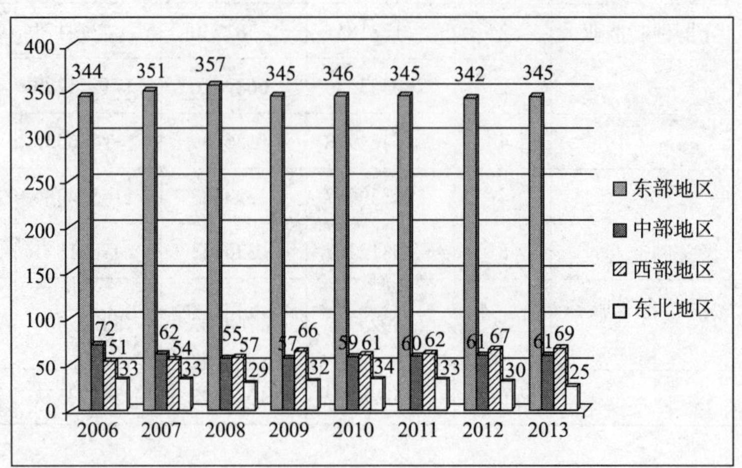

图2-1 2006-2013中国制造业企业500强区域分布变化示意图

表2-6 2013中国制造业企业500强分地区主要指标

名称	企业数	营业收入（万元）	利润（万元）	资产（万元）	纳税总额（万元）	从业人数（人）
全国	500	2338225923	52028652	2144240837	159135714	12643875
浙江	85	191389549	5261319	136328614	9137339	886403
山东	76	221948982	6631130	161531450	8005591	1112189
江苏	45	172098576	3990930	117732719	4891982	676430
河北	38	91575590	1360763	73299582	3401543	485409
北京	33	695033843	9775014	680808591	49077684	3957337
天津	21	96704378	1981986	77001248	1790472	352215
上海	20	148415066	5231726	175919339	18180410	628986
广东	20	119199011	3398734	108086506	6236186	930273
辽宁	19	60004964	-776937	73005628	4754306	482437
四川	18	59507459	2057603	60326962	3654652	456639
重庆	14	24902080	488604	30372986	1674321	225567
湖北	14	92463897	1764515	74285097	8288413	476736
河南	13	28737658	981967	27017643	1796258	190106
江西	11	39697642	314466	25422283	1970938	158116
安徽	10	38755974	916080	39720678	3385851	218670
广西	10	20164236	308013	24038872	1720738	187816
湖南	8	39246151	2352358	42247358	6378690	174019

名称	企业数	营业收入（万元）	利润（万元）	资产（万元）	纳税总额（万元）	从业人数（人）
云南	8	35298748	1162316	48331066	11010692	205937
福建	6	12275948	656291	13860208	974806	87386
山西	5	18583474	239768	18562315	555233	84511
吉林	4	47567409	1763040	31582749	5991392	190584
陕西	4	18072486	62600	18440969	397711	107403
甘肃	3	29079756	187104	25659014	560547	88151
新疆	3	5459658	157521	10520885	241874	50184
内蒙古	3	11159855	172605	18833089	1167941	91043
黑龙江	2	4910715	-70410	8355126	324393	40303
贵州	2	6006593	1220343	7825951	3059763	28569
青海	2	3193677	175970	8170215	288122	24871
宁夏	2	3128237	146860	3563802	23596	19298
海南	1	846130	16448	1269011	81454	8262

五、2013中国制造业企业500强的所有制分布特征

在2013中国制造业企业500强中，有209家国有企业，比上年减少7家，占总数的41.80%；291家民营企业，占总数的58.20%。中国制造业企业500强中的国有企业数目连续4年减少，国有与民营企业在相关领域内发挥着各自的优势。

1. 国有企业平均规模明显高于民营企业，占据主导地位

入围2013中国制造业企业500强的209家国有企业的营业收入总额为15.6万亿元，占总量的66.65%；净利润总额达到2965.8亿元，占总量的57.00%；资产总额为15.7万亿元，占总量的73.21%；纳税总额达到1.4万亿元，占总量的85.07%。而291家民营企业的营业收入总额为7.8万亿元，仅占总量的33.35%；利润总额达到2237.1亿元，占总量的43.00%；资产总额为5.7万亿元，占总量的26.79%；纳税总额达到2375.1亿元，占总量的14.93%。209家国有企业的平均营业规模和资产规模为745.7亿元和751.1亿元，分别是民营企业（268.0亿元和197.4亿元）的2.78倍和3.80倍。详见表2-7、2-8。

表2-7　　2013中国制造业企业500强按所有制分类的主要指标　　（万元）

名称	企业数	营业收入	利润	资产	纳税总额	从业人数
全国	500	2338225923	52028652	2144240837	159135714	12643875
国有	209	1558441945	29657772	1569779386	135384677	8656806
民营	291	779783978	22370880	574461451	23751037	3987069

表 2-8　　2013 中国制造业企业 500 强主要指标所有制分布

名称	企业数（%）	营业收入（%）	利润（%）	资产（%）	纳税总额（%）	从业人数（%）
国有	41.80	66.65	57.00	73.21	85.07	68.47
民营	58.20	33.35	43.00	26.79	14.93	31.53

与上年相比，国有企业的营业收入总额、利润总额和资产总额的占比均略有下降，但仍然占据主导地位，虽然企业数量下降，但收入、资产、就业人员占比仍明显高出民营企业。

2. 国有企业税收贡献突出，净利润率低于民营企业

在全部制造业 500 强中，国有企业以 66.65% 的收入份额贡献了 85.07% 的纳税份额，百元收入纳税率为 8.69 元，接近民营企业（3.05 元）的 3 倍（2.85 倍）。国有企业的收入利税率（（纳税总额+净利润）/营业收入）为 10.59%，明显高于民营企业 5.91% 的水平。

但是从盈利性的角度看，国有企业的经济绩效则不如民营企业。从盈利水平看，国有企业和民营企业的盈利水平都不如上年。2013 中国制造业企业 500 强中 209 家国有企业的平均收入利润率为 1.90%，低于 291 家民营企业的 2.87%；平均资产利润率为 1.89%，低于民营企业的 3.89%。从资产管理效率来看，2013 中国制造业企业 500 强中的国有企业的平均资产周转率为 0.99 次/年，低于民营企业的 1.36 次/年。从劳动生产率指标来看，国有企业的人均营业收入为 180.0 万元，低于民营企业的 195.6 万元；国有企业的人均利润为 3.0 万元，低于民营企业的 6.0 万元。详见表 2-9。

表 2-9　　2013 中国制造业企业 500 强按所有制分类的经济效益与效率

名称	资产利润率（%）	人均利润（万元）	资产周转率（次/年）	人均营业收入（万元）	收入利润率（%）
国营	1.89	3.0	0.99	180.0	1.90
民营	3.89	6.0	1.36	195.6	2.87

六、2013 中国制造业企业 500 强的研发状况

1. 研发投入费用有所增加，研发强度保持稳定

2013 中国制造业企业 500 强中有 472 家填报了研发投入数据，共投入研发费用总额为 4273.6 亿元，比上年的 3922.4 亿元提高了 8.95%；平均研发费用为 9.1 亿元，比上年增长了 8.33%；研发投入费用最多的 5 家企业分别是华为技术有限公司（300.9 亿元）、中国航空工业集团公司（241.0 亿元）、中国船舶重工集团公司（101.3 亿元）、中国兵器装备集团公司（98.6 亿元）、海尔集团公司（89.1 亿元），其研发投入占各自营业收入的比例分别为 13.66%、8.02%、5.79%、3.26%、5.46%。

2013 中国制造业企业 500 强的平均研发强度（研发费用占营业收入的比重）为 1.87%，与上年持平，保持稳定。2013 中国制造业企业 500 强的研发强度超过 10% 的企业有 4 家，比上年增加 2 家；

在5～10%之间的企业有26家，比上年减少2家；在3～5%之间的企业有78家，比上年减少8家；在1～3%之间的企业有193家，比上年增加13家；有171家企业的研发投入比例小于1%，比上年增加2家。

2. 研发投入增长率有所降低

随着营业收入增长率的降低，众多企业的研发投入增长率也出现下降。在填报数据的472家企业中，虽然有一定数量的企业自身研发投入的水平有了大幅度提高，但整体水平与上年相比有较大回落。其中，有27家企业的研发投入增长率高于100%，比上年少12家，占总数的5.72%；有31家企业的研发投入增长率在50～100%之间，比上年减少7家，占总数的6.57%；有45家企业的研发投入增长率在30～50%之间，比上年少41家，占总数的9.53%；有129家企业的研发投入增长率在10～30%之间，比上年减少8家，占总数的27.33%；有133家企业的研发投入增长率在0～10%之间，比上年增加47家，占总数的28.18%；另外，还有107家企业的研发投入增长率出现了负增长，比上年增加31家，占总数的22.67%。详见表2-10。

表2-10　　2012-2013中国制造业企业500强研发投入增长情况对比

	超过100%	50～100%	30～50%	10～30%	0～10%	0以下
2013年	27	31	45	129	133	107
占总数比例	5.72%	6.57%	9.53%	27.33%	28.18%	22.67%
2012年	39	38	86	137	86	76
占总数比例	8.39%	8.17%	18.49%	29.46%	18.49	16.34%
增长情况	减少12家	减少7家	减少41家	减少8家	增加47家	增加31家

通过以上两年数据变化的对比可以发现，研发投入增长率高的企业数量越来越少，大部分企业都集中在中下游水平。这也说明，在经济形势不好的情况下，企业很有可能为了节约成本，首先缩减周期长、见效慢的研发投入。

3. 专利数和发明专利数继续大幅提高

2013中国制造业企业500强中有449家企业填报了专利情况，共拥有专利27.8万项，比上年（441家）的22.4万项增加了24.11%；其中发明专利7.5万项，比上年的6.2万项增加了20.97%，占全部拥有专利数量的26.98%；从平均数来看，449家企业平均每家拥有专利620项，比上年增长了21.81%；平均拥有发明专利167项，比上年增长了18.44%。中兴通讯股份有限公司是拥有专利和发明专利最多的企业，拥有14000项专利，发明专利11000项。

虽然通过专利数量尤其是发明专利的数量增加，能够看出我国企业越来越重视自主研发能力和研发水平的提高，但由于基础差、底子薄，与国际上先进企业相比还存在巨大的差距，投入的产出比以及研发效率亦有不小提升的空间。在党的十八大强调"实施创新驱动发展战略"的大势之下，我国企业的研发投入力度也必将进一步加大，研发效率也必定会随着研发投入的增加而进一步提高。

七、2013 中国制造业企业 500 强的海外经营状况

1. 海外经营积极进展，收入占比有所提高

2013 中国制造业企业 500 强中，有 249 家企业拥有海外营业收入，共实现海外营业收入 2.8 万亿元，比上年的 2.4 万亿元增长了 16.67%；占其营业收入总额的 16.13%，比上年的 14.91% 提高了 1.22 个百分点。

海外营业收入超过 500 亿元的企业有 10 家，其中有 6 家企业超过了 1000 亿元，分别是中国石油化工集团公司（8896.4 亿元）、华为技术有限公司（1644.2 亿元）、浙江吉利控股集团有限公司（1292.8 亿元）、联想控股有限公司（1216.8 亿元）、中国兵器工业集团公司（1141.0 亿元）、中国兵器装备集团公司（1002.7 亿元）；海外营业收入占总收入比例超过 50% 的企业有 8 家，在 30-50% 之间的有 12 家。

2. 海外资产稳步增长，海外从业人数略有增加

2013 中国制造业企业 500 强中，有 177 家企业拥有海外资产。这 177 家企业的海外资产总额达到了 1.95 万亿元，比上年 164 家企业的 1.7 万亿增长了 14.71%；占其资产总额的 13.50%。海外资产超过 100 亿元的企业有 27 家，其中 7 家企业超过了 500 亿元。海外资产占比超过 50% 的只有浙江吉利控股集团有限公司 1 家（67.60%），在 30%-50% 之间的有 11 家。

另外，2013 中国制造业企业 500 强共有 180 家企业填报了海外从业人数，共有海外员工 28.3 万人，较上年增加了 1.80%。

八、2013 中国制造业企业 500 强发展中存在的问题

制造业是一国经济发展的载体和基础。一个国家制造业发展的好坏在很大程度上决定了这个国家在世界经济中的地位。回顾每一个工业强国的发展历史，建立一个强大而完备的制造业体系是他们共同的特点。

我国制造业发展取得了举世瞩目的成就，但同时需要看到，经过多年的高速发展，我国制造业发展正在走向一个转折时期。国际金融危机爆发之后，全球经济进入到一个深度的调整和转型时期，产业结构加快调整，长期以来积累的矛盾和问题进一步深化，中国所面临的经济形势是非常复杂的，我国的制造业大企业在发展中所面临的形势已经极为严峻。

1. 国际竞争能力有待提高，国际化水平仍然很低

尽管在改革开放之后，我国制造业的国际竞争力有了进一步的提高，但是，受总体国际竞争力水平的限制，与国际先进水平相比，我国制造业的国际竞争力在许多方面还存在较大的差距。具体而言，中国制造业企业的国际化发展存在着以下几个方面的问题：

（1）参与国际市场竞争的能力较差。

从中国企业拓展市场的方式来看，贸易方式仍然居主导地位，尤其是在拓展国际市场过程中：出口贸易甚至是间接出口仍然是最主要的拓展方式。长期以来，中国大多数企业规模小、资金少、技术力量薄弱，与国外技术力量相比，所占比重很少。显然，在这种情况下，中国企业无法同竞争

力强、资金雄厚、市场占有率高的跨国公司相比，其国际市场竞争能力差的弱点也充分显露出来，进而成为中国企业国际化发展的一个重要障碍。

与此同时，中国企业国际化经营的最大风险是不熟悉、不了解国际市场的游戏规则。在经济全球化的形势下，一些传统落后的经营思想仍然存在。再有就是国际品牌缺失，中国企业在海外市场缺乏知名品牌，有专家说，全球经济一体化的价值体系在未来将由品牌所决定。

（2）国际竞争力存在明显的不对称，行业发展失衡。

从结构方面看，我国制造业的国际竞争力存在着明显的不对称。第一，不同行业的国际竞争力差异较大。在我国制造业中，纺织业、食品加工制造业、饮料业、烟草业、皮革及制品业等行业产品具有较强的国际竞争力。而化学原料及制品制造业、塑料制造业、橡胶制造业、医药业、机械及交通运输设备制造业等行业的国际竞争力较弱。第二，不同技术水平的制造业具有不同的国际竞争力。从总体上讲，到目前为止，我国传统的以轻工业品为主的，技术含量较低的劳动密集型产品制造业具有一定的优势，如纺织、食品、皮革制造业等劳动密集型产业。而以化工、机械和交通运输设备为代表的具有一定附加值和中等技术含量的资本技术密集型制造业相对国际竞争力较弱。第三，资源禀赋不同的行业产品国际竞争力差异较大。如我国大多数非金属矿物资源和部分铅、锌等金属矿物资源丰富，相应的石料、石膏制品，陶瓷制品等非金属矿物制品，铅、锌等金属制品的国际竞争力较强。而由于木材、铜、镍等资源的相对缺乏，相应的木材加工制造业、纸及纸制品业、铜、镍及其制品业的国际竞争能力较弱。

（3）参与国际竞争中缺乏全面的信息网络支持。

随着经济的发展和不断现代化，经济信息已经成为现代化大生产中不可或缺的生产要素。随着云计算、大数据等现代信息技术的爆炸式应用，谁能快速全面的掌握全球的经济信息、科技信息，谁就能把握了解国际国内经济发展的脉搏。被称为“第四次技术革命”的电子技术的迅速发展，全球性的信息化发展，使得企业能迅速了解国际市场的变化情况。据波士顿咨询集团的调查资料显示，只有8%的亚洲企业全面实施了电子商务展览。由于中国制造业企业国际化的时间比较短，中国的信息服务网络尚未形成并发挥作用。这局限了我们对国外商情和商机的把握，使得我们对国外商情知之甚少，从时间上很难及时准确的反馈，从而阻碍了企业国际化发展的进程。

2. 自主创新能力不足，核心技术受制于人

尽管我国各个行业的技术水平和自主创新能力有了不同程度的提高，个别产业在国际上也具备了一定的竞争力，但总体来看，产业自主创新能力仍然较弱，与发达国家相比还有相当的差距，多数产业处于国际产业价值链末端，技术水平、劳动生产率和工业增加值率都还比较低，产品附加值也很低。由于缺少拥有自主知识产权的核心技术，我国不少行业存在产业技术空心化的危险。企业自主创新能力薄弱，已成为制约我国经济社会发展的瓶颈。

（1）我国工业生产所需的大量技术装备，特别是高端产品主要依赖于进口。

我国作为工业品的出口大国，生产装备特别是技术装备水平还比较差。装备制造业虽然规模较大，但真正体现行业竞争力的高精尖加工工艺和重大技术装备仍然比较薄弱。市场急需的高技术含量、高附加值的技术装备和产品严重短缺，一些国民经济和高技术产业领域所需的重要装备依赖进口。中国的高端医疗设备、半导体及集成电路制造设备和光纤制造设备，基本从国外进口；石化装备的 80%，轿车制造装备、数控机床、先进纺织机械、胶印设备的 70% 依赖进口。目前，我国技术的对外依存度超过 50%，也就是说一半以上的技术需要从国外引进。

（2）人、财、物投入严重不足。

尽管我国科技人力资源总量已经是世界第二位，但与其他国家相比，特别是在相对指标（如每万名劳动力拥有的 R&D 人员）方面，差距仍十分明显。投入不足是长期困扰我国创新能力提升的重要制约因素。据资料统计，世界 500 强用于研究与开发的费用占全球 R&D 费用的 65% 以上，平均每个企业的技术开发费用占其销售额的 10% -20%。另外，国外企业每年的研发投入占年销售总额的 5% -10%，而 2013 中国制造业企业 500 强的研发费用占销售收入的比重只有 1.87% 左右，有些企业甚至根本就没有研发投入。这两方面的数据都表明了我国企业基础研发费用投入不足是目前企业技术创新的软肋。根据国际经验，技术研发投入占销售额比重在 1% 以下的企业是难以长期生存的，比重为 2% 左右的企业仅可以简单维持，只有比重达到 5% 的企业才会具备核心竞争力。

当前，我国尚未建设形成有利于科技人员创新创业的科技基础条件平台，大型科研设施以及科研资料、科学数据等严重匮乏、分散落后，并且还存在着盲目重复购置、使用效率不高的问题，没有形成社会共享机制。由于缺乏国家层面的整体规划和政策引导，无法实现科技资源的有效共享，科技人员难以及时了解和掌握国际国内最新科技文献和数据，无法有效利用先进科研设施。

（3）以企业为主体、产学研结合的技术创新体系尚未形成。

我国企业创新能力已经有了较大提高，但与世界先进水平相比仍然薄弱，尚未真正成为技术创新的主体。总体上看，我国企业研发投入不足，技术创新和新产品开发、引进技术的消化吸收能力仍比较薄弱。同时，企业之间科技资源低水平重复严重，同一课题，重复立项，重复投资。在基础性研究、行业共性技术研发方面，企业间没有广泛建立和形成技术创新的战略联盟或协作关系。

另外，产学研的结合还不紧密。科研机构和高等院校科技经费主要来源于政府资金，得到企业资金支持的较少。企业对目前“产学研”结合中企业处于从属地位的状况很不满意。企业认为国家的经费偏重于支持高校，而高校搞出来的成果往往市场性不强，成果转化困难。大学、科研机构往往只注重技术指标的先进性，忽视了市场需求。同时，无论是生产性企业，还是转制科研院所，都注重现实经济效益，对关系国家竞争能力和企业长远利益的共性、关键性、前瞻性技术研究重视不够。

3. 部分行业产能过剩，对制造业发展带来很大压力

过去 10 年，中国国内固定资产投资年均增长率一直保持在 20% 以上，其增速令全球各国望尘莫及。大规模真金白银的确驱动了国内经济的一路迅跑，同时也沉淀下来了可观的生产能力。按照全球制造业认同的一般标准，当企业产能利用率在 90% 以下且持续下降时，就表明设备闲置过多，久而久之必然形成产能过剩。统计资料显示，目前我国制造业的平均产能利用率只有 60% 左右，不仅低于美国等发达国家当前工业利用率为 78.9% 的水平，也低于全球制造业 71.6% 的平均水平。因此，工信部公布的最新统计数据显示，在中国目前的 24 个行业中，有 22 个行业存在着严重的产能过剩。钢铁、汽车、家电以及属于新兴产业的太阳能光伏产业是典型的产能过剩行业。

从短期来看，产能过剩已经直接导致了制造企业"去库存"压力的加速聚积。无论是汇丰 PMI 的分项数据还是官方 PMI 数据均显示，企业成品库存指数在 2012 年 8 月以来一直处于较高水平。问题的严重性在于，在高库存的情况下，企业仍然要把产品源源不断地推向市场，从而造成了应收账款的增加，反过来影响企业的资金流，企业经营压力不断加大。不仅如此，在高库存面前，由于市场需求并没有得到根本的改善，企业的市场议价能力大大削弱，最终只能通过频繁的降价来加快"去库存化"，企业的经营生态将进一步恶化。

4. 内外部环境复杂，制约制造业发展

当前，我国站在了社会主义现代化建设的历史新起点上。从国际上看，全球经济仍处在金融危机引发的大调整、大转型之中，复杂性和不确定性上升。尽管美国在工业化或制造业重振战略的实现还有待时间的检验，短期内对"中国制造"的冲击有限，但是由于世界经济仍处于不确定的震荡调整之中，经济复苏之路并不平坦，各国也纷纷推出了形式各异的贸易保护主义手段，使得长期受益于全球经济一体化和开放国际贸易体系的"中国制造"所面临的外部经济环境堪忧。从国内看，我们仍处在大有可为的战略机遇期，但内涵和条件已经和正在发生重要变化。中国自身所面临的人民币升值压力以及人口、资源、环境等瓶颈因素的考验，也正使得"中国制造"遭遇到其他新兴经济体在提供具有比较优势的低成本要素方面越来越强烈的竞争挤压。经济将从高速增长阶段转向中速增长阶段，面临的挑战和风险不同以往。党的十八大明确了到 2020 年全面建成小康社会的新要求，同时提出了全面深化改革开放的新任务。现阶段我国经济社会发展中的深层次体制和政策弊端，使不平衡、不协调、不可持续的问题难以从根本上解决，有些矛盾还可能激化。另一方面，现行体制也难以适应未来将会发生很大变化的新形势、新任务。

九、促进制造业企业发展的建议

1. 整合国际国内资源，促进可持续发展

改革开放以来，经过三十多年的高速发展，中国制造类企业正面临着国内外环境巨变带来的双重压力。从外部环境来看，接踵而至的美国金融危机和欧洲国家主权债务危机引发了全球市场需求萎缩，制造业企业借助出口实现的超常规增长已走过黄金期；从国内环境来看，"刘易斯拐点"的到来意味着中国人口红利的释放已接近极限，诸多劳动密集型制造业企业正逐渐失去成本低廉的比较优势。内外压力要求中国制造类企业尽可能走出国界，通过整合国际资源，促进企业在国内、国外两个市场中实现可持续发展。同时，全球制造业产业价值链重构也在呼唤中国制造业企业尽早制定和实施国际化战略。只有在绿色制造新竞争中以积极姿态和方式抢占价值链高端，才能提升中国制造业产业的国际地位。我国制造业企业的发展正处于关键时期，无论从"突破产业发展瓶颈，促进经济二次腾飞"的现实需要出发，还是从"提升产业国际地位，实现中华民族复兴，创建美丽中国"的历史责任角度出发，现阶段研究中国企业的国际化问题较之以往都有更为特殊的意义。

在国际化的条件下，企业发展所遵循的应该是比较优势的原则，也就是在竞争中应强调自己的比较优势。每个企业都强调了自身的比较优势，那么就会在国际分工中实现比较优势的相互结合，从而使国际资源得到充分的有效配置。因此，我国企业在国际化进程中应更多地考虑自己的比较优势问题，用自己的比较优势同国际上的企业的比较优势相结合。我国一些企业利用自己在加工制造方面的比较优势同国际企业进行有效整合，虽然可能使我国的企业丧失了自己的产品品牌，但是我国企业可以利用国际上名牌企业的品牌及销售网络等比较优势，使自己能够低成本地进入国际市场，这对提升自己的企业品位及档次，是极有意义的。因此，在国际化条件下，我国企业确立自身发展战略的基点及方法都必须要适应国际化的要求，立足于充分发挥自身的比较优势。

另外，无论是从人民币升值的角度，还是中国企业近几年现金流积累以及国际化收购能力形成的角度而言，目前都是中国企业推进海外并购的好时机。而中国制造业企业在做海外并购时，要有一定的“狼性”，不必处处防守，可以主动出击，该打官司就要打。同时，也需做好前期工作，慎重推进国际化战略。

2. 重视标准的制订，争取国际话语权

我国有企业标准、行业标准、地方标准和国家标准，产品要走向国外，就必须提升原有的标准体系，遵守国际标准和国外先进标准。国际标准和国外先进标准主要是指国际标准化组织、国际电工委员会和国际电信联盟制定的标准，以及国际标准化组织确认并公布的其他国际组织制定的标准。加强采用国际标准是我国一项重要技术经济政策，对于促进企业技术进步、提高产品质量、扩大对外开放、加快与国际惯例接轨、发展社会主义市场经济的重要措施。我国在这方面的工作已经取得一定的进展，但与国际水平相比，还有一定的差距。而且，随着经济全球化的发展和国内的技术进步，我们不能消极适应国外标准，要争取制定国际标准的话语权和主动权。

另外，应对国际竞争，中国要科技创新。迄今为止，人类进行了 18 世纪末以机器取代了手工的第一次工业革命和 20 世纪初流水线大批量生产的第二次产业革命；目前以数字化、人工智能化制造与新型材料应用为标志的第三次工业革命已经来临。美国已把“先进制造”和高端制造作为突破口，一定要从制造业现代化、高级化和清洁化中寻找“再工业化”出路，希望抓住第三次工业革命的机遇，通过“再工业化”抢占新一轮科技和产业竞争的制高点。在制造业中，日益增长的劳动力是可以被逐步化解的。比如，在智能机器人技术的发展下，企业可以让机器人像工人一样装配制造，这些机器人将很快比一般劳动力要便宜。人工智能技术将来必在制造业大施拳脚，制造出大量个性化产品。这些先进的高科技，正是美国的强项，也是美国在科技产业中的核心竞争力。科技产业每年需要投入高昂的研发费用，才能保证产品可以走在行业的前列。而美国科技公司的研发投入一直位于全球首位，创新能力更是其他国家的科技产业无法匹敌的。新一轮高端制造业强国之争才刚刚开始，中国必须要有转型高端制造业的紧迫感。

3. 以金融改革消除中国企业产能过剩基础

结构调整和产业升级、产能压缩，实际上是同一事件的不同说法而已。产业升级是经济结构调整的内容；实现产业升级了，过剩产能也就没有了（显然不会去升级没有需求的产能）。从导致中国产能过剩的原因看，不能靠拉长经济低迷时期来自动淘汰过剩产能。中国当前产能过剩现象决不是

单一经济周期的现象，即产能过剩是非周期性的。从传统的钢铁、水泥等基建行业，到光伏产业等代表未来新兴产业发展方向的高科技产业，中国的产能过剩是普遍的、全方位的。

在钢铁行业内部，越是高端的板材领域，产能过剩就越是严重，相对低端的线材领域，产能过剩反而不是很严重，甚至没有。中国产能过剩的解决，不能用逆经济周期的传统思路，即总需求扩张政策；结构调整也未必有效，新兴产业、传统行业的高端产品领域，产能过剩也是“重灾区”，因此产业升级的思路对产能过剩问题也未必起作用，“优化存量、调整增量”，加大结构调整力度势在必行。

金融是经济的核心，金融因素也是导致中国产能过剩的重要因素之一。通过金融领域的深化改革，是解决中国产能过剩问题的可行和有效途径。从高端到低端，中国企业产能普遍过剩的现象说明，金融是比经济周期和产业结构更为重要的、造成中国企业扩大产能的“圈地情结”的因素。在中国现有的经济、金融格局下，企业的经营导向不是追求最优规模和产品创新，而是追求最大规模。因此，改革现有金融体系，是从根本上解决中国企业产能过剩的重要基础。

4. 进一步加强制造业与服务业的融合发展

在制造业发展的不同阶段，生产性服务所包含的技术水平和知识密集度也有所不同。如制造业发展的初期，以简单加工制造为主，对生产性服务的需求多为交通运输，仓储、物流等方面；随着制造业的技术水平、资本密集度的提高，规模的扩大，制造业对生产性服务的需求逐步向研发、咨询、销售、售后服务等方面转移；伴随着生产的发展，金融保险服务的需求也在迅速上升。而生产性服务自身的发展也要求越来越多的中间服务性投入，如通讯、IT计算机服务等。生产性服务的需求不仅来自于制造业还来自其本身。在这个过程中，生产性服务生产过程中包含的人力资本增加，技术和知识越来越密集。随着后工业化的到来，制造业越来越注重比较优势和规模效应，生产服务不断外包，产业链增长，行业细分。伴随制造业技术进步和生产率的提高，以及自身技术水平进步对同部门产品需求的不断增大，生产性服务部门不仅保持高密集度的技术和知识水平的增长，而且劳动力比例也迅速增加。这也形成了制造业劳动力比例先上升后下降而服务业劳动比例持续上升（所谓“后工业化”结构变迁）的特征。

从微观的产业发展趋势看，中国要进一步加强制造业与服务业的融合发展，有针对性地发展生产性服务业，这是从效率驱动和创新驱动这两个角度快速提升中国制造的质量和竞争力的一个有效途径。现代经济学中的新经济增长理论认为，人力资本、技术和知识创新的外部效应以及市场分工网络功能发挥作用，导致了经济产生规模报酬递增式增长，而外部效应的主要创造、传导、扩散部门正是由生产性服务部门承担的。国际经济学界一些最新的实证研究结果也表明，无论是发达国家还是发展中国家，生产性服务业的发展和创新，对于制造业的转型升级、全要素生产率的提高和国际竞争力的提升都具有极大的促进作用。因此，推动生产性服务业的发展和创新，对于中国实现从制造大国向制造强国的迈进，以及提高自主创新能力、建设创新型国家的国家发展战略，具有十分重要和关键的作用。

5. 深化改革为释放潜力、转型升级、实现创新发展提供动力

增长阶段转换，并不仅仅是增长速度的改变，更重要的是增长动力和发展方式的实质性转变。

国际经验表明，如果新旧增长动力的接替不成功，中速增长也难以保住。与过去三十年主要依靠农业劳动力向非农产业转移实现效率提升不同，今后提升效率的重点将转向产业内部，通过行业内的竞争和重组、淘汰低效率企业得以实现。如果说过去主要靠“铺摊子”，今后将重点靠“上台阶”。必须通过深化改革，完善产品和要素市场，纠正资源错配和扭曲，释放被抑制的增长潜力；更重要的是，要更多的依靠市场力量，通过企业和个人的分散试错，拓展创新空间，使经济增长由主要依托低成本要素组合优势，转向更多地依托产业升级和创新驱动。

第三章
2013中国服务业企业500强分析报告

2013中国服务业企业500强是由中国企业联合会、中国企业家协会连续第九次向社会发布的中国服务业企业500强年度排行榜。与2012中国服务业企业500强相比较，本年度发布的2013中国服务业企业500强，营业收入增长放缓，但首次超过制造业增速，在规模分布方面仍然呈现金字塔的格局。在获利能力方面，净利润总体增幅略有回升，但利润出现负增长的企业数量显著增加，占比高达36.8%，整体而言，服务业企业的获利能力在向中间集中，越来越多的企业能够获得平均利润。在行业构成方面，金融行业占比继续增大，其中尤以银行业一家独大的特征最为明显。与此同时，现代服务业作为服务业转型升级的发展方向，在本年的报告中继续体现出小幅上涨的趋势，现代服务业占服务业的比重，在2013年度首次超过50%，达到50.22%。

一、2013中国服务业企业500强的规模及分布特征

1. 营业收入增长继续放缓，但首次超过制造业增速

2013中国服务业企业500强的规模增长显著，实现营业收入总额达204773亿元，资产总额达到1242160亿元，与2012中国服务业500强企业（以下简称上年）相比较，分别增长15.13%和17.68%；营收增幅较上年态势趋缓，但首次超过制造业500强7.83%的营业收入增长速度；企业纳税总额为12710亿元，占全国税收100601亿元的12.63%，相较于2012年企业纳税总额10587亿元占全国税收89720亿元的12%，占比上升0.63个百分点。但500家服务业企业的平均员工人数增幅却远远小于营收、资产的增幅，仅为3.10%，较上一年7.07%的增幅进一步收窄。2013中国服务业企业500强入围门槛为24.2亿元，较上年的22.7亿元，增加1.5亿，较上年的3亿元，增长幅度进一步放缓。

表3-1　　2012-2013中国服务业企业500强企业总规模对比

	总营收（万元）	总资产（万元）	纳税总额（万元）	员工数	入围门槛（万元）
2012	1778688808	10555597801	105869502	11965131	227029
2013	2047726460	12421602301	127093726	12335495	241601
增长	15.13%	17.68%	20.04%	3.10%	14572

2. 149 家企业入围中国企业 500 强，27 家企业入围世界 500 强

2013 服务业榜单的企业有 148 家企业入围 2013 中国企业 500 强，占比 29.6%，和上年 145 家相比小幅增长，但仍小于制造业企业的占比。有 27 家服务业企业进入世界 500 强的榜单，占入围总数的 31.4%，比上年增加 3 家，从排名变化来看，除了中国中化集团从上一年的 113 名下降到今年的 119 名，略有下滑，其余 25 家企业排名大幅提升，其中交通银行和中国联通的排名分别提升了 83 名和 75 名。

从进入世界 500 强的行业来看，分布在：银行（9 家）、内外贸易（5 家）、邮电通信（4 家），保险（4 家），多元化金融（1 家），公用设施（2 家），综合商业（2 家）。其中，进入世界 500 强的银行比去年增加 4 家，保险比去年增加 1 家。

表 3-2　　2013 中国服务业企业入围世界 500 强名单

上年排名	排名	公司名称（中英文）	营业收入（百万美元）
7	7	国家电网公司（STATE GRID）	298448.80
54	29	中国工商银行（INDUSTRIAL & COMMERCIAL BANK OF CHINA）	133636.00
77	50	中国建设银行（CHINA CONSTRUCTION BANK）	113369.90
84	64	中国农业银行（AGRICULTURAL BANK OF CHINA）	103478.70
93	70	中国银行（BANK OF CHINA）	98428.70
81	71	中国移动通信集团公司（CHINA MOBILE COMMUNICATIONS）	96874.50
129	111	中国人寿保险（集团）公司（CHINA LIFE INSURANCE）	73671.40
113	119	中国中化集团公司（SINOCHEM GROUP）	71824.10
152	134	中国南方电网有限责任公司（CHINA SOUTHERN POWER GRID）	66686.00
194	172	中国中信集团有限公司（CITIC GROUP）	55435.10
242	181	中国平安保险（集团）股份有限公司（PING AN INSURANCE）	53760.90
233	187	中国华润总公司（CHINA RESOURCES NATIONAL）	52448.20
258	196	中国邮政集团公司（CHINA POST GROUP）	50932.90
326	243	交通银行（BANK OF COMMUNICATIONS）	43094.90
292	256	中国人民保险集团股份有限公司（PEOPLE'S INSURANCE CO. OF CHINA）	40788.90
333	258	中国联合网络通信股份有限公司（CHINA UNITED NETWORK COMMUNICATIONS）	40617.10
318	277	中国航空油料集团公司（CHINA NATIONAL AVIATION FUEL GROUP）	38445.30
349	292	中国铁路物资股份有限公司（CHINA RAILWAY MATERIALS）	37172.10
416	343	天津市物资集团总公司（TEWOO GROUP）	32864.00
393	357	中粮集团有限公司（COFCO）	31751.50
426	364	浙江物产集团（ZHEJIANG MATERIALS INDUSTRY GROUP）	31197.30

上年排名	排名	公司名称（中英文）	营业收入（百万美元）
na	411	中国民生银行（China Minsheng Banking Corp.）	28436.30
498	412	招商银行（CHINA MERCHANTS BANK）	28039.50
na	428	兴业银行（Industrial Bank）	27247.90
450	429	中国太平洋保险（集团）股份有限公司（CHINA PACIFIC INSURANCE (GROUP)）	27174.40
na	460	上海浦东发展银行股份有限公司（Shanghai Pudong Development Bank）	25424.10
na	466	百联集团（Bailian Group）	25202.40

3. 规模分布呈金字塔形，但朝高数量区间移动显著

总体上看，2013 中国服务业企业 500 强企业的规模分布仍延续了前几年的格局，继续呈现金字塔的状态，属于低数量区间的企业占据了绝大多数，但逐渐朝金字塔的高数量级移动显著。

从营业收入分布来看，超过 1000 亿元的有 46 家，100 亿～1000 亿元的企业数量有 174 家，60 亿～100 亿元的企业数量有 81 家，分别比上年增加企业数 7 家、16 家和 2 家，低于 60 亿元的企业数量有 199 家，比上年减少 24 家，下降 11.21%。2013 中国服务业企业 500 强中，达到万亿以上的企业仍旧只有国家电网 1 家，百亿元以下的企业有 280 家，虽然比较上年的 302 家有所减少，占比仍旧高达 55.80%，金字塔底部企业上升空间很大。

表 3-3　　2012-2013 中国服务业企业 500 强企业营收规模分布

	超过 1000 亿元	100 亿～1000 亿元	60 亿～100 亿元	60 亿元以下
2012	39 家	159 家	79 家	223 家
2013	46 家	174 家	81 家	199 家
增长情况	7 家	15 家	2 家	-24 家

在资产规模的分布上看，有 85 家服务业企业资产达到 1000 亿元以上，比上年增加 11 家，资产在 100 亿～1000 亿元的企业数量有 166 家，比上年增加 15 家。60 亿～100 亿元的企业数量有 53 家，比上年减少 14 家，低于 60 亿元的有 195 家，比上年减少 11 家。

表 3-4　　2012-2013 中国服务业企业 500 强企业资产规模分布

	超过 1000 亿元	100 亿～1000 亿元	60 亿～100 亿元	60 亿元以下	总数
2012	74 家	151 家	67 家	206 家	498 家
2013	85 家	166 家	53 家	195 家	499 家
增长情况	11 家	15 家	-14 家	-11 家	—

另外，从企业间规模的差距看，企业间的仍旧很大，但较上年有所缓和。榜单中排名前 30 位的营业收入之和、资产之和所占各自比例分别为 57. 21% 和 86. 34%，营业收入较上年的 58. 4% 有所降低，但资产比例较上一年出现了明显上升，其中原因，主要是金融机构如银行业的一家独大所致，后文还会详细阐述。这其中排名前 10 的企业所实现的营收和占有的资产分别为 34. 15% 和 65. 38%。

4. 人均收入和人均资产有所上升

和上年相比，2013 中国服务业企业 500 强的各项人均指标都呈现显著提升，其中人均营业收入实现 166 万元，增长 14. 33%，人均拥有资产 1005 万元，增长 14. 53%；较之上年两个指标 13. 83% 和 10. 74% 的增长幅度，有所增加。这其中的原因在于营业收入、资产等总量指标虽然增幅放缓，但从业人员增幅放缓更甚。

表 3-5　　2012-2013 中国服务业企业 500 强人均规模指标对比

	人均营收（万元）	人均资产（万元）
2012	145. 2	877. 5
2013	166	1005
增长情况	14. 33%	14. 53%

从人均营业收入来看，超过 1000 万元的有 82 家，比上年减少 6 家；100 万至 1000 万的有 312 家，相比上年的 297 家，增加 15 家；100 万以下的有 100 家，相比上年的 107 家，减少 7 家。

从人均资产看，千万元以上的企业有 98 家，相比上年的 105 家，减少 7 家；100 万至 1000 万的有 288 家，相比上年的 289 家，减少 1 家；100 万以下的有 93 家，相比上年的 97 家，减少 4 家。

二、2013 中国服务业企业 500 强的经济效益及特征

1. 净利润总体增幅略有提高

2013 中国服务业企业 500 强实现净利润（指归属母公司所有者净利润，下同）总额为 15479 亿元（497 家）。企业平均利润 311447 万元，较上年 274124 万元，增长 13. 6%，比上年的 11. 5% 的增长率，有所增加；人均利润为 12. 55 万元，较上年的 11. 3 万元，增长 11. 1%，与上年 15. 04% 的增长率相比，有所降低。

表 3-6　　2012-2013 中国服务业企业 500 强经济效益指标

	平均利润（万元）	人均利润（万元）
2012	274124	11. 3
2013	311447	12. 55
增长情况	13. 6%	11. 1%

2. 亏损企业数量增多

2013 中国服务业企业实现利润超过 100 亿元的企业有 22 家，净利润总额为 12626 亿元，占利润总额的比重为 81.56%，较上年的 76.57% 有所提升；在 10 亿～100 亿元之间的企业有 81 家，实现净利润 2200 亿元，占比 14.21%，较上年的 18.05% 有所降低，两者合计企业数为 103 家，占据 2013 我国服务业企业 500 强（497 家企业）全部利润的 95.77%，较上年提高近 1 个百分点，显示出净利润进一步向少部分企业集中。而其余的企业中有 370 家的净利润在 0 至 10 亿元之间，占利润总额的 5.62%，较上年的 5.86% 进一步降低。另有 24 家企业亏损，在上一年亏损 10 家的基础上，亏损数量进一步增多。

表 3-7　　2013 中国服务业企业 500 强企业利润分布表

规模	个数	利润额（亿元）	占比
100 亿以上	22	12626	81.56%
10～100 亿之间	81	2200	14.21%
0～10 亿之间	370	870	5.62%
亏损	24	-210	—
总计	497	15479	—

3. 获利水平下降，利润负增长企业数量激增

从 2013 中国服务业企业 500 强利润增长率的变化来看，企业的获利水平整体下降。榜单中企业利润增长率高达 50% 以上的企业的数量为 82 家，较上年 106 家和 2011 中国服务业 500 强的 170 家相比，再次大幅降低；增长率为 30% 到 50% 之间的企业数量为 64 家，与上年 65 家相比也略有下降；在 10% 到 30% 增长率之间的企业数量也出现了显著下降，只有 0-10% 利润增长率的企业数量呈现增长趋势，高达 184 家，比较上一年增加 50 家。受到经济大环境的影响，利润实现负增长的企业数量也大幅提高，在榜单中可获得数据的 497 家企业中，利润实现负增长的有 184 家企业，占比为 36.8%，相比上一年净利润负增长的 134 家企业有所增加，更比 2011 中国服务业 500 强榜单中的 72 家，显著增加 112 家企业。在未来一段时间内，随着经济结构的调整和转型，企业经营环境更加透明，企业间竞争更加激烈，企业的暴利现象会逐渐减少，行业整体盈利能力更加平均。

表 3-8　　2011-2013 中国服务业企业 500 强企业利润增长率对比

利润增长率	2011 个数	2012 个数	2013 个数	2011 占比	2012 占比	2013 占比
50% 以上	170	106	82	34.62%	21.50%	16.50%
30%～50%	74	65	64	15.07%	13.18%	12.88%
10%～30%	116	123	87	23.63%	24.95%	17.51%
0～10%	59	65	80	12.02%	13.18%	16.11%
0 以下	72	134	184	14.66%	27.18%	37.02%
总计	491	493	497	100.00%	100.00%	100.00%

另从收入利润率来看，2013 中国服务业企业 500 强的平均收入利润率为 7.56%，较上年 7.67% 降低了 0.11 个百分点。排在前 8 位，即收入利润率达到 30% 以上的企业中有 4 家银行，1 家证券公司，1 家高速公路公司；排在前 44 位，即收入利润率达到 20% 以上的企业中，有 29 家银行，3 证券公司；收入利润率在 10% 至 20% 之间的有 39 家，较上年 35 家有所增加，占比 8%。另外有 378 家企业收入利润率在 0 至 10% 之间，占全部申报数据企业数量的 78.26%，较上年有所减少。

企业平均资产利润率为 1.25%，较上年 1.29% 降低了 0.04 个百分点。其中超过 10% 的有 17 家，较上年的 28 家大幅降低，5% 至 10% 之间的企业有 63 家，3% 至 5% 的企业有 81 家，1% 至 3% 之间的有 178 家，0 至 1% 之间的 120 家，资产利润率为负的有 23 家，也就是资产利润率在 3% 以下的企业占比高达 66.60%。

平均净资产利润率为 12.95%，与其他两个利润率的变化趋势相一致，下降了 0.28 个百分点。

表 3-9　　2012-2013 中国服务业企业 500 强企业各平均效率指标

	平均收入利润率（%）	平均资产利润率（%）	平均净资产利润率（%）
2011	8.33	1.39	12.49
2012	7.67	1.29	13.23
2013	7.56	1.25	12.95
增长情况	-0.11 个百分点	-0.04 个百分点	0.28 个百分点

4. 资产利用状况略有下降

从资产周转率看，2013 中国服务业企业 500 强企业平均资产周转率为 0.1649 次/年，较上年 0.17 次/年有所下降。从分布情况看，资产周转率超过 10 次/年的有 6 家企业，较之上年的 10 家大幅下滑，1-10 次/年之间的有 247 家，小于 1 次/年的有 231 家。

三、2013 中国服务业企业 500 强的行业分布情况

表 3-10　　2013 中国服务业企业 500 强分行业主要指标

名称	企业数	营业收入（亿元）	利润（亿元）	资产（亿元）	纳税总额（亿元）	从业人数（万人）
全国	500	205446	15475	1242184	12711	1233
能源（电、热、燃气等能）供应、开发、减排及再循环服务业	16	25607	958	35353	1655	133
铁路运输及辅助服务业	5	3695	84	5051	95	28
陆路运输、城市公交、道路及交通辅助等服务业	17	1617	60	9217	118	32
水上运输业	3	2509	-11	5326	54	13
港口服务业	11	1606	127	5448	110	13

名称	企业数	营业收入（亿元）	利润（亿元）	资产（亿元）	纳税总额（亿元）	从业人数（万人）
航空运输及相关服务业	6	4289	75	8649	284	31
航空港及相关服务业	4	391	18	1919	49	8
电信、邮寄、速递等服务业	4	15264	1103	75786	1202	190
软件、程序、计算机应用、网络工程等计算机、微电子服务业	6	1684	136	760	20	8
物流、仓储、运输、配送服务业	20	4928	43	5158	135	19
矿产、能源内外商贸批发业	16	7640	30	3020	205	15
化工产品及医药内外商贸批发业	5	4930	53	2972	89	5
机电、电子产品内外商贸及批发业	7	2289	37	1510	89	7
生活消费品（家用、文体、玩具、工艺品、珠宝等）内外批发及商贸业	29	3956	81	2403	114	13
粮油食品及农林、土畜、果蔬、水产品等内外商贸批发、零售业	14	2842	45	3485	12	14
生产资料内外贸易批发、零售业	23	6270	24	2708	61	9
金属内外贸易及加工、配送、批发零售业	25	2649	30	1030	15	1
综合性内外商贸及批发、零售业	15	2746	12	1173	45	5
汽车和摩托车商贸、维修保养及租赁业	20	2565	20	1667	39	12
电器商贸批发、零售业	7	4124	30	1482	87	26
医药专营批发、零售业	10	2718	36	1772	71	11
商业零售业及连锁超市	56	9587	135	5094	256	106
家具、家居专营批发、零售业	1	130	1	51	1	0
银行业	39	44399	10445	885245	5141	205
人寿保险业	4	6906	-60	32984	163	36
证券业	3	183	54	2492	24	2
财产保险业	1	2573	68	6887	170	49
其他金融服务业	2	184	11	285	6	0
多元化投资控股、商务服务业	19	9858	503	51868	558	92
房地产开发与经营、物业及房屋装饰、修缮、管理等服务业	49	10125	723	20702	1002	39
旅游、旅馆及娱乐服务业	9	1252	24	1603	59	15
公用事业、市政、水务、航道等公共设施投资、经营与管理业	15	1581	52	11141	116	18
人力资源、会展博览、国内外经合作等社会综合服务业	6	870	26	578	32	2

名称	企业数	营业收入（亿元）	利润（亿元）	资产（亿元）	纳税总额（亿元）	从业人数（万人）
科技研发、推广及地勘、规划、设计、评估、咨询、认证等承包服务业	5	506	26	514	30	4
文化产业（书刊出版、印刷、发行与销售及影视、音像、文体、演艺等）	11	746	53	1505	44	11
信息、传媒、电子商务、网购、娱乐等互联网服务业	2	80	5	174	2	1
综合服务业（以服务业为主，含有制造业）	12	5813	152	7827	340	26
综合保险业	3	5656	261	37323	214	31

1. 服务业企业 500 强近六成分布在 10 个行业

2013 中国服务业企业 500 强共分布在 39 个行业中，与去年相同。

按照企业数量排序，前 10 位的行业拥有企业数 297 家，占 59.4%，较上年的 58.4%，增加 1 个百分点，其所实现的营收、利润，所占有的资产、员工人数，和所缴纳的税款分别占总量的比例为：47.05%、77.98%、79.32%、42.83% 和 58.55%，与上年的各个比重相比较，都有较大幅度下降。主要原因是上一年在前 10 名当中的电力、热力、燃气等能源供应服务业只有 16 家入围 2013 服务业企业 500 强，跌出 2013 年服务业 500 强企业数量前 10 名，而陆路运输、城市公交、道路及交通辅助行业以 17 家的企业数量进入前 10 名。但能源供应服务业的营业收入比重较高，所以导致 2013 年企业数量前 10 的营业收入出现较大幅度下降，而排在后 10 位的行业所拥有的企业数量为 27 个，占比 5.4%，较上年 5.6% 有所降低。

表 3-11　　2012-2013 中国服务业企业 500 强包含企业数量前 10 的行业比较

	企业数（%）	营业收入（%）	利润（%）	资产（%）	从业人数（%）	纳税（%）
2011	55.2	56.24	74.24	82.00	53.75	68.70
2012	58.4	55.44	79.30	80.78	51.29	68.53
2013	59.6	47.05	77.98	79.32	42.83	58.55
增加（百分点）	1.2	-8.39	-1.32	-1.46	-8.46	-9.98

2. 行业波动集中在贸易、银行、能源三大行业

2013 中国服务业企业 500 强中，含有企业数量排名前 10 的行业包括：商业零售业（56 家）；房地产业（49 家）；银行业（39 家）；生活消费品（家用、文体、玩具、工艺品、珠宝等）内外批发及商贸业（29 家）；金属内外贸易（25 家）；生产资料内外贸易（23 家）；物流、仓储（20 家）；汽车和摩托车商贸、维修保养及租赁业（20 家）；商务服务业（19 家）；陆路运输、城市公交、道路及交通辅助等服务业（17 家）。

相比于上年，上述10个行业出现了较大的变化，也是39个行业中变化最为显著的行业。其中：商业零售及连锁超市增加8家，跻身企业数量最多的第一行业。银行业增加5家，在去年增加9家之后再次大幅增加，表现出金融行业近几年的蓬勃发展。而金属内外贸，生产资料内外贸易分别减少3家，一方面说明外围经济不景气对中国贸易的冲击，另一方面也说明贸易行业在中国服务业行业中地位相对下降。另外，与往年前十个行业基本不变的特征不同的是，电力、热力、燃气等能源供应服务业跌出前10，道路运输业取而代之，其原因，主要是经济下滑对电力、热力、燃气等基础服务的需求减少，导致去年曾在榜单之中的多家失落于2013中国服务业500强企业名单。

表3-12　　2011-2013中国服务业企业500强前10大行业对比

2013前10大行业	企业数量	2012前10大行业	企业数量
商业零售业及连锁超市	56	房地产开发与经营、物业及房屋装饰、修缮、管理等服务业	51
房地产开发与经营、物业及房屋装饰、修缮、管理等服务业	49	商业零售业	48
银行业	39	银行业	34
生活消费品（家用、文体、玩具、工艺品、珠宝等）内外批发及商贸业	29	金属内外贸易及加工、配送、批发零售业	30
金属内外贸易及加工、配送、批发零售业	25	纺织、服装、文体、烟酒、工艺、首饰等轻工产品内外商贸批发业	28
生产资料内外贸易批发、零售业	23	生产资料内外贸易批发、零售业	26
物流、仓储、运输、配送服务业	20	物流、仓储、运输、配送服务业	20
汽车和摩托车商贸、维修保养及租赁业	20	商务服务业	19
多元化投资控股、商务服务业	19	电力、热力、燃气等能源供应服务业	18
陆路运输、城市公交、道路及交通辅助等服务业	17	汽车和摩托车商贸、维修保养及租赁业	18

2013年的榜单中，银行业延续了上年的发展水平，逆势上扬，在榜单中的占有比重大大增多，其获利水平也是以企业平均利润267亿元而在39个行业中位居第二位。利润水平排在前5名的行业包括：邮电通信业，银行业，保险业，电力、热力、燃气等能源供应服务业，多元化投资控股、商业服务业。这5大行业的利润水平高于所有行业的平均水平。

受到调控的影响，房地产行业包含企业数量继上一年减少5家之后，今年再减少2家。2011年榜单中的56家企业，在2012年有17家落榜，新晋的企业有12家，房地产大企业较上年变化了29家企业。但在2013年的榜单中，这一变化不再显著，而是趋向稳定。从企业平均规模和利润看，平均营收为2066331万元，较上年1676971万元，增长23.22%。平均利润为147499万元，较上年的152348.8万元，略有降低。

3. 现代服务业占比首次超过50%

大力发展现代服务业是我国经济结构调整的重要支撑，最近几年，更受到国家层面的高度重视，在此背景下，服务业大企业在现代服务业领域也大展拳脚，取得了一定的成绩，并在2013中国服务业500强的榜单中，所占比重首次超过50%。在我国，现代服务业包括信息传输、计算机服务和软件业；金融业；房地产业租赁和商务服务业；科学研究、技术服务和地质勘探业；水利、环境和公共设施管理业；教育；卫生、社会保障和社会福利业；文化、教育和娱乐业等行业中包括的部分行业。据此，通过统计2009-2013中国服务业企业500强数据，可以发现，现代服务业占服务业的比重越来越高，从2009中国服务业企业500强的44.33%增加到今年榜单的50.22%，有逐渐上升的趋势。但剔除掉银行业的现代服务业的发展形势仍不容乐观，仅仅占不到30%的比重，这值得思考。

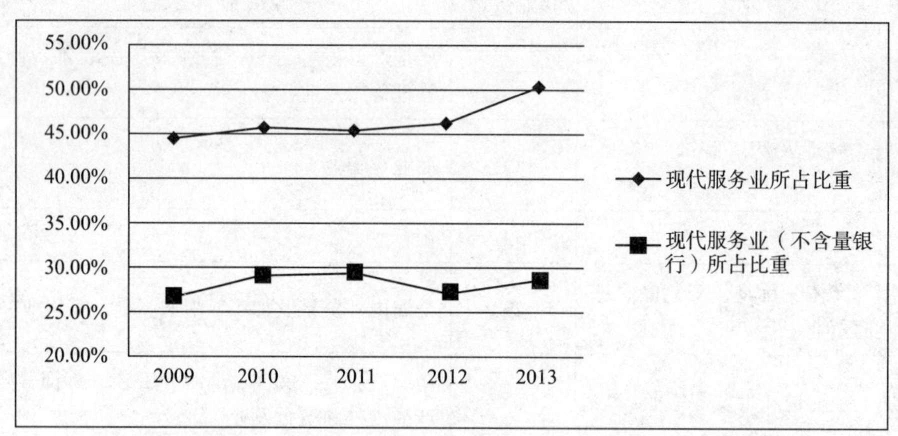

图3-1 2009-2013中国服务业500强中现代服务业所占比重

4. 银行业用不到一成的企业数量贡献了近七成利润

在39个行业之中，2013年服务业500强的利润在银行业过度集中。500家企业之中，银行业占39家，占所有企业数量的7.8%。而银行业的利润10445亿元，占500强利润15475亿元的67.50%。换句话说，中国服务业500强中，银行业用仅有的39家企业，即不到一成的企业数量贡献了近七成利润。这个特征在银行业自十年前就有，并在近几年愈加明显。2009中国服务业500强中，银行业利润占500强利润的58%，到2013年的榜单中，这一比重已经达到67%，并在近五年中呈现上升态势。

表3-13　　2009-2013中国服务业500强中银行业各项指标占比

银行业500强	营业收入占比	利润占比	资产占比	纳税总额占比	从业人数占比
2009	17.51%	58.04%	68.59%	31.68%	14.76%
2010	16.51%	54.12%	69.61%	26.51%	14.08%
2011	15.86%	54.40%	70.77%	35.76%	16.07%
2012	18.89%	63.97%	70.50%	36.65%	15.61%

银行业500强	营业收入占比	利润占比	资产占比	纳税总额占比	从业人数占比
2013	21.61%	67.50%	71.27%	40.45%	16.65%

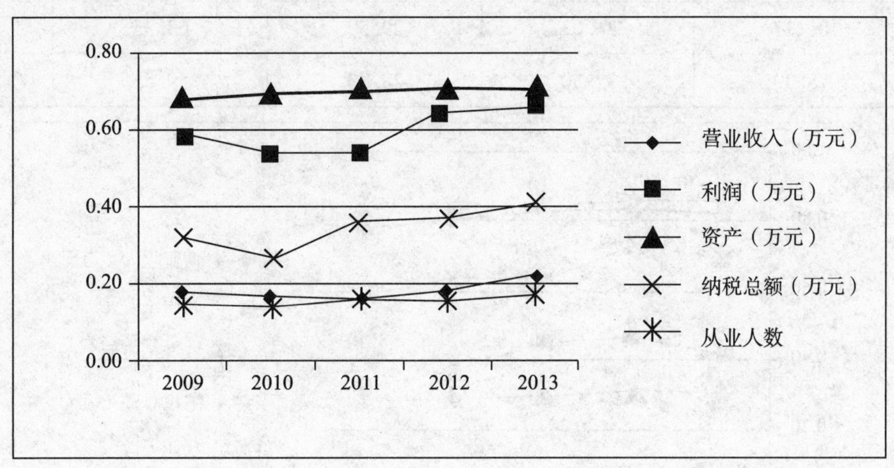

图3-2 2009-2013中国服务业500强中银行业各项指标占500强总额变化趋势

只是银行业一家独大，并不意味着中国金融业十分发达，同属于金融业的保险业、证券业分别只有8家和3家企业入围中国服务业500强，而且两个行业11家企业的利润总和只有324亿元，仅相当于500强中银行业利润10445亿元的3.10%，占所有服务业500强企业净利润15475亿元的2.09%。银行业的一家独大，与中国一直以来的间接融资为主有莫大关系，但在经济形势低迷，制造业和服务业都陷入资金困境时，银行业利用其资金优势获利，仍然值得商榷。这些本该由更多企业享有的经营利润被银行业占据，也在一定程度上削弱了实体经济的竞争能力。

5. 银行业部分扭曲了中国服务业的真实发展趋势

剔除掉银行业的影响，分析其余行业在近些年的发展可以发现，银行业之外的其他行业占总营业收入占比徘徊在80%左右，但利润只占据30%-40%之间。从变化趋势来看，营收、利润、资产、纳税和从业人数等指标占比在近3年逐渐下降，其中利润和纳税总额的下降速度表现的更为明显，在图形上主要表现为下降曲线的斜率更大。这类数据从另一个角度反映了，中国服务业的发展出现了结构性失衡的现象。银行独占鳌头，其他行业的发展速度则略有不及。以利润这一指标最为显著，银行业之外的其他行业在2009年占总利润42%，在2010年和2011年都是占46%，但从2012年指标开始，这一数据下降到36%，并在2013年数据中进一步下降到33%，从最高点时的净利润近半下降到2013年的三分之一。

表3-14 2009-2013银行业之外的其他行业占服务业500强的数据比例 单位（%）

	营业收入	利润	资产	纳税总额	从业人数
2009	82.49	41.96	31.41	68.32	85.24

	营业收入	利润	资产	纳税总额	从业人数
2010	83.49	45.88	30.39	73.49	85.92
2011	84.14	45.60	29.23	64.24	83.93
2012	81.11	36.03	29.50	63.35	84.39
2013	78.39	32.50	28.73	59.55	83.35

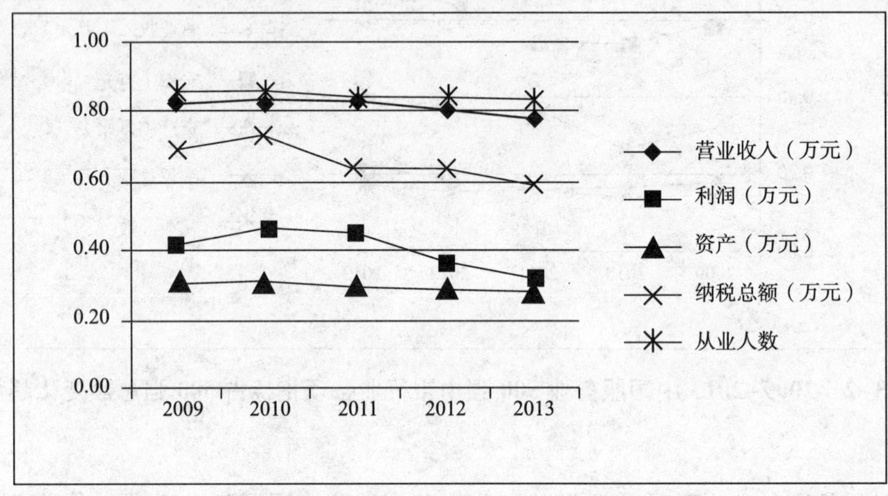

图 3-3　2009-2013 银行业之外的其他行业占服务业 500 强总额变化趋势

四、2013 中国服务业企业 500 强的地域分布特征

1. 地区分布集中度微降

2013 中国服务业 500 强企业榜单中，拥有企业排名前 10 的地区拥有企业的数量为 382 家，占比 76.4%，相比上年的 76.8%，降低 0.4 个百分点。而排名前 5 位的地区，拥有企业数量为 259 家，占比 51.8%，较上年的 52.6%，降低 0.8 个百分点，企业的地区分布集中度有所降低。另外，排名前三位的地区分别为，北京、浙江、上海，拥有企业数量分别为 63 家、59 家和 49 家，重新回到 2011 年的前三名企业地区分布格局。相比于上年 2012 年的浙江（61 家）、北京（60 家）和广东（52 家），企业的地区分布更加均衡。全国共有 28 个省、自治区、直辖市的企业进入 2010 中国企业 500 强，只有贵州、西藏、甘肃没有企业入围。

表 3-15　　　2013 中国服务业企业 500 强分地区主要指标

名称	企业数	营业收入（亿元）	利润（亿元）	资产（亿元）	纳税总额（亿元）	从业人数（万人）
全国	500	205446	15475	1242184	12711	1233
北京	63	112603	10838	891585	8156	680
上海	49	16354	1304	104607	842	63
天津	30	4821	127	18041	123	11

名称	企业数	营业收入（亿元）	利润（亿元）	资产（亿元）	纳税总额（亿元）	从业人数（万人）
重庆	20	2681	168	9507	178	31
黑龙江	1	73	0	53	0	0
吉林	3	438	23	2370	19	2
辽宁	15	4406	197	9885	335	43
河北	22	2833	72	2973	106	23
河南	3	178	–3	2110	15	3
山东	22	3066	193	7261	110	34
山西	9	3900	126	3454	199	26
陕西	2	167	6	670	20	2
安徽	13	2057	34	5973	71	13
江苏	40	7169	189	6075	206	34
湖南	14	795	46	3367	31	6
湖北	19	2156	110	6145	93	13
江西	2	125	14	669	10	2
浙江	59	9056	206	8449	302	28
广东	48	22083	1242	109152	1362	164
四川	6	552	50	2717	43	2
福建	29	5226	422	35888	315	22
广西	11	1089	43	4313	44	6
云南	3	217	7	508	4	1
青海	2	114	1	307	6	1
宁夏	2	100	14	712	9	2
新疆	7	1136	29	1217	39	7
内蒙古	2	89	0	297	4	1
海南	2	1712	14	3669	58	11

2. 地区分布数量稳定

和上年相比，2013 中国服务业企业 500 强分布地区变化不大，东部未发生变化仍旧是 364 家，其他地区分别为中部增加 1 家；西部减少 2 家；东北部减少 1 家。

东部地区：北京 63 家、天津 30 家、河北 22 家、上海 49 家、江苏 40 家、浙江 59 家、福建 29 家、山东 22 家、广东 48 家和海南 2 家，合计企业数为 364，占总企业数为 72.8%，与上一年保持一致。这其中，福建和上海、北京较上年分别增加 5 家、3 家和 3 家。而江苏、广东和浙江这三个被认为是企业尤其是民营企业最为活跃的地区，在 2013 年分别减少了 4 家、4 家和 2 家。原因可能是外向型经济受到世界经济形势低迷和劳动力成本提高等不利因素的影响，造成部分产业开始向中西部转移。

中部地区：山西 9 家、安徽 13 家、江西 2 家、河南 3 家、湖北 19 家和湖南 14 家，合计企业数为 60 家，占总企业数为 12%，较上年的 59 家继续上升。

西部地区：内蒙古 2 家、广西 11 家、重庆 20 家、四川 6 家、云南 3 家、陕西 2 家、青海 2 家、宁夏 2 家和新疆 7 家，贵州、西藏、甘肃三个地区没有企业入围，合计企业数为 55 家，占总企业数为 11%，较上年的 57 家，有所下降。

东北地区：辽宁 15 家、吉林 3 家，黑龙江 1 家，合计企业数为 19 家，占总企业数为 3.8%，比上年减少 1 家，又回到 2011 年的 19 家数量水平。

五、2013 中国服务业企业 500 强所有制分布特征

1. 国有企业多项指标占比有所提高

2013 中国服务业企业 500 强中，国有及国有控股企业共计 285 家，比上年 287 家，减少 2 家，占全部企业的 57%，较上年的 57.40%，减少 0.4 个百分点；拥有资产 1142918 亿元，占资产总额的 92.01%，较上年的 89.82%，增加 2.19 个百分点；实现营业收入 168177 亿元，占营业收入总额的 81.86%，较上年的 81.34% 增加 0.5 个百分点；实现利润为 13891 亿元，占利润总额的 89.77%，较上年的 85.2% 增加 4.57 个百分点；实现纳税 10938 亿元，占纳税总额的 86.06%；拥有员工 1038 万人，占员工总数的 84.18%。

表 3-16　　2013 中国服务业企业 500 强企业的所有制结构分布

名称	企业数	营业收入（万元）	利润（万元）	资产（万元）	纳税总额（万元）	从业人数
全国	500	2054462859	154746441	12421838807	127107556	12330331
国有	285	1681767011	138910867	11429184426	109382493	10380008
民营	215	372695848	15835574	992654381	17725063	1950323

表 3-17　　2013 中国服务业企业 500 强按所有制主要指标　　单位（%）

名称	企业数	营业收入	利润	资产	纳税总额	从业人数
国有	57.00	81.86	89.77	92.01	86.06	84.18
民营	43.00	18.14	10.23	7.99	13.94	15.82

2. 民营企业平均规模显著低于国有企业

在 2013 中国服务业企业 500 强，前 100 位中的民营企业数量有所降低，有 21 家，比上年减少 1 家。企业平均资产 46 亿元，仅相当于国有企业平均资产 4010 亿元的 16.5%，企业平均营业收入为 173 亿元，仅相当于国有企业平均营收 592 亿元的 29.22%。

榜单中，民营企业共计 215 家，比上年增加 2 家，占 43%；拥有资产总计 99265 亿元，占比 7.99%，比上年的 10.18%，减少 2.18 个百分点；实现营业收入 37269 亿元，占比 18.14%，比上年

的18.66%减少0.52个百分点；实现利润总额为1584亿元，比10.23%，比上年的14.8%减少4.57个百分点；实现纳税1773亿元，占比13.94%，比上年的14.73%，减少0.79个百分点；拥有员工195万人，占比15.82%，较上年的16.34%，减少0.52个百分点。

六、金融危机前后服务业企业发展情况

1. 营业收入增速继续下降，净利润增速小幅回升

2006-2013中国服务业企业500强的数据显示，服务业企业的营业收入、利润和入围门槛获得了不凡的增长。营业收入由2005年的61218亿元，增长至2012年的204773亿元，增长3.4倍；净利润由2005年的2830亿元，增长至2012年的15479亿元，增长5.5倍；入围门槛由2005年的6亿元，增长至2012年的24亿元，增长4.2倍。净利润的增长幅度大于营收和门槛的增长水平。

表3-18　　2006-2013年中国服务业500强企业各指标

年份	收入（亿元）	净利润（亿元）	入围门槛（万元）	资产（亿元）
2006	61218	2829	59000	327526
2007	75339	3523	72057	418546
2008	91810	7102	98469	470390
2009	110883	7039	119700	592775
2010	116295	8594	99410	734584
2011	147319	12171	197303	872843
2012	177869	13624	227029	1055560
2013	204773	15479	241601	1242160

从逐年的增长水平看，经历了金融危机的洗礼，服务业大企业经营水平和盈利能力更加趋于稳定和一致，并逐渐回归至2005年的水平。期间，利润的增长水平经历了“过山车”式的变化。和2006年相比，2007年的服务业500强企业利润水平实现爆发式增长，增长率达到101.58%。经历着金融危机爆发的2008年，500家企业的利润总额增长为负，增长率为-0.88%。2009年开始，受到4万亿刺激计划的利好影响，利润指标逐渐回暖，增长率达到22.08%，2010年最高达到41.62%。2012年，企业所处宏观环境偏紧，欧债危机爆发导致国外经济环境恶化，利润的增长水平回归至11.94%。

2013中国服务业500强中，营业收入增长率再次大幅下滑，与2010年4万亿政策刚出来时26.68%的高速增长形成鲜明对比。与此同时，净利润的增长速度在上年猛烈下降之后维持在相对低的水平。同样趋势的数据表现在中国服务业500强的入围门槛则是，入围门槛从2010年98.47%的增长率降至2013的6.42%。

表 3-19　　2007 -2013 中国服务业 500 强企业各指标变化

年份	营收增长率	利润增长率	入围门槛增长率
2007	23. 07%	24. 51%	22. 13%
2008	21. 86%	101. 58%	36. 65%
2009	20. 77%	-0. 88%	21. 56%
2010	4. 88%	22. 08%	-16. 95%
2011	26. 68%	41. 62%	98. 47%
2012	20. 74%	11. 94%	15. 07%
2013	15. 13%	13. 61%	6. 42%

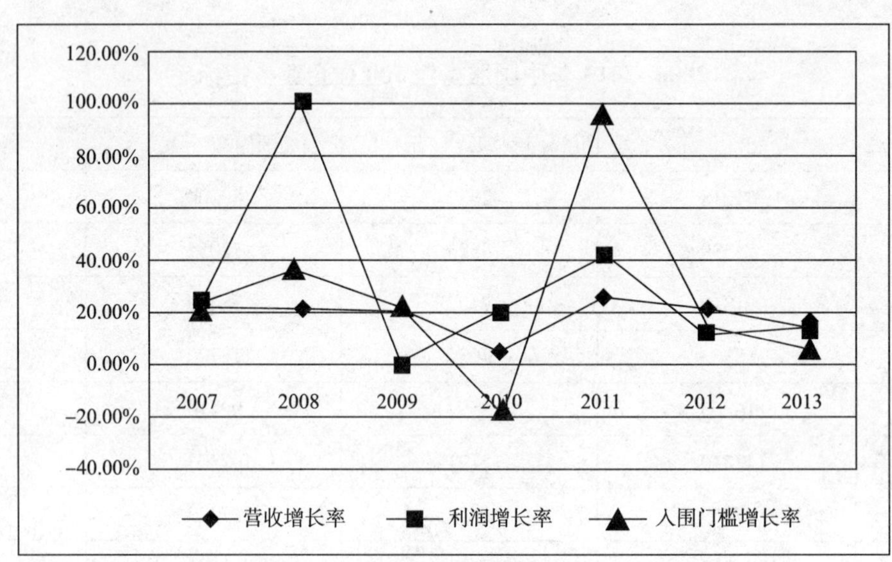

图 3-4　2007-2013 中国服务业 500 强企业各指标变化

2. 贸易行业呈现逐年下降趋势

贸易曾经带动中国经济高速增长，但金融危机之后，出口这一发动机明显减速。通过对 2009-2013 中国服务业 500 强企业数据对比梳理，内外贸发展已经今非昔比。由于世界经济形势低迷，出口形势严峻，近五年内外贸企业的盈利能力出现显著下滑。内外贸主要包括生活消费品内外批发及商贸业，金属内外贸易加工、配送、批发零售业，生产资料内外贸易批发零售业，矿产能源内外商贸批发业，综合性内外商贸及批发零售业，粮油食品及农林、土畜、果蔬、水产品等内外商贸批发零售业，机电、电子产品内外商贸及批发业，电气商贸批发零售业，化工产品及医药内外商贸批发业等行业，五年以来营业收入虽然有所增长，但相比服务业其他行业的增长速度，已经相对落后。

表 3-20　　2009-2013 中国服务业 500 强企业中贸易行业占比

	内外贸收入占比	内外贸净利润占比
2009	20.15%	4.63%
2010	18.91%	4.22%
2011	20.98%	4.29%
2012	20.35%	3.13%
2013	18.57%	2.24%

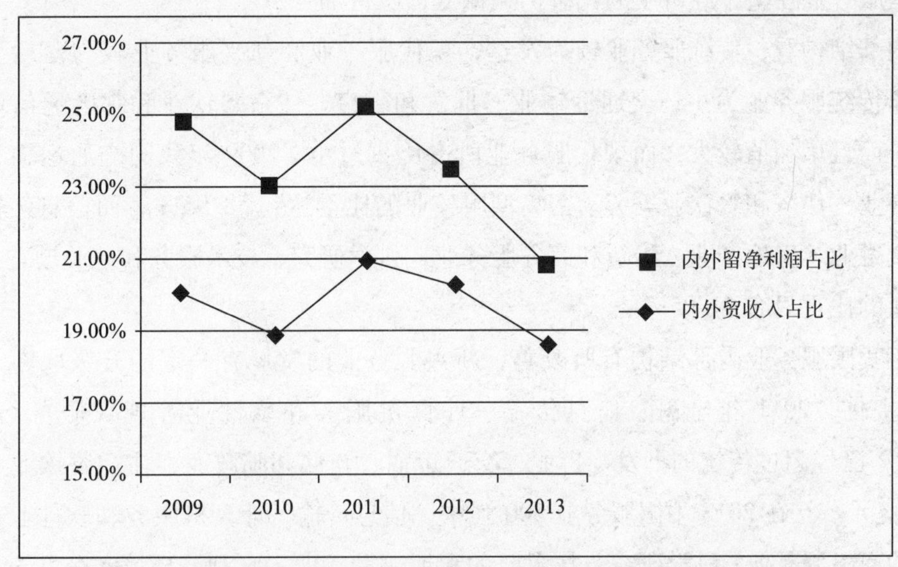

图 3-5　2009-2013 中国服务业 500 强企业中贸易行业占比

2009 中国服务业 500 强企业榜单中，内外贸收入占中国服务业 500 强总收入的比重为 20.15%，这一数字在 2013 榜单上，却急剧下降到 18.57%，在趋势分析上，表现为下方曲线向下倾斜。盈利能力方面，内外贸企业的净利润占比可谓节节下降，从 2009 年占中国服务业 500 强净利润的 4.63%，下降到 2013 榜单中的 2.24%。通过分析中钢集团，五矿集团等大型贸易企业的典型案例也可以看出，内外贸公司已经到了被迫转型的时刻。

七、当前服务业发展遇到的问题

自从 1992 年国务院发布《关于加快发展第三产业的决定》后，加快服务业发展逐步成为中国政府制定经济政策的重要导向，顺应了时代的发展阶段，中国服务业大企业自此之后在量的扩张上突飞猛进，今年的榜单中，服务业的营业收入增速上超过制造业，占整个经济的比重也逐渐增加。

不过，中国服务业发展仍存在诸多失衡之处。服务业与制造业之间存在失衡，服务业内部也存在也存在不均衡。服务业内部部门之间在要素密集程度、技术进步状况、产品提供方式等方面存在着较大的差异，非均衡特征比较突出。而服务部门的非均衡特征本身又隐含着通过减少瓶颈和再分配资源于高生产效率部门以加快增长的潜力。

1. 服务业发展不平衡

尽管中国服务业突飞猛进，服务业发展中存在的问题仍然十分明显。主要表现在：一，服务业在整个经济总量中比重偏低，二是服务业内部结构不平衡，劳动密集型行业所占比重要远大于技术和资本密集型行业，并且生产服务业发展的数量和质量有待提高。

香港、美国、加拿大等世界主要国家和地区服务业增加值占 GDP 的比重都在 60% 以上，个别国家达到 80%，2011 年我国服务业增加值占 GDP 的比重为 43.4%，比重偏低。2011 年我国服务业就业人数占全部就业人数的比重为 35.7%，而中国香港、韩国、美国、法国等国家和地区都在 60% ~ 70% 以上。中国服务业在整个经济中的比重仍然偏低，亟待加强。

从服务业内部结构看，传统服务业较为发达，现代服务业和新兴服务业较为落后。我国的服务业中内部结构以传统服务业为主，交通运输业、批发和零售、住宿餐饮业和邮电通信业等仍占服务业的很大比重，而且增加值较大，而现代服务业所占比重过小。2009 年我国交通运输、仓储和邮政业、批发和零售业、住宿和餐饮业等劳动密集型服务业的比重达到 58.95%，而信息传输、计算机服务和软件业、金融业、房地产业、租赁和商务服务业、科学研究、技术服务和地质勘查业等资金、技术密集型服务业的比重只有 41.05%。

虽然近几年我国服务业内部结构有所改善，新兴服务业的发展有一定的升级取向，但还没有成为产业增长的主体。2011 年金融、信息传输、计算机服务和软件业等现代服务行业增加值为 103724.06 亿元，已经超过传统的批发零售业、交通运输、仓储和邮政业、住宿餐饮业、房地产业增加值 101257.9 亿元。且在 2013 中国服务业 500 强中，信息传输、计算机服务和软件业；金融业；房地产业；租赁和商务服务业；科学研究、技术服务和地质勘探业；水利、环境和公共设施管理业；教育；卫生、社会保障和社会福利业；文化、教育和娱乐业等行业所代表的现代服务业营业收入 50.21%，首次超过传统服务业行业。但在现代服务业的内部仍存在诸多困境，现代服务业的内部行业构成仍旧不能适应经济发展的需要。与现代产业相联系的资金和技术密集型的金融保险、信息咨询、商务服务业等专业服务发展明显不足，增速较慢，服务业与制造业的相互渗透和相互关联程度较低。我国服务业发展的总体结构性滞后与总量扩张缓慢相互交织，共同制约了服务业发展。

2. 银行业占现代服务业四成，其他行业应当引起重视

现代服务业是指在工业化比较发达的阶段产生的，那些依靠高新技术和现代管理方法、经营方式及组织形式发展起来的，主要为生产者提供中间投入的知识、技术、信息相对密集的服务业，以及一部分由传统服务业通过技术改造升级和经营模式更新而形成的现代服务业。

在我国，现代服务业包括信息传输、计算机服务和软件业；金融业；房地产业租赁和商务服务业；科学研究、技术服务和地质勘探业；水利、环境和公共设施管理业；教育；卫生、社会保障和社会福利业；文化、教育和娱乐业等行业中包括的部分行业。据此通过统计 2009-2013 中国服务业企业 500 强数据可以发现，现代服务业占服务业的比重越来越高，从 2009 中国服务业企业 500 强的 44.33% 增加到今年榜单的 50.22%，有逐渐上升的趋势。但通过细分行业可以看出，银行业在现代服务业中的权重很高，几乎占到现代服务业的四成。剔除银行业之后，现代服务业中其他行业企业

营业收入占服务业营业收入的比重，更具代表性意义。

表 3-21　　　2009-2013 中国服务业 500 强中现代服务业营业收入占比

	现代服务业（含银行）	现代服务业（不含银行）
2009	44.33%	26.81%
2010	45.59%	29.08%
2011	45.31%	29.46%
2012	46.17%	27.28%
2013	50.22%	29.10%

2009-2013 中国服务业 500 强企业中，剔除银行业的影响之后，现代服务业占服务业比重分别为 26.81%，29.08%，29.46%，27.28% 和 29.10%，数据呈现小幅变化，但并无明显规律，但比重仅相当于包含银行的现代服务业的一半左右。而包含银行业的现代服务业比重占比更高，增速也更快，这也与最近 2011 年以来银行业的迅猛发展的实际情况相吻合。反之，现代服务业行业中其他行业的发展速度，在 2011 年开始出现的相对下降，应当引起足够的重视。

3. 金融业支持实体经济发展亟待加强

实体经济的发展随时都需要资金的支持和金融血液的灌输，其筹资不外乎两条途径：一条是向以银行为主体的各类金融机构贷款融资；另一条则是通过发行股票、债券等各类有价证券筹措资金。借助各种各样的途径和金融工具，不仅可以分散实体经济发展中面临的风险，解决或缓解资金需求，更提高了实体经济的发展效率。这也正是金融业从数量增长向质量增长的关键。

目前，我国电力燃气及水的生产和供应业、金融业 2 个行业增加值占 GDP 比重均高于美国历史上相同经济发展阶段比重，2004～2009 年，金融业增加值占比从 3.4% 提高至 5.2%，高于美国同期比重（1947～1955 年为 2.4%～3.2%），中国 2009 年比重与美国 1982 年比重相近。这说明中国金融业在数量上已经超越美国同期水平。然而，近两年的数据显示，相比于其他行业，金融业的发展仍有“过度”之势。这应当引起重视，这是因为：

第一，由于实体经济的发展要受到技术、人力资本等因素的限制，很难实现一个跨越发展，但如果金融市场过度膨胀，将会吸引大量的资金进入，特别是在各种高风险的金融衍生品的推动下，投机氛围越来越浓，将会导致市场总体风险增加。

第二，金融产品期限错配可能引发钱荒和泡沫经济。金融市场以实体经济为基础，一旦金融市场过度发展，甚至严重偏离其内在投资价值，就会造成资产泡沫，但泡沫积累到一定程度开始破灭就会造成金融危机的爆发，大量的金融投资机构倒闭，金融市场与实体经济的传导机制也受到严重影响。大量的企业因为缺乏有效资金供给，加上外部环境恶化，需求不足，导致企业发展驻足不前，阻碍了实体经济的发展。而 2013 年 6 月份，由于金融机构的产品期限错配等原因所导致的钱荒，若非央行及时出手制止，整个经济将陷入流动性紧张的局面。

第三，金融资金流入房地产业，也对房地产泡沫的形成起到了推波助澜的作用。如果房地产泡沫突然破灭，资金断裂对金融机构的反向破坏将首当其冲。反观中国的房地产业，如果仅仅依靠资金规模拿地建房，从房价上涨中获得超额利润，并不能持久。

在目前金融业蓬勃发展的当下，之所以仍然出现众多企业贷款难，融资渠道不畅通，其原因是金融业的质量不够发达。中国融资体系以银行吸收存款发放贷款为主，与发达国家依靠的直接融资截然相反。一方面，是历史原因导致了间接融资过大，中国一直以来的银行业充当了资金调配的功能，良好的商业信誉也造成大量的社会存款聚集在银行当中；另一方面，目前中国所施行的金融管理方式也导致其他金融机构很难取得较大发展，导致债券市场和股票市场这两种直接融资工具迟迟不能发展壮大。金融本该支持实体经济发展，现在却与实体经济争利，甚至在一定程度上侵蚀了实体经济的利润。银行业一家独大，已经说明了这个问题。

目前我国金融业的发展应防止过度膨胀，注重质量的提高，将发展的方向放到如何促进实体经济的发展的思路上来。

4. 服务业市场化偏低

服务业市场化程度偏低其主要表现为：一是政府对服务业的垄断经营现象比较严重，市场准入限制多。如银行、保险、电信、邮政、城市供电、民航、铁路、港口等，仍处于政策性垄断经营的状态之中，保持着十分严格的准入门槛。这种垄断和半垄断的市场环境，导致不少现代服务业的经营主体投资渠道单一。目前服务业固定资产投资中，国有经济投资仍占 60% 左右，大大高于工业的同一比重。二是绝大多数行业国有企业仍占据主体地位，以公有制为主体，多种经济成分共同发展的格局在服务领域远未形成。三是多数服务产品的价格还是由政府制定和管理，市场决定价格的机制在服务领域尚未建立。服务业市场化程度严重不足及国家垄断经营限制了其竞争力的提升。

公共服务业供给不足。目前，我国居民总体收入水平不高，政府的基本公共服务供给能力不足，教育、住房、医疗等一系列支出预期因素迫使消费者压制即期消费。由于受传统经济体制影响，我国社会服务体系相当不完善，义务教育、医疗保险、社会保障、社会治安等供给较为短缺，不能完全满足社会需要。

尽管近年来国家针对民营经济制定了一系列鼓励扶持政策，但在制度建设层面，民营企业仍然受到许多歧视和不公正待遇，成为制约了我国服务业发展活力和整体竞争力提升的重要原因。一是多数企业面临融资难题。面向企业、行业的征信体系不健全，融资方式过于倚重银行贷款，使得民营企业、中小企业融资门槛过高。另外，在促进企业利用多层次资本市场进行直接融资方面，政策资源又较多向国有企业倾斜，民营企业、中小企业上市和发行债券的份额偏低。二是行业、市场准入仍存在歧视性政策和“玻璃门”现象。虽然各级政府明确了民营企业在财税政策、融资服务、投资核准等方面与其他所有制企业享受同等待遇，但在实际操作过程中尚难得到有效落实，特别是在市场准入方面的进展不适应服务业开放发展的要求。

八、促进服务业发展的政策建议

2013 中国服务业 500 强企业营业收入增长速度第一次超过制造业 500 强营业收入增长速度。在

2012 年经济增长趋缓，制造业陷入低谷的情况下，这一数据的出现具有偶然性，但并不排除以后服务业的增长速度超过制造业增长速度会成为常态。通过对比领先国家如美国、日本的服务业增速可以发现，服务业增速超过制造业增速是迟早之事，而且通过发展服务业推动经济发展，促进产业升级，更能起到事半功倍的效果。至于 2013 年这组数据的出现，是否会成为转折点，服务业会不会从此之后开始领先，还有待以后几年的数据继续验证。

根据 2005 年第三产业分类，可以将服务业所有行业按照生产服务业、流通服务业、消费服务业和社会服务业进行分类，其中，生产服务业和流通服务业作为与农业、工业关系最为密切的行业，在现阶段，更应该着重发展。

流通服务业	铁路运输业，道路运输业，城市公共交通业，水上运输业，航空运输业，管道运输业，装卸搬运和其他运输服务业，仓储业，电信和其他信息传输服务业，批发业，零售业
生产服务业	计算机服务业，软件业，银行业，证券业，保险业，其他金融活动，房地产业，租赁业，商务服务业，研究与试验发展，专业及服务业
消费服务业	住宿业，餐饮业，居民服务业，其他服务业，新闻出版业，广播、电视、电影和音像业，文化艺术业，体育，娱乐业
社会服务业	邮政业，科技交流和推广服务业，地质勘探业，水利管理业，环境管理业，公共设施管理业，教育，卫生，社会保障业，社会福利业，公共设施管理业，教育，卫生，社会保障业，社会福利业，中国共产党机关，人民政协和民主党派，群众团体、社会团体和宗教组织，基层群众自治组织，国际组织

1. 大力发展生产性服务业

“生产性服务业”对于中国来说是一个较新的词汇。直到 2006 年，“生产性服务业”才第一次在国家的“五年规划”《十一五规划（2006 — 2010 年）》中出现。在美国，生产性服务业的蓬勃发展是在 20 世纪 50 年代；在大多数西欧国家是 60 年代。但是在中国，生产性服务业的快速增长直至 90 年代中期才开始，而那些“高级的”和“高端的”生产性服务业的显著扩张是从 21 世纪初开始的。生产性服务业是指生产产品和服务的中间投入。现阶段，要通过深化专业化分工，加快服务产品和服务模式创新，促进生产性服务业与先进制造业融合，推动生产性服务业加速发展。

一是有序拓展金融服务业，服务实体经济，防范系统性风险，有序发展和创新金融组织、产品和服务，全面提升金融服务水平。发挥大型金融机构的综合性服务功能，积极发展中小金融机构，发展网上交易等新型服务业态，创新金融产品和服务模式。更好地发挥信用融资、证券、信托、理财、租赁、担保、网商银行等各类金融服务的资产配置和融资服务功能。拓宽保险服务领域，积极发展责任保险、信用保险，探索发展巨灾保险，创新保险营销服务方式，规范发展保险中介市场，推进再保险市场建设，建立健全保险服务体系。

二是培育壮大高技术服务业，以高技术的延伸服务和支持科技创新的专业化服务为重点，大力发展高技术服务业。加快发展研发设计业，促进工业设计从外观设计向高端综合设计服务转变。加强信息服务，提升软件开发应用水平，发展信息系统集成服务、互联网增值服务、信息安全服务和数字内容服务，发展地理信息产业。积极发展检验检测、知识产权和科技成果转化等科技支撑服务。培育发展一批高技术服务骨干企业和知名品牌。

三是规范提升商务服务业。大力发展会计、审计、税务、工程咨询、认证认可、信用评估、经纪代理、管理咨询、市场调查等专业服务。积极发展律师、公证、司法鉴定、经济仲裁等法律服务。加快发展项目策划、并购重组、财务顾问等企业管理服务。规范发展人事代理、人才推荐、人员培训、劳务派遣等人力资源服务。促进广告、会展业健康发展。

2. 加大流通服务业和消费服务业整合力度

第一个方向，大力发展现代物流业，加快建立社会化、专业化、信息化的现代物流服务体系，大力发展第三方物流，优先整合和利用现有物流资源，加强物流基础设施的建设和衔接，提高物流效率，降低物流成本。推动农产品、大宗矿产品、重要工业品等重点领域物流发展。优化物流业发展的区域布局，支持物流园区等物流功能集聚区有序发展。推广现代物流管理，提高物流智能化和标准化水平。流通服务业是民间资本进入，竞争比较充分的行业。以快递业为例，顺丰，申通，中通等快递公司的出现，以及外资在国内市场的角逐，促进了流通服务业的快速发展。目前的问题在于，大大小小的物流和快递企业的出现，浪费了很多物流资源的同时，不利于充分借助信息化和物联网的手段，让物流公司产生最佳效率。阿里巴巴马云领衔成立菜鸟网络的意义即在于此。

第二个方向，大力发展服务贸易和服务外包。一是加快转变对外贸易发展方式，大力发展服务贸易，扩大服务贸易规模，优化服务贸易结构，提升服务贸易的质量和效益。坚定不移地推进服务贸易领域对外开放，提高服务贸易国际竞争力。重点扩大服务贸易出口，确立中国服务国际地位，实现对外贸易可持续发展，在国民经济发展中发挥更大作用。二是大力发展服务外包。离岸外包与在岸外包并重发展，推动外包企业做大做强，培育龙头企业，大力扶持为外包企业提供知识产权、投融资、产权交易、企业孵化和品牌推广等服务的专业机构；进一步完善人才培养机制，优化人才结构，建立适应发展需要的人才培训体系；加强软件产业基地、软件出口（创新）基地、软件名城和服务外包示范城市建设，发挥产业集聚区的龙头作用和示范效应；进一步加强服务外包公共服务平台和出口促进平台建设，鼓励企业积极参与国际合作与竞争；打造中国服务外包国家品牌，提升国家竞争力。

第三个方向，大力发展消费服务业。以扩大内需为导向，面向城乡居民生活，丰富服务产品类型，扩大服务供给，提高服务质量，满足多样化需求。

一是优化发展商贸服务业。优化城市综合超市、购物中心、批发市场等商业网点结构和布局，支持便利店、中小超市、社区菜店等社区商业发展。鼓励和支持连锁经营、物流配送、电子商务等现代流通方式向农村延伸，完善农村服务网点，支持大型超市与农村合作组织对接，改造升级农产品批发市场和农贸市场。引导住宿和餐饮业健康规范发展。支持发展具有国际竞争力的大型商贸流通企业。

二是积极发展旅游业。全面发展国内旅游，积极发展入境旅游，有序发展出境旅游。坚持旅游资源保护和开发并重，加强旅游基础设施建设，推进重点旅游区、旅游线路建设。推动旅游业特色

化发展和旅游产品多样化发展，全面推动生态旅游，深度开发文化旅游，大力发展红色旅游。完善旅游服务体系，加强行业自律和诚信建设，提高旅游服务质量。

三是鼓励发展家庭服务业。以家庭为服务对象，以社区为重要依托，重点发展家政服务、养老服务和病患陪护等服务，鼓励发展残疾人居家服务，积极发展社区日间照料中心和专业化养老服务机构，因地制宜发展家庭用品配送、家庭教育等特色服务，形成多层次、多形式的家庭服务市场和经营机构。加快建设家庭服务业公益性信息服务平台。加强市场监管，规范家庭服务业市场秩序。

3. 积极主动地实施服务业对外开放

积极主动的实施服务业对外开放，既包括"引进来"，也包括"走出去"。服务业"引进来"的重点应该是高端服务业和新兴服务业。这是因为，一则我国服务业比较优势是劳动密集型服务业，最缺乏的就是高端服务业和新兴服务业；二则我国目前既有的高端服务业和新兴服务业大都集中在国有事业单位，这些单位的服务业体制机制都比较僵化，效率普遍较低。如果着力引进金融、文化创意、工业设计、专业服务等高端、新兴服务业，既可以弥补我国这些领域的短板，也可以通过竞争和示范效应，促进国内国有服务业企业改善服务质量、提高服务效率。在服务业领域引进外资的同时，要注意对外开放的渐进性、灵活性。服务业对外开放是一个有重点、有步骤、分阶段、循序渐进、梯度开放的过程。

我国现代服务业也开始大踏步走向国际市场，参与国际市场竞争。但服务业"走出去"仍是"短板"。要做好这项工作，既需要企业提高自身竞争力和对国际市场的适应能力，也需要政府通过签订税收协议、实行税收优惠、推进出口融资与保险服务，以及做好海外投资环境评估、信息咨询、知识产权保护、法律维权等工作，力推服务企业"走出去"，参与国际竞争。这种"引进来"、"走出去"的双向互动是加快我国新兴服务业发展和提升其国际竞争力的必由之路。

4. 依托电子信息促进服务业发展

电子信息产业以其"产品增值空间大、产业带动能力强、转型提升作用好、提供就业机会多、创新关联范围广"等特点，为发达国家共同关注，市场呈现高增长态势。发展电子信息产业已经成为发达国家抢占未来经济制高点的重要战略。

近十年来，电子信息产业成为我国增长速度最快的支柱性产业。2011年，我国电子信息产业实现销售收入9.3万亿元，增幅超过20%。其中，规模以上制造业实现收入74909亿元，规模以上电子信息制造业增加值、投资增速分别高于工业平均水平2.0和近20个百分点。行业收入、利润占全国工业比重分别达到8.9%和6.1%，电子制造业在战略性新兴产业中的领先和支柱作用日益凸显。

从互联网到物联网，信息对发展服务业的作用，日益明显。电子信息产业对战略性新兴产业具有强大的基础支撑和强劲的产业带动作用。电子信息产业技术进步快，电子信息产品的更新日新月异，是一个高度创新性的行业。二十世纪以来电子信息技术领域的几项重大突破，包括半导体、卫星通讯、计算机、光导纤维等都体现了电子信息产业的高度创新性。技术创新依靠大量的知识储备和智力投入，需要大量高水平的创造性人才。据统计，在世界500强企业中，电子信息产业研究开发所需科技人员数量为传统产业的5倍。

电子信息产业是高度倍增性产业，电子信息技术的应用可以显著提高资源利用率，提高劳动生产率与工作效率，从而取得巨大的经济效益。国际电联的统计结果显示，一个国家对通信基础设施建设的投资每增加 1%，其人均国民经济收入可提高 3%，足见电子信息产业是一个高倍增的产业。从电子信息产品本身来看，也具有低消耗、高增值性，一公斤集成电路的价值，超过一辆豪华轿车；五十公斤的光纤光缆传输的信息与一吨重的铜制电缆相当，而消耗的能量仅是后者的 5%。

电子信息产业是高度渗透性的产业，电子信息技术既是针对特定工序的专业技术，又是适应于各种环境的通用技术，因而在国民经济的各个领域具有广泛的适用性和极强的渗透性。信息产业的发展还催生了一些新的"边缘产业"，如光学电子产业、汽车电子产业等，创造了大量产值与需求。电子信息产业高度渗透的特点使之涉及多个学科门类，要求从业人员具有复合型的知识结构，既要掌握电子信息产业软、硬件基础知识和技能，又对某一专业领域有深入的了解。

电子信息产业是高度带动性产业，对其他产业的发展具有很强的带动性。如在电子信息产业内部，它带动微电子、半导体、激光、超导、通信、信息服务业等产业发展；在外部，带动新材料、新能源、机器制造、仪器仪表、生物、海洋、航空航天等产业发展。从长远来看，电子信息产业的发展会带动战略性新兴产业的发展以及新的产业形态的产生，从而创造大量新的就业机会，形成对高素质劳动者的更大需求。

通过电子信息产业技术创新、产品制造和推广应用，支持战略性新兴产业的发展。通过建立高端研发集成平台等手段，攻克一批涉及战略性新兴产业组群以及国防军事等领域的电子信息产业关键技术，为国家重大战略性新兴产业需求提供重要支撑。通过电子信息产业技术创新、产品制造和推广应用，掌握一批新型功能材料与关键零部件、高性能芯片以及微型传感器等方面设计与制造技术，支持战略性新兴产业的发展。

5. 企业应加强自我抵御风险的能力

中国的经济虽未完全开放，但已经正在经受来自国内外的各种风险的冲击。外围的有金融危机遗留下来的经济不景气导致的外需不旺盛，内在的有资金紧张，企业发展跟不上社会日新月异发展带来的需要等。金融危机以来内外贸企业在营业收入和净利润方面的表现已经清楚的表明，中国企业自身仍然存在风险防范能力不足，对经济形势估计不够清楚的缺点。以外贸企业为例，在国际汇率波动频繁容易造成汇兑损失的情况下，外贸企业应提高化解和抵御金融风险的意识和能力，利用人民币远期、期权等衍生工具，提前锁定成本和收益；同时，也可利用人民币进行贸易结算规避汇率风险。

风险管理意识不足，不能未雨绸缪、提前预见和处置可能发生的风险，是国内企业普遍存在的现象，而且更多的问题出在了企业内部。

一是企业战略与风险管理策略不匹配。我国众多企业在战略目标、长远发展规划的制定上有一个很大特点就是急于求成，希望以最快的方式获得回报，往往忽略了投资决策带来的潜在风险。加之缺乏企业风险管理策略和应对措施，导致企业在发展的过程中对市场变化的应对能力不强，产品的生命周期大大缩短、企业发展后劲不足。企业时常在制定了雄心勃勃的战略之后，却没有针对性的风险管理，导致实施企业战略的过程中出现风险失控，企业战略提前夭折。

二是企业风险管理多为事后控制，缺乏主动性。对风险缺乏系统的、定时的评估，缺少积极的、

主动的风险管理机制，就不能从根本上防范重大风险以及其所带来的损失。

三是不能形成企业的风险信息标准和传送渠道，风险管理缺乏充分的信息支持。企业内部各个部门、各子（分）公司之间缺乏对于风险信息的统一认识，缺少一个平台使得内部风险信息得以有效的协调和统一。对于具体风险，缺乏量化和信息化的数据支持，最终影响防范和处置风险的决策效率和效果。

四是风险管理方面的职责不清。企业现有的风险管理职能、职责散落在各个部门和岗位之中，一旦出现风险，哪一类风险由谁负责、负什么样的责，没有明确且有针对性的风险管理职能描述和职责要求，考核和激励机制中尚未明确提出风险管理的内容，导致缺乏保障风险管理顺利进行的职能架构。

第四章 2013 中国跨国公司分析报告

为了贯彻国家“十二五”规划纲要精神，发展我国大型跨国公司，提高国际化经营水平，同时为社会各界提供我国大企业跨国经营相关信息和对策建议，中国企业联合会 2013 年继续推出中国跨国公司分析报告。中国跨国公司分析报告以“中国 100 大跨国公司及跨国指数”作为分析重点。“中国 100 大跨国公司及跨国指数”是中国企业联合会在中国企业 500 强、中国制造业企业 500 强、中国服务业企业 500 强的基础上，参照联合国贸易和发展组织的标准产生的。中国 100 大跨国公司是由拥有海外资产、海外营业收入、海外员工的非金融企业，依据企业海外资产总额的多少排序产生，跨国指数按照（海外营业收入÷营业收入总额+海外资产÷资产总额+海外员工÷员工总数）÷3×100% 计算得出。

一、中国企业对外投资加快，跨国并购已成为新亮点

2012 年，我国境内投资者共对全球 141 个国家和地区的 4425 家境外企业进行了直接投资，累计实现非金融类直接投资 772. 2 亿美元，同比增长 28. 6%。其中股本投资和其他投资 628. 2 亿美元，占 81. 4%，利润再投资 144 亿美元，占 18. 6%。

跨国并购成为企业开拓国际市场的重要方式。有数据显示，2008 年以来的这 5 年，中国企业海外并购数量分别为 126 起、144 起、188 起、206 起和 191 起，基本保持在数量较大、增长较快的水平；金额从 2008 年的 103 亿美元迅速增长至 2012 年的 652 亿美元，五年间增加 5 倍多。从并购行业范围来看，中国企业海外并购涉及行业达到了 28 个，2012 年则在 26 个行业开展了并购项目。进入 2013 年，中国企业海外并购仍保持着较快的增长势头。清科研究中心最新数据显示，2013 年一季度中国企业海外并购共完成 18 起，其中披露金额的 13 起案例共涉及交易金额 166. 5 亿美元，创下单季海外并购总额的最高纪录。从数量来看，今年一季度中国企业海外并购完成数量与去年四季度相等；从已披露并购金额上看，今年一季度披露交易金额数量比去年四季度上涨 219 . 5%，同比则上涨了 36. 8%。今年 2 月 26 日，中海油宣布完成对加拿大尼克森公司 100% 股权的收购交易，涉及金额高达 151 亿美元，成为 2013 年中国企业海外并购金额最高的一桩交易。5 月 29 日，美国最大猪肉生产商史密斯菲尔德（Smithfield，以下简称“SFD”）宣布和双汇国际控股有限公司已经达成并购协议，双汇将收购史密斯菲尔德，包括债务在内收购金额共 71 亿美元（约合人民币 437 亿元）。5 月 29 日，复星医药宣布以 2. 2 亿美元收购以色列医疗美容器械生产企业 95. 2% 的股权，成为我国企业迄今为

止最大一笔对以色列的并购案。6 月 3 日 soho 中国被曝出将以 7 亿美元收购位于美国纽约的通用汽车大厦 40% 股权，这有望成为中国赴美最大的一笔不动产投资。

二、2013 中国 100 大跨国公司及跨国指数基本情况

依据 2013 中国企业 500 强、2013 中国制造业企业 500 强、2013 中国服务业企业 500 强的海外数据，中国企业联合会排出了 2013 中国 100 大跨国公司及其跨国指数，中国石油天然气集团公司、中国石油化工集团公司、中国中信集团有限公司、中国海洋石油总公司、中国中化集团公司、中国远洋运输（集团）总公司、中国铝业公司、中国五矿集团公司、中国保利集团公司、浙江吉利控股集团有限公司位列 2013 中国 100 大跨国公司前 10 位。在 2013 中国 100 大跨国公司中，跨国指数排前 10 位的企业分别是浙江吉利控股集团有限公司、中国大连国际经济技术合作集团有限公司、广东省航运集团有限公司、中国中化集团公司、宁波均胜投资集团有限公司、中国远洋运输（集团）总公司、联想控股有限公司、山东如意科技集团有限公司、中兴通讯股份有限公司、中国中纺集团公司；海外营业收入排前 10 位的企业分别是中国石油天然气集团公司、中国石油化工集团公司、中国中化集团公司、中国海洋石油总公司、浙江吉利控股集团有限公司、中国远洋运输（集团）总公司、联想控股有限公司、中国兵器工业集团公司、中国兵器装备集团公司、中国电子信息产业集团有限公司；海外员工数排前 10 位的企业分别是中国石油天然气集团公司、中国电力建设集团有限公司、中国中信集团有限公司、中国石油化工集团公司、浙江吉利控股集团有限公司、大连万达集团股份有限公司、雅戈尔集团股份有限公司、中国航空工业集团公司、海尔集团公司、中国电子信息产业集团有限公司。详见表 4-1。

表 4-1　　2013 中国 100 大跨国公司及跨国指数

公司名称	地区	海外资产（万元）	资产总额（万元）	海外收入（万元）	营业收入（万元）	海外员工数（人）	员工人数（人）	跨国指数（%）
中国石油天然气集团公司	北京	82014698	340942037	133849854	268348030	104319	1656465	26.74
中国石油化工集团公司	北京	71508698	195682732	88963675	283060946	52171	1015039	24.37
中国中信集团有限公司	北京	29785207	356569323	6026889	34975605	55070	163468	19.76
中国海洋石油总公司	北京	24368889	81809720	22613150	52656649	4778	102500	25.80
中国中化集团公司	北京	19326724	28662384	36604899	45315860	9054	47718	55.73
中国远洋运输（集团）总公司	北京	18745556	34967345	12769869	18130387	4752	74909	43.46
中国铝业公司	北京	14236768	42841462	685286	24493959	453	174999	12.10
中国五矿集团公司	北京	9641657	24715804	9111950	32686526	7325	116230	24.40
中国保利集团公司	北京	8258611	38285818	1798733	9829698	7404	37731	19.83
浙江吉利控股集团有限公司	浙江	7656507	11326194	12927804	15489452	20530	40500	67.25
联想控股有限公司	北京	7527965	18720327	12167819	22664582	8300	39553	38.29
中国建筑工程总公司	北京	7259896	65751554	3341590	57164134	9088	203761	7.12

公司名称	地区	海外资产（万元）	资产总额（万元）	海外收入（万元）	营业收入（万元）	海外员工数（人）	员工人数（人）	跨国指数（%）
中国交通建设集团有限公司	北京	6363121	44841615	4873732	29863520	4398	103371	11. 59
中国化工集团公司	北京	6206588	26742048	4438347	20169454	10215	127107	17. 75
中国海运（集团）总公司	上海	5983611	17581405	2553765	6609661	2172	45570	25. 81
中国电力建设集团有限公司	北京	5625991	27553380	5903690	20171402	75000	207526	28. 61
中国联合网络通信集团有限公司	北京	5595907	57607156	134000	25708246	259	292651	3. 44
中国兵器装备集团公司	北京	5530197	27872848	10026848	30264029	2256	237021	17. 97
中国华能集团公司	北京	5054136	79502426	2114999	27977824	467	138235	4. 75
中兴通讯股份有限公司	广东	4753619	10744631	4460174	8421936	8825	78402	36. 15
宝钢集团有限公司	上海	4173653	49843762	6973925	28822553	1162	142031	11. 13
国家电网公司	北京	4053131	233353201	224053	188299929	2895	851667	0. 73
海航集团有限公司	海南	4008218	35690189	774600	10737985	4199	104205	7. 49
中国冶金科工集团有限公司	北京	3652672	33651254	926256	23190537	5617	135673	6. 33
中国铁道建筑总公司	北京	3640846	48722140	1807038	48685426	4549	290907	4. 25
TCL 集团股份有限公司	广东	3508557	7974479	2567607	6944835	1561	68935	27. 74
中国兵器工业集团公司	北京	3446555	28454210	11409738	36611379	5961	260021	15. 19
海尔集团公司	山东	3407492	14909397	4632655	16309769	11951	74693	22. 42
中国中铁股份有限公司	北京	3270811	55072808	2207582	48399175	4810	289343	4. 05
中国外运长航集团有限公司	北京	3078070	12293347	752079	10667813	670	72118	11. 01
中国电子信息产业集团有限公司	北京	2870977	16090885	9922826	18303462	10759	129948	26. 78
中国广东核电集团有限公司	广东	2854937	26301453	764697	3444915	213	26020	11. 29
中国航空集团公司	北京	2709013	19656548	3512204	10206540	2162	70264	17. 09
大连万达集团股份有限公司	辽宁	2628750	29310500	1650000	14168000	18229	78530	14. 61
中国有色矿业集团有限公司	北京	2578906	10473859	2446584	15234511	8843	53811	19. 04
中联重科股份有限公司	湖南	2525908	8897446	277071	9025181	964	31707	11. 50
光明食品（集团）有限公司	上海	2518682	22560392	909244	13937176	1218	115486	6. 25
中国移动通信集团公司	北京	2478620	127596125	462343	61120870	4591	222431	1. 59
金川集团股份有限公司	甘肃	2457559	10863205	865423	15118660	2353	34559	11. 72
中国航空工业集团公司	北京	2446245	56870826	2498911	30060591	13124	486084	5. 10
首钢总公司	北京	2349369	38443279	3005306	21659589	2029	117607	7. 24
山东钢铁集团有限公司	山东	2081635	17196500	2143098	11668222	342	91738	10. 28
潍柴控股集团有限公司	山东	1685514	8399409	715420	8068291	217	50159	9. 79
武汉钢铁（集团）公司	湖北	1491460	22303793	1922498	21377324	256	112330	5. 30
中国通用技术（集团）控股有限责任公司	北京	1341919	10662864	946309	14150928	552	42987	6. 85
广东粤海控股有限公司	广东	1307889	6108937	56477	1508421	521	13544	9. 67

公司名称	地区	海外资产（万元）	资产总额（万元）	海外收入（万元）	营业收入（万元）	海外员工数（人）	员工人数（人）	跨国指数（%）
江苏沙钢集团有限公司	江苏	1276856	16442777	1660960	21803592	617	41145	5.63
中国诚通控股集团有限公司	北京	1223171	7201074	745893	7486861	311	30702	9.32
中国港中旅集团公司	北京	1201250	6792299	422272	5114426	2506	43652	10.56
神华集团有限责任公司	北京	1196827	82185075	600785	34396914	278	203859	1.11
中国中纺集团公司	北京	1169947	2733164	1673900	4446842	3288	22386	31.71
广东省广晟资产经营有限公司	广东	1102941	7523791	504741	3630120	1355	38362	10.70
中国能源建设集团有限公司	北京	1081453	16101103	1260342	13963883	10324	163342	7.35
海信集团有限公司	山东	1038642	7362697	1256154	8105139	542	47669	10.25
紫金矿业集团股份有限公司	福建	988462	6735442	149174	4841472	464	23073	6.59
中国黄金集团公司	北京	979916	6523134	217961	10052265	1350	46723	6.69
中国电信集团公司	北京	977737	66570094	418777	33678139	1958	488113	1.04
中国机械工业集团有限公司	北京	935198	19521177	3077009	21421459	951	101642	6.70
白银有色集团股份有限公司	甘肃	831049	3674434	240397	3733145	7858	17452	24.69
中国大连国际经济技术合作集团有限公司	辽宁	767773	1111624	319759	499659	1195	2410	60.88
广东省广新控股集团有限公司	广东	759630	3454977	1678952	6548378	5267	23693	23.29
美的集团有限公司	广东	719012	8773653	4282351	10271302	4218	99539	18.04
山东如意科技集团有限公司	山东	713380	1639708	1599691	3415704	5458	23978	37.70
上海汽车集团股份有限公司	上海	686237	31720300	85658	48097967	298	105953	0.87
中国华电集团公司	北京	668635	59697819	120094	18512584	782	115097	0.82
万向集团公司	浙江	662374	6199277	1448544	9587435	6270	20915	18.59
中国节能环保集团公司	北京	644411	8238262	91869	3319410	2687	39924	5.77
北京汽车集团有限公司	北京	596592	17026515	653845	21056943	2132	81409	3.08
四川长虹电子集团有限公司	四川	592628	6313691	918624	8031205	653	71916	7.24
中南控股集团有限公司	江苏	583556	6210000	252367	3504837	560	52000	5.89
广东省航运集团有限公司	广东	501413	711674	265412	349002	1418	5085	58.13
中国恒天集团有限公司	北京	491433	5000889	648797	3687956	5588	54504	12.56
云南建工集团有限公司	云南	487629	2993060	90110	3230626	280	17339	6.90
北京建工集团有限责任公司	北京	472861	3988964	300012	2985488	590	11580	9.00
深圳市中金岭南有色金属股份有限公司	广东	465170	1407318	859024	1844005	1049	10831	29.77
富丽达集团控股有限公司	浙江	462704	1400437	99049	819875	392	6607	17.02
黑龙江北大荒农垦集团总公司	黑龙江	447461	14748752	1899980	11398581	497	677615	6.59
徐州工程机械集团有限公司	江苏	433832	7494547	1257836	10117841	2856	27790	9.50

公司名称	地区	海外资产（万元）	资产总额（万元）	海外收入（万元）	营业收入（万元）	海外员工数（人）	员工人数（人）	跨国指数（%）
国家开发投资公司	北京	412001	31152031	300348	8465287	912	86551	1.97
浙江龙盛控股有限公司	浙江	372937	1957696	587614	2135037	2000	8465	23.40
青建集团股份有限公司	山东	357949	2317350	815245	3579230	6156	12034	29.79
沈阳远大企业集团	辽宁	326969	1769035	386079	2012542	375	16739	13.30
卧龙控股集团有限公司	浙江	316299	1512991	544718	1527728	3696	10029	31.14
北京京城机电控股有限责任公司	北京	305538	3761497	196088	2482267	1280	25392	7.02
重庆对外经贸（集团）有限公司	重庆	300607	1332566	369256	1238267	443	31565	17.93
重庆轻纺控股（集团）公司	重庆	298487	2952431	319146	2553646	4319	27656	12.74
中国建筑材料集团有限公司	北京	279047	30061717	1451440	21743206	1375	166397	2.81
金龙精密铜管集团股份有限公司	河南	271871	1346605	946889	3181653	528	4597	20.48
宁波均胜投资集团有限公司	浙江	254269	676776	395169	637876	3117	6234	49.84
华侨城集团公司	广东	229361	9311060	284772	4066486	311	41609	3.40
北大方正集团有限公司	北京	224081	7475203	148524	6175052	232	32761	2.04
山东高速集团有限公司	山东	218527	21048103	116303	3021195	209	21465	1.95
华翔集团股份有限公司	浙江	196000	1022095	208000	786409	3126	8024	28.19
广西柳工集团有限公司	广西	194218	3073561	333778	1562415	1809	19895	12.26
太原重型机械集团有限公司	山西	180186	3168983	196028	1707326	688	14563	7.30
中国南车集团公司	北京	175974	11118293	851738	9264023	472	91452	3.76
雅戈尔集团股份有限公司	浙江	151728	6201712	279626	4444227	15564	48201	13.68
沈阳机床（集团）有限责任公司	辽宁	150204	2213327	72669	1650280	420	21318	4.39
辽宁日林实业集团有限公司	辽宁	150082	4178972	157607	2460500	1084	23695	4.86
新疆生产建设兵团建设工程（集团）有限责任公司	新疆	149066	1046431	152872	1652383	5517	14416	20.59
合计		448687315	3070617180	477955265	2148024072	624209	12318917	13.98

2013 中国 100 大跨国公司入围门槛为 14.91 亿元，比上年的 8.82 亿元提高了 6.09 亿元；2013 中国 100 大跨国公司平均跨国指数为 13.98 %，比上年的 12.93% 提高了 1.05 个百分点；2013 中国 100 大跨国公司共拥有海外资产 44869 亿元，比 2012 中国 100 大跨国公司的海外资产 38221 亿元增长了 17.39%，占 100 大跨国公司总资产 307062 亿元的 14.61%，比上年提高 0.88 个百分点；实现海外收入 47796 亿元，比 2012 中国 100 大跨国公司的海外收入 43517 亿元增长了 9.83%，占 100 大跨国公司总收入 214802 亿元的 22.25 %，比上年提高 0.74 个百分点；海外员工 624209 人，比 2012 中国 100 大跨国公司的海外员工 485480 人增长了 28.58%，占 100 大跨国公司总员工数量 12318917 人的

5.05 %，比上年提高 1.5 个百分点。

从公司总部所在地看，2013 中国 100 大跨国公司主要集中在经济发达地区，其中北京占 48%、广东占 10%、浙江占 8%、山东占 7%、上海占 4%、江苏占 3%。从公司性质看，2013 中国 100 大跨国公司中，国有控股企业有 80 家，占据明显的主导地位，民营企业只有 20 家。从行业分布看，2012 中国 100 大跨国公司的行业分布比较分散，超过 4 家企业的行业只有 5 个，分别是建筑业 12 家、一般有色冶金及压延加工业 6 家、汽车及及零配件制造业 6 家、黑色冶金及压延加工业 5 家、家用电器及零配件制造业 5 家。

2013 中国 100 大跨国公司与海外跨国公司还有很大差距。2013 中国 100 大跨国公司的平均跨国指数，不仅远远低于 2013 世界 100 大跨国公司 61.06% 的平均跨国指数，而且远远低于 2013 发展中国家 100 大跨国公司 37.91% 的平均跨国指数。2013 中国 100 大跨国公司中跨国指数在 30% 以上的只有 11 家，达到 2013 世界 100 大跨国公司的平均跨国指数的企业只有 2 家，达到 2013 发展中国家 100 大跨国公司平均跨国指数的企业也只有 7 家，还有 19 家企业的跨国指数没有超过 5%。2013 中国 100 大跨国公司的入围门槛只有 14.91 亿元，而 2013 世界 100 大跨国公司的入围门槛高达 1916.4 亿元、2013 发展中国家 100 大跨国公司的入围门槛也达到 187.48 亿元；2013 中国 100 大跨国公司平均海外资产只占总资产的 14.61%、海外收入只占总营业收入的 22.25%、海外员工只占员工总数量的 5.07%，而 2013 世界 100 大跨国公司平均海外资产占总资产的 59.95%、海外收入占总营业收入的 64.88%、海外员工占员工总数量的 58.34%；2013 发展中国家 100 大跨国公司平均海外资产占总资产的 27.40%、海外收入占总营业收入的 47.11%、海外员工占员工总数量的 39.23%。详见表 4-2。

表 4-2　　　　中外 100 大跨国公司有关指标

	入围门槛（亿元人民币）	海外资产比例（%）	海外收入比例（%）	海外员工比例（%）	跨国指数（%）
中国	14.91	14.61	22.25	5.07	13.98
发展中国家	187.48	27.40	47.11	39.23	37.91
世界	1916.40	59.95	64.88	58.34	61.06

注：汇率按照 1 美元=6.3081 元人民币换算

三、中国大企业国际化的差距

当今世界，国际化经营已经成为跨国公司利用全球资源和全球市场来巩固国际地位的重要方式。中国企业国际化经营尚处在初级阶段，合理配置全球资源和分享全球市场的能力有待提高。中国作为世界第二大经济体，许多主要产品的产量和出口规模已名列世界前茅，但在全球经济中的影响力与经济实力相比还存在差距。

尽管中国企业国际化经营取得了长足的进步，但与世界一流跨国公司相比还有很大差距，这从上面2013中国100大跨国公司与2013世界100大跨国公司对比的数据可以看出。中国企业国际化经营水平还比较低，中国企业国际化总体上还处于初级阶段，与中国作为全球第二大经济体的地位不相匹配。

一是实力弱。近年来，我国企业虽然加快了走出去步伐，海外资本实力逐步上升，但相对水平不但显著低于全球平均水平，而且与发展中国家平均水平也存在较大差异。我国2011年跨国企业海外资本存量与GDP之比仅相当于日本的31.5%，美国的13.2%，英国的7.2%。即使与新兴经济体相比我国也存在一定差距，海外资本相对规模分别相当于印度、韩国、巴西、俄罗斯的10%—90%。

二是国际化经营能力存在较大差距。以市场开拓能力为例可以说明这一点。2012年1—11月我国规模以上工业统计显示，在制造业30.9万家规模以上企业中，外国和港澳台投资企业（含中外合资企业）仅为5.6万家；中资企业达到25.2万家，占全部企业的81.7%。外资制造业企业的出口交货值占全国的近七成；中资企业仅占三成；另外，中资企业的出口依存度（出口交货值/销售产值）仅为5.8%，远低于外资企业的34.2%；说明本土企业的国际市场开拓能力远低于国外跨国公司及其在华投资企业。

三是缺乏具有国际竞争力的技术和品牌。目前，中国仍然少有原创产品、发明产品，99%以上是追随型产品。我国的产业技术水平与发达国家之间也存在很大差距，大量的制造能力集中在产业价值链的中低端，核心技术和零部件大量依赖于进口。我国是全球第一的制造业大国和出口大国，2011年出口金额占全球贸易总额的10.6%，但其中80%以上的出口商品是贴牌生产。以IT制造业为例，2011年我国的IT组装品出口占全球的30.7%，显著高于美欧日发达经济体，甚至超过东亚四小龙和东盟主要四国的总和。根据贸易特化系数和产品出口、进口中零部件和组装品各自所占比重，我们可以清楚地看到，中国的IT产业在属于产业链中低端的组装品领域具有较强优势，但在处于产业链高端的IT核心零部件领域表现为明显的比较劣势。以汽车行业为例，中国今年尽管有6家车企进入世界500强，但并非依靠一己之力，而是沾了合资伙伴或是旗下外国品牌的光。以2012年为例，通用和大众品牌占据上汽销量的6成。国内拥有合资伙伴最多的东风，合资乘用车品牌销量占比高达86%以上；新上榜的广汽，本田和丰田品牌则占其总销量的72%以上。作为我国惟一一家上榜的民营车企，吉利之所以进入世界500强依靠的则是对沃尔沃汽车的收购，而沃尔沃品牌占其销量的半壁江山以上。多年来，用市场换技术造成了各大汽车集团过度依赖外资合作伙伴的心态，普遍缺乏发展自主品牌和自主创新的内生动力，安于坐享从合资企业收获的丰厚利润。近几年，在培育和发展自主品牌已上升至国家战略的背景下，饱受外界批评的大集团也开始纷纷发力自主品牌。尽管如此，目前自主品牌在大集团销量中的占比仍非常有限。自主乘用车占比最高的东风也仅有不足14%，而这一数字还是基于利润不高、技术门槛较低的微车为其贡献不小的前提下。

四、不断增强国际化能力，努力提高国际化经营水平

国家“十二五”规划纲要明确提出“逐步发展我国大型跨国公司和跨国金融机构，提高国际化经营水平”，这为中国企业国际化经营指明了方向。当前和今后一个时期，中国企业只有树立全球视

野，增强紧迫感和危机意识，抓住新的机遇、迎接新的挑战，不断修炼并增强国际化能力，努力提升国际化经营水平，才能打造一批真正意义上大而强的跨国公司。

1. 着力提升全球领导力

全球领导力就是企业领导者在全球范围内组织和管理供应链，整合全球生产、全球市场营销以及全球跨文化人力资源而取得成功的能力。在越来越全球化的今天，全球领导力不再是可有可无的东西，它是全球市场竞争中必不可少的能力，是企业在全球竞争中的硬实力；没有它，就不可能成功。

要成为一家全球化的企业，其领导层必须要具备国际化的思维，从全球视野的角度出发来管理企业。埃森哲的一项全球领导力调查中显示，成功的跨国公司的领导力具备三大素质：远见卓识，包容开明，管理执行。包容开明是建立中国企业成功领导力的重点。

近年来，中国企业对于增强领导团队的国际化视野非常重视，并且已经开始采取行动。一些中国企业制定了针对全球领导力的指导和培训计划，通过领导力评估、全球工作团队、轮岗等多种方式来培育领导力。管理培训业界有一个共识，即对于领导人的培养和发展需遵循7-2-1原则。通俗地讲，领导人的学习和成长，70%是来自关键岗位的锤炼与经验积累，20%是在和他人互动交流中获得，只有10%来源于传统的课堂培训和学历教育。全球化领导的培养也不例外。在高管全球领导力培养中，联想集团是其中做得比较成功的企业之一。联想集团在2005年收购IBM个人电脑事业部之前，对于10%的部分，即传统的员工培训和教育，投入很大。收购之后，联想在全球范围开展业务整合。从那时起，联想开始重视70%的部分，即关键岗位尤其是全球化关键岗位的锤炼与经验积累。这对致力于培养全球化人才的中国企业来说，可以视为标准教材。一是国际外派。联想集团在培养全球化高管过程中，国际外派起到很大作用。如今分布在各个关键部门和关键岗位的高管，不少人都有接受短期或长期海外派遣的工作经历。国际化之初，有些中方高管意识到自身国际化管理经验不足，主动接受企业安排，将职位拱手相让给外籍高管，自己进入国际一流商学院潜心学习、提升自己，以使自身的领导风格更趋稳健，更具全球化。二是影子学习："2-in-1-box"机制。"2-in-1-box"的高管培养机制，是指两位高管共掌一个岗位。有些企业采用该机制，或是出于安排两位高管并肩作战以实现权力制衡的考虑；或是由于两位管理人员均不足以单挑大梁，企业试图实现"1+1>2"的互补效应；或是因为管理人员冗余，管理职位有限，二位高管难分仲伯，企业只好让两人在一个职位上"相依为命"。但"2-in-1-box"机制，在联想被智慧而有效地运用在全球化高管培养实践中。"2-in-1-box"高管培养机制，在联想带有很强的目的性，即在预先界定的时间框架内，安排来自中国的领导者和西方管理者并肩工作，通过快速学习与成长，为他未来全方位引领国际化业务做准备。联想通常是选择国内一些高潜质管理人才，外派到其它国家，和当地高管一同工作，这些当地高管通常也是一些熟悉国际业务运作的高手。通过"2-in-1-box"的培养模式，联想高层希望他们通过听、看、观察、询问、体会、亲身演练等方式，实实在在地在岗位上接受磨练。联想管理层对有些岗位的设置，甚至略带"因人设岗"的色彩。联想有一个在2005年并购前从未出现过的职位，叫做"Chief of Staff"，它的中文对应是"办公室主任"。这是一个"二把手"岗位，既是实职又是虚职。"实"是因为的确可以管很多部门的事务，"虚"是因为没有该设置，部门照样运作。在"2-in-

1-box”模式的实践中，有了这样一个“二把手”岗位，一种被称为“影子学习”的培养实践成为可能。此外，联想集团还有超常规用人机制（stretched role）、圆桌会等多种方式培养国际化人才。

2. 大力提升技术创新能力

跨国公司的成功与其拥有大量具有自主知识产权的产品密切相关，除大力增加研发投入外，企业主要通过以下四种途径提高创新能力。一是在技术发达国家设立研究所，聘请当地优秀研究人才，积极开展海外研发工作。二是坚持技术开发的独立性，谨慎对待成套技术的引进，采取从多种渠道分散引进的策略，以博采各家之长的方式将各国尖端技术融合到自己的生产中去。三是外派企业员工出国学习先进技术，大力培养技术骨干。四是开展广泛的战略合作，通过与合作伙伴共同研发和专利共享确保企业走在技术前沿。我国企业增强科技创新能力除通过上述途径外，还必须营造有利于创新的浓厚氛围，切实加大对科技研发的投入，尤其要重视根据主业发展方向确立科技创新发展路线，制定科技发展规划；集中力量突破关键核心技术，形成一批有分量的知识产权；大力提升获取社会创新资源的能力，建设以企业为主体，市场为导向，产学研、上下游、国内外有效结合的开放式创新体系和创新机制，将企业发展建立在坚实的技术进步基础之上。

3. 大力提高资源整合能力

从国际经验看，跨国企业的发展历程不但是一个不断并购做大的过程，也是根据发展战略，通过对非优势、不具发展潜力业务剥离出售等手段不断调整优化的过程。所有的跨国公司在发展过程中，都在不断出售自己的原有业务、收购新的业务，不断对业务进行调整和优化。公司按照企业的战略发展方向，对哪些业务需要退出，哪些业务需要加强，通过什么手段来加强（如自建，还是并购等），都需要有清晰的思路，并可以通过落实到投资项目层面和对战略性投资项目的动态控制来实现业务的组合管理。

世界一流跨国公司的资源整合早已不局限于某个区域和国家，而是在全球范围内有效配置资源，实现从跨国公司到全球化公司的转变。在资源最便宜的地方开采资源，在制造成本最低的地方生产加工，在融资成本最低的地方进行融资，在市场最大的地方卖产品，在研发能力最强的地方搞研发，实现在全球最适合的地方运营，最有效利用全球资源和能力。这已成为世界一流跨国公司必备的一种能力。

跨国并购由于其投资环境的高度复杂性，致使并购结果具有很强的不确定性，这种不确定性往往给跨国公司带来极大的风险。尽管并购是目前跨国投资的主要方式，但国际经验表明，并购特别是跨国并购成功的概率非常低。对于我国来说，由于自主创新能力和核心竞争力薄弱，也缺乏管理国际品牌和营销渠道的经验，实施跨国购并的风险更大。因此，我国企业国际化中，特别是对发达国家的投资中，应慎重采取购并方式，一旦确定采取购并的方式，应对购并可能带来的各种风险进行详尽的分析并提出有效对策。并购完成后要进行有效的整合，企业应当重视整合过程中的沟通管理，如果目标企业具有较好的管理模式、经营理念和企业文化，不妨保留其原有的管理制度，而将主要精力放在管理控制方面。同时企业也要注意维护好客户关系，使他们认可合并后的产品和服务，在留住老客户的基础上吸引新顾客，并利用联合产品去创造新的品牌。企业文化的整合是并购后整合过程中难度最大的任务，被并购企业所在国的员工、媒体、投资者甚至是工会仍然对我国企业持偏见和怀疑的态度，因此，并购后要想把文化的冲突降到最低程度，就要学会建立起一种共同的文化。可以在领导、决策、激励与报酬方面借鉴当地习惯做法，以减少文化冲突所引起的企业不稳定。

4. 构建科学的跨国管控体系

一个理想的公司管控体系通常需要具备管控战略导向明确、管控理念统一清晰、管控利益协调一致、管控定位科学合理、管控模式求同存异、管控组织健全严密、管控机制清晰系统、管控事项完善到位、管控途径规范可行、管控决策执行高效、管控制度柔性完备、管控能力胜任匹配等多项特征。根据“整-分”逻辑，每个模块设计和运行的内在机理都要具体体现管控体系运行的整体价值创造最大化和相互摩擦损耗最小化的要求。不应该仅是公司管理总部的单方面“己所欲施于人”，而应是引导公司所有成员企业都朝着整体价值最大化的方向努力。应该在兼顾相关方利益诉求基础上的分进合击，群策群力。

随着经营地域的扩展和国际化进程的加速，我国企业要积极稳妥地推进全球化管控体系建设，合理设置海外业务管理的组织架构，明确集团总部与海外专业分支机构经营与管理职能定位，并在实践探索和经验总结中最终形成一套成熟的适合自身全球化管控需要的可复制管控体系。

按照责权利相统一的原则，要科学划分集团公司与国际分支机构的职责与权限，探索职能模块、业务条线、区域板块的矩阵式运作模式，实现跨地域、多层次经营的资源有效配置方式，促使集团母公司发挥宏观管理的作用。

要发挥集团在海外分支机构发展过程中的技术和资源支持、竞争优势附加值注入、品牌无形资产支撑、战略引领及推动国际联盟合作等关键作用，强化集团母体对海外分支机构的影响力和控制力。

5. 强化风险防控和合规经营

跨国投资所处环境具有巨大的复杂性和不确定性，由此企业海外经营必然遇到比国内经营更多、更大风险。中国企业在走出去之后遭遇到的跨国投资风险近年来明显上升，需要引起企业高度重视。一是要建立和健全海外风险管理组织体系与内控制度。二是加快建立风险识别、评估、预警与防控体系。三是投资前要对拟投资项目做好调研评估和科学论证。四是进行风险投保以转移风险。五是实施投资地区的多元化策略以分散风险。六是采取合资方式等柔性进入海外市场的策略，既减少进入阻力又分散风险。

“合规”通常包含三层含义：遵守法规，即公司总部所在国和经营所在国的法律法规及监管规定；遵守规制，即企业内部规章包括企业的商业行为准则；遵守规范，即职业操守和道德规范等。合规是一个企业走向规范经营的系统化过程。广义的“合规”泛指企业在经营活动包括全流程各个环节中合规。狭义的“合规”聚焦在反对各种形式的商业腐败。最近几年跨国公司强化企业社会环境责任的基础上正在加大合规反腐的力度，强化合规经营已经成为跨国公司发展的一个新趋势。我国企业应高度重视这一新的动向，借鉴跨国公司合规反腐的经验和教训，建立和健全合规经营体系，特别要关注在高风险地区投资的合规性，努力做到与当地社会互利共赢。

6. 提升企业形象

企业应熟悉并遵守东道国市场的游戏规则，完善企业社会责任体系，积极推动本地化经营，尽快树立起本地企业、优秀企业的形象。要保持其在海外经营的持久发展，就需要和当地国家以及社会的利益共融，不仅为自己负责，还要为当地的人文社会环境负责。要加强跨文化沟通和交流，培养跨文化创新团队，妥善处理文化冲突，尽可能规避文化冲突和信任危机。遵守当地法律法规，尊重、适应当地风俗习惯，按照当地文化习惯处理社会责任问题。在企业管理层，要建立多文化、多背景的团队推进组织间交流与合作，应该安排熟悉当地市场、并与总部关系紧密的管理人员在各个地区履行本地化运营职能。树立长远发展的理念，加强责任沟通管理机制的建设，积极、正面、及时应对各类社会责任危机，树立一个敢于应对、勇于负责的企业形象。要与东道国政府和相关组织增进沟通，降低政治风险和经济风险；通过与当地企业合资和研发等产业链环节的本地化，加强与当地联系，贴近东道国市场需求，服务好本地市场和区域市场；积极推进中高层人力资源本土化，发挥人才的积极性和创造性；重视与非政府组织的联系，积极加入东道国相关行业协会组织，在遇到问题时，可利用行业协会组织拓宽解决途径；与投资地居民友好沟通，积极参与当地社区活动，让当地居民了解中国文化和企业文化；借鉴知名跨国公司在华投资的做法，积极参与东道国与本企业有关的慈善活动；利用好东道国的各类媒体，在宣传时尽量使用本地化的语言和习惯，尽量做到符合实际，避免夸大其词；要更加注重对自然环境和各类资源的保护，真正做到在环境保护、当地社区稳定、商业诚信、社区公益、慈善活动等方面积极作为，做一个融入当地社区的“企业公民”，力争公司效益和社区发展的双赢，在当地居民中树立起企业和国家的良好形象。

第五章 2013 中国企业效益 200 佳分析报告

2013 中国企业效益 200 佳是中国企业联合会、中国企业家协会在 2013 中国企业 500 强、制造业企业 500 强和服务业企业 500 强共计 1085 家企业的基础上，依据企业归属母公司所有者净利润产生的。详见表 5-1。2013 中国企业效益 200 佳当中，包括 96 家中国制造业企业 500 强（其中 88 家同时是中国企业 500 强），80 家中国服务业企业 500 强（其中 60 家同时是中国企业 500 强），以及采掘、建筑等行业的 24 家中国企业 500 强。从数据看，2013 中国企业效益 200 佳呈现如下特点：

一、2013 中国企业效益 200 佳盈利增长分析

2013 中国企业效益 200 佳 2012 年合计实现净利润为 21830 亿元，比 2012 中国企业效益 200 佳（以下简称上年）的合计净利润（20037 亿元）增长 8.95%，增幅提高了 5.0 个百分点；整体上看，效益最佳的 200 家企业盈利增长水平明显提高。另外，与 2013 中国企业 500 强净利润 3.33% 的增长相比，2013 中国企业效益 200 佳的盈利增长也明显领先。需要看到的是，2013 中国企业效益 200 佳最后一名的净利润为 12.79 亿元，低于上年 14.44 亿元的水平，反映了企业效益向领先企业集中的态势。

2013 中国企业效益 200 佳 2012 年纳税总额 30032 亿元，比上年增长了 8.35%，增幅下降 13.22 个百分点；占 2012 年全国税收总额（10.06 万亿元）的 29.85%，与上年的 29.17% 略有提升。这反映出企业效益 200 佳对国家的税收贡献大而且稳定。

中国工商银行股份有限公司连续第五年位列中国企业效益 200 佳的首位，排在第二位至第十位的企业分别是中国建设银行股份有限公司、中国农业银行股份有限公司、中国银行股份有限公司、中国石油天然气集团公司、国家电网公司、中国移动通信集团公司、交通银行股份有限公司、中国石油化工集团公司、中国海洋石油总公司。与上年相比，前十位企业没有出局，只是排位略有变化，工、建、中、农、交几大银行仍然保持一贯的良好收益水平，连续五年跻身前十位。

二、2013 中国企业效益 200 佳规模增长分析

2013 中国企业效益 200 佳的营业收入总额为 31.9 万亿元，比上年（28.8 万亿元）增长了 10.76%，增速降低 5.37 个百分点，增长速度有所放缓；2013 中国企业效益 200 佳的资产总额为 133.4 万亿元，比上年（115.8 万亿元）增长了 15.20%，增速降低 2.60 个百分点；2013 中国企业效

益200佳的归属母公司所有者权益总额为16.1万亿元，比上年增加11.80%。这是中国企业效益200佳增长速度连续第二年放缓，从一个侧面反映出企业发展环境的复杂。

表5-1　　2013中国企业效益200佳

名次	企业名称	净利润（万元）	营业收入（万元）	纳税总额（万元）	资产（万元）	所有者权益（万元）	从业人数（人）
1	中国工商银行股份有限公司	23853200	85037300	10788313	1754221700	112499700	427356
2	中国建设银行股份有限公司	19317900	71349600	8713881	1397828800	94173200	348955
3	中国农业银行股份有限公司	14509400	64987700	7747900	1324434200	74981500	461100
4	中国银行股份有限公司	13943200	62093000	6119800	1268061500	82467700	302016
5	中国石油天然气集团公司	11480285	268348030	39301595	340942037	163623758	1656465
6	国家电网公司	7771693	188299929	11891782	233353201	97393821	851667
7	中国移动通信集团公司	7476860	61120870	7197012	127596125	74048709	222431
8	交通银行股份有限公司	5837327	27105105	2873496	527337942	37991806	97971
9	中国石油化工集团公司	5186929	283060946	32230615	195682732	63651797	1015039
10	中国海洋石油总公司	4880326	52656649	9830337	81809720	37029545	102500
11	招商银行股份有限公司	4527300	17582800	2490300	340821900	20043400	59340
12	神华集团有限责任公司	3880780	34396914	5787538	82185075	30154378	203859
13	中国民生银行股份有限公司	3756300	17931300	2414900	321200100	16300700	49227
14	兴业银行股份有限公司	3471800	17188300	1517200	325097500	16957700	42199
15	上海浦东发展银行股份有限公司	3418600	16040800	1635100	314570700	17749700	35033
16	中国中信集团有限公司	3015507	34975605	3415872	356569323	23546107	163468
17	中国邮政集团公司	2578663	32135051	1734730	506089752	16917555	901722
18	中国光大银行股份有限公司	2359100	11413900	1258800	227929500	11417800	31968
19	上海汽车集团股份有限公司	2075176	48097967	7101040	31720300	12233737	105953
20	中国平安保险（集团）股份有限公司	2005000	33991930	2058600	284426600	15961700	190284
21	中国第一汽车集团公司	1654538	40938423	5697407	24355661	9719811	85552
22	上海烟草集团有限责任公司	1629058	10172803	7310253	11456342	10113781	17154
23	陕西延长石油（集团）有限责任公司	1541824	16212917	4213855	21386906	7776889	126793
24	华为技术有限公司	1536500	22019800		21000600	7504800	150000
25	中国农业发展银行	1429186	13595459	1240801	229307889	4979606	52033
26	华夏银行股份有限公司	1279628	7822585	768792	148886006	7469420	22991
27	中国华润总公司	1234639	33091087		73052141	10255952	457310
28	北京银行	1167481	5734791	533560	111996893	7161679	8259

名次	企业名称	净利润（万元）	营业收入（万元）	纳税总额（万元）	资产（万元）	所有者权益（万元）	从业人数（人）
29	大秦铁路股份有限公司	1150293	4596244	446479	10038767	7018840	98182
30	广发银行股份有限公司	1121986	5971517	736679	116814986	6352809	24103
31	浪潮集团有限公司	1038504	4010000		1053892	510725	12165
32	中国长江电力股份有限公司	1035201	2578192	808501	15523285	7487980	7781
33	四川省宜宾五粮液集团有限公司	1009838	6008905	1069568	6832822	4444954	50605
34	中国贵州茅台酒厂（集团）有限责任公司	939847	3044953	1150828	5849832	3148816	18782
35	恒大地产集团有限公司	917084	6526084	1354740	23899055	3826373	38463
36	中联重科股份有限公司	885814	9025181	502105	8897446	4118896	31707
37	东风汽车公司	841386	38942093	3623438	22836523	4585229	176580
38	湖南中烟工业有限责任公司	834447	8336170	5094590	6592336	4920198	15886
39	中国建筑工程总公司	814825	57164134	2776537	65751554	5833323	203761
40	杭州娃哈哈集团有限公司	805914	6363451	587617	3543148	2174135	29855
41	红云红河烟草（集团）有限责任公司	781807	7477746	5019071	7165214	5108571	13588
42	中国交通建设集团有限公司	777615	29863520	1475430	44841615	6395199	103371
43	绿地控股集团有限公司	755508	20024837	1035156	24181502	2693844	4800
44	海尔集团公司	749180	16309769	849062	14909397	3331332	74693
45	珠海格力电器股份有限公司	743132	10011010	623495	10756689	2674313	82000
46	中国中铁股份有限公司	735474	48399175	1973616	55072808	7836432	289343
47	中国人民保险集团股份有限公司	683200	25734900	1704716	68865000	6537400	493932
48	山东魏桥创业集团有限公司	677862	18651498	500459	9886256	4809094	135935
49	北京汽车集团有限公司	677854	21056943	2165027	17026515	2970833	81409
50	中国电信集团公司	672909	33678139	1906174	66570094	35503675	488113
51	南山集团有限公司	672538	7084631	282514	8037211	3655329	46213
52	安徽海螺集团有限责任公司	664388	6902433	772363	9869189	1732888	48013
53	中国船舶重工集团公司	647464	17510186	506894	38934668	7960849	161000
54	中国航空工业集团公司	644589	30060591	1022748	56870826	13125913	486084
55	中国南方电网有限责任公司	643793	42074110	3019202	55457370	18720938	300863
56	三一集团有限公司	640647	8236876	411432	10588898	3339677	50000
57	江苏洋河酒厂股份有限公司	615430	1727048	552277	2365769	1473911	9930
58	大连万达集团股份有限公司	598567	14168000	2020000	29310500	1422722	78530
59	山东能源集团有限公司	597919	19377287	1849328	21979190	4949851	261602
60	宝钢集团有限公司	579683	28822553	1112772	49843762	22865014	142031

名次	企业名称	净利润（万元）	营业收入（万元）	纳税总额（万元）	资产（万元）	所有者权益（万元）	从业人数（人）
61	长城汽车股份有限公司	569245	4315997	480169	4256940	2151424	48699
62	中国保利集团公司	557805	9829698	1793424	38285818	3293086	37731
63	重庆农村商业银行股份有限公司	536150	2284574	276218	43338234	3148060	14800
64	中国中煤能源集团有限公司	535641	11105802	1918967	24554984	6193475	113779
65	天津中环电子信息集团有限公司	528435	14553832	413223	6519252	2624555	65421
66	红塔烟草（集团）有限责任公司	522004	9094348	5106246	10146772	6800656	24743
67	紫金矿业集团股份有限公司	521121	4841472	653981	6735442	2818159	23073
68	重庆龙湖企业拓展有限公司	518403	2922453	555881	10105430	2406640	9288
69	中国铁道建筑总公司	514297	48685426	1931338	48722140	4421724	290907
70	中国中化集团公司	513151	45315860	848560	28662384	6432996	47718
71	中国太平洋保险（集团）股份有限公司	507700	17145100		68150200	9617700	85137
72	上海国际港务（集团）股份有限公司	496927	2838102	251773	8710299	4773587	20781
73	江苏华厦融创置地集团有限公司	490571	2358390	289982	5569806	3488219	2500
74	绿城房地产集团有限公司	485112	5460000	440200	10770730	2114216	4670
75	中国机械工业集团有限公司	451546	21421459	968849	19521177	3525955	101642
76	中国五矿集团公司	444241	32686526	880094	24715804	3572728	116230
77	海信集团有限公司	435419	8105139	416222	7362697	2445574	47669
78	中国电力建设集团有限公司	431887	20171402	818110	27553380	3769751	207526
79	国家开发投资公司	428821	8465287	1003546	31152031	5055747	86551
80	中国兵器工业集团公司	425976	36611379	956432	28454210	6954347	260021
81	浙江省能源集团有限公司	420396	6714550	488856	12064973	4386947	15944
82	内蒙古伊泰集团有限公司	408198	4499977	798319	6739536	1752464	6912
83	广州农村商业银行股份有限公司	405915	1718102	228321	34745514	2332791	7652
84	卓尔控股有限公司	394563	1429618	110000	1977091	945430	1041
85	湖北中烟工业有限责任公司	372589	5990385	3287292	3776862	1843705	9830
86	中粮集团有限公司	368779	20032924		26678406	5646281	106642
87	正威国际集团有限公司	359116	18668119		8668812	4640543	15109
88	中国广东核电集团有限公司	348681	3444915	450988	26301453	4756099	26020
89	盛京银行有限公司	348561	1484405	159165	31320416	1437833	3069
90	江苏扬子江船业集团公司	336284	2953677	203457	5311595	1554958	12757

名次	企业名称	净利润（万元）	营业收入（万元）	纳税总额（万元）	资产（万元）	所有者权益（万元）	从业人数（人）
91	渤海银行股份有限公司	333919	945971	188477	47210207	1981217	4639
92	福佳集团有限公司	330573	2614520	386873	4768916	2349076	3506
93	天狮集团有限公司	328153	2960033	44120	1194124	895468	2404
94	美的集团有限公司	325929	10271302	619460	8773653	1431353	99539
95	上上集团有限公司	324828	2344445	204418	2192620	786762	8318
96	山东大王集团有限公司	322327	7596998	278306	5579128	1747713	26487
97	浙江中烟工业有限责任公司	321993	5126992	2637949	3052544	2662056	3378
98	天津百利机电控股集团有限公司	310798	5007000	210187	3862298	1602112	41505
99	中国化学工程股份有限公司	308365	5411670	218968	5905110	1798570	44880
100	世纪金源投资集团有限公司	306424	2499346	429951	6506293	2165962	20194
101	中国联合网络通信集团有限公司	305039	25708246	1185653	57607156	16056458	292651
102	中国华电集团公司	303753	18512584	1572418	59697819	2933670	115097
103	内蒙古电力（集团）有限责任公司	302736	5657556	327935	5960090	2350188	34245
104	海通证券股份有限公司	301978	914069	111353	12634627	5867968	7248
105	河南省漯河市双汇实业集团有限责任公司	299860	3982680	276055	1737800	1175726	64795
106	中国建筑材料集团有限公司	297342	21743206	1602494	30061717	1880891	166397
107	新华人寿保险股份有限公司	293300	11692100	138785	49369300	3587000	57381
108	中南控股集团有限公司	292190	3504837	127810	6210000	520957	52000
109	新疆广汇实业投资（集团）有限责任公司	285346	8271091	362383	9559327	1649603	64875
110	贵州中烟工业有限责任公司	280496	2961640	1908935	1976119	1236356	9787
111	隆基泰和实业有限公司	280435	4935741	244810	3763681	1233358	22403
112	恒力集团有限公司	271961	8528616	283756	5259351	1919240	42120
113	广州银行股份有限公司	271029	1062457	104694	25177713	1309645	2508
114	青岛港（集团）有限公司	270280	2278898	144205	3334327	2509896	14733
115	苏宁控股集团	267612	23272272	621437	7616150	2845913	180000
116	天津银行股份有限公司	263418	1400977	140086	30234602	1669846	4581
117	雨润控股集团有限公司	263237	10616987	235869	8313215	1919194	120000
118	山东胜通集团股份有限公司	262391	2613978	164253	1112652	446415	6800
119	成都银行股份有限公司	254157	998084	130961	24029929	1288095	4088
120	中国通用技术（集团）控股有限责任公司	252630	14150928	703855	10662864	2781087	42987

名次	企业名称	净利润（万元）	营业收入（万元）	纳税总额（万元）	资产（万元）	所有者权益（万元）	从业人数（人）
121	青海盐湖工业股份有限公司	252426	827080	180577	4244005	1593028	14108
122	华侨城集团公司	246618	4066486	676609	9311060	1370364	41609
123	西子联合控股有限公司	243086	2058239	173155	3416526	1027443	10770
124	中国航空集团公司	242013	10206540	906801	19656548	3255149	70264
125	安徽中烟工业有限责任公司	236531	2831159	1799041	2133344	1558702	6702
126	中国煤炭科工集团有限公司	228898	3485339	247199	3542781	954325	31952
127	中国北方机车车辆工业集团公司	223698	9229456	424410	11372181	2433740	84647
128	中国医药集团总公司	216583	16523701	516677	12612292	2360482	68192
129	海亮集团有限公司	213517	7852780	113701	4133900	827206	12358
130	广东粤海控股有限公司	212025	1508421	210211	6108937	2182464	13544
131	吉林银行	210517	1206648	141725	22075726	1384475	8731
132	山西晋城无烟煤矿业集团有限责任公司	210023	16882003	966305	18387406	2291301	164507
133	中国东方航空集团公司	206813	8962612	395079	13134503	1406521	51259
134	中国南车集团公司	205969	9264023	469288	11118293	1754932	91452
135	海澜集团有限公司	205652	3301930	122435	2410643	1339292	27500
136	上海医药集团股份有限公司	205287	6807812	277877	5106903	2463930	38355
137	科创控股集团有限公司	205061	3480242	150407	2989547	2383452	23820
138	威高集团有限公司	204293	1650084	107814	1518420	983010	16564
139	波司登股份有限公司	201998	2282376	135302	1887531	842534	24630
140	泸州老窖集团有限责任公司	195985	3452845	561673	7443625	1530981	21379
141	山东招金集团有限公司	195101	4030166	90995	3040689	882831	13692
142	泰康人寿保险股份有限公司	194796	7541245	46970	41418785	2074292	47235
143	扬子江药业集团有限公司	194687	3352658	205763	1343943	1162250	9612
144	中国国际海运集装箱（集团）股份有限公司	193908	5433406	154842	6299238	1951318	58535
145	重庆银行股份有限公司	192560	463654	93594	15614849	824711	2871
146	山东如意科技集团有限公司	192319	3415704	131257	1639708	781170	23978
147	新兴际华集团有限公司	191534	18031285	234421	7707850	2001237	75166
148	长沙银行股份有限公司	191301	724432	82353	15992601	753346	2477
149	新希望集团有限公司	189936	8063941	118747	4952200	1282279	88503
150	中国对外贸易中心（集团）	188828	512715	107168	2081201	1468587	2011
151	北京金隅集团有限责任公司	187295	4188898	399065	9542527	1215957	33192
152	汉口银行股份有限公司	185853	890047	95614	16238224	1190251	2420

名次	企业名称	净利润（万元）	营业收入（万元）	纳税总额（万元）	资产（万元）	所有者权益（万元）	从业人数（人）
153	江苏南通二建集团有限公司	184323	2486289	140650	1428176	558380	87114
154	广西中烟工业有限责任公司	180321	1683259	1073554	1222748	1060443	4250
155	江西铜业集团公司	176999	17590039	415491	9829512	2003194	28545
156	青岛啤酒股份有限公司	175886	2578154	568827	2336111	1246795	40429
157	雅戈尔集团股份有限公司	174281	4444227	301593	6201712	1494770	48201
158	北京能源投资（集团）有限公司	173116	3106623	251334	13707353	3694156	20083
159	联想控股有限公司	173057	22664582	280242	18720327	1778041	39553
160	山西兰花科技创业股份有限公司	172000	763010	156511	1887477	1036429	18846
161	内蒙古伊利实业集团股份有限公司	171721	4199069	265621	1981540	733490	23329
162	上海复星高科技（集团）有限公司	171226	5290593	521512	14928687	2029330	32126
163	光明食品（集团）有限公司	167897	13937176	440787	22560392	2682322	115486
164	重庆市金科投资控股（集团）有限责任公司	167120	2350000	282000	6500000	1015361	8100
165	大连大商集团有限公司	167073	13101279	243267	2133726	479907	227952
166	江苏阳光集团有限公司	165729	3208423	117174	2019378	843234	16520
167	厦门建发集团有限公司	165359	9413337	616627	7623098	987941	15470
168	四川省烟草公司成都市公司	165299	1354902	196386	690399	625701	1525
169	武汉农村商业银行股份有限公司	163934	579699	93445	11250272	709085	3285
170	宁波申洲针织有限公司	162106	893758	99318	989541	808737	51400
171	沂州集团有限公司	161588	2525247	186670	1064332	811960	5450
172	上海建工集团股份有限公司	159986	8517433	326329	8274823	1182436	33926
173	天津城市基础设施建设投资集团有限公司	159829	1058127	62605	48383815	13265589	6104
174	天津市医药集团有限公司	159784	2614854	162820	3010108	1448488	18797
175	郑州煤矿机械集团股份有限公司	158915	1021285	743410	1299514	916078	5750
176	东营鲁方金属材料有限公司	157660	2370428	8603	783186	372042	1328
177	天瑞集团股份有限公司	153481	2253827	148227	4980560	2877034	16598
178	四川郎酒集团有限责任公司	153449	1100000	247637	1278889	484232	10019
179	新华联集团有限公司	150279	3822805	136923	3493026	921562	42026
180	中国电子信息产业集团有限公司	149032	18303462	319512	16090885	1778751	129948

名次	企业名称	净利润（万元）	营业收入（万元）	纳税总额（万元）	资产（万元）	所有者权益（万元）	从业人数（人）
181	徐州工程机械集团有限公司	143733	10117841	144271	7494547	1265113	27790
182	中国银河证券股份有限公司	141978	555217	79792	6429558	1742986	8995
183	广东省粤电集团有限公司	139075	5453197	524697	12957458	3821421	13476
184	新疆特变电工集团有限公司	137870	2471128	108789	5463526	1943636	20188
185	浙江远东化纤集团有限公司	137830	3805550	29577	2322571	741586	3690
186	临沂新程金锣肉制品集团有限公司	137668	4221685	64659	1465144	1078557	31129
187	中国黄金集团公司	137663	10052265	311900	6523134	1210264	46723
188	中国兵器装备集团公司	137558	30264029	1703105	27872848	3766804	237021
189	维维集团股份有限公司	137125	2281573	82495	1583609	1023842	21200
190	申能（集团）有限公司	137020	3010507	239747	10461843	5159981	15447
191	万向集团公司	135709	9587435	201223	6199277	1484318	20915
192	山东大海集团有限公司	135379	2563076	102523	861346	266088	6500
193	中国国电集团公司	135338	23003663	2236721	72582529	4014365	143523
194	江苏南通三建集团有限公司	135197	3816548	177589	1387258	580562	95608
195	洛阳银行股份有限公司	134476	430288	62705	8197440	617643	1586
196	郑州宇通集团有限公司	133790	2375456	157701	3115116	557956	15126
197	荣盛控股股份有限公司	130565	1519402	212555	4208784	488847	8869
198	盾安控股集团有限公司	129278	3895031	130038	3401731	773826	19193
199	金东纸业（江苏）股份有限公司	128958	2494315	194226	6412682	1672958	13171
200	中国能源建设集团有限公司	127956	13963883	648855	16101103	1824772	163342
	合计	218303658	3191515782	300319684	13335910061	1614576332	18769060

三、2013 中国企业效益 200 佳的结构分析

1. 银行业，石油、天然气开采及生产业，邮电通信业等行业效益占比提高

2013 中国企业效益 200 佳分布在 62 个行业，与上一年度一样，效益居前三位的行业分别是银行业、石油天然气开采及生产业、邮电通讯业，其中，银行业的 27 家企业实现净利润 10348 亿元，石油、天然气开采及生产业的 3 家企业实现净利润 1790 亿元，邮电通信业的 4 家企业实现净利润 1104 亿元，合计净利润 13242 亿元，较上年增长 17. 40%；占 2013 中国企业效益 200 佳净利润的 60. 65%，在 6 成以上，较上年提高 4. 36 个百分点，净利润的行业分布较上一年更加集中。2013 中国企业效益 200 佳分行业主要经济指标情况见表 5-2。

2013 中国企业效益 200 佳入围企业数量居前三位的行业分别是银行业，房地产开发与经营、物业及房屋装饰、修缮、管理等服务业，建筑业。与上年相比，建筑业替代了煤炭采选业。其中，银行

业入围的企业有27家，比上年多4家，共实现营业收入4.4万亿元、净利润10348亿元；房地产开发与经营、物业及房屋装饰、修缮、管理等服务业入围的企业有13家，比去年少1家，共实现营业收入7087亿元、净利润562亿元；建筑业入围的企业有11家，比去年多4家，共实现营业收入2.4万亿元、净利润448亿元。这三个行业企业数之和达到51家，合计利润总额11358亿元，占2013中国企业效益200佳企业利润总额的52.03%，超过一半以上。

表5-2　　　　2013中国企业效益200佳分行业主要经济指标情况

名称	企业数	营业收入（万元）	利润（万元）	资产（万元）	纳税总额（万元）	从业人数
全国	200	3184529899	218320823	1332186531	299701079	18606418
银行业	27	438043495	103484198	8733935343	50636880	2025258
房地产开发与经营、物业及房屋装饰、修缮、管理等服务业	13	70874877	5621543	140872848	8038757	243973
建筑业	11	241984317	4482115	281247967	10615232	1571778
烟草加工业	9	53674502	5159246	47522281	33236931	105318
汽车及零配件制造业	7	165314314	6087698	109510332	19426005	534234
电力生产业	6	58650107	2264784	193022634	5921260	340142
酿酒制造业	6	17911905	3090435	26107048	4150810	151144
煤炭采掘及采选业	5	86261983	5632561	153846191	11320457	750659
医药、医疗设备制造业	5	17905650	969112	13968921	904681	107148
建筑材料及玻璃等制造业	5	37613611	1464094	55518325	3108819	269650
一般有色冶金及压延加工业	5	53565997	1579830	31452621	820309	103553
能源（电、热、燃气等能）供应、开发、减排及再循环服务业	5	243205719	9146018	325044740	15890921	1204004
纺织、印染业	4	27838701	1171289	14406688	851413	182933
纺织品、服装、鞋帽、服饰加工业	4	10922291	744037	11489427	658648	151731
工程机械、设备及零配件制造业	4	28401183	1829109	28280405	1801218	115247
家用电器及零配件制造业	4	44697220	2253660	41802436	2508239	303901
综合制造业（以制造业为主，含有服务业）	4	42562934	937746	45024994	1695040	209228
电信、邮寄、速递等服务业	4	152642306	11033471	757863127	12023569	1904917
多元化投资控股、商务服务业	4	78040400	4890992	466882432	4629629	720873
石油、天然气开采及生产业	3	337217596	17902435	444138663	53345787	1885758
肉食品加工业	3	18821352	700765	11516159	576583	215924
黄金冶炼及压延加工业	3	18923903	853885	16299265	1056876	83488
航空航天及国防军工业	3	96935999	1208123	113197884	3682285	983126

名称	企业数	营业收入（万元）	利润（万元）	资产（万元）	纳税总额（万元）	从业人数
综合服务业（以服务业为主，含有制造业）	3	39522248	1294697	67366322	3124656	204248
食品加工制造业	2	16897209	496050	23754516	484907	117890
饮料加工业	2	8645024	943039	5126757	670112	51055
造纸及纸制品加工业	2	10091313	451285	11991810	472532	39658
化学纤维制造业	2	12334166	409791	7581922	313333	45810
黑色冶金及压延加工业	2	46853838	771217	57551612	1347193	217197
电力、电气等设备、机械、元器件及光伏、电池、线缆制造业	2	7478128	448668	9325824	318976	61693
电梯及运输、仓储设备与设施制造业	2	7491645	436994	9715764	327997	69305
轨道交通设备及零部件制造业	2	18493479	429667	22490474	893698	176099
通讯器材及设备、元器件制造业	2	36573632	2064935	27519852	413223	215421
船舶工业	2	20463863	983748	44246263	710351	173757
港口服务业	2	5117000	767207	12044626	395978	35514
航空运输及相关服务业	2	19169152	448826	32791051	1301880	121523
人寿保险业	2	19233345	488096	90788085	185755	104616
证券业	2	1469286	443956	19064185	191145	16243
综合保险业	2	51137030	2512700	352576800	2058600	275421
农副食品及农产品加工业	1	8063941	189936	4952200	118747	88503
乳制品加工业	1	4199069	171721	1981540	265621	23329
木材、藤、竹、家具等加工及木制品、纸制品等印刷、包装业	1	2344445	324828	2192620	204418	8318
石化产品、炼焦及其他燃料生产加工业	1	283060946	5186929	195682732	32230615	1015039
化学原料及化学制品制造业	1	827080	252426	4244005	180577	14108
橡胶制品业	1	2613978	262391	1112652	164253	6800
工业机械、设备及零配件制造业	1	3895031	129278	3401731	130038	19193
电子元器件与仪器仪表、自动化控制设备制造业	1	18303462	149032	16090885	319512	129948
计算机及零部件制造业	1	22664582	173057	18720327	280242	39553
铁路运输及辅助服务业	1	4596244	1150293	10038767	446479	98182
软件、程序、计算机应用、网络工程等计算机、微电子服务业	1	4010000	1038504	1053892		12165
物流、仓储、运输、配送服务业	1	9413337	165359	7623098	616627	15470
化工产品及医药内外商贸批发业	1	45315860	513151	28662384	848560	47718
机电、电子产品内外商贸及批发业	1	14150928	252630	10662864	703855	42987
生活消费品（家用、文体、玩具、工艺品、珠宝等）内外批发及商贸业	1	1354902	165299	690399	196386	1525

名称	企业数	营业收入（万元）	利润（万元）	资产（万元）	纳税总额（万元）	从业人数
粮油食品及农林、土畜、果蔬、水产品等内外商贸批发、零售业	1	20032924	368779	26678406		106642
电器商贸批发、零售业	1	23272272	267612	7616150	621437	180000
医药专营批发、零售业	1	16523701	216583	12612292	516677	68192
商业零售业及连锁超市	1	13101279	167073	2133726	243267	227952
财产保险业	1	25734900	683200	68865000	1704716	493932
公用事业、市政、水务、航道等公共设施投资、经营与管理业	1	1058127	159829	48383815	62605	6104
人力资源、会展博览、国内外经合作等社会综合服务业	1	512715	188828	2081201	107168	2011
科技研发、推广及地勘、规划、设计、评估、咨询、认证等承包服务业	1	3485339	228898	3542781	247199	31952

2. 东部地区企业效益高且占比稳定

从企业总部所在地区看，2013 中国企业效益 200 佳分布在 26 个省、自治区、直辖市，入围企业主要集中在东部地区。其中东部地区 149 家，占 74.5%；中部地区 22 家，占 11%；西部地区 23 家，占 11.5%；东北地区 6 家，只占 3.0%。入围 10 家以上企业的地区全部来自东部，它们是北京 59 家、广东 18 家、山东 17 家、上海 15 家、江苏 16 家、浙江 11 家，合计 136 家企业，占 68%；其入围企业的净利润分别为 14329 亿元、1542 亿元、638 亿元、1665 亿元、403 亿元、322 亿元，合计 18901 亿元，占 2013 中国企业效益 200 佳净利润总额的 86.57 %，与上年基本持平。详见表 5-3。

表 5-3　　2013 中国企业效益 200 佳企业总部所在地区分布情况

名称	企业数	营业收入（万元）	利润（万元）	资产（万元）	纳税总额（万元）	从业人数
全国	200	3184529899	218320823	13322186531	299701079	18606418
北京	59	2116678076	143296128	9938630246	190692029	12569717
广东	18	223407458	15420558	1066654380	13360006	1582366
山东	17	109382742	6386314	85963686	5745697	765367
上海	15	217687469	16650186	1123072825	23632274	802707
江苏	16	86303780	4034687	66613653	3634493	742452
浙江	11	56202013	3229222	56096653	5203227	220374
天津	7	28540794	2084336	140414406	1221518	143451
四川	7	24458919	2173725	48217411	2475379	199939
河南	6	12407981	1205350	21523050	1592516	112173
湖北	6	50410034	2993526	71602257	8018290	200937

名称	企业数	营业收入（万元）	利润（万元）	资产（万元）	纳税总额（万元）	从业人数
重庆	4	8020681	1414233	75558513	1207693	35059
辽宁	4	31368204	1444774	67533558	2809305	313057
湖南	4	26322659	2552209	42071281	6090480	100070
河北	3	10771140	980245	12229405	937534	79971
山西	3	22241257	1532316	30313650	1569295	281535
福建	3	31443109	4158280	339456040	2787808	80742
内蒙古	3	14356602	882655	14681166	1391875	64486
吉林	2	42145071	1865055	46431387	5839132	94283
安徽	2	9733592	900919	12002533	2571404	54715
贵州	2	6006593	1220343	7825951	3059763	28569
云南	2	16572094	1303811	17311986	10125317	38331
新疆	2	10742219	423216	15022853	471172	85063
陕西	1	16212917	1541824	21386906	4213855	126793
江西	1	17590039	176999	9829512	415491	28545
广西	1	1683259	180321	1222748	1073554	4250
青海	1	827080	252426	4244005	180577	14108

3. 国有企业效益占比高，税收贡献突出

从 2013 中国企业效益 200 佳的所有制结构分布来看，国有及国有控股企业有 133 家，占总数的 66.5%，比上年减少 4 家；民营企业有 67 家，占总数的 33.5%，比上年增加 4 家。133 家国有及国有控股企业共实现净利润 19236 亿元，较上年增长 12.24%，增幅提高 5.45 个百分点；占 2013 中国企业效益 200 佳净利润的 88.12%，这一比值比上年增加了 2.58 个百分点；纳税总额 27712 亿元，比上年增加了 8.67%，占 2013 中国企业效益 200 佳纳税总额的 92.27%，这一比值比上年增加了将近 0.27 个百分点。以上数据充分说明，2013 中国企业效益 200 佳中国有企业在仍然占据主体地位，且效益改善，对国家税收的贡献依旧维持在高位不变。详见表 5-4。

表 5-4　　2013 中国企业效益 200 佳企业所有制结构分布情况

名称	企业数	营业收入（万元）	利润（万元）	资产（万元）	纳税总额（万元）	从业人数（人）
全国	200	3191515782	218303658	13335910061	300319684	18769060
国有	133	2754345078	192363921	12300475058	277119756	15982020
民营	67	437170704	25939737	1035435003	23199928	2787040

第六章 2013 中外企业 500 强对比分析报告

2012 年的世界经济没有明显起色，经济增速持续低迷，不确定性进一步增强。主要呈现以下几个特征：发达国家复苏步伐沉重，增长趋势出现；新兴经济体增速普遍放缓；国际贸易增速明显下滑，争端频发；大宗商品价格戏剧性波动；发达经济体进一步释放流动性，国际金融市场跌宕起伏。2012 年美国经济增长率为 2.2%，比 2011 年提高 0.4 个百分点；日本经济增长率为 2.2%，扭转负增长局面，比 2011 年提高 3.0 个百分点。但欧洲一些重要的经济体经济增速大幅放缓，甚至呈现衰退迹象，拖累了世界经济增长，整体状况令人担忧。2012 年欧盟经济增长率为-0.2%，比 2011 年下降 1.6 个百分点；欧元区经济增长率为-0.4%，比 2011 年下降 1.5 个百分点。在新兴市场与发展中经济体中，由于受外需急剧下降以及国内经济调整的影响，一些国家放缓了经济增长的步伐，中东欧、拉美与加勒比地区以及亚洲新兴与发展中经济体经济下行显著。从国别来看，以金砖国家为代表的主要新兴经济体经济均出现不同程度下滑。2012 年巴西、俄罗斯、印度、中国和南非分别增长 1.3%、3.6%、5.4%、7.8% 和 2.6%，较 2011 年分别下降 1.4、0.7、1.4、1.4 和 0.5 个百分点。

受 2012 年世界经济复苏乏力影响，2013 世界企业 500 强、美国企业 500 强、中国企业 500 强营业收入的增长速度均明显回落，但中国企业 500 强仍明显高于前者；世界企业 500 强、美国企业 500 强的净利润（指归属于母公司所有者的净利润，下同）分别比上一年度减少 5.47% 和 0.14%，中国企业 500 强净利润低幅增长。虽然中国企业 500 强的发展速度仍明显领先于世界 500 强和美国 500 强，与后者的差距进一步缩小，企业亏损面也小于世界 500 强与美国 500 强，但中国企业 500 强在绩效指标方面还有很大的提升空间。在资产净利率与净资产收益率上，中国企业 500 强优于世界 500 强，但均低于美国 500 强的水平；在收入净利率上，则均低于世界 500 强与美国 500 强。在行业结构上，中国企业 500 强依然表现出明显的重化工特征，服务业、科技信息产业、保健服务业发展明显滞后。在净利润的行业分布上，中国企业 500 强中金融业与实体经济的失衡更为明显，不利于实体经济持续健康发展。

一、中国企业在世界 500 强中的地位更加显著

（一）中国内地上榜企业数量相当于法英德 3 国的总和

中国企业在世界 500 强中已经占据重要地位。2013 世界 500 强中，中国入围企业继续快速增加，

总数达95家，比上年增加16家；其中内地入围企业86家，中国台湾6家，中国香港3家。2013世界企业500强分别来自39个国家或地区；其中美国、中国、日本、法国、德国与英国依然位居前6位，排名与上年相比没有发生变化。美国有132家企业入围，与去年持平，连续6年减少后企稳。中国内地入围企业数量已经等于法国（31家）、德国（29家）、英国（26家）3个国家的总和，比排名第三的日本多出24家，在上榜企业数量上，中国已经和美国一道，稳居世界500强第一梯队。2013世界500强中有30家新上榜企业，其中来自中国的有18家，占到全部新进榜企业数量的60%。

（二）中国内地上榜企业排名持续攀升

中国上榜企业中绝大多数企业排名上升。2013世界500强连续上榜的470家企业中，有198家企业排名比上年提升；其中61家来自中国，占全部排名上升企业数量的30.81%，占中国连续上榜企业数量的79.22%。在排名上升最快的前10家企业中，有4家中国企业；在排名上升最快的前20家企业中，有10家中国企业；在排名上升最快的前50家企业中，有26家中国企业。

中国石化、中国石油、国家电网连续第四年跻身世界500强前10名；其中中国石化、中国石油排名均比上年提升一位，分别位居2013世界500强的第4位和第5位，国家电网继续列第7位，排名与上年持平。2013世界500强前50名中，有6家中国企业，比上年增加2家；排名前100名的，有13家中国企业，比上年增加2家；有28家中国企业进入前200名，比上年增加了5家。

在排名下降最快的40家企业中没有中国企业。中国企业中排名下降最显著的是来自台湾的广大电脑，比上年下降了42位；排名下降最显著的中国内地企业是鞍钢集团，比上年下降了31位。

（三）中国内地企业的影响力进一步提升

在营业收入、净利润、总资产和归属母公司股东权益等总量指标中，中国内地上榜企业在主要经济体中都居第2位，并且远远领先于紧随其后的其他经济体。中国内地上榜的86家企业共实现营业收入4.8万亿美元，占2013世界500强营业收入总额的15.81%，比上年提升了2.8个百分点；实现净利润2568.5亿美元，占全部500强的16.67%，比上年提升了3.58个百分点。86家内地上榜企业的总资产为19.3万亿美元，占全部500强的15.88%，比上年增加了2.81个百分点；归属母公司股东权益总额为2.2万亿美元，占全部500强的14.95%，比上年增加了1.96个百分点。具体见图6-1所示。

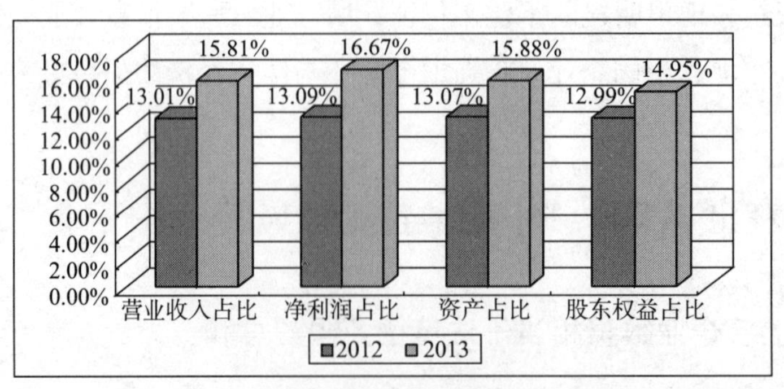

图6-1 中国内地上榜企业主要指标占比变化

中国内地上榜企业行业代表性进一步加强。2013 世界 500 强中，中国上榜企业已经涉及采矿与原油生产、商业储蓄银行、金属产品等 27 个行业，占全部 52 个行业的 51.92%；其中内地上榜企业涉及 26 个行业。上榜行业与上年相比增加了电子与电气设备、能源、制药 3 个行业，行业覆盖面进一步拓宽；但事实上由于今年归属在能源行业的 3 个企业都在 2012 世界 500 强榜单之中，只是在行业上被归属到了公用事业，因此实际增加的只有电子与电气设备、制药 2 个行业。

（四）中国内地企业业绩整体占优

与 2013 世界 500 强总体水平相比，中国内地入围企业业绩整体占优。86 家企业共实现营业收入 47924.2 亿美元，净利润 2568.5 亿美元；收入净利率、资产净利率、净资产收益率分别为 5.36%、1.33%、11.81%，比 2013 世界 500 强的收入净利率（5.08%）、资产净利率（1.27%）、净资产收益率（10.59%）分别高出 0.28 个百分点、0.06 个百分点和 1.22 个百分点。具体见表 6-1。与其他主要经济体相比，中国入围企业的 3 项指标虽然明显低于美国上榜企业，但均高于日本、法国、德国与英国上榜企业。但从亏损面看，中国内地入围企业中有 10 家出现亏损，亏损面为 11.6%，略高于总体亏损面。

表 6-1　　2013 世界 500 强主要经济体绩效指标

	收入净利率	资产净利率	净资产收益率	人均净利相对值
中国内地	5.36%	1.33%	11.81%	100%
500 强总体	5.08%	1.27%	10.59%	65.01%
美国	6.60%	2.09%	13.90%	45.08%
日本	2.77%	0.64%	6.75%	89.15%
法国	2.68%	0.46%	5.55%	146.46%
德国	3.49%	0.93%	9.44%	99.38%
英国	2.87%	0.36%	4.64%	96.37%

从企业平均指标看，中国内地企业在主要经济体中并不占优。中国内地企业的平均营业收入为 557.3 亿美元，在主要经济体中只居于第 5 位；企业平均净利润 29.7 亿美元，在主要经济体中居第 2 位，但远低于美国企业；企业平均资产和平均股东权益均居第 5 位。而中国内地上榜企业的平均雇员为 19.3 万人，远高于其他主要经济体。具体见表 6-2。

表 6-2　　2013 世界 500 强主要经济体企业平均绩效指标　　（单位：百万美元）

国家	平均营业收入	平均净利润	平均资产	平均股东权益	平均雇员人数（人）
美国	65134.0	4299.2	205755.7	30927.9	125562
中国	55725.9	2986.6	224355.9	25283.1	193487

国家	平均营业收入	平均净利润	平均资产	平均股东权益	平均雇员人数（人）
日本	55636.1	1540.8	240471.3	22838.3	88984
法国	65697.7	1762.1	386323.8	31741.2	167200
德国	71442.6	2495.6	267755.9	26444.0	160681
英国	61226.0	1755.7	486779.6	37819.6	109617

（五）首次实现了东中西部均有大企业进入世界 500 强

内地上榜企业所有制结构出现积极变化。与开始入围企业主要来自中央企业相比，近年来地方国有企业和民营企业入围的数量不断增加。2013 世界企业 500 强中 86 家内地入围企业，有 45 家是国资委监管的中央企业，比上年增加 2 家；有 10 家是财政部监管的中央企业，与上年持平；有 24 家地方国企，增加 12 家。此外，有 7 家民营企业入围，增加 2 家。

从地域上看，中国内地入围企业的地区来源明显趋向于多元化。除中央企业外，我国上海、北京、天津、江苏、浙江、河北、河南、广东、山东、福建、山西、陕西、江西等 13 个省市都有企业入围世界企业 500 强；在世界企业 500 强来源地进一步分散化的同时，今年首次实现了东中西部均有大企业进入世界企业 500 强。

（六）数量快速增长难掩中国入围企业隐忧

首先，入围企业的资源型特征更加突出，而来自第三产业的企业较少。中国内地上榜的 86 家企业分别来自 26 个行业，其中主要来自采矿与原油生产、金属产品、商业储蓄银行、车辆与零部件、工程与建筑、贸易，这些行业的上榜企业数量都在 5 家以上。新上榜的 16 家企业，有 8 家是煤炭、有色金属等资源型企业。

其次，净利润在行业分布中明显失衡，实体经济的盈利能力令人担忧。上榜的 9 家商业银行占据了所有 86 家公司净利润总额的 57.16%。中国银行业入围企业的收入净利率为 24.42%，而其他国家 45 家上榜的商业储蓄银行的收入净利率仅为 7.16%。由于银行业利润的明显偏高，在很大程度上掩盖了中国入围的非银行企业盈利能力偏低的事实。剔除 9 家商业储蓄银行后，其他 79 家中国内地非银行业入围企业的收入净利率为 2.63%。在全部世界企业 500 强中，剔除 54 家商业储蓄银行后，其收入净利率为 4.46%，远高于中国内地非银行业入围企业。

第三，中国内地入围企业的高杠杆率需要加以关注。2013 世界 500 强的总杠杆率为 8.35 倍，美国入围企业总体为 6.65 倍，中国内地企业总体为 8.87 倍。剔除掉金融业企业，中国入围企业的杠杆率为 4.42 倍，而美国此项指标则仅 2.79 倍。2008 年金融危机之后，美国大企业去杠杆化已经取得一定成效。不过与其他主要经济体相比，中国内地入围企业的杠杆率尚属于相对较低水平，2013 世界 500 强中日本、法国、德国与英国入围企业的杠杆率分别为 10.53 倍、12.17 倍、10.13 倍和 12.87 倍，均明显高于中国内地入围企业。

第四，中国内地入围企业的劳动密集型特征仍然比较突出。在人均利润指标上，中国企业明显

落后于世界 500 强总体平均水平；86 家企业的人均净利润为 1.5 万美元，相当于总体平均水平的 65.01%，仅相当于美国上榜企业的 45.08%，相当于日本上榜企业的 89.15%。同时也应看到，此项指标我国企业与德国和英国入围企业相当，但明显优于法国入围企业，相当于法国入围企业人均利润的 1.46 倍。

二、2013 世界 500 强、美国 500 强基本情况分析

（一）2013 世界企业 500 强简要分析

世界企业 500 强的发展状况是全球经济走势的一个缩影。2013 世界企业 500 强反映了 2012 年世界 500 家最大企业的发展状况。总体上看，2012 年世界大企业发展势头明显减弱，反映出全球经济局面错综复杂，复苏艰难曲折。

1. 2013 世界企业 500 强多项指标增速明显回落

受国际经济复苏乏力影响，与上一年度相比，2013 世界 500 强多项指标的增速均明显回落，基本上反映了世界经济发展状况。2013 世界 500 强的营业总收入为 30.3 万亿美元，比上一年提高 2.77%，增速比上年回落 10.46 个百分点。2013 世界 500 强企业实现净利润 15408.4 亿美元，比 2012 年减少了 892.3 亿美元，下降幅度达 5.47%，而 2012 世界 500 强实现了 7% 的增长。2013 世界 500 强的收入净利率为 5.08%，比上年回落 0.45 个百分点。2013 世界 500 强入围门坎提高 11.7 亿美元，达到 231.8 亿美元，比上年小幅增长 5.32%，比上年大幅回落 7.31 个百分点。2013 世界 500 强的总资产为 121.5 万亿美元，比上年增长 3.45%，比上年增速小幅下降了 0.97 个百分点。归属母公司的股东权益为 14.5 万亿美元，比上年增长 5.92%，比上年小幅增长 1.63 个百分点。2013 世界 500 强的年度平均雇员总人数为 6489.8 万人，比上年增长 2.16%，比上年回落 2.48 个百分点。具体如图 6-2 所示。

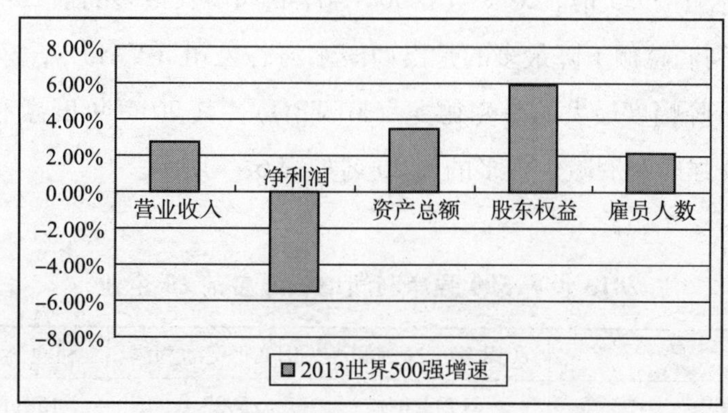

图 6-2 2013 世界 500 强各指标增速

与全球金融危机前的 2008 世界 500 强相比，2013 世界 500 强营业收入总额、净利润总额、资产总额、股东权益总额、雇员总数分别增长了 28.31%、-3.04%、15.88%、31.13%、19.84%；金融

危机以来，世界 500 强净利润在上年超过 2008 世界企业 500 强净利润水平的情况上，再次回落到 2008 世界企业 500 强净利润水平之下。尽管其他指标都已经连续多年超过了金融危机以前的水平，但由于全球经济复苏进展缓慢，经济运行质量未有明显改善，企业盈利状况仍然堪忧，全球大企业的盈利水平有待进一步提升。

2. 2013 世界企业 500 强的盈利状况再次恶化

2013 世界 500 强的净利润为 15408. 4 亿美元，比去年下降了 5. 47%。若剔除 30 家新进榜企业，2013 世界 500 强连续在榜的 470 家企业共实现净利润 14982. 6 亿美元，比上年减少 6. 70%，连续在榜企业净利润下降的速度明显快于 2013 世界 500 强净利润总额与 2012 世界 500 强净利润总额相比的降幅；即使是加上分拆而成的菲利普斯 66 的 41. 2 亿美元净利润，连续在榜企业净利润总额依然下降了 6. 45%，仍然是明显快于 2013 世界 500 强净利润总额与 2012 世界 500 强净利润总额相比的降幅。这一结果表明，连续在榜企业的盈利能力出现了更大程度的下滑。

2013 世界 500 强净利润最高的为埃克森美孚，2012 年度共实现归属于母公司的净利润 448. 8 亿美元；亏损最严重的是美国邮政，2012 年度的亏损超为 159. 1 亿美元。470 家连续在榜企业中，有 26 家企业在 2012 年度实现了扭亏为盈，26 家企业连续两年亏损；26 家扭亏为盈的企业 2011 年度合计亏损 753. 6 亿美元，2012 年度共实现净利润 447. 2 亿美元；26 家连续亏损企业 2011 年度合计亏损 841. 1 亿美元，2012 年度合计亏损 968. 7 亿美元，亏损额明显增加，企业经营状况进一步恶化。470 家连续在榜企业中，有 29 家 2011 年度盈利企业在 2012 年度出现亏损；30 家新进榜企业中，有 2 家企业在 2012 年度发生亏损。

470 家连续在榜企业中，除了亏损企业外，另外还有 188 家企业的净利润在 2012 年度出现下降，利润下降总额为 2917. 4 亿美元；另外 201 家企业净利润比上一年度实现增长，合计增加净利润 1837. 3 亿美元。在全部利润增加的企业中，苹果公司净利润增加量最大，增加了 158. 1 亿美元；从净利润增长率看，增长最快的是东京海上日动火灾保险公司（TOKIO MARINE HOLDINGS），2012 年度净利润比上一年度增长了 19. 5 倍。2013 世界 500 强净利润增长最多的前 20 名如表 6-3 所示。在所有净利润下降企业中，利润总额下降最多的是巴西淡水河谷公司（VALE），净利润比 2011 年度减少 173. 7 亿美元；净利润下降幅度最大的是麦德龙（METRO），其 2012 年度净利润比上一年度下降了 99. 56%。2013 世界 500 强净利润减少最多的前 20 名如表 6-4 所示。

表 6-3　　2013 世界 500 强净利润增长最多前 20 企业　　（单位：百万美元）

公司名称	2012 年度净利润	2011 年度净利润	利润变动额	利润变化率（%）
苹果公司（APPLE）	41733. 0	25922. 0	15811. 0	60. 99
三星电子（SAMSUNG ELECTRONICS）	20585. 7	12059. 1	8526. 6	70. 71
丰田汽车公司（TOYOTA MOTOR）	11586. 6	3591. 3	7995. 3	222. 63
国家电网公司（STATE GRID）	12317. 9	5678. 1	6639. 8	116. 94
大众公司（VOLKSWAGEN）	27909. 1	21425. 5	6483. 6	30. 26

公司名称	2012年度净利润	2011年度净利润	利润变动额	利润变化率（%）
中国工商银行（INDUSTRIAL & COMMERCIAL BANK OF CHINA）	37806.5	32214.1	5592.4	17.36
伯克希尔-哈撒韦公司（BERKSHIRE HATHAWAY）	14824.0	10254.0	4570.0	44.57
辉瑞制药有限公司（PFIZER）	14570.0	10009.0	4561.0	45.57
中国建设银行（CHINA CONSTRUCTION BANK）	30618.2	26180.6	4437.6	16.95
中国农业银行（AGRICULTURAL BANK OF CHINA）	22996.9	18859.5	4137.4	21.94
埃克森美孚（EXXON MOBIL）	44880.0	41060.0	3820.0	9.30
美国电话电报公司（AT&T）	7264.0	3944.0	3320.0	84.18
慕尼黑再保险公司（MUNICH RE GROUP）	4106.0	976.1	3129.9	320.65
安联保险集团（ALLIANZ）	6642.8	3538.7	3104.1	87.72
高盛（GOLDMAN SACHS GROUP）	7475.0	4442.0	3033.0	68.28
美国富国银行（WELLS FARGO）	18897.0	15869.0	3028.0	19.08
日本三井住友金融集团（SUMITOMO MITSUI FINANCIAL GROUP）	9562.2	6567.3	2994.9	45.60
中国银行（BANK OF CHINA）	22099.5	19208.3	2891.2	15.05
美国银行（BANK OF AMERICA CORP.）	4188.0	1446.0	2742.0	189.63
加拿大皇家银行（ROYAL BANK OF CANADA）	7409.1	4917.5	2491.6	50.67

表6-4　　2013世界500强净利润减少最多前20企业　　（单位：百万美元）

公司名称	2012年度净利润	2011年度净利润	利润变动额	利润变化率（%）
巴西淡水河谷公司（VALE）	5511.0	22885.0	-17374.0	-75.92
福特汽车公司（FORD MOTOR）	5665.0	20213.0	-14548.0	-71.97
美国国际集团（AMERICAN INTERNATIONAL GROUP）	3438.0	17798.0	-14360.0	-80.68
英国石油公司（BP）	11582.0	25700.0	-14118.0	-54.93
沃达丰集团（VODAFONE GROUP）	677.5	11098.8	-10421.3	-93.90
巴西国家石油公司（PETROBRAS）	11034.0	20121.0	-9087.0	-45.16
必和必拓（BHP BILLITON）	15417.0	23648.0	-8231.0	-34.81
俄罗斯天然气工业股份公司（GAZPROM）	38086.2	44459.6	-6373.4	-14.34
微软（MICROSOFT）	16978.0	23150.0	-6172.0	-26.66

公司名称	2012 年度净利润	2011 年度净利润	利润变动额	利润变化率（%）
马来西亚国家石油公司（PETRONAS）	16001.1	21915.3	-5914.2	-26.99
大都会人寿（METLIFE）	1324.0	6981.0	-5657.0	-81.03
德意志银行（DEUTSCHE BANK）	304.6	5745.3	-5440.7	-94.70
意大利国家电力公司（ENEL）	1111.6	5767.6	-4656.0	-80.73
西班牙国家银行（BANCO SANTANDER）	2833.7	7440.3	-4606.6	-61.91
斯特拉塔（XSTRATA）	1180.0	5713.0	-4533.0	-79.35
法国电信（FRANCE TÉLÉCOM）	1053.8	5415.8	-4362.0	-80.54
荷兰皇家壳牌石油公司（ROYAL DUTCH SHELL）	26592.0	30918.0	-4326.0	-13.99
乐购（TESCO）	196.6	4484.4	-4287.8	-95.62
摩根士丹利（MORGAN STANLEY）	68.0	4110.0	-4042.0	-98.35
康菲石油公司（CONOCOPHILLIPS）	8428.0	12436.0	-4008.0	-32.23

3. 2013 世界企业 500 强行业盈利能力出现明显分化

行业收入净利率最高的是计算机软件行业，其收入利润为24.32%。在全部52个行业中，有9个行业的收入净利率超过了10%，从高到低分别是：计算机软件，烟草，制药，饮料，家居、个人用品，信息技术服务，油气设备与服务，半导体、电子元件，商业储蓄银行。上述行业中，制药、计算机软件、信息技术服务、半导体与电子元件都具有典型的高新技术特征。

多元化金融、船务与公用设施3个行业利润快速增长。多元化金融行业在企业数量没有变化的情况下，营业收入比去年小幅下降3.29%，但盈利实现高速增长，由亏损21.4亿美元转变为盈利479.3亿美元。船务类企业由3家减少至2家，营业收入减少了21.53%，但净利润增长了166.72%。公用设施行业减少了4家企业，营业收入减少了6.91%，但净利润增长了142.87%。

与宏观经济密切相关、具有典型周期性的行业，如邮件、包裹及货物包装运输、金属产品、航空3个行业净利润快速下滑。金属产品企业由18家减为17家，营业收入减少8.06%，但由盈利107.6亿美元转为亏损98亿美元。邮件、包裹及货物包装运输业企业数量与上一年度持平，营业收入增长3.42%，但由盈利67.3亿美元转为亏损49.1亿美元。航空业企业数量同样没变，营业收入微增0.13%，亏损额由6.7亿美元扩大到30.6亿美元。

4. 重化工特征有所强化

受发达国家再制造业化和发展中国家重化工业的快速发展影响，2013 世界企业 500 强的行业分布发生了较大变化，重化工业特征有所强化。以采矿与原油生产、炼油、能源、金属产品和化学品作为广义重化工业，2013 世界 500 强中有 108 家重化工业企业，比上年增加了 10 家；其中采矿与原油生产业由 17 家增加到 25 家，新增 8 家企业全部来自中国内地；能源类企业增加了 2 家。

2013 世界 500 强企业的行业分布有较大变化。2013 世界 500 强企业来自 52 个行业，行业数量与去年持平。有 2 个行业退出榜单，分别是：保健：药品和其他产业服务，雇佣帮助。有 2 个行业新进

榜单，分别是：人寿与健康保险（互助），服装。和2012世界500强榜单一样，银行业共有54家公司上榜，在全部52个行业中排在第一位。52个行业中，有26个行业的入榜企业数量发生了变化；其中有9个行业上榜企业数量减少了1家，有7个行业上榜企业数量增加了1家，在一定程度上可以被看作为偶然性变化。变化显著的行业有采矿与原油生产、人寿与健康保险（互助）、人寿与健康保险（股份）、公用设施；采矿与原油生产增加了8家，人寿与健康保险（互助）增加了7家，人寿与健康保险（股份）、公用设施分别减少了4家。

入榜企业数量排名前10的行业基本稳定，财产与意外保险（股份）挤掉电子与电气设备进入前10，其他9个行业与上年相同，但部分行业在排位上发生了变化。商业储蓄银行、炼油、车辆与零部件依然稳居前3位。前10大行业合计上榜企业为272家，前10集中度与上年持平。2012与2013世界500强入围企业数量排名前10的行业如表6-5所示。

表6-5 2012、2013世界500强入围企业数量排名前10的行业

2013世界500强		2012世界500强	
行业	企业数量	行业	企业数量
银行：商业储蓄	54	银行：商业储蓄	54
炼油	44	炼油	43
车辆与零部件	32	车辆与零部件	32
人寿与健康保险（股份）	27	采矿、原油生产	25
食品店和杂货店	24	食品店和杂货店	24
公用设施	22	人寿与健康保险（股份）	23
电信	20	电信	20
金属产品	18	公用设施	18
采矿、原油生产	17	金属产品	17
财产与意外保险（股份）	14	电子、电气设备	16

（二）2013美国企业500强简要分析

在美国有“500强发展经济就发展”的说法。作为一个成熟的经济体，美国企业500强的换榜率近年来稳定在5%上下。分析美国企业500强的发展状况，虽然不能反应美国经济的全貌，但其变迁在一定程度上可以折射出后者的发展趋势和一些特点。

新近公布的数据显示，2013美国企业500强弱势增长，效益微降，反映出美国经济出现徘徊局面。2013美国企业500强实现营业收入12.1万亿美元，较上年增长2.66%，增幅回落6.3个百分点；实现净利润8203亿美元，下降0.14%，与上一年度增长15.9%的形势反差明显；入围门槛48.2

亿美元，低幅增长 1.07%。

1. 企业盈利下降、亏损面进一步扩大

受到金融危机重创的美国企业 500 强，2008 年实现净利润 988.8 亿美元，较上年下降 84.67%，一瞬间跌落谷底。经过连续 3 年的恢复（增长水平分别为 295%、81.4% 和 15.93%），盈利状况逐渐向好，并在 2011 年实现净利润 8215 亿美元，恢复至危机之前的水平。5 年的时间，利润出现“V”反转。而在 2012 年度，净利润的变化并未呈现继续上升的走势，反而出现小幅下滑。

从企业的经营绩效来看，2013 年美国企业 500 强各项指标，均略低于上一年度，表现差强人意；收入净利率、净资产收益率、资产净利率分别为 6.80%、13.38% 和 2.27%。

表 6-6　　美国企业 500 强 2011 年-2012 年度绩效情况

	2011 年	2012 年	变化情况
收入净利率	6.99%	6.80%	下降 0.19 个百分点
净资产收益率	14.18%	13.38%	下降 0.8 个百分点
资产净利率	2.37%	2.27%	下降 0.1 个百分点

2013 美国企业 500 强亏损面有所扩大，涉及 32 个行业，较上年增加 5 个；亏损企业数达到 55 家，较上年 45 家多出 10 家。2012 美国企业 500 强中，房利美和房地美是最大亏损企业，合计亏损 221.2 亿美元，占亏损总额的 42.9%。2013 美国企业 500 强的亏损企业趋于分散，前两名亏损者为惠普和电信商 Sprint Nextel，分别达到 126.5 亿美元和 43.3 亿美元，占亏损总额的 28.6%。

2. 企业亏损呈现行业集中特点

2013 美国企业 500 强的亏损表现出更大的行业集中特点。商品零售流通领域和能源行业亏损企业高达 21 家，具体为专业零售商（6 家），一般商业零售（2 家），多元化批发商（2 家），食品和药品商（2 家）；批发商多元化（2 家）和采矿、原油生产（5 家），公用事业（3 家），能源（1 家），这其中还未包含上一年属于能源行业的 2 家企业落榜。受电子商务普及人们消费模式改变的影响，传统的流通零售领域盈利空间受到挤压，专业零售行业成为行业的最大输家。而能源相关领域，各大企业争相布局页岩气，形成供大于求局面，企业利润下滑甚至亏损。这两大领域中企业巨头的获利水平受到新、老产业更替，产业内结构调整的影响显著。这一特点在 2011 年已有所表现，但 2012 年更加突出。

表 6-7　　美国企业 500 强 2011 年-2012 年亏损行业情况

2011 年亏损行业	亏损个数	2012 年亏损行业	亏损个数
食品和药品店	4	专业零售商	6
能源	3	采矿、原油生产	5
金属	3	电信；通讯	4

2011年亏损行业	亏损个数	2012年亏损行业	亏损个数
电信	3	公用事业：天然气和电力	3
多元化金融	2	娱乐	2
娱乐	2	一般商业零售	2
一般商业零售	2	航空	2
工程、建筑	2	食品和药品商	2
医疗保健：医疗设施	2	批发商多元化	2
网络和其他通信设备	2	酒店、赌场、度假村	2
商业银行	2	金属产品	2
金融数据服务	2	保险：财产保险（股票）	2
采矿、原油生产	2	半导体、电子元件	2

而金属行业、饮食娱乐等行业的企业，因受到宏观经济不景气、消费需求不旺盛得影响，经济效益不稳定。其中，餐饮服务行业实现营业收入625.0亿美元，下降37.80%；酒店、赌场、度假村行业亏损1.06亿美元，与上一年实现净利润52.87亿美元相差甚远，尤其是两大赌场凯撒娱乐（Caesars Entertainment）和米高梅集团（MGM Resorts International）都出现亏损，分别为14.98亿美元和17.68亿美元。

而惠普是最大输家。除了计算机硬件行业的效益不断下滑外，企业未能像其昔日的竞争对手IBM一样，及时进行业务的调整和转型，开始走下坡路。而惠普在近两年的并购——分别以111亿美元和80亿美元的收购英国软件公司Autonomy和美国电子数据系统公司Electronic Data Systems，造成财务压力过大，是造成126.5亿美元的巨额亏损的直接原因。昔日巨头的表现令人唏嘘。

3. 大企业的拆分、并购趋于活跃

为应对金融危机的困境以及布局新的商业领域，近两年美国企业500强的拆分和并购活动趋于活跃。一些巨头将公司资产拆分或者剥离，专注于高利润环节发展；也有一些大企业通过并购重组，发挥联合资源的优势，布局新的领域，获得竞争力。

石油巨头康菲石油（ConocoPhillips）逐渐放弃石油开采到零售的全产业链条，集中于高利润的原油开采环节，并在2012年剥离出炼油企业Phillips 66（营收1696亿美元、排名第4），而新的康菲石油公司在榜单中的营收仅为633亿美元，却获得了84亿美元的净利润，相当于Phillips 66公司41亿美元净利润的2倍。食品巨头卡夫（Kraft Foods）也拆分为Kraft Foods Group和Mondelēz International两家公司，分别生产食品杂货、饮料和零食。军工巨头诺斯洛普·格鲁门公司（Northrop Grumman）剥离出其造船业务，成立Huntington Ingalls Industries，自身专注于特许航天业务。

近几年，受到页岩气的蓬勃发展，美国能源领域的并购可谓此起彼伏，对于天然气的布局力度也在逐渐加大。埃克森美孚花费410亿美元收购页岩气巨头XTO能源公司，成为2006年以来能源工业中的最大并购案，后又相继收购了页岩区天然气生产商Phillips Resources公司、TWP公司的业务、切萨皮克能源公司 58400 英亩页岩区的资产。美国最大处方药管理商 Express Scripts Holding 也在并购 archrival Medco 和 reigns，在 500 强中排位从 60 位提升至 24 位。

自金融危机至今，美国大企业的拆分并购，是否能够形成如前几次一样规模的并购浪潮尚待时间的检验。但纵观历史，在经济的巨大波动中，企业剥离或者并购始终都是企业转型调整最常用的一种选择方式。

4. 传统行业受到新兴模式的冲击

新技术的发展改变了人们的生活方式，缔造了新的商业模式，也改变着 500 强的版图和格局，这些在 2013 年美国企业强中表现得尤其扎眼。2004 年成立的社交网络 Facebook 公司出现在榜单中，马克·扎克伯格也成为 500 位掌门人中最年轻的一位。而与之形成对比的是柯达公司，自 1955 年美国 500 强排行榜出现以来，一直是榜单上的常青树，今年却跌出榜单。

传统商业则因受到新模式的挑战，业绩水平与世纪之初不可同日而语，专业零售行业成为其中最典型的例子。受电子商务等新模式的冲击，该行业实现净利润 171.3 亿美元，较上年下降 5.21%，而普通商品零售行业因销售产品繁多所受影响相对没有那么严重，实现净利润 228.5 亿美元，增长 14.0%。具体而言，美国前两大办公用品零售巨头史泰博（Staples）和欧迪办公（Office Depot）都出现了亏损，分别为 2.1 亿美元和 7700 万美元；百货连锁运营商 J. C. Penney 亏损 9.85 亿美元；美国老牌零售商西尔斯控股（Sears Holdings），在 20 世纪因成功占领农村这一市场，推出目录购物模式而备受追捧，如今却经历了业绩连续 7 年的下滑，在今年的榜单中亏损 9.3 亿美元；美国最大的家用电器和电子产品零售集团百思买（Best Buy），实现营收 450.9 亿美元，下降 11.8%，亏损 4.4 亿美元。这些专业零售巨头一时间成了网上零售商的线下体验店。而视频游戏零售巨头 GameStop 也因受到正在兴起的云存储和数据化下载模式的影响，营业收入下降 7%，亏损 2.7 亿美元；美国最大的实体书店巴诺（Barnes & Noble）受到苹果 iPad 和亚马逊 Kindle 所开启的新的阅读模式的冲击，亏损 6890 万美元。

值得注意的是，美国的老牌巨头受到的冲击和挑战正是来自于国内的新兴企业，对于一个国家而言，这是“破坏式创新”的另一种诠释；在全球经济格局中，美国依然走在前列，所不同的只是更换了一批新的企业面孔。美国企业 500 强中所呈现的新、老产业的更替也正预示着世界范围内产业未来的变化；对一国传统产业而言，无论这一冲击是来自国内还是国际，都是企业不得不面对的严峻挑战，需要做出选择和战略调整。

5. 金融业呈现强势复苏趋势

房地美 Freddie Mac 和房利美 Fannie Mae 两大金融巨头在金融危机中曾分别亏损 501 亿美元和 720 亿美元，经过近四、五年的恢复，“两房”不断提高贷款标准、贷款质量，逐渐替换掉 2005 年到 2008 年的呆账、坏账，终于在 2013 美国企业 500 强的中首次实现盈利，分别达到 110 亿美元和 172 亿美元。

多元化金融行业也在危机后首次实现盈利，扭转了上年亏损 42.5 亿美元的局面，高达 450 亿美元，且超过危机之前的净利润，达到本世纪以来的最高水平。

表6-8　　美国企业500强金融行业2011-2012年情况　　（单位：百万美元）

	2011年营收	2012年营收	变化	2011年净利润	2012年净利润	变化
多元化金融	488017	452293	-7.32%	-4252	45002	扭亏为盈
商业银行	672182	643287	-4.30%	82390	90792	10.20%
证券	21105	36254	71.78%	5124.6	6433.2	25.54%
合计占比	10.05%	9.38%	——	10.14%	17.34%	——

商业银行和证券业也呈现了较为强劲的复苏。虽然和多元化金融行业一样，商业银行业因为所包含企业减少2家，营业收入出现4.30%的小幅度下降，但净利润却出现了10.20%的明显增长，显示了商业银行业盈利水平的提高。相比较而言，证券行业则成为最大赢家，营业收入和净利润分别增长71.78%和25.54%；而证券行业收入净利率高达17.74%，排在美国企业500强70个行业中的第3位。另外，从单个企业指标来看，2013美国企业500强中，前10家最赚钱的公司，有4家企业属于金融行业，合计占500家企业净利润总和的8.8%。

整体上看，多元化金融、商业银行、证券3个行业用占比10.14%的营收创造出了占比17.34%的净利润（见上表），这也显示出美国金融业在历经洗礼后，以优质的效益水平强势回归。金融危机的根源也是受冲击最大的金融业的强势向好，可以给美国经济甚至于世界经济的未来带来很大的信心。

6. 房地产行业下游出现复苏迹象

美国房地产行业在2003-2006年期间发展到了历史上的顶峰，2006年共有11家住宅建筑商入围，实现营业收入1055亿美元，创造净利润66.7亿美元，前四大住宅建筑商的收入在140~170亿美元之间，辉煌一时。然而，在金融危机的冲击下，近5年中房地产行业的表现急转直下，只是在2010年有2家企业勉强上榜。近两年仍旧停滞不前，在500强榜单中未见身影。

房地产下游行业，住宅设备与饰品制造商、住宅设备与饰品零售商、地产服务商在危机中经历大幅滑坡后，近两年开始逐渐恢复，且表现不俗。新榜单中商业地产行业营收增长53.21%，净利润增长707.81%。而住宅饰品制造行业营收315亿美元、净利润14.15亿美元，分别增长3.06%和229.45%。住宅饰品和地产服务商都是处于房地产的下游行业，其大幅度的反弹说明需求强劲，未来房地产可能受此影响，回暖力度加快；另外，房利美和房地美两大金融服务企业的大幅度回升，也反应了这一趋势。但是房地产上游建筑材料行业却出现收入下降3.06%，由盈利2.8亿美元到亏损至1900万美元的局面，预示着房地产的复苏尚需时日。目前需求性反弹的力度对房地产行业未来恢复的影响能有多大尚值得关注。

7. 能源行业经营业绩出现分化

随着页岩气开发技术的突破和成熟，美国页岩气的开发力度正在逐渐加大，其库存量也在逐年攀升，天然气的价格自2008年至今一直呈现下降趋势。页岩气成为最廉价的发电资源，石油、煤炭、天然气、新能源、电力的版图也正在重新构建。天然气供应量充足以及大量天然气发电厂建成投产，促使美国自 2008 年以来电力平均批发价格下跌 50% 以上，也使得美国最大的风力发电公司（NextEra Energy）、核能公司埃克斯龙（Exelon Corp）、公用事业公司（CMS Energy Corp）都相应搁置或取消了风电、核能、煤炭发电的项目，相继布局页岩气的开发和利用领域。

由于传统能源遭遇新竞争，新兴能源又因供过于求盈利空间受到挤压，在 2013 美国企业 500 强中，能源、公用事业、天然气开发等行业表现不佳。能源行业所包含企业减少 2 家，营业收入下降 49%，亏损 15.43 亿美元；天然气电力行业实现营业收入 2738 亿美元，微增 3.88%，但净利润却减少 174.5 亿美元，下降 24.81%。

受到天然气大力度开发的影响，下游的石油天然气设备服务商则表现突出。2013 美国企业 500 强中，该行业实现营业收入 901.3 亿美元，增长 18.27%。但由于天然气价格的下降，受此影响，盈利仅微增 2.83%。同时能源投入占比高的行业以及管道运输行业也都表现出不同程度的收益。

8. 制造业“回归”尚需时日

自金融危机后，奥巴马政府提出“制造业回归”的口号，并实施了一系列刺激和激励政策促进本土制造业的发展，但制造业的表现并不尽如人意。粗略计算，2013 美国企业 500 强中，制造业行业涉及 26 个，占行业总数的 1/3 左右。自 2008 年至今，制造业营业收入所占比重徘徊在 28% 左右，而净利润占比则呈现下降趋势，由 52% 下滑至 35%；在 2013 美国企业 500 强中，制造业企业实现净利润 2852.3 亿元，较上年下降 11.26%。

表 6-9　　美国企业 500 强制造业 2011-2012 年情况　　（单位：百万美元）

	制造业营收	500 强营收	制造业占比	制造业净利润	500 强净利润	制造业占比
2002 年	2253184	6955711	32.39%	61644	69570	88.61%
2003 年	2379469	7465269	31.87%	114300	445593	25.65%
2004 年	2639872	8247976	32.01%	174453	513467	33.98%
2005 年	2779748	9088019	30.59%	172758	610075	28.32%
2006 年	2921064	9896748	29.52%	208230	785549	26.51%
2007 年	2935410	10601507	27.69%	341096	645216	52.87%
2008 年	3090837	10688174	28.92%	145473	98882	147.12%
2009 年	2643529	9763479	27.08%	205140	390554	52.53%
2010 年	2969098	10784388	27.53%	261426	708554	36.90%
2011 年	3283445	11750256	27.94%	321428	821456	39.13%
2012 年	3358702	12062428	27.84%	285231	820329	34.77%
年均增长	4.07%	5.66%	——	16.55%	27.98%	——

从具体行业来看，有近 10 个行业的营收出现了较为明显的增长，为交通设备，木制品和纸制品，包装与容器，网络和其它通讯设备，服装，食品生产，计算机外围设备，石油天然气设备和服务，分

别增长5.06%、5.51%、10.61%、14.08%、14.42%、14.82%、16.65%和18.27%。除因页岩气开发受益的相关设备行业外，服装、食品、交通设备、木制品和纸制品这些传统行业的收入增长，给美国的制造业复苏带来些许希望。

但从效益的角度看，则有12个行业出现下滑，分别为金属产品、包装与容器、汽车与零部件、医疗产品和设备、半导体与其它电子部件、木制品和纸制品、计算机与办公软件、电子电气设备、航天防务、化学品、食品生产、家用和个人护理产品。其中，汽车与零部件行业实现净利润159.52亿美元，下降58.62%，其中，通用汽车净利润61.88亿美元，下降32.7%；福特汽车净利润56.65亿美元，下降72%。金属行业实现收入970.14亿美元，下降7.95%；净利润4.77亿美元，下降76.70%。这也预示着制造业的全面“回归”还有很长一段路要走。

近10年来，美国企业500强中制造业大企业自身的发展态势比较平稳。从2002年至2012年，制造业的营业收入和净利润年均增长率只有4.07%和16.55%（见上表），虽然明显低于500强整体水平，但并未大起大落。美国经济在上世纪就开始转向以服务业为主导，在本世纪初互联网泡沫破灭以及2008年的金融危机中，以服务业大企业为主要构成的500强收益急转直下，制造业大企业净利润占比分别高达88.61%和147.12%，尤其是2008年，制造业大企业利润为1454.7亿美元，而500强总体盈利仅为988.8亿美元，其他年份则表现稳定，营业收入占比一直在30%左右。值得注意的是，制造业大企业的净利润占比在大多数年份都要高于营业收入占比，美国制造业发展的稳健性可见一斑。

三、2013中国企业500强、世界500强、美国500强比较分析

国际金融危机影响深远，世界经济处于深刻的调整时期，这也反映在以500强为代表的大企业发展方面。最新数据显示，世界企业500强和美国企业500强在恢复至危机前的水平后，发展呈现徘徊局面；中国企业500强继续保持较快发展，经济绩效表现要好于世界企业500强，虽然也一度超过美国企业500强，但并未出现根本性改善。在肯定我国大企业的发展成就的同时，也必须正视其中存在的结构性问题。

（一）2013中国企业500强的增长明显超过世界和美国企业500强

2012年度世界的经济动荡不安，更多地是体现在了2013世界500强和2013美国500强身上，对2013中国企业500强也带来相当的影响。受宏观经济环境不佳的制约，2013世界500强、美国500强河中国500强的发展速度均快速回落，但中国企业500强的回落幅度相对较小。这一变化趋势无疑给了中国大企业继续实现超越的机会。

2013中国企业500强的营业收入与净利润增速均超过了世界500强和美国500强。2013中国企业500强共实现营业收入50.02万亿元，实现净利润2.17万亿元，分别比2012中国企业500强增长11.42%和3.65%。按照2012年度平均汇率6.3081（升值2.5%）计算，2013中国企业500强合计实现营业收入7.9万亿美元，实现净利润3445.3亿美元，以美元计算分别比2012中国企业500强增长14.31%和6.24%。2013世界500强实现营业收入30.3万亿美元，实现净利润1.5万亿美元，分别比

上一年度增长 2.77% 和–5.47%。2013 美国 500 强实现营业收入 12.1 万亿美元，实现净利润 8203.3 亿美元，分别比上一年度增长 2.66% 和–0.14%。从图 6–3 可以看出，2013 中国企业 500 强营业收入增速明显快于世界 500 强和美国 500 强，年度增长率高出近 12 个百分点。2013 中国企业 500 强实现了 6.24% 的净利润增长，而同期世界 500 强和美国 500 强的净利润都出现了负增长，尤其是世界 500 强，在 2012 年度的净利润明显减少。

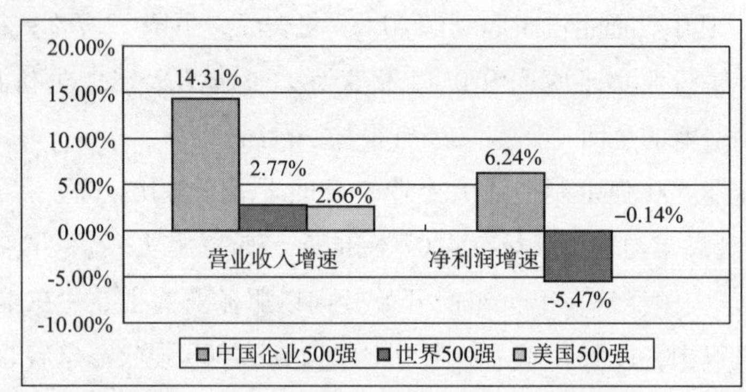

图 6–3 2013 中国企业 500 强、世界 500 强、美国 500 强增速比较

中国企业 500 强的资产与净资产增速也高于世界和美国 500 强。2013 中国企业 500 强的总资产为 151 万亿，比上年增长了 15.99%；归属母公司股东的权益为 19 万亿，比上年增长了 12.42%。而 2013 世界 500 强总资产增速、净资产增速分别为 3.45%、5.92%，2013 美国 500 强总资产增速、净资产增速分别为 4.11%、5.87%，均明显低于 2013 中国企业 500 强总资产增速与净资产增速。

2013 中国企业 500 强入围门槛为 198.8 亿元，比上年提高了 11.35%，门槛提升速度连续多年超过了 10%。从横向比较看，2013 世界 500 强入围门槛提高了 5.32%，美国 500 强入围门槛低速提高了 1.07%，均低于中国企业 500 强门槛提升速度。2013 中国企业 500 强中，有 41 家为新进榜企业，换榜企业数量比上年增加 3 家；其中有 16 家企业通过兼并重组跨入了中国企业 500 强队列。41 家新进榜企业中，排名在 100 位以前的有 1 家，排名 201～300 位的有 4 家，排名 301～400 位的有 7 家。2013 世界 500 强中，有 30 家新进榜企业，换帮企业数量比上年减少了 7 家；新进榜企业中，有 1 家排名在前 100 位，有 1 家排名在 101～200 位，有 6 家排名在 301～400 位。2013 美国 500 强中，有 24 家新进榜企业，换帮企业数量比上年减少了 2 家；新进榜企业中，有 1 家排名在前 100 位，有 2 家排名在 101～200 位，有 2 家排名在 201～300 位，有 4 家排名在 301～400 位。

（二）2013 中国企业 500 强的规模接近美国 500 强的 2/3

中国企业 500 强与世界 500 强、美国 500 强的营业收入、资产总额以及归属母公司股东权益相对比重，在近三年都呈现持续上升趋势，中国大企业与世界大企业、美国大企业之间的规模差距在进一步缩小。详见表 6–10。中国企业 500 强营业收入与世界 500 强的比值，已经从 2011 年的 20.69%，上升到 26.19%；中国企业 500 强营业收入与美国 500 强的比值，已经从 2011 年的 49.85%，快速提

升到65.81%，接近2/3。2013中国企业500强的资产总额相当于2013世界500强的20%，相当于2013美国500强的2/3。2013中国企业500强归属于母公司股东的权益相当于2013世界500强的20%，相当于2013美国500强的50%。从净利润角度看，尽管2012中国企业500强净利润占世界500强、美国500强净利润的相对比重曾经有所下降，但在今年实现反转，2013中国企业500强净利润与世界500强的相对比重从上年的19.9%回升至22.36%，也明显超过了2011中国企业500强与世界500强净利润的相对比重；2013中国企业500强净利润与美国500强的相对比重从上年的39.48%回升至42%，但仍然略低于2011中国企业500强与美国500强的相对比重。

表6-10　　2013中国企业500强与世界500强、美国500强的相对比重

		营业收入比重	净利比重	资产比重	权益比重	雇员比重
中/世	2011	20.69%	20.30%	14.26%	19.26%	44.87%
	2012	23.55%	19.90%	17.59%	19.55%	47.49%
	2013	26.19%	22.36%	19.77%	20.80%	47.31%
中/美	2011	49.85%	43.53%	48.41%	43.00%	109.46%
	2012	59.10%	39.48%	59.64%	46.37%	118.25%
	2013	65.81%	42.00%	66.61%	49.35%	116.76%

从入围门槛的角度，同样可以得出中国大企业与世界大企业、美国大企业差距进一步缩小的结论。2013世界500强的入围门槛是231.75亿美元，换算为美元，2013中国企业500强中有89家企业的营业收入超过了这一入围门槛值。2013美国500强的入围门槛是48.2亿美元，2013中国企业500强中有378家企业的销售收入超过了2013美国500强的入围门槛。而在2012中国企业500强中，只有75家企业可以迈过2012世界500强220.1亿美元的入围门槛，只有296家企业可以迈过2012美国500强47.69亿美元的入围门槛。

（三）主要绩效指标各有优劣

中国企业500强的亏损面和亏损额明显好于世界500强、美国500强。2013中国企业500强中，有43家企业出现不同程度亏损，合计亏损711.8亿元；占净利润的3.28%。2013世界企业500强中有57家企业发生亏损，合计亏损1575.4亿美元，占净利润总额的10.22%。2013美国500强亏损企业为55家，亏损额达到594亿美元，占净利润总额的7.24%。尽管2013中国企业500强的亏损面和亏损额均比去年有所扩大，但无论是从亏损面看，还是从亏损总额或亏损额相对比值看，2013中国企业500强都要明显好于2013世界500强和2013美国500强。具体数据见表6-11。

中国企业500强的资产收益率好于世界500强，低于美国500强，但与美国500强之间的差距有所收窄。2013中国企业500强的资产净利率为1.44%，比上年回落了0.17个百分点。2013世界500强的资产净利率为1.27%，比上年回落了0.12个百分点。2013美国500强的资产净利率为2.27%，比上年回落了0.1个百分点。近三年来，中国企业500强的资产净利率均好于世界500强，但三年均明显低于美国 500 强。具体数据见表 6-11。

同样，中国企业 500 强净资产收益率高于世界 500 强，低于美国 500 强，但与美国 500 强之间的差距有所收窄。2013 中国企业 500 强的净资产收益率为 11.43%，比上年下降 0.97 个百分点。2013 世界 500 强的净资产收益率为 10.59%，比上年下降 1.28 个百分点。2013 美国 500 强的净资产收益率为 13.38%，比上年下降 0.8 个百分点。具体数据见表 6-11。

中国企业 500 强的收入净利率明显低于世界 500 强和美国 500 强。2013 中国企业 500 强的收入净利率为 4.34%，比上一年度下降了 0.33 个百分点。2013 世界 500 强的收入净利率为 5.08%，比去年下降了 0.45 个百分点。2013 美国 500 强的收入净利率为 6.8%，比上一年度下降了 0.2 个百分点。尽管世界 500 强与美国 500 强的净利润增速都为负值，收入净利率也都出现了一定程度的下降，但依然都明显高于中国企业 500 强。具体数据见表 6-11。

表 6-11　　2013 中国企业 500 强与世界 500 强、美国 500 强主要绩效指标比较

	亏损面	亏损占净利比重	资产净利率	净资产收益率	收入净利率
中国 500 强	8.60%	3.28%	1.44%	11.43%	4.34%
世界 500 强	11.40%	10.22%	1.27%	10.59%	5.08%
美国 500 强	11.00%	7.24%	2.27%	13.38%	6.80%

（四）中国企业 500 强的重化工特征依然突出

为统一比较口径，大致按照广义重化工业、广义金融业、广义信息业、广义商贸服务业、广义设备制造业、广义消费品生产业、广义运输业、广义地产业、广义保健服务业和其他共 10 个大类对中国企业 500 强、世界 500 强和美国 500 强重新进行分类统计。新的统计结果如表 6-12 所示。

表 6-12　　2013 中国企业 500 强与世界 500 强、美国 500 强广义行业统计

	中国		世界		美国	
广义行业	企业数量	营业收入	企业数量	营业收入	企业数量	营业收入
广义保健服务业	-	-	7	338743.7	28	596249.4
广义地产业	68	791424.1	13	645069.0	14	123626.7
广义金融业	23	915478.6	106	6389604.0	72	2130667.1
广义商贸服务业	56	808326.8	63	3681784.4	78	2356236.9
广义设备制造业	79	1103638.6	52	3306578.3	38	1017812.5
广义消费品生产业	56	439258.8	28	1163763.5	58	1010907.4
广义信息业	11	319567.2	63	3624701.1	62	1594222.9
广义运输业	25	258382.2	20	838865.6	27	464581.1
广义重化工业	135	2528234.3	108	8363959.6	53	1796185.1

广义分类统计结果表明，无论是从行业企业分布数量看，还是从行业营业收入额以及行业收入额在500强总收入中所占比重看，2013中国企业500强都表现出非常显著的重化工特征。来自广义重化工行业的企业数量达到了135家，占500强的27%，营业收入占500强总收入的31.85%。广义制造业在2013中国企业500强中有79家企业上榜，占广义行业分布第二位，反映了中国正处于工业化阶段的基本特征。在2013世界500强中，虽然广义重化工业的企业数量同样占行业分布第一位，但其营业收入占比只有27.6%，明显低于中国企业500强中重化工业的占比。而且在2013世界500强中，广义金融业的上榜企业为106家，仅比广义重化工业少2家，其营业收入占比为21.08%，比中国企业500强中广义金融业收入占比高出9.55个百分点。美国500强的服务化特征十分突出，在2013美国500强中，占据行业数量分布第一位的是广义商贸服务业，一共有78家企业上榜，其营业收入占美国500强的19.53%，在全部行业中同样占居第一位；其次是广义金融业，有72家企业上榜，营业收入占比为17.66%。

中国企业500强中，广义信息业发展明显落后，广义保健服务业的发展尚处于起步阶段。在2013世界500强和2013美国500强中，分别有63家和62家广义信息业企业上榜，上榜企业数量均在广义行业大类中居于第3位；广义信息业营业收入占比在2013世界500强和2013美国500强中均位居广义行业第四位，分别达到了11.96%和13.22%。而在2013中国企业500强中，广义信息业只有11家企业上榜，除了4家通信企业外，其实真正的信息业企业只有7家；广义信息业对中国企业500强营业收入的贡献非常小，仅占营业收入的4.03%，居于行业大类第7位。2013美国500强中有28家广义保健服务业企业入围，贡献了2013美国500强营业收入的4.94%；2013世界500强中有7家广义保健服务业企业入围，贡献了2013世界500强营业收入的1.12%；而在2013中国企业500强中，仍然没有相关企业入围，中国广义保健服务业的发展总体上看尚处于起步阶段，企业规模还有待进一步做大。

（五）中国企业500强的净利润分布更为失衡

2013中国企业500强中有15家银行入围，数量上比上年增加1家，在行业排序中位居第七位；15家银行共实现营业收入4.3万亿，相当于2013中国企业500强营业收入总额的8.51%。与前几年一样，银行业在营业收入与数量上的占比并不特别突出。但在净利润占比上，银行业依然是强势占据了第一位；2013中国500强中，15家银行净利润占全部500强净利润的46.26%，比上年提高了6.13个百分点。15家银行的收入净利率为23.59%，比2013中国企业500强4.34%的收入净利率高出19.25个百分点。若剔除15家银行，2013中国企业500强剩余的485家非银行企业的收入净利率仅为2.55%，比上年下滑0.46个百分点，整体上处于微利状态。尽管2012年度中国经济受全球经济复苏缓慢影响总体上处于金融危机以来最为困难的时期，全国各类企业的盈利能力大幅下滑，但我国银行业的盈利能力并没有受到明显不利影响。在我国实体经济全面陷入经营困境的同时，我国银行业风景独好，进一步加大了对实体经济利润的侵蚀力度，实体经济所创造的利润进一步向银行业转移。加快金融改革步伐，改善银企关系，真正发挥银行对实体经济的输血造血功能，已经成为当前迫切需要解决的问题。

2013 世界 500 强中，有 54 家银行上榜，在上榜企业数量上居于第一位，其营业收入占世界 500 强营业收入总额的 10.5%，但其净利润只占世界 500 强净利润的 21.6%。如剔除来自我国的 9 家银行，剩余 45 家银行共实现营业收入 2.6 万亿美元，实现净利润 1860.1 亿美元，分别占世界 500 强（剔除中国 9 家银行）的 8.75% 和 13.34%。2013 世界 500 强中除中国外 45 家银行的收入净利率仅有 4.69%，而入围的 9 家中国银行的收入净利率为 24.42%，将 2013 世界 500 强中银行业的整体收入净利率拉高至 10.4%；中国银行业对抬升 2013 世界 500 强中的银行业业绩起到了至关重要的作用。2013 世界 500 强中 446 家非银行企业的收入净利率为 4.46%，与不包含中国银行的银行业的收入净利率基本相当。也就是说，在世界大企业中，银行和实体经济的收入净利率并没有显著的差异，银企关系相对比我国要显得更为融洽，银行业更好地发挥了对实体经济的支持作用。

2013 美国 500 强中有 18 家银行入围，位居行业排行榜第三位，入围企业数量明显多于 2013 中国企业 500 强。18 家银行共实现营业收入 6432.9 亿美元，实现净利润 907.9 亿美元，分别占 2013 美国 500 强营业收入总额、净利润总额的 5.33% 和 11.07%。美国银行业在美国 500 强中的收入占比与净利润占比都显著低于中国银行业在中国企业 500 强中的地位。从收入净利率角度看，2013 美国 500 强中的 18 家银行的收入净利率为 14.11%，比 2013 中国企业 500 强中的 15 家银行的收入净利率低 9.48 个百分点。而同期尽管美国宏观经济比我国更为艰难，但剔除 18 家银行后，2013 美国 500 强中其他 482 家非银行企业的整体收入净利率为 6.39%，和入围的美国银行业收入净利率差距明显小于中国，非银行入围企业的收入净利率也明显高于中国。也就是说，在金融最为发达的美国，虽然银行业整体上具有比实体经济更高的收入净利率，但并没有像我国银行业一样严重侵蚀实体经济的利润，而只是表现出在一定程度上的利润分割向银行业的倾斜。

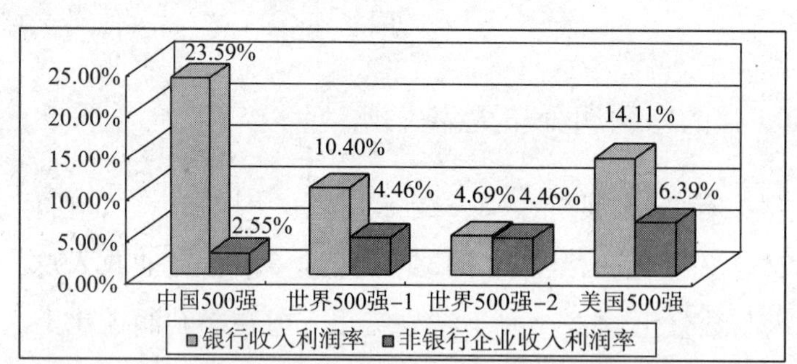

图 6-4　2013 中国企业 500 强、世界 500 强、美国 500 强收入净利率结构

注：图中世界 500 强-1 包含来自中国的 9 家入围银行，世界 500 强-2 剔除了来自中国的 9 家银行。

第七章
2013 中国 500 强与世界 500 强行业领先企业主要经济指标对比

表 7-1　　2013 中国 500 强与世界 500 强金属产品业领先企业比较

	安赛乐米塔尔（1）（卢森堡）	中国五矿集团公司（2）	(2)/(1)(%)
营业收入（万元人民币）	53132508	32686591	61.52
利润（万元人民币）	-2350845	444238	
资产（万元人民币）	72287543	25029182	34.62
所有者权益（万元人民币）	32633592	3618005	11.09
收入利润率（%）	-4.42	1.36	
资产利润率（%）	-3.25	1.77	
净资产利润率（%）	-7.20	12.28	
劳动生产率（万元人民币/人）	216.96	281.22	129.62
人均利润（万元人民币）	-9.60	3.82	

表 7-2　　2013 中国 500 强与世界 500 强计算机、办公设备业领先企业比较

	苹果公司（1）（美国）	联想集团（2）	(2)/(1)(%)
营业收入（万元人民币）	98745592	21371744	21.64
利润（万元人民币）	26330602	400704	1.52
资产（万元人民币）	111084060	10651360	9.59
所有者权益（万元人民币）	74582235	1682438	2.26
收入利润率（%）	26.67	1.87	7.03
资产利润率（%）	23.70	3.76	15.87
净资产利润率（%）	35.30	23.82	67.46
劳动生产率（万元人民币/人）	1297.58	610.17	47.02
人均利润（万元人民币）	346.00	11.44	3.31

表 7-3　　2013 中国 500 强与世界 500 强工程与建筑业领先企业比较

	西班牙 ACS 集团（1）（西班牙）	中国建筑股份有限公司（2）	(2)/(1)(%)
营业收入（万元人民币）	31608331	57164277	180.85
利润（万元人民币）	-1561993	814846	
资产（万元人民币）	34567898	66585261	192.62
所有者权益（万元人民币）	2209391	5907271	267.37
收入利润率（%）	-4.94	1.43	
资产利润率（%）	-4.52	1.22	
净资产利润率（%）	-70.70	13.79	
劳动生产率（万元人民币/人）	195.28	280.55	143.66
人均利润（万元人民币）	-9.65	4.00	

表7-4　　2013中国500强与世界500强银行业领先企业比较

	荷兰国际集团（1）（荷兰）	中国工商银行（2）	（2）/（1）（%）
营业收入（万元人民币）	80979613	84314961	104.12
利润（万元人民币）	2642461	23853255	902.69
资产（万元人民币）	966531888	1776465184	183.80
所有者权益（万元人民币）	41177899	113926210	276.67
收入利润率（%）	3.26	28.29	866.98
资产利润率（%）	0.27	1.34	491.13
净资产利润率（%）	6.42	20.94	326.27
劳动生产率（万元人民币/人）	874.77	197.29	22.55
人均利润（万元人民币）	28.54	55.82	195.54

表7-5　　2013中国500强与世界500强航天与防务业领先企业比较

	波音（1）（美国）	中国兵器工业集团公司（2）	（2）/（1）（%）
营业收入（万元人民币）	51545719	36611480	71.03
利润（万元人民币）	2460627	426004	17.31
资产（万元人民币）	56087153	28815015	51.38
所有者权益（万元人民币）	3701666	7042504	190.25
收入利润率（%）	4.77	1.16	24.37
资产利润率（%）	4.39	1.48	33.70
净资产利润率（%）	66.47	6.05	9.10
劳动生产率（万元人民币/人）	295.56	130.96	44.31
人均利润（万元人民币）	14.11	1.52	10.80

表7-6　　2013中国500强与世界500强公用设施事业领先企业比较

	意大利国家电力公司（1）（意大利）	国家电网公司（2）	（2）/（1）（%）
营业收入（万元人民币）	68830173	188300301	273.57
利润（万元人民币）	701342	7771733	1108.12
资产（万元人民币）	142764821	236312119	165.53
所有者权益（万元人民币）	30582123	98628744	322.50
收入利润率（%）	1.02	4.13	405.06
资产利润率（%）	0.49	3.29	669.46
净资产利润率（%）	2.29	7.88	343.60
劳动生产率（万元人民币/人）	933.90	221.64	23.73
人均利润（万元人民币）	9.52	9.15	96.13

表 7-7　　2013 中国 500 强与世界 500 强电子、办公设备业领先企业比较

	三星电子（1）(韩国)	正威国际集团（2）	(2)/(1)(%)
营业收入（万元人民币）	112655580	18668146	16.57
利润（万元人民币）	12988136	359125	2.77
资产（万元人民币）	106724712	8778760	8.23
所有者权益（万元人民币）	69015982	4385153	6.35
收入利润率（%）	11.53	1.92	16.69
资产利润率（%）	12.17	4.09	33.61
净资产利润率（%）	18.82	8.19	43.52
劳动生产率（万元人民币/人）	477.35	1235.56	258.84
人均利润（万元人民币）	55.03	23.77	43.19

表 7-8　　2013 中国 500 强与世界 500 强采掘业领先企业比较

	墨西哥石油公司（1）(墨西哥)	中国海洋石油总公司（2）	(2)/(1)(%)
营业收入（万元人民币）	78989534	52656724	66.66
利润（万元人民币）	124735	4880307	3912.54
资产（万元人民币）	98351766	82847040	84.24
所有者权益（万元人民币）	-13204608	37499009	
收入利润率（%）	0.16	9.27	5869.15
资产利润率（%）	0.13	5.89	4644.77
净资产利润率（%）	-0.94	13.01	
劳动生产率（万元人民币/人）	523.03	513.41	98.16
人均利润（万元人民币）	0.83	47.58	5761.20

表 7-9　　2013 中国 500 强与世界 500 强化学品制造业领先企业比较

	巴斯夫公司（1）(德国)	中国化工集团公司（2）	(2)/(1)(%)
营业收入（万元人民币）	63835478	20169507	31.60
利润（万元人民币）	3955994	-117795	
资产（万元人民币）	53500214	27081156	50.62
所有者权益（万元人民币）	20442952	2001184	9.79
收入利润率（%）	6.20	-0.58	
资产利润率（%）	7.39	-0.43	
净资产利润率（%）	19.35	-5.89	
劳动生产率（万元人民币/人）	563.61	158.68	28.15
人均利润（万元人民币）	34.93	-0.93	

表 7-10　　2013 中国 500 强与世界 500 强建材玻璃业领先企业比较

	圣戈班集团（1）（法国）	中国建筑材料集团有限公司（2）	（2）/（1）（%）
营业收入（万元人民币）	35026079	21743236	62.08
利润（万元人民币）	621087	297357	47.88
资产（万元人民币）	39524484	30442877	77.02
所有者权益（万元人民币）	14503882	1904715	13.13
收入利润率（%）	1.77	1.37	77.12
资产利润率（%）	1.57	0.98	62.16
净资产利润率（%）	4.28	15.61	364.57
劳动生产率（万元人民币/人）	181.69	131.26	72.24
人均利润（万元人民币）	3.22	1.80	55.72

表 7-11　　2013 中国 500 强与世界 500 强炼油业领先企业比较

	荷兰皇家壳牌石油公司（1）（荷兰）	中国石油化工集团公司（2）	（2）/（1）（%）
营业收入（万元人民币）	303918981	270143658	88.89
利润（万元人民币）	16777691	5186939	30.92
资产（万元人民币）	227339852	198163946	87.17
所有者权益（万元人民币）	118926519	64458900	54.20
收入利润率（%）	5.52	1.92	34.78
资产利润率（%）	7.38	2.62	35.47
净资产利润率（%）	14.11	8.05	57.04
劳动生产率（万元人民币/人）	3493.32	266.14	7.62
人均利润（万元人民币）	192.85	5.11	2.65

表 7-12　　2013 中国 500 强与世界 500 强贸易业领先企业比较

	三菱商事株式会社（1）（日本）	中国中化集团公司（2）	（2）/（1）（%）
营业收入（万元人民币）	45349545	45315979	99.93
利润（万元人民币）	2735397	513135	18.76
资产（万元人民币）	96724661	29025808	30.01
所有者权益（万元人民币）	28054239	6514542	23.22
收入利润率（%）	6.03	1.13	18.77
资产利润率（%）	2.83	1.77	62.51
净资产利润率（%）	9.75	7.88	80.78
劳动生产率（万元人民币/人）	648.08	949.66	146.53
人均利润（万元人民币）	39.09	10.75	27.51

表 7-13　　2011 中国 500 强与世界 500 强汽车业领先企业比较

	丰田汽车公司（1）(日本)	上海汽车集团股份有限公司（2）	(2)/(1)(%)
营业收入（万元人民币）	167639237	48098065	28.69
利润（万元人民币）	7310334	2075192	28.39
资产（万元人民币）	238164781	32122539	13.49
所有者权益（万元人民币）	81537860	12388878	15.19
收入利润率（%）	4.36	4.31	98.94
资产利润率（%）	3.07	6.46	210.47
净资产利润率（%）	8.97	16.75	186.83
劳动生产率（万元人民币/人）	502.67	453.96	90.31
人均利润（万元人民币）	21.92	19.59	89.35

表 7-14　　2013 中国 500 强与世界 500 强财产和意外保险业领先企业比较

	伯克希尔-哈撒韦公司（1）(美国)	中国人民保险集团股份有限公司（2）	(2)/(1)(%)
营业收入（万元人民币）	102502781	25734941	25.11
利润（万元人民币）	9352906	683171	7.30
资产（万元人民币）	269692290	69738207	25.86
所有者权益（万元人民币）	118392122	6620285	5.59
收入利润率（%）	9.12	2.65	29.09
资产利润率（%）	3.47	0.98	28.25
净资产利润率（%）	7.90	10.32	130.63
劳动生产率（万元人民币/人）	355.30	250.97	70.64
人均利润（万元人民币）	32.42	6.66	20.55

表 7-15　　2013 中国 500 强与世界 500 强电信业领先企业比较

	日本电报电话公司（1）(日本)	中国移动通信集团公司（2）	(2)/(1)(%)
营业收入（万元人民币）	81302018	61121028	75.18
利润（万元人民币）	3981799	7476899	187.78
资产（万元人民币）	131915980	129214022	97.95
所有者权益（万元人民币）	55837557	74987671	134.30
收入利润率（%）	4.90	12.23	249.78
资产利润率（%）	3.02	5.79	191.70
净资产利润率（%）	7.13	9.97	139.82
劳动生产率（万元人民币/人）	357.92	274.79	76.77
人均利润（万元人民币）	17.53	33.61	191.76

表7-16　2013中国500强与世界500强邮件包裹货运业领先企业比较

	德国邮政（1）(德国)	中国邮政集团公司（2）	(2)/(1)(%)
营业收入（万元人民币）	46768443	32135095	68.71
利润（万元人民币）	1344323	2575456	191.58
资产（万元人民币）	28378159	512506963	1805.99
所有者权益（万元人民币）	9939545	17132084	172.36
收入利润率（%）	2.87	8.01	278.82
资产利润率（%）	4.74	0.50	10.61
净资产利润率（%）	13.52	15.03	111.15
劳动生产率（万元人民币/人）	109.24	35.64	32.62
人均利润（万元人民币）	3.14	2.86	90.96

表7-17　2013中国500强与世界500强制药业领先企业比较

	强生（1）(美国)	中国医药集团（2）	(2)/(1)(%)
营业收入（万元人民币）	42413638	16523741	38.96
利润（万元人民币）	6847483	216598	3.16
资产（万元人民币）	76561463	12772231	16.68
所有者权益（万元人民币）	40900668	2390404	5.84
收入利润率（%）	16.14	1.31	8.12
资产利润率（%）	8.94	1.70	18.96
净资产利润率（%）	16.74	9.06	54.12
劳动生产率（万元人民币/人）	332.40	238.89	71.87
人均利润（万元人民币）	53.66	3.13	5.84

表7-18　2013中国500强与世界500强网络通信设备业领先企业比较

	思科公司（1）(美国)	华为投资控股有限公司（2）	(2)/(1)(%)
营业收入（万元人民币）	29061267	22019836	75.77
利润（万元人民币）	5073308	1536504	30.29
资产（万元人民币）	57893506	21266884	36.73
所有者权益（万元人民币）	32357876	7599930	23.49
收入利润率（%）	17.46	6.98	39.97
资产利润率（%）	8.76	7.22	82.45
净资产利润率（%）	15.68	20.22	128.95
劳动生产率（万元人民币/人）	436.10	146.80	33.66
人均利润（万元人民币）	76.13	10.24	13.45

表 7-19　　2013 中国 500 强与世界 500 强能源业领先企业比较

	嘉能可斯特拉塔（1）（瑞士）	中国华能集团公司（2）	(2)/(1)(%)
营业收入（万元人民币）	135294105	27977897	20.68
利润（万元人民币）	633454	54323	8.58
资产（万元人民币）	66586459	80510517	120.91
所有者权益（万元人民币）	19726657	3733781	18.93
收入利润率（%）	0.47	0.19	41.47
资产利润率（%）	0.95	0.07	7.09
净资产利润率（%）	3.21	1.45	45.31
劳动生产率（万元人民币/人）	2217.94	195.72	8.82
人均利润（万元人民币）	10.38	0.38	3.66

表 7-20　　2013 中国 500 强与世界 500 强人寿健康保险业领先企业比较

	日本邮政控股公司（1）（日本）	中国人寿保险（集团）公司（2）	(2)/(1)(%)
营业收入（万元人民币）	120418858	46481496	38.60
利润（万元人民币）	4275686	-1100531	
资产（万元人民币）	1965903872	233582147	11.88
所有者权益（万元人民币）	70684539	5631807	7.97
收入利润率（%）	3.55	-2.37	
资产利润率（%）	0.22	-0.47	
净资产利润率（%）	6.05	-19.54	
劳动生产率（万元人民币/人）	576.17	327.49	56.84
人均利润（万元人民币）	20.46	-7.75	

表 7-21　　2013 中国 500 强与世界 500 强工业机械业领先企业比较

	韩国现代重工集团（1）（韩国）	中国机械工业集团有限公司（2）	(2)/(1)(%)
营业收入（万元人民币）	30795567	21421525	69.56
利润（万元人民币）	551370	451557	81.90
资产（万元人民币）	29041897	19768677	68.07
所有者权益（万元人民币）	9949640	3570685	35.89
收入利润率（%）	1.79	2.11	117.74
资产利润率（%）	1.90	2.28	120.31
净资产利润率（%）	5.54	12.65	228.20
劳动生产率（万元人民币/人）	809.64	209.35	25.86
人均利润（万元人民币）	14.50	4.41	30.44

表7-22　　2013中国500强与世界500强综合商业领先企业比较

	沃尔玛（1）(美国)	中国华润总公司（2）	(2)/(1)(%)
营业收入（万元人民币）	296008381	33091143	11.18
利润（万元人民币）	10725179	1202300	11.21
资产（万元人民币）	128145038	73978435	57.73
所有者权益（万元人民币）	48167089	10385991	21.56
收入利润率（%）	3.62	3.63	100.28
资产利润率（%）	8.37	1.63	19.42
净资产利润率（%）	22.27	11.58	51.99
劳动生产率（万元人民币/人）	134.55	72.36	53.78
人均利润（万元人民币）	4.88	2.63	53.93

表7-23　　2013中国500强与世界500强多元化金融业领先企业比较

	通用电气公司（1）(美国)	中国中信集团有限公司（2）	(2)/(1)(%)
营业收入（万元人民币）	92667213	34975668	37.74
利润（万元人民币）	8606516	3015530	35.04
资产（万元人民币）	432393995	361090640	83.51
所有者权益（万元人民币）	77620794	23844674	30.72
收入利润率（%）	9.29	8.62	92.83
资产利润率（%）	1.99	0.84	41.96
净资产利润率（%）	11.09	12.65	114.06
劳动生产率（万元人民币/人）	303.83	213.96	70.42
人均利润（万元人民币）	28.22	18.45	65.37

表7-24　　2013中国500强与世界500强批发商业领先企业比较

	全球燃料服务公司（1）(美国)	中国航空油料集团公司（2）	(2)/(1)(%)
营业收入（万元人民币）	24571758	24256293	98.72
利润（万元人民币）	119435	80002	66.98
资产（万元人民币）	2591734	4074546	157.21
所有者权益（万元人民币）	957247	916552	95.75
收入利润率（%）	0.49	0.33	67.85
资产利润率（%）	4.61	1.96	42.61
净资产利润率（%）	12.48	8.73	69.96
劳动生产率（万元人民币/人）	9868.18	2344.06	23.75
人均利润（万元人民币）	47.97	7.73	16.12

表 7-25　　2013 中国 500 强与世界 500 强船务业领先企业比较

	马士基集团（丹麦）(1)	中国远洋运输（集团）总公司（2）	(2)/(1)(%)
营业收入（万元人民币）	37265628	18130404	48.65
利润（万元人民币）	2361129	-239627	
资产（万元人民币）	46910907	35410757	75.49
所有者权益（万元人民币）	23283147	10639499	45.70
收入利润率（%）	6.34	-1.32	
资产利润率（%）	5.03	-0.68	
净资产利润率（%）	10.14	-2.25	
劳动生产率（万元人民币/人）	307.71	242.03	78.66
人均利润（万元人民币）	19.50	-3.20	

表 7-26　　2013 中国 500 强与世界 500 强综合型行业领先企业比较

	美国快捷药方控股公司（1）(美国)	绿地控股集团有限公司（2）	(2)/(1)(%)
营业收入（万元人民币）	59570329	20024898	33.62
利润（万元人民币）	828348	755539	91.21
资产（万元人民币）	36664099	24488097	66.79
所有者权益（万元人民币）	14754298	2728015	18.49
收入利润率（%）	1.39	3.77	271.33
资产利润率（%）	2.26	3.09	136.56
净资产利润率（%）	5.61	27.70	493.31
劳动生产率（万元人民币/人）	1971.55	731.10	37.08
人均利润（万元人民币）	27.42	27.58	100.62

注：本章美元与人民币换算比例为 1∶6.3093

第八章

2013 中国企业 500 强数据

表 8-1 **2013 中国企业 500 强**

名次	企业名称	地区	营业收入（万元）	净利润（万元）	资产（万元）	所有者权益（万元）	从业人数（人）
1	中国石油化工集团公司	北京	283060946	5186929	195682732	63651797	1015039
2	中国石油天然气集团公司	北京	268348030	11480285	340942037	163623758	1656465
3	国家电网公司	北京	188299929	7771693	233353201	97393821	851667
4	中国工商银行股份有限公司	北京	85037300	23853200	1754221700	112499700	427356
5	中国建设银行股份有限公司	北京	71349600	19317900	1397828800	94173200	348955
6	中国农业银行股份有限公司	北京	64987700	14509400	1324434200	74981500	461100
7	中国银行股份有限公司	北京	62093000	13943200	1268061500	82467700	302016
8	中国移动通信集团公司	北京	61120870	7476860	127596125	74048709	222431
9	中国建筑工程总公司	北京	57164134	814825	65751554	5833323	203761
10	中国海洋石油总公司	北京	52656649	4880326	81809720	37029545	102500
11	中国铁道建筑总公司	北京	48685426	514297	48722140	4421724	290907
12	中国中铁股份有限公司	北京	48399175	735474	55072808	7836432	289343
13	上海汽车集团股份有限公司	上海	48097967	2075176	31720300	12233737	105953
14	中国人寿保险（集团）公司	北京	46481380	-1100520	230657412	5561278	141932
15	中国中化集团公司	北京	45315860	513151	28662384	6432996	47718
16	中国南方电网有限责任公司	广东	42074110	643793	55457370	18720938	300863
17	中国第一汽车集团公司	吉林	40938423	1654538	24355661	9719811	85552
18	东风汽车公司	湖北	38942093	841386	22836523	4585229	176580
19	中国兵器工业集团公司	北京	36611379	425976	28454210	6954347	260021
20	中国中信集团有限公司	北京	34975605	3015507	356569323	23546107	163468
21	神华集团有限责任公司	北京	34396914	3880780	82185075	30154378	203859
22	中国平安保险（集团）股份有限公司	广东	33991930	2005000	284426600	15961700	190284
23	中国电信集团公司	北京	33678139	672909	66570094	35503675	488113
24	中国华润总公司	广东	33091087	1234639	73052141	10255952	457310
25	中国五矿集团公司	北京	32686526	444241	24715804	3572728	116230
26	中国邮政集团公司	北京	32135051	2578663	506089752	16917555	901722
27	中国兵器装备集团公司	北京	30264029	137558	27872848	3766804	237021
28	中国航空工业集团公司	北京	30060591	644589	56870826	13125913	486084
29	中国交通建设集团有限公司	北京	29863520	777615	44841615	6395199	103371
30	宝钢集团有限公司	上海	28822553	579683	49843762	22865014	142031
31	中国华能集团公司	北京	27977824	54323	79502426	3687056	138235
32	交通银行股份有限公司	上海	27105105	5837327	527337942	37991806	97971
33	中国人民保险集团股份有限公司	北京	25734900	683200	68865000	6537400	493932
34	中国联合网络通信集团有限公司	北京	25708246	305039	57607156	16056458	292651

名次	企业名称	地区	营业收入（万元）	净利润（万元）	资产（万元）	所有者权益（万元）	从业人数（人）
35	河北钢铁集团有限公司	河北	24782802	-115039	31682540	5309691	132186
36	中国铝业公司	北京	24493959	-496114	42841462	2038117	174999
37	中国航空油料集团公司	北京	24254867	79991	4023555	905051	10068
38	中国铁路物资股份有限公司	北京	23452968	54457	7328232	796092	11051
39	苏宁控股集团	江苏	23272272	267612	7616150	2845913	180000
40	中国冶金科工集团有限公司	北京	23190537	-508500	33651254	2592034	135673
41	中国国电集团公司	北京	23003663	135338	72582529	4014365	143523
42	联想控股有限公司	北京	22664582	173057	18720327	1778041	39553
43	冀中能源集团有限责任公司	河北	22284313	37393	14982274	1874020	103166
44	华为技术有限公司	广东	22019800	1536500	21000600	7504800	150000
45	江苏沙钢集团有限公司	江苏	21803592	59604	16442777	3382851	41145
46	中国建筑材料集团有限公司	北京	21743206	297342	30061717	1880891	166397
47	首钢总公司	北京	21659589	83696	38443279	8549702	117607
48	中国机械工业集团有限公司	北京	21421459	451546	19521177	3525955	101642
49	武汉钢铁（集团）公司	湖北	21377324	20439	22303793	4780398	112330
50	北京汽车集团有限公司	北京	21056943	677854	17026515	2970833	81409
51	天津物产集团有限公司	天津	20732047	72090	8914869	775679	6622
52	中国电力建设集团有限公司	北京	20171402	431887	27553380	3769751	207526
53	中国化工集团公司	北京	20169454	-117821	26742048	1976119	127107
54	中粮集团有限公司	北京	20032924	368779	26678406	5646281	106642
55	绿地控股集团有限公司	上海	20024837	755508	24181502	2693844	4800
56	浙江省物产集团公司	浙江	19683252	29130	5913544	518235	18380
57	山东能源集团有限公司	山东	19377287	597919	21979190	4949851	261602
58	中国大唐集团公司	北京	19161223	-85297	65593552	1812684	103822
59	正威国际集团有限公司	广东	18668119	359116	8668812	4640543	15109
60	山东魏桥创业集团有限公司	山东	18651498	677862	9886256	4809094	135935
61	中国华电集团公司	北京	18512584	303753	59697819	2933670	115097
62	山西煤炭运销集团有限公司	山西	18500453	6045	13599147	2740253	110691
63	中国电子信息产业集团有限公司	北京	18303462	149032	16090885	1778751	129948
64	中国远洋运输（集团）总公司	北京	18130387	-239638	34967345	10506258	74909
65	山西焦煤集团有限责任公司	山西	18073782	456	20000479	3327034	216118
66	河南煤业化工集团有限责任公司	河南	18067662	-275141	19968656	2094315	184929
67	新兴际华集团有限公司	北京	18031285	191534	7707850	2001237	75166
68	阳泉煤业（集团）有限责任公司	山西	18031140	21561	13830232	1496139	150967
69	中国电力投资集团公司	北京	18018308	114223	57263372	3780051	126436

名次	企业名称	地区	营业收入（万元）	净利润（万元）	资产（万元）	所有者权益（万元）	从业人数（人）
70	中国民生银行股份有限公司	北京	17931300	3756300	321200100	16300700	49227
71	江西铜业集团公司	江西	17590039	176999	9829512	2003194	28545
72	招商银行股份有限公司	广东	17582800	4527300	340821900	20043400	59340
73	开滦（集团）有限责任公司	河北	17566158	76646	6445009	1380910	67640
74	中国船舶重工集团公司	北京	17510186	647464	38934668	7960849	161000
75	兴业银行股份有限公司	福建	17188300	3471800	325097500	16957700	42199
76	中国太平洋保险（集团）股份有限公司	上海	17145100	507700	68150200	9617700	85137
77	山西潞安矿业（集团）有限责任公司	山西	17101562	1070	12635078	1418287	85027
78	大同煤矿集团有限责任公司	山西	17022435	-43474	14398821	2775370	159918
79	山西晋城无烟煤矿业集团有限责任公司	山西	16882003	210023	18387406	2291301	164507
80	中国医药集团总公司	北京	16523701	216583	12612292	2360482	68192
81	海尔集团公司	山东	16309769	749180	14909397	3331332	74693
82	陕西延长石油（集团）有限责任公司	陕西	16212917	1541824	21386906	7776889	126793
83	上海浦东发展银行股份有限公司	上海	16040800	3418600	314570700	17749700	35033
84	百联集团有限公司	上海	15900914	59106	7678276	1248473	85366
85	浙江吉利控股集团有限公司	浙江	15489452	33064	11326194	1170918	40500
86	中国有色矿业集团有限公司	北京	15234511	52494	10473859	926163	53811
87	广州汽车工业集团有限公司	广东	15233628	41654	11253314	1789513	50462
88	金川集团股份有限公司	甘肃	15118660	100510	10863205	4087466	34559
89	鞍钢集团公司	辽宁	14882509	-1004759	26971572	7223668	199018
90	天津中环电子信息集团有限公司	天津	14553832	528435	6519252	2624555	65421
91	大连万达集团股份有限公司	辽宁	14168000	598567	29310500	1422722	78530
92	中国通用技术（集团）控股有限责任公司	北京	14150928	252630	10662864	2781087	42987
93	太原钢铁（集团）有限公司	山西	14056682	30307	11968404	2876032	38654
94	中国能源建设集团有限公司	北京	13963883	127956	16101103	1824772	163342
95	光明食品（集团）有限公司	上海	13937176	167897	22560392	2682322	115486
96	中国农业发展银行	北京	13595459	1429186	229307889	4979606	52033
97	大连大商集团有限公司	辽宁	13101279	167073	2133726	479907	227952
98	中国平煤神马能源化工集团有限责任公司	河南	12811145	-50349	10748140	1726203	158643
99	陕西煤业化工集团有限责任公司	陕西	12505532	-272581	30221861	3161472	133891
100	国美电器有限公司	北京	11747974	49000	5087900	1876000	59082
101	新华人寿保险股份有限公司	北京	11692100	293300	49369300	3587000	57381
102	山东钢铁集团有限公司	山东	11668222	-476421	17196500	1748492	91738
103	中国光大银行股份有限公司	北京	11413900	2359100	227929500	11417800	31968
104	黑龙江北大荒农垦集团总公司	黑龙江	11398581	28685	14748752	1706443	677615

名次	企业名称	地区	营业收入（万元）	净利润（万元）	资产（万元）	所有者权益（万元）	从业人数（人）
105	中国中煤能源集团有限公司	北京	11105802	535641	24554984	6193475	113779
106	山西煤炭进出口集团有限公司	山西	11016635	51345	7179581	1304451	16997
107	天津天钢集团有限公司	天津	10860029	26550	7257517	1707369	16491
108	海航集团有限公司	海南	10796622	82796	35690189	1766389	104205
109	华晨汽车集团控股有限公司	辽宁	10674739	70368	7408071	435702	43750
110	中国外运长航集团有限公司	北京	10667813	31461	12293347	3692334	72118
111	铜陵有色金属集团控股有限公司	安徽	10653077	96397	6633135	964864	29745
112	雨润控股集团有限公司	江苏	10616987	263237	8313215	1919194	120000
113	天津钢管集团股份有限公司	天津	10515233	45970	7567766	1780235	13457
114	美的集团有限公司	广东	10271302	325929	8773653	1431353	99539
115	中国南方航空集团公司	广东	10251029	114333	14936901	1567461	68833
116	酒泉钢铁（集团）有限责任公司	甘肃	10227951	23261	11121375	1906899	36140
117	中国航空集团公司	北京	10206540	242013	19656548	3255149	70264
118	上海烟草集团有限责任公司	上海	10172803	1629058	11456342	10113781	17154
119	徐州工程机械集团有限公司	江苏	10117841	143733	7494547	1265113	27790
120	中国黄金集团公司	北京	10052265	137663	6523134	1210264	46723
121	本钢集团有限公司	辽宁	10042717	18050	12339874	2489535	83426
122	兖矿集团有限公司	山东	10029299	39608	18457765	1913817	95873
123	珠海格力电器股份有限公司	广东	10011010	743132	10756689	2674313	82000
124	中国保利集团公司	北京	9829698	557805	38285818	3293086	37731
125	万向集团公司	浙江	9587435	135709	6199277	1484318	20915
126	天津冶金集团有限公司	天津	9506101	22569	9608542	1275068	16293
127	厦门建发集团有限公司	福建	9413337	165359	7623098	987941	15470
128	上海电气（集团）总公司	上海	9355450	85384	15777058	1843595	64504
129	中国南车集团公司	北京	9264023	205969	11118293	1754932	91452
130	中国北方机车车辆工业集团公司	北京	9229456	223698	11372181	2433740	84647
131	杭州钢铁集团公司	浙江	9150977	52937	4085162	1209734	14264
132	红塔烟草（集团）有限责任公司	云南	9094348	522004	10146772	6800656	24743
133	中联重科股份有限公司	湖南	9025181	885814	8897446	4118896	31707
134	中国东方航空集团公司	上海	8962612	206813	13134503	1406521	51259
135	江苏悦达集团有限公司	江苏	8834700	45705	5046426	722435	29103
136	恒力集团有限公司	江苏	8528616	271961	5259351	1919240	42120
137	上海建工集团股份有限公司	上海	8517433	159986	8274823	1182436	33926
138	陕西有色金属控股集团有限责任公司	陕西	8478156	44600	9904280	2785911	42106
139	国家开发投资公司	北京	8465287	428821	31152031	5055747	86551

名次	企业名称	地区	营业收入（万元）	净利润（万元）	资产（万元）	所有者权益（万元）	从业人数（人）
140	中兴通讯股份有限公司	广东	8421936	-284096	10744631	2150247	78402
141	湖南中烟工业有限责任公司	湖南	8336170	834447	6592336	4920198	15886
142	新疆广汇实业投资（集团）有限责任公司	新疆	8271091	285346	9559327	1649603	64875
143	三一集团有限公司	湖南	8236876	640647	10588898	3339677	50000
144	马钢（集团）控股有限公司	安徽	8184660	-174818	8849156	1674973	51129
145	天津天铁冶金集团有限公司	天津	8183222	793	9630205	1160098	26558
146	海信集团有限公司	山东	8105139	435419	7362697	2445574	47669
147	潍柴控股集团有限公司	山东	8068291	10087	8399409	412899	50159
148	新希望集团有限公司	四川	8063941	189936	4952200	1282279	88503
149	四川长虹电子集团有限公司	四川	8031205	16321	6313691	349366	71916
150	广厦控股集团有限公司	浙江	8022493	57203	3104075	994107	102586
151	海亮集团有限公司	浙江	7852780	213517	4133900	827206	12358
152	华夏银行股份有限公司	北京	7822585	1279628	148886006	7469420	22991
153	山东大王集团有限公司	山东	7596998	322327	5579128	1747713	26487
154	泰康人寿保险股份有限公司	北京	7541245	194796	41418785	2074292	47235
155	中国诚通控股集团有限公司	北京	7486861	46121	7201074	1139127	30702
156	红云红河烟草（集团）有限责任公司	云南	7477746	781807	7165214	5108571	13588
157	珠海振戎公司	北京	7476714	16819	662544	168196	128
158	淮南矿业（集团）有限责任公司	安徽	7281701	43491	14188483	2615234	92120
159	武汉商联（集团）股份有限公司	湖北	7150319	13195	2278965	206406	62250
160	南山集团有限公司	山东	7084631	672538	8037211	3655329	46213
161	湖北宜化集团有限责任公司	湖北	7050219	92684	5443780	752631	41622
162	浙江恒逸集团有限公司	浙江	7032005	14565	2870908	596779	7887
163	中天钢铁集团有限公司	江苏	7019947	22564	4406677	1179568	15417
164	TCL 集团股份有限公司	广东	6944835	79609	7974479	1174630	68935
165	安徽海螺集团有限责任公司	安徽	6902433	664388	9869189	1732888	48013
166	湖南华菱钢铁集团有限责任公司	湖南	6895184	-76728	10987866	1332679	49813
167	广州铁路（集团）公司	广东	6862098	-373066	29224840	19367704	157322
168	上海东浩国际服务贸易（集团）有限公司	上海	6841214	50309	1645184	580740	2724
169	上海医药集团股份有限公司	上海	6807812	205287	5106903	2463930	38355
170	北京建龙重工集团有限公司	北京	6769522	10343	7113509	1220837	53028
171	浙江省能源集团有限公司	浙江	6714550	420396	12064973	4386947	15944
172	中国海运（集团）总公司	上海	6609661	113007	17581405	5198188	45570
173	天津渤海化工集团有限责任公司	天津	6600117	26877	10871206	3290109	41620
174	南京钢铁集团有限公司	江苏	6581560	-31761	3697961	741217	12792

名次	企业名称	地区	营业收入（万元）	净利润（万元）	资产（万元）	所有者权益（万元）	从业人数（人）
175	广东省广新控股集团有限公司	广东	6548378	3568	3454977	225778	23693
176	恒大地产集团有限公司	广东	6526084	917084	23899055	3826373	38463
177	厦门国贸控股有限公司	福建	6491259	2014	3644573	199084	14757
178	中国中材集团有限公司	北京	6413202	35221	10371828	892230	78148
179	杭州娃哈哈集团有限公司	浙江	6363451	805914	3543148	2174135	29855
180	大冶有色金属集团控股有限公司	湖北	6350944	15328	2882004	727040	16456
181	海南大印集团有限公司	海南	6321249	58824	996366	355735	2058
182	山东省商业集团有限公司	山东	6198435	39799	6348604	330172	200000
183	北大方正集团有限公司	北京	6175052	47989	7475203	2148887	32761
184	天津市一轻集团（控股）有限公司	天津	6166801	91833	3258226	1016451	32614
185	广东振戎能源有限公司	广东	6154902	20768	2657307	48228	247
186	浙江省兴合集团公司	浙江	6154829	23132	2830659	264486	13584
187	安徽省徽商集团有限公司	安徽	6143683	15931	1378673	65083	13197
188	四川省宜宾五粮液集团有限公司	四川	6008905	1009838	6832822	4444954	50605
189	新华联合冶金控股集团有限公司	北京	6002209	51129	3842558	678520	14800
190	湖北中烟工业有限责任公司	湖北	5990385	372589	3776862	1843705	9830
191	云天化集团有限责任公司	云南	5987893	-13144	8545043	1170169	36671
192	神州数码控股有限公司	北京	5982432	111297	2303970	634754	12000
193	广发银行股份有限公司	广东	5971517	1121986	116814986	6352809	24103
194	庞大汽贸集团股份有限公司	河北	5779668	-82493	6288800	882871	39390
195	南方石化集团有限公司	广东	5771213	11979	1987386	103539	1281
196	北京银行	北京	5734791	1167481	111996893	7161679	8259
197	山东黄金集团有限公司	山东	5722701	68023	5216388	487616	21654
198	内蒙古电力（集团）有限责任公司	内蒙古	5657556	302736	5960090	2350188	34245
199	绿城房地产集团有限公司	浙江	5460000	485112	10770730	2114216	4670
200	广东省粤电集团有限公司	广东	5453197	139075	12957458	3821421	13476
201	中国国际海运集装箱（集团）股份有限公司	广东	5433406	193908	6299238	1951318	58535
202	中国太平保险集团公司	北京	5419080	101249	20649553	1264523	38951
203	中国化学工程股份有限公司	北京	5411670	308365	5905110	1798570	44880
204	江苏三房巷集团有限公司	江苏	5302057	50958	2032232	817884	5952
205	三胞集团有限公司	江苏	5300411	100375	2556979	799362	25159
206	上海复星高科技（集团）有限公司	上海	5290593	171226	14928687	2029330	32126
207	江苏华西集团公司	江苏	5245529	76998	3581659	895526	20568
208	浙江中烟工业有限责任公司	浙江	5126992	321993	3052544	2662056	3378
209	中国港中旅集团公司	北京	5114426	56218	6792299	1499721	43652

名次	企业名称	地区	营业收入（万元）	净利润（万元）	资产（万元）	所有者权益（万元）	从业人数（人）
210	无锡产业发展集团有限公司	江苏	5103135	105828	3505747	1697713	21726
211	河北津西钢铁集团股份有限公司	河北	5090487	51500	3029810	847435	13906
212	淮北矿业（集团）有限责任公司	安徽	5076531	117703	7830167	1317612	92528
213	包头钢铁（集团）有限责任公司	内蒙古	5051720	-25903	12317605	1981346	46832
214	天津百利机电控股集团有限公司	天津	5007000	310798	3862298	1602112	41505
215	中升集团控股有限公司	辽宁	5004829	75048	3149485	753872	16127
216	隆基泰和实业有限公司	河北	4935741	280435	3763681	1233358	22403
217	陕西东岭工贸集团股份有限公司	陕西	4909746	12007	2290975	521824	10788
218	江苏西城三联控股集团	江苏	4855056	25970	1446634		5895
219	重庆建工投资控股有限责任公司	重庆	4845160	42104	5417970	374598	14462
220	紫金矿业集团股份有限公司	福建	4841472	521121	6735442	2818159	23073
221	比亚迪股份有限公司	广东	4685380	8138	6871050	2119700	166411
222	浙江荣盛控股集团有限公司	浙江	4682896	86500	3561376	1085616	7058
223	杭州汽轮动力集团有限公司	浙江	4658578	59478	2563556	403801	5128
224	天津荣程联合钢铁集团有限公司	天津	4601212	21988	1377809	584767	7452
225	大秦铁路股份有限公司	山西	4596244	1150293	10038767	7018840	98182
226	重庆商社（集团）有限公司	重庆	4584330	29515	1898752	227983	101083
227	山东晨鸣纸业集团股份有限公司	山东	4579484	22103	4772542	1375949	15775
228	日照钢铁控股集团有限公司	山东	4534220	6159	5908439	1242279	12393
229	河北敬业企业集团有限责任公司	河北	4519086	57191	1548184	544061	19640
230	内蒙古伊泰集团有限公司	内蒙古	4499977	408198	6739536	1752464	6912
231	上海华谊（集团）公司	上海	4492597	52322	5005182	1508082	26418
232	浙江省国际贸易集团有限公司	浙江	4480406	113867	3115839	655451	16726
233	江苏汇鸿国际集团有限公司	江苏	4452573	24131	3109545	605161	6360
234	中国中纺集团公司	北京	4446842	73060	2733164	613047	22386
235	雅戈尔集团股份有限公司	浙江	4444227	174281	6201712	1494770	48201
236	上海城建（集团）公司	上海	4401439	67436	6392131	726786	10789
237	上海纺织（集团）有限公司	上海	4400602	39942	2371284	676175	15342
238	广西建工集团有限责任公司	广西	4386972	18282	1810244	199751	180638
239	四川华西集团有限公司	四川	4342614	36742	3220418	535759	45039
240	江苏新长江实业集团有限公司	江苏	4324677	82752	2628152	634872	8702
241	长城汽车股份有限公司	河北	4315997	569245	4256940	2151424	48699
242	广州医药集团有限公司	广东	4281513	37358	1996952	316917	16954
243	中国东方电气集团有限公司	四川	4260728	-63335	9622672	992569	28805
244	青山控股集团有限公司	浙江	4244772	57720	1672000	343733	14200

名次	企业名称	地区	营业收入（万元）	净利润（万元）	资产（万元）	所有者权益（万元）	从业人数（人）
245	广西投资集团有限公司	广西	4232901	52282	6018692	934900	18135
246	临沂新程金锣肉制品集团有限公司	山东	4221685	137668	1465144	1078557	31129
247	内蒙古伊利实业集团股份有限公司	内蒙古	4199069	171721	1981540	733490	23329
248	北京金隅集团有限责任公司	北京	4188898	187295	9542527	1215957	33192
249	广西玉柴机器集团有限公司	广西	4157322	95362	3656134	999448	24886
250	中国工艺（集团）公司	北京	4153911	19019	1133878	213500	2379
251	山东东明石化集团有限公司	山东	4140165	27362	1613379	271208	5080
252	中天发展控股集团有限公司	浙江	4132270	119498	2734349	599720	5874
253	通威集团有限公司	四川	4127387	51096	1001873	497435	20395
254	华侨城集团公司	广东	4066486	246618	9311060	1370364	41609
255	奥克斯集团有限公司	浙江	4052627	99175	2000676	552858	20423
256	浙江省建设投资集团有限公司	浙江	4035349	33096	2648226	187259	175022
257	山东招金集团有限公司	山东	4030166	195101	3040689	882831	13692
258	陕西建工集团总公司	陕西	4022125	4685	1939439	98733	21336
259	红豆集团有限公司	江苏	4021249	109068	2043765	709242	18862
260	黑龙江龙煤矿业控股集团有限责任公司	黑龙江	4016202	-62282	7748314	1537919	254068
261	浪潮集团有限公司	山东	4010000	1038504	1053892	510725	12165
262	北京控股集团有限公司	北京	4000270	47917	12567860	2350383	68426
263	河南省漯河市双汇实业集团有限责任公司	河南	3982680	299860	1737800	1175726	64795
264	浙江省商业集团有限公司	浙江	3896352	23927	5030993	275333	11901
265	盾安控股集团有限公司	浙江	3895031	129278	3401731	773826	19193
266	大连西太平洋石油化工有限公司	辽宁	3867522	-197370	902589		986
267	吉林亚泰（集团）股份有限公司	吉林	3862468	39532	4325048	803935	32680
268	新余钢铁集团有限公司	江西	3836177	-86685	3534218	706544	27029
269	新华联集团有限公司	北京	3822805	150279	3493026	921562	42026
270	江苏南通三建集团有限公司	江苏	3816548	135197	1387258	580562	95608
271	浙江远东化纤集团有限公司	浙江	3805550	137830	2322571	741586	3690
272	江阴澄星实业集团有限公司	江苏	3802090	80823	2072005	681822	4950
273	四川省川威集团有限公司	四川	3787014	52981	4047400	1619842	17987
274	河北省物流产业集团有限公司	河北	3763379	2177	618148	125974	1791
275	白银有色集团股份有限公司	甘肃	3733145	63333	3674434	1173109	17452
276	江西萍钢实业股份有限公司	江西	3722428	-108844	3310990	883647	20523
277	中太建设集团股份有限公司	河北	3702729	77265	569338	420479	123089
278	中国恒天集团有限公司	北京	3687956	-24928	5000889	296883	54504
279	北京首都旅游集团有限责任公司	北京	3683090	19693	3642159	779958	55098

名次	企业名称	地区	营业收入（万元）	净利润（万元）	资产（万元）	所有者权益（万元）	从业人数（人）
280	四川宏达（集团）有限公司	四川	3664311	78978	3378178	1292024	19071
281	北京城建集团有限责任公司	北京	3657829	24777	6302947	502078	26321
282	盛虹控股集团有限公司	江苏	3656846	120341	2908092	988569	23665
283	广东省丝绸纺织集团有限公司	广东	3643712	7739	1174497	126476	6264
284	远大物产集团有限公司	浙江	3632214	6921	440465	56043	586
285	广东省广晟资产经营有限公司	广东	3630120	69073	7523791	1355410	38362
286	唐山瑞丰钢铁（集团）有限公司	河北	3624064	27072	940784	333463	12591
287	天津一商集团有限公司	天津	3620785	23230	933757	190410	4057
288	江苏申特钢铁有限公司	江苏	3602668	5437	1179495	127740	4513
289	青岛钢铁控股集团有限责任公司	山东	3586438	1384	1260770	261112	11893
290	青建集团股份有限公司	山东	3579230	29254	2317350	206052	12034
291	广州市建筑集团有限公司	广东	3524017	12996	1896120	184172	17498
292	湖南省建筑工程集团总公司	湖南	3504868	17677	1254028	296976	41740
293	中南控股集团有限公司	江苏	3504837	292190	6210000	520957	52000
294	安徽省皖北煤电集团有限责任公司	安徽	3500045	-11009	4089091	596942	46169
295	中国煤炭科工集团有限公司	北京	3485339	228898	3542781	954325	31952
296	安徽江淮汽车集团有限公司	安徽	3483236	28337	2993411	346497	31578
297	科创控股集团有限公司	四川	3480242	205061	2989547	2383452	23820
298	中国盐业总公司	北京	3474335	8418	4464038	524248	43743
299	泸州老窖集团有限责任公司	四川	3452845	195985	7443625	1530981	21379
300	超威电源有限公司	浙江	3451887	54827	570829	258940	13600
301	中国广东核电集团有限公司	广东	3444915	348681	26301453	4756099	26020
302	安阳钢铁集团有限责任公司	河南	3430456	-114436	4076448	383740	29032
303	滨化集团公司	山东	3417669	76148	1386373	637845	4356
304	山东如意科技集团有限公司	山东	3415704	192319	1639708	781170	23978
305	义马煤业集团股份有限公司	河南	3397213	-42385	5900124	1327130	57410
306	广西北部湾国际港务集团有限公司	广西	3387932	115799	4566405	1202695	10117
307	中国国际技术智力合作公司	北京	3366939	34829	477242	165329	3276
308	扬子江药业集团有限公司	江苏	3352658	194687	1343943	1162250	9612
309	阳光保险集团股份有限公司	北京	3348566	8555	8397324	1217500	108920
310	华盛江泉集团有限公司	山东	3324840	60153	1662293	735603	25608
311	中国节能环保集团公司	北京	3319410	41745	8238262	1116609	39924
312	山东泰山钢铁集团有限公司	山东	3305846	6395	1230773	147284	9240
313	江铃汽车集团公司	江西	3303517	64210	2759452	464132	26643
314	海澜集团有限公司	江苏	3301930	205652	2410643	1339292	27500

名次	企业名称	地区	营业收入（万元）	净利润（万元）	资产（万元）	所有者权益（万元）	从业人数（人）
315	郑州煤炭工业（集团）有限责任公司	河南	3288675	-40441	3465038	208675	53512
316	银亿集团有限公司	浙江	3268189	108436	4387438	438006	8751
317	厦门象屿集团有限公司	福建	3238189	44287	1929642	292959	3715
318	云南建工集团有限公司	云南	3230626	45205	2993060	801710	17339
319	江苏阳光集团有限公司	江苏	3208423	165729	2019378	843234	16520
320	昆明钢铁控股有限公司	云南	3200160	8820	4653694	1293250	20759
321	华勤橡胶工业集团有限公司	山东	3192043	90909	1453724	720513	7300
322	合肥百货大楼集团股份有限公司	安徽	3190000	40890	666444	266109	8396
323	金龙精密铜管集团股份有限公司	河南	3181653	9826	1346605	164983	4597
324	天音通信有限公司	广东	3181065	-8216	837732	260348	9000
325	重庆化医控股（集团）公司	重庆	3143467	58650	4848229	722021	38990
326	正泰集团股份有限公司	浙江	3118073	63675	2392619	624052	21184
327	宁波金田投资控股有限公司	浙江	3108829	9737	567900	128367	4990
328	陕西汽车控股集团有限公司	陕西	3108304	2463	2817458	372837	31262
329	江苏高力集团有限公司	江苏	3107452	94201	1020412	618137	4212
330	北京能源投资（集团）有限公司	北京	3106623	173116	13707353	3694156	20083
331	杭州橡胶（集团）公司	浙江	3104549	120994	1988587	552510	23353
332	双胞胎（集团）股份有限公司	江西	3082715	73324	454206	200256	9600
333	山东太阳纸业股份有限公司	山东	3080315	33459	2207456	416953	10562
334	哈尔滨电气集团公司	黑龙江	3062317	64425	5981731	891220	28105
335	奇瑞汽车股份有限公司	安徽	3057174	44472	6500237	1444060	23325
336	中国贵州茅台酒厂（集团）有限责任公司	贵州	3044953	939847	5849832	3148816	18782
337	上海华信石油集团有限公司	上海	3035817	25262	732131	230170	5005
338	江苏国泰国际集团有限公司	江苏	3028217	14075	1076478	159309	10500
339	云南煤化工集团有限公司	云南	3023206	-98665	5361906	717296	40474
340	山东高速集团有限公司	山东	3021195	100794	21048103	2623531	21465
341	唐山港陆钢铁有限公司	河北	3019207	28478	1684026	720791	9961
342	华泰集团有限公司	山东	3017857	70545	2608847	382430	10050
343	四川德胜集团钢铁有限公司	四川	3014566	16026	2212510	745642	12494
344	申能（集团）有限公司	上海	3010507	137020	10461843	5159981	15447
345	重庆市能源投资集团有限公司	重庆	3002073	820	7000180	1770354	76855
346	云南冶金集团股份有限公司	云南	3001137	-32504	6977826	852035	33028
347	北京建工集团有限责任公司	北京	2985488	27764	3988964	560655	11580
348	广东省交通集团有限公司	广东	2982464	28040	19842569	5038564	46342
349	贵州中烟工业有限责任公司	贵州	2961640	280496	1976119	1236356	9787

名次	企业名称	地区	营业收入（万元）	净利润（万元）	资产（万元）	所有者权益（万元）	从业人数（人）
350	天狮集团有限公司	天津	2960033	328153	1194124	895468	2404
351	江苏扬子江船业集团公司	江苏	2953677	336284	5311595	1554958	12757
352	九州通医药集团股份有限公司	湖北	2950766	41272	1480396	483589	9048
353	成都建筑工程集团总公司	四川	2934913	20309	7634284	436012	118023
354	重庆龙湖企业拓展有限公司	重庆	2922453	518403	10105430	2406640	9288
355	河南神火集团有限公司	河南	2897955	-32451	4555351	186082	36466
356	山东金诚石化集团有限公司	山东	2892519	41607	422077	344199	1700
357	四川科伦实业集团有限公司	四川	2884595	114496	1738703	907308	18513
358	重庆机电控股（集团）公司	重庆	2857629	104409	2555330	572889	37463
359	浙江中成控股集团有限公司	浙江	2852081	56282	1107861	410780	51572
360	北京市政路桥集团有限公司	北京	2849560	25153	3188233	313491	16744
361	上海国际港务（集团）股份有限公司	上海	2838102	496927	8710299	4773587	20781
362	安徽中烟工业有限责任公司	安徽	2831159	236531	2133344	1558702	6702
363	广东格兰仕集团有限公司	广东	2824188	9539	1825392	444188	39056
364	山东时风（集团）有限责任公司	山东	2821730	110148	552224	370391	22315
365	上海人民企业（集团）有限公司	上海	2800215	105491	1475194	435576	25312
366	山东京博控股股份有限公司	山东	2800000	46372	1429112	368629	6210
367	亚邦投资控股集团有限公司	江苏	2797814	33399	2104869	685157	12800
368	福建省三钢（集团）有限责任公司	福建	2794238	5320	2180844	641626	18599
369	人民电器集团有限公司	浙江	2786551	112673	730870	468276	23200
370	德力西集团有限公司	浙江	2763261	67402	1162133	296016	21800
371	北京外企服务集团有限责任公司	北京	2762236	4873	436758	77018	4929
372	浙江前程投资股份有限公司	浙江	2734592	-41577	875487	82891	850
373	华芳集团有限公司	江苏	2682758	33452	950499	403695	19918
374	东北特殊钢集团有限责任公司	辽宁	2679528	3610	5065752	631978	26603
375	利华益集团股份有限公司	山东	2665007	80565	1640399	537583	3910
376	南京医药产业（集团）有限责任公司	江苏	2664840	18313	1513021	425455	13453
377	百兴集团有限公司	江苏	2656353	59597	767050	512137	4053
378	天正集团有限公司	浙江	2650652	80613	364067	151890	9481
379	亨通集团有限公司	江苏	2639500	31621	2384830	591519	9425
380	云南锡业集团（控股）有限责任公司	云南	2634884	-27606	4953609	358259	32767
381	安徽建工集团有限公司	安徽	2630987	20079	2261121	140902	12643
382	徐州矿务集团有限公司	江苏	2626003	53936	3906205	982526	56555
383	晟通科技集团有限公司	湖南	2625201	49453	1174138	491971	4863
384	天津市医药集团有限公司	天津	2614854	159784	3010108	1448488	18797

名次	企业名称	地区	营业收入（万元）	净利润（万元）	资产（万元）	所有者权益（万元）	从业人数（人）
385	福佳集团有限公司	辽宁	2614520	330573	4768916	2349076	3506
386	山东胜通集团股份有限公司	山东	2613978	262391	1112652	446415	6800
387	西王集团有限公司	山东	2608127	27037	2384949	659248	15000
388	重庆钢铁（集团）有限责任公司	重庆	2590857	8649	6912777	1214666	21615
389	中国长江电力股份有限公司	湖北	2578192	1035201	15523285	7487980	7781
390	青岛啤酒股份有限公司	山东	2578154	175886	2336111	1246795	40429
391	京东方科技集团股份有限公司	北京	2577158	25813	6710536	2588696	22980
392	山东大海集团有限公司	山东	2563076	135379	861346	266088	6500
393	老凤祥股份有限公司	上海	2555340	61131	888501	276149	2509
394	重庆轻纺控股（集团）公司	重庆	2553646	31726	2952431	525698	27656
395	石家庄北国人百集团有限责任公司	河北	2541553	32076	919316	158551	39498
396	山西省国新能源发展集团有限公司	山西	2528602	12446	1617207	93832	1890
397	沂州集团有限公司	山东	2525247	161588	1064332	811960	5450
398	山西建筑工程（集团）总公司	山西	2516427	1996	1867030	49739	23103
399	天津港（集团）有限公司	天津	2506589	42299	10395927	2455235	17432
400	浙江昆仑控股集团有限公司	浙江	2501322	74001	1396127	272954	29366
401	世纪金源投资集团有限公司	北京	2499346	306424	6506293	2165962	20194
402	河北普阳钢铁有限公司	河北	2494506	34288	1496395	707101	9000
403	金东纸业（江苏）股份有限公司	江苏	2494315	128958	6412682	1672958	13171
404	江苏金辉铜业集团有限公司	江苏	2491864	28652	399525	271731	580
405	传化集团有限公司	浙江	2489782	32007	1998452	216766	9029
406	江苏南通二建集团有限公司	江苏	2486289	184323	1428176	558380	87114
407	北京京城机电控股有限责任公司	北京	2482267	37182	3761497	748108	25392
408	山东金岭集团有限公司	山东	2477773	111279	1037504	486845	4679
409	甘肃省建设投资（控股）集团总公司	甘肃	2474156	1943	1952302	478297	45968
410	新疆特变电工集团有限公司	新疆	2471128	137870	5463526	1943636	20188
411	永辉超市股份有限公司	福建	2468432	50212	1090685	441709	51365
412	浙江桐昆控股集团有限公司	浙江	2466369	11544	1410256	315441	13897
413	河北建工集团有限责任公司	河北	2464311	6023	648923	50708	8614
414	四川公路桥梁建设集团有限公司	四川	2461575	61749	3238424	353697	8217
415	辽宁日林实业集团有限公司	辽宁	2460500	84737	4178972	611362	23695
416	江苏双良集团有限公司	江苏	2456165	19074	2127438	609872	5063
417	腾邦投资控股有限公司	广东	2451684	5605	416527	114399	5016
418	东营方圆有色金属有限公司	山东	2449311	73653	1323749	519773	1076
419	上海华冶钢铁集团有限公司	上海	2441320	36019	581217	444409	1816

名次	企业名称	地区	营业收入（万元）	净利润（万元）	资产（万元）	所有者权益（万元）	从业人数（人）
420	广西交通投资集团有限公司	广西	2437808	61160	12804093	4463185	8347
421	春风实业集团有限责任公司	河北	2430442	9003	504787	132032	13400
422	河北文丰钢铁有限公司	河北	2430287	25262	1315829	415844	6200
423	长春欧亚集团股份有限公司	吉林	2414498	20185	750415	114412	5127
424	阜新矿业（集团）有限责任公司	辽宁	2408487	26490	1590851	312353	46546
425	杉杉控股有限公司	浙江	2402587	41918	2365791	365158	13226
426	广东省建筑工程集团有限公司	广东	2401100	30433	1234240	199066	28030
427	浙江省交通投资集团有限公司	浙江	2393066	48251	14176388	2538527	21686
428	天津市建工集团（控股）有限公司	天津	2388182	9080	1039251	206072	8053
429	河北新金钢铁有限公司	河北	2379830	13237	625843	240362	5762
430	郑州宇通集团有限公司	河南	2375456	133790	3115116	557956	15126
431	东营鲁方金属材料有限公司	山东	2370428	157660	783186	372042	1328
432	西部矿业集团有限公司	青海	2366597	−76456	3926210	364953	10763
433	万基控股集团有限公司	河南	2362615	−74414	1993883	272763	14028
434	江苏华厦融创置地集团有限公司	江苏	2358390	490571	5569806	3488219	2500
435	万达控股集团有限公司	山东	2355301	66435	1713634	323716	11981
436	江苏省苏中建设集团股份有限公司	江苏	2351218	30801	1714169	119525	83286
437	重庆市金科投资控股（集团）有限责任公司	重庆	2350000	167120	6500000	1015361	8100
438	上上集团有限公司	河南	2344445	324828	2192620	786762	8318
439	广州轻工工贸集团有限公司	广东	2341005	40816	1192088	432313	8306
440	海南省农垦集团有限公司	海南	2332920	5676	2064653	972594	81735
441	浙江八达建设集团有限公司	浙江	2301756	73287	582999	188646	48569
442	嘉晨集团有限公司	辽宁	2300616	79669	2686368	1696689	15600
443	广西有色金属集团有限公司	广西	2296396	−81805	2746753	116324	18955
444	江苏法尔胜泓昇集团有限公司	江苏	2293832	63298	941186	398984	6376
445	重庆农村商业银行股份有限公司	重庆	2284574	536150	43338234	3148060	14800
446	波司登股份有限公司	江苏	2282376	201998	1887531	842534	24630
447	河北建设集团有限公司	河北	2281791	18412	1787870	75229	5354
448	维维集团股份有限公司	江苏	2281573	137125	1583609	1023842	21200
449	青岛港（集团）有限公司	山东	2278898	270280	3334327	2509896	14733
450	福建省交通运输集团有限责任公司	福建	2275262	20164	2220647	528328	26095
451	新疆天业（集团）有限公司	新疆	2266463	15260	2783266	447034	18936
452	河南豫联能源集团有限责任公司	河南	2263655	−15274	2626932	265166	6964
453	宁波富邦控股集团有限公司	浙江	2262129	42927	2911940	480636	9921
454	天瑞集团股份有限公司	河南	2253827	153481	4980560	2877034	16598

名次	企业名称	地区	营业收入（万元）	净利润（万元）	资产（万元）	所有者权益（万元）	从业人数（人）
455	山东科达集团有限公司	山东	2250213	79459	946623	523250	8430
456	山东玉皇化工有限公司	山东	2249534	102495	1194131	410028	4649
457	隆鑫控股有限公司	重庆	2247099	58574	3289059	621099	11328
458	同方股份有限公司	北京	2234268	60637	3370205	909239	17782
459	天津友发钢管集团有限公司	天津	2211661	17106	570080	28605	6200
460	中基宁波集团股份有限公司	浙江	2211318	10121	513214	46711	1779
461	重庆力帆控股有限公司	重庆	2208780	33027	2449585	506866	15611
462	江西省煤炭集团公司	江西	2202516	-1609	2359829	856984	65022
463	安徽国贸集团控股有限公司	安徽	2189295	12237	1896569	179117	5842
464	上海永达控股（集团）有限公司	上海	2189132	49497	1130244	363671	7460
465	武安市明芳钢铁有限公司	河北	2185658	41807	518483	389828	800
466	山东博汇集团有限公司	山东	2174250	24952	2696688	397571	13528
467	黑龙江省建设集团有限公司	黑龙江	2168637	5199	1614056	185251	76375
468	弘阳集团有限公司	江苏	2165902	119608	1952269	703702	2377
469	三河汇福粮油集团有限公司	河北	2165013	43680	1230000	257976	3000
470	远东控股集团有限公司	江苏	2149747	18675	1827156	277946	9529
471	苏州创元投资发展（集团）有限公司	江苏	2146662	69872	1929866	642765	18945
472	利群集团股份有限公司	山东	2139722	46594	1360820	522156	12643
473	浙江龙盛控股有限公司	浙江	2135037	82921	1957696	801420	8465
474	武安市裕华钢铁有限公司	河北	2120926	85312	1220587	802536	10523
475	丰立集团有限公司	江苏	2120313	14701	2260432	392214	3150
476	天津市津能投资公司	天津	2109287	14732	5367964	1459681	7147
477	广州万宝集团有限公司	广东	2102193	7739	1445662	247498	16033
478	河南豫光金铅集团有限责任公司	河南	2100638	17347	1466062	111809	6453
479	四川省达州钢铁集团有限责任公司	四川	2095520	205	1050040	230599	7553
480	宝胜集团有限公司	江苏	2093928	23112	1014728	300601	8982
481	精功集团有限公司	浙江	2082663	34318	2626993	411480	13912
482	天津二轻集团（控股）有限公司	天津	2072844	30061	1268485	514747	15452
483	浙江宝业建设集团有限公司	浙江	2065314	35181	369040	126087	55670
484	西子联合控股有限公司	浙江	2058239	243086	3416526	1027443	10770
485	深圳市神州通投资集团有限公司	广东	2055510	2745	1135346	298590	7955
486	湖南博长控股集团有限公司	湖南	2054485	1922	1154569	153450	8013
487	北京住总集团有限责任公司	北京	2049567	19264	2813467	328597	10938
488	冀东发展集团有限责任公司	河北	2047861	-27691	5476584	379171	26007
489	首都机场集团公司	北京	2037969	13975	10769437	3251364	49723

名次	企业名称	地区	营业收入（万元）	净利润（万元）	资产（万元）	所有者权益（万元）	从业人数（人）
490	天津住宅建设发展集团有限公司	天津	2031315	71544	3611162	737431	5015
491	辽宁铁法能源有限责任公司	辽宁	2025902	19731	3330140	650045	45288
492	澳洋集团有限公司	江苏	2013570	32298	1213749	266297	11752
493	河北新武安钢铁集团文安钢铁有限公司	河北	2013257	29976	529686	424340	5600
494	沈阳远大企业集团	辽宁	2012542	54421	1769035	695413	16739
495	玲珑集团有限公司	山东	2011676	70100	1122091	500719	7383
496	杭州锦江集团有限公司	浙江	2011262	32054	3399377	990989	7611
497	太极集团有限公司	重庆	2010754	4387	948594	163297	11585
498	江苏省苏豪控股集团有限公司	江苏	2002171	20113	2245411	562978	7400
499	杭州华东医药集团有限公司	浙江	1987654	9121	1423279	42602	9992
500	天津纺织集团（控股）有限公司	天津	1986741	10505	2292586	376507	13418
	合计		5002074565	217197487	15097707462	1901931523	30715212

说　明

1. 2013 中国企业 500 强是中国企业联合会、中国企业家协会参照国际惯例，组织企业自愿申报，并经专家审定确认后产生的。申报企业包括在中国境内注册、2012 年完成营业收入达到 140 亿元人民币以上（含 140 亿元）的企业（不包括行政性公司和资产经营公司，不包括在华外资、港澳台独资、控股企业，也不包括行政性公司、政企合一的单位（如铁路局）以及各类资产经营公司，但包括在境外注册、投资主体为中国自然人或法人、主要业务在境内，属于我国银监会、保监会和各级国资委监管的企业，都有资格申报参加排序。属于集团公司的控股子公司或相对控股子公司，由于其财务报表最后能被合并到集团母公司的财务会计报表中去，因此只允许其母公司申报。

2. 表中所列数据由企业自愿申报或属于上市公司公开数据、并经会计师事务所或审计师事务所等单位认可。

3、营业收入是 2012 年不含增值税的收入，包括企业的所有收入，即主营业务和非主营业务、境内和境外的收入。商业银行的营业收入为 2012 年利息收入和非利息营业收入之和（不减掉对应的支出）。保险公司的营业收入是 2012 年保险费和年金收入扣除储蓄的资本收益或损失。净利润是 2012 年上交所得税的净利润扣除少数股东权益后的归属母公司所有者的净利润。资产是 2012 年度末的资产总额。归属母公司所有者权益是 2012 年末所有者权益总额扣除少数股东权益后的母公司所有者权益。研究开发费用是 2012 年企业投入研究开发的所有费用。从业人数是 2012 年度的平均人数（含所有被合并报表企业的人数）。

4. 行业分类参照了国家统计局的分类方法，依据其主营业务收入所在行业来划分；地区分类是按企业总部所在地划分。

表 8-2

2013 中国企业 500 强新上榜企业名单

名次	企业名称	地区	营业收入（万元）	净利润（万元）	资产（万元）	所有者权益（万元）	从业人数（人）
96	中国农业发展银行	北京	13595459	1429186	229307889	4979606	52033
215	中升集团控股有限公司	辽宁	5004829	75048	3149485	753872	16127
266	大连西太平洋石油化工有限公司	辽宁	3867522	-197370	902589		986
271	浙江远东化纤集团有限公司	浙江	3805550	137830	2322571	741586	3690
297	科创控股集团有限公司	四川	3480242	205061	2989547	2383452	23820
300	超威电源有限公司	浙江	3451887	54827	570829	258940	13600
311	中国节能环保集团公司	北京	3319410	41745	8238262	1116609	39924
332	双胞胎（集团）股份有限公司	江西	3082715	73324	454206	200256	9600
337	上海华信石油集团有限公司	上海	3035817	25262	732131	230170	5005
357	四川科伦实业集团有限公司	四川	2884595	114496	1738703	907308	18513
362	安徽中烟工业有限责任公司	安徽	2831159	236531	2133344	1558702	6702
391	京东方科技集团股份有限公司	北京	2577158	25813	6710536	2588696	22980
403	金东纸业（江苏）股份有限公司	江苏	2494315	128958	6412682	1672958	13171
408	山东金岭集团有限公司	山东	2477773	111279	1037504	486845	4679
411	永辉超市股份有限公司	福建	2468432	50212	1090685	441709	51365
415	辽宁日林实业集团有限公司	辽宁	2460500	84737	4178972	611362	23695
417	腾邦投资控股有限公司	广东	2451684	5605	416527	114399	5016
420	广西交通投资集团有限公司	广西	2437808	61160	12804093	4463185	8347
428	天津市建工集团（控股）有限公司	天津	2388182	9080	1039251	206072	8053
431	东营鲁方金属材料有限公司	山东	2370428	157660	783186	372042	1328
437	重庆市金科投资控股（集团）有限责任公司	重庆	2350000	167120	6500000	1015361	8100
438	上上集团有限公司	河南	2344445	324828	2192620	786762	8318
440	海南省农垦集团有限公司	海南	2332920	5676	2064653	972594	81735
443	广西有色金属集团有限公司	广西	2296396	-81805	2746753	116324	18955
450	福建省交通运输集团有限责任公司	福建	2275262	20164	2220647	528328	26095
456	山东玉皇化工有限公司	山东	2249534	102495	1194131	410028	4649
460	中基宁波集团股份有限公司	浙江	2211318	10121	513214	46711	1779
464	上海永达控股（集团）有限公司	上海	2189132	49497	1130244	363671	7460
465	武安市明芳钢铁有限公司	河北	2185658	41807	518483	389828	800
473	浙江龙盛控股有限公司	浙江	2135037	82921	1957696	801420	8465
480	宝胜集团有限公司	江苏	2093928	23112	1014728	300601	8982
484	西子联合控股有限公司	浙江	2058239	243086	3416526	1027443	10770
485	深圳市神州通投资集团有限公司	广东	2055510	2745	1135346	298590	7955
487	北京住总集团有限责任公司	北京	2049567	19264	2813467	328597	10938
489	首都机场集团公司	北京	2037969	13975	10769437	3251364	49723
490	天津住宅建设发展集团有限公司	天津	2031315	71544	3611162	737431	5015
493	河北新武安钢铁集团文安钢铁有限公司	河北	2013257	29976	529686	424340	5600
495	玲珑集团有限公司	山东	2011676	70100	1122091	500719	7383
496	杭州锦江集团有限公司	浙江	2011262	32054	3399377	990989	7611
497	太极集团有限公司	重庆	2010754	4387	948594	163297	11585
499	杭州华东医药集团有限公司	浙江	1987654	9121	1423279	42602	9992
500	天津纺织集团（控股）有限公司	天津	1986741	10505	2292586	376507	13418

表 8-3　　2013 中国企业 500 强各行业企业分布

排名	企业名称	营业收入（万元）
农业、渔业、畜牧业及林业		
1	黑龙江北大荒农垦集团总公司	11398581
2	海南省农垦集团有限公司	2332920
	合计	13731501

排名	企业名称	营业收入（万元）
煤炭采掘及采选业		
1	神华集团有限责任公司	34396914
2	冀中能源集团有限责任公司	22284313
3	山东能源集团有限公司	19377287
4	山西焦煤集团有限责任公司	18073782
5	河南煤业化工集团有限责任公司	18067662
6	阳泉煤业（集团）有限责任公司	18031140
7	开滦（集团）有限责任公司	17566158
8	山西潞安矿业（集团）有限责任公司	17101562
9	大同煤矿集团有限责任公司	17022435
10	山西晋城无烟煤矿业集团有限责任公司	16882003
11	中国平煤神马能源化工集团有限责任公司	12811145
12	陕西煤业化工集团有限责任公司	12505532
13	中国中煤能源集团有限公司	11105802
14	兖矿集团有限公司	10029299
15	淮南矿业（集团）有限责任公司	7281701
16	淮北矿业（集团）有限责任公司	5076531
17	内蒙古伊泰集团有限公司	4499977
18	黑龙江龙煤矿业控股集团有限责任公司	4016202
19	安徽省皖北煤电集团有限责任公司	3500045
20	义马煤业集团股份有限公司	3397213
21	郑州煤炭工业（集团）有限责任公司	3288675
22	河南神火集团有限公司	2897955
23	徐州矿务集团有限公司	2626003
24	阜新矿业（集团）有限责任公司	2408487
25	江西省煤炭集团公司	2202516
26	辽宁铁法能源有限责任公司	2025902
	合计	288476241

排名	企业名称	营业收入（万元）
石油、天然气开采及生产业		
1	中国石油天然气集团公司	268348030
2	中国海洋石油总公司	52656649
3	陕西延长石油（集团）有限责任公司	16212917
	合计	337217596

排名	企业名称	营业收入（万元）
建筑业		
1	中国建筑工程总公司	57164134
2	中国铁道建筑总公司	48685426
3	中国中铁股份有限公司	48399175
4	中国交通建设集团有限公司	29863520
5	中国冶金科工集团有限公司	23190537
6	中国电力建设集团有限公司	20171402
7	中国能源建设集团有限公司	13963883
8	上海建工集团股份有限公司	8517433
9	广厦控股集团有限公司	8022493
10	中国化学工程股份有限公司	5411670
11	重庆建工投资控股有限责任公司	4845160
12	上海城建（集团）公司	4401439
13	广西建工集团有限责任公司	4386972
14	四川华西集团有限公司	4342614
15	中天发展控股集团有限公司	4132270
16	浙江省建设投资集团有限公司	4035349
17	陕西建工集团总公司	4022125
18	江苏南通三建集团有限公司	3816548
19	中太建设集团股份有限公司	3702729
20	北京城建集团有限责任公司	3657829
21	青建集团股份有限公司	3579230
22	广州市建筑集团有限公司	3524017
23	湖南省建筑工程集团总公司	3504868
24	中南控股集团有限公司	3504837
25	云南建工集团有限公司	3230626
26	北京建工集团有限责任公司	2985488
27	成都建筑工程集团总公司	2934913
28	浙江中成控股集团有限公司	2852081
29	北京市政路桥集团有限公司	2849560
30	安徽建工集团有限公司	2630987
31	山西建筑工程（集团）总公司	2516427
32	浙江昆仑控股集团有限公司	2501322
33	江苏南通二建集团有限公司	2486289
34	甘肃省建设投资（控股）集团总公司	2474156
35	河北建工集团有限责任公司	2464311
36	四川公路桥梁建设集团有限公司	2461575
37	广东省建筑工程集团有限公司	2401100
38	天津市建工集团（控股）有限公司	2388182
39	江苏省苏中建设集团股份有限公司	2351218
40	浙江八达建设集团有限公司	2301756
41	河北建设集团有限公司	2281791
42	黑龙江省建设集团有限公司	2168637
43	浙江宝业建设集团有限公司	2065314
44	北京住总集团有限责任公司	2049567
	合计	369240960

排名	企业名称	营业收入（万元）
电力生产业		
1	中国华能集团公司	27977824
2	中国国电集团公司	23003663
3	中国大唐集团公司	19161223
4	中国华电集团公司	18512584
5	中国电力投资集团公司	18018308
6	内蒙古电力（集团）有限责任公司	5657556
7	广东省粤电集团有限公司	5453197
8	中国广东核电集团有限公司	3444915
9	中国长江电力股份有限公司	2578192
	合计	123807462
农副食品及农产品加工业		
1	新希望集团有限公司	8063941
2	通威集团有限公司	4127387
3	双胞胎（集团）股份有限公司	3082715
4	西王集团有限公司	2608127
5	三河汇福粮油集团有限公司	2165013
	合计	20047183
食品加工制造业		
1	光明食品（集团）有限公司	13937176
2	中国盐业总公司	3474335
3	天狮集团有限公司	2960033
	合计	20371544
肉食品加工业		
1	雨润控股集团有限公司	10616987
2	临沂新程金锣肉制品集团有限公司	4221685
3	河南省漯河市双汇实业集团有限责任公司	3982680
	合计	18821352
乳制品加工业		
1	内蒙古伊利实业集团股份有限公司	4199069
	合计	4199069
饮料加工业		
1	杭州娃哈哈集团有限公司	6363451
2	维维集团股份有限公司	2281573
	合计	8645024
酿酒制造业		
1	四川省宜宾五粮液集团有限公司	6008905
2	泸州老窖集团有限责任公司	3452845
3	中国贵州茅台酒厂（集团）有限责任公司	3044953
4	青岛啤酒股份有限公司	2578154
	合计	15084857
烟草加工业		
1	上海烟草集团有限责任公司	10172803
2	红塔烟草（集团）有限责任公司	9094348
3	湖南中烟工业有限责任公司	8336170
4	红云红河烟草（集团）有限责任公司	7477746
5	湖北中烟工业有限责任公司	5990385
6	浙江中烟工业有限责任公司	5126992
7	贵州中烟工业有限责任公司	2961640
8	安徽中烟工业有限责任公司	2831159
	合计	51991243
纺织、印染业		
1	山东魏桥创业集团有限公司	18651498
2	上海纺织（集团）有限公司	4400602
3	山东如意科技集团有限公司	3415704
4	江苏阳光集团有限公司	3208423
5	华芳集团有限公司	2682758
6	山东大海集团有限公司	2563076
7	澳洋集团有限公司	2013570
8	天津纺织集团（控股）有限公司	1986741
	合计	38922372
纺织品、服装、鞋帽、服饰加工业		
1	雅戈尔集团股份有限公司	4444227
2	红豆集团有限公司	4021249
3	海澜集团有限公司	3301930
4	杉杉控股有限公司	2402587
5	波司登股份有限公司	2282376
	合计	16452369
木制品、纸制品等印刷、包装业		
1	上上集团有限公司	2344445
	合计	2344445
造纸及纸制品加工业		
1	山东大王集团有限公司	7596998
2	山东晨鸣纸业集团股份有限公司	4579484
3	山东太阳纸业股份有限公司	3080315
4	华泰集团有限公司	3017857
5	金东纸业（江苏）股份有限公司	2494315
6	山东博汇集团有限公司	2174250

排名	企业名称	营业收入（万元）
	合计	22943219
	生活消费品（含家用、文体、玩具、工艺品、珠宝等）加工制造业	
1	天津市一轻集团（控股）有限公司	6166801
2	老凤祥股份有限公司	2555340
3	重庆轻纺控股（集团）公司	2553646
4	天津二轻集团（控股）有限公司	2072844
	合计	13348631
	石化产品、炼焦及其他燃料生产加工业	
1	中国石油化工集团公司	283060946
2	山东东明石化集团有限公司	4140165
3	大连西太平洋石油化工有限公司	3867522
4	云南煤化工集团有限公司	3023206
5	山东金诚石化集团有限公司	2892519
6	山东京博控股股份有限公司	2800000
7	利华益集团股份有限公司	2665007
8	嘉晨集团有限公司	2300616
	合计	304749981
	化学原料及化学制品制造业	
1	中国化工集团公司	20169454
2	湖北宜化集团有限责任公司	7050219
3	天津渤海化工集团有限责任公司	6600117
4	云天化集团有限责任公司	5987893
5	上海华谊（集团）公司	4492597
6	江阴澄星实业集团有限公司	3802090
7	滨化集团公司	3417669
8	亚邦投资控股集团有限公司	2797814
9	传化集团有限公司	2489782
10	山东金岭集团有限公司	2477773
11	新疆天业（集团）有限公司	2266463
12	浙江龙盛控股有限公司	2135037
	合计	63686908
	医药、医疗设备制造业	
1	上海医药集团股份有限公司	6807812
2	广州医药集团有限公司	4281513
3	科创控股集团有限公司	3480242
4	扬子江药业集团有限公司	3352658
5	四川科伦实业集团有限公司	2884595
6	天津市医药集团有限公司	2614854
7	太极集团有限公司	2010754
8	杭州华东医药集团有限公司	1987654
	合计	27420082

排名	企业名称	营业收入（万元）
	化学纤维制造业	
1	恒力集团有限公司	8528616
2	浙江恒逸集团有限公司	7032005
3	江苏三房巷集团有限公司	5302057
4	浙江荣盛控股集团有限公司	4682896
5	浙江远东化纤集团有限公司	3805550
6	盛虹控股集团有限公司	3656846
7	浙江桐昆控股集团有限公司	2466369
	合计	35474339
	橡胶制品业	
1	华勤橡胶工业集团有限公司	3192043
2	杭州橡胶（集团）公司	3104549
3	山东胜通集团股份有限公司	2613978
4	山东玉皇化工有限公司	2249534
5	玲珑集团有限公司	2011676
	合计	13171780
	建筑材料及玻璃等制造业	
1	中国建筑材料集团有限公司	21743206
2	安徽海螺集团有限责任公司	6902433
3	中国中材集团有限公司	6413202
4	北京金隅集团有限责任公司	4188898
5	吉林亚泰（集团）股份有限公司	3862468
6	沂州集团有限公司	2525247
7	天瑞集团有限公司	2253827
8	冀东发展集团有限责任公司	2047861
9	沈阳远大企业集团	2012542
	合计	51949684
	黑色冶金及压延加工业	
1	宝钢集团有限公司	28822553
2	河北钢铁集团有限公司	24782802
3	江苏沙钢集团有限公司	21803592
4	首钢总公司	21659589
5	武汉钢铁（集团）公司	21377324
6	新兴际华集团有限公司	18031285
7	鞍钢集团公司	14882509
8	太原钢铁（集团）有限公司	14056682
9	山东钢铁集团有限公司	11668222
10	天津天钢集团有限公司	10860029
11	天津钢管集团股份有限公司	10515233
12	酒泉钢铁（集团）有限责任公司	10227951
13	本钢集团有限公司	10042717

排名	企业名称	营业收入（万元）
14	天津冶金集团有限公司	9506101
15	杭州钢铁集团公司	9150977
16	马钢（集团）控股有限公司	8184660
17	天津天铁冶金集团有限公司	8183222
18	中天钢铁集团有限公司	7019947
19	湖南华菱钢铁集团有限责任公司	6895184
20	北京建龙重工集团有限公司	6769522
21	南京钢铁集团有限公司	6581560
22	新华联合冶金控股集团有限公司	6002209
23	河北津西钢铁集团股份有限公司	5090487
24	包头钢铁（集团）有限责任公司	5051720
25	陕西东岭工贸集团股份有限公司	4909746
26	江苏西城三联控股集团	4855056
27	天津荣程联合钢铁集团有限公司	4601212
28	日照钢铁控股集团有限公司	4534220
29	河北敬业企业集团有限责任公司	4519086
30	江苏新长江实业集团有限公司	4324677
31	青山控股集团有限公司	4244772
32	新余钢铁集团有限公司	3836177
33	四川省川威集团有限公司	3787014
34	江西萍钢实业股份有限公司	3722428
35	唐山瑞丰钢铁（集团）有限公司	3624064
36	江苏申特钢铁有限公司	3602668
37	青岛钢铁控股集团有限责任公司	3586438
38	安阳钢铁集团有限责任公司	3430456
39	山东泰山钢铁集团有限公司	3305846
40	昆明钢铁控股有限公司	3200160
41	唐山港陆钢铁有限公司	3019207
42	四川德胜集团钢铁有限公司	3014566
43	福建省三钢（集团）有限责任公司	2794238
44	东北特殊钢集团有限责任公司	2679528
45	重庆钢铁（集团）有限责任公司	2590857
46	河北普阳钢铁有限公司	2494506
47	河北文丰钢铁有限公司	2430287
48	河北新金钢铁有限公司	2379830
49	天津友发钢管集团有限公司	2211661
50	武安市明芳钢铁有限公司	2185658
51	武安市裕华钢铁有限公司	2120926
52	四川省达州钢铁集团有限责任公司	2095520
53	湖南博长控股集团有限公司	2054485
54	河北新武安钢铁集团文安钢铁有限公司	2013257
	合计	395334623

一般有色冶金及压延加工业

排名	企业名称	营业收入（万元）
1	中国铝业公司	24493959
2	正威国际集团有限公司	18668119
3	江西铜业集团公司	17590039
4	中国有色矿业集团有限公司	15234511
5	金川集团股份有限公司	15118660
6	铜陵有色金属集团控股有限公司	10653077
7	陕西有色金属控股集团有限责任公司	8478156
8	海亮集团有限公司	7852780
9	南山集团有限公司	7084631
10	大冶有色金属集团控股有限公司	6350944
11	广西投资集团有限公司	4232901
12	白银有色集团股份有限公司	3733145
13	四川宏达（集团）有限公司	3664311
14	金龙精密铜管集团股份有限公司	3181653
15	宁波金田投资控股有限公司	3108829
16	云南冶金集团股份有限公司	3001137
17	云南锡业集团（控股）有限责任公司	2634884
18	晟通科技集团有限公司	2625201
19	东营方圆有色金属有限公司	2449311
20	东营鲁方金属材料有限公司	2370428
21	西部矿业集团有限公司	2366597
22	万基控股集团有限公司	2362615
23	广西有色金属集团有限公司	2296396
24	河南豫联能源集团有限责任公司	2263655
25	河南豫光金铅集团有限责任公司	2100638
	合计	173916577

金属制品、加工工具、工业辅助产品加工制造业

排名	企业名称	营业收入（万元）
1	春风实业集团有限责任公司	2430442
2	江苏法尔胜泓昇集团有限公司	2293832
3	精功集团有限公司	2082663
	合计	6806937

工程机械、设备及零配件制造业

排名	企业名称	营业收入（万元）
1	徐州工程机械集团有限公司	10117841
2	中联重科股份有限公司	9025181
3	三一集团有限公司	8236876
	合计	27379898

工业机械、设备及零配件制造业

排名	企业名称	营业收入（万元）
1	盾安控股集团有限公司	3895031
2	中国恒天集团有限公司	3687956
	合计	7582987

农林机械、设备及零配件制造业

排名	企业名称	营业收入（万元）
1	山东时风（集团）有限责任公司	2821730

排名	企业名称	营业收入（万元）
	合计	2821730
	电力、电气等设备、机械、元器件及光伏、电池、线缆制造业	
1	天津百利机电控股集团有限公司	5007000
2	超威电源有限公司	3451887
3	正泰集团股份有限公司	3118073
4	上海人民企业（集团）有限公司	2800215
5	人民电器集团有限公司	2786551
6	德力西集团有限公司	2763261
7	天正集团有限公司	2650652
8	亨通集团有限公司	2639500
9	江苏金辉铜业集团有限公司	2491864
10	北京京城机电控股有限责任公司	2482267
11	新疆特变电工集团有限公司	2471128
12	宁波富邦控股集团有限公司	2262129
13	远东控股集团有限公司	2149747
14	宝胜集团有限公司	2093928
	合计	39168202
	电梯及运输、仓储设备与设施制造业	
1	中国国际海运集装箱（集团）股份有限公司	5433406
2	西子联合控股有限公司	2058239
	合计	7491645
	轨道交通设备及零部件制造业	
1	中国南车集团公司	9264023
2	中国北方机车车辆工业集团公司	9229456
	合计	18493479
	家用电器及零配件制造业	
1	海尔集团公司	16309769
2	美的集团有限公司	10271302
3	珠海格力电器股份有限公司	10011010
4	海信集团有限公司	8105139
5	四川长虹电子集团有限公司	8031205
6	TCL 集团股份有限公司	6944835
7	奥克斯集团有限公司	4052627
8	广东格兰仕集团有限公司	2824188
9	江苏双良集团有限公司	2456165
10	广州万宝集团有限公司	2102193
	合计	71108433
	黄金冶炼及压延加工业	
1	中国黄金集团公司	10052265
2	山东黄金集团有限公司	5722701
3	紫金矿业集团股份有限公司	4841472
4	山东招金集团有限公司	4030166
	合计	24646604
	电子元器件与仪器仪表、自动化控制设备制造业	
1	中国电子信息产业集团有限公司	18303462
2	山东科达集团有限公司	2250213
	合计	20553675
	计算机及零部件制造业	
1	联想控股有限公司	22664582
2	北大方正集团有限公司	6175052
3	京东方科技集团股份有限公司	2577158
4	同方股份有限公司	2234268
	合计	33651060
	通讯器材及设备、元器件制造业	
1	华为技术有限公司	22019800
2	天津中环电子信息集团有限公司	14553832
3	中兴通讯股份有限公司	8421936
	合计	44995568
	汽车及零配件制造业	
1	上海汽车集团股份有限公司	48097967
2	中国第一汽车集团公司	40938423
3	东风汽车公司	38942093
4	北京汽车集团有限公司	21056943
5	浙江吉利控股集团有限公司	15489452
6	广州汽车工业集团有限公司	15233628
7	华晨汽车集团控股有限公司	10674739
8	万向集团公司	9587435
9	江苏悦达集团有限公司	8834700
10	长城汽车股份有限公司	4315997
11	安徽江淮汽车集团有限公司	3483236
12	江铃汽车集团公司	3303517
13	陕西汽车控股集团有限公司	3108304
14	奇瑞汽车股份有限公司	3057174
15	郑州宇通集团有限公司	2375456
	合计	228499064
	摩托车及零配件制造业	
1	隆鑫控股有限公司	2247099
2	重庆力帆控股有限公司	2208780
	合计	4455879

排名	企业名称	营业收入（万元）
航空航天及国防军工业		
1	中国兵器工业集团公司	36611379
2	中国兵器装备集团公司	30264029
3	中国航空工业集团公司	30060591
	合计	96935999
船舶工业		
1	中国船舶重工集团公司	17510186
2	江苏扬子江船业集团公司	2953677
	合计	20463863
动力、电力生产等装备、设备制造业		
1	上海电气（集团）总公司	9355450
2	潍柴控股集团有限公司	8068291
3	杭州汽轮动力集团有限公司	4658578
4	中国东方电气集团有限公司	4260728
5	广西玉柴机器集团有限公司	4157322
6	哈尔滨电气集团公司	3062317
	合计	33562686
综合制造业（以制造业为主，含有服务业）		
1	中国五矿集团公司	32686526
2	上海复星高科技（集团）有限公司	5290593
3	江苏华西集团公司	5245529
4	无锡产业发展集团有限公司	5103135
5	比亚迪股份有限公司	4685380
6	新华联集团有限公司	3822805
7	华盛江泉集团有限公司	3324840
8	重庆化医控股（集团）公司	3143467
9	重庆机电控股（集团）公司	2857629
10	万达控股集团有限公司	2355301
11	苏州创元投资发展（集团）有限公司	2146662
12	杭州锦江集团有限公司	2011262
	合计	72673129
能源（电、热、燃气等能）供应、开发、减排及再循环服务业		
1	国家电网公司	188299929
2	中国南方电网有限责任公司	42074110
3	浙江省能源集团有限公司	6714550
4	中国节能环保集团公司	3319410
5	北京能源投资（集团）有限公司	3106623
6	申能（集团）有限公司	3010507
7	山西省国新能源发展集团有限公司	2528602
	合计	249053731

排名	企业名称	营业收入（万元）
铁路运输及辅助服务业		
1	中国铁路物资股份有限公司	23452968
2	广州铁路（集团）公司	6862098
3	大秦铁路股份有限公司	4596244
	合计	34911310
陆路运输、城市公交、道路及交通辅助等服务业		
1	山东高速集团有限公司	3021195
2	广东省交通集团有限公司	2982464
3	浙江省交通投资集团有限公司	2393066
	合计	8396725
水上运输业		
1	中国远洋运输（集团）总公司	18130387
2	中国海运（集团）总公司	6609661
	合计	24740048
港口服务业		
1	广西北部湾国际港务集团有限公司	3387932
2	上海国际港务（集团）股份有限公司	2838102
3	天津港（集团）有限公司	2506589
4	青岛港（集团）有限公司	2278898
	合计	11011521
航空运输及相关服务业		
1	海航集团有限公司	10737985
2	中国南方航空集团公司	10251029
3	中国航空集团公司	10206540
4	中国东方航空集团公司	8962612
	合计	40158166
航空港及相关服务业		
1	首都机场集团公司	2037969
	合计	2037969
电信、邮寄、速递等服务业		
1	中国移动通信集团公司	61120870
2	中国电信集团公司	33678139
3	中国邮政集团公司	32135051
4	中国联合网络通信集团有限公司	25708246
	合计	152642306
软件、程序、计算机应用、网络工程等计算机、微电子服务业		
1	神州数码控股有限公司	5982432
2	三胞集团有限公司	5300411

排名	企业名称	营业收入（万元）
3	浪潮集团有限公司	4010000
	合计	15292843

物流、仓储、运输、配送服务业

排名	企业名称	营业收入（万元）
1	中国外运长航集团有限公司	10667813
2	厦门建发集团有限公司	9413337
3	中国诚通控股集团有限公司	7486861
4	河北省物流产业集团有限公司	3763379
5	厦门象屿集团有限公司	3238189
6	腾邦投资控股有限公司	2451684
7	广西交通投资集团有限公司	2437808
8	福建省交通运输集团有限责任公司	2275262
	合计	41734333

矿产、能源内外商贸批发业

排名	企业名称	营业收入（万元）
1	中国航空油料集团公司	24254867
2	山西煤炭运销集团有限公司	18500453
3	山西煤炭进出口集团有限公司	11016635
4	珠海振戎公司	7476714
5	南方石化集团有限公司	5771213
6	上海华信石油集团有限公司	3035817
	合计	70055699

化工产品及医药内外商贸批发业

排名	企业名称	营业收入（万元）
1	中国中化集团公司	45315860
	合计	45315860

机电、电子产品内外商贸及批发业

排名	企业名称	营业收入（万元）
1	中国通用技术（集团）控股有限责任公司	14150928
2	广东省广新控股集团有限公司	6548378
	合计	20699306

生活消费品（家用、文体、玩具、工艺品、珠宝等）内外批发及商贸业

排名	企业名称	营业收入（万元）
1	浙江省国际贸易集团有限公司	4480406
2	中国中纺集团公司	4446842
3	中国工艺（集团）公司	4153911
4	广东省丝绸纺织集团有限公司	3643712
5	江苏国泰国际集团有限公司	3028217
6	广州轻工工贸集团有限公司	2341005
7	安徽国贸集团控股有限公司	2189295
8	江苏省苏豪控股集团有限公司	2002171
	合计	26285559

粮油食品及农林、土畜、果蔬、水产品等内外商贸批发、零售业

排名	企业名称	营业收入（万元）
1	中粮集团有限公司	20032924
	合计	20032924

生产资料内外贸易批发、零售业

排名	企业名称	营业收入（万元）
1	天津物产集团有限公司	20732047
2	浙江省物产集团公司	19683252
3	安徽省徽商集团有限公司	6401151
4	江苏汇鸿国际集团有限公司	4452573
	合计	51269023

金属内外贸易及加工、配送、批发零售业

排名	企业名称	营业收入（万元）
1	广东振戎能源有限公司	6154902
2	上海华冶钢铁集团有限公司	2441320
3	丰立集团有限公司	2120313
	合计	10716535

综合性内外商贸及批发、零售业

排名	企业名称	营业收入（万元）
1	厦门国贸控股有限公司	6491259
2	浙江省兴合集团公司	6154829
3	远大物产集团有限公司	3632214
4	中基宁波集团股份有限公司	2211318
	合计	18489620

汽车和摩托车商贸、维修保养及租赁业

排名	企业名称	营业收入（万元）
1	庞大汽贸集团股份有限公司	5779668
2	中升集团控股有限公司	5004829
3	上海永达控股（集团）有限公司	2189132
	合计	12973629

电器商贸批发、零售业

排名	企业名称	营业收入（万元）
1	苏宁控股集团	23272272
2	国美电器有限公司	11747974
3	天音通信有限公司	3181065
	合计	38201311

医药专营批发、零售业

排名	企业名称	营业收入（万元）
1	中国医药集团总公司	16523701
2	九州通医药集团股份有限公司	2950766
3	南京医药产业（集团）有限责任公司	2664840
	合计	22139307

商业零售业及连锁超市

排名	企业名称	营业收入（万元）
1	百联集团有限公司	15900914
2	大连大商集团有限公司	13101279
3	武汉商联（集团）股份有限公司	7150319

排名	企业名称	营业收入（万元）
4	山东省商业集团有限公司	6198435
5	重庆商社（集团）有限公司	4584330
6	浙江省商业集团有限公司	3896352
7	天津一商集团有限公司	3620785
8	合肥百货大楼集团股份有限公司	3190000
9	江苏高力集团有限公司	3107452
10	石家庄北国人百集团有限责任公司	2541553
11	永辉超市股份有限公司	2468432
12	长春欧亚集团股份有限公司	2414498
13	利群集团股份有限公司	2139722
	合计	70314071
银行业		
1	中国工商银行股份有限公司	85037300
2	中国建设银行股份有限公司	71349600
3	中国农业银行股份有限公司	64987700
4	中国银行股份有限公司	62093000
5	交通银行股份有限公司	27105105
6	中国民生银行股份有限公司	17931300
7	招商银行股份有限公司	17582800
8	兴业银行股份有限公司	17188300
9	上海浦东发展银行股份有限公司	16040800
10	中国农业发展银行	13595459
11	中国光大银行股份有限公司	11413900
12	华夏银行股份有限公司	7822585
13	广发银行股份有限公司	5971517
14	北京银行	5734791
15	重庆农村商业银行股份有限公司	2284574
	合计	426138731
人寿保险业		
1	中国人寿保险（集团）公司	46481380
2	新华人寿保险股份有限公司	11692100
3	泰康人寿保险股份有限公司	7541245
4	阳光保险集团股份有限公司	3348566
	合计	69063291
财产保险业		
1	中国人民保险集团股份有限公司	25734900
	合计	25734900
综合保险业		
1	中国平安保险（集团）股份有限公司	33991930
2	中国太平洋保险（集团）股份有限公司	17145100
3	中国太平保险集团公司	5419080

排名	企业名称	营业收入（万元）
	合计	56556110
多元化投资控股、商务服务业		
1	中国中信集团有限公司	34975605
2	中国华润总公司	33091087
3	国家开发投资公司	8465287
4	广东省广晟资产经营有限公司	3630120
5	重庆市能源投资集团有限公司	3002073
6	浙江前程投资股份有限公司	2734592
7	天津市津能投资公司	2109287
8	深圳市神州通投资集团有限公司	2055510
	合计	90063561
房地产开发与经营、物业及房屋装饰、修缮、管理等服务业		
1	绿地控股集团有限公司	20024837
2	大连万达集团股份有限公司	14168000
3	恒大地产集团有限公司	6526084
4	绿城房地产集团有限公司	5460000
5	隆基泰和实业有限公司	4935741
6	华侨城集团公司	4066486
7	银亿集团有限公司	3268189
8	重庆龙湖企业拓展有限公司	2922453
9	百兴集团有限公司	2656353
10	福佳集团有限公司	2614520
11	世纪金源投资集团有限公司	2499346
12	江苏华厦融创置地集团有限公司	2358390
13	重庆市金科投资控股（集团）有限责任公司	2350000
14	弘阳集团有限公司	2165902
15	天津住宅建设发展集团有限公司	2031315
	合计	78047616
旅游、旅馆及娱乐服务业		
1	中国港中旅集团公司	5114426
2	北京首都旅游集团有限责任公司	3683090
	合计	8797516
公用事业、市政、水务、航道等公共设施投资、经营与管理业		
1	北京控股集团有限公司	4000270
2	辽宁日林实业集团有限公司	2460500
	合计	6460770
人力资源、会展博览、国内外经合作等社会综合服务业		
1	中国国际技术智力合作公司	3366939
2	北京外企服务集团有限责任公司	2762236
	合计	6129175

排名	企业名称	营业收入（万元）
科技研发、推广及地勘、规划、设计、评估、咨询、认证等承包服务业		
1	中国煤炭科工集团有限公司	3485339
	合计	3485339
综合服务业（以服务业为主，含有制造业）		
1	中国机械工业集团有限公司	21421459
2	中国保利集团公司	9829698
3	新疆广汇实业投资（集团）有限责任公司	8271091
4	上海东浩国际服务贸易（集团）有限公司	6841214
5	海南大印集团有限公司	6321249
	合计	52684711

表8-4 中国企业500强各地区企业分布

排名	企业名称	营业收入（万元）	排名	企业名称	营业收入（万元）
北京			43	中国远洋运输（集团）总公司	18130387
1	中国石油化工集团公司	283060946	44	新兴际华集团有限公司	18031285
2	中国石油天然气集团公司	268348030	45	中国电力投资集团公司	18018308
3	国家电网公司	188299929	46	中国民生银行股份有限公司	17931300
4	中国工商银行股份有限公司	85037300	47	中国船舶重工集团公司	17510186
5	中国建设银行股份有限公司	71349600	48	中国医药集团总公司	16523701
6	中国农业银行股份有限公司	64987700	49	中国有色矿业集团有限公司	15234511
7	中国银行股份有限公司	62093000	50	中国通用技术（集团）控股有限责任公司	14150928
8	中国移动通信集团公司	61120870	51	中国能源建设集团有限公司	13963883
9	中国建筑工程总公司	57164134	52	中国农业发展银行	13595459
10	中国海洋石油总公司	52656649	53	国美电器有限公司	11747974
11	中国铁道建筑总公司	48685426	54	新华人寿保险股份有限公司	11692100
12	中国中铁股份有限公司	48399175	55	中国光大银行股份有限公司	11413900
13	中国人寿保险（集团）公司	46481380	56	中国中煤能源集团有限公司	11105802
14	中国中化集团公司	45315860	57	中国外运长航集团有限公司	10667813
15	中国兵器工业集团公司	36611379	58	中国航空集团公司	10206540
16	中国中信集团有限公司	34975605	59	中国黄金集团公司	10052265
17	神华集团有限责任公司	34396914	60	中国保利集团公司	9829698
18	中国电信集团公司	33678139	61	中国南车集团公司	9264023
19	中国五矿集团公司	32686526	62	中国北方机车车辆工业集团公司	9229456
20	中国邮政集团公司	32135051	63	国家开发投资公司	8465287
21	中国兵器装备集团公司	30264029	64	华夏银行股份有限公司	7822585
22	中国航空工业集团公司	30060591	65	泰康人寿保险股份有限公司	7541245
23	中国交通建设集团有限公司	29863520	66	中国诚通控股集团有限公司	7486861
24	中国华能集团公司	27977824	67	珠海振戎公司	7476714
25	中国人民保险集团股份有限公司	25734900	68	北京建龙重工集团有限公司	6769522
26	中国联合网络通信集团有限公司	25708246	69	中国中材集团有限公司	6413202
27	中国铝业公司	24493959	70	北大方正集团有限公司	6175052
28	中国航空油料集团公司	24254867	71	新华联合冶金控股集团有限公司	6002209
29	中国铁路物资股份有限公司	23452968	72	神州数码控股有限公司	5982432
30	中国冶金科工集团有限公司	23190537	73	北京银行	5734791
31	中国国电集团公司	23003663	74	中国太平保险集团公司	5419080
32	联想控股有限公司	22664582	75	中国化学工程股份有限公司	5411670
33	中国建筑材料集团有限公司	21743206	76	中国港中旅集团公司	5114426
34	首钢总公司	21659589	77	中国中纺集团公司	4446842
35	中国机械工业集团有限公司	21421459	78	北京金隅集团有限责任公司	4188898
36	北京汽车集团有限公司	21056943	79	中国工艺（集团）公司	4153911
37	中国电力建设集团有限公司	20171402	80	北京控股集团有限公司	4000270
38	中国化工集团公司	20169454	81	新华联集团有限公司	3822805
39	中粮集团有限公司	20032924	82	中国恒天集团有限公司	3687956
40	中国大唐集团公司	19161223	83	北京首都旅游集团有限责任公司	3683090
41	中国华电集团公司	18512584	84	北京城建集团有限责任公司	3657829
42	中国电子信息产业集团有限公司	18303462	85	中国煤炭科工集团有限公司	3485339

排名	企业名称	营业收入（万元）	排名	企业名称	营业收入（万元）
86	中国盐业总公司	3474335	天津		
87	中国国际技术智力合作公司	3366939	1	天津物产集团有限公司	20732047
88	阳光保险集团股份有限公司	3348566	2	天津中环电子信息集团有限公司	14553832
89	中国节能环保集团公司	3319410	3	天津天钢集团有限公司	10860029
90	北京能源投资（集团）有限公司	3106623	4	天津钢管集团股份有限公司	10515233
91	北京建工集团有限责任公司	2985488	5	天津冶金集团有限公司	9506101
92	北京市政路桥集团有限公司	2849560	6	天津天铁冶金集团有限公司	8183222
93	北京外企服务集团有限责任公司	2762236	7	天津渤海化工集团有限责任公司	6600117
94	京东方科技集团股份有限公司	2577158	8	天津市一轻集团（控股）有限公司	6166801
95	世纪金源投资集团有限公司	2499346	9	天津百利机电控股集团有限公司	5007000
96	北京京城机电控股有限责任公司	2482267	10	天津荣程联合钢铁集团有限公司	4601212
97	同方股份有限公司	2234268	11	天津一商集团有限公司	3620785
98	北京住总集团有限责任公司	2049567	12	天狮集团有限公司	2960033
99	首都机场集团公司	2037969	13	天津市医药集团有限公司	2614854
	合计	2534720812	14	天津港（集团）有限公司	2506589
			15	天津市建工集团（控股）有限公司	2388182
上海			16	天津友发钢管集团有限公司	2211661
1	上海汽车集团股份有限公司	48097967	17	天津市津能投资公司	2109287
2	宝钢集团有限公司	28822553	18	天津二轻集团（控股）有限公司	2072844
3	交通银行股份有限公司	27105105	19	天津住宅建设发展集团有限公司	2031315
4	绿地控股集团有限公司	20024837	20	天津纺织集团（控股）有限公司	1986741
5	中国太平洋保险（集团）股份有限公司	17145100		合计	121227885
6	上海浦东发展银行股份有限公司	16040800			
7	百联集团有限公司	15900914	重庆		
8	光明食品（集团）有限公司	13937176	1	重庆建工投资控股有限责任公司	4845160
9	上海烟草集团有限责任公司	10172803	2	重庆商社（集团）有限公司	4584330
10	上海电气（集团）总公司	9355450	3	重庆化医控股（集团）公司	3143467
11	中国东方航空集团公司	8962612	4	重庆市能源投资集团有限公司	3002073
12	上海建工集团股份有限公司	8517433	5	重庆龙湖企业拓展有限公司	2922453
13	上海东浩国际服务贸易（集团）有限公司	6841214	6	重庆机电控股（集团）公司	2857629
14	上海医药集团股份有限公司	6807812	7	重庆钢铁（集团）有限责任公司	2590857
15	中国海运（集团）总公司	6609661	8	重庆轻纺控股（集团）公司	2553646
16	上海复星高科技（集团）有限公司	5290593	9	重庆市金科投资控股（集团）有限责任公司	2350000
17	上海华谊（集团）公司	4492597	10	重庆农村商业银行股份有限公司	2284574
18	上海城建（集团）公司	4401439	11	隆鑫控股有限公司	2247099
19	上海纺织（集团）有限公司	4400602	12	重庆力帆控股有限公司	2208780
20	上海华信石油集团有限公司	3035817	13	太极集团有限公司	2010754
21	申能（集团）有限公司	3010507		合计	37600822
22	上海国际港务（集团）股份有限公司	2838102			
23	上海人民企业（集团）有限公司	2800215	黑龙江		
24	老凤祥股份有限公司	2555340	1	黑龙江北大荒农垦集团总公司	11398581
25	上海华冶钢铁集团有限公司	2441320	2	黑龙江龙煤矿业控股集团有限责任公司	4016202
26	上海永达控股（集团）有限公司	2189132	3	哈尔滨电气集团公司	3062317
	合计	281797101	4	黑龙江省建设集团有限公司	2168637
				合计	20645737

排名	企业名称	营业收入（万元）
吉林		
1	中国第一汽车集团公司	40938423
2	吉林亚泰（集团）股份有限公司	3862468
3	长春欧亚集团股份有限公司	2414498
	合计	47215389
辽宁		
1	鞍钢集团公司	14882509
2	大连万达集团股份有限公司	14168000
3	大连大商集团有限公司	13101279
4	华晨汽车集团控股有限公司	10674739
5	本钢集团有限公司	10042717
6	中升集团控股有限公司	5004829
7	大连西太平洋石油化工有限公司	3867522
8	东北特殊钢集团有限责任公司	2679528
9	福佳集团有限公司	2614520
10	辽宁日林实业集团有限公司	2460500
11	阜新矿业（集团）有限责任公司	2408487
12	嘉晨集团有限公司	2300616
13	辽宁铁法能源有限责任公司	2025902
14	沈阳远大企业集团	2012542
	合计	88243690
河北		
1	河北钢铁集团有限公司	24782802
2	冀中能源集团有限责任公司	22284313
3	开滦（集团）有限责任公司	17566158
4	庞大汽贸集团股份有限公司	5779668
5	河北津西钢铁集团股份有限公司	5090487
6	隆基泰和实业有限公司	4935741
7	河北敬业企业集团有限责任公司	4519086
8	长城汽车股份有限公司	4315997
9	河北省物流产业集团有限公司	3763379
10	中太建设集团股份有限公司	3702729
11	唐山瑞丰钢铁（集团）有限公司	3624064
12	唐山港陆钢铁有限公司	3019207
13	石家庄北国人百集团有限责任公司	2541553
14	河北普阳钢铁有限公司	2494506
15	河北建工集团有限责任公司	2464311
16	春风实业集团有限责任公司	2430442
17	河北文丰钢铁有限公司	2430287
18	河北新金钢铁有限公司	2379830
19	河北建设集团有限公司	2281791
20	武安市明芳钢铁有限公司	2185658
21	三河汇福粮油集团有限公司	2165013
22	武安市裕华钢铁有限公司	2120926
23	冀东发展集团有限责任公司	2047861
24	河北新武安钢铁集团文安钢铁有限公司	2013257
	合计	130939066
河南		
1	河南煤业化工集团有限责任公司	18067662
2	中国平煤神马能源化工集团有限责任公司	12811145
3	河南省漯河市双汇实业集团有限责任公司	3982680
4	安阳钢铁集团有限责任公司	3430456
5	义马煤业集团股份有限公司	3397213
6	郑州煤炭工业（集团）有限责任公司	3288675
7	金龙精密铜管集团股份有限公司	3181653
8	河南神火集团有限公司	2897955
9	郑州宇通集团有限公司	2375456
10	万基控股集团有限公司	2362615
11	上上集团有限公司	2344445
12	河南豫联能源集团有限责任公司	2263655
13	天瑞集团有限公司	2253827
14	河南豫光金铅集团有限责任公司	2100638
	合计	64758075
山东		
1	山东能源集团有限公司	19377287
2	山东魏桥创业集团有限公司	18651498
3	海尔集团公司	16309769
4	山东钢铁集团有限公司	11668222
5	兖矿集团有限公司	10029299
6	海信集团有限公司	8105139
7	潍柴控股集团有限公司	8068291
8	山东大王集团有限公司	7596998
9	南山集团有限公司	7084631
10	山东省商业集团有限公司	6198435
11	山东黄金集团有限公司	5722701
12	山东晨鸣纸业集团股份有限公司	4579484
13	日照钢铁控股集团有限公司	4534220
14	临沂新程金锣肉制品集团有限公司	4221685
15	山东东明石化集团有限公司	4140165
16	山东招金集团有限公司	4030166
17	浪潮集团有限公司	4010000
18	青岛钢铁控股集团有限责任公司	3586438
19	青建集团股份有限公司	3579230
20	滨化集团公司	3417669
21	山东如意科技集团有限公司	3415704

排名	企业名称	营业收入（万元）
22	华盛江泉集团有限公司	3324840
23	山东泰山钢铁集团有限公司	3305846
24	华勤橡胶工业集团有限公司	3192043
25	山东太阳纸业股份有限公司	3080315
26	山东高速集团有限公司	3021195
27	华泰集团有限公司	3017857
28	山东金诚石化集团有限公司	2892519
29	山东时风（集团）有限责任公司	2821730
30	山东京博控股股份有限公司	2800000
31	利华益集团股份有限公司	2665007
32	山东胜通集团股份有限公司	2613978
33	西王集团有限公司	2608127
34	青岛啤酒股份有限公司	2578154
35	山东大海集团有限公司	2563076
36	沂州集团有限公司	2525247
37	山东金岭集团有限公司	2477773
38	东营方圆有色金属有限公司	2449311
39	东营鲁方金属材料有限公司	2370428
40	万达控股集团有限公司	2355301
41	青岛港（集团）有限公司	2278898
42	山东科达集团有限公司	2250213
43	山东玉皇化工有限公司	2249534
44	山东博汇集团有限公司	2174250
45	利群集团股份有限公司	2139722
46	玲珑集团有限公司	2011676
	合计	224094071
山西		
1	山西煤炭运销集团有限公司	18500453
2	山西焦煤集团有限责任公司	18073782
3	阳泉煤业（集团）有限责任公司	18031140
4	山西潞安矿业（集团）有限责任公司	17101562
5	大同煤矿集团有限责任公司	17022435
6	山西晋城无烟煤矿业集团有限责任公司	16882003
7	太原钢铁（集团）有限公司	14056682
8	山西煤炭进出口集团有限公司	11016635
9	大秦铁路股份有限公司	4596244
10	山西省国新能源发展集团有限公司	2528602
11	山西建筑工程（集团）总公司	2516427
	合计	140325965
陕西		
1	陕西延长石油（集团）有限责任公司	16212917
2	陕西煤业化工集团有限责任公司	12505532
3	陕西有色金属控股集团有限责任公司	8478156
4	陕西东岭工贸集团股份有限公司	4909746
5	陕西建工集团总公司	4022125
6	陕西汽车控股集团有限公司	3108304
	合计	49236780
安徽		
1	铜陵有色金属集团控股有限公司	10653077
2	马钢（集团）控股有限公司	8184660
3	淮南矿业（集团）有限责任公司	7281701
4	安徽海螺集团有限责任公司	6902433
5	安徽省徽商集团有限公司	6401151
6	淮北矿业（集团）有限责任公司	5076531
7	安徽省皖北煤电集团有限责任公司	3500045
8	安徽江淮汽车集团有限公司	3483236
9	合肥百货大楼集团股份有限公司	3190000
10	奇瑞汽车股份有限公司	3057174
11	安徽中烟工业有限责任公司	2831159
12	安徽建工集团有限公司	2630987
13	安徽国贸集团控股有限公司	2189295
	合计	65381449
江苏		
1	苏宁控股集团	23272272
2	江苏沙钢集团有限公司	21803592
3	雨润控股集团有限公司	10616987
4	徐州工程机械集团有限公司	10117841
5	江苏悦达集团有限公司	8834700
6	恒力集团有限公司	8528616
7	中天钢铁集团有限公司	7019947
8	南京钢铁集团有限公司	6581560
9	江苏三房巷集团有限公司	5302057
10	三胞集团有限公司	5300411
11	江苏华西集团公司	5245529
12	无锡产业发展集团有限公司	5103135
13	江苏西城三联控股集团	4855056
14	江苏汇鸿国际集团有限公司	4452573
15	江苏新长江实业集团有限公司	4324677
16	红豆集团有限公司	4021249
17	江苏南通三建集团有限公司	3816548
18	江阴澄星实业集团有限公司	3802090
19	盛虹控股集团有限公司	3656846
20	江苏申特钢铁有限公司	3602668
21	中南控股集团有限公司	3504837
22	扬子江药业集团有限公司	3352658
23	海澜集团有限公司	3301930

排名	企业名称	营业收入（万元）	排名	企业名称	营业收入（万元）
24	江苏阳光集团有限公司	3208423	7	九州通医药集团股份有限公司	2950766
25	江苏高力集团有限公司	3107452	8	中国长江电力股份有限公司	2578192
26	江苏国泰国际集团有限公司	3028217		合计	92390242
27	江苏扬子江船业集团公司	2953677			
28	亚邦投资控股集团有限公司	2797814	江西		
29	华芳集团有限公司	2682758	1	江西铜业集团公司	17590039
30	南京医药产业（集团）有限责任公司	2664840	2	新余钢铁集团有限公司	3836177
31	百兴集团有限公司	2656353	3	江西萍钢实业股份有限公司	3722428
32	亨通集团有限公司	2639500	4	江铃汽车集团公司	3303517
33	徐州矿务集团有限公司	2626003	5	双胞胎（集团）股份有限公司	3082715
34	金东纸业（江苏）股份有限公司	2494315	6	江西省煤炭集团公司	2202516
35	江苏金辉铜业集团有限公司	2491864		合计	33737392
36	江苏南通二建集团有限公司	2486289			
37	江苏双良集团有限公司	2456165	浙江		
38	江苏华厦融创置地集团有限公司	2358390	1	浙江省物产集团公司	19683252
39	江苏省苏中建设集团股份有限公司	2351218	2	浙江吉利控股集团有限公司	15489452
40	江苏法尔胜泓昇集团有限公司	2293832	3	万向集团公司	9587435
41	波司登股份有限公司	2282376	4	杭州钢铁集团公司	9150977
42	维维集团股份有限公司	2281573	5	广厦控股集团有限公司	8022493
43	弘阳集团有限公司	2165902	6	海亮集团有限公司	7852780
44	远东控股集团有限公司	2149747	7	浙江恒逸集团有限公司	7032005
45	苏州创元投资发展（集团）有限公司	2146662	8	浙江省能源集团有限公司	6714550
46	丰立集团有限公司	2120313	9	杭州娃哈哈集团有限公司	6363451
47	宝胜集团有限公司	2093928	10	浙江省兴合集团公司	6154829
48	澳洋集团有限公司	2013570	11	绿城房地产集团有限公司	5460000
49	江苏省苏豪控股集团有限公司	2002171	12	浙江中烟工业有限责任公司	5126992
	合计	224971131	13	浙江荣盛控股集团有限公司	4682896
			14	杭州汽轮动力集团有限公司	4658578
湖南			15	浙江省国际贸易集团有限公司	4480406
1	中联重科股份有限公司	9025181	16	雅戈尔集团股份有限公司	4444227
2	湖南中烟工业有限责任公司	8336170	17	青山控股集团有限公司	4244772
3	三一集团有限公司	8236876	18	中天发展控股集团有限公司	4132270
4	湖南华菱钢铁集团有限责任公司	6895184	19	奥克斯集团有限公司	4052627
5	湖南省建筑工程集团总公司	3504868	20	浙江省建设投资集团有限公司	4035349
6	晟通科技集团有限公司	2625201	21	浙江省商业集团有限公司	3896352
7	湖南博长控股集团有限公司	2054485	22	盾安控股集团有限公司	3895031
	合计	40677965	23	浙江远东化纤集团有限公司	3805550
			24	远大物产集团有限公司	3632214
湖北			25	超威电源有限公司	3451887
1	东风汽车公司	38942093	26	银亿集团有限公司	3268189
2	武汉钢铁（集团）公司	21377324	27	正泰集团股份有限公司	3118073
3	武汉商联（集团）股份有限公司	7150319	28	宁波金田投资控股有限公司	3108829
4	湖北宜化集团有限责任公司	7050219	29	杭州橡胶（集团）公司	3104549
5	大冶有色金属集团控股有限公司	6350944	30	浙江中成控股集团有限公司	2852081
6	湖北中烟工业有限责任公司	5990385	31	人民电器集团有限公司	2786551

排名	企业名称	营业收入（万元）
32	德力西集团有限公司	2763261
33	浙江前程投资股份有限公司	2734592
34	天正集团有限公司	2650652
35	浙江昆仑控股集团有限公司	2501322
36	传化集团有限公司	2489782
37	浙江桐昆控股集团有限公司	2466369
38	杉杉控股有限公司	2402587
39	浙江省交通投资集团有限公司	2393066
40	浙江八达建设集团有限公司	2301756
41	宁波富邦控股集团有限公司	2262129
42	中基宁波集团股份有限公司	2211318
43	浙江龙盛控股有限公司	2135037
44	精功集团有限公司	2082663
45	浙江宝业建设集团有限公司	2065314
46	西子联合控股有限公司	2058239
47	杭州锦江集团有限公司	2011262
48	杭州华东医药集团有限公司	1987654
	合计	217805650

广东		
1	中国南方电网有限责任公司	42074110
2	中国平安保险（集团）股份有限公司	33991930
3	中国华润总公司	33091087
4	华为技术有限公司	22019800
5	正威国际集团有限公司	18668119
6	招商银行股份有限公司	17582800
7	广州汽车工业集团有限公司	15233628
8	美的集团有限公司	10271302
9	中国南方航空集团公司	10251029
10	珠海格力电器股份有限公司	10011010
11	中兴通讯股份有限公司	8421936
12	TCL 集团股份有限公司	6944835
13	广州铁路（集团）公司	6862098
14	广东省广新控股集团有限公司	6548378
15	恒大地产集团有限公司	6526084
16	广东振戎能源有限公司	6154902
17	广发银行股份有限公司	5971517
18	南方石化集团有限公司	5771213
19	广东省粤电集团有限公司	5453197
20	中国国际海运集装箱（集团）股份有限公司	5433406
21	比亚迪股份有限公司	4685380
22	广州医药集团有限公司	4281513
23	华侨城集团公司	4066486
24	广东省丝绸纺织集团有限公司	3643712
25	广东省广晟资产经营有限公司	3630120
26	广州市建筑集团有限公司	3524017
27	中国广东核电集团有限公司	3444915
28	天音通信有限公司	3181065
29	广东省交通集团有限公司	2982464
30	广东格兰仕集团有限公司	2824188
31	腾邦投资控股有限公司	2451684
32	广东省建筑工程集团有限公司	2401100
33	广州轻工工贸集团有限公司	2341005
34	广州万宝集团有限公司	2102193
35	深圳市神州通投资集团有限公司	2055510
	合计	324897733

四川		
1	新希望集团有限公司	8063941
2	四川长虹电子集团有限公司	8031205
3	四川省宜宾五粮液集团有限公司	6008905
4	四川华西集团有限公司	4342614
5	中国东方电气集团有限公司	4260728
6	通威集团有限公司	4127387
7	四川省川威集团有限公司	3787014
8	四川宏达（集团）有限公司	3664311
9	科创控股集团有限公司	3480242
10	泸州老窖集团有限责任公司	3452845
11	四川德胜集团钢铁有限公司	3014566
12	成都建筑工程集团总公司	2934913
13	四川科伦实业集团有限公司	2884595
14	四川公路桥梁建设集团有限公司	2461575
15	四川省达州钢铁集团有限责任公司	2095520
	合计	62610361

福建		
1	兴业银行股份有限公司	17188300
2	厦门建发集团有限公司	9413337
3	厦门国贸控股有限公司	6491259
4	紫金矿业集团股份有限公司	4841472
5	厦门象屿集团有限公司	3238189
6	福建省三钢（集团）有限责任公司	2794238
7	永辉超市股份有限公司	2468432
8	福建省交通运输集团有限责任公司	2275262
	合计	48710489

广西		
1	广西建工集团有限责任公司	4386972
2	广西投资集团有限公司	4232901
3	广西玉柴机器集团有限公司	4157322

排名	企业名称	营业收入（万元）
4	广西北部湾国际港务集团有限公司	3387932
5	广西交通投资集团有限公司	2437808
6	广西有色金属集团有限公司	2296396
	合计	20899331
贵州		
1	中国贵州茅台酒厂（集团）有限责任公司	3044953
2	贵州中烟工业有限责任公司	2961640
	合计	6006593
云南		
1	红塔烟草（集团）有限责任公司	9094348
2	红云红河烟草（集团）有限责任公司	7477746
3	云天化集团有限责任公司	5987893
4	云南建工集团有限公司	3230626
5	昆明钢铁控股有限公司	3200160
6	云南煤化工集团有限公司	3023206
7	云南冶金集团股份有限公司	3001137
8	云南锡业集团（控股）有限责任公司	2634884
	合计	37650000
甘肃		
1	金川集团股份有限公司	15118660
2	酒泉钢铁（集团）有限责任公司	10227951
3	白银有色集团股份有限公司	3733145
4	甘肃省建设投资（控股）集团总公司	2474156
	合计	31553912
青海		
1	西部矿业集团有限公司	2366597
	合计	2366597
新疆		
1	新疆广汇实业投资（集团）有限责任公司	8271091
2	新疆特变电工集团有限公司	2471128
3	新疆天业（集团）有限公司	2266463
	合计	13008682
内蒙古		
1	内蒙古电力（集团）有限责任公司	5657556
2	包头钢铁（集团）有限责任公司	5051720
3	内蒙古伊泰集团有限公司	4499977
4	内蒙古伊利实业集团股份有限公司	4199069
	合计	19408322
海南		
1	海航集团有限公司	10796622
2	海南大印集团有限公司	6321249
3	海南省农垦集团有限公司	2332920
	合计	19450791

表 8-5　　2013 中国企业 500 强净利润排序前 100 名企业

排名	公司名称	净利润（万元）	排名	公司名称	净利润（万元）
1	中国工商银行股份有限公司	23853200	51	南山集团有限公司	672538
2	中国建设银行股份有限公司	19317900	52	安徽海螺集团有限责任公司	664388
3	中国农业银行股份有限公司	14509400	53	中国船舶重工集团公司	647464
4	中国银行股份有限公司	13943200	54	中国航空工业集团公司	644589
5	中国石油天然气集团公司	11480285	55	中国南方电网有限责任公司	643793
6	国家电网公司	7771693	56	三一集团有限公司	640647
7	中国移动通信集团公司	7476860	57	大连万达集团股份有限公司	598567
8	交通银行股份有限公司	5837327	58	山东能源集团有限公司	597919
9	中国石油化工集团公司	5186929	59	宝钢集团有限公司	579683
10	中国海洋石油总公司	4880326	60	长城汽车股份有限公司	569245
11	招商银行股份有限公司	4527300	61	中国保利集团公司	557805
12	神华集团有限责任公司	3880780	62	重庆农村商业银行股份有限公司	536150
13	中国民生银行股份有限公司	3756300	63	中国中煤能源集团有限公司	535641
14	兴业银行股份有限公司	3471800	64	天津中环电子信息集团有限公司	528435
15	上海浦东发展银行股份有限公司	3418600	65	红塔烟草（集团）有限责任公司	522004
16	中国中信集团有限公司	3015507	66	紫金矿业集团股份有限公司	521121
17	中国邮政集团公司	2578663	67	重庆龙湖企业拓展有限公司	518403
18	中国光大银行股份有限公司	2359100	68	中国铁道建筑总公司	514297
19	上海汽车集团股份有限公司	2075176	69	中国中化集团公司	513151
20	中国平安保险（集团）股份有限公司	2005000	70	中国太平洋保险（集团）股份有限公司	507700
21	中国第一汽车集团公司	1654538	71	上海国际港务（集团）股份有限公司	496927
22	上海烟草集团有限责任公司	1629058	72	江苏华厦融创置地集团有限公司	490571
23	陕西延长石油（集团）有限责任公司	1541824	73	绿城房地产集团有限公司	485112
24	华为技术有限公司	1536500	74	中国机械工业集团有限公司	451546
25	中国农业发展银行	1429186	75	中国五矿集团公司	444241
26	华夏银行股份有限公司	1279628	76	海信集团有限公司	435419
27	中国华润总公司	1234639	77	中国电力建设集团有限公司	431887
28	北京银行	1167481	78	国家开发投资公司	428821
29	大秦铁路股份有限公司	1150293	79	中国兵器工业集团公司	425976
30	广发银行股份有限公司	1121986	80	浙江省能源集团有限公司	420396
31	浪潮集团有限公司	1038504	81	内蒙古伊泰集团有限公司	408198
32	中国长江电力股份有限公司	1035201	82	湖北中烟工业有限责任公司	372589
33	四川省宜宾五粮液集团有限公司	1009838	83	中粮集团有限公司	368779
34	中国贵州茅台酒厂（集团）有限责任公司	939847	84	正威国际集团有限公司	359116
35	恒大地产集团有限公司	917084	85	中国广东核电集团有限公司	348681
36	中联重科股份有限公司	885814	86	江苏扬子江船业集团公司	336284
37	东风汽车公司	841386	87	福佳集团有限公司	330573
38	湖南中烟工业有限责任公司	834447	88	天狮集团有限公司	328153
39	中国建筑工程总公司	814825	89	美的集团有限公司	325929
40	杭州娃哈哈集团有限公司	805914	90	上上集团有限公司	324828
41	红云红河烟草（集团）有限责任公司	781807	91	山东大王集团有限公司	322327
42	中国交通建设集团有限公司	777615	92	浙江中烟工业有限责任公司	321993
43	绿地控股集团有限公司	755508	93	天津百利机电控股集团有限公司	310798
44	海尔集团公司	749180	94	中国化学工程股份有限公司	308365
45	珠海格力电器股份有限公司	743132	95	世纪金源投资集团有限公司	306424
46	中国中铁股份有限公司	735474	96	中国联合网络通信集团有限公司	305039
47	中国人民保险集团股份有限公司	683200	97	中国华电集团公司	303753
48	山东魏桥创业集团有限公司	677862	98	内蒙古电力（集团）有限责任公司	302736
49	北京汽车集团有限公司	677854	99	河南省漯河市双汇实业集团有限责任公司	299860
50	中国电信集团公司	672909	100	中国建筑材料集团有限公司	297342
				中国企业 500 强平均数	434664

表 8-6　　2013 中国企业 500 强资产排序前 100 名企业

排名	公司名称	资产（万元）	排名	公司名称	资产（万元）
1	中国工商银行股份有限公司	1754221700	51	中国冶金科工集团有限公司	33651254
2	中国建设银行股份有限公司	1397828800	52	上海汽车集团股份有限公司	31720300
3	中国农业银行股份有限公司	1324434200	53	河北钢铁集团有限公司	31682540
4	中国银行股份有限公司	1268061500	54	国家开发投资公司	31152031
5	交通银行股份有限公司	527337942	55	陕西煤业化工集团有限责任公司	30221861
6	中国邮政集团公司	506089752	56	中国建筑材料集团有限公司	30061717
7	中国中信集团有限公司	356569323	57	大连万达集团股份有限公司	29310500
8	中国石油天然气集团公司	340942037	58	广州铁路（集团）公司	29224840
9	招商银行股份有限公司	340821900	59	中国中化集团公司	28662384
10	兴业银行股份有限公司	325097500	60	中国兵器工业集团公司	28454210
11	中国民生银行股份有限公司	321200100	61	中国兵器装备集团公司	27872848
12	上海浦东发展银行股份有限公司	314570700	62	中国电力建设集团有限公司	27553380
13	中国平安保险（集团）股份有限公司	284426600	63	鞍钢集团公司	26971572
14	国家电网公司	233353201	64	中国化工集团公司	26742048
15	中国人寿保险（集团）公司	230657412	65	中粮集团有限公司	26678406
16	中国农业发展银行	229307889	66	中国广东核电集团有限公司	26301453
17	中国光大银行股份有限公司	227929500	67	中国五矿集团公司	24715804
18	中国石油化工集团公司	195682732	68	中国中煤能源集团有限公司	24554984
19	华夏银行股份有限公司	148886006	69	中国第一汽车集团公司	24355661
20	中国移动通信集团公司	127596125	70	绿地控股集团有限公司	24181502
21	广发银行股份有限公司	116814986	71	恒大地产集团有限公司	23899055
22	北京银行	111996893	72	东风汽车公司	22836523
23	神华集团有限责任公司	82185075	73	光明食品（集团）有限公司	22560392
24	中国海洋石油总公司	81809720	74	武汉钢铁（集团）公司	22303793
25	中国华能集团公司	79502426	75	山东能源集团有限公司	21979190
26	中国华润总公司	73052141	76	陕西延长石油（集团）有限责任公司	21386906
27	中国国电集团公司	72582529	77	山东高速集团有限公司	21048103
28	中国人民保险集团股份有限公司	68865000	78	华为技术有限公司	21000600
29	中国太平洋保险（集团）股份有限公司	68150200	79	中国太平保险集团公司	20649553
30	中国电信集团公司	66570094	80	山西焦煤集团有限责任公司	20000479
31	中国建筑工程总公司	65751554	81	河南煤业化工集团有限责任公司	19968656
32	中国大唐集团公司	65593552	82	广东省交通集团有限公司	19842569
33	中国华电集团公司	59697819	83	中国航空集团公司	19656548
34	中国联合网络通信集团有限公司	57607156	84	中国机械工业集团有限公司	19521177
35	中国电力投资集团公司	57263372	85	联想控股有限公司	18720327
36	中国航空工业集团公司	56870826	86	兖矿集团有限公司	18457765
37	中国南方电网有限责任公司	55457370	87	山西晋城无烟煤矿业集团有限责任公司	18387406
38	中国中铁股份有限公司	55072808	88	中国海运（集团）总公司	17581405
39	宝钢集团有限公司	49843762	89	山东钢铁集团有限公司	17196500
40	新华人寿保险股份有限公司	49369300	90	北京汽车集团有限公司	17026515
41	中国铁道建筑总公司	48722140	91	江苏沙钢集团有限公司	16442777
42	中国交通建设集团有限公司	44841615	92	中国能源建设集团有限公司	16101103
43	重庆农村商业银行股份有限公司	43338234	93	中国电子信息产业集团有限公司	16090885
44	中国铝业公司	42841462	94	上海电气（集团）总公司	15777058
45	泰康人寿保险股份有限公司	41418785	95	中国长江电力股份有限公司	15523285
46	中国船舶重工集团公司	38934668	96	冀中能源集团有限责任公司	14982274
47	首钢总公司	38443279	97	中国南方航空集团公司	14936901
48	中国保利集团公司	38285818	98	上海复星高科技（集团）有限公司	14928687
49	海航集团有限公司	35690189	99	海尔集团公司	14909397
50	中国远洋运输（集团）总公司	34967345	100	黑龙江北大荒农垦集团总公司	14748752
				中国企业 500 强平均数	30195585

表 8-7　　2013 中国企业 500 强从业人数排序前 100 名企业

排名	公司名称	从业人数	排名	公司名称	从业人数
1	中国石油天然气集团公司	1656465	51	中国华能集团公司	138235
2	中国石油化工集团公司	1015039	52	山东魏桥创业集团有限公司	135935
3	中国邮政集团公司	901722	53	中国冶金科工集团有限公司	135673
4	国家电网公司	851667	54	陕西煤业化工集团有限责任公司	133891
5	黑龙江北大荒农垦集团总公司	677615	55	河北钢铁集团有限公司	132186
6	中国人民保险集团股份有限公司	493932	56	中国电子信息产业集团有限公司	129948
7	中国电信集团公司	488113	57	中国化工集团公司	127107
8	中国航空工业集团公司	486084	58	陕西延长石油（集团）有限责任公司	126793
9	中国农业银行股份有限公司	461100	59	中国电力投资集团公司	126436
10	中国华润总公司	457310	60	中太建设集团股份有限公司	123089
11	中国工商银行股份有限公司	427356	61	雨润控股集团有限公司	120000
12	中国建设银行股份有限公司	348955	62	成都建筑工程集团总公司	118023
13	中国银行股份有限公司	302016	63	首钢总公司	117607
14	中国南方电网有限责任公司	300863	64	中国五矿集团公司	116230
15	中国联合网络通信集团有限公司	292651	65	光明食品（集团）有限公司	115486
16	中国铁道建筑总公司	290907	66	中国华电集团公司	115097
17	中国中铁股份有限公司	289343	67	中国中煤能源集团有限公司	113779
18	山东能源集团有限公司	261602	68	武汉钢铁（集团）公司	112330
19	中国兵器工业集团公司	260021	69	山西煤炭运销集团有限公司	110691
20	黑龙江龙煤矿业控股集团有限责任公司	254068	70	阳光保险集团股份有限公司	108920
21	中国兵器装备集团公司	237021	71	中粮集团有限公司	106642
22	大连大商集团有限公司	227952	72	上海汽车集团股份有限公司	105953
23	中国移动通信集团公司	222431	73	海航集团有限公司	104205
24	山西焦煤集团有限责任公司	216118	74	中国大唐集团公司	103822
25	中国电力建设集团有限公司	207526	75	中国交通建设集团有限公司	103371
26	神华集团有限责任公司	203859	76	冀中能源集团有限责任公司	103166
27	中国建筑工程总公司	203761	77	广厦控股集团有限公司	102586
28	山东省商业集团有限公司	200000	78	中国海洋石油总公司	102500
29	鞍钢集团公司	199018	79	中国机械工业集团有限公司	101642
30	中国平安保险（集团）股份有限公司	190284	80	重庆商社（集团）有限公司	101083
31	河南煤业化工集团有限责任公司	184929	81	美的集团有限公司	99539
32	广西建工集团有限责任公司	180638	82	大秦铁路股份有限公司	98182
33	苏宁控股集团	180000	83	交通银行股份有限公司	97971
34	东风汽车公司	176580	84	兖矿集团有限公司	95873
35	浙江省建设投资集团有限公司	175022	85	江苏南通三建集团有限公司	95608
36	中国铝业公司	174999	86	淮北矿业（集团）有限责任公司	92528
37	比亚迪股份有限公司	166411	87	淮南矿业（集团）有限责任公司	92120
38	中国建筑材料集团有限公司	166397	88	山东钢铁集团有限公司	91738
39	山西晋城无烟煤矿业集团有限责任公司	164507	89	中国南车集团公司	91452
40	中国中信集团有限公司	163468	90	新希望集团有限公司	88503
41	中国能源建设集团有限公司	163342	91	江苏南通二建集团有限公司	87114
42	中国船舶重工集团公司	161000	92	国家开发投资公司	86551
43	大同煤矿集团有限责任公司	159918	93	中国第一汽车集团公司	85552
44	中国平煤神马能源化工集团有限责任公司	158643	94	百联集团有限公司	85366
45	广州铁路（集团）公司	157322	95	中国太平洋保险（集团）股份有限公司	85137
46	阳泉煤业（集团）有限责任公司	150967	96	山西潞安矿业（集团）有限责任公司	85027
47	华为技术有限公司	150000	97	中国北方机车车辆工业集团公司	84647
48	中国国电集团公司	143523	98	本钢集团有限公司	83426
49	宝钢集团有限公司	142031	99	江苏省苏中建设集团股份有限公司	83286
50	中国人寿保险（集团）公司	141932	100	珠海格力电器股份有限公司	82000
				中国企业 500 强平均数	61404

表 8-8　　2013 中国企业 500 强研发费用排序前 100 名企业

排名	公司名称	研发费用（万元）	排名	公司名称	研发费用（万元）
1	华为技术有限公司	3009000	51	中国南方电网有限责任公司	279054
2	中国石油天然气集团公司	2729834	52	上海电气（集团）总公司	278585
3	中国航空工业集团公司	2409868	53	中联重科股份有限公司	274755
4	中国移动通信集团公司	1578697	54	太原钢铁（集团）有限公司	273311
5	中国船舶重工集团公司	1013471	55	TCL 集团股份有限公司	267300
6	中国兵器装备集团公司	986005	56	山西潞安矿业（集团）有限责任公司	266100
7	中国电信集团公司	890692	57	中国北方机车车辆工业集团公司	259837
8	海尔集团公司	890513	58	中国能源建设集团有限公司	258497
9	中兴通讯股份有限公司	882919	59	新希望集团有限公司	255639
10	中国兵器工业集团公司	860287	60	中国海洋石油总公司	254483
11	中国石油化工集团公司	819982	61	中国有色矿业集团有限公司	248970
12	国家电网公司	793973	62	中国中煤能源集团有限公司	248795
13	浙江吉利控股集团有限公司	727019	63	上海建工集团股份有限公司	248299
14	武汉钢铁（集团）公司	705778	64	江西铜业集团公司	240214
15	山东魏桥创业集团有限公司	690819	65	恒力集团有限公司	238801
16	宝钢集团有限公司	645096	66	中国交通建设集团有限公司	233385
17	中国中铁股份有限公司	641790	67	神华集团有限责任公司	232903
18	上海汽车集团股份有限公司	619442	68	兖矿集团有限公司	229600
19	中国第一汽车集团公司	571037	69	天津天铁冶金集团有限公司	226168
20	东风汽车公司	545765	70	三一集团有限公司	221882
21	中国工商银行股份有限公司	530383	71	四川长虹电子集团有限公司	215815
22	河南煤业化工集团有限责任公司	506264	72	哈尔滨电气集团公司	204633
23	中国南车集团公司	478005	73	冀中能源集团有限责任公司	203450
24	阳泉煤业（集团）有限责任公司	460212	74	徐州工程机械集团有限公司	202500
25	中国铁道建筑总公司	458625	75	广州汽车工业集团有限公司	201406
26	中国电子信息产业集团有限公司	449011	76	南山集团有限公司	198687
27	中国建筑工程总公司	445783	77	湖南华菱钢铁集团有限责任公司	189901
28	中国电力建设集团有限公司	416110	78	大同煤矿集团有限责任公司	179427
29	鞍钢集团公司	413628	79	京东方科技集团股份有限公司	178080
30	酒泉钢铁（集团）有限责任公司	409587	80	天津中环电子信息集团有限公司	172719
31	中国化工集团公司	406607	81	日照钢铁控股集团有限公司	167766
32	陕西延长石油（集团）有限责任公司	404934	82	山东胜通集团股份有限公司	151452
33	首钢总公司	401513	83	中国中材集团有限公司	150948
34	江苏沙钢集团有限公司	382739	84	安阳钢铁集团有限责任公司	147580
35	中国平煤神马能源化工集团有限责任公司	378549	85	奇瑞汽车股份有限公司	146716
36	联想控股有限公司	371294	86	湖北宜化集团有限责任公司	146157
37	山西晋城无烟煤矿业集团有限责任公司	365195	87	天津渤海化工集团有限责任公司	145308
38	陕西煤业化工集团有限责任公司	360547	88	中国东方电气集团有限公司	143896
39	中国冶金科工集团有限公司	355723	89	河北津西钢铁集团股份有限公司	141520
40	美的集团有限公司	339200	90	四川省宜宾五粮液集团有限公司	139657
41	中国建筑材料集团有限公司	333409	91	包头钢铁（集团）有限责任公司	135700
42	山东钢铁集团有限公司	326481	92	利华益集团股份有限公司	134541
43	海信集团有限公司	325167	93	潍柴控股集团有限公司	133908
44	铜陵有色金属集团控股有限公司	317900	94	新兴际华集团有限公司	133840
45	中国铝业公司	316220	95	春风实业集团有限责任公司	127530
46	北京汽车集团有限公司	308652	96	上海复星高科技（集团）有限公司	126787
47	珠海格力电器股份有限公司	304670	97	天津市一轻集团（控股）有限公司	123000
48	中国机械工业集团有限公司	304587	98	东营方圆有色金属有限公司	122465
49	河北钢铁集团有限公司	290305	99	中国华电集团公司	121000
50	山东能源集团有限公司	286778	100	东营鲁方金属材料有限公司	118521
				中国企业 500 强平均数	127843

表 8-9　　2013 中国企业 500 强研发费所占比例排序前 100 名企业

排名	公司名称	研发费所占比例（%）	排名	公司名称	研发费所占比例（%）
1	华为技术有限公司	13.66	51	上海建工集团股份有限公司	2.92
2	中兴通讯股份有限公司	10.48	52	昆明钢铁控股有限公司	2.89
3	中国航空工业集团公司	8.02	53	陕西煤业化工集团有限责任公司	2.88
4	京东方科技集团股份有限公司	6.91	54	华勤橡胶工业集团有限公司	2.86
5	哈尔滨电气集团公司	6.68	55	正泰集团股份有限公司	2.84
6	中国船舶重工集团公司	5.79	56	中国北方机车车辆工业集团公司	2.82
7	山东胜通集团股份有限公司	5.79	57	南山集团有限公司	2.80
8	海尔集团公司	5.46	58	河南煤业化工集团有限责任公司	2.80
9	春风实业集团有限责任公司	5.25	59	盾安控股集团有限公司	2.80
10	中国南车集团公司	5.16	60	山东钢铁集团有限公司	2.80
11	利华益集团股份有限公司	5.05	61	恒力集团有限公司	2.80
12	东营鲁方金属材料有限公司	5.00	62	河北津西钢铁集团股份有限公司	2.78
13	东营方圆有色金属有限公司	5.00	63	鞍钢集团公司	2.78
14	奇瑞汽车股份有限公司	4.80	64	天津天铁冶金集团有限公司	2.76
15	浙江吉利控股集团有限公司	4.69	65	湖南华菱钢铁集团有限责任公司	2.75
16	重庆力帆控股有限公司	4.54	66	包头钢铁（集团）有限责任公司	2.69
17	安阳钢铁集团有限责任公司	4.30	67	四川长虹电子集团有限公司	2.69
18	同方股份有限公司	4.01	68	精功集团有限公司	2.69
19	海信集团有限公司	4.01	69	三一集团有限公司	2.69
20	酒泉钢铁（集团）有限责任公司	4.00	70	万达控股集团有限公司	2.68
21	TCL 集团股份有限公司	3.85	71	中国广东核电集团有限公司	2.67
22	郑州宇通集团有限公司	3.84	72	中国电信集团公司	2.64
23	四川省达州钢铁集团有限责任公司	3.70	73	河北敬业企业集团有限责任公司	2.62
24	山东魏桥创业集团有限公司	3.70	74	中国移动通信集团公司	2.58
25	日照钢铁控股集团有限公司	3.70	75	福建省三钢（集团）有限责任公司	2.57
26	玲珑集团有限公司	3.47	76	浙江远东化纤集团有限公司	2.55
27	中国东方电气集团有限公司	3.38	77	阳泉煤业（集团）有限责任公司	2.55
28	波司登股份有限公司	3.37	78	东北特殊钢集团有限责任公司	2.55
29	陕西汽车控股集团有限公司	3.36	79	华泰集团有限公司	2.52
30	美的集团有限公司	3.30	80	陕西延长石油（集团）有限责任公司	2.50
31	武汉钢铁（集团）公司	3.30	81	中国电子信息产业集团有限公司	2.45
32	安徽江淮汽车集团有限公司	3.28	82	江苏双良集团有限公司	2.44
33	山东泰山钢铁集团有限公司	3.26	83	上海复星高科技（集团）有限公司	2.40
34	中国兵器装备集团公司	3.26	84	中国兵器工业集团公司	2.35
35	亨通集团有限公司	3.20	85	中国中材集团有限公司	2.35
36	重庆钢铁（集团）有限责任公司	3.18	86	宝胜集团有限公司	2.34
37	新希望集团有限公司	3.17	87	浙江龙盛控股有限公司	2.32
38	青岛啤酒股份有限公司	3.13	88	四川省宜宾五粮液集团有限公司	2.32
39	郑州煤炭工业（集团）有限责任公司	3.11	89	江苏法尔胜泓昇集团有限公司	2.32
40	扬子江药业集团有限公司	3.10	90	金东纸业（江苏）股份有限公司	2.32
41	人民电器集团有限公司	3.07	91	云南冶金集团股份有限公司	2.30
42	超威电源有限公司	3.05	92	兖矿集团有限公司	2.29
43	中联重科股份有限公司	3.04	93	天狮集团有限公司	2.26
44	珠海格力电器股份有限公司	3.04	94	中国中煤能源集团有限公司	2.24
45	山东金诚石化集团有限公司	3.02	95	宝钢集团有限公司	2.24
46	杭州橡胶（集团）公司	3.00	96	天津二轻集团（控股）有限公司	2.23
47	铜陵有色金属集团控股有限公司	2.98	97	广东省广晟资产经营有限公司	2.23
48	上海电气（集团）总公司	2.98	98	长城汽车股份有限公司	2.22
49	山东太阳纸业股份有限公司	2.96	99	天津渤海化工集团有限责任公司	2.20
50	中国平煤神马能源化工集团有限责任公司	2.95	100	山东如意科技集团有限公司	2.18
				中国企业 500 强平均数	1.28

表 8-10　　2013 中国企业 500 强净资产利润率排序前 100 名企业

排名	公司名称	净资产利润率（%）	排名	公司名称	净资产利润率（%）
1	浪潮集团有限公司	203.34	51	四川省宜宾五粮液集团有限公司	22.72
2	天津友发钢管集团有限公司	59.80	52	贵州中烟工业有限责任公司	22.69
3	山东胜通集团股份有限公司	58.78	53	招商银行股份有限公司	22.59
4	中南控股集团有限公司	56.09	54	海尔集团公司	22.49
5	天正集团有限公司	53.07	55	老凤祥股份有限公司	22.14
6	山东大海集团有限公司	50.88	56	山东招金集团有限公司	22.10
7	广东振戎能源有限公司	43.06	57	杭州橡胶（集团）公司	21.90
8	东营鲁方金属材料有限公司	42.38	58	中基宁波集团股份有限公司	21.67
9	大连万达集团股份有限公司	42.07	59	江苏扬子江船业集团公司	21.63
10	上上集团有限公司	41.29	60	重庆龙湖企业拓展有限公司	21.54
11	浙江八达建设集团有限公司	38.85	61	中联重科股份有限公司	21.51
12	安徽海螺集团有限责任公司	38.34	62	杭州华东医药集团有限公司	21.41
13	杭州娃哈哈集团有限公司	37.07	63	中国工商银行股份有限公司	21.20
14	天狮集团有限公司	36.65	64	超威电源有限公司	21.17
15	双胞胎（集团）股份有限公司	36.62	65	中国国际技术智力合作公司	21.07
16	大连大商集团有限公司	34.81	66	中国光大银行股份有限公司	20.66
17	江苏南通二建集团有限公司	33.01	67	万达控股集团有限公司	20.52
18	中国贵州茅台酒厂（集团）有限责任公司	29.85	68	中国建设银行股份有限公司	20.51
19	山东时风（集团）有限责任公司	29.74	69	华为技术有限公司	20.47
20	中国农业发展银行	28.70	70	兴业银行股份有限公司	20.47
21	绿地控股集团有限公司	28.05	71	石家庄北国人百集团有限责任公司	20.23
22	浙江宝业建设集团有限公司	27.90	72	湖北中烟工业有限责任公司	20.21
23	珠海格力电器股份有限公司	27.79	73	天津中环电子信息集团有限公司	20.13
24	浙江昆仑控股集团有限公司	27.11	74	中天发展控股集团有限公司	19.93
25	长城汽车股份有限公司	26.46	75	沂州集团有限公司	19.90
26	海亮集团有限公司	25.81	76	陕西延长石油（集团）有限责任公司	19.83
27	江苏省苏中建设集团股份有限公司	25.77	77	江苏阳光集团有限公司	19.65
28	河南省漯河市双汇实业集团有限责任公司	25.50	78	天津百利机电控股集团有限公司	19.40
29	山东玉皇化工有限公司	25.00	79	中国农业银行股份有限公司	19.35
30	银亿集团有限公司	24.76	80	上海浦东发展银行股份有限公司	19.26
31	山东如意科技集团有限公司	24.62	81	三一集团有限公司	19.18
32	安徽省徽商集团有限公司	24.48	82	浙江远东化纤集团有限公司	18.59
33	河北建设集团有限公司	24.47	83	紫金矿业集团股份有限公司	18.49
34	上海人民企业（集团）有限公司	24.22	84	华泰集团有限公司	18.45
35	人民电器集团有限公司	24.06	85	山东大王集团有限公司	18.44
36	中国煤炭科工集团有限公司	23.99	86	南山集团有限公司	18.40
37	郑州宇通集团有限公司	23.98	87	中太建设集团股份有限公司	18.38
38	波司登股份有限公司	23.98	88	东风汽车公司	18.35
39	恒大地产集团有限公司	23.97	89	重庆机电控股（集团）公司	18.22
40	西子联合控股有限公司	23.66	90	华侨城集团公司	18.00
41	内蒙古伊利实业集团股份有限公司	23.41	91	奥克斯集团有限公司	17.94
42	内蒙古伊泰集团有限公司	23.29	92	海信集团有限公司	17.80
43	江苏南通三建集团有限公司	23.29	93	浙江省建设投资集团有限公司	17.67
44	中国民生银行股份有限公司	23.04	94	广发银行股份有限公司	17.66
45	绿城房地产集团有限公司	22.95	95	长春欧亚集团股份有限公司	17.64
46	山东金岭集团有限公司	22.86	96	神州数码控股有限公司	17.53
47	北京汽车集团有限公司	22.82	97	四川公路桥梁建设集团有限公司	17.46
48	德力西集团有限公司	22.77	98	浙江省国际贸易集团有限公司	17.37
49	美的集团有限公司	22.77	99	新疆广汇实业投资（集团）有限责任公司	17.30
50	隆基泰和实业有限公司	22.74	100	中国化学工程股份有限公司	17.15
				中国企业500强平均数	11.43

表 8-11　　2013 中国企业 500 强资产利润率排序前 100 名企业

排名	公司名称	资产利润率（%）	排名	公司名称	资产利润率（%）
1	浪潮集团有限公司	98.54	51	大连大商集团有限公司	7.83
2	双胞胎（集团）股份有限公司	52.45	52	百兴集团有限公司	7.77
3	天狮集团有限公司	27.48	53	紫金矿业集团股份有限公司	7.74
4	山东胜通集团股份有限公司	23.58	54	青岛啤酒股份有限公司	7.53
5	杭州娃哈哈集团有限公司	22.75	55	隆基泰和实业有限公司	7.45
6	天正集团有限公司	22.14	56	华为技术有限公司	7.32
7	东营鲁方金属材料有限公司	20.13	57	中国国际技术智力合作公司	7.30
8	山东时风（集团）有限责任公司	19.95	58	陕西延长石油（集团）有限责任公司	7.21
9	河南省漯河市双汇实业集团有限责任公司	17.26	59	江苏金辉铜业集团有限公司	7.17
10	中国贵州茅台酒厂（集团）有限责任公司	16.07	60	上海人民企业（集团）有限公司	7.15
11	山东大海集团有限公司	15.72	61	西子联合控股有限公司	7.12
12	人民电器集团有限公司	15.42	62	武安市裕华钢铁有限公司	6.99
13	沂州集团有限公司	15.18	63	福佳集团有限公司	6.93
14	上上集团有限公司	14.81	64	珠海格力电器股份有限公司	6.91
15	四川省宜宾五粮液集团有限公司	14.78	65	老凤祥股份有限公司	6.88
16	扬子江药业集团有限公司	14.49	66	科创控股集团有限公司	6.86
17	上海烟草集团有限责任公司	14.22	67	山东魏桥创业集团有限公司	6.86
18	贵州中烟工业有限责任公司	14.19	68	中国第一汽车集团公司	6.79
19	中太建设集团股份有限公司	13.57	69	江苏法尔胜泓昇集团有限公司	6.73
20	长城汽车股份有限公司	13.37	70	安徽海螺集团有限责任公司	6.73
21	江苏南通二建集团有限公司	12.91	71	中国长江电力股份有限公司	6.67
22	湖南中烟工业有限责任公司	12.66	72	四川科伦实业集团有限公司	6.59
23	浙江八达建设集团有限公司	12.57	73	上海汽车集团股份有限公司	6.54
24	山东如意科技集团有限公司	11.73	74	中国煤炭科工集团有限公司	6.46
25	大秦铁路股份有限公司	11.46	75	山东招金集团有限公司	6.42
26	安徽中烟工业有限责任公司	11.09	76	江苏扬子江船业集团公司	6.33
27	红云红河烟草（集团）有限责任公司	10.91	77	华勤橡胶工业集团有限公司	6.25
28	山东金岭集团有限公司	10.73	78	玲珑集团有限公司	6.25
29	波司登股份有限公司	10.70	79	上海华冶钢铁集团有限公司	6.20
30	浙江中烟工业有限责任公司	10.55	80	合肥百货大楼集团股份有限公司	6.14
31	中联重科股份有限公司	9.96	81	弘阳集团有限公司	6.13
32	湖北中烟工业有限责任公司	9.87	82	杭州橡胶（集团）公司	6.08
33	山东金诚石化集团有限公司	9.86	83	内蒙古伊泰集团有限公司	6.06
34	江苏南通三建集团有限公司	9.75	84	三一集团有限公司	6.05
35	超威电源有限公司	9.60	85	中国海洋石油总公司	5.97
36	浙江宝业建设集团有限公司	9.53	86	浙江远东化纤集团有限公司	5.93
37	临沂新程金锣肉制品集团有限公司	9.40	87	海信集团有限公司	5.91
38	江苏高力集团有限公司	9.23	88	海南大印集团有限公司	5.90
39	江苏华厦融创置地集团有限公司	8.81	89	中国移动通信集团公司	5.86
40	内蒙古伊利实业集团股份有限公司	8.67	90	德力西集团有限公司	5.80
41	维维集团股份有限公司	8.66	91	山东大王集团有限公司	5.78
42	山东玉皇化工有限公司	8.58	92	上海国际港务（集团）股份有限公司	5.71
43	海澜集团有限公司	8.53	93	河北新武安钢铁集团文安钢铁有限公司	5.66
44	山东科达集团有限公司	8.39	94	东营方圆有色金属有限公司	5.56
45	南山集团有限公司	8.37	95	滨化集团公司	5.49
46	江苏阳光集团有限公司	8.21	96	红豆集团有限公司	5.34
47	天津中环电子信息集团有限公司	8.11	97	天津市医药集团有限公司	5.31
48	青岛港（集团）有限公司	8.11	98	浙江昆仑控股集团有限公司	5.30
49	武安市明芳钢铁有限公司	8.06	99	中国化学工程股份有限公司	5.22
50	天津百利机电控股集团有限公司	8.05	100	海亮集团有限公司	5.17
				中国企业 500 强平均数	1.44

表 8-12 2013 中国企业 500 强收入利润率排序前 100 名企业

排名	公司名称	利润率（%）	排名	公司名称	利润率（%）
1	中国长江电力股份有限公司	40.15	51	中国中信集团有限公司	8.62
2	中国贵州茅台酒厂（集团）有限责任公司	30.87	52	安徽中烟工业有限责任公司	8.35
3	中国工商银行股份有限公司	28.05	53	中南控股集团有限公司	8.34
4	中国建设银行股份有限公司	27.07	54	中国邮政集团公司	8.02
5	浪潮集团有限公司	25.90	55	三一集团有限公司	7.78
6	招商银行股份有限公司	25.75	56	河南省漯河市双汇实业集团有限责任公司	7.53
7	大秦铁路股份有限公司	25.03	57	珠海格力电器股份有限公司	7.42
8	重庆农村商业银行股份有限公司	23.47	58	江苏南通二建集团有限公司	7.41
9	中国银行股份有限公司	22.46	59	重庆市金科投资控股（集团）有限责任公司	7.11
10	中国农业银行股份有限公司	22.33	60	华为技术有限公司	6.98
11	交通银行股份有限公司	21.54	61	青岛啤酒股份有限公司	6.82
12	上海浦东发展银行股份有限公司	21.31	62	天瑞集团有限公司	6.81
13	中国民生银行股份有限公司	20.95	63	东营鲁方金属材料有限公司	6.65
14	江苏华厦融创置地集团有限公司	20.80	64	中国煤炭科工集团有限公司	6.57
15	中国光大银行股份有限公司	20.67	65	沂州集团有限公司	6.40
16	北京银行	20.36	66	浙江中烟工业有限责任公司	6.28
17	兴业银行股份有限公司	20.20	67	浙江省能源集团有限公司	6.26
18	广发银行股份有限公司	18.79	68	海澜集团有限公司	6.23
19	重庆龙湖企业拓展有限公司	17.74	69	湖北中烟工业有限责任公司	6.22
20	上海国际港务（集团）股份有限公司	17.51	70	天津百利机电控股集团有限公司	6.21
21	四川省宜宾五粮液集团有限公司	16.81	71	天津市医药集团有限公司	6.11
22	华夏银行股份有限公司	16.36	72	华侨城集团公司	6.06
23	上海烟草集团有限责任公司	16.01	73	维维集团股份有限公司	6.01
24	恒大地产集团有限公司	14.05	74	中国平安保险（集团）股份有限公司	5.90
25	上上集团有限公司	13.86	75	科创控股集团有限公司	5.89
26	长城汽车股份有限公司	13.19	76	扬子江药业集团有限公司	5.81
27	杭州娃哈哈集团有限公司	12.66	77	红塔烟草（集团）有限责任公司	5.74
28	福佳集团有限公司	12.64	78	中国化学工程股份有限公司	5.70
29	世纪金源投资集团有限公司	12.26	79	泸州老窖集团有限责任公司	5.68
30	中国移动通信集团公司	12.23	80	隆基泰和实业有限公司	5.68
31	青岛港（集团）有限公司	11.86	81	中国保利集团公司	5.67
32	西子联合控股有限公司	11.81	82	郑州宇通集团有限公司	5.63
33	江苏扬子江船业集团公司	11.39	83	山东如意科技集团有限公司	5.63
34	神华集团有限责任公司	11.28	84	新疆特变电工集团有限公司	5.58
35	天狮集团有限公司	11.09	85	北京能源投资（集团）有限公司	5.57
36	紫金矿业集团股份有限公司	10.76	86	弘阳集团有限公司	5.52
37	中国农业发展银行	10.51	87	海信集团有限公司	5.37
38	红云红河烟草（集团）有限责任公司	10.46	88	内蒙古电力（集团）有限责任公司	5.35
39	中国广东核电集团有限公司	10.12	89	山东大海集团有限公司	5.28
40	山东胜通集团股份有限公司	10.04	90	金东纸业（江苏）股份有限公司	5.17
41	湖南中烟工业有限责任公司	10.01	91	江苏阳光集团有限公司	5.17
42	中联重科股份有限公司	9.81	92	国家开发投资公司	5.07
43	安徽海螺集团有限责任公司	9.63	93	山东招金集团有限公司	4.84
44	陕西延长石油（集团）有限责任公司	9.51	94	中国中煤能源集团有限公司	4.82
45	南山集团有限公司	9.49	95	海尔集团公司	4.59
46	贵州中烟工业有限责任公司	9.47	96	山东玉皇化工有限公司	4.56
47	中国海洋石油总公司	9.27	97	申能（集团）有限公司	4.55
48	内蒙古伊泰集团有限公司	9.07	98	山东金岭集团有限公司	4.49
49	绿城房地产集团有限公司	8.88	99	北京金隅集团有限责任公司	4.47
50	波司登股份有限公司	8.85	100	上海汽车集团股份有限公司	4.31
				中国企业 500 强平均数	4.34

表 8-13　　2013 中国企业 500 强人均收入排序前 100 名企业

排名	公司名称	人均收入（万元）	排名	公司名称	人均收入（万元）
1	珠海振戎公司	58412	51	金龙精密铜管集团股份有限公司	692
2	广东振戎能源有限公司	24919	52	利华益集团股份有限公司	682
3	远大物产集团有限公司	6198	53	丰立集团有限公司	673
4	南方石化集团有限公司	4505	54	浙江荣盛控股集团有限公司	663
5	江苏金辉铜业集团有限公司	4296	55	天津天钢集团有限公司	659
6	绿地控股集团有限公司	4172	56	百兴集团有限公司	655
7	大连西太平洋石油化工有限公司	3922	57	内蒙古伊泰集团有限公司	651
8	浙江前程投资股份有限公司	3217	58	山西煤炭进出口集团有限公司	648
9	天津物产集团有限公司	3131	59	杭州钢铁集团公司	642
10	海南大印集团有限公司	3072	60	海亮集团有限公司	635
11	武安市明芳钢铁有限公司	2732	61	宁波金田投资控股有限公司	623
12	上海东浩国际服务贸易（集团）有限公司	2511	62	天津荣程联合钢铁集团有限公司	617
13	中国航空油料集团公司	2409	63	江西铜业集团公司	616
14	东营方圆有色金属有限公司	2276	64	湖北中烟工业有限责任公司	609
15	中国铁路物资股份有限公司	2122	65	厦门建发集团有限公司	608
16	河北省物流产业集团有限公司	2101	66	上海华信石油集团有限公司	607
17	东营鲁方金属材料有限公司	1785	67	上海烟草集团有限责任公司	593
18	中国工艺（集团）公司	1746	68	天津冶金集团有限公司	583
19	山东金诚石化集团有限公司	1701	69	广东省丝绸纺织集团有限公司	582
20	浙江中烟工业有限责任公司	1518	70	联想控股有限公司	573
21	上海华冶钢铁集团有限公司	1344	71	北京外企服务集团有限责任公司	560
22	山西省国新能源发展集团有限公司	1338	72	红云红河烟草（集团）有限责任公司	550
23	中基宁波集团股份有限公司	1243	73	晟通科技集团有限公司	540
24	正威国际集团有限公司	1236	74	江苏沙钢集团有限公司	530
25	天狮集团有限公司	1231	75	山东金岭集团有限公司	530
26	绿城房地产集团有限公司	1169	76	湖南中烟工业有限责任公司	525
27	浙江省物产集团公司	1071	77	南京钢铁集团有限公司	515
28	浙江远东化纤集团有限公司	1031	78	中国海洋石油总公司	514
29	中国国际技术智力合作公司	1028	79	神州数码控股有限公司	499
30	老凤祥股份有限公司	1018	80	江苏新长江实业集团有限公司	497
31	中国中化集团公司	950	81	腾邦投资控股有限公司	489
32	江苏华厦融创置地集团有限公司	943	82	江苏双良集团有限公司	485
33	弘阳集团有限公司	911	83	山东玉皇化工有限公司	484
34	杭州汽轮动力集团有限公司	908	84	中国第一汽车集团公司	479
35	天津一商集团有限公司	892	85	长春欧亚集团股份有限公司	471
36	浙江恒逸集团有限公司	892	86	安徽省徽商集团有限公司	466
37	江苏三房巷集团有限公司	891	87	沂州集团有限公司	463
38	厦门象屿集团有限公司	872	88	万向集团公司	458
39	江苏西城三联控股集团	824	89	上海浦东发展银行股份有限公司	458
40	山东东明石化集团有限公司	815	90	中天钢铁集团有限公司	455
41	江苏申特钢铁有限公司	798	91	陕西东岭工贸集团股份有限公司	455
42	滨化集团公司	785	92	上海汽车集团股份有限公司	454
43	天津钢管集团股份有限公司	781	93	浙江省兴合集团公司	453
44	江阴澄星实业集团有限公司	768	94	山东京博控股股份有限公司	451
45	福佳集团有限公司	746	95	厦门国贸控股有限公司	440
46	江苏高力集团有限公司	738	96	金川集团股份有限公司	437
47	三河汇福粮油集团有限公司	722	97	华勤橡胶工业集团有限公司	437
48	中天发展控股集团有限公司	703	98	河北建设集团有限公司	426
49	江苏汇鸿国际集团有限公司	700	99	安徽中烟工业有限责任公司	422
50	北京银行	694	100	浙江省能源集团有限公司	421
				中国企业 500 强平均数	163

表8-14　　2013中国企业500强人均利润排序前100名企业

排名	公司名称	人均净利润（万元）	排名	公司名称	人均净利润（万元）
1	江苏华厦融创置地集团有限公司	196.23	51	山东金诚石化集团有限公司	24.47
2	绿地控股集团有限公司	157.40	52	老凤祥股份有限公司	24.36
3	北京银行	141.36	53	上海国际港务（集团）股份有限公司	23.91
4	天狮集团有限公司	136.50	54	恒大地产集团有限公司	23.84
5	中国长江电力股份有限公司	133.04	55	山东金岭集团有限公司	23.78
6	珠海振戎公司	131.40	56	正威国际集团有限公司	23.77
7	东营鲁方金属材料有限公司	118.72	57	紫金矿业集团股份有限公司	22.59
8	绿城房地产集团有限公司	103.88	58	西子联合控股有限公司	22.57
9	上海浦东发展银行股份有限公司	97.58	59	江苏高力集团有限公司	22.36
10	浙江中烟工业有限责任公司	95.32	60	山东玉皇化工有限公司	22.05
11	上海烟草集团有限责任公司	94.97	61	红塔烟草（集团）有限责任公司	21.10
12	福佳集团有限公司	94.29	62	山东大海集团有限公司	20.83
13	浪潮集团有限公司	85.37	63	重庆市金科投资控股（集团）有限责任公司	20.63
14	广东振戎能源有限公司	84.08	64	利华益集团股份有限公司	20.60
15	兴业银行股份有限公司	82.27	65	中天发展控股集团有限公司	20.34
16	中国民生银行股份有限公司	76.31	66	扬子江药业集团有限公司	20.25
17	招商银行股份有限公司	76.29	67	四川省宜宾五粮液集团有限公司	19.96
18	中国光大银行股份有限公司	73.80	68	上海华冶钢铁集团有限公司	19.83
19	东营方圆有色金属有限公司	68.45	69	上海汽车集团股份有限公司	19.59
20	交通银行股份有限公司	59.58	70	中国第一汽车集团公司	19.34
21	内蒙古伊泰集团有限公司	59.06	71	神华集团有限责任公司	19.04
22	红云红河烟草（集团）有限责任公司	57.54	72	上海东浩国际服务贸易（集团）有限公司	18.47
23	中国工商银行股份有限公司	55.82	73	中国中信集团有限公司	18.45
24	重庆龙湖企业拓展有限公司	55.81	74	青岛港（集团）有限公司	18.35
25	华夏银行股份有限公司	55.66	75	滨化集团公司	17.48
26	中国建设银行股份有限公司	55.36	76	海亮集团有限公司	17.28
27	湖南中烟工业有限责任公司	52.53	77	江阴澄星实业集团有限公司	16.33
28	武安市明芳钢铁有限公司	52.26	78	世纪金源投资集团有限公司	15.17
29	弘阳集团有限公司	50.32	79	中国保利集团公司	14.78
30	中国贵州茅台酒厂（集团）有限责任公司	50.04	80	百兴集团有限公司	14.70
31	江苏金辉铜业集团有限公司	49.40	81	三河汇福粮油集团有限公司	14.56
32	中国海洋石油总公司	47.61	82	南山集团有限公司	14.55
33	广发银行股份有限公司	46.55	83	天津住宅建设发展集团有限公司	14.27
34	中国银行股份有限公司	46.17	84	山东招金集团有限公司	14.25
35	上上集团有限公司	39.05	85	安徽海螺集团有限责任公司	13.84
36	山东胜通集团股份有限公司	38.59	86	中国广东核电集团有限公司	13.40
37	湖北中烟工业有限责任公司	37.90	87	三一集团有限公司	12.81
38	浙江远东化纤集团有限公司	37.35	88	隆基泰和实业有限公司	12.52
39	重庆农村商业银行股份有限公司	36.23	89	华勤橡胶工业集团有限公司	12.45
40	安徽中烟工业有限责任公司	35.29	90	银亿集团有限公司	12.39
41	中国移动通信集团公司	33.61	91	浙江荣盛控股集团有限公司	12.26
42	中国农业银行股份有限公司	31.47	92	山东大王集团有限公司	12.17
43	沂州集团有限公司	29.65	93	陕西延长石油（集团）有限责任公司	12.16
44	贵州中烟工业有限责任公司	28.66	94	厦门象屿集团有限公司	11.92
45	海南大印集团有限公司	28.58	95	远大物产集团有限公司	11.81
46	中联重科股份有限公司	27.94	96	大秦铁路股份有限公司	11.72
47	中国农业发展银行	27.47	97	长城汽车股份有限公司	11.69
48	杭州娃哈哈集团有限公司	26.99	98	杭州汽轮动力集团有限公司	11.60
49	浙江省能源集团有限公司	26.37	99	广西北部湾国际港务集团有限公司	11.45
50	江苏扬子江船业集团公司	26.36	100	天津物产集团有限公司	10.89
				中国企业500强平均数	7.08

表 8-15　　2013 中国企业 500 强人均资产排序前 100 名企业

排名	公司名称	人均资产（万元）	排名	公司名称	人均资产（万元）
1	北京银行	13561	51	江苏金辉铜业集团有限公司	689
2	广东振戎能源有限公司	10758	52	北京能源投资（集团）有限公司	683
3	上海浦东发展银行股份有限公司	8979	53	申能（集团）有限公司	677
4	兴业银行股份有限公司	7704	54	上海烟草集团有限责任公司	668
5	中国光大银行股份有限公司	7130	55	中国铁路物资股份有限公司	663
6	中国民生银行股份有限公司	6525	56	浙江省交通投资集团有限公司	654
7	华夏银行股份有限公司	6476	57	武安市明芳钢铁有限公司	648
8	招商银行股份有限公司	5744	58	中国大唐集团公司	632
9	交通银行股份有限公司	5383	59	浙江远东化纤集团有限公司	629
10	珠海振戎公司	5176	60	恒大地产集团有限公司	621
11	绿地控股集团有限公司	5038	61	上海东浩国际服务贸易（集团）有限公司	604
12	广发银行股份有限公司	4846	62	中国中化集团公司	601
13	中国农业发展银行	4407	63	天津港（集团）有限公司	596
14	中国银行股份有限公司	4199	64	上海城建（集团）公司	592
15	中国工商银行股份有限公司	4105	65	东营鲁方金属材料有限公司	590
16	中国建设银行股份有限公司	4006	66	天津冶金集团有限公司	590
17	重庆农村商业银行股份有限公司	2928	67	中国华能集团公司	575
18	中国农业银行股份有限公司	2872	68	正威国际集团有限公司	574
19	绿城房地产集团有限公司	2306	69	中国移动通信集团公司	574
20	江苏华厦融创置地集团有限公司	2228	70	天津钢管集团股份有限公司	562
21	中国中信集团有限公司	2181	71	中国邮政集团公司	561
22	中国长江电力股份有限公司	1995	72	中国太平保险集团公司	530
23	中国人寿保险（集团）公司	1625	73	红云红河烟草（集团）有限责任公司	527
24	南方石化集团有限公司	1551	74	厦门象屿集团有限公司	519
25	广西交通投资集团有限公司	1534	75	中国华电集团公司	519
26	中国平安保险（集团）股份有限公司	1495	76	中国国电集团公司	506
27	福佳集团有限公司	1360	77	浙江荣盛控股集团有限公司	505
28	天津物产集团有限公司	1346	78	银亿集团有限公司	501
29	东营方圆有色金属有限公司	1230	79	杭州汽轮动力集团有限公司	500
30	重庆龙湖企业拓展有限公司	1088	80	天狮集团有限公司	497
31	浙江前程投资股份有限公司	1030	81	厦门建发集团有限公司	493
32	中国保利集团公司	1015	82	江苏汇鸿国际集团有限公司	489
33	中国广东核电集团有限公司	1011	83	金东纸业（江苏）股份有限公司	487
34	山东高速集团有限公司	981	84	海南大印集团有限公司	484
35	内蒙古伊泰集团有限公司	975	85	日照钢铁控股集团有限公司	477
36	广东省粤电集团有限公司	962	86	中国工艺（集团）公司	477
37	大连西太平洋石油化工有限公司	915	87	联想控股有限公司	473
38	浙江中烟工业有限责任公司	904	88	中国远洋运输（集团）总公司	467
39	泰康人寿保险股份有限公司	877	89	中天发展控股集团有限公司	466
40	新华人寿保险股份有限公司	860	90	上海复星高科技（集团）有限公司	465
41	山西省国新能源发展集团有限公司	856	91	中国电力投资集团公司	453
42	弘阳集团有限公司	821	92	广西北部湾国际港务集团有限公司	451
43	重庆市金科投资控股（集团）有限责任公司	802	93	杭州锦江集团有限公司	447
44	中国太平洋保险（集团）股份有限公司	800	94	天津天钢集团有限公司	440
45	中国海洋石油总公司	798	95	中国交通建设集团有限公司	434
46	浙江省能源集团有限公司	757	96	广东省交通集团有限公司	428
47	远大物产集团有限公司	752	97	浙江省商业集团有限公司	423
48	天津市津能投资公司	751	98	山西煤炭进出口集团有限公司	422
49	天津住宅建设发展集团有限公司	720	99	江苏双良集团有限公司	420
50	丰立集团有限公司	718	100	利华益集团股份有限公司	420
				平均数	492

表8-16　　**2013中国企业500强收入增长率排序前100名企业**

排名	公司名称	收入增长率（%）	排名	公司名称	收入增长率（%）
1	超威电源有限公司	158.14	51	广西投资集团有限公司	38.58
2	上海华信石油集团有限公司	139.22	52	陕西有色金属控股集团有限责任公司	38.36
3	中国有色矿业集团有限公司	137.73	53	盛虹控股集团有限公司	37.98
4	东营鲁方金属材料有限公司	124.01	54	山东大海集团有限公司	37.78
5	双胞胎（集团）股份有限公司	107.21	55	广西有色金属集团有限公司	37.59
6	山东金岭集团有限公司	105.75	56	辽宁铁法能源有限责任公司	36.85
7	京东方科技集团股份有限公司	102.27	57	中国平安保险（集团）股份有限公司	36.56
8	海南省农垦集团有限公司	97.65	58	浙江昆仑控股集团有限公司	36.34
9	海南大印集团有限公司	94.50	59	绿地控股集团有限公司	35.42
10	广东振戎能源有限公司	89.18	60	天音通信有限公司	35.15
11	四川科伦实业集团有限公司	88.60	61	大连万达集团股份有限公司	34.80
12	南方石化集团有限公司	72.52	62	山西晋城无烟煤矿业集团有限责任公司	34.66
13	白银有色集团股份有限公司	70.82	63	中国光大银行股份有限公司	34.40
14	中太建设集团股份有限公司	70.77	64	浙江荣盛控股集团有限公司	34.35
15	山东晨鸣纸业集团股份有限公司	70.31	65	天津住宅建设发展集团有限公司	33.76
16	广西北部湾国际港务集团有限公司	67.01	66	山东招金集团有限公司	33.07
17	福建省交通运输集团有限责任公司	65.80	67	云南建工集团有限公司	32.97
18	恒力集团有限公司	63.08	68	杭州锦江集团有限公司	32.76
19	陕西东岭工贸集团股份有限公司	61.99	69	青山控股集团有限公司	32.43
20	山东玉皇化工有限公司	60.73	70	中国医药集团总公司	32.18
21	大冶有色金属集团控股有限公司	56.30	71	广州轻工工贸集团有限公司	32.01
22	山西煤炭进出口集团有限公司	54.81	72	天津中环电子信息集团有限公司	31.97
23	绿城房地产集团有限公司	54.67	73	中国民生银行股份有限公司	31.85
24	江苏高力集团有限公司	53.12	74	中基宁波集团股份有限公司	31.83
25	深圳市神州通投资集团有限公司	52.95	75	河北新金钢铁有限公司	31.75
26	江苏南通三建集团有限公司	52.17	76	山东黄金集团有限公司	31.61
27	广西交通投资集团有限公司	51.66	77	陕西延长石油（集团）有限责任公司	31.12
28	阳泉煤业（集团）有限责任公司	50.56	78	安徽省皖北煤电集团有限责任公司	30.90
29	山西潞安矿业（集团）有限责任公司	50.33	79	山东高速集团有限公司	30.89
30	山东如意科技集团有限公司	50.11	80	上海国际港务（集团）股份有限公司	30.31
31	云南冶金集团股份有限公司	49.44	81	广西建工集团有限责任公司	30.22
32	天津市建工集团（控股）有限公司	48.84	82	沂州集团有限公司	30.00
33	北京住总集团有限责任公司	47.17	83	江西铜业集团公司	29.82
34	中国贵州茅台酒厂（集团）有限责任公司	46.03	84	云天化集团有限责任公司	29.78
35	正威国际集团有限公司	45.82	85	广州医药集团有限公司	29.44
36	兴业银行股份有限公司	45.12	86	科创控股集团有限公司	29.32
37	银亿集团有限公司	44.66	87	重庆市金科投资控股（集团）有限责任公司	29.12
38	河北省物流产业集团有限公司	44.44	88	浙江中成控股集团有限公司	29.12
39	山西焦煤集团有限责任公司	44.15	89	浙江龙盛控股有限公司	29.08
40	北京银行	43.76	90	隆基泰和实业有限公司	27.86
41	长城汽车股份有限公司	43.44	91	中国中纺集团公司	27.65
42	中国保利集团公司	42.88	92	中南控股集团有限公司	27.45
43	永辉超市股份有限公司	42.42	93	利华益集团股份有限公司	27.41
44	大同煤矿集团有限责任公司	41.87	94	亨通集团有限公司	27.22
45	陕西建工集团总公司	41.02	95	山西建筑工程（集团）总公司	27.12
46	华勤橡胶工业集团有限公司	40.99	96	中国黄金集团公司	27.05
47	泸州老窖集团有限责任公司	40.22	97	杭州华东医药集团有限公司	26.99
48	江苏金辉铜业集团有限公司	40.04	98	杉杉控股有限公司	26.98
49	北京能源投资（集团）有限公司	39.56	99	中国农业发展银行	26.95
50	武安市明芳钢铁有限公司	39.31	100	山东胜通集团股份有限公司	26.63
				中国企业500强平均数	12.71

表 8-17　　2013 中国企业 500 强净利润增长率排序前 100 名企业

排名	公司名称	净利润增长率（%）	排名	公司名称	净利润增长率（%）
1	中国海运（集团）总公司	3708.80	51	腾邦投资控股有限公司	47.04
2	天津物产集团有限公司	1899.17	52	红云红河烟草（集团）有限责任公司	46.87
3	浪潮集团有限公司	1176.85	53	江苏南通三建集团有限公司	46.23
4	海南大印集团有限公司	754.75	54	湖北中烟工业有限责任公司	45.43
5	大连大商集团有限公司	596.17	55	浙江宝业建设集团有限公司	43.38
6	中国联合网络通信集团有限公司	554.41	56	泰康人寿保险股份有限公司	43.11
7	上海华信石油集团有限公司	352.08	57	珠海格力电器股份有限公司	41.90
8	广西投资集团有限公司	341.94	58	武安市裕华钢铁有限公司	41.80
9	东营鲁方金属材料有限公司	249.35	59	天津市津能投资公司	41.64
10	正威国际集团有限公司	233.40	60	奥克斯集团有限公司	40.05
11	中国华能集团公司	229.75	61	浙江中烟工业有限责任公司	39.90
12	中国能源建设集团有限公司	216.59	62	利华益集团股份有限公司	39.65
13	华晨汽车集团控股有限公司	210.85	63	广东振戎能源有限公司	39.12
14	南方石化集团有限公司	180.80	64	双胞胎（集团）股份有限公司	38.77
15	河南省漯河市双汇实业集团有限责任公司	127.81	65	华夏银行股份有限公司	38.76
16	重庆钢铁（集团）有限责任公司	120.29	66	青建集团股份有限公司	38.10
17	国家电网公司	111.71	67	传化集团有限公司	37.63
18	中国农业发展银行	110.83	68	江苏高力集团有限公司	37.59
19	中国中纺集团公司	93.32	69	百联集团有限公司	37.37
20	中国电力建设集团有限公司	88.52	70	重庆化医控股（集团）公司	37.33
21	绿城房地产集团有限公司	88.42	71	天津住宅建设发展集团有限公司	37.02
22	中国电信集团公司	86.71	72	中国南方电网有限责任公司	36.62
23	天津荣程联合钢铁集团有限公司	85.44	73	浙江省建设投资集团有限公司	36.15
24	晟通科技集团有限公司	81.70	74	兴业银行股份有限公司	36.12
25	上上集团有限公司	81.12	75	重庆力帆控股有限公司	36.11
26	山东如意科技集团有限公司	79.36	76	重庆商社（集团）有限公司	35.89
27	贵州中烟工业有限责任公司	76.99	77	黑龙江北大荒农垦集团总公司	35.88
28	北京能源投资（集团）有限公司	76.63	78	浙江省能源集团有限公司	34.74
29	河南豫联能源集团有限责任公司	74.08	79	中国民生银行股份有限公司	34.54
30	长城汽车股份有限公司	66.14	80	中国长江电力股份有限公司	34.44
31	大连万达集团股份有限公司	64.41	81	天津钢管集团股份有限公司	33.46
32	中国铁道建筑总公司	62.57	82	安徽国贸集团控股有限公司	33.27
33	浙江省国际贸易集团有限公司	60.50	83	山东金岭集团有限公司	33.20
34	甘肃省建设投资（控股）集团总公司	60.31	84	浙江昆仑控股集团有限公司	33.11
35	北京金隅集团有限责任公司	60.24	85	广西建工集团有限责任公司	32.04
36	淮北矿业（集团）有限责任公司	56.34	86	华为技术有限公司	31.92
37	中国贵州茅台酒厂（集团）有限责任公司	56.23	87	中国人民保险集团股份有限公司	31.76
38	万达控股集团有限公司	55.96	88	北京建工集团有限责任公司	31.20
39	通威集团有限公司	55.18	89	扬子江药业集团有限公司	30.85
40	北京城建集团有限责任公司	54.55	90	弘阳集团有限公司	30.79
41	四川省宜宾五粮液集团有限公司	54.36	91	中国光大银行股份有限公司	30.57
42	盾安控股集团有限公司	53.14	92	北京银行	30.49
43	科创控股集团有限公司	52.42	93	四川华西集团有限公司	30.25
44	新希望集团有限公司	51.20	94	中国化学工程股份有限公司	29.80
45	安徽省徽商集团有限公司	50.72	95	联想控股有限公司	29.80
46	天津友发钢管集团有限公司	49.46	96	中国邮政集团公司	29.19
47	宁波富邦控股集团有限公司	48.90	97	石家庄北国人百集团有限责任公司	29.16
48	海信集团有限公司	48.60	98	厦门象屿集团有限公司	29.15
49	福佳集团有限公司	47.97	99	中国保利集团公司	29.02
50	泸州老窖集团有限责任公司	47.05	100	江苏南通二建集团有限公司	28.79
				中国企业 500 强平均数	4.80

表 8-18 2013 中国企业 500 强资产增长率排序前 100 名企业

排名	公司名称	资产增长率（%）	排名	公司名称	资产增长率（%）
1	四川省川威集团有限公司	128.60	51	银亿集团有限公司	38.72
2	广东振戎能源有限公司	126.18	52	云南建工集团有限公司	38.60
3	嘉晨集团有限公司	102.28	53	海信集团有限公司	36.71
4	天瑞集团股份有限公司	101.85	54	超威电源有限公司	36.48
5	浙江龙盛控股有限公司	86.20	55	重庆力帆控股有限公司	35.88
6	绿地控股集团有限公司	74.33	56	重庆市金科投资控股（集团）有限责任公司	35.42
7	正威国际集团有限公司	72.26	57	兴业银行股份有限公司	34.96
8	天津中环电子信息集团有限公司	68.90	58	上上集团有限公司	34.95
9	山东黄金集团有限公司	67.77	59	山东如意科技集团有限公司	34.83
10	甘肃省建设投资（控股）集团总公司	65.00	60	云南锡业集团（控股）有限责任公司	34.37
11	双胞胎（集团）股份有限公司	60.47	61	北京能源投资（集团）有限公司	33.85
12	河北省物流产业集团有限公司	55.05	62	恒大地产集团有限公司	33.50
13	中南控股集团有限公司	54.85	63	中国节能环保集团公司	33.41
14	东营鲁方金属材料有限公司	52.16	64	山西煤炭进出口集团有限公司	33.22
15	徐州工程机械集团有限公司	51.65	65	奥克斯集团有限公司	33.21
16	辽宁铁法能源有限责任公司	51.02	66	山东玉皇化工有限公司	33.02
17	江苏南通二建集团有限公司	49.40	67	维维集团股份有限公司	33.02
18	广西北部湾国际港务集团有限公司	49.15	68	北京汽车集团有限公司	32.88
19	科创控股集团有限公司	48.74	69	浪潮集团有限公司	32.46
20	大冶有色金属集团控股有限公司	47.91	70	兖矿集团有限公司	32.10
21	武安市裕华钢铁有限公司	47.38	71	江苏高力集团有限公司	31.93
22	山东招金集团有限公司	47.04	72	中国光大银行股份有限公司	31.50
23	中国中纺集团公司	46.85	73	河南神火集团有限公司	31.41
24	北京控股集团有限公司	46.48	74	山西焦煤集团有限责任公司	31.35
25	中国有色矿业集团有限公司	46.35	75	神华集团有限责任公司	31.10
26	南山集团有限公司	45.77	76	天津天铁冶金集团有限公司	30.77
27	青山控股集团有限公司	45.39	77	中国贵州茅台酒厂（集团）有限责任公司	30.73
28	中国建筑材料集团有限公司	44.87	78	海亮集团有限公司	30.70
29	青建集团股份有限公司	44.77	79	中国保利集团公司	30.47
30	大连万达集团股份有限公司	44.37	80	天津一商集团有限公司	30.44
31	隆基泰和实业有限公司	44.20	81	海澜集团有限公司	30.41
32	中国民生银行股份有限公司	44.10	82	山东东明石化集团有限公司	29.93
33	广西建工集团有限责任公司	44.06	83	西王集团有限公司	29.80
34	上海华信石油集团有限公司	43.62	84	云南冶金集团股份有限公司	29.43
35	江苏华厦融创置地集团有限公司	43.60	85	天津住宅建设发展集团有限公司	29.39
36	华盛江泉集团有限公司	43.58	86	河北敬业企业集团有限责任公司	29.39
37	四川科伦实业集团有限公司	42.83	87	中国化学工程股份有限公司	29.34
38	义马煤业集团股份有限公司	42.64	88	新华联集团有限公司	29.26
39	郑州宇通集团有限公司	42.11	89	紫金矿业集团股份有限公司	28.74
40	海南大印集团有限公司	41.58	90	广西有色金属集团有限公司	28.66
41	新疆广汇实业投资（集团）有限责任公司	41.36	91	浙江荣盛控股集团有限公司	28.64
42	山西省国新能源发展集团有限公司	40.70	92	长城汽车股份有限公司	28.47
43	泸州老窖集团有限责任公司	40.60	93	四川华西集团有限公司	27.98
44	陕西煤业化工集团有限责任公司	40.43	94	山西晋城无烟煤矿业集团有限责任公司	27.65
45	东营方圆有色金属有限公司	40.07	95	新华人寿保险股份有限公司	27.64
46	河北建设集团有限公司	39.15	96	世纪金源投资集团有限公司	27.55
47	波司登股份有限公司	39.08	97	苏宁控股集团	27.39
48	天津冶金集团有限公司	39.05	98	山东高速集团有限公司	27.33
49	隆鑫控股有限公司	39.00	99	吉林亚泰（集团）股份有限公司	27.29
50	南方石化集团有限公司	38.85	100	沈阳远大企业集团	27.22
				中国企业 500 强平均数	15.00

表 8-19　　2013 中国企业 500 强研发费用增长率排序前 100 名企业

排名	公司名称	研发费增长率（%）	排名	公司名称	研发费增长率（%）
1	上海华信石油集团有限公司	4574.42	51	阳泉煤业（集团）有限责任公司	62.60
2	北京银行	3798.71	52	中国航空油料集团公司	62.13
3	甘肃省建设投资（控股）集团总公司	3457.14	53	中国电子信息产业集团有限公司	57.56
4	安徽国贸集团控股有限公司	2450.00	54	中国节能环保集团公司	57.50
5	大冶有色金属集团控股有限公司	2391.73	55	天瑞集团有限公司	57.16
6	吉林亚泰（集团）股份有限公司	792.56	56	黑龙江北大荒农垦集团总公司	56.88
7	四川省达州钢铁集团有限责任公司	625.07	57	天津友发钢管集团有限公司	56.52
8	中国大唐集团公司	540.29	58	京东方科技集团股份有限公司	56.26
9	中国港中旅集团公司	457.79	59	山东大海集团有限公司	56.02
10	中国长江电力股份有限公司	434.60	60	陕西延长石油（集团）有限责任公司	55.63
11	山西煤炭运销集团有限公司	433.19	61	中国电力建设集团有限公司	55.48
12	新兴际华集团有限公司	429.22	62	九州通医药集团股份有限公司	55.46
13	山东京博控股股份有限公司	335.02	63	山西建筑工程（集团）总公司	55.08
14	北京能源投资（集团）有限公司	313.24	64	江苏省苏中建设集团股份有限公司	53.70
15	江苏华西集团公司	275.00	65	上上集团有限公司	52.94
16	东营鲁方金属材料有限公司	273.27	66	恒力集团有限公司	52.87
17	厦门国贸控股有限公司	254.76	67	中国南车集团公司	51.97
18	老凤祥股份有限公司	236.18	68	云南煤化工集团有限公司	50.62
19	山东招金集团有限公司	223.70	69	长城汽车股份有限公司	50.54
20	上海国际港务（集团）股份有限公司	204.92	70	天津港（集团）有限公司	50.08
21	科创控股集团有限公司	197.71	71	河北新武安钢铁集团文安钢铁有限公司	50.00
22	云南建工集团有限公司	192.04	72	广东省广新控股集团有限公司	48.65
23	四川省川威集团有限公司	189.74	73	山东金岭集团有限公司	48.20
24	内蒙古伊泰集团有限公司	186.14	74	广东省建筑工程集团有限公司	48.02
25	中国保利集团公司	172.66	75	四川公路桥梁建设集团有限公司	47.97
26	中国有色矿业集团有限公司	158.93	76	天狮集团有限公司	46.70
27	超威电源有限公司	153.98	77	中国海洋石油总公司	45.91
28	江苏省苏豪控股集团有限公司	152.25	78	浙江省物产集团公司	44.70
29	重庆市金科投资控股（集团）有限责任公司	150.00	79	浙江省国际贸易集团有限公司	43.44
30	内蒙古电力（集团）有限责任公司	146.89	80	同方股份有限公司	42.65
31	东营方圆有色金属有限公司	144.68	81	联想控股有限公司	41.65
32	广州万宝集团有限公司	129.62	82	云南锡业集团（控股）有限责任公司	40.88
33	云南冶金集团股份有限公司	123.51	83	中国国际技术智力合作公司	40.21
34	海南大印集团有限公司	120.63	84	陕西汽车控股集团有限公司	40.14
35	中国华电集团公司	118.02	85	广州轻工工贸集团有限公司	39.99
36	浙江省能源集团有限公司	110.63	86	双胞胎（集团）股份有限公司	39.97
37	山东能源集团有限公司	95.29	87	重庆建工投资控股有限责任公司	39.30
38	浙江中成控股集团有限公司	91.98	88	广西北部湾国际港务集团有限公司	39.26
39	中国中化集团公司	89.73	89	河北建设集团有限公司	39.12
40	中国广东核电集团有限公司	83.96	90	青岛港（集团）有限公司	38.89
41	广州铁路（集团）公司	83.67	91	万向集团公司	38.66
42	山东如意科技集团有限公司	81.97	92	广西有色金属集团有限公司	37.79
43	交通银行股份有限公司	78.95	93	山西晋城无烟煤矿业集团有限责任公司	37.28
44	武安市裕华钢铁有限公司	77.81	94	北京建龙重工集团有限公司	36.97
45	云天化集团有限责任公司	77.76	95	安徽江淮汽车集团有限公司	36.78
46	江西省煤炭集团公司	76.52	96	华晨汽车集团控股有限公司	35.53
47	广州市建筑集团有限公司	73.87	97	浙江中烟工业有限责任公司	35.03
48	湖北中烟工业有限责任公司	71.08	98	东风汽车公司	34.82
49	陕西煤业化工集团有限责任公司	68.71	99	华勤橡胶工业集团有限公司	34.61
50	山东玉皇化工有限公司	67.91	100	山东胜通集团股份有限公司	34.58
				中国企业 500 强平均数	12.89

第九章
2013 中国制造业企业 500 强数据

表 9-1　　**2013 中国制造业企业 500 强**

名次	企业名称	地区	营业收入（万元）	净利润（万元）	资产（万元）	所有者权益（万元）	从业人数（人）
1	中国石油化工集团公司	北京	283060946	5186929	195682732	63651797	1015039
2	上海汽车集团股份有限公司	上海	48097967	2075176	31720300	12233737	105953
3	中国第一汽车集团公司	吉林	40938423	1654538	24355661	9719811	85552
4	东风汽车公司	湖北	38942093	841386	22836523	4585229	176580
5	中国兵器工业集团公司	北京	36611379	425976	28454210	6954347	260021
6	中国五矿集团公司	北京	32686526	444241	24715804	3572728	116230
7	中国兵器装备集团公司	北京	30264029	137558	27872848	3766804	237021
8	中国航空工业集团公司	北京	30060591	644589	56870826	13125913	486084
9	宝钢集团有限公司	上海	28822553	579683	49843762	22865014	142031
10	河北钢铁集团有限公司	河北	24782802	-115039	31682540	5309691	132186
11	中国铝业公司	北京	24493959	-496114	42841462	2038117	174999
12	联想控股有限公司	北京	22664582	173057	18720327	1778041	39553
13	华为技术有限公司	广东	22019800	1536500	21000600	7504800	150000
14	江苏沙钢集团有限公司	江苏	21803592	59604	16442777	3382851	41145
15	中国建筑材料集团有限公司	北京	21743206	297342	30061717	1880891	166397
16	首钢总公司	北京	21659589	83696	38443279	8549702	117607
17	武汉钢铁（集团）公司	湖北	21377324	20439	22303793	4780398	112330
18	北京汽车集团有限公司	北京	21056943	677854	17026515	2970833	81409
19	中国化工集团公司	北京	20169454	-117821	26742048	1976119	127107
20	正威国际集团有限公司	广东	18668119	359116	8668812	4640543	15109
21	山东魏桥创业集团有限公司	山东	18651498	677862	9886256	4809094	135935
22	中国电子信息产业集团有限公司	北京	18303462	149032	16090885	1778751	129948
23	新兴际华集团有限公司	北京	18031285	191534	7707850	2001237	75166
24	江西铜业集团公司	江西	17590039	176999	9829512	2003194	28545
25	中国船舶重工集团公司	北京	17510186	647464	38934668	7960849	161000
26	海尔集团公司	山东	16309769	749180	14909397	3331332	74693
27	浙江吉利控股集团有限公司	浙江	15489452	33064	11326194	1170918	40500
28	中国有色矿业集团有限公司	北京	15234511	52494	10473859	926163	53811
29	广州汽车工业集团有限公司	广东	15233628	41654	11253314	1789513	50462
30	金川集团股份有限公司	甘肃	15118660	100510	10863205	4087466	34559
31	鞍钢集团公司	辽宁	14882509	-1004759	26971572	7223668	199018
32	天津中环电子信息集团有限公司	天津	14553832	528435	6519252	2624555	65421
33	太原钢铁（集团）有限公司	山西	14056682	30307	11968404	2876032	38654
34	光明食品（集团）有限公司	上海	13937176	167897	22560392	2682322	115486

名次	企业名称	地区	营业收入（万元）	净利润（万元）	资产（万元）	所有者权益（万元）	从业人数（人）
35	山东钢铁集团有限公司	山东	11668222	-476421	17196500	1748492	91738
36	天津天钢集团有限公司	天津	10860029	26550	7257517	1707369	16491
37	华晨汽车集团控股有限公司	辽宁	10674739	70368	7408071	435702	43750
38	铜陵有色金属集团控股有限公司	安徽	10653077	96397	6633135	964864	29745
39	雨润控股集团有限公司	江苏	10616987	263237	8313215	1919194	120000
40	天津钢管集团股份有限公司	天津	10515233	45970	7567766	1780235	13457
41	美的集团有限公司	广东	10271302	325929	8773653	1431353	99539
42	酒泉钢铁（集团）有限责任公司	甘肃	10227951	23261	11121375	1906899	36140
43	上海烟草集团有限责任公司	上海	10172803	1629058	11456342	10113781	17154
44	徐州工程机械集团有限公司	江苏	10117841	143733	7494547	1265113	27790
45	中国黄金集团公司	北京	10052265	137663	6523134	1210264	46723
46	本钢集团有限公司	辽宁	10042717	18050	12339874	2489535	83426
47	珠海格力电器股份有限公司	广东	10011010	743132	10756689	2674313	82000
48	万向集团公司	浙江	9587435	135709	6199277	1484318	20915
49	天津冶金集团有限公司	天津	9506101	22569	9608542	1275068	16293
50	上海电气（集团）总公司	上海	9355450	85384	15777058	1843595	64504
51	中国南车集团公司	北京	9264023	205969	11118293	1754932	91452
52	中国北方机车车辆工业集团公司	北京	9229456	223698	11372181	2433740	84647
53	杭州钢铁集团公司	浙江	9150977	52937	4085162	1209734	14264
54	红塔烟草（集团）有限责任公司	云南	9094348	522004	10146772	6800656	24743
55	中联重科股份有限公司	湖南	9025181	885814	8897446	4118896	31707
56	江苏悦达集团有限公司	江苏	8834700	45705	5046426	722435	29103
57	恒力集团有限公司	江苏	8528616	271961	5259351	1919240	42120
58	陕西有色金属控股集团有限责任公司	陕西	8478156	44600	9904280	2785911	42106
59	中兴通讯股份有限公司	广东	8421936	-284096	10744631	2150247	78402
60	湖南中烟工业有限责任公司	湖南	8336170	834447	6592336	4920198	15886
61	三一集团有限公司	湖南	8236876	640647	10588898	3339677	50000
62	马钢（集团）控股有限公司	安徽	8184660	-174818	8849156	1674973	51129
63	天津天铁冶金集团有限公司	天津	8183222	793	9630205	1160098	26558
64	海信集团有限公司	山东	8105139	435419	7362697	2445574	47669
65	潍柴控股集团有限公司	山东	8068291	10087	8399409	412899	50159
66	新希望集团有限公司	四川	8063941	189936	4952200	1282279	88503
67	四川长虹电子集团有限公司	四川	8031205	16321	6313691	349366	71916
68	海亮集团有限公司	浙江	7852780	213517	4133900	827206	12358
69	山东大王集团有限公司	山东	7596998	322327	5579128	1747713	26487

名次	企业名称	地区	营业收入（万元）	净利润（万元）	资产（万元）	所有者权益（万元）	从业人数（人）
70	红云红河烟草（集团）有限责任公司	云南	7477746	781807	7165214	5108571	13588
71	南山集团有限公司	山东	7084631	672538	8037211	3655329	46213
72	湖北宜化集团有限责任公司	湖北	7050219	92684	5443780	752631	41622
73	浙江恒逸集团有限公司	浙江	7032005	14565	2870908	596779	7887
74	中天钢铁集团有限公司	江苏	7019947	22564	4406677	1179568	15417
75	TCL 集团股份有限公司	广东	6944835	79609	7974479	1174630	68935
76	安徽海螺集团有限责任公司	安徽	6902433	664388	9869189	1732888	48013
77	湖南华菱钢铁集团有限责任公司	湖南	6895184	-76728	10987866	1332679	49813
78	上海医药集团股份有限公司	上海	6807812	205287	5106903	2463930	38355
79	北京建龙重工集团有限公司	北京	6769522	10343	7113509	1220837	53028
80	天津渤海化工集团有限责任公司	天津	6600117	26877	10871206	3290109	41620
81	南京钢铁集团有限公司	江苏	6581560	-31761	3697961	741217	12792
82	中国中材集团有限公司	北京	6413202	35221	10371828	892230	78148
83	杭州娃哈哈集团有限公司	浙江	6363451	805914	3543148	2174135	29855
84	大冶有色金属集团控股有限公司	湖北	6350944	15328	2882004	727040	16456
85	北大方正集团有限公司	北京	6175052	47989	7475203	2148887	32761
86	天津市一轻集团（控股）有限公司	天津	6166801	91833	3258226	1016451	32614
87	四川省宜宾五粮液集团有限公司	四川	6008905	1009838	6832822	4444954	50605
88	新华联合冶金控股集团有限公司	北京	6002209	51129	3842558	678520	14800
89	湖北中烟工业有限责任公司	湖北	5990385	372589	3776862	1843705	9830
90	云天化集团有限责任公司	云南	5987893	-13144	8545043	1170169	36671
91	山东黄金集团有限公司	山东	5722701	68023	5216388	487616	21654
92	中国国际海运集装箱（集团）股份有限公司	广东	5433406	193908	6299238	1951318	58535
93	江苏三房巷集团有限公司	江苏	5302057	50958	2032232	817884	5952
94	上海复星高科技（集团）有限公司	上海	5290593	171226	14928687	2029330	32126
95	江苏华西集团公司	江苏	5245529	76998	3581659	895526	20568
96	浙江中烟工业有限责任公司	浙江	5126992	321993	3052544	2662056	3378
97	无锡产业发展集团有限公司	江苏	5103135	105828	3505747	1697713	21726
98	河北津西钢铁集团股份有限公司	河北	5090487	51500	3029810	847435	13906
99	包头钢铁（集团）有限责任公司	内蒙古	5051720	-25903	12317605	1981346	46832
100	天津百利机电控股集团有限公司	天津	5007000	310798	3862298	1602112	41505
101	陕西东岭工贸集团股份有限公司	陕西	4909746	12007	2290975	521824	10788
102	江苏西城三联控股集团	江苏	4855056	25970	1446634		5895
103	紫金矿业集团股份有限公司	福建	4841472	521121	6735442	2818159	23073
104	比亚迪股份有限公司	广东	4685380	8138	6871050	2119700	166411

名次	企业名称	地区	营业收入（万元）	净利润（万元）	资产（万元）	所有者权益（万元）	从业人数（人）
105	浙江荣盛控股集团有限公司	浙江	4682896	86500	3561376	1085616	7058
106	杭州汽轮动力集团有限公司	浙江	4658578	59478	2563556	403801	5128
107	天津荣程联合钢铁集团有限公司	天津	4601212	21988	1377809	584767	7452
108	山东晨鸣纸业集团股份有限公司	山东	4579484	22103	4772542	1375949	15775
109	日照钢铁控股集团有限公司	山东	4534220	6159	5908439	1242279	12393
110	河北敬业企业集团有限责任公司	河北	4519086	57191	1548184	544061	19640
111	上海华谊（集团）公司	上海	4492597	52322	5005182	1508082	26418
112	雅戈尔集团股份有限公司	浙江	4444227	174281	6201712	1494770	48201
113	上海纺织（集团）有限公司	上海	4400602	39942	2371284	676175	15342
114	江苏新长江实业集团有限公司	江苏	4324677	82752	2628152	634872	8702
115	长城汽车股份有限公司	河北	4315997	569245	4256940	2151424	48699
116	广州医药集团有限公司	广东	4281513	37358	1996952	316917	16954
117	中国东方电气集团有限公司	四川	4260728	-63335	9622672	992569	28805
118	青山控股集团有限公司	浙江	4244772	57720	1672000	343733	14200
119	广西投资集团有限公司	广西	4232901	52282	6018692	934900	18135
120	临沂新程金锣肉制品集团有限公司	山东	4221685	137668	1465144	1078557	31129
121	内蒙古伊利实业集团股份有限公司	内蒙古	4199069	171721	1981540	733490	23329
122	北京金隅集团有限责任公司	北京	4188898	187295	9542527	1215957	33192
123	广西玉柴机器集团有限公司	广西	4157322	95362	3656134	999448	24886
124	山东东明石化集团有限公司	山东	4140165	27362	1613379	271208	5080
125	通威集团有限公司	四川	4127387	51096	1001873	497435	20395
126	奥克斯集团有限公司	浙江	4052627	99175	2000676	552858	20423
127	山东招金集团有限公司	山东	4030166	195101	3040689	882831	13692
128	红豆集团有限公司	江苏	4021249	109068	2043765	709242	18862
129	河南省漯河市双汇实业集团有限责任公司	河南	3982680	299860	1737800	1175726	64795
130	盾安控股集团有限公司	浙江	3895031	129278	3401731	773826	19193
131	大连西太平洋石油化工有限公司	辽宁	3867522	-197370	902589		986
132	吉林亚泰（集团）股份有限公司	吉林	3862468	39532	4325048	803935	32680
133	新余钢铁集团有限公司	江西	3836177	-86685	3534218	706544	27029
134	新华联集团有限公司	北京	3822805	150279	3493026	921562	42026
135	浙江远东化纤集团有限公司	浙江	3805550	137830	2322571	741586	3690
136	江阴澄星实业集团有限公司	江苏	3802090	80823	2072005	681822	4950
137	四川省川威集团有限公司	四川	3787014	52981	4047400	1619842	17987
138	白银有色集团股份有限公司	甘肃	3733145	63333	3674434	1173109	17452
139	江西萍钢实业股份有限公司	江西	3722428	-108844	3310990	883647	20523

名次	企业名称	地区	营业收入（万元）	净利润（万元）	资产（万元）	所有者权益（万元）	从业人数（人）
140	中国恒天集团有限公司	北京	3687956	−24928	5000889	296883	54504
141	四川宏达（集团）有限公司	四川	3664311	78978	3378178	1292024	19071
142	盛虹控股集团有限公司	江苏	3656846	120341	2908092	988569	23665
143	唐山瑞丰钢铁（集团）有限公司	河北	3624064	27072	940784	333463	12591
144	江苏申特钢铁有限公司	江苏	3602668	5437	1179495	127740	4513
145	青岛钢铁控股集团有限责任公司	山东	3586438	1384	1260770	261112	11893
146	安徽江淮汽车集团有限公司	安徽	3483236	28337	2993411	346497	31578
147	科创控股集团有限公司	四川	3480242	205061	2989547	2383452	23820
148	中国盐业总公司	北京	3474335	8418	4464038	524248	43743
149	泸州老窖集团有限责任公司	四川	3452845	195985	7443625	1530981	21379
150	超威电源有限公司	浙江	3451887	54827	570829	258940	13600
151	安阳钢铁集团有限责任公司	河南	3430456	−114436	4076448	383740	29032
152	滨化集团公司	山东	3417669	76148	1386373	637845	4356
153	山东如意科技集团有限公司	山东	3415704	192319	1639708	781170	23978
154	扬子江药业集团有限公司	江苏	3352658	194687	1343943	1162250	9612
155	华盛江泉集团有限公司	山东	3324840	60153	1662293	735603	25608
156	山东泰山钢铁集团有限公司	山东	3305846	6395	1230773	147284	9240
157	江铃汽车集团公司	江西	3303517	64210	2759452	464132	26643
158	海澜集团有限公司	江苏	3301930	205652	2410643	1339292	27500
159	江苏阳光集团有限公司	江苏	3208423	165729	2019378	843234	16520
160	昆明钢铁控股有限公司	云南	3200160	8820	4653694	1293250	20759
161	华勤橡胶工业集团有限公司	山东	3192043	90909	1453724	720513	7300
162	金龙精密铜管集团股份有限公司	河南	3181653	9826	1346605	164983	4597
163	重庆化医控股（集团）公司	重庆	3143467	58650	4848229	722021	38990
164	正泰集团股份有限公司	浙江	3118073	63675	2392619	624052	21184
165	宁波金田投资控股有限公司	浙江	3108829	9737	567900	128367	4990
166	陕西汽车控股集团有限公司	陕西	3108304	2463	2817458	372837	31262
167	杭州橡胶（集团）公司	浙江	3104549	120994	1988587	552510	23353
168	双胞胎（集团）股份有限公司	江西	3082715	73324	454206	200256	9600
169	山东太阳纸业股份有限公司	山东	3080315	33459	2207456	416953	10562
170	哈尔滨电气集团公司	黑龙江	3062317	64425	5981731	891220	28105
171	奇瑞汽车股份有限公司	安徽	3057174	44472	6500237	1444060	23325
172	中国贵州茅台酒厂（集团）有限责任公司	贵州	3044953	939847	5849832	3148816	18782
173	云南煤化工集团有限公司	云南	3023206	−98665	5361906	717296	40474
174	唐山港陆钢铁有限公司	河北	3019207	28478	1684026	720791	9961

名次	企业名称	地区	营业收入（万元）	净利润（万元）	资产（万元）	所有者权益（万元）	从业人数（人）
175	华泰集团有限公司	山东	3017857	70545	2608847	382430	10050
176	四川德胜集团钢铁有限公司	四川	3014566	16026	2212510	745642	12494
177	云南冶金集团股份有限公司	云南	3001137	-32504	6977826	852035	33028
178	贵州中烟工业有限责任公司	贵州	2961640	280496	1976119	1236356	9787
179	天狮集团有限公司	天津	2960033	328153	1194124	895468	2404
180	江苏扬子江船业集团公司	江苏	2953677	336284	5311595	1554958	12757
181	山东金诚石化集团有限公司	山东	2892519	41607	422077	344199	1700
182	四川科伦实业集团有限公司	四川	2884595	114496	1738703	907308	18513
183	重庆机电控股（集团）公司	重庆	2857629	104409	2555330	572889	37463
184	安徽中烟工业有限责任公司	安徽	2831159	236531	2133344	1558702	6702
185	广东格兰仕集团有限公司	广东	2824188	9539	1825392	444188	39056
186	山东时风（集团）有限责任公司	山东	2821730	110148	552224	370391	22315
187	上海人民企业（集团）有限公司	上海	2800215	105491	1475194	435576	25312
188	山东京博控股股份有限公司	山东	2800000	46372	1429112	368629	6210
189	亚邦投资控股集团有限公司	江苏	2797814	33399	2104869	685157	12800
190	福建省三钢（集团）有限责任公司	福建	2794238	5320	2180844	641626	18599
191	人民电器集团有限公司	浙江	2786551	112673	730870	468276	23200
192	德力西集团有限公司	浙江	2763261	67402	1162133	296016	21800
193	华芳集团有限公司	江苏	2682758	33452	950499	403695	19918
194	东北特殊钢集团有限责任公司	辽宁	2679528	3610	5065752	631978	26603
195	利华益集团股份有限公司	山东	2665007	80565	1640399	537583	3910
196	天正集团有限公司	浙江	2650652	80613	364067	151890	9481
197	亨通集团有限公司	江苏	2639500	31621	2384830	591519	9425
198	云南锡业集团（控股）有限责任公司	云南	2634884	-27606	4953609	358259	32767
199	晟通科技集团有限公司	湖南	2625201	49453	1174138	491971	4863
200	天津市医药集团有限公司	天津	2614854	159784	3010108	1448488	18797
201	山东胜通集团股份有限公司	山东	2613978	262391	1112652	446415	6800
202	西王集团有限公司	山东	2608127	27037	2384949	659248	15000
203	重庆钢铁（集团）有限责任公司	重庆	2590857	8649	6912777	1214666	21615
204	青岛啤酒股份有限公司	山东	2578154	175886	2336111	1246795	40429
205	京东方科技集团股份有限公司	北京	2577158	25813	6710536	2588696	22980
206	山东大海集团有限公司	山东	2563076	135379	861346	266088	6500
207	老凤祥股份有限公司	上海	2555340	61131	888501	276149	2509
208	重庆轻纺控股（集团）公司	重庆	2553646	31726	2952431	525698	27656
209	沂州集团有限公司	山东	2525247	161588	1064332	811960	5450

名次	企业名称	地区	营业收入（万元）	净利润（万元）	资产（万元）	所有者权益（万元）	从业人数（人）
210	河北普阳钢铁有限公司	河北	2494506	34288	1496395	707101	9000
211	金东纸业（江苏）股份有限公司	江苏	2494315	128958	6412682	1672958	13171
212	江苏金辉铜业集团有限公司	江苏	2491864	28652	399525	271731	580
213	传化集团有限公司	浙江	2489782	32007	1998452	216766	9029
214	北京京城机电控股有限责任公司	北京	2482267	37182	3761497	748108	25392
215	山东金岭集团有限公司	山东	2477773	111279	1037504	486845	4679
216	新疆特变电工集团有限公司	新疆	2471128	137870	5463526	1943636	20188
217	浙江桐昆控股集团有限公司	浙江	2466369	11544	1410256	315441	13897
218	江苏双良集团有限公司	江苏	2456165	19074	2127438	609872	5063
219	东营方圆有色金属有限公司	山东	2449311	73653	1323749	519773	1076
220	春风实业集团有限责任公司	河北	2430442	9003	504787	132032	13400
221	河北文丰钢铁有限公司	河北	2430287	25262	1315829	415844	6200
222	杉杉控股有限公司	浙江	2402587	41918	2365791	365158	13226
223	河北新金钢铁有限公司	河北	2379830	13237	625843	240362	5762
224	郑州宇通集团有限公司	河南	2375456	133790	3115116	557956	15126
225	东营鲁方金属材料有限公司	山东	2370428	157660	783186	372042	1328
226	西部矿业集团有限公司	青海	2366597	-76456	3926210	364953	10763
227	万基控股集团有限公司	河南	2362615	-74414	1993883	272763	14028
228	万达控股集团有限公司	山东	2355301	66435	1713634	323716	11981
229	上上集团有限公司	河南	2344445	324828	2192620	786762	8318
230	嘉晨集团有限公司	辽宁	2300616	79669	2686368	1696689	15600
231	广西有色金属集团有限公司	广西	2296396	-81805	2746753	116324	18955
232	江苏法尔胜泓昇集团有限公司	江苏	2293832	63298	941186	398984	6376
233	波司登股份有限公司	江苏	2282376	201998	1887531	842534	24630
234	维维集团股份有限公司	江苏	2281573	137125	1583609	1023842	21200
235	新疆天业（集团）有限公司	新疆	2266463	15260	2783266	447034	18936
236	河南豫联能源集团有限责任公司	河南	2263655	-15274	2626932	265166	6964
237	宁波富邦控股集团有限公司	浙江	2262129	42927	2911940	480636	9921
238	天瑞集团股份有限公司	河南	2253827	153481	4980560	2877034	16598
239	山东科达集团有限公司	山东	2250213	79459	946623	523250	8430
240	山东玉皇化工有限公司	山东	2249534	102495	1194131	410028	4649
241	隆鑫控股有限公司	重庆	2247099	58574	3289059	621099	11328
242	同方股份有限公司	北京	2234268	60637	3370205	909239	17782
243	天津友发钢管集团股份有限公司	天津	2211661	17106	570080	28605	6200
244	重庆力帆控股有限公司	重庆	2208780	33027	2449585	506866	15611

名次	企业名称	地区	营业收入（万元）	净利润（万元）	资产（万元）	所有者权益（万元）	从业人数（人）
245	武安市明芳钢铁有限公司	河北	2185658	41807	518483	389828	800
246	山东博汇集团有限公司	山东	2174250	24952	2696688	397571	13528
247	三河汇福粮油集团有限公司	河北	2165013	43680	1230000	257976	3000
248	远东控股集团有限公司	江苏	2149747	18675	1827156	277946	9529
249	苏州创元投资发展（集团）有限公司	江苏	2146662	69872	1929866	642765	18945
250	浙江龙盛控股有限公司	浙江	2135037	82921	1957696	801420	8465
251	武安市裕华钢铁有限公司	河北	2120926	85312	1220587	802536	10523
252	广州万宝集团有限公司	广东	2102193	7739	1445662	247498	16033
253	河南豫光金铅集团有限责任公司	河南	2100638	17347	1466062	111809	6453
254	四川省达州钢铁集团有限责任公司	四川	2095520	205	1050040	230599	7553
255	宝胜集团有限公司	江苏	2093928	23112	1014728	300601	8982
256	精功集团有限公司	浙江	2082663	34318	2626993	411480	13912
257	天津二轻集团（控股）有限公司	天津	2072844	30061	1268485	514747	15452
258	西子联合控股有限公司	浙江	2058239	243086	3416526	1027443	10770
259	湖南博长控股集团有限公司	湖南	2054485	1922	1154569	153450	8013
260	冀东发展集团有限责任公司	河北	2047861	-27691	5476584	379171	26007
261	澳洋集团有限公司	江苏	2013570	32298	1213749	266297	11752
262	河北新武安钢铁集团文安钢铁有限公司	河北	2013257	29976	529686	424340	5600
263	沈阳远大企业集团	辽宁	2012542	54421	1769035	695413	16739
264	玲珑集团有限公司	山东	2011676	70100	1122091	500719	7383
265	杭州锦江集团有限公司	浙江	2011262	32054	3399377	990989	7611
266	太极集团有限公司	重庆	2010754	4387	948594	163297	11585
267	杭州华东医药集团有限公司	浙江	1987654	9121	1423279	42602	9992
268	天津纺织集团（控股）有限公司	天津	1986741	10505	2292586	376507	13418
269	山东渤海实业股份有限公司	山东	1979188	5581	1563281	206974	3608
270	四平红嘴集团总公司	吉林	1961081	39539	993767	469311	11352
271	凌源钢铁集团有限责任公司	辽宁	1951181	2564	2347518	512685	11530
272	晶龙实业集团有限公司	河北	1950059	16831	2497863	508320	26716
273	宁夏宝塔石化集团有限公司	宁夏	1925627	52972	2289291	757567	6600
274	厦门金龙汽车集团股份有限公司	福建	1916535	21092	1465625	210124	14348
275	金鼎重工股份有限公司	河北	1910000	34990	330330	64990	4500
276	内蒙古鄂尔多斯羊绒集团有限责任公司	内蒙古	1909066	26787	4533944	536160	20882
277	宜昌兴发集团有限责任公司	湖北	1905052	40733	1703833	258645	6974
278	福田雷沃国际重工股份有限公司	山东	1862805	41943	1231379	269571	13071
279	天津天士力集团有限公司	天津	1852130	114334	1985245	851211	10665

名次	企业名称	地区	营业收入（万元）	净利润（万元）	资产（万元）	所有者权益（万元）	从业人数（人）
280	西林钢铁集团有限公司	黑龙江	1848398	-134835	2373395	3092	12198
281	大连市机床集团有限责任公司	辽宁	1846492	56858	1621209	365064	5155
282	深圳市中金岭南有色金属股份有限公司	广东	1844005	43279	1407318	561514	10831
283	浙江元立金属制品集团有限公司	浙江	1842468	1241	1429878	134000	16000
284	上海振华重工（集团）股份有限公司	上海	1825500	-104000	4678000	1421100	7400
285	北京二商集团有限责任公司	北京	1810438	25732	1071041	376217	12688
286	山东天圆铜业有限公司	山东	1789038		405169		630
287	维科控股集团股份有限公司	浙江	1769079	35323	1570437	273317	14074
288	江西稀有金属钨业控股集团有限公司	江西	1764654	-48024	1265971	280530	5629
289	广西农垦集团有限责任公司	广西	1764080	22871	3187518	1142624	59005
290	上海良友（集团）有限公司	上海	1750574	8653	1460504	467005	6291
291	山东华星石油化工集团有限公司	山东	1749179	28409	868593	100619	1437
292	攀枝花钢城集团有限公司	四川	1745258	5929	1014356	234515	15539
293	江西钨业集团有限公司	江西	1739974	34762	562388	130775	13301
294	北京燕京啤酒集团公司	北京	1732262	59331	2101591	446813	42597
295	江苏洋河酒厂股份有限公司	江苏	1727048	615430	2365769	1473911	9930
296	三角集团有限公司	山东	1707399	62070	798608	327468	9245
297	太原重型机械集团有限公司	山西	1707326	-5663	3168983	294565	14563
298	广西中烟工业有限责任公司	广西	1683259	180321	1222748	1060443	4250
299	江苏三木集团有限公司	江苏	1676949	38185	976158	357305	5430
300	江苏天地龙控股集团有限公司	江苏	1671178	26442	472240	196918	1309
301	南金兆集团有限公司	山东	1668379	11532	1451946	267052	4195
302	武汉邮电科学研究院	湖北	1654385	28502	2209162	494338	20089
303	沈阳机床（集团）有限责任公司	辽宁	1650280	1358	2213327	167487	21318
304	威高集团有限公司	山东	1650084	204293	1518420	983010	16564
305	石药集团有限责任公司	河北	1640175	63752	2074987	203753	19976
306	福星集团	湖北	1623985	32897	3280544	366360	9031
307	逸盛大化石化有限公司	辽宁	1613439	29173	1467491	473480	679
308	临沂临工机械集团	山东	1611801	19666	1358585	114988	10003
309	山东淄博傅山企业集团有限公司	山东	1608912	2213	631612	28079	8668
310	升华集团控股有限公司	浙江	1605044	16864	1047749	154106	5737
311	湖北稻花香集团公司	湖北	1600426	69593	1884643	293862	15904
312	中国西电集团公司	陕西	1576280	3530	3428256	1010655	23247
313	山东万通石油化工集团有限公司	山东	1569893	65910	1134455	340787	
314	广西柳工集团有限公司	广西	1562415	-4350	3073561	417915	19895

名次	企业名称	地区	营业收入（万元）	净利润（万元）	资产（万元）	所有者权益（万元）	从业人数（人）
315	永鼎集团有限公司	江苏	1547920	15031	999110	85812	3195
316	奥康集团有限公司	浙江	1545195	73142	586909	263715	15551
317	广东海大集团股份有限公司	广东	1545145	45234	613924	292595	8797
318	巨化集团公司	浙江	1531958	37959	1380751	381924	15889
319	河南济源钢铁（集团）有限公司	河南	1530892	13343	1038292	297177	6230
320	天津塑力线缆集团有限公司	天津	1529884	86064	1104821	532451	4006
321	正和集团股份有限公司	山东	1527872	30532	500991	203902	2036
322	卧龙控股集团有限公司	浙江	1527728	69710	1512991	435185	10029
323	浙江大东南集团有限公司	浙江	1518052	62365	381387	207048	2552
324	四川九洲电器集团有限责任公司	四川	1511785	51080	1537998	336246	14264
325	上海外高桥造船有限公司	上海	1500560	8191	2633783	838821	4904
326	山东垦利石化有限责任公司	山东	1492554	9418	624739	75517	3040
327	三环集团公司	湖北	1492519	23981	1587524	475839	24040
328	红狮控股集团有限公司	浙江	1439566	105641	1585184	543681	10151
329	中国航天三江集团公司	湖北	1423968	85360	3326500	908422	18774
330	武安市广耀铸业有限公司	河北	1423634	16735	166982	126754	3500
331	天津华北集团有限公司	天津	1419919	34949	623689	306992	722
332	杭州富春江冶炼有限公司	浙江	1414860	12789	355348	117776	2223
333	北方重工集团有限公司	辽宁	1404419	18488	1539539	295193	8670
334	山东五征集团	山东	1399493	40553	584825	239614	12600
335	金海重工股份有限公司	浙江	1379543	35000	3200787	912988	2895
336	山东澳亚纺织有限公司	山东	1369862	92386	862758	467329	7850
337	柳州五菱汽车有限责任公司	广西	1365399	25610	1468743	355033	9650
338	春和集团有限公司	浙江	1362867	2847	2126942	193249	25000
339	上海胜华电缆（集团）有限公司	上海	1361720	24960	385800	102240	4560
340	纳爱斯集团有限公司	浙江	1358762	89802	1017932	876998	12874
341	香驰控股有限公司	山东	1357632	52590	452220	154553	2986
342	江苏华宏实业集团有限公司	江苏	1353895	15084	551624	209498	3920
343	华鲁控股集团有限公司	山东	1337901	16956	2267184	963163	17990
344	方大特钢科技股份有限公司	江西	1335510	52346	1051711	335177	9491
345	华立集团股份有限公司	浙江	1324872	13013	1139717		10168
346	兴达投资集团有限公司	江苏	1318310	40048	551826	269999	962
347	山东恒源石油化工股份有限公司	山东	1318151		347704		1942
348	广西洋浦南华糖业集团股份有限公司	广西	1317517	9101	1548766	413510	24588
349	富通集团有限公司	浙江	1312076	37663	863152	378276	5635

名次	企业名称	地区	营业收入（万元）	净利润（万元）	资产（万元）	所有者权益（万元）	从业人数（人）
350	山东联盟化工集团有限公司	山东	1306001	43154	827358	328750	6671
351	天津农垦集团有限公司	天津	1301778	36130	1998030	540383	7283
352	浙江东南网架集团有限公司	浙江	1300615	10346	1638857	399566	8160
353	河北新武安钢铁集团烘熔钢铁有限公司	河北	1300000	504	560000	5904	5050
354	河北前进钢铁集团有限公司	河北	1283384	30909	661978	251286	4030
355	重庆烟草工业有限责任公司	重庆	1275722	71936	774736	383266	2708
356	崇利制钢有限公司	河北	1270680	2440	507266	185152	2694
357	五得利面粉集团有限公司	河北	1258883	25228	255625	236524	4080
358	江西中烟工业有限责任公司	江西	1257175	108423	906002	651831	4816
359	湘电集团有限公司	湖南	1256271	1953	2783717	193130	13278
360	华新水泥股份有限公司	湖北	1252053	68028	2329142	849966	12904
361	宗申产业集团有限公司	重庆	1240378	13413	1211348	216239	13508
362	诸城外贸有限责任公司	山东	1236517	51511	1179937	472046	7886
363	浙江天圣控股集团有限公司	浙江	1226727	28262	816631	248782	4338
364	东辰控股集团有限公司	山东	1226090	94849	568608	412730	1592
365	金发科技股份有限公司	广东	1224014	77684	1269236	782386	4560
366	沪东中华造船（集团）有限公司	上海	1221299	8706	2365799	371926	7274
367	山东鲁北企业集团总公司	山东	1217346	55436	1033932	142018	5788
368	浙江翔盛集团有限公司	浙江	1215322	27908	890490	144854	4301
369	双钱集团股份有限公司	上海	1210158	29216	1074510	249406	2222
370	重庆市博赛矿业（集团）有限公司	重庆	1206048	20983	528797	286965	6130
371	庆铃汽车（集团）有限公司	重庆	1205789	15815	1300502	552726	3921
372	宁夏天元锰业有限公司	宁夏	1202610	93888	1274511	368780	12698
373	红太阳集团有限公司	江苏	1198736	152	1387596	93371	6309
374	山东神驰化工有限公司	山东	1170869	37616	484753	229544	1100
375	江苏大明金属制品有限公司	江苏	1170668	3545	431861	115463	1518
376	唐山东华钢铁企业集团有限公司	河北	1162443	17222	412460	96678	3100
377	山东永泰化工有限公司	山东	1160018	85203	489898	248057	4260
378	河南众品食业股份有限公司	河南	1151574	49900	772046	380428	7089
379	辛集市澳森钢铁有限公司	河北	1149393	33013	543424	349617	6950
380	杭州金鱼电器集团有限公司	浙江	1144946	11685	511705	100058	8400
381	华峰集团有限公司	浙江	1135003	11214	1783419	349960	6987
382	利时集团股份有限公司	浙江	1134527	33498	1025421	350974	6580
383	华通机电集团有限公司	浙江	1134138	59584	321585	117569	5127
384	辽宁曙光汽车集团股份有限公司	辽宁	1128563	32377	1511815	495030	8963

名次	企业名称	地区	营业收入（万元）	净利润（万元）	资产（万元）	所有者权益（万元）	从业人数（人）
385	山东泉林纸业有限责任公司	山东	1120830	65750	1111263	494237	10482
386	精工控股集团有限公司	浙江	1111145	3262	1669965	125468	10400
387	浙江富春江通信集团有限公司	浙江	1110733	19366	845151	273540	3300
388	大化集团有限责任公司	辽宁	1107131	3013	1413403	240905	5626
389	四川郎酒集团有限责任公司	四川	1100000	153449	1278889	484232	10019
390	浙江栋梁新材股份有限公司	浙江	1096463	8641	156650	108569	1071
391	兴乐集团有限公司	浙江	1083840	16974	268171	135202	3129
392	天津市建筑材料集团（控股）有限公司	天津	1082762	9882	988768	178132	7152
393	祐康食品集团有限公司	浙江	1071867	58659	774716	341855	8819
394	唐山三友集团有限公司	河北	1071189	-2463	1836340	327419	15282
395	上海奥盛投资控股（集团）有限公司	上海	1067235	29577	608827	325457	1405
396	景德镇市焦化工业集团有限责任公司	江西	1063841	621	1208703	144867	9519
397	山东华兴机械股份有限公司	山东	1062558	54560	473667	160558	2260
398	迁安市九江线材有限责任公司	河北	1062056	-36442	2056169	458550	20674
399	万丰奥特控股集团有限公司	浙江	1055450	56859	606080	353328	6898
400	惠州市德赛集团有限公司	广东	1050850	41663	980360	350923	13387
401	铜陵化学工业集团有限公司	安徽	1049614	5836	1195602	104446	7721
402	山推工程机械股份有限公司	山东	1048475	3062	1330570	419780	8677
403	山西晋城钢铁控股集团有限公司	山西	1048466	37396	642061	433883	
404	山东聊城鲁西化工集团股份有限公司	山东	1046979	12782	1643087	240001	12292
405	宁波博洋控股集团有限公司	浙江	1035000	15050	388054	58008	4583
406	大连重工·起重集团有限公司	辽宁	1028815	22922	2093103	541978	6122
407	人本集团有限公司	浙江	1027766	15618	746831	120772	18631
408	大连冰山集团有限公司	辽宁	1026665	43145	943658	424411	12549
409	厦门银鹭集团有限公司	福建	1025030	43413	937958	249923	16000
410	郑州煤矿机械集团股份有限公司	河南	1021285	158915	1299514	916078	5750
411	潍坊特钢集团有限公司	山东	1020789	18268	643379	453611	6119
412	三花控股集团有限公司	浙江	1020182	47093	1200311	444552	7923
413	胜达集团有限公司	浙江	1018513	57360	653978	363674	5528
414	得利斯集团有限公司	山东	1017614	33601	601710	394445	6450
415	广西盛隆冶金有限公司	广西	1017332	1863	973724	400085	5000
416	沈阳鼓风机集团股份有限公司	辽宁	1016849	23504	1353887	324613	7379
417	深圳华强集团有限公司	广东	1015257	63662	3563697	610303	18850
418	江苏上上电缆集团有限公司	江苏	1015003	26928	403397	220945	2818
419	安徽淮海实业发展集团有限公司	安徽	1010815		765229		13493

名次	企业名称	地区	营业收入（万元）	净利润（万元）	资产（万元）	所有者权益（万元）	从业人数（人）
420	中条山有色金属集团有限公司	山西	1007990	5728	895390	334767	12448
421	花园集团有限公司	浙江	1003881	42522	587052	293610	13217
422	山东创新金属科技股份有限公司	山东	1002984	14565	367558	51072	1600
423	江西江锂科技有限公司	江西	1001612	47334	539130	233948	3020
424	洪业化工集团股份有限公司	山东	1000173	63161	664625	277913	4240
425	河北钢铁集团龙海钢铁有限公司	河北	996492	1023	469749	40409	4000
426	秦皇岛安丰钢铁有限公司	河北	976452	5056	668706	148636	11000
427	邢台钢铁有限责任公司	河北	964975	3284	900296	236016	6786
428	澳柯玛股份有限公司	山东	952705	16457	528107	76621	7300
429	广州立白企业集团有限公司	广东	951689	43067	499672	232911	12870
430	天津市恒兴钢业有限公司	天津	947082	39082	515102	55003	700
431	新凤鸣集团股份有限公司	浙江	944837	17620	421781	183600	6244
432	海天塑机集团有限公司	浙江	942858	118741	1366670	654586	6990
433	上海浦东电线电缆（集团）有限公司	上海	941060	34468	265238	196864	2155
434	青岛即发集团控股有限公司	山东	938737	33313	495004	256920	21221
435	农夫山泉股份有限公司	浙江	938470	115801	731894	295051	7829
436	宁波宝新不锈钢有限公司	浙江	925953	11101	613471	303267	895
437	杭叉集团股份有限公司	浙江	920050	20754	284030	119128	2195
438	振石控股集团有限公司	浙江	910799	17171	1127566	309774	3442
439	浙江协和集团有限公司	浙江	903327	1957	332893	33621	825
440	湖北新洋丰肥业股份有限公司	湖北	900544	37926	532271	186816	6020
441	河北天柱钢铁集团有限公司	河北	900083	18900	527680	125943	6200
442	湖北枝江酒业集团	湖北	900000	35069	188516	88214	6182
443	宁波申洲针织有限公司	浙江	893758	162106	989541	808737	51400
444	河北诚信有限责任公司	河北	889171	78473	439795	276429	5189
445	厦门钨业股份有限公司	福建	883690	52612	1366100	385537	9764
446	云南南磷集团股份有限公司	云南	879374	21604	527002	225578	3907
447	兴惠化纤集团有限公司	浙江	861156	15801	513400	190214	3196
448	重庆小康控股有限公司	重庆	858185	19060	1140173	126992	10877
449	山东石大科技集团有限公司	山东	852009	9707	339302	77405	594
450	广博集团股份有限公司	浙江	850123	19407	1132626	297067	3000
451	海马汽车集团股份有限公司	海南	846130	16448	1269011	668045	8262
452	兰溪自立铜业有限公司	浙江	844303	4022	334866	31676	860
453	杭州制氧机集团有限公司	浙江	839661	31699	1029054	295206	5028
454	河北白沙烟草有限责任公司	河北	838087	80469	554445	468394	4017

名次	企业名称	地区	营业收入（万元）	净利润（万元）	资产（万元）	所有者权益（万元）	从业人数（人）
455	山东润峰集团有限公司	山东	837625	49027	630845	201470	6000
456	河北立中有色金属集团	河北	836116	11096	468880	132082	6316
457	北京顺鑫农业股份有限公司	北京	834195	12582	1247960	288557	6930
458	青海盐湖工业股份有限公司	青海	827080	252426	4244005	1593028	14108
459	惠州市华阳集团有限公司	广东	825527	28277	469374	181535	22137
460	铜陵精达铜材（集团）有限责任公司	安徽	824843	7154	446268	35195	2337
461	孚日集团股份有限公司	山东	820998	13512	698397	286889	18520
462	富丽达集团控股有限公司	浙江	819875	15328	1400437	174586	6607
463	湖南金龙国际集团	湖南	816783	14850	68388	34161	459
464	厦门厦工机械股份有限公司	福建	814983	12733	1174239	470085	5602
465	辽宁禾丰牧业股份有限公司	辽宁	813852	23813	305006	156940	3951
466	江苏海达科技集团有限公司	江苏	810378	29065	599910		3986
467	无锡市凌峰铜业有限公司	江苏	807459	4783	589076	27954	135
468	中国吉林森林工业集团有限责任公司	吉林	805437	29431	1908273	186394	61000
469	致达控股集团有限公司	上海	803852	19358	1313273	252700	7585
470	东北制药集团有限责任公司	辽宁	803597	-1283	673620	109310	9528
471	河北新武安钢铁集团鑫汇冶金有限公司	河北	798161	28365	671869	153662	2410
472	广州无线电集团有限公司	广东	796903	40409	2172125	298724	10275
473	浙江富陵控股集团有限公司	浙江	795735	17795	675962	155509	902
474	开氏集团有限公司	浙江	792732	5961	497103	84536	2824
475	金洲集团有限公司	浙江	792485	3723	343672	71617	3800
476	浙江航民实业集团有限公司	浙江	788182	7213	538808	91690	9794
477	华翔集团股份有限公司	浙江	786409	19850	1022095	172649	8024
478	杭州诺贝尔集团有限公司	浙江	785329	32189	1089267	278337	11800
479	四川化工控股（集团）有限责任公司	四川	784749	-45956	2538721	249289	23423
480	河北鑫海化工有限公司	河北	770966	3671	210823	39542	589
481	龙达集团有限公司	浙江	769715	9924	458631	129315	2245
482	重庆润通投资有限公司	重庆	768721	31725	536364	93663	12386
483	桂林力源粮油食品集团有限公司	广西	767615	6758	142233	42454	3452
484	山西兰花科技创业股份有限公司	山西	763010	172000	1887477	1036429	18846
485	四川龙蟒集团有限责任公司	四川	758976	20727	1065891	119535	8362
486	安徽楚江投资集团有限公司	安徽	758963	7783	335107	113417	4627
487	邯郸市正大制管有限公司	河北	752000	7500	107033	39424	2170
488	张家口卷烟厂有限责任公司	河北	751768	46886	316404	212036	2905
489	天洁集团有限公司	浙江	746366	39970	380955	120925	1939

名次	企业名称	地区	营业收入（万元）	净利润（万元）	资产（万元）	所有者权益（万元）	从业人数（人）
490	江苏隆力奇集团有限公司	江苏	743690	19133	482190	176641	4958
491	河南财鑫集团有限责任公司	河南	738482	24801	371765	205771	5126
492	成都神钢工程机械（集团）有限公司	四川	735432	4786	1307846	157246	3991
493	中国四联仪器仪表集团有限公司	重庆	735005	16250	925061	109109	11789
494	北京纺织控股有限责任公司	北京	732884	22830	1589545	533662	12552
495	天津金耀集团有限公司（天津药业集团有限公司）	天津	731143	40123	1497389	809519	4005
496	鲁泰纺织股份有限公司	山东	727664	70786	1010760	526870	23900
497	新疆中泰（集团）股份有限公司	新疆	722067	4391	2274093	153562	11060
498	胜利油田高原石油装备有限责任公司	山东	721853	15032	348290	86693	2400
499	得力集团有限公司	浙江	706594	18068	810475	31426	6667
500	浙江森马服饰股份有限公司	浙江	706347	76080	927116	784847	2246
	合计		2338225923	52028652	2144240837	556020600	12643875

说　明

1. 2013 中国制造业企业 500 强是中国企业联合会、中国企业家协会参照国际惯例，组织企业自愿申报，并经专家审定确认后产生的。申报企业包括在中国境内注册、2012 年完成营业收入达到 40 亿元（人民币）以上（含 40 亿元）的企业（不包括行政性公司和资产经营公司，不包括在华外资、港澳台独资、控股企业；但包括在境外注册、投资主体为中国自然人或法人、主要业务在境内的企业，属于我国银监会、保监会和各级国资委监管的企业）。为了避免重复，属于集团公司控股的企业，如果其财务报表最后能被合并到母公司的财务会计报表中去，则只允许其母公司申报。

2. 表中所列数据由企业自愿申报或属于上市公司公开数据、并经会计师事务所或审计师事务所等单位认可。

3. 营业收入是 2012 年不含增值税的收入，包括企业的所有收入，即主营业务和非主营业务、境内和境外的收入。净利润是 2012 年上交所得税后的净利润扣除少数股权收益后归属母公司所有者的净利润。资产是 2012 年度末的资产总额。归属母公司所有者权益是 2012 年末所有者权益总额扣除少数股东权益后的母公司所有者权益。研究开发费用是 2011 年企业投入研究开发的所有费用。从业人数是 2012 年度的平均人数（含所有被合并报表企业的人数）。

4. 行业分类参照了国家统计局的分类方法，依据其主营业务收入所在行业来划分；地区分类是按企业总部所在地划分。

表9-2　　2013中国制造业企业500强各行业企业分布

排名	企业名称	营业收入（万元）
农副食品及农产品加工业		
1	新希望集团有限公司	8063941
2	通威集团有限公司	4127387
3	双胞胎（集团）股份有限公司	3082715
4	西王集团有限公司	2608127
5	三河汇福粮油集团有限公司	2165013
6	山东渤海实业股份有限公司	1979188
7	广西农垦集团有限责任公司	1764080
8	广东海大集团股份有限公司	1545145
9	天津农垦集团有限公司	1301778
10	五得利面粉集团有限公司	1258883
11	辽宁禾丰牧业股份有限公司	813852
12	桂林力源粮油食品集团有限公司	767615
	合计	29477724
食品加工制造业		
1	光明食品（集团）有限公司	13937176
2	中国盐业总公司	3474335
3	天狮集团有限公司	2960033
4	北京二商集团有限责任公司	1810438
5	上海良友（集团）有限公司	1750574
6	香驰控股有限公司	1357632
7	广西洋浦南华糖业集团股份有限公司	1317517
8	祐康食品集团有限公司	1071867
9	厦门银鹭集团有限公司	1025030
10	得利斯集团有限公司	1017614
	合计	29722216
乳制品加工业		
1	内蒙古伊利实业集团股份有限公司	4199069
	合计	4199069
纺织、印染业		
1	雨润控股集团有限公司	10616987
2	临沂新程金锣肉制品集团有限公司	4221685
3	河南省漯河市双汇实业集团有限责任公司	3982680
4	诸城外贸有限责任公司	1236517
5	河南众品食业股份有限公司	1151574
6	北京顺鑫农业股份有限公司	834195
	合计	22043638
饮料加工业		
1	杭州娃哈哈集团有限公司	6363451
2	维维集团股份有限公司	2281573
3	农夫山泉股份有限公司	938470
	合计	9583494
酿酒制造业		
1	四川省宜宾五粮液集团有限公司	6008905
2	泸州老窖集团有限责任公司	3452845
3	中国贵州茅台酒厂（集团）有限责任公司	3044953
4	青岛啤酒股份有限公司	2578154
5	北京燕京啤酒集团公司	1732262
6	江苏洋河酒厂股份有限公司	1727048
7	湖北稻花香集团公司	1600426
8	四川郎酒集团有限责任公司	1100000
9	湖北枝江酒业集团	900000
	合计	22144593
烟草加工业		
1	上海烟草集团有限责任公司	10172803
2	红塔烟草（集团）有限责任公司	9094348
3	湖南中烟工业有限责任公司	8336170
4	红云红河烟草（集团）有限责任公司	7477746
5	湖北中烟工业有限责任公司	5990385
6	浙江中烟工业有限责任公司	5126992
7	贵州中烟工业有限责任公司	2961640
8	安徽中烟工业有限责任公司	2831159
9	广西中烟工业有限责任公司	1683259
10	重庆烟草工业有限责任公司	1275722
11	江西中烟工业有限责任公司	1257175
12	河北白沙烟草有限责任公司	838087
13	张家口卷烟厂有限责任公司	751768
	合计	57797254
肉食品加工业		
1	山东魏桥创业集团有限公司	18651498
2	上海纺织（集团）有限公司	4400602
3	山东如意科技集团有限公司	3415704
4	江苏阳光集团有限公司	3208423
5	华芳集团有限公司	2682758
6	山东大海集团有限公司	2563076
7	澳洋集团有限公司	2013570
8	天津纺织集团（控股）有限公司	1986741
9	山东澳亚纺织有限公司	1369862
10	浙江天圣控股集团有限公司	1226727

排名	企业名称	营业收入（万元）
11	兴惠化纤集团有限公司	861156
12	富丽达集团控股有限公司	819875
13	北京纺织控股有限责任公司	732884
	合计	43932876

排名	企业名称	营业收入（万元）
纺织品、服装、鞋帽、服饰加工业		
1	雅戈尔集团股份有限公司	4444227
2	红豆集团有限公司	4021249
3	海澜集团有限公司	3301930
4	杉杉控股有限公司	2402587
5	波司登股份有限公司	2282376
6	内蒙古鄂尔多斯羊绒集团有限责任公司	1909066
7	维科控股集团股份有限公司	1769079
8	奥康集团有限公司	1545195
9	宁波博洋控股集团有限公司	1035000
10	青岛即发集团控股有限公司	938737
11	宁波申洲针织有限公司	893758
12	孚日集团股份有限公司	820998
13	鲁泰纺织股份有限公司	727664
14	浙江森马服饰股份有限公司	706347
	合计	26798213

排名	企业名称	营业收入（万元）
木材、藤、竹、家具等加工及木制品、纸制品等印刷、包装业		
1	上上集团有限公司	2344445
2	中国吉林森林工业集团有限责任公司	805437
	合计	3149882

排名	企业名称	营业收入（万元）
造纸及纸制品加工业		
1	山东大王集团有限公司	7596998
2	山东晨鸣纸业集团股份有限公司	4579484
3	山东太阳纸业股份有限公司	3080315
4	华泰集团有限公司	3017857
5	金东纸业（江苏）股份有限公司	2494315
6	山东博汇集团有限公司	2174250
7	山东泉林纸业有限责任公司	1120830
8	胜达集团有限公司	1018513
	合计	25082562

排名	企业名称	营业收入（万元）
生活用品（含文体、玩具、工艺品、珠宝）等轻工产品加工制造业		
1	天津市一轻集团（控股）有限公司	6166801
2	老凤祥股份有限公司	2555340
3	重庆轻纺控股（集团）公司	2553646
4	天津二轻集团（控股）有限公司	2072844
5	广博集团股份有限公司	850123
	合计	14198754

排名	企业名称	营业收入（万元）
石化产品、炼焦及其他燃料生产加工业		
1	中国石油化工集团公司	283060946
2	山东东明石化集团有限公司	4140165
3	大连西太平洋石油化工有限公司	3867522
4	云南煤化工集团有限公司	3023206
5	山东金诚石化集团有限公司	2892519
6	山东京博控股股份有限公司	2800000
7	利华益集团股份有限公司	2665007
8	嘉晨集团有限公司	2300616
9	宁夏宝塔石化集团有限公司	1925627
10	山东华星石油化工集团有限公司	1749179
11	山东万通石油化工集团有限公司	1569893
12	正和集团股份有限公司	1527872
13	山东垦利石化有限责任公司	1492554
14	山东恒源石油化工股份有限公司	1318151
15	山东神驰化工有限公司	1170869
16	景德镇市焦化工业集团有限责任公司	1063841
17	山东石大科技集团有限公司	852009
18	河北鑫海化工有限公司	770966
	合计	318190942

排名	企业名称	营业收入（万元）
化学原料及化学制品制造业		
1	中国化工集团公司	20169454
2	湖北宜化集团有限责任公司	7050219
3	天津渤海化工集团有限责任公司	6600117
4	云天化集团有限责任公司	5987893
5	上海华谊（集团）公司	4492597
6	江阴澄星实业集团有限公司	3802090
7	滨化集团公司	3417669
8	亚邦投资控股集团有限公司	2797814
9	传化集团有限公司	2489782
10	山东金岭集团有限公司	2477773
11	新疆天业（集团）有限公司	2266463
12	浙江龙盛控股有限公司	2135037
13	宜昌兴发集团有限责任公司	1905052
14	江苏三木集团有限公司	1676949
15	逸盛大化石化有限公司	1613439
16	升华集团控股有限公司	1605044
17	巨化集团公司	1531958
18	纳爱斯集团有限公司	1358762
19	山东联盟化工集团有限公司	1306001
20	东辰控股集团有限公司	1226090
21	山东鲁北企业集团总公司	1217346
22	红太阳集团有限公司	1198736

排名	企业名称	营业收入（万元）
23	大化集团有限责任公司	1107131
24	唐山三友集团有限公司	1071189
25	铜陵化学工业集团有限公司	1049614
26	山东聊城鲁西化工集团股份有限公司	1046979
27	洪业化工集团股份有限公司	1000173
28	广州立白企业集团有限公司	951689
29	湖北新洋丰肥业股份有限公司	900544
30	河北诚信有限责任公司	889171
31	云南南磷集团股份有限公司	879374
32	青海盐湖工业股份有限公司	827080
33	四川化工控股（集团）有限责任公司	784749
34	四川龙蟒集团有限责任公司	758976
35	江苏隆力奇集团有限公司	743690
36	新疆中泰（集团）股份有限公司	722067
	合计	91058711
医药、医疗设备制造业		
1	上海医药集团股份有限公司	6807812
2	广州医药集团有限公司	4281513
3	科创控股集团有限公司	3480242
4	扬子江药业集团有限公司	3352658
5	四川科伦实业集团有限公司	2884595
6	天津市医药集团有限公司	2614854
7	太极集团有限公司	2010754
8	杭州华东医药集团有限公司	1987654
9	天津天士力集团有限公司	1852130
10	威高集团有限公司	1650084
11	石药集团有限责任公司	1640175
12	华鲁控股集团有限公司	1337901
13	东北制药集团有限责任公司	803597
14	天津金耀集团有限公司（天津药业集团有限公司）	731143
	合计	35435112
化学纤维制造业		
1	恒力集团有限公司	8528616
2	浙江恒逸集团有限公司	7032005
3	江苏三房巷集团有限公司	5302057
4	浙江荣盛控股集团有限公司	4682896
5	浙江远东化纤集团有限公司	3805550
6	盛虹控股集团有限公司	3656846
7	浙江桐昆控股集团有限公司	2466369
8	江苏华宏实业集团有限公司	1353895
9	兴达投资集团有限公司	1318310
10	浙江翔盛集团有限公司	1215322

排名	企业名称	营业收入（万元）
11	华峰集团有限公司	1135003
12	新凤鸣集团股份有限公司	944837
13	开氏集团有限公司	792732
14	龙达集团有限公司	769715
	合计	43004153
橡胶制品业		
1	华勤橡胶工业集团有限公司	3192043
2	杭州橡胶（集团）公司	3104549
3	山东胜通集团股份有限公司	2613978
4	山东玉皇化工有限公司	2249534
5	玲珑集团有限公司	2011676
6	三角集团有限公司	1707399
7	双钱集团股份有限公司	1210158
8	山东永泰化工有限公司	1160018
	合计	17249355
塑料制品业		
1	浙江大东南集团有限公司	1518052
2	金发科技股份有限公司	1224014
3	浙江富陵控股集团有限公司	795735
	合计	3537801
建筑材料及玻璃等制造业		
1	中国建筑材料集团有限公司	21743206
2	安徽海螺集团有限责任公司	6902433
3	中国中材集团有限公司	6413202
4	北京金隅集团有限责任公司	4188898
5	吉林亚泰（集团）股份有限公司	3862468
6	沂州集团有限公司	2525247
7	天瑞集团股份有限公司	2253827
8	冀东发展集团有限责任公司	2047861
9	沈阳远大企业集团	2012542
10	红狮控股集团有限公司	1439566
11	华新水泥股份有限公司	1252053
12	天津市建筑材料集团（控股）有限公司	1082762
13	上海奥盛投资控股（集团）有限公司	1067235
14	杭州诺贝尔集团有限公司	785329
	合计	57576629
黑色冶金及压延加工业		
1	宝钢集团有限公司	28822553
2	河北钢铁集团有限公司	24782802
3	江苏沙钢集团有限公司	21803592
4	首钢总公司	21659589

排名	企业名称	营业收入（万元）
5	武汉钢铁（集团）公司	21377324
6	新兴际华集团有限公司	18031285
7	鞍钢集团公司	14882509
8	太原钢铁（集团）有限公司	14056682
9	山东钢铁集团有限公司	11668222
10	天津天钢集团有限公司	10860029
11	天津钢管集团股份有限公司	10515233
12	酒泉钢铁（集团）有限责任公司	10227951
13	本钢集团有限公司	10042717
14	天津冶金集团有限公司	9506101
15	杭州钢铁集团公司	9150977
16	马钢（集团）控股有限公司	8184660
17	天津天铁冶金集团有限公司	8183222
18	中天钢铁集团有限公司	7019947
19	湖南华菱钢铁集团有限责任公司	6895184
20	北京建龙重工集团有限公司	6769522
21	南京钢铁集团有限公司	6581560
22	新华联合冶金控股集团有限公司	6002209
23	河北津西钢铁集团股份有限公司	5090487
24	包头钢铁（集团）有限责任公司	5051720
25	陕西东岭工贸集团股份有限公司	4909746
26	江苏西城三联控股集团	4855056
27	天津荣程联合钢铁集团有限公司	4601212
28	日照钢铁控股集团有限公司	4534220
29	河北敬业企业集团有限责任公司	4519086
30	江苏新长江实业集团有限公司	4324677
31	青山控股集团有限公司	4244772
32	新余钢铁集团有限公司	3836177
33	四川省川威集团有限公司	3787014
34	江西萍钢实业股份有限公司	3722428
35	唐山瑞丰钢铁（集团）有限公司	3624064
36	江苏申特钢铁有限公司	3602668
37	青岛钢铁控股集团有限责任公司	3586438
38	安阳钢铁集团有限责任公司	3430456
39	山东泰山钢铁集团有限公司	3305846
40	昆明钢铁控股有限公司	3200160
41	唐山港陆钢铁有限公司	3019207
42	四川德胜集团钢铁有限公司	3014566
43	福建省三钢（集团）有限责任公司	2794238
44	东北特殊钢集团有限责任公司	2679528
45	重庆钢铁（集团）有限责任公司	2590857
46	河北普阳钢铁有限公司	2494506
47	河北文丰钢铁有限公司	2430287
48	河北新金钢铁有限公司	2379830
49	天津友发钢管集团有限公司	2211661
50	武安市明芳钢铁有限公司	2185658
51	武安市裕华钢铁有限公司	2120926
52	四川省达州钢铁集团有限责任公司	2095520
53	湖南博长控股集团有限公司	2054485
54	河北新武安钢铁集团文安钢铁有限公司	2013257
55	四平红嘴集团总公司	1961081
56	凌源钢铁集团有限责任公司	1951181
57	金鼎重工股份有限公司	1910000
58	西林钢铁集团有限公司	1848398
59	南金兆集团有限公司	1668379
60	山东淄博傅山企业集团有限公司	1608912
61	河南济源钢铁（集团）有限公司	1530892
62	武安市广耀铸业有限公司	1423634
63	方大特钢科技股份有限公司	1335510
64	河北新武安钢铁集团烘熔钢铁有限公司	1300000
65	河北前进钢铁集团有限公司	1283384
66	崇利制钢有限公司	1270680
67	唐山东华钢铁企业集团有限公司	1162443
68	辛集市澳森钢铁有限公司	1149393
69	迁安市九江线材有限责任公司	1062056
70	山西晋城钢铁控股集团有限公司	1048466
71	潍坊特钢集团有限公司	1020789
72	广西盛隆冶金有限公司	1017332
73	河北钢铁集团龙海钢铁有限公司	996492
74	秦皇岛安丰钢铁有限公司	976452
75	邢台钢铁有限责任公司	964975
76	天津市恒兴钢业有限公司	947082
77	宁波宝新不锈钢有限公司	925953
78	振石控股集团有限公司	910799
79	浙江协和集团有限公司	903327
80	河北天柱钢铁集团有限公司	900083
81	河北新武安钢铁集团鑫汇冶金有限公司	798161
	合计	429210477

一般有色冶金及压延加工业		
1	中国铝业公司	24493959
2	正威国际集团有限公司	18668119
3	江西铜业集团公司	17590039
4	中国有色矿业集团有限公司	15234511
5	金川集团股份有限公司	15118660
6	铜陵有色金属集团控股有限公司	10653077
7	陕西有色金属控股集团有限责任公司	8478156
8	海亮集团有限公司	7852780
9	南山集团有限公司	7084631
10	大冶有色金属集团控股有限公司	6350944

排名	企业名称	营业收入（万元）
11	广西投资集团有限公司	4232901
12	白银有色集团股份有限公司	3733145
13	四川宏达（集团）有限公司	3664311
14	金龙精密铜管集团股份有限公司	3181653
15	宁波金田投资控股有限公司	3108829
16	云南冶金集团股份有限公司	3001137
17	云南锡业集团（控股）有限责任公司	2634884
18	晟通科技集团有限公司	2625201
19	东营方圆有色金属有限公司	2449311
20	东营鲁方金属材料有限公司	2370428
21	西部矿业集团有限公司	2366597
22	万基控股集团有限公司	2362615
23	广西有色金属集团有限公司	2296396
24	河南豫联能源集团有限责任公司	2263655
25	河南豫光金铅集团有限责任公司	2100638
26	深圳市中金岭南有色金属股份有限公司	1844005
27	山东天圆铜业有限公司	1789038
28	江西稀有金属钨业控股集团有限公司	1764654
29	江西钨业集团有限公司	1739974
30	天津华北集团有限公司	1419919
31	杭州富春江冶炼有限公司	1414860
32	宁夏天元锰业有限公司	1202610
33	人本集团有限公司	1027766
34	中条山有色金属集团有限公司	1007990
35	山东创新金属科技股份有限公司	1002984
36	江西江锂科技有限公司	1001612
37	厦门钨业股份有限公司	883690
38	兰溪自立铜业有限公司	844303
39	河北立中有色金属集团	836116
40	无锡市凌峰铜业有限公司	807459
41	安徽楚江投资集团有限公司	758963
	合计	193262520

黄金冶炼及压延加工业		
1	中国黄金集团公司	10052265
2	山东黄金集团有限公司	5722701
3	紫金矿业集团股份有限公司	4841472
4	山东招金集团有限公司	4030166
	合计	24646604

金属制品、加工工具、工业辅助产品加工制造业		
1	春风实业集团有限责任公司	2430442
2	江苏法尔胜泓昇集团有限公司	2293832
3	精功集团有限公司	2082663
4	浙江元立金属制品集团有限公司	1842468
5	福星集团	1623985
6	浙江东南网架集团有限公司	1300615
7	江苏大明金属制品有限公司	1170668
8	精工控股集团有限公司	1111145
9	浙江栋梁新材股份有限公司	1096463
10	湖南金龙国际集团	816783
11	江苏海达科技集团有限公司	810378
12	金洲集团有限公司	792485
13	邯郸市正大制管有限公司	752000
	合计	18123927

工程机械、设备及零配件制造业		
1	徐州工程机械集团有限公司	10117841
2	中联重科股份有限公司	9025181
3	三一集团有限公司	8236876
4	上海振华重工（集团）股份有限公司	1825500
5	太原重型机械集团有限公司	1707326
6	临沂临工机械集团	1611801
7	广西柳工集团有限公司	1562415
8	山推工程机械股份有限公司	1048475
9	大连重工·起重集团有限公司	1028815
10	郑州煤矿机械集团股份有限公司	1021285
11	杭叉集团股份有限公司	920050
12	厦门厦工机械股份有限公司	814983
13	成都神钢工程机械（集团）有限公司	735432
	合计	39655980

工业机械、设备及零配件制造业		
1	盾安控股集团有限公司	3895031
2	中国恒天集团有限公司	3687956
3	大连市机床集团有限责任公司	1846492
4	沈阳机床（集团）有限责任公司	1650280
5	北方重工集团有限公司	1404419
6	大连冰山集团有限公司	1026665
7	沈阳鼓风机集团股份有限公司	1016849
8	海天塑机集团有限公司	942858
9	杭州制氧机集团有限公司	839661
10	天洁集团有限公司	746366
	合计	17056577

农林机械、设备及零配件制造业		
1	山东时风（集团）有限责任公司	2821730
2	福田雷沃国际重工股份有限公司	1862805
	合计	4684535

排名	企业名称	营业收入（万元）
电力、电气等设备、机械、元器件及光伏、电池、线缆制造业		
1	天津百利机电控股集团有限公司	5007000
2	超威电源有限公司	3451887
3	正泰集团股份有限公司	3118073
4	上海人民企业（集团）有限公司	2800215
5	人民电器集团有限公司	2786551
6	德力西集团有限公司	2763261
7	天正集团有限公司	2650652
8	亨通集团有限公司	2639500
9	江苏金辉铜业集团有限公司	2491864
10	北京京城机电控股有限责任公司	2482267
11	新疆特变电工集团有限公司	2471128
12	宁波富邦控股集团有限公司	2262129
13	远东控股集团有限公司	2149747
14	宝胜集团有限公司	2093928
15	中国西电集团公司	1576280
16	永鼎集团有限公司	1547920
17	天津塑力线缆集团有限公司	1529884
18	上海胜华电缆（集团）有限公司	1361720
19	富通集团有限公司	1312076
20	湘电集团有限公司	1256271
21	华通机电集团有限公司	1134138
22	浙江富春江通信集团有限公司	1110733
23	兴乐集团有限公司	1083840
24	江苏上上电缆集团有限公司	1015003
25	上海浦东电线电缆（集团）有限公司	941060
26	铜陵精达铜材（集团）有限责任公司	824843
	合计	53861970
电梯及运输、仓储设备与设施制造业		
1	中国国际海运集装箱（集团）股份有限公司	5433406
2	西子联合控股有限公司	2058239
	合计	7491645
轨道交通设备及零部件制造业		
1	中国南车集团公司	9264023
2	中国北方机车车辆工业集团公司	9229456
	合计	18493479
家用电器及零配件制造业		
1	海尔集团公司	16309769
2	美的集团有限公司	10271302
3	珠海格力电器股份有限公司	10011010
4	海信集团有限公司	8105139
5	四川长虹电子集团有限公司	8031205

排名	企业名称	营业收入（万元）
6	TCL 集团股份有限公司	6944835
7	奥克斯集团有限公司	4052627
8	广东格兰仕集团有限公司	2824188
9	江苏双良集团有限公司	2456165
10	广州万宝集团有限公司	2102193
11	杭州金鱼电器集团有限公司	1144946
12	澳柯玛股份有限公司	952705
13	惠州市华阳集团有限公司	825527
	合计	74031611
电子元器件与仪器仪表、自动化控制设备制造业		
1	中国电子信息产业集团有限公司	18303462
2	山东科达集团有限公司	2250213
3	晶龙实业集团有限公司	1950059
4	惠州市德赛集团有限公司	1050850
5	三花控股集团有限公司	1020182
6	山东润峰集团有限公司	837625
7	广州无线电集团有限公司	796903
8	中国四联仪器仪表集团有限公司	735005
	合计	26944299
计算机及零部件制造业		
1	联想控股有限公司	22664582
2	北大方正集团有限公司	6175052
3	京东方科技集团股份有限公司	2577158
4	同方股份有限公司	2234268
	合计	33651060
通讯器材及设备、元器件制造业		
1	华为技术有限公司	22019800
2	天津中环电子信息集团有限公司	14553832
3	中兴通讯股份有限公司	8421936
4	武汉邮电科学研究院	1654385
5	四川九洲电器集团有限责任公司	1511785
	合计	48161738
办公、影像等电子设备、元器件制造业		
1	深圳华强集团有限公司	1015257
2	得力集团有限公司	706594
	合计	1721851
汽车及零配件制造业		
1	上海汽车集团股份有限公司	48097967
2	中国第一汽车集团公司	40938423
3	东风汽车公司	38942093

排名	企业名称	营业收入（万元）
4	北京汽车集团有限公司	21056943
5	浙江吉利控股集团有限公司	15489452
6	广州汽车工业集团有限公司	15233628
7	华晨汽车集团控股有限公司	10674739
8	万向集团公司	9587435
9	江苏悦达集团有限公司	8834700
10	长城汽车股份有限公司	4315997
11	安徽江淮汽车集团有限公司	3483236
12	江铃汽车集团公司	3303517
13	陕西汽车控股集团有限公司	3108304
14	奇瑞汽车股份有限公司	3057174
15	郑州宇通集团有限公司	2375456
16	厦门金龙汽车集团股份有限公司	1916535
17	三环集团公司	1492519
18	山东五征集团	1399493
19	柳州五菱汽车有限责任公司	1365399
20	庆铃汽车（集团）有限公司	1205789
21	辽宁曙光汽车集团股份有限公司	1128563
22	万丰奥特控股集团有限公司	1055450
23	重庆小康控股有限公司	858185
24	海马汽车集团股份有限公司	846130
25	华翔集团股份有限公司	786409
	合计	240553536
摩托车及零配件制造业		
1	隆鑫控股有限公司	2247099
2	重庆力帆控股有限公司	2208780
3	宗申产业集团有限公司	1240378
4	重庆润通投资有限公司	768721
	合计	6464978
船舶工业		
1	中国船舶重工集团公司	17510186
2	江苏扬子江船业集团公司	2953677
3	上海外高桥造船有限公司	1500560
4	金海重工股份有限公司	1379543
5	春和集团有限公司	1362867
6	沪东中华造船（集团）有限公司	1221299
	合计	25928132
动力、电力生产等装备、设备制造业		
1	上海电气（集团）总公司	9355450

排名	企业名称	营业收入（万元）
2	潍柴控股集团有限公司	8068291
3	杭州汽轮动力集团有限公司	4658578
4	中国东方电气集团有限公司	4260728
5	广西玉柴机器集团有限公司	4157322
6	哈尔滨电气集团公司	3062317
7	卧龙控股集团有限公司	1527728
8	胜利油田高原石油装备有限责任公司	721853
	合计	35812267
航空航天及国防军工业		
1	中国兵器工业集团公司	36611379
2	中国兵器装备集团公司	30264029
3	中国航空工业集团公司	30060591
4	中国航天三江集团公司	1423968
	合计	98359967
综合制造业（以制造业为主，含有服务业）		
1	中国五矿集团公司	32686526
2	上海复星高科技（集团）有限公司	5290593
3	江苏华西集团公司	5245529
4	无锡产业发展集团有限公司	5103135
5	比亚迪股份有限公司	4685380
6	新华联集团有限公司	3822805
7	华盛江泉集团有限公司	3324840
8	重庆化医控股（集团）公司	3143467
9	重庆机电控股（集团）公司	2857629
10	万达控股集团有限公司	2355301
11	苏州创元投资发展（集团）有限公司	2146662
12	杭州锦江集团有限公司	2011262
13	攀枝花钢城集团有限公司	1745258
14	江苏天地龙控股集团有限公司	1671178
15	华立集团股份有限公司	1324872
16	重庆市博赛矿业（集团）有限公司	1206048
17	利时集团股份有限公司	1134527
18	山东华兴机械股份有限公司	1062558
19	安徽淮海实业发展集团有限公司	1010815
20	花园集团有限公司	1003881
21	致达控股集团有限公司	803852
22	浙江航民实业集团有限公司	788182
23	山西兰花科技创业股份有限公司	763010
24	河南财鑫集团有限责任公司	738482
	合计	85925792

表 9-3　　　　2013 中国制造业企业 500 强各地区企业分布

排名	企业名称	营业收入（万元）
北京		
1	中国石油化工集团公司	283060946
2	中国兵器工业集团公司	36611379
3	中国五矿集团公司	32686526
4	中国兵器装备集团公司	30264029
5	中国航空工业集团公司	30060591
6	中国铝业公司	24493959
7	联想控股有限公司	22664582
8	中国建筑材料集团有限公司	21743206
9	首钢总公司	21659589
10	北京汽车集团有限公司	21056943
11	中国化工集团公司	20169454
12	中国电子信息产业集团有限公司	18303462
13	新兴际华集团有限公司	18031285
14	中国船舶重工集团公司	17510186
15	中国有色矿业集团有限公司	15234511
16	中国黄金集团公司	10052265
17	中国南车集团公司	9264023
18	中国北方机车车辆工业集团公司	9229456
19	北京建龙重工集团有限公司	6769522
20	中国中材集团有限公司	6413202
21	北大方正集团有限公司	6175052
22	新华联合冶金控股集团有限公司	6002209
23	北京金隅集团有限责任公司	4188898
24	新华联集团有限公司	3822805
25	中国恒天集团有限公司	3687956
26	中国盐业总公司	3474335
27	京东方科技集团股份有限公司	2577158
28	北京京城机电控股有限责任公司	2482267
29	同方股份有限公司	2234268
30	北京二商集团有限责任公司	1810438
31	北京燕京啤酒集团公司	1732262
32	北京顺鑫农业股份有限公司	834195
33	北京纺织控股有限责任公司	732884
	合计	695033843
上海		
1	上海汽车集团股份有限公司	48097967
2	宝钢集团有限公司	28822553
3	光明食品（集团）有限公司	13937176
4	上海烟草集团有限责任公司	10172803
5	上海电气（集团）总公司	9355450
6	上海医药集团股份有限公司	6807812
7	上海复星高科技（集团）有限公司	5290593
8	上海华谊（集团）公司	4492597
9	上海纺织（集团）有限公司	4400602
10	上海人民企业（集团）有限公司	2800215
11	老凤祥股份有限公司	2555340
12	上海振华重工（集团）股份有限公司	1825500
13	上海良友（集团）有限公司	1750574
14	上海外高桥造船有限公司	1500560
15	上海胜华电缆（集团）有限公司	1361720
16	沪东中华造船（集团）有限公司	1221299
17	双钱集团股份有限公司	1210158
18	上海奥盛投资控股（集团）有限公司	1067235
19	上海浦东电线电缆（集团）有限公司	941060
20	致达控股集团有限公司	803852
	合计	148415066
天津		
1	天津中环电子信息集团有限公司	14553832
2	天津天钢集团有限公司	10860029
3	天津钢管集团股份有限公司	10515233
4	天津冶金集团有限公司	9506101
5	天津天铁冶金集团有限公司	8183222
6	天津渤海化工集团有限责任公司	6600117
7	天津市一轻集团（控股）有限公司	6166801
8	天津百利机电控股集团有限公司	5007000
9	天津荣程联合钢铁集团有限公司	4601212
10	天狮集团有限公司	2960033
11	天津市医药集团有限公司	2614854
12	天津友发钢管集团有限公司	2211661
13	天津二轻集团（控股）有限公司	2072844
14	天津纺织集团（控股）有限公司	1986741
15	天津天士力集团有限公司	1852130
16	天津塑力线缆集团有限公司	1529884
17	天津华北集团有限公司	1419919
18	天津农垦集团有限公司	1301778
19	天津市建筑材料集团（控股）有限公司	1082762
20	天津市恒兴钢业有限公司	947082
21	天津金耀集团有限公司（天津药业集团有限公司）	731143
	合计	96704378
重庆		
1	重庆化医控股（集团）公司	3143467

排名	企业名称	营业收入（万元）
2	重庆机电控股（集团）公司	2857629
3	重庆钢铁（集团）有限责任公司	2590857
4	重庆轻纺控股（集团）公司	2553646
5	隆鑫控股有限公司	2247099
6	重庆力帆控股有限公司	2208780
7	太极集团有限公司	2010754
8	重庆烟草工业有限责任公司	1275722
9	宗申产业集团有限公司	1240378
10	重庆市博赛矿业（集团）有限公司	1206048
11	庆铃汽车（集团）有限公司	1205789
12	重庆小康控股有限公司	858185
13	重庆润通投资有限公司	768721
14	中国四联仪器仪表集团有限公司	735005
	合计	24902080
黑龙江		
1	哈尔滨电气集团公司	3062317
2	西林钢铁集团有限公司	1848398
	合计	4910715
吉林		
1	中国第一汽车集团公司	40938423
2	吉林亚泰（集团）股份有限公司	3862468
3	四平红嘴集团总公司	1961081
4	中国吉林森林工业集团有限责任公司	805437
	合计	47567409
辽宁		
1	鞍钢集团公司	14882509
2	华晨汽车集团控股有限公司	10674739
3	本钢集团有限公司	10042717
4	大连西太平洋石油化工有限公司	3867522
5	东北特殊钢集团有限责任公司	2679528
6	嘉晨集团有限公司	2300616
7	沈阳远大企业集团	2012542
8	凌源钢铁集团有限责任公司	1951181
9	大连市机床集团有限责任公司	1846492
10	沈阳机床（集团）有限责任公司	1650280
11	逸盛大化石化有限公司	1613439
12	北方重工集团有限公司	1404419
13	辽宁曙光汽车集团股份有限公司	1128563
14	大化集团有限责任公司	1107131
15	大连重工·起重集团有限公司	1028815
16	大连冰山集团有限公司	1026665
17	沈阳鼓风机集团股份有限公司	1016849
18	辽宁禾丰牧业股份有限公司	813852
19	东北制药集团有限责任公司	803597
	合计	61851456
河北		
1	河北钢铁集团有限公司	24782802
2	河北津西钢铁集团股份有限公司	5090487
3	河北敬业企业集团有限责任公司	4519086
4	长城汽车股份有限公司	4315997
5	唐山瑞丰钢铁（集团）有限公司	3624064
6	唐山港陆钢铁有限公司	3019207
7	河北普阳钢铁有限公司	2494506
8	春风实业集团有限责任公司	2430442
9	河北文丰钢铁有限公司	2430287
10	河北新金钢铁有限公司	2379830
11	武安市明芳钢铁有限公司	2185658
12	三河汇福粮油集团有限公司	2165013
13	武安市裕华钢铁有限公司	2120926
14	冀东发展集团有限责任公司	2047861
15	河北新武安钢铁集团文安钢铁有限公司	2013257
16	晶龙实业集团有限公司	1950059
17	金鼎重工股份有限公司	1910000
18	石药集团有限责任公司	1640175
19	武安市广耀铸业有限公司	1423634
20	河北新武安钢铁集团烘熔钢铁有限公司	1300000
21	河北前进钢铁集团有限公司	1283384
22	崇利制钢有限公司	1270680
23	五得利面粉集团有限公司	1258883
24	唐山东华钢铁企业集团有限公司	1162443
25	辛集市澳森钢铁有限公司	1149393
26	唐山三友集团有限公司	1071189
27	迁安市九江线材有限责任公司	1062056
28	河北钢铁集团龙海钢铁有限公司	996492
29	秦皇岛安丰钢铁有限公司	976452
30	邢台钢铁有限责任公司	964975
31	河北天柱钢铁集团有限公司	900083
32	河北诚信有限责任公司	889171
33	河北白沙烟草有限责任公司	838087
34	河北立中有色金属集团	836116
35	河北新武安钢铁集团鑫汇冶金有限公司	798161
36	河北鑫海化工有限公司	770966
37	邯郸市正大制管有限公司	752000
38	张家口卷烟厂有限责任公司	751768
	合计	91575590

排名	企业名称	营业收入（万元）	排名	企业名称	营业收入（万元）
河南			29	山东大海集团有限公司	2563076
1	河南省漯河市双汇实业集团有限责任公司	3982680	30	沂州集团有限公司	2525247
2	安阳钢铁集团有限责任公司	3430456	31	山东金岭集团有限公司	2477773
3	金龙精密铜管集团股份有限公司	3181653	32	东营方圆有色金属有限公司	2449311
4	郑州宇通集团有限公司	2375456	33	东营鲁方金属材料有限公司	2370428
5	万基控股集团有限公司	2362615	34	万达控股集团有限公司	2355301
6	上上集团有限公司	2344445	35	山东科达集团有限公司	2250213
7	河南豫联能源集团有限责任公司	2263655	36	山东玉皇化工有限公司	2249534
8	天瑞集团股份有限公司	2253827	37	山东博汇集团有限公司	2174250
9	河南豫光金铅集团有限责任公司	2100638	38	玲珑集团有限公司	2011676
10	河南济源钢铁（集团）有限公司	1530892	39	山东渤海实业股份有限公司	1979188
11	河南众品食业股份有限公司	1151574	40	福田雷沃国际重工股份有限公司	1862805
12	郑州煤矿机械集团股份有限公司	1021285	41	山东天圆铜业有限公司	1789038
13	河南财鑫集团有限责任公司	738482	42	山东华星石油化工集团有限公司	1749179
	合计	28737658	43	三角集团有限公司	1707399
			44	南金兆集团有限公司	1668379
山东			45	威高集团有限公司	1650084
1	山东魏桥创业集团有限公司	18651498	46	临沂临工机械集团	1611801
2	海尔集团公司	16309769	47	山东淄博傅山企业集团有限公司	1608912
3	山东钢铁集团有限公司	11668222	48	山东万通石油化工集团有限公司	1569893
4	海信集团有限公司	8105139	49	正和集团股份有限公司	1527872
5	潍柴控股集团有限公司	8068291	50	山东垦利石化有限责任公司	1492554
6	山东大王集团有限公司	7596998	51	山东五征集团	1399493
7	南山集团有限公司	7084631	52	山东澳亚纺织有限公司	1369862
8	山东黄金集团有限公司	5722701	53	香驰控股有限公司	1357632
9	山东晨鸣纸业集团股份有限公司	4579484	54	华鲁控股集团有限公司	1337901
10	日照钢铁控股集团有限公司	4534220	55	山东恒源石油化工股份有限公司	1318151
11	临沂新程金锣肉制品集团有限公司	4221685	56	山东联盟化工集团有限公司	1306001
12	山东东明石化集团有限公司	4140165	57	诸城外贸有限责任公司	1236517
13	山东招金集团有限公司	4030166	58	东辰控股集团有限公司	1226090
14	青岛钢铁控股集团有限责任公司	3586438	59	山东鲁北企业集团总公司	1217346
15	滨化集团公司	3417669	60	山东神驰化工有限公司	1170869
16	山东如意科技集团有限公司	3415704	61	山东永泰化工有限公司	1160018
17	华盛江泉集团有限公司	3324840	62	山东泉林纸业有限责任公司	1120830
18	山东泰山钢铁集团有限公司	3305846	63	山东华兴机械股份有限公司	1062558
19	华勤橡胶工业集团有限公司	3192043	64	山推工程机械股份有限公司	1048475
20	山东太阳纸业股份有限公司	3080315	65	山东聊城鲁西化工集团股份有限公司	1046979
21	华泰集团有限公司	3017857	66	潍坊特钢集团有限公司	1020789
22	山东金诚石化集团有限公司	2892519	67	得利斯集团有限公司	1017614
23	山东时风（集团）有限责任公司	2821730	68	山东创新金属科技股份有限公司	1002984
24	山东京博控股股份有限公司	2800000	69	洪业化工集团股份有限公司	1000173
25	利华益集团股份有限公司	2665007	70	澳柯玛股份有限公司	952705
26	山东胜通集团股份有限公司	2613978	71	青岛即发集团控股有限公司	938737
27	西王集团有限公司	2608127	72	山东石大科技集团有限公司	852009
28	青岛啤酒股份有限公司	2578154	73	山东润峰集团有限公司	837625

排名	企业名称	营业收入（万元）
74	孚日集团股份有限公司	820998
75	鲁泰纺织股份有限公司	727664
76	胜利油田高原石油装备有限责任公司	721853
	合计	221948982

山西

排名	企业名称	营业收入（万元）
1	太原钢铁（集团）有限公司	14056682
2	太原重型机械集团有限公司	1707326
3	山西晋城钢铁控股集团有限公司	1048466
4	中条山有色金属集团有限公司	1007990
5	山西兰花科技创业股份有限公司	763010
	合计	18583474

陕西

排名	企业名称	营业收入（万元）
1	陕西有色金属控股集团有限责任公司	8478156
2	陕西东岭工贸集团股份有限公司	4909746
3	陕西汽车控股集团有限公司	3108304
4	中国西电集团公司	1576280
	合计	18072486

安徽

排名	企业名称	营业收入（万元）
1	铜陵有色金属集团控股有限公司	10653077
2	马钢（集团）控股有限公司	8184660
3	安徽海螺集团有限责任公司	6902433
4	安徽江淮汽车集团有限公司	3483236
5	奇瑞汽车股份有限公司	3057174
6	安徽中烟工业有限责任公司	2831159
7	铜陵化学工业集团有限公司	1049614
8	安徽淮海实业发展集团有限公司	1010815
9	铜陵精达铜材（集团）有限责任公司	824843
10	安徽楚江投资集团有限公司	758963
	合计	38755974

江苏

排名	企业名称	营业收入（万元）
1	江苏沙钢集团有限公司	21803592
2	雨润控股集团有限公司	10616987
3	徐州工程机械集团有限公司	10117841
4	江苏悦达集团有限公司	8834700
5	恒力集团有限公司	8528616
6	中天钢铁集团有限公司	7019947
7	南京钢铁集团有限公司	6581560
8	江苏三房巷集团有限公司	5302057
9	江苏华西集团公司	5245529
10	无锡产业发展集团有限公司	5103135
11	江苏西城三联控股集团	4855056
12	江苏新长江实业集团有限公司	4324677
13	红豆集团有限公司	4021249
14	江阴澄星实业集团有限公司	3802090
15	盛虹控股集团有限公司	3656846
16	江苏申特钢铁有限公司	3602668
17	扬子江药业集团有限公司	3352658
18	海澜集团有限公司	3301930
19	江苏阳光集团有限公司	3208423
20	江苏扬子江船业集团公司	2953677
21	亚邦投资控股集团有限公司	2797814
22	华芳集团有限公司	2682758
23	亨通集团有限公司	2639500
24	金东纸业（江苏）股份有限公司	2494315
25	江苏金辉铜业集团有限公司	2491864
26	江苏双良集团有限公司	2456165
27	江苏法尔胜泓昇集团有限公司	2293832
28	波司登股份有限公司	2282376
29	维维集团股份有限公司	2281573
30	远东控股集团有限公司	2149747
31	苏州创元投资发展（集团）有限公司	2146662
32	宝胜集团有限公司	2093928
33	澳洋集团有限公司	2013570
34	江苏洋河酒厂股份有限公司	1727048
35	江苏三木集团有限公司	1676949
36	江苏天地龙控股集团有限公司	1671178
37	永鼎集团有限公司	1547920
38	江苏华宏实业集团有限公司	1353895
39	兴达投资集团有限公司	1318310
40	红太阳集团有限公司	1198736
41	江苏大明金属制品有限公司	1170668
42	江苏上上电缆集团有限公司	1015003
43	江苏海达科技集团有限公司	810378
44	无锡市凌峰铜业有限公司	807459
45	江苏隆力奇集团有限公司	743690
	合计	172098576

湖南

排名	企业名称	营业收入（万元）
1	中联重科股份有限公司	9025181
2	湖南中烟工业有限责任公司	8336170
3	三一集团有限公司	8236876
4	湖南华菱钢铁集团有限责任公司	6895184
5	晟通科技集团有限公司	2625201
6	湖南博长控股集团有限公司	2054485
7	湘电集团有限公司	1256271
8	湖南金龙国际集团	816783

排名	企业名称	营业收入（万元）	排名	企业名称	营业收入（万元）
	合计	39246151	12	奥克斯集团有限公司	4052627
			13	盾安控股集团有限公司	3895031
湖北			14	浙江远东化纤集团有限公司	3805550
1	东风汽车公司	38942093	15	超威电源有限公司	3451887
2	武汉钢铁（集团）公司	21377324	16	正泰集团股份有限公司	3118073
3	湖北宜化集团有限责任公司	7050219	17	宁波金田投资控股有限公司	3108829
4	大冶有色金属集团控股有限公司	6350944	18	杭州橡胶（集团）公司	3104549
5	湖北中烟工业有限责任公司	5990385	19	人民电器集团有限公司	2786551
6	宜昌兴发集团有限责任公司	1905052	20	德力西集团有限公司	2763261
7	武汉邮电科学研究院	1654385	21	天正集团有限公司	2650652
8	福星集团	1623985	22	传化集团有限公司	2489782
9	湖北稻花香集团公司	1600426	23	浙江桐昆控股集团有限公司	2466369
10	三环集团公司	1492519	24	杉杉控股有限公司	2402587
11	中国航天三江集团公司	1423968	25	宁波富邦控股集团有限公司	2262129
12	华新水泥股份有限公司	1252053	26	浙江龙盛控股有限公司	2135037
13	湖北新洋丰肥业股份有限公司	900544	27	精功集团有限公司	2082663
14	湖北枝江酒业集团	900000	28	西子联合控股有限公司	2058239
	合计	92463897	29	杭州锦江集团有限公司	2011262
			30	杭州华东医药集团有限公司	1987654
江西			31	浙江元立金属制品集团有限公司	1842468
1	江西铜业集团公司	17590039	32	维科控股集团股份有限公司	1769079
2	新余钢铁集团有限公司	3836177	33	升华集团控股有限公司	1605044
3	江西萍钢实业股份有限公司	3722428	34	奥康集团有限公司	1545195
4	江铃汽车集团公司	3303517	35	巨化集团公司	1531958
5	双胞胎（集团）股份有限公司	3082715	36	卧龙控股集团有限公司	1527728
6	江西稀有金属钨业控股集团有限公司	1764654	37	浙江大东南集团有限公司	1518052
7	江西钨业集团有限公司	1739974	38	红狮控股集团有限公司	1439566
8	方大特钢科技股份有限公司	1335510	39	杭州富春江冶炼有限公司	1414860
9	江西中烟工业有限责任公司	1257175	40	金海重工股份有限公司	1379543
10	景德镇市焦化工业集团有限责任公司	1063841	41	春和集团有限公司	1362867
11	江西江锂科技有限公司	1001612	42	纳爱斯集团有限公司	1358762
	合计	39697642	43	华立集团股份有限公司	1324872
			44	富通集团有限公司	1312076
浙江			45	浙江东南网架集团有限公司	1300615
1	浙江吉利控股集团有限公司	15489452	46	浙江天圣控股集团有限公司	1226727
2	万向集团公司	9587435	47	浙江翔盛集团有限公司	1215322
3	杭州钢铁集团公司	9150977	48	杭州金鱼电器集团有限公司	1144946
4	海亮集团有限公司	7852780	49	华峰集团有限公司	1135003
5	浙江恒逸集团有限公司	7032005	50	利时集团股份有限公司	1134527
6	杭州娃哈哈集团有限公司	6363451	51	华通机电集团有限公司	1134138
7	浙江中烟工业有限责任公司	5126992	52	精工控股集团有限公司	1111145
8	浙江荣盛控股集团有限公司	4682896	53	浙江富春江通信集团有限公司	1110733
9	杭州汽轮动力集团有限公司	4658578	54	浙江栋梁新材股份有限公司	1096463
10	雅戈尔集团股份有限公司	4444227	55	兴乐集团有限公司	1083840
11	青山控股集团有限公司	4244772	56	祐康食品集团有限公司	1071867

排名	企业名称	营业收入（万元）
57	万丰奥特控股集团有限公司	1055450
58	宁波博洋控股集团有限公司	1035000
59	人本集团有限公司	1027766
60	三花控股集团有限公司	1020182
61	胜达集团有限公司	1018513
62	花园集团有限公司	1003881
63	新凤鸣集团股份有限公司	944837
64	海天塑机集团有限公司	942858
65	农夫山泉股份有限公司	938470
66	宁波宝新不锈钢有限公司	925953
67	杭叉集团股份有限公司	920050
68	振石控股集团有限公司	910799
69	浙江协和集团有限公司	903327
70	宁波申洲针织有限公司	893758
71	兴惠化纤集团有限公司	861156
72	广博集团股份有限公司	850123
73	兰溪自立铜业有限公司	844303
74	杭州制氧机集团有限公司	839661
75	富丽达集团控股有限公司	819875
76	浙江富陵控股集团有限公司	795735
77	开氏集团有限公司	792732
78	金洲集团有限公司	792485
79	浙江航民实业集团有限公司	788182
80	华翔集团股份有限公司	786409
81	杭州诺贝尔集团有限公司	785329
82	龙达集团有限公司	769715
83	天洁集团有限公司	746366
84	得力集团有限公司	706594
85	浙江森马服饰股份有限公司	706347
	合计	191389549
广东		
1	华为技术有限公司	22019800
2	正威国际集团有限公司	18668119
3	广州汽车工业集团有限公司	15233628
4	美的集团有限公司	10271302
5	珠海格力电器股份有限公司	10011010
6	中兴通讯股份有限公司	8421936
7	TCL 集团股份有限公司	6944835
8	中国国际海运集装箱（集团）股份有限公司	5433406
9	比亚迪股份有限公司	4685380
10	广州医药集团有限公司	4281513
11	广东格兰仕集团有限公司	2824188
12	广州万宝集团有限公司	2102193
13	深圳市中金岭南有色金属股份有限公司	1844005

排名	企业名称	营业收入（万元）
14	广东海大集团股份有限公司	1545145
15	金发科技股份有限公司	1224014
16	惠州市德赛集团有限公司	1050850
17	深圳华强集团有限公司	1015257
18	广州立白企业集团有限公司	951689
19	惠州市华阳集团有限公司	825527
20	广州无线电集团有限公司	796903
	合计	120150700
四川		
1	新希望集团有限公司	8063941
2	四川长虹电子集团有限公司	8031205
3	四川省宜宾五粮液集团有限公司	6008905
4	中国东方电气集团有限公司	4260728
5	通威集团有限公司	4127387
6	四川省川威集团有限公司	3787014
7	四川宏达（集团）有限公司	3664311
8	科创控股集团有限公司	3480242
9	泸州老窖集团有限责任公司	3452845
10	四川德胜集团钢铁有限公司	3014566
11	四川科伦实业集团有限公司	2884595
12	四川省达州钢铁集团有限责任公司	2095520
13	攀枝花钢城集团有限公司	1745258
14	四川九洲电器集团有限责任公司	1511785
15	四川郎酒集团有限责任公司	1100000
16	四川化工控股（集团）有限责任公司	784749
17	四川龙蟒集团有限责任公司	758976
18	成都神钢工程机械（集团）有限公司	735432
	合计	59507459
福建		
1	紫金矿业集团股份有限公司	4841472
2	福建省三钢（集团）有限责任公司	2794238
3	厦门金龙汽车集团股份有限公司	1916535
4	厦门银鹭集团有限公司	1025030
5	厦门钨业股份有限公司	883690
6	厦门厦工机械股份有限公司	814983
	合计	12275948
广西		
1	广西投资集团有限公司	4232901
2	广西玉柴机器集团有限公司	4157322
3	广西有色金属集团有限公司	2296396
4	广西农垦集团有限责任公司	1764080
5	广西中烟工业有限责任公司	1683259

排名	企业名称	营业收入（万元）	排名	企业名称	营业收入（万元）
6	广西柳工集团有限公司	1562415		合计	29079756
7	柳州五菱汽车有限责任公司	1365399			
8	广西洋浦南华糖业集团股份有限公司	1317517	青海		
9	广西盛隆冶金有限公司	1017332	1	西部矿业集团有限公司	2366597
10	桂林力源粮油食品集团有限公司	767615	2	青海盐湖工业股份有限公司	827080
	合计	20164236		合计	3193677
贵州			宁夏		
1	中国贵州茅台酒厂（集团）有限责任公司	3044953	1	宁夏宝塔石化集团有限公司	1925627
2	贵州中烟工业有限责任公司	2961640	2	宁夏天元锰业有限公司	1202610
	合计	6006593		合计	3128237
云南			新疆		
1	红塔烟草（集团）有限责任公司	9094348	1	新疆特变电工集团有限公司	2471128
2	红云红河烟草（集团）有限责任公司	7477746	2	新疆天业（集团）有限公司	2266463
3	云天化集团有限责任公司	5987893	3	新疆中泰（集团）股份有限公司	722067
4	昆明钢铁控股有限公司	3200160		合计	5459658
5	云南煤化工集团有限公司	3023206			
6	云南冶金集团股份有限公司	3001137	内蒙古		
7	云南锡业集团（控股）有限责任公司	2634884	1	包头钢铁（集团）有限责任公司	5051720
8	云南南磷集团股份有限公司	879374	2	内蒙古伊利实业集团股份有限公司	4199069
	合计	35298748	3	内蒙古鄂尔多斯羊绒集团有限责任公司	1909066
				合计	11159855
甘肃					
1	金川集团股份有限公司	15118660	海南		
2	酒泉钢铁（集团）有限责任公司	10227951	1	海马汽车集团股份有限公司	846130
3	白银有色集团股份有限公司	3733145		合计	846130

表9-4　　2013中国制造业企业500强净利润排序前100名企业

排名	公司名称	净利润（万元）	排名	公司名称	净利润（万元）
1	中国石油化工集团公司	5186929	51	中国南车集团公司	205969
2	上海汽车集团股份有限公司	2075176	52	海澜集团有限公司	205652
3	中国第一汽车集团公司	1654538	53	上海医药集团股份有限公司	205287
4	上海烟草集团有限责任公司	1629058	54	科创控股集团有限公司	205061
5	华为技术有限公司	1536500	55	威高集团有限公司	204293
6	四川省宜宾五粮液集团有限公司	1009838	56	波司登股份有限公司	201998
7	中国贵州茅台酒厂（集团）有限责任公司	939847	57	泸州老窖集团有限责任公司	195985
8	中联重科股份有限公司	885814	58	山东招金集团有限公司	195101
9	东风汽车公司	841386	59	扬子江药业集团有限公司	194687
10	湖南中烟工业有限责任公司	834447	60	中国国际海运集装箱（集团）股份有限公司	193908
11	杭州娃哈哈集团有限公司	805914	61	山东如意科技集团有限公司	192319
12	红云红河烟草（集团）有限责任公司	781807	62	新兴际华集团有限公司	191534
13	海尔集团公司	749180	63	新希望集团有限公司	189936
14	珠海格力电器股份有限公司	743132	64	北京金隅集团有限责任公司	187295
15	山东魏桥创业集团有限公司	677862	65	广西中烟工业有限责任公司	180321
16	北京汽车集团有限公司	677854	66	江西铜业集团公司	176999
17	南山集团有限公司	672538	67	青岛啤酒股份有限公司	175886
18	安徽海螺集团有限责任公司	664388	68	雅戈尔集团股份有限公司	174281
19	中国船舶重工集团公司	647464	69	联想控股有限公司	173057
20	中国航空工业集团公司	644589	70	山西兰花科技创业股份有限公司	172000
21	三一集团有限公司	640647	71	内蒙古伊利实业集团股份有限公司	171721
22	江苏洋河酒厂股份有限公司	615430	72	上海复星高科技（集团）有限公司	171226
23	宝钢集团有限公司	579683	73	光明食品（集团）有限公司	167897
24	长城汽车股份有限公司	569245	74	江苏阳光集团有限公司	165729
25	天津中环电子信息集团有限公司	528435	75	宁波申洲针织有限公司	162106
26	红塔烟草（集团）有限责任公司	522004	76	沂州集团有限公司	161588
27	紫金矿业集团股份有限公司	521121	77	天津市医药集团有限公司	159784
28	中国五矿集团公司	444241	78	郑州煤矿机械集团股份有限公司	158915
29	海信集团有限公司	435419	79	东营鲁方金属材料有限公司	157660
30	中国兵器工业集团公司	425976	80	天瑞集团股份有限公司	153481
31	湖北中烟工业有限责任公司	372589	81	四川郎酒集团有限责任公司	153449
32	正威国际集团有限公司	359116	82	新华联集团有限公司	150279
33	江苏扬子江船业集团公司	336284	83	中国电子信息产业集团有限公司	149032
34	天狮集团有限公司	328153	84	徐州工程机械集团有限公司	143733
35	美的集团有限公司	325929	85	新疆特变电工集团有限公司	137870
36	上上集团有限公司	324828	86	浙江远东化纤集团有限公司	137830
37	山东大王集团有限公司	322327	87	临沂新程金锣肉制品集团有限公司	137668
38	浙江中烟工业有限责任公司	321993	88	中国黄金集团公司	137663
39	天津百利机电控股集团有限公司	310798	89	中国兵器装备集团公司	137558
40	河南省漯河市双汇实业集团有限责任公司	299860	90	维维集团股份有限公司	137125
41	中国建筑材料集团有限公司	297342	91	万向集团公司	135709
42	贵州中烟工业有限责任公司	280496	92	山东大海集团有限公司	135379
43	恒力集团有限公司	271961	93	郑州宇通集团有限公司	133790
44	雨润控股集团有限公司	263237	94	盾安控股集团有限公司	129278
45	山东胜通集团股份有限公司	262391	95	金东纸业（江苏）股份有限公司	128958
46	青海盐湖工业股份有限公司	252426	96	杭州橡胶（集团）公司	120994
47	西子联合控股有限公司	243086	97	盛虹控股集团有限公司	120341
48	安徽中烟工业有限责任公司	236531	98	海天塑机集团有限公司	118741
49	中国北方机车车辆工业集团公司	223698	99	农夫山泉股份有限公司	115801
50	海亮集团有限公司	213517	100	四川科伦实业集团有限公司	114496
				中国制造业企业500强平均数	104685

表 9-5　　2013 中国制造业企业 500 强资产排序前 100 名企业

排名	公司名称	资产（万元）	排名	公司名称	资产（万元）
1	中国石油化工集团公司	195682732	51	中国东方电气集团有限公司	9622672
2	中国航空工业集团公司	56870826	52	天津冶金集团有限公司	9608542
3	宝钢集团有限公司	49843762	53	北京金隅集团有限责任公司	9542527
4	中国铝业公司	42841462	54	中联重科股份有限公司	8897446
5	中国船舶重工集团公司	38934668	55	马钢（集团）控股有限公司	8849156
6	首钢总公司 16	38443279	56	美的集团有限公司	8773653
7	上海汽车集团股份有限公司	31720300	57	正威国际集团有限公司	8668812
8	河北钢铁集团有限公司	31682540	58	云天化集团有限责任公司	8545043
9	中国建筑材料集团有限公司	30061717	59	潍柴控股集团有限公司	8399409
10	中国兵器工业集团公司	28454210	60	雨润控股集团有限公司	8313215
11	中国兵器装备集团公司	27872848	61	南山集团有限公司	8037211
12	鞍钢集团公司	26971572	62	TCL 集团股份有限公司	7974479
13	中国化工集团公司	26742048	63	新兴际华集团有限公司	7707850
14	中国五矿集团公司	24715804	64	天津钢管集团股份有限公司	7567766
15	中国第一汽车集团公司	24355661	65	徐州工程机械集团有限公司	7494547
16	东风汽车公司	22836523	66	北大方正集团有限公司	7475203
17	光明食品（集团）有限公司	22560392	67	泸州老窖集团有限责任公司	7443625
18	武汉钢铁（集团）公司	22303793	68	华晨汽车集团控股有限公司	7408071
19	华为技术有限公司	21000600	69	海信集团有限公司	7362697
20	联想控股有限公司	18720327	70	天津天钢集团有限公司	7257517
21	山东钢铁集团有限公司	17196500	71	红云红河烟草（集团）有限责任公司	7165214
22	北京汽车集团有限公司	17026515	72	北京建龙重工集团有限公司	7113509
23	江苏沙钢集团有限公司	16442777	73	云南冶金集团股份有限公司	6977826
24	中国电子信息产业集团有限公司	16090885	74	重庆钢铁（集团）有限责任公司	6912777
25	上海电气（集团）总公司	15777058	75	比亚迪股份有限公司	6871050
26	上海复星高科技（集团）有限公司	14928687	76	四川省宜宾五粮液集团有限公司	6832822
27	海尔集团公司	14909397	77	紫金矿业集团股份有限公司	6735442
28	本钢集团有限公司	12339874	78	京东方科技集团股份有限公司	6710536
29	包头钢铁（集团）有限责任公司	12317605	79	铜陵有色金属集团控股有限公司	6633135
30	太原钢铁（集团）有限公司	11968404	80	湖南中烟工业有限责任公司	6592336
31	上海烟草集团有限责任公司	11456342	81	中国黄金集团公司	6523134
32	中国北方机车车辆工业集团公司	11372181	82	天津中环电子信息集团有限公司	6519252
33	浙江吉利控股集团有限公司	11326194	83	奇瑞汽车股份有限公司	6500237
34	广州汽车工业集团有限公司	11253314	84	金东纸业（江苏）股份有限公司	6412682
35	酒泉钢铁（集团）有限责任公司	11121375	85	四川长虹电子集团有限公司	6313691
36	中国南车集团公司	11118293	86	中国国际海运集装箱（集团）股份有限公司	6299238
37	湖南华菱钢铁集团有限责任公司	10987866	87	雅戈尔集团股份有限公司	6201712
38	天津渤海化工集团有限责任公司	10871206	88	万向集团公司	6199277
39	金川集团股份有限公司	10863205	89	广西投资集团有限公司	6018692
40	珠海格力电器股份有限公司	10756689	90	哈尔滨电气集团公司	5981731
41	中兴通讯股份有限公司	10744631	91	日照钢铁控股集团有限公司	5908439
42	三一集团有限公司	10588898	92	中国贵州茅台酒厂（集团）有限责任公司	5849832
43	中国有色矿业集团有限公司	10473859	93	山东大王集团有限公司	5579128
44	中国中材集团有限公司	10371828	94	冀东发展集团有限责任公司	5476584
45	红塔烟草（集团）有限责任公司	10146772	95	新疆特变电工集团有限公司	5463526
46	陕西有色金属控股集团有限责任公司	9904280	96	湖北宜化集团有限责任公司	5443780
47	山东魏桥创业集团有限公司	9886256	97	云南煤化工集团有限公司	5361906
48	安徽海螺集团有限责任公司	9869189	98	江苏扬子江船业集团公司	5311595
49	江西铜业集团公司	9829512	99	恒力集团有限公司	5259351
50	天津天铁冶金集团有限公司	9630205	100	山东黄金集团有限公司	5216388
				中国制造业企业 500 强平均数	4287853

表9-6　　2013中国制造业企业500强从业人数排序前100名企业

排名	公司名称	从业人数	排名	公司名称	从业人数
1	中国石油化工集团公司	1015039	51	潍柴控股集团有限公司	50159
2	中国航空工业集团公司	486084	52	三一集团有限公司	50000
3	中国兵器工业集团公司	260021	53	湖南华菱钢铁集团有限责任公司	49813
4	中国兵器装备集团公司	237021	54	长城汽车股份有限公司	48699
5	鞍钢集团公司	199018	55	雅戈尔集团股份有限公司	48201
6	东风汽车公司	176580	56	安徽海螺集团有限责任公司	48013
7	中国铝业公司	174999	57	海信集团有限公司	47669
8	比亚迪股份有限公司	166411	58	包头钢铁（集团）有限责任公司	46832
9	中国建筑材料集团有限公司	166397	59	中国黄金集团公司	46723
10	中国船舶重工集团公司	161000	60	南山集团有限公司	46213
11	华为技术有限公司	150000	61	华晨汽车集团控股有限公司	43750
12	宝钢集团有限公司	142031	62	中国盐业总公司	43743
13	山东魏桥创业集团有限公司	135935	63	北京燕京啤酒集团公司	42597
14	河北钢铁集团有限公司	132186	64	恒力集团有限公司	42120
15	中国电子信息产业集团有限公司	129948	65	陕西有色金属控股集团有限责任公司	42106
16	中国化工集团公司	127107	66	新华联集团有限公司	42026
17	雨润控股集团有限公司	120000	67	湖北宜化集团有限责任公司	41622
18	首钢总公司	117607	68	天津渤海化工集团有限责任公司	41620
19	中国五矿集团公司	116230	69	天津百利机电控股集团有限公司	41505
20	光明食品（集团）有限公司	115486	70	江苏沙钢集团有限公司	41145
21	武汉钢铁（集团）公司	112330	71	浙江吉利控股集团有限公司	40500
22	上海汽车集团股份有限公司	105953	72	云南煤化工集团有限公司	40474
23	美的集团有限公司	99539	73	青岛啤酒股份有限公司	40429
24	山东钢铁集团有限公司	91738	74	联想控股有限公司	39553
25	中国南车集团公司	91452	75	广东格兰仕集团有限公司	39056
26	新希望集团有限公司	88503	76	重庆化医控股（集团）公司	38990
27	中国第一汽车集团公司	85552	77	太原钢铁（集团）有限公司	38654
28	中国北方机车车辆工业集团公司	84647	78	上海医药集团股份有限公司	38355
29	本钢集团有限公司	83426	79	重庆机电控股（集团）公司	37463
30	珠海格力电器股份有限公司	82000	80	云天化集团有限责任公司	36671
31	北京汽车集团有限公司	81409	81	酒泉钢铁（集团）有限责任公司	36140
32	中兴通讯股份有限公司	78402	82	金川集团股份有限公司	34559
33	中国中材集团有限公司	78148	83	北京金隅集团有限责任公司	33192
34	新兴际华集团有限公司	75166	84	云南冶金集团股份有限公司	33028
35	海尔集团公司	74693	85	云南锡业集团（控股）有限责任公司	32767
36	四川长虹电子集团有限公司	71916	86	北大方正集团有限公司	32761
37	TCL集团股份有限公司	68935	87	吉林亚泰（集团）股份有限公司	32680
38	天津中环电子信息集团有限公司	65421	88	天津市一轻集团（控股）有限公司	32614
39	河南省漯河市双汇实业集团有限责任公司	64795	89	上海复星高科技（集团）有限公司	32126
40	上海电气（集团）总公司	64504	90	中联重科股份有限公司	31707
41	中国吉林森林工业集团有限责任公司	61000	91	安徽江淮汽车集团有限公司	31578
42	广西农垦集团有限责任公司	59005	92	陕西汽车控股集团有限公司	31262
43	中国国际海运集装箱（集团）股份有限公司	58535	93	临沂新程金锣肉制品集团有限公司	31129
44	中国恒天集团有限公司	54504	94	杭州娃哈哈集团有限公司	29855
45	中国有色矿业集团有限公司	53811	95	铜陵有色金属集团控股有限公司	29745
46	北京建龙重工集团有限公司	53028	96	江苏悦达集团有限公司	29103
47	宁波申洲针织有限公司	51400	97	安阳钢铁集团有限责任公司	29032
48	马钢（集团）控股有限公司	51129	98	中国东方电气集团有限公司	28805
49	四川省宜宾五粮液集团有限公司	50605	99	江西铜业集团公司	28545
50	广州汽车工业集团有限公司	50462	100	哈尔滨电气集团公司	28105
				中国制造业企业500强平均数	25389

表 9-7　　2013 中国制造业企业 500 强研发费用排序前 100 名企业

排名	公司名称	研发费用（万元）	排名	公司名称	研发费用（万元）
1	华为技术有限公司	3009000	51	湖南华菱钢铁集团有限责任公司	189901
2	中国航空工业集团公司	2409868	52	京东方科技集团股份有限公司	178080
3	中国船舶重工集团公司	1013471	53	天津中环电子信息集团有限公司	172719
4	中国兵器装备集团公司	986005	54	日照钢铁控股集团有限公司	167766
5	海尔集团公司	890513	55	山东胜通集团股份有限公司	151452
6	中兴通讯股份有限公司	882919	56	中国中材集团有限公司	150948
7	中国兵器工业集团公司	860287	57	安阳钢铁集团有限责任公司	147580
8	中国石油化工集团公司	819982	58	奇瑞汽车股份有限公司	146716
9	江苏西城三联控股集团	803401	59	湖北宜化集团有限责任公司	146157
10	浙江吉利控股集团有限公司	727019	60	天津渤海化工集团有限责任公司	145308
11	武汉钢铁（集团）公司	705778	61	中国东方电气集团有限公司	143896
12	山东魏桥创业集团有限公司	690819	62	河北津西钢铁集团股份有限公司	141520
13	宝钢集团有限公司	645096	63	四川省宜宾五粮液集团有限公司	139657
14	上海汽车集团股份有限公司	619442	64	包头钢铁（集团）有限责任公司	135700
15	中国第一汽车集团公司	571037	65	利华益集团股份有限公司	134541
16	东风汽车公司	545765	66	潍柴控股集团有限公司	133908
17	中国南车集团公司	478005	67	新兴际华集团有限公司	133840
18	中国电子信息产业集团有限公司	449011	68	武汉邮电科学研究院	133037
19	鞍钢集团公司	413628	69	中国航天三江集团公司	129992
20	酒泉钢铁（集团）有限责任公司	409587	70	春风实业集团有限责任公司	127530
21	中国化工集团公司	406607	71	上海复星高科技（集团）有限公司	126787
22	首钢总公司	401513	72	天津市一轻集团（控股）有限公司	123000
23	江苏沙钢集团有限公司	382739	73	东营方圆有色金属有限公司	122465
24	联想控股有限公司	371294	74	东营鲁方金属材料有限公司	118521
25	美的集团有限公司	339200	75	河北敬业企业集团有限责任公司	118200
26	中国建筑材料集团有限公司	333409	76	天津钢管集团股份有限公司	115566
27	山东钢铁集团有限公司	326481	77	安徽江淮汽车集团有限公司	114275
28	海信集团有限公司	325167	78	红云红河烟草（集团）有限责任公司	112182
29	铜陵有色金属集团控股有限公司	317900	79	盾安控股集团有限公司	108953
30	中国铝业公司	316220	80	山东泰山钢铁集团有限公司	107752
31	北京汽车集团有限公司	308652	81	超威电源有限公司	105283
32	珠海格力电器股份有限公司	304670	82	陕西汽车控股集团有限公司	104435
33	河北钢铁集团有限公司	290305	83	大冶有色金属集团控股有限公司	104304
34	上海电气（集团）总公司	278585	84	扬子江药业集团有限公司	103932
35	中联重科股份有限公司	274755	85	重庆力帆控股有限公司	100281
36	太原钢铁（集团）有限公司	273311	86	万向集团公司	99536
37	TCL 集团股份有限公司	267300	87	浙江远东化纤集团有限公司	97010
38	中国北方机车车辆工业集团公司	259837	88	南京钢铁集团有限公司	96010
39	新希望集团有限公司	255639	89	长城汽车股份有限公司	95657
40	中国有色矿业集团有限公司	248970	90	杭州橡胶（集团）公司	93137
41	江西铜业集团公司	240214	91	昆明钢铁控股有限公司	92339
42	恒力集团有限公司	238801	92	华勤橡胶工业集团有限公司	91443
43	天津天铁冶金集团有限公司	226168	93	山东太阳纸业股份有限公司	91256
44	三一集团有限公司	221882	94	郑州宇通集团有限公司	91139
45	四川长虹电子集团有限公司	215815	95	安徽海螺集团有限责任公司	90921
46	太原重型机械集团有限公司	205538	96	同方股份有限公司	89625
47	哈尔滨电气集团公司	204633	97	上海华谊（集团）公司	89547
48	徐州工程机械集团有限公司	202500	98	正泰集团股份有限公司	88475
49	广州汽车工业集团有限公司	201406	99	华晨汽车集团控股有限公司	88403
50	南山集团有限公司	198687	100	内蒙古伊利实业集团股份有限公司	87646
				中国制造业企业 500 强平均数	90542

表9-8　　2013中国制造业企业500强研发费所占比例前100名企业

排名	公司名称	研发费所占比例（%）	排名	公司名称	研发费所占比例（%）
1	华为技术有限公司	13.66	51	郑州宇通集团有限公司	3.84
2	太原重型机械集团有限公司	12.04	52	内蒙古鄂尔多斯羊绒集团有限责任公司	3.80
3	中兴通讯股份有限公司	10.48	53	沪东中华造船（集团）有限公司	3.80
4	中国航天三江集团公司	9.13	54	沈阳机床（集团）有限责任公司	3.77
5	武汉邮电科学研究院	8.04	55	广州立白企业集团有限公司	3.74
6	中国航空工业集团公司	8.02	56	日照钢铁控股集团有限公司	3.70
7	京东方科技集团股份有限公司	6.91	57	诸城外贸有限责任公司	3.70
8	湘电集团有限公司	6.79	58	山东魏桥创业集团有限公司	3.70
9	哈尔滨电气集团公司	6.68	59	四川省达州钢铁集团有限责任公司	3.70
10	新凤鸣集团股份有限公司	6.30	60	青岛即发集团控股有限公司	3.62
11	辽宁曙光汽车集团股份有限公司	6.29	61	山东华兴机械股份有限公司	3.62
12	澳柯玛股份有限公司	6.03	62	山东聊城鲁西化工集团股份有限公司	3.61
13	惠州市德赛集团有限公司	5.98	63	金发科技股份有限公司	3.56
14	中国船舶重工集团公司	5.79	64	山推工程机械股份有限公司	3.56
15	山东胜通集团股份有限公司	5.79	65	三环集团公司	3.53
16	广州无线电集团有限公司	5.72	66	海天塑机集团有限公司	3.52
17	山东泉林纸业有限责任公司	5.70	67	鲁泰纺织股份有限公司	3.51
18	四川九洲电器集团有限责任公司	5.69	68	山东五征集团	3.51
19	四川龙蟒集团有限责任公司	5.57	69	三角集团有限公司	3.48
20	海尔集团公司	5.46	70	玲珑集团有限公司	3.47
21	万丰奥特控股集团有限公司	5.30	71	中国东方电气集团有限公司	3.38
22	春风实业集团有限责任公司	5.25	72	波司登股份有限公司	3.37
23	威高集团有限公司	5.24	73	陕西汽车控股集团有限公司	3.36
24	中国南车集团公司	5.16	74	华鲁控股集团有限公司	3.32
25	深圳华强集团有限公司	5.06	75	美的集团有限公司	3.30
26	利华益集团股份有限公司	5.05	76	江苏上上电缆集团有限公司	3.30
27	胜利油田高原石油装备有限责任公司	5.02	77	山东渤海实业股份有限公司	3.30
28	东营鲁方金属材料有限公司	5.00	78	武汉钢铁（集团）公司	3.30
29	东营方圆有色金属有限公司	5.00	79	安徽江淮汽车集团有限公司	3.28
30	中国西电集团公司	4.98	80	逸盛大化石化有限公司	3.27
31	大连重工·起重集团有限公司	4.95	81	春和集团有限公司	3.27
32	北方重工集团有限公司	4.90	82	山东泰山钢铁集团有限公司	3.26
33	奇瑞汽车股份有限公司	4.80	83	中国兵器装备集团公司	3.26
34	山东澳亚纺织有限公司	4.78	84	上海浦东电线电缆（集团）有限公司	3.20
35	海马汽车集团股份有限公司	4.76	85	亨通集团有限公司	3.20
36	浙江吉利控股集团有限公司	4.69	86	重庆钢铁（集团）有限责任公司	3.18
37	广西柳工集团有限公司	4.66	87	新希望集团有限公司	3.17
38	宁波宝新不锈钢有限公司	4.56	88	河北立中有色金属集团	3.14
39	重庆力帆控股有限公司	4.54	89	青岛啤酒股份有限公司	3.13
40	唐山三友集团有限公司	4.40	90	扬子江药业集团有限公司	3.10
41	石药集团有限责任公司	4.31	91	方大特钢科技股份有限公司	3.10
42	安阳钢铁集团有限责任公司	4.30	92	广西盛隆冶金有限公司	3.09
43	福田雷沃国际重工股份有限公司	4.09	93	河南众品食业股份有限公司	3.08
44	惠州市华阳集团有限公司	4.04	94	人民电器集团有限公司	3.07
45	海信集团有限公司	4.01	95	红太阳集团有限公司	3.06
46	同方股份有限公司	4.01	96	超威电源有限公司	3.05
47	酒泉钢铁（集团）有限责任公司	4.00	97	中联重科股份有限公司	3.04
48	沈阳鼓风机集团股份有限公司	3.98	98	珠海格力电器股份有限公司	3.04
49	上海外高桥造船有限公司	3.89	99	郑州煤矿机械集团股份有限公司	3.03
50	TCL集团股份有限公司	3.85	100	山东金诚石化集团有限公司	3.02
				中国制造业企业500强平均数	1.87

表 9-9　　2013 中国制造业企业 500 强净资产利润率排序前 100 名企业

排名	公司名称	净资产利润率（%）	排名	公司名称	净资产利润率（%）
1	天津市恒兴钢业有限公司	71.05	51	内蒙古伊利实业集团股份有限公司	23.41
2	天津友发钢管集团有限公司	59.80	52	东辰控股集团有限公司	22.98
3	山东胜通集团股份有限公司	58.78	53	山东金岭集团有限公司	22.86
4	得力集团有限公司	57.49	54	北京汽车集团有限公司	22.82
5	金鼎重工股份有限公司	53.84	55	德力西集团有限公司	22.77
6	天正集团有限公司	53.07	56	美的集团有限公司	22.77
7	山东大海集团有限公司	50.88	57	洪业化工集团股份有限公司	22.73
8	华通机电集团有限公司	50.68	58	四川省宜宾五粮液集团有限公司	22.72
9	湖南金龙国际集团	43.47	59	贵州中烟工业有限责任公司	22.69
10	东营鲁方金属材料有限公司	42.38	60	海尔集团公司	22.49
11	江苏洋河酒厂股份有限公司	41.75	61	老凤祥股份有限公司	22.14
12	上上集团有限公司	41.29	62	张家口卷烟厂有限责任公司	22.11
13	湖北枝江酒业集团	39.75	63	山东招金集团有限公司	22.10
14	农夫山泉股份有限公司	39.25	64	杭州橡胶（集团）公司	21.90
15	山东鲁北企业集团总公司	39.03	65	江苏扬子江船业集团公司	21.63
16	安徽海螺集团有限责任公司	38.34	66	中联重科股份有限公司	21.51
17	杭州娃哈哈集团有限公司	37.07	67	澳柯玛股份有限公司	21.48
18	天狮集团有限公司	36.65	68	杭州华东医药集团有限公司	21.41
19	双胞胎（集团）股份有限公司	36.62	69	超威电源有限公司	21.17
20	山东永泰化工有限公司	34.35	70	威高集团有限公司	20.78
21	香驰控股有限公司	34.03	71	万达控股集团有限公司	20.52
22	山东华兴机械股份有限公司	33.98	72	华为技术有限公司	20.47
23	重庆润通投资有限公司	33.87	73	铜陵精达铜材（集团）有限责任公司	20.33
24	天洁集团有限公司	33.05	74	湖北新洋丰肥业股份有限公司	20.30
25	四川郎酒集团有限责任公司	31.69	75	江西江锂科技有限公司	20.23
26	石药集团有限责任公司	31.29	76	湖北中烟工业有限责任公司	20.21
27	浙江大东南集团有限公司	30.12	77	天津中环电子信息集团有限公司	20.13
28	中国贵州茅台酒厂（集团）有限责任公司	29.85	78	宁波申洲针织有限公司	20.04
29	山东时风（集团）有限责任公司	29.74	79	沂州集团有限公司	19.90
30	山东创新金属科技股份有限公司	28.52	80	山东澳亚纺织有限公司	19.77
31	河北诚信有限责任公司	28.39	81	江苏阳光集团有限公司	19.65
32	山东华星石油化工集团有限公司	28.23	82	红狮控股集团有限公司	19.43
33	珠海格力电器股份有限公司	27.79	83	天津百利机电控股集团有限公司	19.40
34	奥康集团有限公司	27.74	84	浙江翔盛集团有限公司	19.27
35	江西钨业集团有限公司	26.58	85	三一集团有限公司	19.18
36	长城汽车股份有限公司	26.46	86	邯郸市正大制管有限公司	19.02
37	宁波博洋控股集团有限公司	25.94	87	三角集团有限公司	18.95
38	海亮集团有限公司	25.81	88	重庆烟草工业有限责任公司	18.77
39	河南省漯河市双汇实业集团有限责任公司	25.50	89	浙江远东化纤集团有限公司	18.59
40	宁夏天元锰业有限公司	25.46	90	广州立白企业集团有限公司	18.49
41	山东玉皇化工有限公司	25.00	91	紫金矿业集团股份有限公司	18.49
42	山东如意科技集团有限公司	24.62	92	河北新武安钢铁集团鑫汇冶金有限公司	18.46
43	上海胜华电缆（集团）有限公司	24.41	93	华泰集团有限公司	18.45
44	山东润峰集团有限公司	24.33	94	山东大王集团有限公司	18.44
45	上海人民企业（集团）有限公司	24.22	95	南山集团有限公司	18.40
46	人民电器集团有限公司	24.06	96	东风汽车公司	18.35
47	波司登股份有限公司	23.98	97	重庆机电控股（集团）公司	18.22
48	郑州宇通集团有限公司	23.98	98	海天塑机集团有限公司	18.14
49	湖北稻花香集团公司	23.68	99	奥克斯集团有限公司	17.94
50	西子联合控股有限公司	23.66	100	唐山东华钢铁企业集团有限公司	17.81
				中国制造业企业 500 强平均数	9.35

表9-10　　2013中国制造业企业500强资产利润率排序前100名企业

排名	公司名称	资产利润率（%）	排名	公司名称	资产利润率（%）
1	双胞胎（集团）股份有限公司	52.45	51	中联重科股份有限公司	9.96
2	天狮集团有限公司	27.48	52	五得利面粉集团有限公司	9.87
3	江苏洋河酒厂股份有限公司	26.01	53	湖北中烟工业有限责任公司	9.87
4	山东胜通集团股份有限公司	23.58	54	山东金诚石化集团有限公司	9.86
5	杭州娃哈哈集团有限公司	22.75	55	超威电源有限公司	9.60
6	天正集团有限公司	22.14	56	洪业化工集团股份有限公司	9.50
7	湖南金龙国际集团	21.71	57	临沂新程金锣肉制品集团有限公司	9.40
8	东营鲁方金属材料有限公司	20.13	58	万丰奥特控股集团有限公司	9.38
9	山东时风（集团）有限责任公司	19.95	59	重庆烟草工业有限责任公司	9.29
10	湖北枝江酒业集团	18.60	60	山西兰花科技创业股份有限公司	9.11
11	华通机电集团有限公司	18.53	61	纳爱斯集团有限公司	8.82
12	河北诚信有限责任公司	17.84	62	江西江锂科技有限公司	8.78
13	山东永泰化工有限公司	17.39	63	胜达集团有限公司	8.77
14	河南省漯河市双汇实业集团有限责任公司	17.26	64	海天塑机集团有限公司	8.69
15	东辰控股集团有限公司	16.68	65	内蒙古伊利实业集团股份有限公司	8.67
16	宁波申洲针织有限公司	16.38	66	维维集团股份有限公司	8.66
17	浙江大东南集团有限公司	16.35	67	广州立白企业集团有限公司	8.62
18	中国贵州茅台酒厂（集团）有限责任公司	16.07	68	山东玉皇化工有限公司	8.58
19	农夫山泉股份有限公司	15.82	69	海澜集团有限公司	8.53
20	山东大海集团有限公司	15.72	70	山东科达集团有限公司	8.39
21	人民电器集团有限公司	15.42	71	南山集团有限公司	8.37
22	沂州集团有限公司	15.18	72	江苏阳光集团有限公司	8.21
23	张家口卷烟厂有限责任公司	14.82	73	浙江森马服饰股份有限公司	8.21
24	上上集团有限公司	14.81	74	天津中环电子信息集团有限公司	8.11
25	四川省宜宾五粮液集团有限公司	14.78	75	武安市明芳钢铁有限公司	8.06
26	广西中烟工业有限责任公司	14.75	76	天津百利机电控股集团有限公司	8.05
27	河北白沙烟草有限责任公司	14.51	77	辽宁禾丰牧业股份有限公司	7.81
28	扬子江药业集团有限公司	14.49	78	天津塑力线缆集团有限公司	7.79
29	上海烟草集团有限责任公司	14.22	79	三角集团有限公司	7.77
30	贵州中烟工业有限责任公司	14.19	80	山东润峰集团有限公司	7.77
31	威高集团有限公司	13.45	81	山东神驰化工有限公司	7.76
32	长城汽车股份有限公司	13.37	82	紫金矿业集团股份有限公司	7.74
33	上海浦东电线电缆（集团）有限公司	13.00	83	天津市恒兴钢业有限公司	7.59
34	湖南中烟工业有限责任公司	12.66	84	祐康食品集团有限公司	7.57
35	奥康集团有限公司	12.46	85	青岛啤酒股份有限公司	7.53
36	郑州煤矿机械集团股份有限公司	12.23	86	广东海大集团股份有限公司	7.37
37	四川郎酒集团有限责任公司	12.00	87	宁夏天元锰业有限公司	7.37
38	江西中烟工业有限责任公司	11.97	88	华为技术有限公司	7.32
39	山东如意科技集团有限公司	11.73	89	杭叉集团股份有限公司	7.31
40	香驰控股有限公司	11.63	90	兴达投资集团有限公司	7.26
41	山东华兴机械股份有限公司	11.52	91	花园集团有限公司	7.24
42	安徽中烟工业有限责任公司	11.09	92	江苏金辉铜业集团有限公司	7.17
43	红云红河烟草（集团）有限责任公司	10.91	93	上海人民企业（集团）有限公司	7.15
44	山东金岭集团有限公司	10.73	94	湖北新洋丰肥业股份有限公司	7.13
45	山东澳亚纺织有限公司	10.71	95	西子联合控股有限公司	7.12
46	波司登股份有限公司	10.70	96	邯郸市正大制管有限公司	7.01
47	金鼎重工股份有限公司	10.59	97	鲁泰纺织股份有限公司	7.00
48	浙江中烟工业有限责任公司	10.55	98	武安市裕华钢铁有限公司	6.99
49	天洁集团有限公司	10.49	99	山东五征集团	6.93
50	武安市广耀铸业有限公司	10.02	100	珠海格力电器股份有限公司	6.91
				中国制造业企业500强平均数	2.43

表 9-11　　2013 中国制造业企业 500 强收入利润率排序前 100 名企业

排名	公司名称	收入利润率（%）	排名	公司名称	收入利润率（%）
1	江苏洋河酒厂股份有限公司	35.63	51	浙江中烟工业有限责任公司	6.28
2	中国贵州茅台酒厂（集团）有限责任公司	30.87	52	深圳华强集团有限公司	6.27
3	青海盐湖工业股份有限公司	30.52	53	张家口卷烟厂有限责任公司	6.24
4	山西兰花科技创业股份有限公司	22.54	54	海澜集团有限公司	6.23
5	宁波申洲针织有限公司	18.14	55	湖北中烟工业有限责任公司	6.22
6	四川省宜宾五粮液集团有限公司	16.81	56	天津百利机电控股集团有限公司	6.21
7	上海烟草集团有限责任公司	16.01	57	天津天士力集团有限公司	6.17
8	郑州煤矿机械集团股份有限公司	15.56	58	天津市医药集团有限公司	6.11
9	四川郎酒集团有限责任公司	13.95	59	维维集团股份有限公司	6.01
10	上上集团有限公司	13.86	60	中国航天三江集团公司	5.99
11	长城汽车股份有限公司	13.19	61	厦门钨业股份有限公司	5.95
12	杭州娃哈哈集团有限公司	12.66	62	科创控股集团有限公司	5.89
13	海天塑机集团有限公司	12.59	63	山东泉林纸业有限责任公司	5.87
14	威高集团有限公司	12.38	64	山东润峰集团有限公司	5.85
15	农夫山泉股份有限公司	12.34	65	扬子江药业集团有限公司	5.81
16	西子联合控股有限公司	11.81	66	红塔烟草（集团）有限责任公司	5.74
17	江苏扬子江船业集团公司	11.39	67	泸州老窖集团有限责任公司	5.68
18	天狮集团有限公司	11.09	68	重庆烟草工业有限责任公司	5.64
19	浙江森马服饰股份有限公司	10.77	69	郑州宇通集团有限公司	5.63
20	紫金矿业集团股份有限公司	10.76	70	天津塑力线缆集团有限公司	5.63
21	广西中烟工业有限责任公司	10.71	71	山东如意科技集团有限公司	5.63
22	红云红河烟草（集团）有限责任公司	10.46	72	胜达集团有限公司	5.63
23	山东胜通集团股份有限公司	10.04	73	新疆特变电工集团有限公司	5.58
24	湖南中烟工业有限责任公司	10.01	74	天津金耀集团有限公司（天津药业集团有限公司）	5.49
25	中联重科股份有限公司	9.81	75	祐康食品集团有限公司	5.47
26	鲁泰纺织股份有限公司	9.73	76	华新水泥股份有限公司	5.43
27	安徽海螺集团有限责任公司	9.63	77	万丰奥特控股集团有限公司	5.39
28	河北白沙烟草有限责任公司	9.60	78	海信集团有限公司	5.37
29	南山集团有限公司	9.49	79	天洁集团有限公司	5.36
30	贵州中烟工业有限责任公司	9.47	80	山东大海集团有限公司	5.28
31	波司登股份有限公司	8.85	81	华通机电集团有限公司	5.25
32	河北诚信有限责任公司	8.83	82	江苏阳光集团有限公司	5.17
33	江西中烟工业有限责任公司	8.62	83	金东纸业（江苏）股份有限公司	5.17
34	安徽中烟工业有限责任公司	8.35	84	山东华兴机械股份有限公司	5.13
35	宁夏天元锰业有限公司	7.81	85	广州无线电集团有限公司	5.07
36	三一集团有限公司	7.78	86	山东招金集团有限公司	4.84
37	东辰控股集团有限公司	7.74	87	奥康集团有限公司	4.73
38	河南省漯河市双汇实业集团有限责任公司	7.53	88	江西江锂科技有限公司	4.73
39	珠海格力电器股份有限公司	7.42	89	三花控股集团有限公司	4.62
40	红狮控股集团有限公司	7.34	90	海尔集团公司	4.59
41	山东永泰化工有限公司	7.34	91	卧龙控股集团有限公司	4.56
42	华为技术有限公司	6.98	92	山东玉皇化工有限公司	4.56
43	青岛啤酒股份有限公司	6.82	93	山东鲁北企业集团总公司	4.55
44	天瑞集团股份有限公司	6.81	94	广州立白企业集团有限公司	4.53
45	山东澳亚纺织有限公司	6.74	95	山东金岭集团有限公司	4.49
46	东营鲁方金属材料有限公司	6.65	96	北京金隅集团有限责任公司	4.47
47	纳爱斯集团有限公司	6.61	97	湖北稻花香集团公司	4.35
48	沂州集团有限公司	6.40	98	河南众品食业股份有限公司	4.33
49	金发科技股份有限公司	6.35	99	上海汽车集团股份有限公司	4.31
50	洪业化工集团股份有限公司	6.32	100	花园集团有限公司	4.24
				中国制造业企业 500 强平均数	2.23

表 9-12　　2013 中国制造业企业 500 强人均收入排序前 100 名企业

排名	公司名称	人均收入（万元）	排名	公司名称	人均收入（万元）
1	无锡市凌峰铜业有限公司	5981	51	山东创新金属科技股份有限公司	627
2	江苏金辉铜业集团有限公司	4296	52	宁波金田投资控股有限公司	623
3	大连西太平洋石油化工有限公司	3922	53	天津荣程联合钢铁集团有限公司	617
4	山东天圆铜业有限公司	2840	54	江西铜业集团公司	616
5	武安市明芳钢铁有限公司	2732	55	湖北中烟工业有限责任公司	609
6	逸盛大化石化有限公司	2376	56	浙江大东南集团有限公司	595
7	东营方圆有色金属有限公司	2276	57	上海烟草集团有限责任公司	593
8	天津华北集团有限公司	1967	58	天津冶金集团有限公司	583
9	东营鲁方金属材料有限公司	1785	59	联想控股有限公司	573
10	湖南金龙国际集团	1779	60	红云红河烟草（集团）有限责任公司	550
11	山东金诚石化集团有限公司	1701	61	山东渤海实业股份有限公司	549
12	浙江中烟工业有限责任公司	1518	62	双钱集团股份有限公司	545
13	山东石大科技集团有限公司	1434	63	晟通科技集团有限公司	540
14	兴达投资集团有限公司	1370	64	江苏沙钢集团有限公司	530
15	天津市恒兴钢业有限公司	1353	65	山东金岭集团有限公司	530
16	河北鑫海化工有限公司	1309	66	湖南中烟工业有限责任公司	525
17	江苏天地龙控股集团有限公司	1277	67	南京钢铁集团有限公司	515
18	正威国际集团有限公司	1236	68	江苏新长江实业集团有限公司	497
19	天狮集团有限公司	1231	69	山东垦利石化有限责任公司	491
20	山东华星石油化工集团有限公司	1217	70	江苏双良集团有限公司	485
21	浙江协和集团有限公司	1095	71	永鼎集团有限公司	484
22	山东神驰化工有限公司	1064	72	山东玉皇化工有限公司	484
23	宁波宝新不锈钢有限公司	1035	73	中国第一汽车集团公司	479
24	浙江远东化纤集团有限公司	1031	74	金海重工股份有限公司	477
25	浙江栋梁新材股份有限公司	1024	75	崇利制钢有限公司	472
26	老凤祥股份有限公司	1018	76	重庆烟草工业有限责任公司	471
27	兰溪自立铜业有限公司	982	77	山东华兴机械股份有限公司	470
28	杭州汽轮动力集团有限公司	908	78	沂州集团有限公司	463
29	浙江恒逸集团有限公司	892	79	万向集团公司	458
30	江苏三房巷集团有限公司	891	80	中天钢铁集团有限公司	455
31	浙江富陵控股集团有限公司	882	81	陕西东岭工贸集团股份有限公司	455
32	江苏西城三联控股集团	824	82	香驰控股有限公司	455
33	山东东明石化集团有限公司	815	83	上海汽车集团股份有限公司	454
34	江苏申特钢铁有限公司	798	84	山东京博控股股份有限公司	451
35	滨化集团公司	785	85	金川集团股份有限公司	437
36	天津钢管集团股份有限公司	781	86	华勤橡胶工业集团有限公司	437
37	江苏大明金属制品有限公司	771	87	上海浦东电线电缆（集团）有限公司	437
38	东辰控股集团有限公司	770	88	金鼎重工股份有限公司	424
39	江阴澄星实业集团有限公司	768	89	安徽中烟工业有限责任公司	422
40	上海奥盛投资控股（集团）有限公司	760	90	杭叉集团股份有限公司	419
41	正和集团股份有限公司	750	91	河北新金钢铁有限公司	413
42	三河汇福粮油集团有限公司	722	92	武安市广耀铸业有限公司	407
43	金龙精密铜管集团股份有限公司	692	93	新华联合冶金控股集团有限公司	406
44	利华益集团股份有限公司	682	94	南金兆集团有限公司	398
45	山东恒源石油化工股份有限公司	679	95	广西中烟工业有限责任公司	396
46	浙江荣盛控股集团有限公司	663	96	山东大海集团有限公司	394
47	天津天钢集团有限公司	659	97	河北文丰钢铁有限公司	392
48	杭州钢铁集团公司	642	98	大冶有色金属集团控股有限公司	386
49	杭州富春江冶炼有限公司	636	99	天洁集团有限公司	385
50	海亮集团有限公司	635	100	山东胜通集团股份有限公司	384
				中国制造业企业 500 强平均数	185

表 9-13　　2013 中国制造业企业 500 强人均净利润排序前 100 名企业

排名	公司名称	人均净利润（万元）	排名	公司名称	人均净利润（万元）
1	天狮集团有限公司	136.50	51	江苏天地龙控股集团有限公司	20.20
2	东营鲁方金属材料有限公司	118.72	52	河北白沙烟草有限责任公司	20.03
3	浙江中烟工业有限责任公司	95.32	53	山东永泰化工有限公司	20.00
4	上海烟草集团有限责任公司	94.97	54	四川省宜宾五粮液集团有限公司	19.96
5	东营方圆有色金属有限公司	68.45	55	山东华星石油化工集团有限公司	19.77
6	江苏洋河酒厂股份有限公司	61.98	56	浙江富陵控股集团有限公司	19.73
7	东辰控股集团有限公司	59.58	57	上海汽车集团股份有限公司	19.59
8	红云红河烟草（集团）有限责任公司	57.54	58	中国第一汽车集团公司	19.34
9	天津市恒兴钢业有限公司	55.83	59	青海盐湖工业股份有限公司	17.89
10	湖南中烟工业有限责任公司	52.53	60	香驰控股有限公司	17.61
11	武安市明芳钢铁有限公司	52.26	61	滨化集团公司	17.48
12	中国贵州茅台酒厂（集团）有限责任公司	50.04	62	海亮集团有限公司	17.28
13	江苏金辉铜业集团有限公司	49.40	63	金发科技股份有限公司	17.04
14	天津华北集团有限公司	48.41	64	海天塑机集团有限公司	16.99
15	逸盛大化石化有限公司	42.96	65	山东石大科技集团有限公司	16.34
16	广西中烟工业有限责任公司	42.43	66	江阴澄星实业集团有限公司	16.33
17	兴达投资集团有限公司	41.63	67	张家口卷烟厂有限责任公司	16.14
18	上上集团有限公司	39.05	68	上海浦东电线电缆（集团）有限公司	15.99
19	山东胜通集团股份有限公司	38.59	69	江西江锂科技有限公司	15.67
20	湖北中烟工业有限责任公司	37.90	70	四川郎酒集团有限责任公司	15.32
21	浙江远东化纤集团有限公司	37.35	71	河北诚信有限责任公司	15.12
22	无锡市凌峰铜业有限公司	35.43	72	正和集团股份有限公司	15.00
23	安徽中烟工业有限责任公司	35.29	73	洪业化工集团股份有限公司	14.90
24	山东神驰化工有限公司	34.20	74	农夫山泉股份有限公司	14.79
25	浙江森马服饰股份有限公司	33.87	75	三河汇福粮油集团有限公司	14.56
26	湖南金龙国际集团	32.35	76	南山集团有限公司	14.55
27	沂州集团有限公司	29.65	77	山东招金集团有限公司	14.25
28	贵州中烟工业有限责任公司	28.66	78	安徽海螺集团有限责任公司	13.84
29	中联重科股份有限公司	27.94	79	双钱集团股份有限公司	13.15
30	郑州煤矿机械集团股份有限公司	27.64	80	三一集团有限公司	12.81
31	杭州娃哈哈集团有限公司	26.99	81	华勤橡胶工业集团有限公司	12.45
32	重庆烟草工业有限责任公司	26.56	82	宁波宝新不锈钢有限公司	12.40
33	江苏扬子江船业集团公司	26.36	83	威高集团有限公司	12.33
34	山东金诚石化集团有限公司	24.47	84	浙江荣盛控股集团有限公司	12.26
35	浙江大东南集团有限公司	24.44	85	山东大王集团有限公司	12.17
36	老凤祥股份有限公司	24.36	86	金海重工股份有限公司	12.09
37	山东华兴机械股份有限公司	24.14	87	河北新武安钢铁集团鑫汇冶金有限公司	11.77
38	山东金岭集团有限公司	23.78	88	山东澳亚纺织有限公司	11.77
39	正威国际集团有限公司	23.77	89	长城汽车股份有限公司	11.69
40	紫金矿业集团股份有限公司	22.59	90	华通机电集团有限公司	11.62
41	西子联合控股有限公司	22.57	91	杭州汽轮动力集团有限公司	11.60
42	江西中烟工业有限责任公司	22.51	92	大连市机床集团有限责任公司	11.03
43	山东玉皇化工有限公司	22.05	93	天津天士力集团有限公司	10.72
44	天津塑力线缆集团有限公司	21.48	94	红狮控股集团有限公司	10.41
45	红塔烟草（集团）有限责任公司	21.10	95	胜达集团有限公司	10.38
46	上海奥盛投资控股（集团）有限公司	21.05	96	华为技术有限公司	10.24
47	山东大海集团有限公司	20.83	97	晟通科技集团有限公司	10.17
48	天洁集团有限公司	20.61	98	海尔集团公司	10.03
49	利华益集团股份有限公司	20.60	99	江苏阳光集团有限公司	10.03
50	扬子江药业集团有限公司	20.25	100	天津金耀集团有限公司（天津药业集团有限公司）	10.02
				中国制造业企业 500 强平均数	4.11

表 9-14　　2013 中国制造业企业 500 强人均资产排序前 100 名企业

排名	公司名称	人均资产（万元）	排名	公司名称	人均资产（万元）
1	无锡市凌峰铜业有限公司	4364	51	河南豫联能源集团有限责任公司	377
2	逸盛大化石化有限公司	2161	52	天津金耀集团有限公司（天津药业集团有限公司）	374
3	东营方圆有色金属有限公司	1230	53	西部矿业集团有限公司	365
4	金海重工股份有限公司	1106	54	浙江恒逸集团有限公司	364
5	大连西太平洋石油化工有限公司	915	55	福星集团	363
6	浙江中烟工业有限责任公司	904	56	天津天铁冶金集团有限公司	363
7	天津华北集团有限公司	864	57	江苏天地龙控股集团有限公司	361
8	浙江富陵控股集团有限公司	749	58	河北鑫海化工有限公司	358
9	天津市恒兴钢业有限公司	736	59	东辰控股集团有限公司	357
10	江苏金辉铜业集团有限公司	689	60	老凤祥股份有限公司	354
11	宁波宝新不锈钢有限公司	685	61	宝钢集团有限公司	351
12	上海烟草集团有限责任公司	668	62	泸州老窖集团有限责任公司	348
13	武安市明芳钢铁有限公司	648	63	宁夏宝塔石化集团有限公司	347
14	上海振华重工（集团）股份有限公司	632	64	南金兆集团有限公司	346
15	浙江远东化纤集团有限公司	629	65	江西铜业集团公司	344
16	山东华星石油化工集团有限公司	604	66	大连重工·起重集团有限公司	342
17	东营鲁方金属材料有限公司	590	67	江苏三房巷集团有限公司	341
18	天津冶金集团有限公司	590	68	海亮集团有限公司	335
19	正威国际集团有限公司	574	69	中国东方电气集团有限公司	334
20	兴达投资集团有限公司	574	70	广西投资集团有限公司	332
21	山东石大科技集团有限公司	571	71	庆铃汽车（集团）有限公司	332
22	天津钢管集团股份有限公司	562	72	成都神钢工程机械（集团）有限公司	328
23	上海外高桥造船有限公司	537	73	振石控股集团有限公司	328
24	红云红河烟草（集团）有限责任公司	527	74	首钢总公司	327
25	浙江荣盛控股集团有限公司	505	75	沪东中华造船（集团）有限公司	325
26	杭州汽轮动力集团有限公司	500	76	重庆钢铁（集团）有限责任公司	320
27	天狮集团有限公司	497	77	安徽中烟工业有限责任公司	318
28	金东纸业（江苏）股份有限公司	487	78	滨化集团公司	318
29	双钱集团股份有限公司	484	79	山东东明石化集团有限公司	318
30	日照钢铁控股集团有限公司	477	80	西子联合控股有限公司	317
31	联想控股有限公司	473	81	大连市机床集团有限责任公司	314
32	上海复星高科技（集团）有限公司	465	82	金川集团股份有限公司	314
33	杭州锦江集团有限公司	447	83	永鼎集团有限公司	313
34	山东神驰化工有限公司	441	84	中国贵州茅台酒厂（集团）有限责任公司	311
35	天津天钢集团有限公司	440	85	太原钢铁（集团）有限公司	310
36	上海奥盛投资控股（集团）有限公司	433	86	酒泉钢铁（集团）有限责任公司	308
37	山东渤海实业股份有限公司	433	87	山东晨鸣纸业集团股份有限公司	303
38	江苏双良集团有限公司	420	88	江苏新长江实业集团有限公司	302
39	利华益集团股份有限公司	420	89	青海盐湖工业股份有限公司	301
40	江阴澄星实业集团有限公司	419	90	天瑞集团股份有限公司	300
41	江苏扬子江船业集团公司	416	91	上海汽车集团股份有限公司	299
42	湖南中烟工业有限责任公司	415	92	万向集团公司	296
43	浙江森马服饰股份有限公司	413	93	宁波富邦控股集团有限公司	294
44	红塔烟草（集团）有限责任公司	410	94	金龙精密铜管集团股份有限公司	293
45	三河汇福粮油集团有限公司	410	95	京东方科技集团股份有限公司	292
46	浙江协和集团有限公司	404	96	紫金矿业集团股份有限公司	292
47	江苏沙钢集团有限公司	400	97	隆鑫控股有限公司	290
48	兰溪自立铜业有限公司	389	98	南京钢铁集团有限公司	289
49	湖北中烟工业有限责任公司	384	99	广西中烟工业有限责任公司	288
50	广博集团股份有限公司	378	100	北京金隅集团有限责任公司	287
				中国制造业企业500强平均数	170

表 9-15　　2013 中国制造业企业 500 强收入增长率排序前 100 名

排名	公司名称	收入增长率（%）	排名	公司名称	收入增长率（%）
1	宁夏天元锰业有限公司	173.20	51	江苏洋河酒厂股份有限公司	35.55
2	山东永泰化工有限公司	161.50	52	江西江锂科技有限公司	35.34
3	超威电源有限公司	158.14	53	大化集团有限责任公司	35.17
4	中国有色矿业集团有限公司	137.73	54	山东华星石油化工集团有限公司	34.95
5	东营鲁方金属材料有限公司	124.01	55	湖北稻花香集团公司	34.65
6	双胞胎（集团）股份有限公司	107.21	56	浙江荣盛控股集团有限公司	34.35
7	山东金岭集团有限公司	105.75	57	天津天士力集团有限公司	34.11
8	京东方科技集团股份有限公司	102.27	58	得力集团有限公司	34.01
9	四川科伦实业集团有限公司	88.60	59	深圳华强集团有限公司	33.60
10	浙江协和集团有限公司	78.54	60	山东招金集团有限公司	33.07
11	中条山有色金属集团有限公司	74.08	61	天津市恒兴钢业有限公司	32.88
12	洪业化工集团股份有限公司	72.32	62	杭州锦江集团有限公司	32.76
13	白银有色集团股份有限公司	70.82	63	山东澳亚纺织有限公司	32.67
14	宜昌兴发集团有限责任公司	70.61	64	青山控股集团有限公司	32.43
15	山东晨鸣纸业集团股份有限公司	70.31	65	山东润峰集团有限公司	32.43
16	河北鑫海化工有限公司	67.52	66	天津中环电子信息集团有限公司	31.97
17	天津塑力线缆集团有限公司	63.10	67	桂林力源粮油食品集团有限公司	31.81
18	恒力集团有限公司	63.08	68	河北新金钢铁有限公司	31.75
19	湖南金龙国际集团	62.86	69	万丰奥特控股集团有限公司	31.66
20	陕西东岭工贸集团股份有限公司	61.99	70	山东黄金集团有限公司	31.61
21	广西盛隆冶金有限公司	60.76	71	河北新武安钢铁集团鑫汇冶金有限公司	31.45
22	山东玉皇化工有限公司	60.73	72	得利斯集团有限公司	30.72
23	大冶有色金属集团控股有限公司	56.30	73	山东万通石油化工集团有限公司	30.61
24	江苏天地龙控股集团有限公司	51.97	74	山东恒源石油化工股份有限公司	30.51
25	金鼎重工股份有限公司	50.39	75	河北新武安钢铁集团烘熔钢铁有限公司	30.00
26	重庆润通投资有限公司	50.28	76	沂州集团有限公司	30.00
27	山东如意科技集团有限公司	50.11	77	江西铜业集团公司	29.82
28	云南冶金集团股份有限公司	49.44	78	云天化集团有限责任公司	29.78
29	山东华兴机械股份有限公司	47.96	79	中国吉林森林工业集团有限责任公司	29.61
30	河北诚信有限责任公司	47.32	80	江西稀有金属钨业控股集团有限公司	29.53
31	四川龙蟒集团有限责任公司	46.06	81	广州医药集团有限公司	29.44
32	中国贵州茅台酒厂（集团）有限责任公司	46.03	82	科创控股集团有限公司	29.32
33	正威国际集团有限公司	45.82	83	浙江龙盛控股有限公司	29.08
34	宁夏宝塔石化集团有限公司	45.73	84	广东海大集团股份有限公司	29.02
35	广博集团股份有限公司	43.63	85	湖北枝江酒业集团	28.57
36	长城汽车股份有限公司	43.44	86	振石控股集团有限公司	28.16
37	山东天圆铜业有限公司	42.20	87	利华益集团股份有限公司	27.41
38	华勤橡胶工业集团有限公司	40.99	88	浙江大东南集团有限公司	27.36
39	泸州老窖集团有限责任公司	40.22	89	亨通集团有限公司	27.22
40	无锡市凌峰铜业有限公司	40.07	90	中国黄金集团公司	27.05
41	江苏金辉铜业集团有限公司	40.04	91	杭州华东医药集团有限公司	26.99
42	武安市明芳钢铁有限公司	39.31	92	杉杉控股有限公司	26.98
43	广西投资集团有限公司	38.58	93	郑州煤矿机械集团股份有限公司	26.71
44	陕西有色金属控股集团有限责任公司	38.36	94	河北钢铁集团龙海钢铁有限公司	26.66
45	安徽淮海实业发展集团有限公司	38.28	95	山东胜通集团股份有限公司	26.63
46	盛虹控股集团有限公司	37.98	96	江苏三房巷集团有限公司	26.46
47	山东大海集团有限公司	37.78	97	杭州制氧机集团有限公司	26.46
48	广西有色金属集团有限公司	37.59	98	华盛江泉集团有限公司	26.29
49	富通集团有限公司	37.25	99	奥克斯集团有限公司	26.26
50	农夫山泉股份有限公司	36.25	100	西子联合控股有限公司	25.97
				中国制造业企业 500 强平均数	9.77

表9-16 2013中国制造业企业500强净利润增长率排序前100名企业

排名	公司名称	净利润增长率（%）	排名	公司名称	净利润增长率（%）
1	广西盛隆冶金有限公司	2417.57	51	新希望集团有限公司	51.20
2	广州立白企业集团有限公司	750.12	52	天津友发钢管集团有限公司	49.46
3	铜陵精达铜材（集团）有限责任公司	554.53	53	宁波富邦控股集团有限公司	48.90
4	大化集团有限责任公司	373.00	54	海信集团有限公司	48.60
5	澳柯玛股份有限公司	343.70	55	泸州老窖集团有限责任公司	47.05
6	广西投资集团有限公司	341.94	56	红云红河烟草（集团）有限责任公司	46.87
7	大连冰山集团有限公司	323.24	57	三角集团有限公司	46.27
8	东营鲁方金属材料有限公司	249.35	58	湖北中烟工业有限责任公司	45.43
9	正威国际集团有限公司	233.40	59	石药集团有限责任公司	45.20
10	宁夏天元锰业有限公司	226.62	60	江西江锂科技有限公司	42.41
11	华晨汽车集团控股有限公司	210.85	61	珠海格力电器股份有限公司	41.90
12	天津市建筑材料集团（控股）有限公司	157.21	62	武安市裕华钢铁有限公司	41.80
13	内蒙古鄂尔多斯羊绒集团有限责任公司	131.06	63	奥克斯集团有限公司	40.05
14	河南省漯河市双汇实业集团有限责任公司	127.81	64	浙江中烟工业有限责任公司	39.90
15	重庆钢铁（集团）有限责任公司	120.29	65	利华益集团股份有限公司	39.65
16	三环集团公司	120.13	66	双胞胎（集团）股份有限公司	38.76
17	山东永泰化工有限公司	116.15	67	传化集团有限公司	37.63
18	重庆润通投资有限公司	114.43	68	浙江富春江通信集团有限公司	37.45
19	红太阳集团有限公司	112.05	69	重庆化医控股（集团）公司	37.33
20	中国西电集团公司	107.69	70	万丰奥特控股集团有限公司	36.37
21	浙江翔盛集团有限公司	104.51	71	重庆力帆控股有限公司	36.11
22	山东华兴机械股份有限公司	98.61	72	湖北枝江酒业集团	34.33
23	致达控股集团有限公司	87.98	73	天津钢管集团股份有限公司	33.46
24	天津荣程联合钢铁集团有限公司	85.44	74	宜昌兴发集团有限责任公司	33.22
25	天津塑力线缆集团有限公司	81.80	75	山东金岭集团有限公司	33.20
26	晟通科技集团有限公司	81.70	76	郑州煤矿机械集团股份有限公司	33.09
27	上上集团有限公司	81.12	77	邯郸市正大制管有限公司	32.91
28	山东如意科技集团有限公司	79.36	78	得利斯集团有限公司	32.44
29	杭州诺贝尔集团有限公司	78.83	79	华为技术有限公司	31.92
30	贵州中烟工业有限责任公司	76.99	80	广东海大集团股份有限公司	31.45
31	天津农垦集团有限公司	76.35	81	山东鲁北企业集团总公司	30.99
32	河南豫联能源集团有限责任公司	74.08	82	扬子江药业集团有限公司	30.85
33	农夫山泉股份有限公司	70.37	83	张家口卷烟厂有限责任公司	30.69
34	长城汽车股份有限公司	66.14	84	天津华北集团有限公司	30.15
35	双钱集团股份有限公司	65.36	85	宁波博洋控股集团有限公司	29.97
36	广西中烟工业有限责任公司	63.81	86	威高集团有限公司	29.87
37	洪业化工集团股份有限公司	62.05	87	联想控股有限公司	29.80
38	北京金隅集团有限责任公司	60.24	88	湖北稻花香集团公司	29.75
39	河北新武安钢铁集团鑫汇冶金有限公司	60.15	89	中国吉林森林工业集团有限责任公司	28.27
40	香驰控股有限公司	59.40	90	浙江大东南集团有限公司	27.35
41	金洲集团有限公司	58.63	91	玲珑集团有限公司	26.72
42	中国贵州茅台酒厂（集团）有限责任公司	56.23	92	巨化集团公司	26.57
43	万达控股集团有限公司	55.96	93	杭州橡胶（集团）公司	26.16
44	江西中烟工业有限责任公司	55.51	94	隆鑫控股有限公司	26.00
45	通威集团有限公司	55.18	95	浙江天圣控股集团有限公司	25.80
46	四川省宜宾五粮液集团有限公司	54.36	96	东辰控股集团有限公司	25.52
47	盾安控股集团有限公司	53.14	97	重庆轻纺控股（集团）公司	25.41
48	江苏洋河酒厂股份有限公司	53.05	98	四平红嘴集团总公司	25.17
49	北京二商集团有限责任公司	52.66	99	河北白沙烟草有限责任公司	24.37
50	科创控股集团有限公司	52.42	100	湖南中烟工业有限责任公司	23.88
				中国制造业企业500强平均数	-13.63

表 9-17　　2013 中国制造业企业500强资产增长率排序前100名企业

排名	公司名称	资产增长率（%）	排名	公司名称	资产增长率（%）
1	大化集团有限责任公司	838.50	51	海信集团有限公司	36.71
2	河北鑫海化工有限公司	244.40	52	广西盛隆冶金有限公司	36.66
3	四川省川威集团有限公司	128.60	53	超威电源有限公司	36.48
4	宁夏天元锰业有限公司	103.37	54	武汉邮电科学研究院	36.36
5	嘉晨集团有限公司	102.28	55	重庆力帆控股有限公司	35.88
6	天瑞集团股份有限公司	101.85	56	河北诚信有限责任公司	35.29
7	广博集团股份有限公司	98.83	57	上上集团有限公司	34.95
8	浙江龙盛控股有限公司	86.20	58	山东如意科技集团有限公司	34.83
9	天津市恒兴钢业有限公司	84.06	59	农夫山泉股份有限公司	34.67
10	山东润峰集团有限公司	81.46	60	云南锡业集团（控股）有限责任公司	34.37
11	唐山东华钢铁企业集团有限公司	77.78	61	洪业化工集团股份有限公司	34.17
12	正威国际集团有限公司	72.26	62	山东华兴机械股份有限公司	34.15
13	天津中环电子信息集团有限公司	68.90	63	武安市广耀铸业有限公司	33.88
14	山东黄金集团有限公司	67.77	64	四川龙蟒集团有限责任公司	33.41
15	河北新武安钢铁集团烘熔钢铁有限公司	66.67	65	天津农垦集团有限公司	33.41
16	双胞胎（集团）股份有限公司	60.47	66	奥克斯集团有限公司	33.21
17	重庆润通投资有限公司	54.99	67	维维集团股份有限公司	33.02
18	中国吉林森林工业集团有限责任公司	54.66	68	山东玉皇化工有限公司	33.02
19	江西江锂科技有限公司	53.14	69	桂林力源粮油食品集团有限公司	32.96
20	东营鲁方金属材料有限公司	52.16	70	北京汽车集团有限公司	32.88
21	徐州工程机械集团有限公司	51.65	71	江苏天地龙控股集团有限公司	32.46
22	宁夏宝塔石化集团有限公司	51.45	72	华峰集团有限公司	32.32
23	新疆中泰（集团）股份有限公司	48.86	73	安徽淮海实业发展集团有限公司	31.70
24	科创控股集团有限公司	48.74	74	兰溪自立铜业有限公司	31.26
25	大冶有色金属集团控股有限公司	47.91	75	山东澳亚纺织有限公司	30.97
26	武安市裕华钢铁有限公司	47.38	76	天津天铁冶金集团有限公司	30.77
27	山东招金集团有限公司	47.04	77	中国贵州茅台酒厂（集团）有限责任公司	30.73
28	山东石大科技集团有限公司	46.96	78	海亮集团有限公司	30.70
29	逸盛大化石化有限公司	46.76	79	海澜集团有限公司	30.41
30	中国有色矿业集团有限公司	46.35	80	浙江协和集团有限公司	30.32
31	河北新武安钢铁集团鑫汇冶金有限公司	46.19	81	山东东明石化集团有限公司	29.93
32	南山集团有限公司	45.77	82	西王集团有限公司	29.80
33	青山控股集团有限公司	45.39	83	浙江富春江通信集团有限公司	29.47
34	广东海大集团股份有限公司	45.30	84	云南冶金集团股份有限公司	29.43
35	山东万通石油化工集团有限公司	45.22	85	河北敬业企业集团有限责任公司	29.39
36	中国建筑材料集团有限公司	44.87	86	新华联集团有限公司	29.26
37	天津市建筑材料集团（控股）有限公司	44.84	87	江苏三木集团有限公司	29.15
38	青海盐湖工业股份有限公司	44.50	88	浙江富陵控股集团有限公司	29.12
39	宜昌兴发集团有限责任公司	44.23	89	山东联盟化工集团有限公司	28.79
40	华盛江泉集团有限公司	43.58	90	紫金矿业集团股份有限公司	28.74
41	山东创新金属科技股份有限公司	43.01	91	广西有色金属集团有限公司	28.66
42	四川科伦实业集团有限公司	42.83	92	浙江荣盛控股集团有限公司	28.64
43	山东垦利石化有限责任公司	42.54	93	山东恒源石油化工股份有限公司	28.61
44	郑州宇通集团有限公司	42.11	94	威高集团有限公司	28.58
45	泸州老窖集团有限责任公司	40.60	95	长城汽车股份有限公司	28.47
46	东营方圆有色金属有限公司	40.07	96	云南南磷集团股份有限公司	28.34
47	波司登股份有限公司	39.08	97	福田雷沃国际重工股份有限公司	27.58
48	天津冶金集团有限公司	39.05	98	吉林亚泰（集团）股份有限公司	27.29
49	隆鑫控股有限公司	39.00	99	沈阳远大企业集团	27.22
50	迁安市九江线材有限责任公司	37.77	100	山东渤海实业股份有限公司	27.18
				中国制造业企业500强平均数	12.35

表9-18　　2013中国制造业企业500强研发费增长率前100名企业

排名	公司名称	研发费增长率（%）	排名	公司名称	研发费增长率（%）
1	大冶有色金属集团控股有限公司	2391.73	51	恒力集团有限公司	52.87
2	振石控股集团有限公司	1079.81	52	中国南车集团公司	51.97
3	邯郸市正大制管有限公司	814.91	53	云南煤化工集团有限公司	50.62
4	吉林亚泰（集团）股份有限公司	792.56	54	长城汽车股份有限公司	50.54
5	四川省达州钢铁集团有限责任公司	625.07	55	湖北枝江酒业集团	50.00
6	新兴际华集团有限公司	429.22	56	河北新武安钢铁集团文安钢铁有限公司	50.00
7	山东京博控股股份有限公司	335.02	57	宁夏天元锰业有限公司	50.00
8	江苏华西集团公司	275.00	58	山东金岭集团有限公司	48.20
9	东营鲁方金属材料有限公司	273.27	59	安徽淮海实业发展集团有限公司	48.12
10	唐山东华钢铁企业集团有限公司	249.61	60	河北诚信有限责任公司	47.33
11	老凤祥股份有限公司	236.18	61	天狮集团有限公司	46.70
12	山东招金集团有限公司	223.70	62	深圳华强集团有限公司	46.08
13	中国吉林森林工业集团有限责任公司	212.03	63	宜昌兴发集团有限责任公司	42.84
14	科创控股集团有限公司	197.71	64	山东澳亚纺织有限公司	42.80
15	四川省川威集团有限公司	189.74	65	同方股份有限公司	42.65
16	中国有色矿业集团有限公司	158.93	66	联想控股有限公司	41.65
17	广西农垦集团有限责任公司	157.79	67	山东创新金属科技股份有限公司	41.18
18	超威电源有限公司	153.98	68	云南锡业集团（控股）有限责任公司	40.88
19	东营方圆有色金属有限公司	144.68	69	陕西汽车控股集团有限公司	40.14
20	四川化工控股（集团）有限责任公司	137.57	70	双胞胎（集团）股份有限公司	39.97
21	铜陵化学工业集团有限公司	134.88	71	万向集团公司	38.66
22	广州万宝集团有限公司	129.62	72	广西有色金属集团有限公司	37.79
23	云南冶金集团股份有限公司	123.51	73	江西江锂科技有限公司	37.48
24	农夫山泉股份有限公司	114.04	74	北京建龙重工集团有限公司	36.97
25	新凤鸣集团股份有限公司	101.50	75	安徽江淮汽车集团有限公司	36.78
26	中条山有色金属集团有限公司	101.40	76	天津市恒兴钢业有限公司	36.11
27	潍坊特钢集团有限公司	99.17	77	宁波博洋控股集团有限公司	35.96
28	江苏洋河酒厂股份有限公司	86.63	78	华晨汽车集团控股有限公司	35.53
29	海马汽车集团股份有限公司	84.13	79	重庆润通投资有限公司	35.48
30	山东如意科技集团有限公司	81.97	80	得力集团有限公司	35.15
31	天津天士力集团有限公司	77.84	81	浙江中烟工业有限责任公司	35.03
32	武安市裕华钢铁有限公司	77.81	82	东风汽车公司	34.82
33	云天化集团有限责任公司	77.76	83	湖北稻花香集团公司	34.65
34	洪业化工集团股份有限公司	72.32	84	华勤橡胶工业集团有限公司	34.61
35	湖北中烟工业有限责任公司	71.08	85	山东胜通集团股份有限公司	34.58
36	东辰控股集团有限公司	70.98	86	中天钢铁集团有限公司	34.05
37	石药集团有限责任公司	68.38	87	山东华兴机械股份有限公司	33.95
38	山东玉皇化工有限公司	67.91	88	南山集团有限公司	33.88
39	湖南金龙国际集团	62.85	89	山东黄金集团有限公司	33.50
40	山东天圆铜业有限公司	61.90	90	山东联盟化工集团有限公司	33.33
41	河北新武安钢铁集团烘熔钢铁有限公司	61.54	91	华翔集团股份有限公司	32.31
42	中国电子信息产业集团有限公司	57.56	92	红云红河烟草（集团）有限责任公司	31.69
43	天瑞集团股份有限公司	57.16	93	威高集团有限公司	31.68
44	广西盛隆冶金有限公司	56.87	94	万丰奥特控股集团有限公司	31.65
45	天津友发钢管集团有限公司	56.52	95	波司登股份有限公司	31.63
46	京东方科技集团股份有限公司	56.26	96	江苏隆力奇集团有限公司	31.59
47	山东大海集团有限公司	56.02	97	亨通集团有限公司	31.32
48	山东华星石油化工集团有限公司	53.42	98	金洲集团有限公司	30.97
49	邢台钢铁有限责任公司	52.96	99	山西兰花科技创业股份有限公司	30.95
50	上上集团有限公司	52.94	100	杭州华东医药集团有限公司	30.72
				中国制造业企业500强平均数	12.96

表 9-19　　2013 中国制造业企业 500 强行业平均净利润

名次	行业名称	平均净利润（万元）	名次	行业名称	平均净利润（万元）
1	通讯器材及设备、元器件制造业	536129	22	纺织品、服装、鞋帽、服饰加工业	88501
2	烟草加工业	420535	23	一般有色冶金及压延加工业	82093
3	石化产品、炼焦及其他燃料生产加工业	380091	24	综合制造业（以制造业为主，含有服务业）	76896
4	酿酒制造业	361603	25	计算机及零部件制造业	76874
5	饮料加工业	352947	26	农林机械、设备及零配件制造业	76046
6	航空航天及国防军工业	323371	27	食品加工制造业	73622
7	汽车及零配件制造业	267585	28	化学纤维制造业	58676
8	黄金冶炼及压延加工业	230477	29	动力、电力生产等装备、设备制造业	57068
9	电梯及运输、仓储设备与设施制造业	218497	30	电力、电气等设备、机械、元器件及光伏、电池、线缆制造业	55738
10	轨道交通设备及零部件制造业	214834			
11	家用电器及零配件制造业	195503	31	电子元器件与仪器仪表、自动化控制设备制造业	54971
12	工程机械、设备及零配件制造业	191303	32	塑料制品业	52615
13	木材、藤、竹、家具等加工及木制品、纸制品等印刷、包装业	177130	33	工业机械、设备及零配件制造业	51449
			34	化学原料及化学制品制造业	50393
14	船舶工业	173082	35	生活用品（含文体、玩具、工艺品、珠宝）等轻工产品加工制造业	46832
15	乳制品加工业	171721			
16	建筑材料及玻璃等制造业	141430	36	农副食品及农产品加工业	45891
17	肉食品加工业	135793	37	办公、影像等电子设备、元器件制造业	40865
18	纺织、印染业	112469	38	黑色冶金及压延加工业	34910
19	医药、医疗设备制造业	105357	39	摩托车及零配件制造业	34185
20	橡胶制品业	102922	40	金属制品、加工工具、工业辅助产品加工制造业	17053
21	造纸及纸制品加工业	90682			

表 9-20　　2013 中国制造业企业 500 强行业平均营业收入

名次	行业名称	平均营业收入（万元）	名次	行业名称	平均营业收入（万元）
1	航空航天及国防军工业	24589992	23	化学纤维制造业	3071725
2	石化产品、炼焦及其他燃料生产加工业	17677275	24	工程机械、设备及零配件制造业	3050460
3	通讯器材及设备、元器件制造业	9632348	25	食品加工制造业	2972222
4	汽车及零配件制造业	9622141	26	生活用品（含文体、玩具、工艺品、珠宝）等轻工产品加工制造业	2839751
5	轨道交通设备及零部件制造业	9246740			
6	计算机及零部件制造业	8412765	27	医药、医疗设备制造业	2531079
7	黄金冶炼及压延加工业	6161651	28	化学原料及化学制品制造业	2529409
8	家用电器及零配件制造业	5694739	29	酿酒制造业	2460510
9	黑色冶金及压延加工业	5298895	30	农副食品及农产品加工业	2456477
10	一般有色冶金及压延加工业	4713720	31	农林机械、设备及零配件制造业	2342268
11	动力、电力生产等装备、设备制造业	4476533	32	橡胶制品业	2156169
12	烟草加工业	4445943	33	电力、电气等设备、机械、元器件及光伏、电池、线缆制造业	2071614
13	船舶工业	4321355			
14	乳制品加工业	4199069	34	纺织品、服装、鞋帽、服饰加工业	1914158
15	建筑材料及玻璃等制造业	4112616	35	工业机械、设备及零配件制造业	1705658
16	电梯及运输、仓储设备与设施制造业	3745823	36	摩托车及零配件制造业	1616245
17	肉食品加工业	3673940	37	木材、藤、竹、家具等加工及木制品、纸制品等印刷、包装业	1574941
18	综合制造业（以制造业为主，含有服务业）	3580241			
19	纺织、印染业	3379452	38	金属制品、加工工具、工业辅助产品加工制造业	1394148
20	电子元器件与仪器仪表、自动化控制设备制造业	3368037			
21	饮料加工业	3194498	39	塑料制品业	1179267
22	造纸及纸制品加工业	3135320	40	办公、影像等电子设备、元器件制造业	860926

表 9-21　　2013 中国制造业企业 500 强行业平均资产

名次	行业名称	平均资产（万元）	名次	行业名称	平均资产（万元）
1	航空航天及国防军工业	29131096	23	肉食品加工业	2452683.67
2	石化产品、炼焦及其他燃料生产加工业	12097106.44	24	办公、影像等电子设备、元器件制造业	2187086
3	轨道交通设备及零部件制造业	11245237	25	木材、藤、竹、家具等加工及木制品、纸制品等印刷、包装业	2050446.5
4	船舶工业	9095595.67			
5	计算机及零部件制造业	9069067.75	26	医药、医疗设备制造业	2041062.43
6	通讯器材及设备、元器件制造业	8402328.6	27	纺织、印染业	2032121.31
7	汽车及零配件制造业	6862851.52	28	乳制品加工业	1981540
8	建筑材料及玻璃等制造业	6004429.14	29	饮料加工业	1952883.67
9	动力、电力生产等装备、设备制造业	5982730.12	30	生活用品（含文体、玩具、工艺品、珠宝）等轻工产品加工制造业	1900053.8
10	黄金冶炼及压延加工业	5378913.25			
11	黑色冶金及压延加工业	5299673.98	31	工业机械、设备及零配件制造业	1885091.9
12	家用电器及零配件制造业	4999920	32	摩托车及零配件制造业	1871589
13	电梯及运输、仓储设备与设施制造业	4857882	33	纺织品、服装、鞋帽、服饰加工业	1864971.71
14	一般有色冶金及压延加工业	4116167.54	34	化学纤维制造业	1822832.86
15	烟草加工业	3851836	35	电力、电气等设备、机械、元器件及光伏、电池、线缆制造业	1555226.08
16	工程机械、设备及零配件制造业	3596101.69			
17	食品加工制造业	3506546.9	36	农副食品及农产品加工业	1507403.75
18	综合制造业（以制造业为主，含有服务业）	3471771	37	橡胶制品业	1154275.12
19	酿酒制造业	3364644.22	38	金属制品、加工工具、工业辅助产品加工制造业	1061517.23
20	造纸及纸制品加工业	3255323			
21	电子元器件与仪器仪表、自动化控制设备制造业	3180509.12	39	农林机械、设备及零配件制造业	891801.5
22	化学原料及化学制品制造业	2797653.58	40	塑料制品业	775528.33

表 9-22　　2013 中国制造业企业 500 强平均纳税总额

名次	行业名称	平均纳税总额（万元）	名次	行业名称	平均纳税总额（万元）
1	烟草加工业	2755258	22	医药、医疗设备制造业	115054
2	石化产品、炼焦及其他燃料生产加工业	1891528	23	造纸及纸制品加工业	111617
3	汽车及零配件制造业	1047593	24	食品加工制造业	108873
4	航空航天及国防军工业	926083	25	化学原料及化学制品制造业	103262
5	酿酒制造业	503974	26	一般有色冶金及压延加工业	101315
6	轨道交通设备及零部件制造业	446849	27	纺织品、服装、鞋帽、服饰加工业	95843
7	通讯器材及设备、元器件制造业	383957	28	纺织、印染业	93354
8	建筑材料及玻璃等制造业	336572	29	电子元器件与仪器仪表、自动化控制设备制造业	92068
9	黄金冶炼及压延加工业	313277	30	办公、影像等电子设备、元器件制造业	70771
10	家用电器及零配件制造业	302912	31	工业机械、设备及零配件制造业	70587
11	动力、电力生产等装备、设备制造业	267950	32	电力、电气等设备、机械、元器件及光伏、电池、线缆制造业	70349
12	乳制品加工业	265621			
13	饮料加工业	254633	33	橡胶制品业	68131
14	计算机及零部件制造业	201161	34	化学纤维制造业	63204
15	工程机械、设备及零配件制造业	166378	35	农副食品及农产品加工业	57827
16	电梯及运输、仓储设备与设施制造业	163999	36	生活用品（含文体、玩具、工艺品、珠宝）等轻工产品加工制造业	57186
17	船舶工业	135576			
18	黑色冶金及压延加工业	130806	37	摩托车及零配件制造业	50707
19	综合制造业（以制造业为主，含有服务业）	129221	38	农林机械、设备及零配件制造业	38672
20	木材、藤、竹、家具等加工及木制品、纸制品等印刷、包装业	125093	39	金属制品、加工工具、工业辅助产品加工制造业	36585
21	肉食品加工业	118914	40	塑料制品业	22865

表 9-23　　2013 中国制造业企业 500 强行业平均研发费用

名次	行业名称	平均研发费用（万元）
1	航空航天及国防军工业	1096538
2	通讯器材及设备、元器件制造业	856727
3	轨道交通设备及零部件制造业	368921
4	家用电器及零配件制造业	202760
5	船舶工业	201932
6	汽车及零配件制造业	168626
7	计算机及零部件制造业	161442
8	动力、电力生产等装备、设备制造业	116303
9	黑色冶金及压延加工业	105870
10	工程机械、设备及零配件制造业	95314
11	乳制品加工业	87646
12	电子元器件与仪器仪表、自动化控制设备制造业	82925
13	石化产品、炼焦及其他燃料生产加工业	80687
14	纺织、印染业	73778
15	农林机械、设备及零配件制造业	66132
16	橡胶制品业	62250
17	一般有色冶金及压延加工业	60819
18	建筑材料及玻璃等制造业	60186
19	造纸及纸制品加工业	58462
20	化学纤维制造业	54783
21	酿酒制造业	46055
22	工业机械、设备及零配件制造业	45152
23	农副食品及农产品加工业	44926
24	化学原料及化学制品制造业	44065
25	生活用品（含文体、玩具、工艺品、珠宝）等轻工产品加工制造业	42973
26	医药、医疗设备制造业	41968
27	摩托车及零配件制造业	41059
28	电力、电气等设备、机械、元器件及光伏、电池、线缆制造业	40887
29	肉食品加工业	36733
30	饮料加工业	34287
31	电梯及运输、仓储设备与设施制造业	33931
32	办公、影像等电子设备、元器件制造业	30928
33	塑料制品业	28479
34	金属制品、加工工具、工业辅助产品加工制造业	27733
35	纺织品、服装、鞋帽、服饰加工业	27652
36	综合制造业（以制造业为主，含有服务业）	27239
37	烟草加工业	24146
38	食品加工制造业	22391
39	黄金冶炼及压延加工业	18125
40	木材、藤、竹、家具等加工及木制品、纸制品等印刷、包装业	1156

表9-24 **2013中国制造业企业500强行业人均净利润**

名次	行业名称	人均净利润（万元）	名次	行业名称	人均净利润（万元）
1	烟草加工业	45.65	22	电力、电气等设备、机械、元器件及光伏、电池、线缆制造业	4.63
2	塑料制品业	19.70			
3	饮料加工业	17.98	23	家用电器及零配件制造业	4.51
4	酿酒制造业	15.08	24	农林机械、设备及零配件制造业	4.30
5	橡胶制品业	12.63	25	建筑材料及玻璃等制造业	4.17
6	工程机械、设备及零配件制造业	12.60	26	纺织品、服装、鞋帽、服饰加工业	4.07
7	黄金冶炼及压延加工业	8.77	27	肉食品加工业	3.43
8	通讯器材及设备、元器件制造业	8.59	28	办公、影像等电子设备、元器件制造业	3.20
9	乳制品加工业	7.36	29	食品加工制造业	3.07
10	汽车及零配件制造业	7.28	30	生活用品（含文体、玩具、工艺品、珠宝）等轻工产品加工制造业	2.88
11	造纸及纸制品加工业	6.87			
12	医药、医疗设备制造业	6.32	31	综合制造业（以制造业为主，含有服务业）	2.78
13	电梯及运输、仓储设备与设施制造业	6.31	32	计算机及零部件制造业	2.72
14	化学纤维制造业	6.23	33	摩托车及零配件制造业	2.59
15	一般有色冶金及压延加工业	5.79	34	金属制品、加工工具、工业辅助产品加工制造业	2.46
16	纺织、印染业	5.26	35	轨道交通设备及零部件制造业	2.44
17	石化产品、炼焦及其他燃料生产加工业	5.25	36	农副食品及农产品加工业	2.43
18	工业机械、设备及零配件制造业	5.25	37	动力、电力生产等装备、设备制造业	2.16
19	木材、藤、竹、家具等加工及木制品、纸制品等印刷、包装业	5.11	38	电子元器件与仪器仪表、自动化控制设备制造业	2.05
20	船舶工业	4.86	39	黑色冶金及压延加工业	1.88
21	化学原料及化学制品制造业	4.78	40	航空航天及国防军工业	1.29

表 9-25　　2013 中国制造业企业 500 强行业人均营业收入

名次	行业名称	人均营业收入（万元）	名次	行业名称	人均营业收入（万元）
1	烟草加工业	482.59	20	纺织、印染业	158.09
2	塑料制品业	441.45	21	医药、医疗设备制造业	156.55
3	化学纤维制造业	326.4	22	通讯器材及设备、元器件制造业	146.76
4	计算机及零部件制造业	297.6	23	农林机械、设备及零配件制造业	132.38
5	石化产品、炼焦及其他燃料生产加工业	283.75	24	综合制造业（以制造业为主，含有服务业）	132.25
7	汽车及零配件制造业	261.92	25	家用电器及零配件制造业	131.46
6	橡胶制品业	264.51	26	农副食品及农产品加工业	130.04
8	一般有色冶金及压延加工业	257.06	27	电子元器件与仪器仪表、自动化控制设备制造业	125.63
9	造纸及纸制品加工业	237.56	28	食品加工制造业	124.12
10	黄金冶炼及压延加工业	234.41	29	建筑材料及玻璃等制造业	123.39
11	黑色冶金及压延加工业	218.75	30	摩托车及零配件制造业	122.37
12	工程机械、设备及零配件制造业	204.73	31	船舶工业	121.26
13	金属制品、加工工具、工业辅助产品加工制造业	200.75	32	工业机械、设备及零配件制造业	119.51
			33	电梯及运输、仓储设备与设施制造业	108.1
14	乳制品加工业	179.99	34	轨道交通设备及零部件制造业	105.02
15	生活用品（含文体、玩具、工艺品、珠宝）等轻工产品加工制造业	174.79	35	酿酒制造业	102.6
			36	航空航天及国防军工业	98.17
16	电力、电气等设备、机械、元器件及光伏、电池、线缆制造业	172.15	37	肉食品加工业	92.69
			38	纺织品、服装、鞋帽、服饰加工业	87.92
17	化学原料及化学制品制造业	168.74	39	办公、影像等电子设备、元器件制造业	67.48
18	动力、电力生产等装备、设备制造业	167.33	40	木材、藤、竹、家具等加工及木制品、纸制品等印刷、包装业	45.44
19	饮料加工业	162.75			

表9-26 2013中国制造业企业500强行业人均资产

名次	行业名称	人均资产（万元）	名次	行业名称	人均资产（万元）
1	烟草加工业	418.10	23	工业机械、设备及零配件制造业	132.08
2	计算机及零部件制造业	320.81	24	电力、电气等设备、机械、元器件及光伏、电池、线缆制造业	129.24
3	塑料制品业	290.32			
4	船舶工业	255.22	25	综合制造业（以制造业为主，含有服务业）	128.24
5	造纸及纸制品加工业	246.66	26	通讯器材及设备、元器件制造业	128.02
6	工程机械、设备及零配件制造业	241.36	27	轨道交通设备及零部件制造业	127.71
7	一般有色冶金及压延加工业	224.48	28	医药、医疗设备制造业	126.24
8	动力、电力生产等装备、设备制造业	223.64	29	电子元器件与仪器仪表、自动化控制设备制造业	118.64
9	黑色冶金及压延加工业	218.99			
10	黄金冶炼及压延加工业	204.63	30	生活用品（含文体、玩具、工艺品、珠宝）等轻工产品加工制造业	116.95
11	石化产品、炼焦及其他燃料生产加工业	194.12			
12	化学纤维制造业	193.69	31	航空航天及国防军工业	116.30
13	汽车及零配件制造业	186.81	32	家用电器及零配件制造业	115.42
14	化学原料及化学制品制造业	186.63	33	饮料加工业	99.49
15	建筑材料及玻璃等制造业	180.14	34	纺织、印染业	95.06
16	办公、影像等电子设备、元器件制造业	171.42	35	纺织品、服装、鞋帽、服饰加工业	85.66
17	金属制品、加工工具、工业辅助产品加工制造业	152.85	36	乳制品加工业	84.94
18	食品加工制造业	146.44	37	农副食品及农产品加工业	79.80
19	摩托车及零配件制造业	141.70	38	肉食品加工业	61.88
20	橡胶制品业	141.60	39	木材、藤、竹、家具等加工及木制品、纸制品等印刷、包装业	59.16
21	酿酒制造业	140.31			
22	电梯及运输、仓储设备与设施制造业	140.19	40	农林机械、设备及零配件制造业	50.40

表 9-27　　2013 中国制造业企业 500 强人均纳税总额

名次	行业名称	人均纳税总额（万元）
1	烟草加工业	299.07
2	石化产品、炼焦及其他燃料生产加工业	30.45
3	汽车及零配件制造业	28.52
4	酿酒制造业	21.02
5	饮料加工业	12.97
6	黄金冶炼及压延加工业	11.92
7	乳制品加工业	11.39
8	工程机械、设备及零配件制造业	11.17
9	建筑材料及玻璃等制造业	10.1
10	动力、电力生产等装备、设备制造业	10.02
11	通讯器材及设备、元器件制造业	8.62
12	塑料制品业	8.56
13	造纸及纸制品加工业	8.46
14	橡胶制品业	8.36
15	医药、医疗设备制造业	7.12
16	计算机及零部件制造业	7.12
17	家用电器及零配件制造业	6.99
18	化学原料及化学制品制造业	6.89
19	化学纤维制造业	6.72
20	电力、电气等设备、机械、元器件及光伏、电池、线缆制造业	5.85
21	办公、影像等电子设备、元器件制造业	5.55
22	一般有色冶金及压延加工业	5.5
23	黑色冶金及压延加工业	5.38
24	金属制品、加工工具、工业辅助产品加工制造业	5.27
25	轨道交通设备及零部件制造业	5.07
26	工业机械、设备及零配件制造业	4.95
27	综合制造业（以制造业为主，含有服务业）	4.77
28	电梯及运输、仓储设备与设施制造业	4.73
29	食品加工制造业	4.55
30	纺织品、服装、鞋帽、服饰加工业	4.4
31	纺织、印染业	4.37
32	摩托车及零配件制造业	3.84
33	船舶工业	3.8
34	航空航天及国防军工业	3.7
35	木材、藤、竹、家具等加工及木制品、纸制品等印刷、包装业	3.61
36	生活用品（含文体、玩具、工艺品、珠宝）等轻工产品加工制造业	3.52
37	电子元器件与仪器仪表、自动化控制设备制造业	3.43
38	农副食品及农产品加工业	3.06
39	肉食品加工业	3.00
40	农林机械、设备及零配件制造业	2.19

表 9-28　　2013 中国制造业企业 500 强行业人均研发费用

名次	行业名称	人均研发费用（万元）	名次	行业名称	人均研发费用（万元）
1	通讯器材及设备、元器件制造业	13.05	22	一般有色冶金及压延加工业	3.15
2	塑料制品业	10.66	23	摩托车及零配件制造业	3.11
3	橡胶制品业	7.64	24	电子元器件与仪器仪表、自动化控制设备制造业	3.09
4	工程机械、设备及零配件制造业	6.4			
5	计算机及零部件制造业	5.71	25	化学原料及化学制品制造业	2.87
6	船舶工业	5.67	26	生活用品（含文体、玩具、工艺品、珠宝）等轻工产品加工制造业	2.65
7	化学纤维制造业	5.19			
8	家用电器及零配件制造业	4.68	27	烟草加工业	2.62
9	汽车及零配件制造业	4.59	28	医药、医疗设备制造业	2.6
10	造纸及纸制品加工业	4.45	29	办公、影像等电子设备、元器件制造业	2.42
11	航空航天及国防军工业	4.38	30	农副食品及农产品加工业	2.38
12	动力、电力生产等装备、设备制造业	4.35	31	酿酒制造业	1.79
13	轨道交通设备及零部件制造业	4.19	32	饮料加工业	1.75
14	黑色冶金及压延加工业	3.97	33	建筑材料及玻璃等制造业	1.71
15	乳制品加工业	3.76	34	综合制造业（以制造业为主，含有服务业）	1.3
16	金属制品、加工工具、工业辅助产品加工制造业	3.75	35	纺织品、服装、鞋帽、服饰加工业	1.27
17	农林机械、设备及零配件制造业	3.74	36	石化产品、炼焦及其他燃料生产加工业	1.1
18	纺织、印染业	3.45	37	食品加工制造业	0.94
19	电力、电气等设备、机械、元器件及光伏、电池、线缆制造业	3.4	38	肉食品加工业	0.93
			39	黄金冶炼及压延加工业	0.69
20	工业机械、设备及零配件制造业	3.16	40	木材、藤、竹、家具等加工及木制品、纸制品等印刷、包装业	0.03
21	电梯及运输、仓储设备与设施制造业	3.15			

表 9-29　　2013 中国制造业企业 500 强行业平均资产利润率

名次	行业名称	平均资产利润率（%）	名次	行业名称	平均资产利润率（%）
1	饮料加工业	18.07	21	农副食品及农产品加工业	3.04
2	烟草加工业	10.92	22	造纸及纸制品加工业	2.79
3	酿酒制造业	10.75	23	石化产品、炼焦及其他燃料生产加工业	2.49
4	橡胶制品业	8.92	24	生活用品（含文体、玩具、工艺品、珠宝）等轻工产品加工制造业	2.46
5	乳制品加工业	8.67			
6	木材、藤、竹、家具等加工及木制品、纸制品等印刷、包装业	8.64	25	工业机械、设备及零配件制造业	2.32
			26	建筑材料及玻璃等制造业	2.15
7	农林机械、设备及零配件制造业	8.53	27	综合制造业（以制造业为主，含有服务业）	2.14
8	塑料制品业	6.78	28	食品加工制造业	2.1
9	肉食品加工业	5.54	29	轨道交通设备及零部件制造业	1.91
10	纺织、印染业	5.53	30	船舶工业	1.9
11	医药、医疗设备制造业	4.79	31	办公、影像等电子设备、元器件制造业	1.87
12	纺织品、服装、鞋帽、服饰加工业	4.75	32	摩托车及零配件制造业	1.83
13	电梯及运输、仓储设备与设施制造业	4.5	33	电子元器件与仪器仪表、自动化控制设备制造业	1.73
14	通讯器材及设备、元器件制造业	4.43			
15	黄金冶炼及压延加工业	4.28	34	金属制品、加工工具、工业辅助产品加工制造业	1.61
16	家用电器及零配件制造业	3.91	35	化学原料及化学制品制造业	1.42
17	汽车及零配件制造业	3.9	36	航空航天及国防军工业	1.11
18	工程机械、设备及零配件制造业	3.85	37	一般有色冶金及压延加工业	1.05
19	电力、电气等设备、机械、元器件及光伏、电池、线缆制造业	3.58	38	计算机及零部件制造业	0.85
			39	动力、电力生产等装备、设备制造业	0.7
20	化学纤维制造业	3.22	40	黑色冶金及压延加工业	0.01

第十章
2013 中国服务业企业 500 强数据

表 10-1　　2013 中国服务业企业 500 强

名次	企业名称	地区	营业收入（万元）	净利润（万元）	资产（万元）	所有者权益（万元）	从业人数（人）
1	国家电网公司	北京	188299929	7771693	233353201	97393821	851667
2	中国工商银行股份有限公司	北京	85037300	23853200	1754221700	112499700	427356
3	中国建设银行股份有限公司	北京	71349600	19317900	1397828800	94173200	348955
4	中国农业银行股份有限公司	北京	64987700	14509400	1324434200	74981500	461100
5	中国银行股份有限公司	北京	62093000	13943200	1268061500	82467700	302016
6	中国移动通信集团公司	北京	61120870	7476860	127596125	74048709	222431
7	中国人寿保险（集团）公司	北京	46481380	-1100520	230657412	5561278	141932
8	中国中化集团公司	北京	45315860	513151	28662384	6432996	47718
9	中国南方电网有限责任公司	广东	42074110	643793	55457370	18720938	300863
10	中国中信集团有限公司	北京	34975605	3015507	356569323	23546107	163468
11	中国平安保险（集团）股份有限公司	广东	33991930	2005000	284426600	15961700	190284
12	中国电信集团公司	北京	33678139	672909	66570094	35503675	488113
13	中国华润总公司	广东	33091087	1234639	73052141	10255952	457310
14	中国邮政集团公司	北京	32135051	2578663	506089752	16917555	901722
15	交通银行股份有限公司	上海	27105105	5837327	527337942	37991806	97971
16	中国人民保险集团股份有限公司	北京	25734900	683200	68865000	6537400	493932
17	中国联合网络通信集团有限公司	北京	25708246	305039	57607156	16056458	292651
18	中国航空油料集团公司	北京	24254867	79991	4023555	905051	10068
19	中国铁路物资股份有限公司	北京	23452968	54457	7328232	796092	11051
20	苏宁控股集团	江苏	23272272	267612	7616150	2845913	180000
21	中国机械工业集团有限公司	北京	21421459	451546	19521177	3525955	101642
22	天津物产集团有限公司	天津	20732047	72090	8914869	775679	6622
23	中粮集团有限公司	北京	20032924	368779	26678406	5646281	106642
24	绿地控股集团有限公司	上海	20024837	755508	24181502	2693844	4800
25	浙江省物产集团公司	浙江	19683252	29130	5913544	518235	18380
26	山西煤炭运销集团有限公司	山西	18500453	6045	13599147	2740253	110691
27	中国远洋运输（集团）总公司	北京	18130387	-239638	34967345	10506258	74909
28	中国民生银行股份有限公司	北京	17931300	3756300	321200100	16300700	49227
29	招商银行股份有限公司	广东	17582800	4527300	340821900	20043400	59340
30	兴业银行股份有限公司	福建	17188300	3471800	325097500	16957700	42199
31	中国太平洋保险（集团）股份有限公司	上海	17145100	507700	68150200	9617700	85137
32	中国医药集团总公司	北京	16523701	216583	12612292	2360482	68192
33	上海浦东发展银行股份有限公司	上海	16040800	3418600	314570700	17749700	35033
34	百联集团有限公司	上海	15900914	59106	7678276	1248473	85366

名次	企业名称	地区	营业收入（万元）	净利润（万元）	资产（万元）	所有者权益（万元）	从业人数（人）
35	大连万达集团股份有限公司	辽宁	14168000	598567	29310500	1422722	78530
36	中国通用技术（集团）控股有限责任公司	北京	14150928	252630	10662864	2781087	42987
37	中国农业发展银行	北京	13595459	1429186	229307889	4979606	52033
38	大连大商集团有限公司	辽宁	13101279	167073	2133726	479907	227952
39	国美电器有限公司	北京	11747974	49000	5087900	1876000	59082
40	新华人寿保险股份有限公司	北京	11692100	293300	49369300	3587000	57381
41	中国光大银行股份有限公司	北京	11413900	2359100	227929500	11417800	31968
42	山西煤炭进出口集团有限公司	山西	11016635	51345	7179581	1304451	16997
43	海航集团有限公司	海南	10796622	82796	35690189	1766389	104205
44	中国外运长航集团有限公司	北京	10667813	31461	12293347	3692334	72118
45	中国南方航空集团公司	广东	10251029	114333	14936901	1567461	68833
46	中国航空集团公司	北京	10206540	242013	19656548	3255149	70264
47	中国保利集团公司	北京	9829698	557805	38285818	3293086	37731
48	厦门建发集团有限公司	福建	9413337	165359	7623098	987941	15470
49	中国东方航空集团公司	上海	8962612	206813	13134503	1406521	51259
50	国家开发投资公司	北京	8465287	428821	31152031	5055747	86551
51	新疆广汇实业投资（集团）有限责任公司	新疆	8271091	285346	9559327	1649603	64875
52	华夏银行股份有限公司	北京	7822585	1279628	148886006	7469420	22991
53	泰康人寿保险股份有限公司	北京	7541245	194796	41418785	2074292	47235
54	中国诚通控股集团有限公司	北京	7486861	46121	7201074	1139127	30702
55	珠海振戎公司	北京	7476714	16819	662544	168196	128
56	武汉商联（集团）股份有限公司	湖北	7150319	13195	2278965	206406	62250
57	广州铁路（集团）公司	广东	6862098	-373066	29224840	19367704	157322
58	上海东浩国际服务贸易（集团）有限公司	上海	6841214	50309	1645184	580740	2724
59	浙江省能源集团有限公司	浙江	6714550	420396	12064973	4386947	15944
60	中国海运（集团）总公司	上海	6609661	113007	17581405	5198188	45570
61	广东省广新控股集团有限公司	广东	6548378	3568	3454977	225778	23693
62	恒大地产集团有限公司	广东	6526084	917084	23899055	3826373	38463
63	厦门国贸控股有限公司	福建	6491259	2014	3644573	199084	14757
64	海南大印集团有限公司	海南	6321249	58824	996366	355735	2058
65	山东省商业集团有限公司	山东	6198435	39799	6348604	330172	200000
66	广东振戎能源有限公司	广东	6154902	20768	2657307	48228	247
67	浙江省兴合集团公司	浙江	6154829	23132	2830659	264486	13584
68	安徽省徽商集团有限公司	安徽	6143683	15931	1378673	65083	13197
69	神州数码控股有限公司	北京	5982432	111297	2303970	634754	12000

名次	企业名称	地区	营业收入（万元）	净利润（万元）	资产（万元）	所有者权益（万元）	从业人数（人）
70	广发银行股份有限公司	广东	5971517	1121986	116814986	6352809	24103
71	庞大汽贸集团股份有限公司	河北	5779668	-82493	6288800	882871	39390
72	南方石化集团有限公司	广东	5771213	11979	1987386	103539	1281
73	北京银行	北京	5734791	1167481	111996893	7161679	8259
74	绿城房地产集团有限公司	浙江	5460000	485112	10770730	2114216	4670
75	中国太平保险集团公司	北京	5419080	101249	20649553	1264523	38951
76	三胞集团有限公司	江苏	5300411	100375	2556979	799362	25159
77	中国港中旅集团公司	北京	5114426	56218	6792299	1499721	43652
78	中升集团控股有限公司	辽宁	5004829	75048	3149485	753872	16127
79	隆基泰和实业有限公司	河北	4935741	280435	3763681	1233358	22403
80	大秦铁路股份有限公司	山西	4596244	1150293	10038767	7018840	98182
81	重庆商社（集团）有限公司	重庆	4584330	29515	1898752	227983	101083
82	浙江省国际贸易集团有限公司	浙江	4480406	113867	3115839	655451	16726
83	江苏汇鸿国际集团有限公司	江苏	4452573	24131	3109545	605161	6360
84	中国中纺集团公司	北京	4446842	73060	2733164	613047	22386
85	中国工艺（集团）公司	北京	4153911	19019	1133878	213500	2379
86	华侨城集团公司	广东	4066486	246618	9311060	1370364	41609
87	浪潮集团有限公司	山东	4010000	1038504	1053892	510725	12165
88	北京控股集团有限公司	北京	4000270	47917	12567860	2350383	68426
89	浙江省商业集团有限公司	浙江	3896352	23927	5030993	275333	11901
90	河北省物流产业集团有限公司	河北	3763379	2177	618148	125974	1791
91	北京首都旅游集团有限责任公司	北京	3683090	19693	3642159	779958	55098
92	广东省丝绸纺织集团有限公司	广东	3643712	7739	1174497	126476	6264
93	远大物产集团有限公司	浙江	3632214	6921	440465	56043	586
94	广东省广晟资产经营有限公司	广东	3630120	69073	7523791	1355410	38362
95	天津一商集团有限公司	天津	3620785	23230	933757	190410	4057
96	中国煤炭科工集团有限公司	北京	3485339	228898	3542781	954325	31952
97	广西北部湾国际港务集团有限公司	广西	3387932	115799	4566405	1202695	10117
98	中国国际技术智力合作公司	北京	3366939	34829	477242	165329	3276
99	阳光保险集团股份有限公司	北京	3348566	8555	8397324	1217500	108920
100	中国节能环保集团公司	北京	3319410	41745	8238262	1116609	39924
101	银亿集团有限公司	浙江	3268189	108436	4387438	438006	8751
102	厦门象屿集团有限公司	福建	3238189	44287	1929642	292959	3715
103	合肥百货大楼集团股份有限公司	安徽	3190000	40890	666444	266109	8396
104	天音通信有限公司	广东	3181065	-8216	837732	260348	9000

名次	企业名称	地区	营业收入（万元）	净利润（万元）	资产（万元）	所有者权益（万元）	从业人数（人）
105	江苏高力集团有限公司	江苏	3107452	94201	1020412	618137	4212
106	北京能源投资（集团）有限公司	北京	3106623	173116	13707353	3694156	20083
107	上海华信石油集团有限公司	上海	3035817	25262	732131	230170	5005
108	江苏国泰国际集团有限公司	江苏	3028217	14075	1076478	159309	10500
109	山东高速集团有限公司	山东	3021195	100794	21048103	2623531	21465
110	申能（集团）有限公司	上海	3010507	137020	10461843	5159981	15447
111	重庆市能源投资集团有限公司	重庆	3002073	820	7000180	1770354	76855
112	广东省交通集团有限公司	广东	2982464	28040	19842569	5038564	46342
113	九州通医药集团股份有限公司	湖北	2950766	41272	1480396	483589	9048
114	重庆龙湖企业拓展有限公司	重庆	2922453	518403	10105430	2406640	9288
115	上海国际港务（集团）股份有限公司	上海	2838102	496927	8710299	4773587	20781
116	北京外企服务集团有限责任公司	北京	2762236	4873	436758	77018	4929
117	浙江前程投资股份有限公司	浙江	2734592	-41577	875487	82891	850
118	南京医药产业（集团）有限责任公司	江苏	2664840	18313	1513021	425455	13453
119	百兴集团有限公司	江苏	2656353	59597	767050	512137	4053
120	福佳集团有限公司	辽宁	2614520	330573	4768916	2349076	3506
121	石家庄北国人百集团有限责任公司	河北	2541553	32076	919316	158551	39498
122	山西省国新能源发展集团有限公司	山西	2528602	12446	1617207	93832	1890
123	天津港（集团）有限公司	天津	2506589	42299	10395927	2455235	17432
124	世纪金源投资集团有限公司	北京	2499346	306424	6506293	2165962	20194
125	永辉超市股份有限公司	福建	2468432	50212	1090685	441709	51365
126	辽宁日林实业集团有限公司	辽宁	2460500	84737	4178972	611362	23695
127	腾邦投资控股有限公司	广东	2451684	5605	416527	114399	5016
128	上海华冶钢铁集团有限公司	上海	2441320	36019	581217	444409	1816
129	广西交通投资集团有限公司	广西	2437808	61160	12804093	4463185	8347
130	长春欧亚集团股份有限公司	吉林	2414498	20185	750415	114412	5127
131	浙江省交通投资集团有限公司	浙江	2393066	48251	14176388	2538527	21686
132	江苏华厦融创置地集团有限公司	江苏	2358390	490571	5569806	3488219	2500
133	重庆市金科投资控股（集团）有限责任公司	重庆	2350000	167120	6500000	1015361	8100
134	广州轻工工贸集团有限公司	广东	2341005	40816	1192088	432313	8306
135	重庆农村商业银行股份有限公司	重庆	2284574	536150	43338234	3148060	14800
136	青岛港（集团）有限公司	山东	2278898	270280	3334327	2509896	14733
137	福建省交通运输集团有限责任公司	福建	2275262	20164	2220647	528328	26095
138	中基宁波集团股份有限公司	浙江	2211318	10121	513214	46711	1779
139	安徽国贸集团控股有限公司	安徽	2189295	12237	1896569	179117	5842

名次	企业名称	地区	营业收入（万元）	净利润（万元）	资产（万元）	所有者权益（万元）	从业人数（人）
140	上海永达控股（集团）有限公司	上海	2189132	49497	1130244	363671	7460
141	弘阳集团有限公司	江苏	2165902	119608	1952269	703702	2377
142	利群集团股份有限公司	山东	2139722	46594	1360820	522156	12643
143	丰立集团有限公司	江苏	2120313	14701	2260432	392214	3150
144	天津市津能投资公司	天津	2109287	14732	5367964	1459681	7147
145	深圳市神州通投资集团有限公司	广东	2055510	2745	1135346	298590	7955
146	首都机场集团公司	北京	2037969	13975	10769437	3251364	49723
147	天津住宅建设发展集团有限公司	天津	2031315	71544	3611162	737431	5015
148	江苏省苏豪控股集团有限公司	江苏	2002171	20113	2245411	562978	7400
149	东方国际（集团）有限公司	上海	1976171	25513	1215302	528542	5888
150	北京首都创业集团有限公司	北京	1969196	20806	11260008	671336	14746
151	深圳市爱施德股份有限公司	广东	1958061	−25980	745627	−25980	4800
152	北京粮食集团有限责任公司	北京	1910921	24458	1703332	399917	8345
153	大汉控股集团有限公司	湖南	1892260	34151	826822	203887	2585
154	中球冠集团有限公司	浙江	1824389	4079	377576	46658	410
155	福建省能源集团有限责任公司	福建	1799161	93267	3737025	819592	32660
156	广州农村商业银行股份有限公司	广东	1718102	405915	34745514	2332791	7652
157	重庆华南物资（集团）有限公司	重庆	1707197	5292	483683	37592	578
158	银泰百货（集团）有限公司	浙江	1699877	97255	2129400	726207	7934
159	安徽辉隆农资集团	安徽	1621748	17385	952348	279641	1201
160	新华锦集团	山东	1618023	10837	572138	73031	9200
161	南通化工轻工股份有限公司	江苏	1607498	8477	166833	68499	147
162	四川航空股份有限公司	四川	1536066	71628	1837331	219808	6060
163	荣盛控股股份有限公司	河北	1519402	130565	4208784	488847	8869
164	重庆医药（集团）股份有限公司	重庆	1519369	22828	883502	188923	11209
165	广东粤海控股有限公司	广东	1508421	212025	6108937	2182464	13544
166	张家港保税区兴恒得贸易有限公司	江苏	1504424	24471	377722	71026	
167	盛京银行有限公司	辽宁	1484405	348561	31320416	1437833	3069
168	上海兰生（集团）有限公司	上海	1481817	5478	835335	186701	1669
169	中铁集装箱运输有限责任公司	北京市	1480720	16144	1047633	725172	2604
170	淄博商厦股份有限公司	山东	1434000	12261	467242	189624	8836
171	宁波神化化学品经营有限责任公司	浙江	1432598	4790	133894	29317	120
172	苏州金螳螂企业集团有限公司	江苏	1431983	32291	1449528	133283	9561
173	卓尔控股有限公司	湖北	1429618	394563	1977091	945430	1041
174	广东粤财投资控股有限公司	广东	1416810	106925	2603884	1229518	1148

名次	企业名称	地区	营业收入（万元）	净利润（万元）	资产（万元）	所有者权益（万元）	从业人数（人）
175	上海均瑶（集团）有限公司	上海	1412327	23433	1694535	306323	9060
176	天津银行股份有限公司	天津	1400977	263418	30234602	1669846	4581
177	四川省烟草公司成都市公司	四川	1354902	165299	690399	625701	1525
178	浙江华成控股集团有限公司	浙江	1330806	29047	409079	138888	15130
179	上海申华控股股份有限公司	上海	1315469	14795	595344	188814	1518
180	欧美投资集团有限公司	山东	1310327	21717	583220	374089	2556
181	武汉欧亚达家居集团有限公司	湖北	1296885	12061	507058	319000	2363
182	日照港集团有限公司	山东	1296528	-6645	3588939	625837	8794
183	云南物流产业集团有限公司	云南	1283322	4196	1254091	152497	2265
184	重庆粮食集团有限责任公司	重庆	1274017	1494	1545240	375780	5056
185	北京祥龙博瑞汽车服务（集团）有限公司	北京	1272315	15935	577474	166441	4808
186	安徽省高速公路控股集团有限公司	安徽	1266472	21795	10309881	2884465	7181
187	中国江苏国际经济技术合作集团有限公司	江苏	1266137	14119	1413788	147728	1634
188	北京菜市口百货股份有限公司	北京	1246684	6729	395129	23676	607
189	上海均和集团钢铁销售有限公司	上海	1239679	578	209609	32376	1200
190	重庆对外经贸（集团）有限公司	重庆	1238267	11887	1332566	347343	31565
191	山东远通汽车贸易集团有限公司	山东	1223586	24531	380976	147533	5824
192	玖隆钢铁物流有限公司	江苏	1220369	-4960	289248	78592	109
193	河北银水实业集团有限公司	河北	1213579	10033	650075	194403	5952
194	吉林银行	吉林	1206648	210517	22075726	1384475	8731
195	广州纺织工贸企业集团有限公司	广东	1188616	7719	621935	243431	1718
196	江苏凤凰出版传媒集团有限公司	江苏	1186478	117772	3050122	1222303	14093
197	广东粤合资产经营有限公司	广东	1160140	4522	527195	67514	2404
198	安徽省能源集团有限公司	安徽	1139844	121276	2742845	904508	4668
199	山东航空集团有限公司	山东	1134087	32485	1237815	32485	8350
200	天津立业钢铁集团有限公司	天津	1130000	14739	214873	99680	602
201	浙江宝利德控股集团有限公司	浙江	1128960	17722	353181	42614	1789
202	广州元亨能源有限公司	广东	1121823	3336	685479	55254	25
203	浙江康桥汽车工贸集团股份有限公司	浙江	1110880	5568	551118	52343	5748
204	广州百货企业集团有限公司	广东	1105733	79549	1002368	299272	5689
205	广州岭南国际企业集团有限公司	广东	1103312	28352	954843	432372	20138
206	天津二商集团有限公司	天津	1090000	3054	390021	134119	4368
207	安徽出版集团有限责任公司	安徽	1076349	39911	1053169	344640	4552
208	河北港口集团有限公司	河北	1075924	61318	3830320	1593169	16753
209	宁波华东物资城市场建设开发有限公司	浙江	1075890	6235	38000	14890	2990

名次	企业名称	地区	营业收入（万元）	净利润（万元）	资产（万元）	所有者权益（万元）	从业人数（人）
210	广西物资集团有限责任公司	广西	1074734	6722	366357	86152	2061
211	天津市房地产开发经营集团有限公司	天津	1073742	23059	5724066	214457	1900
212	广州银行股份有限公司	广东	1062457	271029	25177713	1309645	2508
213	浙江英特药业有限责任公司	浙江	1058995	13470	410089	93744	1658
214	天津城市基础设施建设投资集团有限公司	天津	1058127	159829	48383815	13265589	6104
215	杭州市商贸旅游集团有限公司	浙江	1055608	54311	1492085	422461	10874
216	湖北能源集团股份有限公司	湖北	1029637	70925	3210405	1359849	3365
217	中青旅控股股份有限公司	北京	1027990	29522	777819	286535	7229
218	大华（集团）有限公司	上海	1024882	110696	3337467	579741	332
219	广州金博物流贸易集团有限公司	广州	1011148	869	1072667	214596	303
220	重庆交通运输控股（集团）有限公司	重庆	1008863	15221	1114784	430367	24602
221	成都银行股份有限公司	四川	998084	254157	24029929	1288095	4088
222	天津现代集团有限公司	天津	983173	40921	1169284	513273	868
223	北京京客隆商业集团股份有限公司	北京	983128	10510	635105	164404	8386
224	上海春秋国际旅行社（集团）有限公司	上海	977411	57564	779795	192458	5601
225	安徽新华发行（集团）控股有限公司	安徽	975813	37498	811710	395067	50074
226	河北省国和汽车投资有限公司	河北	952493	364	290585	32913	2383
227	渤海银行股份有限公司	天津	945971	333919	47210207	1981217	4639
228	河南交通投资集团有限公司	河南	936258	−163082	12245138	2222924	29014
229	上海华拓控股集团有限公司	上海	927861	13179	645284	19179	3200
230	徽商银行股份有限公司	安徽	923205		32422436		5279
231	亿达集团有限公司	辽宁	919939	71710	3551011	765296	7360
232	海通证券股份有限公司	上海	914069	301978	12634627	5867968	7248
233	无锡市国联发展（集团）有限公司	江苏	909920	109879	4151884	1300515	6897
234	润华集团股份有限公司	山东	908545	29288	1020922	331432	6000
235	上海新世界（集团）有限公司	上海	903078	51786	1618412	451722	10939
236	上海机场（集团）有限公司	上海	897323	97966	5926976	3459010	19900
237	南昌市政公用投资控股有限责任公司	江西	895418	23134	4127865	1930219	20400
238	汉口银行股份有限公司	湖北	890047	185853	16238224	1190251	2420
239	月星集团有限公司	上海	887515	42389	1105395	392793	8366
240	华泰保险集团股份有限公司	北京	876798	32971	3852604	550955	8550
241	百步亭集团有限公司	湖北	852651	40635	789999	313075	5100
242	新龙药业集团	湖北	852558	11285	189970	50043	3200
243	西安高科（集团）公司	陕西	850993	40542	2840917	343956	10293
244	太平鸟集团有限公司	浙江	845136	21706	600609	158549	5303

名次	企业名称	地区	营业收入（万元）	净利润（万元）	资产（万元）	所有者权益（万元）	从业人数（人）
245	唐山百货大楼集团有限责任公司	河北	826366	14844	350099	81041	17988
246	广西壮族自治区机电设备有限责任公司	广西	821915	10774	313814	105936	4614
247	西安曲江文化产业投资（集团）有限公司	陕西	820791	18347	3856228	576447	7455
248	宁波市慈溪进出口股份有限公司	浙江	818884	6308	367550	33124	1071
249	营口港务集团有限公司	辽宁	817502	36016	8009132	2162349	7450
250	锦联控股集团有限公司	辽宁	812443	50770	1068992	400756	5030
251	浙江建华集团有限公司	浙江	809109	3543	271835	50899	3356
252	北方国际集团有限公司	天津	801438	1531	571125	1656	2129
253	广西水利电业集团有限公司	广西	800848	-356	3087837	479101	26427
254	天津市政建设集团有限公司	天津	786014	28544	4008843	394381	2245
255	上海交运（集团）公司	上海	785917	27637	660282	295784	11256
256	青海省投资集团有限公司	青海	777750	8491	2851717	308387	10128
257	上海龙宇燃油股份有限公司	上海	777175	5834	168188	84220	295
258	吉林粮食集团有限公司	吉林	762514	91	870884	79229	5699
259	广西北部湾银行股份有限公司	广西	760393	111379	11116128	5914	2097
260	山西大昌汽车集团有限公司	山西	755593	15907	228805	125360	2500
261	四川省开元集团有限公司	四川	751200	1118	118958	42370	1210
262	无锡商业大厦大东方股份有限公司	江苏	750138	12133	471600	122900	4465
263	重庆港务物流集团有限公司	重庆	745305	1074	1686916	437732	7786
264	重庆中汽西南汽车有限公司	重庆	744629	8468	268068	101730	2845
265	广州珠江实业集团有限公司	广东	742301	72454	1252664	289248	8690
266	厦门路桥工程物资有限公司	福建	734808	8562	381477	98523	335
267	庆丰农业生产资料集团有限责任公司	黑龙江	729295	4831	525808	38547	643
268	长沙银行股份有限公司	湖南	724432	191301	15992601	753346	2477
269	武汉市城市建设投资开发集团有限公司	湖北	720593	57366	15298606	3270478	17845
270	浙江华瑞集团有限公司	浙江	720424	16508	591412	167709	566
271	青岛农村商业银行股份有限公司	山东	710863	110142	10210197	897594	5096
272	上海展志实业集团有限责任公司	上海	709812	1908	154358	33848	500
273	天津贻成集团有限公司	天津	699185	62692	2540380	729122	2692
274	上海强劲产业发展投资股份有限公司	上海	696150	11701	74699	37472	75
275	东软集团股份有限公司	辽宁	696020	45631	850143	511934	22403
276	上海百营钢铁集团有限公司	上海	695368	19725	262032	129990	497
277	厦门海沧投资集团有限公司	福建	694102	32189	1723915	298358	3500
278	天津市丽兴京津钢铁贸易有限公司	天津	693365	1890	395585	59871	549
279	天津金元宝商厦集团有限公司	天津	689300	3347	149436	21695	1412

名次	企业名称	地区	营业收入（万元）	净利润（万元）	资产（万元）	所有者权益（万元）	从业人数（人）
280	宁波轿辰集团股份有限公司	浙江	686632	3476	296645	75966	3231
281	天津市燃气集团有限公司	天津	685873	-3414	1972116	488114	8562
282	江阴长三角钢铁集团有限公司	江苏	684321	4551	150779	330530	340
283	湖南省新华书店有限责任公司	湖南	680245	45104	438128	212169	
284	河北省新合作控股集团有限公司	河北	680208	6340	457273	146362	1543
285	华融湘江银行股份有限公司	湖南	674339	113876	13325598	664461	2924
286	广东珠江投资股份有限公司	广东	671377	79773	4197167	763280	1708
287	江苏苏农农资连锁集团股份有限公司	江苏	661930	1962	422479	27580	1095
288	天津市交通（集团）有限公司	天津	652300	4631	433200	139800	14257
289	浙江凯喜雅国际股份有限公司	浙江	647077	3204	427854	66317	300
290	重庆华宇物业（集团）有限公司	重庆	641418	113743	2014522	998103	6387
291	湖南友谊阿波罗控股股份有限公司	湖南	639940	12543	784429	137121	4252
292	山东机械进出口集团有限公司	山东	638994	7226	285851	37829	327
293	上海顺朝企业发展集团有限公司	上海	638790	1279	66993	21898	120
294	安徽省交通投资集团有限责任公司	安徽	634602	223	5733526	1918768	13502
295	中国教育出版传媒集团有限公司	北京	629457	84822	1441068	991500	3742
296	湖北银丰实业集团有限责任公司	湖北	611355	5808	403546	105286	1687
297	河北怀特集团股份有限公司	河北	609489	37403	1071442	661356	8908
298	新疆农资（集团）有限责任公司	新疆	606550	4008	424635	108769	1332
299	广州港集团有限公司	广东	605725	67025	2154143	776390	11106
300	安徽亚夏实业股份有限公司	安徽	604285	15004	624078	180039	4000
301	新疆维吾尔自治区棉麻公司	新疆	603344	-5105	588464	29816	6462
302	银川新华百货商业集团股份有限公司	宁夏	599383	24224	343244	140794	15000
303	北京北辰实业集团有限责任公司	北京	596353	30792	3138219	558034	5934
304	新疆西部银力棉业（集团）有限责任公司	新疆	592872	-11680	698937	55654	149
305	宁波滕头集团有限公司	浙江	590032	6835	234329	38558	11170
306	滨海投资集团股份有限公司	天津	589716	5087	658822	51011	1200
307	广东天禾农资股份有限公司	广东	586938	6006	256112	48650	1054
308	湖南九龙经贸集团有限公司	湖南	584203	14264	219610	147485	3800
309	浙江出版联合集团有限公司	浙江	582482	60291	1205435	748576	8830
310	武汉农村商业银行股份有限公司	湖北	579699	163934	11250272	709085	3285
311	吉峰农机连锁股份有限公司	四川	574997	1398	370303	61425	3384
312	厦门翔业集团有限公司	福建	572948	36702	1204569	388967	10134
313	厦门夏商集团有限公司	福建	572244	12231	569811	177122	5277
314	内蒙古集通铁路（集团）有限责任公司	内蒙古	560125	-9329	2868000	545609	12914

名次	企业名称	地区	营业收入（万元）	净利润（万元）	资产（万元）	所有者权益（万元）	从业人数（人）
315	中国银河证券股份有限公司	北京	555217	141978	6429558	1742986	8995
316	大连港集团有限公司	辽宁	550282	25168	5896321	2003234	16484
317	中国免税品（集团）有限责任公司	北京	550241	97676	352969	230453	3384
318	宁波君安物产有限公司	浙江	546960	2535	94137	21682	89
319	荣安集团股份有限公司	浙江	545093	65200	1405824	425400	635
320	东华能源股份有限公司	江苏	545072	9180	486117	139935	90
321	浙江省农村发展集团有限公司	浙江	544476	7253	832134	62400	1546
322	山西汽车运输集团有限公司	山西	537650	8302	560167	157205	14820
323	日出实业集团有限公司	浙江	529806	2036	102571	17061	106
324	南京大地建设集团有限责任公司	江苏	527685	5390	231120	68451	1038
325	怀来县土木煤炭市场物流服务中心	河北	527371	3137	1463		2079
326	武汉商贸国有控股集团有限公司	湖北	525076	36224	766844	255338	2718
327	中国海诚工程科技股份有限公司	上海	523100	12058	290714	58844	5355
328	邯郸市阳光百货集团总公司	河北	521200	3014	214816	22725	24000
329	华信石油有限公司	福建	518603	4289	129466	60219	130
330	中国对外贸易中心（集团）	广东	512715	188828	2081201	1468587	2011
331	苏州国信集团有限公司	江苏	512036	-339	456884	10243	316
332	厦门恒兴集团有限公司	福建	509394	7556	925079	344627	169
333	武汉工贸有限公司	湖北	506889	16801	352278	73561	3449
334	均和（厦门）商贸有限公司	福建	505401	993	98664	30889	
335	新疆生产建设兵团农一师棉麻公司	新疆	503311	4504	330240	3667	50
336	浙大网新科技股份有限公司	浙江	499662	-3526	491951	183101	4550
337	中国大连国际经济技术合作集团有限公司	辽宁	499659	8557	1111624	57685	2410
338	天津劝业华联集团有限公司	天津	497915	-1014	256024	33633	1999
339	厦门经济特区房地产开发集团有限公司	福建	496929	31462	1465870	340088	10640
340	四川新华发行有有限公司	北京	494897	32326	1081475	406856	10781
341	浙江万丰企业集团公司	浙江	488342	4528	261140	64123	2282
342	江苏恒大置业投资发展有限公司	江苏	486000			10200	
343	振华物流集团有限公司	天津	485694	3709	198901	87476	1817
344	青岛银行股份有限公司	山东	478145	92003	10165822	743664	1840
345	安徽省盐业总公司	安徽	477556	15917	357879	91006	4764
346	宁波伟立投资集团有限公司	浙江	476264	4881	200864	97707	747
347	张家港保税区荣德贸易有限公司	江苏	474491	4428	70061	46644	104
348	河北省农业生产资料有限公司	河北	472022	5020	274957	43171	481
349	温州金州集团	浙江	471105	865	210106	11221	1196

名次	企业名称	地区	营业收入（万元）	净利润（万元）	资产（万元）	所有者权益（万元）	从业人数（人）
350	云南省能源投资集团有限公司	云南	469777	38906	3385710	1608524	1748
351	鹭燕（福建）药业股份有限公司	福建	468651	9053	222250	44457	1691
352	重庆市锦天地产（集团）有限公司	重庆	466320	39280	549492	288360	2375
353	重庆银行股份有限公司	重庆	463654	192560	15614849	824711	2871
354	广东省广告股份有限公司	广东	462665	18091	264350	125495	1499
355	广州唯品会信息科技有限公司	广东	461942	15059	192827	-1141	5028
356	开元旅业集团有限公司	浙江	460222	63293	1836211	315679	24243
357	杭州大厦有限公司	浙江	459042	36587	318705	115909	1377
358	祥生实业集团有限公司	浙江	458000	32788	1208945	356954	1598
359	湖南兰天汽车集团有限公司	湖南	452898	1626	155075	24390	1800
360	万合集团股份有限公司	河北	451886	11308	259288	35026	7190
361	宁波海田控股集团有限公司	浙江	451000	2197	87047	10449	142
362	天津市自来水集团有限公司	天津	448402	6720	1864093	419845	5953
363	广州市地下铁道总公司	广东	447995	121994	12527856	6818699	18424
364	厦门市嘉晟对外贸易有限公司	福建	446521	800	590202	11817	135
365	广州友谊集团股份有限公司	广东	446054	38162	356009	196112	1712
366	嘉兴良友进出口集团股份有限公司	浙江	445025	1293	120701	20025	432
367	重庆华轻商业公司	重庆	445002	1359	101601	28790	322
368	天津恒运能源股份有限公司	天津	437000	90000	110000	105000	600
369	青岛维客集团股份有限公司	山东	435598	1868	168006	41394	2800
370	河北卓正实业集团有限公司	河北	432756	18469	342057	201826	9750
371	洛阳银行股份有限公司	河南	430288	134476	8197440	617643	1586
372	广州中大控股有限公司	广东	429945	3753	363043	50431	2133
373	武汉市汉商集团股份有限公司	湖北	428900	2219	166629	52637	1762
374	新疆银隆农业国际合作股份有限公司	新疆	424173	13800	264869	44299	717
375	上海丝绸集团股份有限公司	上海	423929	10168	139756	54033	3500
376	上海闵路润贸易有限公司	上海	423500	3849	116836	19310	177
377	宁波医药股份有限公司	浙江	421893	5618	125164	44199	254
378	厦门华澄集团有限公司	福建	420786	26316	247522	183641	426
379	广西桂东电力股份有限公司	广西	418734	8488	743675	311235	2596
380	万事利集团有限公司	浙江	418425	5541	427442	98678	2050
381	云南出版集团有限责任公司	云南	418377	29185	441857	242518	5654
382	天津三和众诚石油制品销售有限公司	天津	417750	1504	96438	15396	100
383	广州佳都集团有限公司	广东	416973	13185	141751	13913	2314
384	上海宝闽钢铁集团有限公司	上海	415635	429	250905	85645	160

名次	企业名称	地区	营业收入（万元）	净利润（万元）	资产（万元）	所有者权益（万元）	从业人数（人）
385	辛集皮革城有限公司	河北	415399	12523	91258	30245	4080
386	福建省烟草公司厦门市公司	福建	412775	45905	207700	191503	706
387	河南蓝天集团有限公司	河南	412453	-2863	652759	81199	1700
388	无锡市交通产业集团有限公司	江苏	412378	92952	2621089	1114577	12065
389	湖南新物产集团有限公司	湖南	408894	-1355	214199	32321	1096
390	张家港保税区锦德贸易有限公司	江苏	406716	3105	86845	44649	74
391	中国民航信息集团公司	北京	406123	33762	1292977	384167	4337
392	重庆百事达汽车有限公司	重庆	405467	2242	118124	24307	2016
393	湖北省农业生产资料集团有限公司	湖北	405163	2071	239678	19384	500
394	江苏张家港农村商业银行股份有限公司	江苏	403856	99052	7148443	501748	1090
395	江苏省粮食集团有限责任公司	江苏	402609	5671	385830	101947	1103
396	宁夏银行股份有限公司	宁夏	400140	114539	6773579	581997	2526
397	山西金邦贸易有限公司	山西	399511	8248	235188	35795	724
398	宁波万象控股集团有限公司	浙江	398978	13772	257923	85963	1800
399	九禾股份有限公司	重庆	397038	11444	298505	16804	967
400	上海亚东国际货运有限公司	上海	396630	3636	115494	14764	1533
401	浙江省医药工业有限公司	浙江	395483	10544	109382	36309	592
402	唐山港集团股份有限公司	河北	395103	64570	1112894	518978	2954
403	长沙通程控股股份有限公司	湖南	391071	15534	370739	167598	18071
404	天津海泰控股集团有限公司	天津	389883	-10408	3137295	514303	2846
405	厦门禹洲集团股份有限公司	福建	389384	72621	2227784	600068	1641
406	上海金开利集团有限公司	上海	386109	83607	174370	45013	
407	上海强生控股股份有限公司	上海	381395	18286	612008	293792	34806
408	福建省福农农资集团有限公司（福建省农资集团公司）	福建	376677	3203	276339	39536	420
409	上海东菱实业有限公司	上海	371526	-605	2551	-238	6
410	赛鼎工程有限公司	山西	369801	32170	412365	93494	1530
411	上海尚友实业集团有限公司	上海	368384	2042	25283	19538	
412	华茂集团股份有限公司	浙江	367151	15068	844911	322951	2587
413	上海大众公用事业（集团）股份有限公司	上海	366605	33672	1068386	386868	
414	青岛利客来集团股份有限公司	山东	366199	1878	203654	63557	1726
415	苏州汽车客运集团有限公司	江苏	365905	34628	690640	254072	18515
416	青海省物资产业集团总公司	青海	365831	5569	215788	71456	1568
417	光大证券股份有限公司	上海	365170	100297	5853802	2217248	7712
418	天津渤海润德钢铁集团有限公司	天津	363947	1559	85112	28433	290
419	新疆前海供销集团公司	新疆	361686	2501	303355	8056	690

名次	企业名称	地区	营业收入（万元）	净利润（万元）	资产（万元）	所有者权益（万元）	从业人数（人）
420	浙江中国小商品城集团股份有限公司	浙江	361183	70702	1828134	824548	4623
421	张家港福洛瑞物贸有限公司	江苏	360210	-156	60748	30402	34
422	重庆重铁物流有限公司	重庆	356379	4895	118502	47611	1344
423	加贝物流股份有限公司	浙江	356000	5344	76646	27823	4968
424	江西赣粤高速公路股份有限公司	江西	355767	116964	2563384	1097608	3889
425	广州广之旅国际旅行社股份有限公司	广东	353311	3203	113559	17857	2161
426	浙江大华技术股份有限公司	浙江	353121	70015	339747	214217	3283
427	日照银行股份有限公司	山东	351770	99105	5087624	377234	993
428	广东省航运集团有限公司	广东	349002	18361	711674	342277	5085
429	武汉市燃气热力集团有限公司	湖北	348565	11149	640106	122655	4096
430	东冠集团有限公司	浙江	347926	11897	797636	190447	1870
431	银江科技集团有限公司	浙江	343346	13158	314751	60788	1170
432	长江水利委员会长江勘测规划设计研究院	湖北	343117	5817	574570	65895	2965
433	湖南汽车城有限公司	湖南	342465	395	168079	17116	1276
434	常州市化工轻工材料总公司	江苏	342210	4360	54083	20178	121
435	广州凯得控股有限公司	广东	341924	6690	2845035	942982	1376
436	蓝池集团有限公司	河北	337611	9849	206303	102450	3000
437	广东省广播电视网络股份有限公司	广东	336925	32756	1548803	1104990	6137
438	中兴-沈阳商业大厦（集团）股份有限公司	辽宁	336476	10031	217181	118529	3128
439	华星北方汽车贸易有限公司	天津	336342	571	91501	16689	1034
440	内蒙古铁鑫煤化集团有限公司	内蒙古	334853	4636	105072	26452	724
441	广西北部湾投资集团有限公司	广西	331290	35373	2667177	1164438	2213
442	厦门海澳集团有限公司	福建	328105	4368	117852	30679	177
443	雄风集团有限公司	浙江	328025	2623	221919	67535	6200
444	全洲药业集团有限公司	湖南	326634	10862	178182	72029	1030
445	武汉地产开发投资集团有限公司	湖北	326431	31688	4825968	1463441	475
446	浙江华联商厦有限公司	浙江	326160	5857	119418	21589	5774
447	安徽省旅游集团有限责任公司	安徽	323535	1565	781757	73402	2853
448	江苏吴江农村商业银行股份有限公司	江苏	323105	86368	5717668	474048	1042
449	河北保百集团有限公司	河北	320805	4525	106997	21057	6371
450	江苏中江能源有限公司	江苏	319991	1043	164336	36782	22
451	桂林银行股份有限公司	广西	317887	67585	7106323	348284	1210
452	齐商银行股份有限公司	山东	317845	78871	4839807	381508	1867
453	武汉有色金属投资有限公司	湖北	314386	64	257920	20543	84
454	上海东方明珠（集团）股份有限公司	上海	312474	54793	1208255	758859	2568

名次	企业名称	地区	营业收入（万元）	净利润（万元）	资产（万元）	所有者权益（万元）	从业人数（人）
455	上海临港经济发展（集团）有限公司	上海	311282	5877	4378012	127541	2880
456	张家港保税区荣润贸易有限公司	江苏	307485	7809	179917		48
457	常熟市交电家电有限责任公司	江苏	307312	2188	91347	16572	346
458	浙江南苑控股集团有限公司	浙江	306826	8597	535122	48125	2500
459	丹东港集团有限公司	辽宁	306096	93636	2883724	1043623	5500
460	湖州市浙北大厦有限责任公司	浙江	303662	9557	464007	157741	2458
461	宁波联合集团股份有限公司	浙江	302393	3311	648673	188198	978
462	中国天津国际经济技术合作集团公司	天津	301051	1567	231653	34700	841
463	厦门嘉联恒进出口有限公司	福建	301039	260	106994	1429	58
464	广州市第二公共汽车公司	广东	300292	458	314487	110508	21226
465	四川安吉物流集团有限公司	四川	300108	3949	127829	86683	1430
466	大众交通（集团）股份有限公司	上海	298948	38917	966248	542410	24997
467	山西华宇集团有限公司	山西	295166	6834	670679	285545	10501
468	上海外经集团控股有限公司	上海	294711	4	347193	33401	727
469	厦门源昌集团有限公司	福建	293769	35877	1048085	369800	1500
470	深圳市粮食集团有限公司	广东	292646	5721	205727	83651	628
471	中国出国人员服务总公司	北京	290048	4077	255538	114510	773
472	大连金玛商城企业集团有限公司	辽宁	289861	24651	398433	147494	3156
473	浙江供销超市有限公司	浙江	288361	5776	69572	14625	1846
474	交运集团公司	山东	288341	1335	357420	96549	10966
475	快乐购物股份有限公司	湖南	285510	14133	120104	72731	2119
476	广东南方报业传媒集团有限公司	广东	285144	8402	457905	167509	7143
477	南京新街口百货商店股份有限公司	江苏	285013	19053	374510	126876	1642
478	张家口市商业银行股份有限公司	河北	284692	85893	4602051	285839	1194
479	广西富满地农资股份有限公司	广西	277713	3251	152122	24992	140
480	华天实业控股集团有限公司	湖南	277696	4013	770946	113232	11562
481	张家港市第一人民商场有限责任公司	江苏	277413	13342	137443	69180	4000
482	南京金箔集团有限责任公司	江苏	275746	9083	157239	53700	2573
483	大洲控股集团有限公司	福建	274646	45863	787627	253025	480
484	厦门市明穗粮油贸易有限公司	福建	271881	205	105597	5965	60
485	厦门华融集团有限公司	福建	271245	-606	285655	70783	100
486	河北惠友商业连锁发展有限公司	河北	271076	4327	71372	22163	7500
487	广东省商业企业集团公司	广东	269780	11154	191200	53214	1115
488	鑫东森集团有限公司	福建	267688		133076	53585	58
489	话机世界数码连锁集团股份有限公司	浙江	267260	1828	92302	18595	3166

名次	企业名称	地区	营业收入（万元）	净利润（万元）	资产（万元）	所有者权益（万元）	从业人数（人）
490	心连心集团有限公司	湖南	265056	3066	102705	17839	7600
491	南宁百货大楼股份有限公司	广西	264150	6442	210148	107146	1239
492	上海中燃船舶燃料有限公司	上海	262681	2636	56367	34078	608
493	重庆市新大兴实业（集团）有限公司	重庆	257406	1137	93643	45117	3786
494	浙江省八达物流有限公司	浙江	256561	3491	38165	24894	197
495	厦门新景地集团有限公司	福建	255711	61577	681273	331404	104
496	众地集团有限公司	山东	251862	7851	160767	81166	3635
497	上海中钢投资集团有限公司	上海	251266	15327	201378	87228	220
498	天津津滨发展股份有限公司	天津	250264	6907	1058816	183792	938
499	绮丽集团有限责任公司	山东	245400	8150	137475	38133	3338
500	无锡市市政公用产业集团有限公司	江苏	241601	18744	2141067	949153	5864
	合计		2047726460	154789276	12421602301	1195915405	12335495

说　明

1. 2013 中国服务业企业 500 强是中国企业联合会、中国企业家协会参照国际惯例，组织企业自愿申报，并经专家审定确认后产生的。申报企业包括在中国境内注册、2012 年完成营业收入达到 15 亿元（人民币）以上（含 15 亿元）的企业（不包括行政性公司和资产经营公司，不包括在华外资、港澳台独资、控股企业；也不包括行政性公司、政企合一的单位（如铁路局）以及各类资产经营公司，但包括在境外注册、投资主体为中国自然人或法人、主要业务在境内，属于我国银监会、保监会和各级国资委监管的企业，都有资格申报参加排序。属于集团公司的控股子公司或相对控股子公司，由于其财务报表最后能被合并到集团母公司的财务会计报表中去，因此只允许其母公司申报。

2. 表中所列数据由企业自愿申报或属于上市公司公开数据、并经会计师事务所或审计师事务所等单位认可。

3. 营业收入是 2012 年不含增值税的收入，包括企业的所有收入，即主营业务和非主营业务、境内和境外的收入。商业银行的营业收入为 2012 年利息收入和非利息营业收入之和（不减掉对应的支出）。保险公司的营业收入是 2012 年保险费和年金收入扣除储蓄的资本收益或损失。净利润是 2012 年上交所得税的净利润扣除少数股东权益后的归属母公司所有者的净利润。资产是 2012 年度末的资产总额。归属母公司所有者权益是 2012 年末所有者权益总额扣除少数股东权益后的母公司所有者权益。研究开发费用是 2012 年企业投入研究开发的所有费用。从业人数是 2012 年度的平均人数（含所有被合并报表企业的人数）。

4. 行业分类参照了国家统计局的分类方法，依据其主营业务收入所在行业来划分；地区分类是按企业总部所在地划分。

表 10-2　　2013 中国服务业企业 500 强各行业企业分布

排名	企业名称	营业收入（万元）
能源（电、热、燃气等能）供应、开发、减排及再循环服务业		
1	国家电网公司	188299929
2	中国南方电网有限责任公司	42074110
3	浙江省能源集团有限公司	6714550
4	中国节能环保集团公司	3319410
5	北京能源投资（集团）有限公司	3106623
6	申能（集团）有限公司	3010507
7	山西省国新能源发展集团有限公司	2528602
8	福建省能源集团有限责任公司	1799161
9	安徽省能源集团有限公司	1139844
10	无锡市国联发展（集团）有限公司	909920
11	广西水利电业集团有限公司	800848
12	天津市燃气集团有限公司	685873
13	东华能源股份有限公司	545072
14	广西桂东电力股份有限公司	418734
15	上海大众公用事业（集团）股份有限公司	366605
16	武汉市燃气热力集团有限公司	348565
	合计	256068353
铁路运输及辅助服务业		
1	中国铁路物资股份有限公司	23452968
2	广州铁路（集团）公司	6862098
3	大秦铁路股份有限公司	4596244
4	中铁集装箱运输有限责任公司	1480720
5	内蒙古集通铁路（集团）有限责任公司	560125
	合计	36952155
陆路运输、城市公交、道路及交通辅助等服务业		
1	山东高速集团有限公司	3021195
2	广东省交通集团有限公司	2982464
3	浙江省交通投资集团有限公司	2393066
4	安徽省高速公路控股集团有限公司	1266472
5	重庆交通运输控股（集团）有限公司	1008863
6	上海交运（集团）公司	785917
7	天津市交通（集团）有限公司	652300
8	安徽省交通投资集团有限责任公司	634602
9	山西汽车运输集团有限公司	537650
10	万合集团股份有限公司	451886
11	广州市地下铁道总公司	447995
12	上海强生控股股份有限公司	381395
13	苏州汽车客运集团有限公司	365905
14	江西赣粤高速公路股份有限公司	355767
15	广州市第二公共汽车公司	300292
16	大众交通（集团）股份有限公司	298948
17	交运集团公司	288341
	合计	16173058
水上运输业		
1	中国远洋运输（集团）总公司	18130387
2	中国海运（集团）总公司	6609661
3	广东省航运集团有限公司	349002
	合计	25089050
港口服务业		
1	广西北部湾国际港务集团有限公司	3387932
2	上海国际港务（集团）股份有限公司	2838102
3	天津港（集团）有限公司	2506589
4	青岛港（集团）有限公司	2278898
5	日照港集团有限公司	1296528
6	河北港口集团有限公司	1075924
7	营口港务集团有限公司	817502
8	广州港集团有限公司	605725
9	大连港集团有限公司	550282
10	唐山港集团股份有限公司	395103
11	丹东港集团有限公司	306096
	合计	16058681
航空运输及相关服务业		
1	海航集团有限公司	10796622
2	中国南方航空集团公司	10251029
3	中国航空集团公司	10206540
4	中国东方航空集团公司	8962612
5	四川航空股份有限公司	1536066
6	山东航空集团有限公司	1134087
	合计	42886956
航空港及相关服务业		
1	首都机场集团公司	2037969
2	上海机场（集团）有限公司	897323
3	厦门翔业集团有限公司	572948
4	中国民航信息集团公司	406123
	合计	3914363
电信、邮寄、速递等服务业		
1	中国移动通信集团公司	61120870
2	中国电信集团公司	33678139
3	中国邮政集团公司	32135051
4	中国联合网络通信集团有限公司	25708246
	合计	152642306
软件、程序、计算机应用、网络工程等计算机、微电子服务业		
1	神州数码控股有限公司	5982432
2	三胞集团有限公司	5300411
3	浪潮集团有限公司	4010000
4	东软集团股份有限公司	696020
5	浙大网新科技股份有限公司	499662
6	浙江大华技术股份有限公司	353121
	合计	16841646
物流、仓储、运输、配送服务业		
1	中国外运长航集团有限公司	10667813

排名	企业名称	营业收入（万元）
2	厦门建发集团有限公司	9413337
3	中国诚通控股集团有限公司	7486861
4	河北省物流产业集团有限公司	3763379
5	厦门象屿集团有限公司	3238189
6	腾邦投资控股有限公司	2451684
7	广西交通投资集团有限公司	2437808
8	福建省交通运输集团有限责任公司	2275262
9	云南物流产业集团有限公司	1283322
10	玖隆钢铁物流有限公司	1220369
11	广州金博物流贸易集团有限公司	1011148
12	重庆港务物流集团有限公司	745305
13	新疆维吾尔自治区棉麻公司	603344
14	武汉商贸国有控股集团有限公司	525076
15	振华物流集团有限公司	485694
16	上海亚东国际货运有限公司	396630
17	青海省物资产业集团总公司	365831
18	重庆重铁物流有限公司	356379
19	四川安吉物流集团有限公司	300108
20	浙江省八达物流有限公司	256561
	合计	49284100

矿产、能源内外商贸批发业		
1	中国航空油料集团公司	24254867
2	山西煤炭运销集团有限公司	18500453
3	山西煤炭进出口集团有限公司	11016635
4	珠海振戎公司	7476714
5	南方石化集团有限公司	5771213
6	上海华信石油集团有限公司	3035817
7	中球冠集团有限公司	1824389
8	广州元亨能源有限公司	1121823
9	上海龙宇燃油股份有限公司	777175
10	华信石油有限公司	518603
11	天津恒运能源股份有限公司	437000
12	天津三和众诚石油制品销售有限公司	417750
13	内蒙古铁鑫煤化集团有限公司	334853
14	厦门海澳集团有限公司	328105
15	江苏中江能源有限公司	319991
16	上海中燃船舶燃料有限公司	262681
	合计	76398069

化工产品及医药内外商贸批发业		
1	中国中化集团公司	45315860
2	南通化工轻工股份有限公司	1607498
3	宁波神化化学品经营有限责任公司	1432598
4	日出实业集团有限公司	529806
5	河南蓝天集团有限公司	412453
	合计	49298215

机电、电子产品内外商贸及批发业		
1	中国通用技术（集团）控股有限责任公司	14150928
2	广东省广新控股集团有限公司	6548378
3	宁波市慈溪进出口股份有限公司	818884

排名	企业名称	营业收入（万元）
4	广州佳都集团有限公司	416973
5	上海金开利集团有限公司	386109
6	厦门嘉联恒进出口有限公司	301039
7	广东省商业企业集团公司	269780
	合计	22892091

生活消费品（家用、文体、玩具、工艺品、珠宝等）内外批发及商贸业		
1	浙江省国际贸易集团有限公司	4480406
2	中国中纺集团公司	4446842
3	中国工艺（集团）公司	4153911
4	广东省丝绸纺织集团有限公司	3643712
5	江苏国泰国际集团有限公司	3028217
6	广州轻工工贸集团有限公司	2341005
7	安徽国贸集团控股有限公司	2189295
8	江苏省苏豪控股集团有限公司	2002171
9	新华锦集团	1618023
10	上海兰生（集团）有限公司	1481817
11	四川省烟草公司成都市公司	1354902
12	广州纺织工贸企业集团有限公司	1188616
13	太平鸟集团有限公司	845136
14	浙江华瑞集团有限公司	720424
15	浙江凯喜雅国际股份有限公司	647077
16	湖北银丰实业集团有限责任公司	611355
17	中国免税品（集团）有限责任公司	550241
18	温州金州集团	471105
19	厦门市嘉晟对外贸易有限公司	446521
20	上海丝绸集团股份有限公司	423929
21	万事利集团有限公司	418425
22	辛集皮革城有限公司	415399
23	福建省烟草公司厦门市公司	412775
24	浙江中国小商品城集团股份有限公司	361183
25	南京金箔集团有限责任公司	275746
26	厦门华融集团有限公司	271245
27	鑫东森集团有限公司	267688
28	众地集团有限公司	251862
29	绮丽集团有限责任公司	245400
	合计	39564428

粮油食品及农林、土畜、果蔬、水产品等内外商贸批发、零售业		
1	中粮集团有限公司	20032924
2	北京粮食集团有限责任公司	1910921
3	重庆粮食集团有限责任公司	1274017
4	吉林粮食集团有限公司	762514
5	新疆西部银力棉业（集团）有限责任公司	592872
6	厦门夏商集团有限公司	572244
7	浙江省农村发展集团有限公司	544476
8	新疆生产建设兵团农一师棉麻公司	503311
9	安徽省盐业总公司	477556
10	新疆银隆农业国际合作股份有限公司	424173
11	江苏省粮食集团有限责任公司	402609
12	新疆前海供销集团公司	361686

排名	企业名称	营业收入（万元）
13	深圳市粮食集团有限公司	292646
14	厦门市明穗粮油贸易有限公司	271881
	合计	28423830

生产资料内外贸易批发、零售业

排名	企业名称	营业收入（万元）
1	天津物产集团有限公司	20732047
2	浙江省物产集团公司	19683252
3	安徽省徽商集团有限公司	6143683
4	江苏汇鸿国际集团有限公司	4452573
5	安徽辉隆农资集团	1621748
6	重庆对外经贸（集团）有限公司	1238267
7	浙江建华集团有限公司	809109
8	厦门路桥工程物资有限公司	734808
9	庆丰农业生产资料集团有限责任公司	729295
10	江苏苏农农资连锁集团股份有限公司	661930
11	山东机械进出口集团有限公司	638994
12	新疆农资（集团）有限责任公司	606550
13	广东天禾农资股份有限公司	586938
14	吉峰农机连锁股份有限公司	574997
15	厦门恒兴集团有限公司	509394
16	河北省农业生产资料有限公司	472022
17	张家港保税区锦德贸易有限公司	406716
18	湖北省农业生产资料集团有限公司	405163
19	九禾股份有限公司	397038
20	福建省福农农资集团有限公司（福建省农资集团公司）	376677
21	常州市化工轻工材料总公司	342210
22	中国天津国际经济技术合作集团公司	301051
23	广西富满地农资股份有限公司	277713
	合计	62702175

金属内外贸易及加工、配送、批发零售业

排名	企业名称	营业收入（万元）
1	广东振戎能源有限公司	6154902
2	上海华冶钢铁集团有限公司	2441320
3	丰立集团有限公司	2120313
4	大汉控股集团有限公司	1892260
5	重庆华南物资（集团）有限公司	1707197
6	张家港保税区兴恒得贸易有限公司	1504424
7	上海均和集团钢铁销售有限公司	1239679
8	天津立业钢铁集团有限公司	1130000
9	上海展志实业集团有限责任公司	709812
10	上海强劲产业发展投资股份有限公司	696150
11	上海百营钢铁集团有限公司	695368
12	天津市丽兴京津钢铁贸易有限公司	693365
13	江阴长三角钢铁集团有限公司	684321
14	上海顺朝企业发展集团有限公司	638790
15	均和（厦门）商贸有限公司	505401
16	张家港保税区荣德贸易有限公司	474491
17	上海闵路润贸易有限公司	423500
18	上海宝闽钢铁集团有限公司	415635
19	山西金邦贸易有限公司	399511
20	上海尚友实业集团有限公司	368384
21	天津渤海润德钢铁集团有限公司	363947
22	张家港福洛瑞物贸有限公司	360210
23	武汉有色金属投资有限公司	314386
24	张家港保税区荣润贸易有限公司	307485
25	上海中钢投资集团有限公司	251266
	合计	26492117

综合性内外商贸及批发、零售业

排名	企业名称	营业收入（万元）
1	厦门国贸控股有限公司	6491259
2	浙江省兴合集团公司	6154829
3	远大物产集团有限公司	3632214
4	中基宁波集团股份有限公司	2211318
5	东方国际（集团）有限公司	1976171
6	欧美投资集团有限公司	1310327
7	河北银水实业集团有限公司	1213579
8	广西物资集团有限责任公司	1074734
9	北方国际集团有限公司	801438
10	宁波君安物产有限公司	546960
11	浙江万丰企业集团公司	488342
12	宁波海田控股集团有限公司	451000
13	嘉兴良友进出口集团股份有限公司	445025
14	上海东菱实业有限公司	371526
15	上海外经集团控股有限公司	294711
	合计	27463433

汽车和摩托车商贸、维修保养及租赁业

排名	企业名称	营业收入（万元）
1	庞大汽贸集团股份有限公司	5779668
2	中升集团控股有限公司	5004829
3	上海永达控股（集团）有限公司	2189132
4	上海申华控股股份有限公司	1315469
5	北京祥龙博瑞汽车服务（集团）有限公司	1272315
6	山东远通汽车贸易集团有限公司	1223586
7	浙江康桥汽车工贸集团股份有限公司	1110880
8	河北省国和汽车投资有限公司	952493
9	润华集团股份有限公司	908545
10	广西壮族自治区机电设备有限责任公司	821915
11	山西大昌汽车集团有限公司	755593
12	重庆中汽西南汽车有限公司	744629

排名	企业名称	营业收入（万元）	排名	企业名称	营业收入（万元）
13	宁波轿辰集团股份有限公司	686632	12	长春欧亚集团股份有限公司	2414498
14	安徽亚夏实业股份有限公司	604285	13	利群集团股份有限公司	2139722
15	湖南兰天汽车集团有限公司	452898	14	银泰百货（集团）有限公司	1699877
16	湖南新物产集团有限公司	408894	15	淄博商厦股份有限公司	1434000
17	重庆百事达汽车有限公司	405467	16	北京菜市口百货股份有限公司	1246684
18	湖南汽车城有限公司	342465	17	浙江宝利德控股集团有限公司	1128960
19	蓝池集团有限公司	337611	18	广州百货企业集团有限公司	1105733
20	华星北方汽车贸易有限公司	336342	19	天津二商集团有限公司	1090000
	合计	25653648	20	杭州市商贸旅游集团有限公司	1055608
			21	北京京客隆商业集团股份有限公司	983128
电器商贸批发、零售业			22	上海新世界（集团）有限公司	903078
1	苏宁控股集团	23272272	23	月星集团有限公司	887515
2	国美电器有限公司	11747974	24	唐山百货大楼集团有限责任公司	826366
3	天音通信有限公司	3181065	25	无锡商业大厦大东方股份有限公司	750138
4	深圳市爱施德股份有限公司	1958061	26	天津金元宝商厦集团有限公司	689300
5	武汉工贸有限公司	506889	27	河北省新合作控股集团有限公司	680208
6	常熟市交电家电有限责任公司	307312	28	湖南友谊阿波罗控股股份有限公司	639940
7	话机世界数码连锁集团股份有限公司	267260	29	河北怀特集团股份有限公司	609489
	合计	41240833	30	银川新华百货商业集团股份有限公司	599383
			31	邯郸市阳光百货集团总公司	521200
医药专营批发、零售业			32	天津劝业华联集团有限公司	497915
1	中国医药集团总公司	16523701	33	江苏恒大置业投资发展有限公司	486000
2	九州通医药集团股份有限公司	2950766	34	杭州大厦有限公司	459042
3	南京医药产业（集团）有限责任公司	2664840	35	广州友谊集团股份有限公司	446054
4	重庆医药（集团）股份有限公司	1519369	36	重庆华轻商业公司	445002
5	浙江英特药业有限责任公司	1058995	37	青岛维客集团股份有限公司	435598
6	新龙药业集团	852558	38	武汉市汉商集团股份有限公司	428900
7	鹭燕（福建）药业股份有限公司	468651	39	长沙通程控股股份有限公司	391071
8	宁波医药股份有限公司	421893	40	青岛利客来集团股份有限公司	366199
9	浙江省医药工业有限公司	395483	41	加贝物流股份有限公司	356000
10	全洲药业集团有限公司	326634	42	中兴-沈阳商业大厦（集团）股份有限公司	336476
	合计	27182890	43	雄风集团有限公司	328025
			44	浙江华联商厦有限公司	326160
商业零售业及连锁超市			45	河北保百集团有限公司	320805
1	百联集团有限公司	15900914	46	湖州市浙北大厦有限责任公司	303662
2	大连大商集团有限公司	13101279	47	山西华宇集团有限公司	295166
3	武汉商联（集团）股份有限公司	7150319	48	大连金玛商城企业集团有限公司	289861
4	山东省商业集团有限公司	6198435	49	浙江供销超市有限公司	288361
5	重庆商社（集团）有限公司	4584330	50	快乐购物股份有限公司	285510
6	浙江省商业集团有限公司	3896352	51	南京新街口百货商店股份有限公司	285013
7	天津一商集团有限公司	3620785	52	张家港市第一人民商场有限责任公司	277413
8	合肥百货大楼集团股份有限公司	3190000	53	河北惠友商业连锁发展有限公司	271076
9	江苏高力集团有限公司	3107452	54	心连心集团有限公司	265056
10	石家庄北国人百集团有限责任公司	2541553	55	南宁百货大楼股份有限公司	264150
11	永辉超市股份有限公司	2468432	56	重庆市新大兴实业（集团）有限公司	257406

排名	企业名称	营业收入（万元）
	合计	95870599
家具、家居专营批发、零售业		
1	武汉欧亚达家居集团有限公司	1296885
	合计	1296885
银行业		
1	中国工商银行股份有限公司	85037300
2	中国建设银行股份有限公司	71349600
3	中国农业银行股份有限公司	64987700
4	中国银行股份有限公司	62093000
5	交通银行股份有限公司	27105105
6	中国民生银行股份有限公司	17931300
7	招商银行股份有限公司	17582800
8	兴业银行股份有限公司	17188300
9	上海浦东发展银行股份有限公司	16040800
10	中国农业发展银行	13595459
11	中国光大银行股份有限公司	11413900
12	华夏银行股份有限公司	7822585
13	广发银行股份有限公司	5971517
14	北京银行	5734791
15	重庆农村商业银行股份有限公司	2284574
16	广州农村商业银行股份有限公司	1718102
17	盛京银行有限公司	1484405
18	天津银行股份有限公司	1400977
19	吉林银行	1206648
20	广州银行股份有限公司	1062457
21	成都银行股份有限公司	998084
22	渤海银行股份有限公司	945971
23	徽商银行股份有限公司	923205
24	汉口银行股份有限公司	890047
25	广西北部湾银行股份有限公司	760393
26	长沙银行股份有限公司	724432
27	青岛农村商业银行股份有限公司	710863
28	华融湘江银行股份有限公司	674339
29	武汉农村商业银行股份有限公司	579699
30	青岛银行股份有限公司	478145
31	重庆银行股份有限公司	463654
32	洛阳银行股份有限公司	430288
33	江苏张家港农村商业银行股份有限公司	403856
34	宁夏银行股份有限公司	400140
35	日照银行股份有限公司	351770
36	江苏吴江农村商业银行股份有限公司	323105
37	桂林银行股份有限公司	317887
38	齐商银行股份有限公司	317845
39	张家口市商业银行股份有限公司	284692
	合计	443989735
人寿保险业		
1	中国人寿保险（集团）公司	46481380
2	新华人寿保险股份有限公司	11692100
3	泰康人寿保险股份有限公司	7541245
4	阳光保险集团股份有限公司	3348566
	合计	69063291
财产保险业		
1	中国人民保险集团股份有限公司	25734900
	合计	25734900
综合保险业		
1	中国平安保险（集团）股份有限公司	33991930
2	中国太平洋保险（集团）股份有限公司	17145100
3	中国太平保险集团公司	5419080
	合计	56556110
证券业		
1	海通证券股份有限公司	914069
2	中国银河证券股份有限公司	555217
3	光大证券股份有限公司	365170
	合计	1834456
其他金融服务业		
1	广东粤财投资控股有限公司	1416810
2	厦门华澄集团有限公司	420786
	合计	1837596
多元化投资控股、商务服务业		
1	中国中信集团有限公司	34975605
2	中国华润总公司	33091087
3	国家开发投资公司	8465287
4	广东省广晟资产经营有限公司	3630120
5	重庆市能源投资集团有限公司	3002073
6	浙江前程投资股份有限公司	2734592
7	天津市津能投资公司	2109287
8	深圳市神州通投资集团有限公司	2055510
9	广东粤海控股有限公司	1508421
10	广东粤合资产经营有限公司	1160140
11	湖北能源集团股份有限公司	1029637
12	河南交通投资集团有限公司	936258
13	青海省投资集团有限公司	777750

排名	企业名称	营业收入（万元）
14	四川省开元集团有限公司	751200
15	厦门海沧投资集团有限公司	694102
16	云南省能源投资集团有限公司	469777
17	广州中大控股有限公司	429945
18	无锡市交通产业集团有限公司	412378
19	广州凯得控股有限公司	341924
	合计	98575093

房屋装饰、修缮、管理等服务业

排名	企业名称	营业收入（万元）
1	绿地控股集团有限公司	20024837
2	大连万达集团股份有限公司	14168000
3	恒大地产集团有限公司	6526084
4	绿城房地产集团有限公司	5460000
5	隆基泰和实业有限公司	4935741
6	华侨城集团公司	4066486
7	银亿集团有限公司	3268189
8	重庆龙湖企业拓展有限公司	2922453
9	百兴集团有限公司	2656353
10	福佳集团有限公司	2614520
11	世纪金源投资集团有限公司	2499346
12	江苏华厦融创置地集团有限公司	2358390
13	重庆市金科投资控股（集团）有限责任公司	2350000
14	弘阳集团有限公司	2165902
15	天津住宅建设发展集团有限公司	2031315
16	荣盛控股股份有限公司	1519402
17	苏州金螳螂企业集团有限公司	1431983
18	卓尔控股有限公司	1429618
19	浙江华成控股集团有限公司	1330806
20	天津市房地产开发经营集团有限公司	1073742
21	大华（集团）有限公司	1024882
22	天津现代集团有限公司	983173
23	上海华拓控股集团有限公司	927861
24	亿达集团有限公司	919939
25	百步亭集团有限公司	852651
26	西安高科（集团）公司	850993
27	锦联控股集团有限公司	812443
28	广州珠江实业集团有限公司	742301
29	天津贻成集团有限公司	699185
30	广东珠江投资股份有限公司	671377
31	重庆华宇物业（集团）有限公司	641418
32	北京北辰实业集团有限责任公司	596353
33	滨海投资集团股份有限公司	589716
34	荣安集团股份有限公司	545093
35	厦门经济特区房地产开发集团有限公司	496929
36	宁波伟立投资集团有限公司	476264
37	重庆市锦天地产（集团）有限公司	466320
38	祥生实业集团有限公司	458000
39	河北卓正实业集团有限公司	432756
40	宁波万象控股集团有限公司	398978
41	天津海泰控股集团有限公司	389883
42	厦门禹洲集团股份有限公司	389384
43	东冠集团有限公司	347926
44	武汉地产开发投资集团有限公司	326431
45	宁波联合集团股份有限公司	302393
46	厦门源昌集团有限公司	293769
47	大洲控股集团有限公司	274646
48	厦门新景地集团有限公司	255711
49	天津津滨发展股份有限公司	250264
	合计	101250206

旅游、旅馆及娱乐服务业

排名	企业名称	营业收入（万元）
1	中国港中旅集团公司	5114426
2	北京首都旅游集团有限责任公司	3683090
3	中青旅控股股份有限公司	1027990
4	上海春秋国际旅行社（集团）有限公司	977411
5	开元旅业集团有限公司	460222
6	广州广之旅国际旅行社股份有限公司	353311
7	安徽省旅游集团有限责任公司	323535
8	浙江南苑控股集团有限公司	306826
9	华天实业控股集团有限公司	277696
	合计	12524507

公用事业、市政、水务、航道等公共设施投资、经营与管理业

排名	企业名称	营业收入（万元）
1	北京控股集团有限公司	4000270
2	辽宁日林实业集团有限公司	2460500
3	北京首都创业集团有限公司	1969196
4	宁波华东物资城市场建设开发有限公司	1075890
5	天津城市基础设施建设投资集团有限公司	1058127
6	南昌市政公用投资控股有限责任公司	895418
7	天津市政建设集团有限公司	786014
8	武汉市城市建设投资开发集团有限公司	720593
9	南京大地建设集团有限责任公司	527685
10	怀来县土木煤炭市场物流服务中心	527371
11	广东省广告股份有限公司	462665
12	天津市自来水集团有限公司	448402
13	广西北部湾投资集团有限公司	331290
14	上海临港经济发展（集团）有限公司	311282
15	无锡市市政公用产业集团有限公司	241601
	合计	15816304

排名	企业名称	营业收入（万元）
人力资源、会展博览、国内外经合作等社会综合服务业		
1	中国国际技术智力合作公司	3366939
2	北京外企服务集团有限责任公司	2762236
3	中国江苏国际经济技术合作集团有限公司	1266137
4	中国对外贸易中心（集团）	512715
5	中国大连国际经济技术合作集团有限公司	499659
6	中国出国人员服务总公司	290048
	合计	8697734
科技研发、推广及地勘、规划、设计、评估、咨询、认证等承包服务业		
1	中国煤炭科工集团有限公司	3485339
2	中国海诚工程科技股份有限公司	523100
3	赛鼎工程有限公司	369801
4	银江科技集团有限公司	343346
5	长江水利委员会长江勘测规划设计研究院	343117
	合计	5064703
文化产业（书刊出版、印刷、发行与销售及影视、音像、文体、演艺等）		
1	江苏凤凰出版传媒集团有限公司	1186478
2	安徽出版集团有限责任公司	1076349
3	安徽新华发行（集团）控股有限公司	975813
4	西安曲江文化产业投资（集团）有限公司	820791
5	湖南省新华书店有限责任公司	680245
6	中国教育出版传媒集团有限公司	629457
7	浙江出版联合集团有限公司	582482
8	四川新华发行有有限公司	494897
9	云南出版集团有限责任公司	418377
10	上海东方明珠（集团）股份有限公司	312474
11	广东南方报业传媒集团有限公司	285144
	合计	7462507
信息、传媒、电子商务、网购、娱乐等互联网服务业		
1	广州唯品会信息科技有限公司	461942
2	广东省广播电视网络股份有限公司	336925
	合计	798867
综合服务业（以服务业为主，含有制造业）		
1	中国机械工业集团有限公司	21421459
2	中国保利集团公司	9829698
3	新疆广汇实业投资（集团）有限责任公司	8271091
4	上海东浩国际服务贸易（集团）有限公司	6841214
5	海南大印集团有限公司	6321249
6	上海均瑶（集团）有限公司	1412327
7	广州岭南国际企业集团有限公司	1103312
8	华泰保险集团股份有限公司	876798
9	宁波滕头集团有限公司	590032
10	湖南九龙经贸集团有限公司	584203
11	苏州国信集团有限公司	512036
12	华茂集团股份有限公司	367151
	合计	58130570

表 10-3　　2013 中国服务业企业 500 强各地区企业分布

排名	企业名称	营业收入（万元）	排名	企业名称	营业收入（万元）
北京			43	中国国际技术智力合作公司	3366939
1	国家电网公司	188299929	44	阳光保险集团股份有限公司	3348566
2	中国工商银行股份有限公司	85037300	45	中国节能环保集团公司	3319410
3	中国建设银行股份有限公司	71349600	46	北京能源投资（集团）有限公司	3106623
4	中国农业银行股份有限公司	64987700	47	北京外企服务集团有限责任公司	2762236
5	中国银行股份有限公司	62093000	48	世纪金源投资集团有限公司	2499346
6	中国移动通信集团公司	61120870	49	首都机场集团公司	2037969
7	中国人寿保险（集团）公司	46481380	50	北京首都创业集团有限公司	1969196
8	中国中化集团公司	45315860	51	北京粮食集团有限责任公司	1910921
9	中国中信集团有限公司	34975605	52	北京祥龙博瑞汽车服务（集团）有限公司	1272315
10	中国电信集团公司	33678139	53	北京菜市口百货股份有限公司	1246684
11	中国邮政集团公司	32135051	54	中青旅控股股份有限公司	1027990
12	中国人民保险集团股份有限公司	25734900	55	北京京客隆商业集团股份有限公司	983128
13	中国联合网络通信集团有限公司	25708246	56	华泰保险集团股份有限公司	876798
14	中国航空油料集团公司	24254867	57	中国教育出版传媒集团有限公司	629457
15	中国铁路物资股份有限公司	23452968	58	北京北辰实业集团有限责任公司	596353
16	中国机械工业集团有限公司	21421459	59	中国银河证券股份有限公司	555217
17	中粮集团有限公司	20032924	60	中国免税品（集团）有限责任公司	550241
18	中国远洋运输（集团）总公司	18130387	61	四川新华发行有有限公司	494897
19	中国民生银行股份有限公司	17931300	62	中国民航信息集团公司	406123
20	中国医药集团总公司	16523701	63	中国出国人员服务总公司	290048
21	中国通用技术（集团）控股有限责任公司	14150928		合计	1126032928
22	中国农业发展银行	13595459			
23	国美电器有限公司	11747974	上海		
24	新华人寿保险股份有限公司	11692100	1	交通银行股份有限公司	27105105
25	中国光大银行股份有限公司	11413900	2	绿地控股集团有限公司	20024837
26	中国外运长航集团有限公司	10667813	3	中国太平洋保险（集团）股份有限公司	17145100
27	中国航空集团公司	10206540	4	上海浦东发展银行股份有限公司	16040800
28	中国保利集团公司	9829698	5	百联集团有限公司	15900914
29	国家开发投资公司	8465287	6	中国东方航空集团公司	8962612
30	华夏银行股份有限公司	7822585	7	上海东浩国际服务贸易（集团）有限公司	6841214
31	泰康人寿保险股份有限公司	7541245	8	中国海运（集团）总公司	6609661
32	中国诚通控股集团有限公司	7486861	9	上海华信石油集团有限公司	3035817
33	珠海振戎公司	7476714	10	申能（集团）有限公司	3010507
34	神州数码控股有限公司	5982432	11	上海国际港务（集团）股份有限公司	2838102
35	北京银行	5734791	12	上海华冶钢铁集团有限公司	2441320
36	中国太平保险集团公司	5419080	13	上海永达控股（集团）有限公司	2189132
37	中国港中旅集团公司	5114426	14	东方国际（集团）有限公司	1976171
38	中国中纺集团公司	4446842	15	上海兰生（集团）有限公司	1481817
39	中国工艺（集团）公司	4153911	16	上海均瑶（集团）有限公司	1412327
40	北京控股集团有限公司	4000270	17	上海申华控股股份有限公司	1315469
41	北京首都旅游集团有限责任公司	3683090	18	上海均和集团钢铁销售有限公司	1239679
42	中国煤炭科工集团有限公司	3485339	19	大华（集团）有限公司	1024882

排名	企业名称	营业收入（万元）
20	上海春秋国际旅行社（集团）有限公司	977411
21	上海华拓控股集团有限公司	927861
22	海通证券股份有限公司	914069
23	上海新世界（集团）有限公司	903078
24	上海机场（集团）有限公司	897323
25	月星集团有限公司	887515
26	上海交运（集团）公司	785917
27	上海龙宇燃油股份有限公司	777175
28	上海展志实业集团有限责任公司	709812
29	上海强劲产业发展投资股份有限公司	696150
30	上海百营钢铁集团有限公司	695368
31	上海顺朝企业发展集团有限公司	638790
32	中国海诚工程科技股份有限公司	523100
33	上海丝绸集团股份有限公司	423929
34	上海闵路润贸易有限公司	423500
35	上海宝闽钢铁集团有限公司	415635
36	上海亚东国际货运有限公司	396630
37	上海金开利集团有限公司	386109
38	上海强生控股股份有限公司	381395
39	上海东菱实业有限公司	371526
40	上海尚友实业集团有限公司	368384
41	上海大众公用事业（集团）股份有限公司	366605
42	光大证券股份有限公司	365170
43	上海东方明珠（集团）股份有限公司	312474
44	上海临港经济发展（集团）有限公司	311282
45	大众交通（集团）股份有限公司	298948
46	上海外经集团控股有限公司	294711
47	上海中燃船舶燃料有限公司	262681
48	上海中钢投资集团有限公司	251266
	合计	15659280
天津		
1	天津物产集团有限公司	20732047
2	天津一商集团有限公司	3620785
3	天津港（集团）有限公司	2506589
4	天津市津能投资公司	2109287
5	天津住宅建设发展集团有限公司	2031315
6	天津银行股份有限公司	1400977
7	天津立业钢铁集团有限公司	1130000
8	天津二商集团有限公司	1090000
9	天津市房地产开发经营集团有限公司	1073742
10	天津城市基础设施建设投资集团有限公司	1058127
11	天津现代集团有限公司	983173
12	渤海银行股份有限公司	945971
13	北方国际集团有限公司	801438
14	天津市政建设集团有限公司	786014
15	天津贻成集团有限公司	699185
16	天津市丽兴京津钢铁贸易有限公司	693365
17	天津金元宝商厦集团有限公司	689300
18	天津市燃气集团有限公司	685873
19	天津市交通（集团）有限公司	652300
20	滨海投资集团股份有限公司	589716
21	天津劝业华联集团有限公司	497915
22	振华物流集团有限公司	485694
23	天津市自来水集团有限公司	448402
24	天津恒运能源股份有限公司	437000
25	天津三和众诚石油制品销售有限公司	417750
26	天津海泰控股集团有限公司	389883
27	天津渤海润德钢铁集团有限公司	363947
28	华星北方汽车贸易有限公司	336342
29	中国天津国际经济技术合作集团公司	301051
30	天津津滨发展股份有限公司	250264
	合计	48207452
重庆		
1	重庆商社（集团）有限公司	4584330
2	重庆市能源投资集团有限公司	3002073
3	重庆龙湖企业拓展有限公司	2922453
4	重庆市金科投资控股（集团）有限责任公司	2350000
5	重庆农村商业银行股份有限公司	2284574
6	重庆华南物资（集团）有限公司	1707197
7	重庆医药（集团）股份有限公司	1519369
8	重庆粮食集团有限责任公司	1274017
9	重庆对外经贸（集团）有限公司	1238267
10	重庆交通运输控股（集团）有限公司	1008863
11	重庆港务物流集团有限公司	745305
12	重庆中汽西南汽车有限公司	744629
13	重庆华宇物业（集团）有限公司	641418
14	重庆市锦天地产（集团）有限公司	466320
15	重庆银行股份有限公司	463654
16	重庆华轻商业公司	445002
17	重庆百事达汽车有限公司	405467
18	九禾股份有限公司	397038
19	重庆重铁物流有限公司	356379
20	重庆市新大兴实业（集团）有限公司	257406
	合计	26813761
黑龙江		
1	庆丰农业生产资料集团有限责任公司	729295
	合计	729295

排名	企业名称	营业收入（万元）
吉林		
1	长春欧亚集团股份有限公司	2414498
2	吉林银行	1206648
3	吉林粮食集团有限公司	762514
	合计	4383660
辽宁		
1	大连万达集团股份有限公司	14168000
2	大连大商集团有限公司	13101279
3	中升集团控股有限公司	5004829
4	福佳集团有限公司	2614520
5	辽宁日林实业集团有限公司	2460500
6	盛京银行有限公司	1484405
7	亿达集团有限公司	919939
8	营口港务集团有限公司	817502
9	锦联控股集团有限公司	812443
10	东软集团股份有限公司	696020
11	大连港集团有限公司	550282
12	中国大连国际经济技术合作集团有限公司	499659
13	中兴-沈阳商业大厦（集团）股份有限公司	336476
14	丹东港集团有限公司	306096
15	大连金玛商城企业集团有限公司	289861
	合计	44061811
河北		
1	庞大汽贸集团股份有限公司	5779668
2	隆基泰和实业有限公司	4935741
3	河北省物流产业集团有限公司	3763379
4	石家庄北国人百集团有限责任公司	2541553
5	荣盛控股股份有限公司	1519402
6	河北银水实业集团有限公司	1213579
7	河北港口集团有限公司	1075924
8	河北省国和汽车投资有限公司	952493
9	唐山百货大楼集团有限责任公司	826366
10	河北省新合作控股集团有限公司	680208
11	河北怀特集团股份有限公司	609489
12	怀来县土木煤炭市场物流服务中心	527371
13	邯郸市阳光百货集团总公司	521200
14	河北省农业生产资料有限公司	472022
15	万合集团股份有限公司	451886
16	河北卓正实业集团有限公司	432756
17	辛集皮革城有限公司	415399
18	唐山港集团股份有限公司	395103
19	蓝池集团有限公司	337611
20	河北保百集团有限公司	320805
21	张家口市商业银行股份有限公司	284692
22	河北惠友商业连锁发展有限公司	271076
	合计	28327723
河南		
1	河南交通投资集团有限公司	936258
2	洛阳银行股份有限公司	430288
3	河南蓝天集团有限公司	412453
	合计	1778999
山东		
1	山东省商业集团有限公司	6198435
2	浪潮集团有限公司	4010000
3	山东高速集团有限公司	3021195
4	青岛港（集团）有限公司	2278898
5	利群集团股份有限公司	2139722
6	新华锦集团	1618023
7	淄博商厦股份有限公司	1434000
8	欧美投资集团有限公司	1310327
9	日照港集团有限公司	1296528
10	山东远通汽车贸易集团有限公司	1223586
11	山东航空集团有限公司	1134087
12	润华集团股份有限公司	908545
13	青岛农村商业银行股份有限公司	710863
14	山东机械进出口集团有限公司	638994
15	青岛银行股份有限公司	478145
16	青岛维客集团股份有限公司	435598
17	青岛利客来集团股份有限公司	366199
18	日照银行股份有限公司	351770
19	齐商银行股份有限公司	317845
20	交运集团公司	288341
21	众地集团有限公司	251862
22	绮丽集团有限责任公司	245400
	合计	30658363
山西		
1	山西煤炭运销集团有限公司	18500453
2	山西煤炭进出口集团有限公司	11016635
3	大秦铁路股份有限公司	4596244
4	山西省国新能源发展集团有限公司	2528602
5	山西大昌汽车集团有限公司	755593
6	山西汽车运输集团有限公司	537650
7	山西金邦贸易有限公司	399511
8	赛鼎工程有限公司	369801

排名	企业名称	营业收入（万元）
9	山西华宇集团有限公司	295166
	合计	38999655
陕西		
1	西安高科（集团）公司	850993
2	西安曲江文化产业投资（集团）有限公司	820791
	合计	1671784
安徽		
1	安徽省徽商集团有限公司	6143683
2	合肥百货大楼集团股份有限公司	3190000
3	安徽国贸集团控股有限公司	2189295
4	安徽辉隆农资集团	1621748
5	安徽省高速公路控股集团有限公司	1266472
6	安徽省能源集团有限公司	1139844
7	安徽出版集团有限责任公司	1076349
8	安徽新华发行（集团）控股有限公司	975813
9	徽商银行股份有限公司	923205
10	安徽省交通投资集团有限责任公司	634602
11	安徽亚夏实业股份有限公司	604285
12	安徽省盐业总公司	477556
13	安徽省旅游集团有限责任公司	323535
	合计	20566387
江苏		
1	苏宁控股集团	23272272
2	三胞集团有限公司	5300411
3	江苏汇鸿国际集团有限公司	4452573
4	江苏高力集团有限公司	3107452
5	江苏国泰国际集团有限公司	3028217
6	南京医药产业（集团）有限责任公司	2664840
7	百兴集团有限公司	2656353
8	江苏华厦融创置地集团有限公司	2358390
9	弘阳集团有限公司	2165902
10	丰立集团有限公司	2120313
11	江苏省苏豪控股集团有限公司	2002171
12	南通化工轻工股份有限公司	1607498
13	张家港保税区兴恒得贸易有限公司	1504424
14	苏州金螳螂企业集团有限公司	1431983
15	中国江苏国际经济技术合作集团有限公司	1266137
16	玖隆钢铁物流有限公司	1220369
17	江苏凤凰出版传媒集团有限公司	1186478
18	无锡市国联发展（集团）有限公司	909920
19	无锡商业大厦大东方股份有限公司	750138
20	江阴长三角钢铁集团有限公司	684321
21	江苏苏农农资连锁集团股份有限公司	661930
22	东华能源股份有限公司	545072
23	南京大地建设集团有限责任公司	527685
24	苏州国信集团有限公司	512036
25	江苏恒大置业投资发展有限公司	486000
26	张家港保税区荣德贸易有限公司	474491
27	无锡市交通产业集团有限公司	412378
28	张家港保税区锦德贸易有限公司	406716
29	江苏张家港农村商业银行股份有限公司	403856
30	江苏省粮食集团有限责任公司	402609
31	苏州汽车客运集团有限公司	365905
32	张家港福洛瑞物贸有限公司	360210
33	常州市化工轻工材料总公司	342210
34	江苏吴江农村商业银行股份有限公司	323105
35	江苏中江能源有限公司	319991
36	张家港保税区荣润贸易有限公司	307485
37	常熟市交电家电有限责任公司	307312
38	南京新街口百货商店股份有限公司	285013
39	张家港市第一人民商场有限责任公司	277413
40	南京金箔集团有限责任公司	275746
41	无锡市市政公用产业集团有限公司	241601
	合计	71928926
湖南		
1	大汉控股集团有限公司	1892260
2	长沙银行股份有限公司	724432
3	湖南省新华书店有限责任公司	680245
4	华融湘江银行股份有限公司	674339
5	湖南友谊阿波罗控股股份有限公司	639940
6	湖南九龙经贸集团有限公司	584203
7	湖南兰天汽车集团有限公司	452898
8	湖南新物产集团有限公司	408894
9	长沙通程控股股份有限公司	391071
10	湖南汽车城有限公司	342465
11	全洲药业集团有限公司	326634
12	快乐购物股份有限公司	285510
13	华天实业控股集团有限公司	277696
14	心连心集团有限公司	265056
	合计	7945643
湖北		
1	武汉商联（集团）股份有限公司	7150319
2	九州通医药集团股份有限公司	2950766
3	卓尔控股有限公司	1429618
4	武汉欧亚达家居集团有限公司	1296885

排名	企业名称	营业收入（万元）
5	湖北能源集团股份有限公司	1029637
6	汉口银行股份有限公司	890047
7	百步亭集团有限公司	852651
8	新龙药业集团	852558
9	武汉市城市建设投资开发集团有限公司	720593
10	湖北银丰实业集团有限责任公司	611355
11	武汉农村商业银行股份有限公司	579699
12	武汉商贸国有控股集团有限公司	525076
13	武汉工贸有限公司	506889
14	武汉市汉商集团股份有限公司	428900
15	湖北省农业生产资料集团有限公司	405163
16	武汉市燃气热力集团有限公司	348565
17	长江水利委员会长江勘测规划设计研究院	343117
18	武汉地产开发投资集团有限公司	326431
19	武汉有色金属投资有限公司	314386
	合计	21562655
江西		
1	南昌市政公用投资控股有限责任公司	895418
2	江西赣粤高速公路股份有限公司	355767
	合计	1251185
浙江		
1	浙江省物产集团公司	19683252
2	浙江省能源集团有限公司	6714550
3	浙江省兴合集团公司	6154829
4	绿城房地产集团有限公司	5460000
5	浙江省国际贸易集团有限公司	4480406
6	浙江省商业集团有限公司	3896352
7	远大物产集团有限公司	3632214
8	银亿集团有限公司	3268189
9	浙江前程投资股份有限公司	2734592
10	浙江省交通投资集团有限公司	2393066
11	中基宁波集团股份有限公司	2211318
12	中球冠集团有限公司	1824389
13	银泰百货（集团）有限公司	1699877
14	宁波神化化学品经营有限责任公司	1432598
15	浙江华成控股集团有限公司	1330806
16	浙江宝利德控股集团有限公司	1128960
17	浙江康桥汽车工贸集团股份有限公司	1110880
18	宁波华东物资城市场建设开发有限公司	1075890
19	浙江英特药业有限责任公司	1058995
20	杭州市商贸旅游集团有限公司	1055608
21	太平鸟集团有限公司	845136
22	宁波市慈溪进出口股份有限公司	818884
23	浙江建华集团有限公司	809109
24	浙江华瑞集团有限公司	720424
25	宁波轿辰集团股份有限公司	686632
26	浙江凯喜雅国际股份有限公司	647077
27	宁波滕头集团有限公司	590032
28	浙江出版联合集团有限公司	582482
29	宁波君安物产有限公司	546960
30	荣安集团股份有限公司	545093
31	浙江省农村发展集团有限公司	544476
32	日出实业集团有限公司	529806
33	浙大网新科技股份有限公司	499662
34	浙江万丰企业集团公司	488342
35	宁波伟立投资集团有限公司	476264
36	温州金州集团	471105
37	开元旅业集团有限公司	460222
38	杭州大厦有限公司	459042
39	祥生实业集团有限公司	458000
40	宁波海田控股集团有限公司	451000
41	嘉兴良友进出口集团股份有限公司	445025
42	宁波医药股份有限公司	421893
43	万事利集团有限公司	418425
44	宁波万象控股集团有限公司	398978
45	浙江省医药工业有限公司	395483
46	华茂集团股份有限公司	367151
47	浙江中国小商品城集团股份有限公司	361183
48	加贝物流股份有限公司	356000
49	浙江大华技术股份有限公司	353121
50	东冠集团有限公司	347926
51	银江科技集团有限公司	343346
52	雄风集团有限公司	328025
53	浙江华联商厦有限公司	326160
54	浙江南苑控股集团有限公司	306826
55	湖州市浙北大厦有限责任公司	303662
56	宁波联合集团股份有限公司	302393
57	浙江供销超市有限公司	288361
58	话机世界数码连锁集团股份有限公司	267260
59	浙江省八达物流有限公司	256561
	合计	90564298
广东		
1	中国南方电网有限责任公司	42074110
2	中国平安保险（集团）股份有限公司	33991930
3	中国华润总公司	33091087
4	招商银行股份有限公司	17582800
5	中国南方航空集团公司	10251029

排名	企业名称	营业收入（万元）
6	广州铁路（集团）公司	6862098
7	广东省广新控股集团有限公司	6548378
8	恒大地产集团有限公司	6526084
9	广东振戎能源有限公司	6154902
10	广发银行股份有限公司	5971517
11	南方石化集团有限公司	5771213
12	华侨城集团公司	4066486
13	广东省丝绸纺织集团有限公司	3643712
14	广东省广晟资产经营有限公司	3630120
15	天音通信有限公司	3181065
16	广东省交通集团有限公司	2982464
17	腾邦投资控股有限公司	2451684
18	广州轻工工贸集团有限公司	2341005
19	深圳市神州通投资集团有限公司	2055510
20	深圳市爱施德股份有限公司	1958061
21	广州农村商业银行股份有限公司	1718102
22	广东粤海控股有限公司	1508421
23	广东粤财投资控股有限公司	1416810
24	广州纺织工贸企业集团有限公司	1188616
25	广东粤合资产经营有限公司	1160140
26	广州元亨能源有限公司	1121823
27	广州百货企业集团有限公司	1105733
28	广州岭南国际企业集团有限公司	1103312
29	广州银行股份有限公司	1062457
30	广州珠江实业集团有限公司	742301
31	广东珠江投资股份有限公司	671377
32	广州港集团有限公司	605725
33	广东天禾农资股份有限公司	586938
34	中国对外贸易中心（集团）	512715
35	广东省广告股份有限公司	462665
36	广州唯品会信息科技有限公司	461942
37	广州市地下铁道总公司	447995
38	广州友谊集团股份有限公司	446054
39	广州中大控股有限公司	429945
40	广州佳都集团有限公司	416973
41	广州广之旅国际旅行社股份有限公司	353311
42	广东省航运集团有限公司	349002
43	广州凯得控股有限公司	341924
44	广东省广播电视网络股份有限公司	336925
45	广州市第二公共汽车公司	300292
46	深圳市粮食集团有限公司	292646
47	广东南方报业传媒集团有限公司	285144
48	广东省商业企业集团公司	269780
	合计	220834323

排名	企业名称	营业收入（万元）
四川		
1	四川航空股份有限公司	1536066
2	四川省烟草公司成都市公司	1354902
3	成都银行股份有限公司	998084
4	四川省开元集团有限公司	751200
5	吉峰农机连锁股份有限公司	574997
6	四川安吉物流集团有限公司	300108
	合计	5515357
福建		
1	兴业银行股份有限公司	17188300
2	厦门建发集团有限公司	9413337
3	厦门国贸控股有限公司	6491259
4	厦门象屿集团有限公司	3238189
5	永辉超市股份有限公司	2468432
6	福建省交通运输集团有限责任公司	2275262
7	福建省能源集团有限责任公司	1799161
8	厦门路桥工程物资有限公司	734808
9	厦门海沧投资集团有限公司	694102
10	厦门翔业集团有限公司	572948
11	厦门夏商集团有限公司	572244
12	华信石油有限公司	518603
13	厦门恒兴集团有限公司	509394
14	均和（厦门）商贸有限公司	505401
15	厦门经济特区房地产开发集团有限公司	496929
16	鹭燕（福建）药业股份有限公司	468651
17	厦门市嘉晟对外贸易有限公司	446521
18	厦门华澄集团有限公司	420786
19	福建省烟草公司厦门市公司	412775
20	厦门禹洲集团股份有限公司	389384
21	福建省福农农资集团有限公司（福建省农资集团公司）	376677
22	厦门海澳集团有限公司	328105
23	厦门嘉联恒进出口有限公司	301039
24	厦门源昌集团有限公司	293769
25	大洲控股集团有限公司	274646
26	厦门市明穗粮油贸易有限公司	271881
27	厦门华融集团有限公司	271245
28	鑫东森集团有限公司	267688
29	厦门新景地集团有限公司	255711
	合计	52257247
广西		
1	广西北部湾国际港务集团有限公司	3387932
2	广西交通投资集团有限公司	2437808

排名	企业名称	营业收入（万元）
3	广西物资集团有限责任公司	1074734
4	广西壮族自治区机电设备有限责任公司	821915
5	广西水利电业集团有限公司	800848
6	广西北部湾银行股份有限公司	760393
7	广西桂东电力股份有限公司	418734
8	广西北部湾投资集团有限公司	331290
9	桂林银行股份有限公司	317887
10	广西富满地农资股份有限公司	277713
11	南宁百货大楼股份有限公司	264150
	合计	10893404
云南		
1	云南物流产业集团有限公司	1283322
2	云南省能源投资集团有限公司	469777
3	云南出版集团有限责任公司	418377
	合计	2171476
青海		
1	青海省投资集团有限公司	777750
2	青海省物资产业集团总公司	365831
	合计	1143581
宁夏		
1	银川新华百货商业集团股份有限公司	599383
2	宁夏银行股份有限公司	400140
	合计	999523
新疆		
1	新疆广汇实业投资（集团）有限责任公司	8271091
2	新疆农资（集团）有限责任公司	606550
3	新疆维吾尔自治区棉麻公司	603344
4	新疆西部银力棉业（集团）有限责任公司	592872
5	新疆生产建设兵团农一师棉麻公司	503311
6	新疆银隆农业国际合作股份有限公司	424173
7	新疆前海供销集团公司	361686
	合计	11363027
内蒙古		
1	内蒙古集通铁路（集团）有限责任公司	560125
2	内蒙古铁鑫煤化集团有限公司	334853
	合计	894978
海南		
1	海航集团有限公司	10796622
2	海南大印集团有限公司	6321249
	合计	17117871

表10-4 2013中国服务业企业500强净利润排序前100名企业

排名	公司名称	净利润（万元）	排名	公司名称	净利润（万元）
1	中国工商银行股份有限公司	23853200	51	隆基泰和实业有限公司	280435
2	中国建设银行股份有限公司	19317900	52	广州银行股份有限公司	271029
3	中国农业银行股份有限公司	14509400	53	青岛港（集团）有限公司	270280
4	中国银行股份有限公司	13943200	54	苏宁控股集团	267612
5	国家电网公司	7771693	55	天津银行股份有限公司	263418
6	中国移动通信集团公司	7476860	56	成都银行股份有限公司	254157
7	交通银行股份有限公司	5837327	57	中国通用技术（集团）控股有限责任公司	252630
8	招商银行股份有限公司	4527300	58	华侨城集团公司	246618
9	中国民生银行股份有限公司	3756300	59	中国航空集团公司	242013
10	兴业银行股份有限公司	3471800	60	中国煤炭科工集团有限公司	228898
11	上海浦东发展银行股份有限公司	3418600	61	中国医药集团总公司	216583
12	中国中信集团有限公司	3015507	62	广东粤海控股有限公司	212025
13	中国邮政集团公司	2578663	63	吉林银行	210517
14	中国光大银行股份有限公司	2359100	64	中国东方航空集团公司	206813
15	中国平安保险（集团）股份有限公司	2005000	65	泰康人寿保险股份有限公司	194796
16	中国农业发展银行	1429186	66	重庆银行股份有限公司	192560
17	华夏银行股份有限公司	1279628	67	长沙银行股份有限公司	191301
18	中国华润总公司	1234639	68	中国对外贸易中心（集团）	188828
19	北京银行	1167481	69	汉口银行股份有限公司	185853
20	大秦铁路股份有限公司	1150293	70	北京能源投资（集团）有限公司	173116
21	广发银行股份有限公司	1121986	71	重庆市金科投资控股（集团）有限责任公司	167120
22	浪潮集团有限公司	1038504	72	大连大商集团有限公司	167073
23	恒大地产集团有限公司	917084	73	厦门建发集团有限公司	165359
24	绿地控股集团有限公司	755508	74	四川省烟草公司成都市公司	165299
25	中国人民保险集团股份有限公司	683200	75	武汉农村商业银行股份有限公司	163934
26	中国电信集团公司	672909	76	天津城市基础设施建设投资集团有限公司	159829
27	中国南方电网有限责任公司	643793	77	中金再生资源（中国）投资有限公司	145121
28	大连万达集团股份有限公司	598567	78	中国银河证券股份有限公司	141978
29	中国保利集团公司	557805	79	申能（集团）有限公司	137020
30	重庆农村商业银行股份有限公司	536150	80	洛阳银行股份有限公司	134476
31	重庆龙湖企业拓展有限公司	518403	81	荣盛控股股份有限公司	130565
32	中国中化集团公司	513151	82	广州市地下铁道总公司	121994
33	中国太平洋保险（集团）股份有限公司	507700	83	安徽省能源集团有限公司	121276
34	上海国际港务（集团）股份有限公司	496927	84	弘阳集团有限公司	119608
35	江苏华厦融创置地集团有限公司	490571	85	江苏凤凰出版传媒集团有限公司	117772
36	绿城房地产集团有限公司	485112	86	江西赣粤高速公路股份有限公司	116964
37	中国机械工业集团有限公司	451546	87	广西北部湾国际港务集团有限公司	115799
38	国家开发投资公司	428821	88	宁夏银行股份有限公司	114539
39	浙江省能源集团有限公司	420396	89	中国南方航空集团公司	114333
40	广州农村商业银行股份有限公司	405915	90	华融湘江银行股份有限公司	113876
41	卓尔控股有限公司	394563	91	浙江省国际贸易集团有限公司	113867
42	中粮集团有限公司	368779	92	重庆华宇物业（集团）有限公司	113743
43	盛京银行有限公司	348561	93	中国海运（集团）总公司	113007
44	渤海银行股份有限公司	333919	94	广西北部湾银行股份有限公司	111379
45	福佳集团有限公司	330573	95	神州数码控股有限公司	111297
46	世纪金源投资集团有限公司	306424	96	大华（集团）有限公司	110696
47	中国联合网络通信集团有限公司	305039	97	青岛农村商业银行股份有限公司	110142
48	海通证券股份有限公司	301978	98	无锡市国联发展（集团）有限公司	109879
49	新华人寿保险股份有限公司	293300	99	银亿集团有限公司	108436
50	新疆广汇实业投资（集团）有限责任公司	285346	100	广东粤财投资控股有限公司	106925
				中国服务业企业500强平均数	319724

表 10-5　　2013 中国服务业企业 500 强资产排序前 100 名企业

排名	公司名称	资产（万元）	排名	公司名称	资产（万元）
1	中国工商银行股份有限公司	1754221700	51	广东省交通集团有限公司	19842569
2	中国建设银行股份有限公司	1397828800	52	中国航空集团公司	19656548
3	中国农业银行股份有限公司	1324434200	53	中国机械工业集团有限公司	19521177
4	中国银行股份有限公司	1268061500	54	中国海运（集团）总公司	17581405
5	交通银行股份有限公司	527337942	55	汉口银行股份有限公司	16238224
6	中国邮政集团公司	506089752	56	长沙银行股份有限公司	15992601
7	中国中信集团有限公司	356569323	57	重庆银行股份有限公司	15614849
8	招商银行股份有限公司	340821900	58	武汉市城市建设投资开发集团有限公司	15298606
9	兴业银行股份有限公司	325097500	59	中国南方航空集团公司	14936901
10	中国民生银行股份有限公司	321200100	60	浙江省交通投资集团有限公司	14176388
11	上海浦东发展银行股份有限公司	314570700	61	北京能源投资（集团）有限公司	13707353
12	中国平安保险（集团）股份有限公司	284426600	62	山西煤炭运销集团有限公司	13599147
13	国家电网公司	233353201	63	华融湘江银行股份有限公司	13325598
14	中国人寿保险（集团）公司	230657412	64	中国东方航空集团公司	13134503
15	中国农业发展银行	229307889	65	广西交通投资集团有限公司	12804093
16	中国光大银行股份有限公司	227929500	66	海通证券股份有限公司	12634627
17	华夏银行股份有限公司	148886006	67	中国医药集团总公司	12612292
18	中国移动通信集团公司	127596125	68	北京控股集团有限公司	12567860
19	广发银行股份有限公司	116814986	69	广州市地下铁道总公司	12527856
20	北京银行	111996893	70	中国外运长航集团有限公司	12293347
21	中国华润总公司	73052141	71	河南交通投资集团有限公司	12245138
22	中国人民保险集团股份有限公司	68865000	72	浙江省能源集团有限公司	12064973
23	中国太平洋保险（集团）股份有限公司	68150200	73	北京首都创业集团有限公司	11260008
24	中国电信集团公司	66570094	74	武汉农村商业银行股份有限公司	11250272
25	中国联合网络通信集团有限公司	57607156	75	广西北部湾银行股份有限公司	11116128
26	中国南方电网有限责任公司	55457370	76	绿城房地产集团有限公司	10770730
27	新华人寿保险股份有限公司	49369300	77	首都机场集团公司	10769437
28	天津城市基础设施建设投资集团有限公司	48383815	78	中国通用技术（集团）控股有限责任公司	10662864
29	渤海银行股份有限公司	47210207	79	申能（集团）有限公司	10461843
30	重庆农村商业银行股份有限公司	43338234	80	天津港（集团）有限公司	10395927
31	泰康人寿保险股份有限公司	41418785	81	安徽省高速公路控股集团有限公司	10309881
32	中国保利集团公司	38285818	82	青岛农村商业银行股份有限公司	10210197
33	海航集团有限公司	35690189	83	青岛银行股份有限公司	10165822
34	中国远洋运输（集团）总公司	34967345	84	重庆龙湖企业拓展有限公司	10105430
35	广州农村商业银行股份有限公司	34745514	85	大秦铁路股份有限公司	10038767
36	徽商银行股份有限公司	32422436	86	新疆广汇实业投资（集团）有限责任公司	9559327
37	盛京银行有限公司	31320416	87	华侨城集团公司	9311060
38	国家开发投资公司	31152031	88	天津物产集团有限公司	8914869
39	天津银行股份有限公司	30234602	89	上海国际港务（集团）股份有限公司	8710299
40	大连万达集团股份有限公司	29310500	90	阳光保险集团股份有限公司	8397324
41	广州铁路（集团）公司	29224840	91	中国节能环保集团公司	8238262
42	中国中化集团公司	28662384	92	洛阳银行股份有限公司	8197440
43	中粮集团有限公司	26678406	93	营口港务集团有限公司	8009132
44	广州银行股份有限公司	25177713	94	百联集团有限公司	7678276
45	绿地控股集团有限公司	24181502	95	厦门建发集团有限公司	7623098
46	成都银行股份有限公司	24029929	96	苏宁控股集团	7616150
47	恒大地产集团有限公司	23899055	97	广东省广晟资产经营有限公司	7523791
48	吉林银行	22075726	98	中国铁路物资股份有限公司	7328232
49	山东高速集团有限公司	21048103	99	中国诚通控股集团有限公司	7201074
50	中国太平保险集团公司	20649553	100	山西煤炭进出口集团有限公司	7179581
				中国服务业企业 500 强平均数	24893465

表10-6 2013中国服务业企业500强从业人数排序前100名企业

排名	公司名称	从业人数	排名	公司名称	从业人数
1	中国邮政集团公司	901722	51	中国中化集团公司	47718
2	国家电网公司	851667	52	泰康人寿保险股份有限公司	47235
3	中国人民保险集团股份有限公司	493932	53	广东省交通集团有限公司	46342
4	中国电信集团公司	488113	54	中国海运（集团）总公司	45570
5	中国农业银行股份有限公司	461100	55	中国港中旅集团公司	43652
6	中国华润总公司	457310	56	中国通用技术（集团）控股有限责任公司	42987
7	中国工商银行股份有限公司	427356	57	兴业银行股份有限公司	42199
8	中国建设银行股份有限公司	348955	58	华侨城集团公司	41609
9	中国银行股份有限公司	302016	59	中国节能环保集团公司	39924
10	中国南方电网有限责任公司	300863	60	石家庄北国人百集团有限责任公司	39498
11	中国联合网络通信集团有限公司	292651	61	庞大汽贸集团股份有限公司	39390
12	大连大商集团有限公司	227952	62	中国太平保险集团公司	38951
13	中国移动通信集团公司	222431	63	恒大地产集团有限公司	38463
14	山东省商业集团有限公司	200000	64	广东省广晟资产经营有限公司	38362
15	中国平安保险（集团）股份有限公司	190284	65	中国保利集团公司	37731
16	苏宁控股集团	180000	66	上海浦东发展银行股份有限公司	35033
17	中国中信集团有限公司	163468	67	上海强生控股股份有限公司	34806
18	广州铁路（集团）公司	157322	68	福建省能源集团有限责任公司	32660
19	中国人寿保险（集团）公司	141932	69	中国光大银行股份有限公司	31968
20	山西煤炭运销集团有限公司	110691	70	中国煤炭科工集团有限公司	31952
21	阳光保险集团股份有限公司	108920	71	重庆对外经贸（集团）有限公司	31565
22	中粮集团有限公司	106642	72	中国诚通控股集团有限公司	30702
23	海航集团有限公司	104205	73	河南交通投资集团有限公司	29014
24	中国机械工业集团有限公司	101642	74	广西水利电业集团有限公司	26427
25	重庆商社（集团）有限公司	101083	75	福建省交通运输集团有限责任公司	26095
26	大秦铁路股份有限公司	98182	76	三胞集团有限公司	25159
27	交通银行股份有限公司	97971	77	大众交通（集团）股份有限公司	24997
28	国家开发投资公司	86551	78	重庆交通运输控股（集团）有限公司	24602
29	百联集团有限公司	85366	79	开元旅业集团有限公司	24243
30	中国太平洋保险（集团）股份有限公司	85137	80	广发银行股份有限公司	24103
31	大连万达集团股份有限公司	78530	81	邯郸市阳光百货集团总公司	24000
32	重庆市能源投资集团有限公司	76855	82	辽宁日林实业集团有限公司	23695
33	中国远洋运输（集团）总公司	74909	83	广东省广新控股集团有限公司	23693
34	中国外运长航集团有限公司	72118	84	华夏银行股份有限公司	22991
35	中国航空集团公司	70264	85	东软集团股份有限公司	22403
36	中国南方航空集团公司	68833	86	隆基泰和实业有限公司	22403
37	北京控股集团有限公司	68426	87	中国中纺集团公司	22386
38	中国医药集团总公司	68192	88	浙江省交通投资集团有限公司	21686
39	新疆广汇实业投资（集团）有限责任公司	64875	89	山东高速集团有限公司	21465
40	武汉商联（集团）股份有限公司	62250	90	广州市第二公共汽车公司	21226
41	招商银行股份有限公司	59340	91	上海国际港务（集团）股份有限公司	20781
42	国美电器有限公司	59082	92	南昌市政公用投资控股有限责任公司	20400
43	新华人寿保险股份有限公司	57381	93	世纪金源投资集团有限公司	20194
44	北京首都旅游集团有限责任公司	55098	94	广州岭南国际企业集团有限公司	20138
45	中国农业发展银行	52033	95	北京能源投资（集团）有限公司	20083
46	永辉超市股份有限公司	51365	96	上海机场（集团）有限公司	19900
47	中国东方航空集团公司	51259	97	苏州汽车客运集团有限公司	18515
48	安徽新华发行（集团）控股有限公司	50074	98	广州市地下铁道总公司	18424
49	首都机场集团公司	49723	99	浙江省物产集团公司	18380
50	中国民生银行股份有限公司	49227	100	长沙通程控股股份有限公司	18071
				中国服务业企业500强平均数	24960

表 10-7　　2013 中国服务业企业 500 强研发费用排序前 100 名企业

排名	公司名称	研发费用（万元）	排名	公司名称	研发费用（万元）
1	中国移动通信集团公司	1578697	51	赛鼎工程有限公司	12468
2	中国电信集团公司	890692	52	安徽出版集团有限责任公司	12000
3	国家电网公司	793973	53	苏宁控股集团	11456
4	中国工商银行股份有限公司	530383	54	中国海运（集团）总公司	10878
5	中国机械工业集团有限公司	304587	55	无锡市国联发展（集团）有限公司	10784
6	中国南方电网有限责任公司	279054	56	泰康人寿保险股份有限公司	10777
7	中国中信集团有限公司	93962	57	荣盛控股股份有限公司	10689
8	中国中化集团公司	93175	58	广西北部湾银行股份有限公司	10347
9	广东省广晟资产经营有限公司	80937	59	万事利集团有限公司	10317
10	中国通用技术（集团）控股有限责任公司	80822	60	山西煤炭进出口集团有限公司	10220
11	交通银行股份有限公司	71137	61	徽商银行股份有限公司	10151
12	中国民航信息集团公司	69103	62	上海华信石油集团有限公司	10050
13	海航集团有限公司	66179	63	北京能源投资（集团）有限公司	9769
14	银亿集团有限公司	65300	64	江苏高力集团有限公司	9599
15	中国远洋运输（集团）总公司	61807	65	东冠集团有限公司	9280
16	中国医药集团总公司	61655	66	中国邮政集团公司	9083
17	重庆龙湖企业拓展有限公司	60236	67	申能（集团）有限公司	9009
18	中国煤炭科工集团有限公司	59037	68	广州唯品会信息科技有限公司	8673
19	隆基泰和实业有限公司	52908	69	浙江省能源集团有限公司	8324
20	东软集团股份有限公司	46850	70	百联集团有限公司	8172
21	新疆广汇实业投资（集团）有限责任公司	42850	71	上海交运（集团）公司	8088
22	山西省国新能源发展集团有限公司	41593	72	河北银水实业集团有限公司	7305
23	苏州金螳螂企业集团有限公司	39625	73	广东粤财投资控股有限公司	7084
24	中国节能环保集团公司	35851	74	天津银行股份有限公司	6910
25	广州轻工工贸集团有限公司	28175	75	西安高科（集团）公司	6654
26	中国外运长航集团有限公司	27909	76	北京粮食集团有限责任公司	6409
27	广发银行股份有限公司	27772	77	广西北部湾国际港务集团有限公司	6275
28	百步亭集团有限公司	26780	78	浙江省物产集团公司	6202
29	中国联合网络通信集团有限公司	26129	79	北京银行	6043
30	青岛港（集团）有限公司	25000	80	广州市地下铁道总公司	5779
31	吉林银行	21898	81	天津市政建设集团有限公司	5546
32	国家开发投资公司	21741	82	广州银行股份有限公司	5146
33	华侨城集团公司	21527	83	重庆市金科投资控股（集团）有限责任公司	5000
34	中国诚通控股集团有限公司	21378	84	全洲药业集团有限公司	5000
35	广州港集团有限公司	21373	85	山西煤炭运销集团有限公司	4996
36	浙江大华技术股份有限公司	21176	86	江苏张家港农村商业银行股份有限公司	4800
37	神州数码控股有限公司	20787	87	银江科技集团有限公司	4754
38	辽宁日林实业集团有限公司	20100	88	南京医药产业（集团）有限责任公司	4571
39	北京控股集团有限公司	18100	89	浙江省交通投资集团有限公司	4525
40	广东省交通集团有限公司	17819	90	光大证券股份有限公司	4438
41	重庆市能源投资集团有限公司	16740	91	福建省能源集团有限责任公司	4349
42	中国海诚工程科技股份有限公司	16233	92	快乐购物股份有限公司	4143
43	西安曲江文化产业投资（集团）有限公司	16000	93	天音通信有限公司	4139
44	广东省广新控股集团有限公司	15911	94	天津贻成集团有限公司	4120
45	天津港（集团）有限公司	15388	95	河北卓正实业集团有限公司	4032
46	浙大网新科技股份有限公司	15346	96	广州中大控股有限公司	4006
47	中国平安保险（集团）股份有限公司	13838	97	中国港中旅集团公司	3938
48	天津住宅建设发展集团有限公司	13476	98	广州农村商业银行股份有限公司	3812
49	长江水利委员会长江勘测规划设计研究院	13350	99	中国国际技术智力合作公司	3811
50	河南蓝天集团有限公司	12856	100	众地集团有限公司	3668
				中国服务业企业 500 强平均数	28032

表10-8 2013 中国服务业企业500强研发费用所占比例排序前100名企业

排名	公司名称	研发费所占比例（%）	排名	公司名称	研发费所占比例（%）
1	中国民航信息集团公司	17.02	51	荣盛控股股份有限公司	0.70
2	东软集团股份有限公司	6.73	52	天津住宅建设发展集团有限公司	0.66
3	浙江大华技术股份有限公司	6.00	53	中国南方电网有限责任公司	0.66
4	长江水利委员会长江勘测规划设计研究院	3.89	54	南京金箔集团有限责任公司	0.64
5	广州港集团有限公司	3.53	55	中国工商银行股份有限公司	0.62
6	赛鼎工程有限公司	3.37	56	天津港（集团）有限公司	0.61
7	百步亭集团有限公司	3.14	57	海航集团有限公司	0.61
8	河南蓝天集团有限公司	3.12	58	广东省交通集团有限公司	0.60
9	中国海诚工程科技股份有限公司	3.10	59	河北银水实业集团有限公司	0.60
10	浙大网新科技股份有限公司	3.07	60	天津贻成集团有限公司	0.59
11	苏州金螳螂企业集团有限公司	2.77	61	南京大地建设集团有限责任公司	0.58
12	东冠集团有限公司	2.67	62	中国通用技术（集团）控股有限责任公司	0.57
13	中国电信集团公司	2.64	63	重庆市能源投资集团有限公司	0.56
14	中国移动通信集团公司	2.58	64	重庆华宇物业（集团）有限公司	0.56
15	万事利集团有限公司	2.47	65	华侨城集团公司	0.53
16	广东省广晟资产经营有限公司	2.23	66	新疆广汇实业投资（集团）有限责任公司	0.52
17	重庆龙湖企业拓展有限公司	2.06	67	广东粤财投资控股有限公司	0.50
18	银亿集团有限公司	2.00	68	天津银行股份有限公司	0.49
19	西安曲江文化产业投资（集团）有限公司	1.95	69	广州银行股份有限公司	0.48
20	广州唯品会信息科技有限公司	1.88	70	广发银行股份有限公司	0.47
21	吉林银行	1.81	71	北京控股集团有限公司	0.45
22	中国煤炭科工集团有限公司	1.69	72	长沙银行股份有限公司	0.45
23	山西省国新能源发展集团有限公司	1.64	73	上海丝绸集团股份有限公司	0.43
24	全洲药业集团有限公司	1.53	74	天津市自来水集团有限公司	0.42
25	众地集团有限公司	1.46	75	国家电网公司	0.42
26	快乐购物股份有限公司	1.45	76	太平鸟集团有限公司	0.42
27	中国机械工业集团有限公司	1.42	77	上海华拓控股集团有限公司	0.39
28	银江科技集团有限公司	1.38	78	青海省投资集团有限公司	0.37
29	广西北部湾银行股份有限公司	1.36	79	中国医药集团总公司	0.37
30	广州市地下铁道总公司	1.29	80	厦门华澄集团有限公司	0.36
31	光大证券股份有限公司	1.22	81	神州数码控股有限公司	0.35
32	广州轻工工贸集团有限公司	1.20	82	日照银行股份有限公司	0.34
33	江苏张家港农村商业银行股份有限公司	1.19	83	北京粮食集团有限责任公司	0.34
34	无锡市国联发展（集团）有限公司	1.19	84	中国远洋运输（集团）总公司	0.34
35	安徽出版集团有限责任公司	1.11	85	宁波滕头集团有限公司	0.33
36	青岛港（集团）有限公司	1.10	86	上海华信石油集团有限公司	0.33
37	徽商银行股份有限公司	1.10	87	交运集团公司	0.32
38	中国节能环保集团公司	1.08	88	浙江凯喜雅国际股份有限公司	0.31
39	隆基泰和实业有限公司	1.07	89	中国出国人员服务总公司	0.31
40	上海交运（集团）公司	1.03	90	江苏高力集团有限公司	0.31
41	安徽省旅游集团有限责任公司	0.98	91	北京能源投资（集团）有限公司	0.31
42	河北卓正实业集团有限公司	0.93	92	申能（集团）有限公司	0.30
43	广州中大控股有限公司	0.93	93	中国诚通控股集团有限公司	0.29
44	唐山港集团股份有限公司	0.84	94	河北港口集团有限公司	0.29
45	辽宁日林实业集团有限公司	0.82	95	汉口银行股份有限公司	0.27
46	广州佳都集团有限公司	0.80	96	中国中信集团有限公司	0.27
47	西安高科（集团）公司	0.78	97	安徽省交通投资集团有限责任公司	0.27
48	江苏吴江农村商业银行股份有限公司	0.77	98	浙江建华集团有限公司	0.26
49	绮丽集团有限责任公司	0.71	99	交通银行股份有限公司	0.26
50	天津市政建设集团有限公司	0.71	100	中国外运长航集团有限公司	0.26
				中国服务业企业500强平均数	0.53

表 10-9　　2013 中国服务业企业 500 强净资产利润率排序前 100 名企业

排名	公司名称	净资产利润率（%）	排名	公司名称	净资产利润率（%）
1	广西北部湾银行股份有限公司	1883.31	51	中国民生银行股份有限公司	23.04
2	广州唯品会信息科技有限公司	1319.81	52	绿城房地产集团有限公司	22.95
3	浪潮集团有限公司	203.34	53	武汉工贸有限公司	22.84
4	新疆生产建设兵团农一师棉麻公司	122.83	54	隆基泰和实业有限公司	22.74
5	山东航空集团有限公司	100.00	55	招商银行股份有限公司	22.59
6	广州佳都集团有限公司	94.77	56	新龙药业集团	22.55
7	北方国际集团有限公司	92.45	57	洛阳银行股份有限公司	21.77
8	天津恒运能源股份有限公司	85.71	58	中基宁波集团股份有限公司	21.67
9	上海华拓控股集团有限公司	68.72	59	银江科技集团有限公司	21.65
10	九禾股份有限公司	68.10	60	常州市化工轻工材料总公司	21.61
11	广东振戎能源有限公司	43.06	61	重庆龙湖企业拓展有限公司	21.54
12	中国免税品（集团）有限责任公司	42.38	62	河北保百集团有限公司	21.49
13	大连万达集团股份有限公司	42.07	63	绮丽集团有限责任公司	21.37
14	宁波华东物资城市场建设开发有限公司	41.87	64	中国工商银行股份有限公司	21.20
15	卓尔控股有限公司	41.73	65	中国国际技术智力合作公司	21.07
16	浙江宝利德控股集团有限公司	41.59	66	宁波海田控股集团有限公司	21.03
17	辛集皮革城有限公司	41.41	67	广东省商业企业集团公司	20.96
18	浙江供销超市有限公司	39.49	68	浙江华成控股集团有限公司	20.91
19	大连大商集团有限公司	34.81	69	广州银行股份有限公司	20.69
20	浙江大华技术股份有限公司	32.68	70	齐商银行股份有限公司	20.67
21	四川航空股份有限公司	32.59	71	中国光大银行股份有限公司	20.66
22	万合集团股份有限公司	32.28	72	中国建设银行股份有限公司	20.51
23	杭州大厦有限公司	31.57	73	中国海诚工程科技股份有限公司	20.49
24	上海强劲产业发展投资股份有限公司	31.23	74	兴业银行股份有限公司	20.47
25	新疆银隆农业国际合作股份有限公司	31.15	75	鹭燕（福建）药业股份有限公司	20.36
26	新疆前海供销集团公司	31.05	76	石家庄北国人百集团有限责任公司	20.23
27	张家口市商业银行股份有限公司	30.05	77	开元旅业集团有限公司	20.05
28	上海春秋国际旅行社（集团）有限公司	29.91	78	上海闵路润贸易有限公司	19.93
29	浙江省医药工业有限公司	29.04	79	江苏张家港农村商业银行股份有限公司	19.74
30	中国农业发展银行	28.70	80	成都银行股份有限公司	19.73
31	北京菜市口百货股份有限公司	28.42	81	宁夏银行股份有限公司	19.68
32	绿地控股集团有限公司	28.05	82	河北惠友商业连锁发展有限公司	19.52
33	浙江华联商厦有限公司	27.13	83	广州友谊集团股份有限公司	19.46
34	荣盛控股股份有限公司	26.71	84	快乐购物股份有限公司	19.43
35	广州百货企业集团有限公司	26.58	85	桂林银行股份有限公司	19.41
36	四川省烟草公司成都市公司	26.42	86	中国农业银行股份有限公司	19.35
37	日照银行股份有限公司	26.27	87	上海浦东发展银行股份有限公司	19.26
38	长沙银行股份有限公司	25.39	88	加贝物流股份有限公司	19.21
39	广州珠江实业集团有限公司	25.05	89	大华（集团）有限公司	19.09
40	银亿集团有限公司	24.76	90	宁波市慈溪进出口股份有限公司	19.04
41	上海亚东国际货运有限公司	24.63	91	上海丝绸集团股份有限公司	18.82
42	安徽省徽商集团有限公司	24.48	92	厦门新景地集团有限公司	18.58
43	盛京银行有限公司	24.24	93	唐山百货大楼集团有限责任公司	18.32
44	苏州金螳螂企业集团有限公司	24.23	94	江苏吴江农村商业银行股份有限公司	18.22
45	中国煤炭科工集团有限公司	23.99	95	厦门嘉联恒进出口有限公司	18.19
46	福建省烟草公司厦门市公司	23.97	96	大洲控股集团有限公司	18.13
47	恒大地产集团有限公司	23.97	97	华侨城集团公司	18.00
48	重庆银行股份有限公司	23.35	98	广州广之旅国际旅行社股份有限公司	17.94
49	武汉农村商业银行股份有限公司	23.12	99	浙江南苑控股集团有限公司	17.86
50	山西金邦贸易有限公司	23.04	100	宁波滕头集团有限公司	17.73
				中国服务业企业500强平均数	12.95

表10-10 2013中国服务业企业500强资产利润率排序前100名企业

排名	公司名称	资产利润率（%）	排名	公司名称	资产利润率（%）
1	怀来县土木煤炭市场物流服务中心	214.42	51	上海华冶钢铁集团有限公司	6.20
2	浪潮集团有限公司	98.54	52	大连金玛商城企业集团有限公司	6.19
3	天津恒运能源股份有限公司	81.82	53	合肥百货大楼集团股份有限公司	6.14
4	上海金开利集团有限公司	47.95	54	弘阳集团有限公司	6.13
5	中国免税品（集团）有限责任公司	27.67	55	全洲药业集团有限公司	6.10
6	四川省烟草公司成都市公司	23.94	56	河北惠友商业连锁发展有限公司	6.06
7	福建省烟草公司厦门市公司	22.10	57	新龙药业集团	5.94
8	浙江大华技术股份有限公司	20.61	58	绮丽集团有限责任公司	5.93
9	卓尔控股有限公司	19.96	59	海南大印集团有限公司	5.90
10	宁波华东物资城市场建设开发有限公司	16.41	60	中国教育出版传媒集团有限公司	5.89
11	上海强劲产业发展投资股份有限公司	15.66	61	中国移动通信集团公司	5.86
12	辛集皮革城有限公司	13.72	62	广东省商业企业集团公司	5.83
13	快乐购物股份有限公司	11.77	63	大洲控股集团有限公司	5.82
14	杭州大厦有限公司	11.48	64	唐山港集团股份有限公司	5.80
15	大秦铁路股份有限公司	11.46	65	南京金箔集团有限责任公司	5.78
16	广州友谊集团股份有限公司	10.72	66	广州珠江实业集团有限公司	5.78
17	湖南省新华书店有限责任公司	10.29	67	上海国际港务（集团）股份有限公司	5.71
18	浙江省医药工业有限公司	9.64	68	重庆华宇物业（集团）有限公司	5.65
19	广州佳都集团有限公司	9.30	69	河北卓正实业集团有限公司	5.40
20	江苏高力集团有限公司	9.23	70	东软集团股份有限公司	5.37
21	浙江省八达物流有限公司	9.15	71	宁波万象控股集团有限公司	5.34
22	中国对外贸易中心（集团）	9.07	72	新疆银隆农业国际合作股份有限公司	5.21
23	厦门新景地集团有限公司	9.04	73	百步亭集团有限公司	5.14
24	江苏华厦融创置地集团有限公司	8.81	74	重庆龙湖企业拓展有限公司	5.13
25	浙江供销超市有限公司	8.30	75	南京新街口百货商店股份有限公司	5.09
26	青岛港（集团）有限公司	8.11	76	南通化工轻工股份有限公司	5.08
27	上海尚友实业集团有限公司	8.08	77	浙江宝利德控股集团有限公司	5.02
28	常州市化工轻工材料总公司	8.06	78	苏州汽车客运集团有限公司	5.01
29	广州百货企业集团有限公司	7.94	79	浙江出版联合集团有限公司	5.00
30	大连大商集团有限公司	7.83	80	浙江华联商厦有限公司	4.90
31	广州唯品会信息科技有限公司	7.81	81	众地集团有限公司	4.88
32	百兴集团有限公司	7.77	82	神州数码控股有限公司	4.83
33	上海中钢投资集团有限公司	7.61	83	蓝池集团有限公司	4.77
34	上海百营钢铁集团有限公司	7.53	84	武汉工贸有限公司	4.77
35	隆基泰和实业有限公司	7.45	85	锦联控股集团有限公司	4.75
36	上海春秋国际旅行社（集团）有限公司	7.38	86	武汉商贸国有控股集团有限公司	4.72
37	中国国际技术智力合作公司	7.30	87	世纪金源投资集团有限公司	4.71
38	上海丝绸集团股份有限公司	7.28	88	上海中燃船舶燃料有限公司	4.68
39	重庆市锦天地产（集团）有限公司	7.15	89	荣安集团股份有限公司	4.64
40	浙江华成控股集团有限公司	7.10	90	安徽新华发行（集团）控股有限公司	4.62
41	银川新华百货商业集团股份有限公司	7.06	91	中兴-沈阳商业大厦（集团）股份有限公司	4.62
42	加贝物流股份有限公司	6.97	92	永辉超市股份有限公司	4.60
43	山西大昌汽车集团有限公司	6.95	93	银泰百货（集团）有限公司	4.57
44	福佳集团有限公司	6.93	94	江西赣粤高速公路股份有限公司	4.56
45	天津立业钢铁集团有限公司	6.86	95	上海东方明珠（集团）股份有限公司	4.53
46	广东省广告股份有限公司	6.84	96	绿城房地产集团有限公司	4.50
47	云南出版集团有限责任公司	6.61	97	宁波医药股份有限公司	4.49
48	湖南九龙经贸集团有限公司	6.50	98	安徽省盐业总公司	4.45
49	中国煤炭科工集团有限公司	6.46	99	安徽省能源集团有限公司	4.42
50	山东远通汽车贸易集团有限公司	6.44	100	内蒙古铁鑫煤化集团有限公司	4.41
				中国服务业企业500强平均数	1.25

表 10-11　　2013 中国服务业企业 500 强收入利润率排序前 100 名企业

排名	公司名称	收入利润率（%）	排名	公司名称	收入利润率（%）
1	重庆银行股份有限公司	41.53	51	重庆龙湖企业拓展有限公司	17.74
2	中国对外贸易中心（集团）	36.83	52	重庆华宇物业（集团）有限公司	17.73
3	渤海银行股份有限公司	35.30	53	上海东方明珠（集团）股份有限公司	17.54
4	海通证券股份有限公司	33.04	54	上海国际港务（集团）股份有限公司	17.51
5	江西赣粤高速公路股份有限公司	32.88	55	吉林银行	17.45
6	洛阳银行股份有限公司	31.25	56	华融湘江银行股份有限公司	16.89
7	丹东港集团有限公司	30.59	57	大洲控股集团有限公司	16.70
8	张家口市商业银行股份有限公司	30.17	58	华夏银行股份有限公司	16.36
9	宁夏银行股份有限公司	28.62	59	唐山港集团股份有限公司	16.34
10	武汉农村商业银行股份有限公司	28.28	60	青岛农村商业银行股份有限公司	15.49
11	日照银行股份有限公司	28.17	61	天津城市基础设施建设投资集团有限公司	15.10
12	中国工商银行股份有限公司	28.05	62	广西北部湾银行股份有限公司	14.65
13	卓尔控股有限公司	27.60	63	广东粤海控股有限公司	14.06
14	光大证券股份有限公司	27.47	64	恒大地产集团有限公司	14.05
15	广州市地下铁道总公司	27.23	65	开元旅业集团有限公司	13.75
16	中国建设银行股份有限公司	27.07	66	中国教育出版传媒集团有限公司	13.48
17	江苏吴江农村商业银行股份有限公司	26.73	67	大众交通（集团）股份有限公司	13.02
18	长沙银行股份有限公司	26.41	68	福佳集团有限公司	12.64
19	浪潮集团有限公司	25.90	69	世纪金源投资集团有限公司	12.26
20	招商银行股份有限公司	25.75	70	中国移动通信集团公司	12.23
21	中国银河证券股份有限公司	25.57	71	四川省烟草公司成都市公司	12.20
22	广州银行股份有限公司	25.51	72	无锡市国联发展（集团）有限公司	12.08
23	成都银行股份有限公司	25.46	73	荣安集团股份有限公司	11.96
24	大秦铁路股份有限公司	25.03	74	广东珠江投资股份有限公司	11.88
25	齐商银行股份有限公司	24.81	75	青岛港（集团）有限公司	11.86
26	江苏张家港农村商业银行股份有限公司	24.53	76	福建省烟草公司厦门市公司	11.12
27	厦门新景地集团有限公司	24.08	77	广州港集团有限公司	11.07
28	广州农村商业银行股份有限公司	23.63	78	上海机场（集团）有限公司	10.92
29	盛京银行有限公司	23.48	79	大华（集团）有限公司	10.80
30	重庆农村商业银行股份有限公司	23.47	80	广西北部湾投资集团有限公司	10.68
31	无锡市交通产业集团有限公司	22.54	81	安徽省能源集团有限公司	10.64
32	中国银行股份有限公司	22.46	82	中国农业发展银行	10.51
33	中国农业银行股份有限公司	22.33	83	浙江出版联合集团有限公司	10.35
34	上海金开利集团有限公司	21.65	84	江苏凤凰出版传媒集团有限公司	9.93
35	交通银行股份有限公司	21.54	85	广州珠江实业集团有限公司	9.76
36	上海浦东发展银行股份有限公司	21.31	86	广东省广播电视网络股份有限公司	9.72
37	桂林银行股份有限公司	21.26	87	武汉地产开发投资集团有限公司	9.71
38	中国民生银行股份有限公司	20.95	88	苏州汽车客运集团有限公司	9.46
39	汉口银行股份有限公司	20.88	89	上海大众公用事业（集团）股份有限公司	9.18
40	江苏华厦融创置地集团有限公司	20.80	90	天津贻成集团有限公司	8.97
41	中国光大银行股份有限公司	20.67	91	绿城房地产集团有限公司	8.88
42	天津恒运能源股份有限公司	20.59	92	中国中信集团有限公司	8.62
43	北京银行	20.36	93	荣盛控股股份有限公司	8.59
44	兴业银行股份有限公司	20.20	94	广州友谊集团股份有限公司	8.56
45	浙江大华技术股份有限公司	19.83	95	大连金玛商城企业集团有限公司	8.50
46	浙江中国小商品城集团股份有限公司	19.58	96	重庆市锦天地产（集团）有限公司	8.42
47	天津银行股份有限公司	18.80	97	中国民航信息集团公司	8.31
48	广发银行股份有限公司	18.79	98	云南省能源投资集团有限公司	8.28
49	厦门禹洲集团股份有限公司	18.65	99	中国邮政集团公司	8.02
50	中国免税品（集团）有限责任公司	17.75	100	杭州大厦有限公司	7.97
				中国服务业企业500强平均数	7.56

表10-12　　2013中国服务业企业500强人均净利润排序前100名企业

排名	公司名称	人均净利润（万元）	排名	公司名称	人均净利润（万元）
1	厦门新景地集团有限公司	592.09	51	广州农村商业银行股份有限公司	53.05
2	卓尔控股有限公司	379.02	52	弘阳集团有限公司	50.32
3	大华（集团）有限公司	333.42	53	武汉农村商业银行股份有限公司	49.90
4	江苏华厦融创置地集团有限公司	196.23	54	江苏中江能源有限公司	47.41
5	绿地控股集团有限公司	157.40	55	天津现代集团有限公司	47.14
6	上海强劲产业发展投资股份有限公司	156.01	56	广东珠江投资股份有限公司	46.71
7	天津恒运能源股份有限公司	150.00	57	广发银行股份有限公司	46.55
8	北京银行	141.36	58	中国银行股份有限公司	46.17
9	广州元亨能源有限公司	133.44	59	宁夏银行股份有限公司	45.34
10	珠海振戎公司	131.40	60	厦门恒兴集团有限公司	44.71
11	盛京银行有限公司	113.57	61	厦门禹洲集团股份有限公司	44.25
12	四川省烟草公司成都市公司	108.39	62	齐商银行股份有限公司	42.24
13	广州银行股份有限公司	108.07	63	张家港保税区锦德贸易有限公司	41.96
14	绿城房地产集团有限公司	103.88	64	海通证券股份有限公司	41.66
15	荣安集团股份有限公司	102.68	65	宁波神化化学品经营有限责任公司	39.92
16	东华能源股份有限公司	102.00	66	上海百营钢铁集团有限公司	39.69
17	日照银行股份有限公司	99.80	67	华融湘江银行股份有限公司	38.95
18	上海浦东发展银行股份有限公司	97.58	68	重庆农村商业银行股份有限公司	36.23
19	大洲控股集团有限公司	95.55	69	常州市化工轻工材料总公司	36.03
20	福佳集团有限公司	94.29	70	中国移动通信集团公司	33.61
21	中国对外贸易中心（集团）	93.90	71	中国农业银行股份有限公司	31.47
22	广东粤财投资控股有限公司	93.14	72	江西赣粤高速公路股份有限公司	30.08
23	江苏张家港农村商业银行股份有限公司	90.87	73	浙江华瑞集团有限公司	29.17
24	新疆生产建设兵团农一师棉麻公司	90.08	74	中国免税品（集团）有限责任公司	28.86
25	浪潮集团有限公司	85.37	75	海南大印集团有限公司	28.58
26	洛阳银行股份有限公司	84.79	76	宁波君安物产有限公司	28.48
27	广东振戎能源有限公司	84.08	77	中国农业发展银行	27.47
28	江苏吴江农村商业银行股份有限公司	82.89	78	杭州大厦有限公司	26.57
29	兴业银行股份有限公司	82.27	79	浙江省能源集团有限公司	26.37
30	长沙银行股份有限公司	77.23	80	天津城市基础设施建设投资集团有限公司	26.18
31	汉口银行股份有限公司	76.80	81	安徽省能源集团有限公司	25.98
32	中国民生银行股份有限公司	76.31	82	厦门路桥工程物资有限公司	25.56
33	招商银行股份有限公司	76.29	83	天津立业钢铁集团有限公司	24.48
34	中国光大银行股份有限公司	73.80	84	吉林银行	24.11
35	渤海银行股份有限公司	71.98	85	上海国际港务（集团）股份有限公司	23.91
36	张家口市商业银行股份有限公司	71.94	86	恒大地产集团有限公司	23.84
37	上海中钢投资集团有限公司	69.67	87	天津贻成集团有限公司	23.29
38	重庆银行股份有限公司	67.07	88	广西富满地农资股份有限公司	23.22
39	武汉地产开发投资集团有限公司	66.71	89	中国教育出版传媒集团有限公司	22.67
40	福建省烟草公司厦门市公司	65.02	90	江苏高力集团有限公司	22.36
41	成都银行股份有限公司	62.17	91	广州友谊集团股份有限公司	22.29
42	交通银行股份有限公司	59.58	92	云南省能源投资集团有限公司	22.26
43	南通化工轻工股份有限公司	57.67	93	宁波医药股份有限公司	22.12
44	天津银行股份有限公司	57.50	94	唐山港集团股份有限公司	21.86
45	桂林银行股份有限公司	55.86	95	上海闵路润贸易有限公司	21.75
46	中国工商银行股份有限公司	55.82	96	青岛农村商业银行股份有限公司	21.61
47	重庆龙湖企业拓展有限公司	55.81	97	上海东方明珠（集团）股份有限公司	21.34
48	华夏银行股份有限公司	55.66	98	浙江大华技术股份有限公司	21.33
49	中国建设银行股份有限公司	55.36	99	湖北能源集团股份有限公司	21.08
50	广西北部湾银行股份有限公司	53.11	100	重庆市金科投资控股（集团）有限责任公司	20.63
				中国服务业企业500强平均数	12.55

表 10-13　　2013 中国服务业企业 500 强人均收入排序前 100 名企业

排名	公司名称	人均收入（万元）	排名	公司名称	人均收入（万元）
1	张家港保税区兴恒得贸易有限公司	1504424	51	河北省物流产业集团有限公司	2101
2	上海东菱实业有限公司	61921	52	北京菜市口百货股份有限公司	2054
3	珠海振戎公司	58412	53	江阴长三角钢铁集团有限公司	2013
4	广州元亨能源有限公司	44873	54	广西富满地农资股份有限公司	1984
5	广东振戎能源有限公司	24919	55	山东机械进出口集团有限公司	1954
6	江苏中江能源有限公司	14545	56	天津立业钢铁集团有限公司	1877
7	宁波神化化学品经营有限责任公司	11938	57	厦门海澳集团有限公司	1854
8	玖隆钢铁物流有限公司	11196	58	中国工艺（集团）公司	1746
9	南通化工轻工股份有限公司	10935	59	宁波医药股份有限公司	1661
10	张家港福洛瑞物贸有限公司	10594	60	苏州国信集团有限公司	1620
11	新疆生产建设兵团农一师棉麻公司	10066	61	上海展志实业集团有限责任公司	1420
12	上海强劲产业发展投资股份有限公司	9282	62	上海百营钢铁集团有限公司	1399
13	张家港保税区荣润贸易有限公司	6406	63	重庆华轻商业公司	1382
14	远大物产集团有限公司	6198	64	卓尔控股有限公司	1373
15	宁波君安物产有限公司	6146	65	安徽辉隆农资集团	1350
16	东华能源股份有限公司	6056	66	上海华冶钢铁集团有限公司	1344
17	张家港保税区锦德贸易有限公司	5496	67	山西省国新能源发展集团有限公司	1338
18	上海顺朝企业发展集团有限公司	5323	68	浙江省八达物流有限公司	1302
19	厦门嘉联恒进出口有限公司	5190	69	浙江华瑞集团有限公司	1273
20	日出实业集团有限公司	4998	70	天津市丽兴京津钢铁贸易有限公司	1263
21	鑫东森集团有限公司	4615	71	天津渤海润德钢铁集团有限公司	1255
22	张家港保税区荣德贸易有限公司	4562	72	中基宁波集团股份有限公司	1243
23	厦门市明穗粮油贸易有限公司	4531	73	广东粤财投资控股有限公司	1234
24	南方石化集团有限公司	4505	74	绿城房地产集团有限公司	1169
25	中球冠集团有限公司	4450	75	上海中钢投资集团有限公司	1142
26	天津三和众诚石油制品销售有限公司	4178	76	庆丰农业生产资料集团有限责任公司	1134
27	绿地控股集团有限公司	4172	77	天津现代集团有限公司	1133
28	华信石油有限公司	3989	78	浙江省物产集团公司	1071
29	新疆西部银力棉业（集团）有限责任公司	3979	79	上海均和集团钢铁销售有限公司	1033
30	武汉有色金属投资有限公司	3743	80	嘉兴良友进出口集团股份有限公司	1030
31	广州金博物流贸易集团有限公司	3337	81	中国国际技术智力合作公司	1028
32	厦门市嘉晟对外贸易有限公司	3308	82	厦门华澄集团有限公司	988
33	浙江前程投资股份有限公司	3217	83	河北省农业生产资料有限公司	981
34	宁波海田控股集团有限公司	3176	84	中国中化集团公司	950
35	天津物产集团有限公司	3131	85	江苏华厦融创置地集团有限公司	943
36	大华（集团）有限公司	3087	86	弘阳集团有限公司	911
37	海南大印集团有限公司	3072	87	福建省福农农资集团有限公司（福建省农资集团公司）	897
38	厦门恒兴集团有限公司	3014	88	天津一商集团有限公司	892
39	重庆华南物资（集团）有限公司	2954	89	四川省烟草公司成都市公司	888
40	常州市化工轻工材料总公司	2828	90	常熟市交电家电有限责任公司	888
41	厦门华融集团有限公司	2712	91	上海兰生（集团）有限公司	888
42	上海龙宇燃油股份有限公司	2634	92	厦门象屿集团有限公司	872
43	上海宝闽钢铁集团有限公司	2598	93	上海申华控股股份有限公司	867
44	上海东浩国际服务贸易（集团）有限公司	2511	94	荣安集团股份有限公司	858
45	厦门新景地集团有限公司	2459	95	湖北省农业生产资料集团有限公司	810
46	中国航空油料集团公司	2409	96	中国江苏国际经济技术合作集团有限公司	775
47	上海闵路润贸易有限公司	2393	97	宁波市慈溪进出口股份有限公司	765
48	厦门路桥工程物资有限公司	2193	98	福佳集团有限公司	746
49	浙江凯喜雅国际股份有限公司	2157	99	江苏高力集团有限公司	738
50	中国铁路物资股份有限公司	2122	100	大汉控股集团有限公司	732
				中国服务业企业 500 强平均数	166

表10-14 2013中国服务业企业500强人均资产排序前100名企业

排名	公司名称	人均资产（万元）	排名	公司名称	人均资产（万元）
1	广州元亨能源有限公司	27419	51	厦门华融集团有限公司	2857
2	北京银行	13561	52	宁夏银行股份有限公司	2682
3	广东振戎能源有限公司	10758	53	玖隆钢铁物流有限公司	2654
4	盛京银行有限公司	10205	54	齐商银行股份有限公司	2592
5	渤海银行股份有限公司	10177	55	吉林银行	2528
6	武汉地产开发投资集团有限公司	10160	56	广东珠江投资股份有限公司	2457
7	大华（集团）有限公司	10053	57	绿城房地产集团有限公司	2306
8	广州银行股份有限公司	10039	58	广东粤财投资控股有限公司	2268
9	上海浦东发展银行股份有限公司	8979	59	江苏华厦融创置地集团有限公司	2228
10	天津城市基础设施建设投资集团有限公司	7927	60	荣安集团股份有限公司	2214
11	兴业银行股份有限公司	7704	61	中国中信集团有限公司	2181
12	江苏中江能源有限公司	7470	62	广州凯得控股有限公司	2068
13	中国光大银行股份有限公司	7130	63	青岛农村商业银行股份有限公司	2004
14	汉口银行股份有限公司	6710	64	云南省能源投资集团有限公司	1937
15	新疆生产建设兵团农一师棉麻公司	6605	65	卓尔控股有限公司	1899
16	天津银行股份有限公司	6600	66	厦门嘉联恒进出口有限公司	1845
17	江苏张家港农村商业银行股份有限公司	6558	67	天津市政建设集团有限公司	1786
18	厦门新景地集团有限公司	6551	68	海通证券股份有限公司	1743
19	中国民生银行股份有限公司	6525	69	大洲控股集团有限公司	1641
20	华夏银行股份有限公司	6476	70	中国人寿保险（集团）公司	1625
21	长沙银行股份有限公司	6456	71	上海宝闽钢铁集团有限公司	1568
22	成都银行股份有限公司	5878	72	南方石化集团有限公司	1551
23	桂林银行股份有限公司	5873	73	广西交通投资集团有限公司	1534
24	招商银行股份有限公司	5744	74	上海临港经济发展（集团）有限公司	1520
25	江苏吴江农村商业银行股份有限公司	5487	75	中国平安保险（集团）股份有限公司	1495
26	厦门恒兴集团有限公司	5474	76	苏州国信集团有限公司	1446
27	重庆银行股份有限公司	5439	77	安徽省高速公路控股集团有限公司	1436
28	东华能源股份有限公司	5401	78	浙江凯喜雅国际股份有限公司	1426
29	交通银行股份有限公司	5383	79	福佳集团有限公司	1360
30	广西北部湾银行股份有限公司	5301	80	厦门禹洲集团股份有限公司	1358
31	珠海振戎公司	5176	81	天津现代集团有限公司	1347
32	洛阳银行股份有限公司	5169	82	天津物产集团有限公司	1346
33	日照银行股份有限公司	5123	83	广西北部湾投资集团有限公司	1205
34	绿地控股集团有限公司	5038	84	张家港保税区锦德贸易有限公司	1174
35	广发银行股份有限公司	4846	85	厦门路桥工程物资有限公司	1139
36	新疆西部银力棉业（集团）有限责任公司	4691	86	南通化工轻工股份有限公司	1135
37	华融湘江银行股份有限公司	4557	87	天津津滨发展股份有限公司	1129
38	广州农村商业银行股份有限公司	4541	88	宁波神化化学品经营有限责任公司	1116
39	中国农业发展银行	4407	89	天津海泰控股集团有限公司	1102
40	厦门市嘉晟对外贸易有限公司	4372	90	重庆龙湖企业拓展有限公司	1088
41	中国银行股份有限公司	4199	91	广西富满地农资股份有限公司	1087
42	中国工商银行股份有限公司	4105	92	营口港务集团有限公司	1075
43	中国建设银行股份有限公司	4006	93	宁波君安物产有限公司	1058
44	张家口市商业银行股份有限公司	3854	94	浙江华瑞集团有限公司	1045
45	广州金博物流贸易集团有限公司	3540	95	中国对外贸易中心（集团）	1035
46	武汉农村商业银行股份有限公司	3425	96	浙江前程投资股份有限公司	1030
47	武汉有色金属投资有限公司	3070	97	中国保利集团公司	1015
48	天津市房地产开发经营集团有限公司	3013	98	上海强劲产业发展投资股份有限公司	996
49	重庆农村商业银行股份有限公司	2928	99	山东高速集团有限公司	981
50	中国农业银行股份有限公司	2872	100	日出实业集团有限公司	968
				中国服务业企业500强平均数	1005

表 10-15　　2013 中国服务业企业 500 强收入增长率排序前 100 名企业

排名	公司名称	收入增长率（%）	排名	公司名称	收入增长率（%）
1	天津恒运能源股份有限公司	264.17	51	厦门新景地集团有限公司	48.88
2	上海东菱实业有限公司	262.45	52	洛阳银行股份有限公司	47.45
3	上海强劲产业发展投资股份有限公司	218.44	53	渤海银行股份有限公司	47.37
4	广州唯品会信息科技有限公司	169.20	54	重庆重铁物流有限公司	47.24
5	广州元亨能源有限公司	139.34	55	厦门经济特区房地产开发集团有限公司	47.06
6	上海华信石油集团有限公司	139.22	56	无锡市交通产业集团有限公司	46.79
7	厦门源昌集团有限公司	137.15	57	中球冠集团有限公司	46.17
8	浙江建华集团有限公司	114.92	58	兴业银行股份有限公司	45.12
9	广西桂东电力股份有限公司	103.64	59	中国天津国际经济技术合作集团公司	45.00
10	海南大印集团有限公司	94.50	60	青海省投资集团有限公司	44.95
11	广东振戎能源有限公司	89.18	61	银亿集团有限公司	44.66
12	湖南九龙经贸集团有限公司	82.20	62	河北省物流产业集团有限公司	44.44
13	交运集团公司	79.77	63	北京银行	43.76
14	重庆粮食集团有限责任公司	77.64	64	中国保利集团公司	42.88
15	华融湘江银行股份有限公司	77.04	65	浙江省农村发展集团有限公司	42.86
16	滨海投资集团股份有限公司	75.78	66	上海龙宇燃油股份有限公司	42.84
17	青海省物资产业集团总公司	74.36	67	永辉超市股份有限公司	42.42
18	南方石化集团有限公司	72.52	68	北京北辰实业集团有限责任公司	42.25
19	天津津滨发展股份有限公司	69.76	69	广西物资集团有限责任公司	41.06
20	广东粤财投资控股有限公司	69.46	70	广州农村商业银行股份有限公司	40.53
21	赛鼎工程有限公司	67.69	71	广州银行股份有限公司	40.40
22	广西北部湾投资集团有限公司	67.55	72	华信石油有限公司	40.11
23	南京金箔集团有限责任公司	67.42	73	北京能源投资（集团）有限公司	39.56
24	广西北部湾国际港务集团有限公司	67.01	74	全洲药业集团有限公司	39.02
25	福建省交通运输集团有限责任公司	65.80	75	苏州金螳螂企业集团有限公司	38.83
26	桂林银行股份有限公司	62.95	76	安徽省高速公路控股集团有限公司	38.27
27	厦门华融集团有限公司	62.14	77	广州纺织工贸企业集团有限公司	37.33
28	辛集皮革城有限公司	62.03	78	重庆百事达汽车有限公司	37.01
29	河北港口集团有限公司	61.34	79	中国平安保险（集团）股份有限公司	36.56
30	东华能源股份有限公司	61.24	80	青岛利客来集团股份有限公司	35.59
31	银江科技集团有限公司	60.37	81	广东粤合资产经营有限公司	35.49
32	浙江大华技术股份有限公司	60.13	82	绿地控股集团有限公司	35.42
33	浙江宝利德控股集团有限公司	60.00	83	丹东港集团有限公司	35.19
34	河北省新合作控股集团有限公司	57.51	84	天音通信有限公司	35.15
35	新疆生产建设兵团农一师棉麻公司	57.35	85	大连万达集团股份有限公司	34.80
36	广西北部湾银行股份有限公司	57.00	86	中国光大银行股份有限公司	34.40
37	长沙银行股份有限公司	56.53	87	天津住宅建设发展集团有限公司	33.76
38	武汉地产开发投资集团有限公司	56.01	88	广州中大控股有限公司	33.50
39	南京新街口百货商店股份有限公司	55.09	89	青岛农村商业银行股份有限公司	33.16
40	山西煤炭进出口集团有限公司	54.81	90	安徽新华发行（集团）控股有限公司	33.09
41	绿城房地产集团有限公司	54.67	91	上海兰生（集团）有限公司	32.95
42	江苏高力集团有限公司	53.12	92	中国免税品（集团）有限责任公司	32.89
43	深圳市神州通投资集团有限公司	52.95	93	重庆对外经贸（集团）有限公司	32.33
44	浙江南苑控股集团有限公司	52.78	94	中国医药集团总公司	32.18
45	汉口银行股份有限公司	52.48	95	广州轻工工贸集团有限公司	32.01
46	荣安集团股份有限公司	52.25	96	中国民生银行股份有限公司	31.85
47	深圳市爱施德股份有限公司	52.09	97	湖南兰天汽车集团有限公司	31.85
48	重庆医药（集团）股份有限公司	51.70	98	中基宁波集团股份有限公司	31.83
49	广西交通投资集团有限公司	51.66	99	唐山港集团股份有限公司	31.78
50	荣盛控股股份有限公司	49.84	100	江苏吴江农村商业银行股份有限公司	31.36
				中国服务业企业 500 强平均数	15.41

表 10-16 2013 中国服务业企业 500 强净利润增长率排序前 100 名企业

排名	公司名称	净利润增长率（%）	排名	公司名称	净利润增长率（%）
1	中国海运（集团）总公司	3708.80	51	广西物资集团有限责任公司	79.59
2	广州凯得控股有限公司	2405.62	52	四川省开元集团有限公司	77.46
3	天津物产集团有限公司	1899.17	53	江苏凤凰出版传媒集团有限公司	77.03
4	新疆前海供销集团公司	1738.97	54	北京能源投资（集团）有限公司	76.63
5	天津恒运能源股份有限公司	1700.00	55	上海机场（集团）有限公司	75.52
6	浪潮集团有限公司	1176.85	56	浙江宝利德控股集团有限公司	74.58
7	广州市地下铁道总公司	1111.10	57	南京大地建设集团有限责任公司	70.68
8	九禾股份有限公司	931.92	58	苏州汽车客运集团有限公司	70.56
9	海南大印集团有限公司	754.75	59	西安高科（集团）公司	69.82
10	大连大商集团有限公司	596.17	60	广州纺织工贸企业集团有限公司	67.66
11	中国联合网络通信集团有限公司	554.41	61	厦门新景地集团有限公司	66.76
12	北方国际集团有限公司	395.47	62	大连万达集团股份有限公司	64.41
13	上海华信石油集团有限公司	352.08	63	上海申华控股股份有限公司	64.15
14	话机世界数码连锁集团股份有限公司	257.03	64	上海华拓控股集团有限公司	64.10
15	广州百货企业集团有限公司	224.32	65	银江科技集团有限公司	62.97
16	厦门经济特区房地产开发集团有限公司	212.15	66	浙江省国际贸易集团有限公司	60.50
17	广州唯品会信息科技有限公司	198.97	67	厦门海沧投资集团有限公司	59.58
18	天津立业钢铁集团有限公司	190.37	68	宁波医药股份有限公司	59.20
19	南方石化集团有限公司	180.80	69	华融湘江银行股份有限公司	58.88
20	广州珠江实业集团有限公司	173.77	70	新疆维吾尔自治区棉麻公司	58.52
21	武汉有色金属投资有限公司	166.67	71	大汉控股集团有限公司	56.94
22	上海顺朝企业发展集团有限公司	163.71	72	青岛利客来集团股份有限公司	55.85
23	天津贻成集团有限公司	160.28	73	江苏苏农农资连锁集团股份有限公司	54.37
24	重庆港务物流集团有限公司	145.77	74	中铁集装箱运输有限责任公司	53.78
25	安徽省能源集团有限公司	139.00	75	河南蓝天集团有限公司	53.77
26	青岛农村商业银行股份有限公司	135.36	76	浙江南苑控股集团有限公司	53.76
27	南京新街口百货商店股份有限公司	128.48	77	苏州金螳螂企业集团有限公司	53.28
28	天津津滨发展股份有限公司	123.18	78	日照港集团有限公司	52.11
29	安徽省交通投资集团有限责任公司	119.73	79	厦门嘉联恒进出口有限公司	51.16
30	上海强劲产业发展投资股份有限公司	116.20	80	安徽省徽商集团有限公司	50.72
31	国家电网公司	111.71	81	云南出版集团有限责任公司	50.28
32	中国农业发展银行	110.83	82	福佳集团有限公司	47.97
33	南昌市政公用投资控股有限责任公司	103.75	83	桂林银行股份有限公司	47.77
34	常州市化工轻工材料总公司	101.39	84	荣盛控股股份有限公司	47.57
35	福建省能源集团有限责任公司	101.33	85	日出实业集团有限公司	47.11
36	天津市房地产开发经营集团有限公司	96.40	86	腾邦投资控股有限公司	47.04
37	卓尔控股有限公司	95.48	87	武汉农村商业银行股份有限公司	46.48
38	中国中纺集团公司	93.32	88	辛集皮革城有限公司	45.08
39	湖南九龙经贸集团有限公司	89.50	89	中国免税品（集团）有限责任公司	44.71
40	绿城房地产集团有限公司	88.42	90	邯郸市阳光百货集团总公司	44.14
41	重庆重铁物流有限公司	88.41	91	山西大昌汽车集团有限公司	43.71
42	天津市政建设集团有限公司	87.12	92	重庆医药（集团）股份有限公司	43.57
43	中国电信集团公司	86.71	93	中国远洋运输（集团）总公司	43.13
44	新疆农资（集团）有限责任公司	86.51	94	泰康人寿保险股份有限公司	43.11
45	浙江大华技术股份有限公司	85.23	95	润华集团股份有限公司	42.42
46	广东省广播电视网络股份有限公司	85.17	96	鹭燕（福建）药业股份有限公司	42.30
47	广东省广告股份有限公司	82.66	97	广西北部湾银行股份有限公司	42.12
48	渤海银行股份有限公司	81.72	98	江苏省粮食集团有限责任公司	41.81
49	四川新华发行有有限公司	80.58	99	洛阳银行股份有限公司	41.74
50	广东珠江投资股份有限公司	79.70	100	武汉市汉商集团股份有限公司	41.70
				中国服务业企业 500 强平均数	15.02

表 10-17　　2013 中国服务业企业 500 强资产增长率排序前 100 名企业

排名	公司名称	资产增长率（%）	排名	公司名称	资产增长率（%）
1	上海宝闽钢铁集团有限公司	791.98	51	上海华信石油集团有限公司	43.62
2	天津恒运能源股份有限公司	266.67	52	江苏华厦融创置地集团有限公司	43.60
3	广州元亨能源有限公司	161.32	53	荣盛控股股份有限公司	43.56
4	广东振戎能源有限公司	126.18	54	盛京银行有限公司	41.61
5	九禾股份有限公司	109.66	55	海南大印集团有限公司	41.58
6	辛集皮革城有限公司	104.29	56	新疆广汇实业投资（集团）有限责任公司	41.36
7	武汉有色金属投资有限公司	86.62	57	交运集团公司	40.80
8	上海强劲产业发展投资股份有限公司	85.49	58	山西省国新能源发展集团有限公司	40.70
9	天津三和众诚石油制品销售有限公司	81.21	59	西安曲江文化产业投资（集团）有限公司	40.20
10	苏州金螳螂企业集团有限公司	81.11	60	天津市交通（集团）有限公司	39.02
11	上海中钢投资集团有限公司	80.14	61	南方石化集团有限公司	38.85
12	河北省农业生产资料有限公司	79.24	62	银亿集团有限公司	38.72
13	广州唯品会信息科技有限公司	79.21	63	上海春秋国际旅行社（集团）有限公司	38.70
14	绿地控股集团有限公司	74.33	64	安徽亚夏实业股份有限公司	38.25
15	湖州市浙北大厦有限责任公司	69.24	65	重庆粮食集团有限责任公司	36.53
16	鹭燕（福建）药业股份有限公司	67.35	66	蓝池集团有限公司	36.17
17	桂林银行股份有限公司	66.31	67	重庆市金科投资控股（集团）有限责任公司	35.42
18	苏州汽车客运集团有限公司	62.62	68	宁波海田控股集团有限公司	35.36
19	云南物流产业集团有限公司	60.81	69	上海外经集团控股有限公司	35.02
20	武汉欧亚达家居集团有限公司	60.50	70	兴业银行股份有限公司	34.96
21	上海兰生（集团）有限公司	59.80	71	广西富满地农资股份有限公司	34.86
22	青海省物资产业集团总公司	59.31	72	全洲药业集团有限公司	34.14
23	厦门市嘉晟对外贸易有限公司	58.31	73	北京能源投资（集团）有限公司	33.85
24	上海龙宇燃油股份有限公司	58.29	74	恒大地产集团有限公司	33.50
25	福建省福农农资集团有限公司（福建省农资集团公司）	56.00	75	河北省新合作控股集团有限公司	33.44
26	河北省物流产业集团有限公司	55.05	76	中国节能环保集团公司	33.41
27	重庆重铁物流有限公司	54.87	77	山西煤炭进出口集团有限公司	33.22
28	天津金元宝商厦集团有限公司	52.88	78	江苏苏农农资连锁集团股份有限公司	32.75
29	太平鸟集团有限公司	52.32	79	光大证券股份有限公司	32.69
30	卓尔控股有限公司	51.98	80	成都银行股份有限公司	32.47
31	渤海银行股份有限公司	51.08	81	浪潮集团有限公司	32.46
32	重庆医药（集团）股份有限公司	50.94	82	青岛银行股份有限公司	31.98
33	山东远通汽车贸易集团有限公司	50.69	83	江苏高力集团有限公司	31.93
34	浙江大华技术股份有限公司	49.73	84	洛阳银行股份有限公司	31.79
35	广西北部湾国际港务集团有限公司	49.15	85	中国光大银行股份有限公司	31.50
36	银江科技集团有限公司	48.45	86	湖南兰天汽车集团有限公司	31.36
37	江苏中江能源有限公司	47.76	87	长沙银行股份有限公司	30.75
38	话机世界数码连锁集团股份有限公司	47.59	88	中国保利集团公司	30.47
39	中国中纺集团公司	46.85	89	天津一商集团有限公司	30.44
40	赛鼎工程有限公司	46.63	90	厦门嘉联恒进出口有限公司	30.36
41	山西金邦贸易有限公司	46.54	91	天津住宅建设发展集团有限公司	29.39
42	北京控股集团有限公司	46.48	92	广东省广告股份有限公司	29.11
43	安徽省盐业总公司	45.36	93	日照银行股份有限公司	28.84
44	广西桂东电力股份有限公司	44.71	94	重庆港务物流集团有限公司	28.83
45	大连万达集团股份有限公司	44.37	95	温州金州集团	28.78
46	隆基泰和实业有限公司	44.20	96	广州纺织工贸企业集团有限公司	28.51
47	中国民生银行股份有限公司	44.10	97	天津银行股份有限公司	28.46
48	嘉兴良友进出口集团股份有限公司	43.97	98	万合集团股份有限公司	28.44
49	湖南九龙经贸集团有限公司	43.90	99	张家口市商业银行股份有限公司	28.43
50	重庆对外经贸（集团）有限公司	43.77	100	浙江建华集团有限公司	28.31
				中国服务业企业500强平均数	15.79

表10-18　　2013中国服务业企业500强研发费用增长率排序前100名企业

排名	公司名称	研发费增长率（%）	排名	公司名称	研发费增长率（%）
1	上海华信石油集团有限公司	4574.42	51	徽商银行股份有限公司	47.78
2	74	3798.71	52	广西北部湾银行股份有限公司	47.77
3	安徽国贸集团控股有限公司	2450.00	53	大汉控股集团有限公司	46.52
4	天津二商集团有限公司	1026.53	54	上海华拓控股集团有限公司	46.32
5	东方国际（集团）有限公司	659.81	55	广州珠江实业集团有限公司	45.40
6	天津海泰控股集团有限公司	504.26	56	东软集团股份有限公司	44.82
7	广州岭南国际企业集团有限公司	495.58	57	浙江省物产集团公司	44.70
8	北京首都创业集团有限公司	489.29	58	四川新华发行有限公司	43.55
9	中国港中旅集团公司	457.79	59	浙江省国际贸易集团有限公司	43.44
10	山西煤炭运销集团有限公司	433.19	60	浙江大华技术股份有限公司	41.14
11	新疆银隆农业国际合作股份有限公司	393.75	61	南京新街口百货商店股份有限公司	40.27
12	武汉地产开发投资集团有限公司	352.15	62	中国国际技术智力合作公司	40.21
13	北京能源投资（集团）有限公司	313.24	63	广州轻工工贸集团有限公司	39.99
14	厦门国贸控股有限公司	254.76	64	安徽省能源集团有限公司	39.56
15	北京粮食集团有限责任公司	234.67	65	大连港集团有限公司	39.46
16	河南交通投资集团有限公司	213.51	66	广西北部湾国际港务集团有限公司	39.26
17	上海国际港务（集团）股份有限公司	204.92	67	青岛港（集团）有限公司	38.89
18	中国保利集团公司	172.66	68	厦门经济特区房地产开发集团有限公司	38.79
19	江苏省苏豪控股集团有限公司	152.25	69	苏州金螳螂企业集团有限公司	37.91
20	重庆市金科投资控股（集团）有限责任公司	150.00	70	唐山港集团股份有限公司	37.44
21	青海省投资集团有限公司	149.78	71	重庆市锦天地产（集团）有限公司	37.14
22	中铁集装箱运输有限责任公司	140.00	72	江苏吴江农村商业银行股份有限公司	36.17
23	厦门翔业集团有限公司	130.46	73	嘉兴良友进出口集团股份有限公司	35.29
24	广州广之旅国际旅行社股份有限公司	130.32	74	国家开发投资公司	33.51
25	中国江苏国际经济技术合作集团有限公司	129.35	75	汉口银行股份有限公司	32.89
26	海南大印集团有限公司	120.63	76	百步亭集团有限公司	32.71
27	浙大网新科技股份有限公司	115.53	77	新华锦集团	32.29
28	浙江省能源集团有限公司	110.63	78	宁波万象控股集团有限公司	31.69
29	深圳市粮食集团有限公司	107.71	79	厦门华澄集团有限公司	31.52
30	中国中化集团公司	89.73	80	苏宁控股集团	31.35
31	广州铁路（集团）公司	83.67	81	南京医药产业（集团）有限责任公司	31.20
32	交通银行股份有限公司	78.95	82	庆丰农业生产资料集团有限责任公司	29.63
33	广东粤财投资控股有限公司	69.47	83	泰康人寿保险股份有限公司	29.56
34	武汉农村商业银行股份有限公司	68.44	84	上海机场（集团）有限公司	29.52
35	赛鼎工程有限公司	66.93	85	中国海诚工程科技股份有限公司	28.36
36	全洲药业集团有限公司	66.67	86	湖南九龙经贸集团有限公司	28.12
37	广州农村商业银行股份有限公司	65.60	87	中国工商银行股份有限公司	27.50
38	中国航空油料集团公司	62.13	88	河南蓝天集团有限公司	27.48
39	安徽省交通投资集团有限责任公司	60.89	89	中国南方电网有限责任公司	27.41
40	银江科技集团有限公司	59.91	90	银亿集团有限公司	25.67
41	四川省开元集团有限公司	58.14	91	腾邦投资控股有限公司	25.66
42	中国节能环保集团公司	57.50	92	中国平安保险（集团）股份有限公司	25.33
43	安徽省高速公路控股集团有限公司	55.52	93	北京控股集团有限公司	24.64
44	九州通医药集团股份有限公司	55.46	94	新疆广汇实业投资（集团）有限责任公司	24.56
45	天津港（集团）有限公司	50.08	95	华侨城集团公司	24.35
46	安徽出版集团有限责任公司	50.00	96	广东粤海控股有限公司	23.22
47	荣盛控股股份有限公司	49.48	97	上海交运（集团）公司	22.06
48	武汉商贸国有控股集团有限公司	49.04	98	国家电网公司	21.77
49	广东省广新控股集团有限公司	48.65	99	日照港集团有限公司	20.00
50	无锡市国联发展（集团）有限公司	48.32	100	江苏国泰国际集团有限公司	19.61
				中国服务业企业500强平均数	12.29

表 10-19　　**2013 中国服务业企业 500 强行业平均净利润**

名次	行业名称	平均净利润（万元）
1	银行业	2823000
2	电信、邮寄、速递等服务业	2758368
3	综合保险业	871316
4	能源（电、热、燃气等能）供应、开发、减排及再循环服务业	684794
5	财产保险业	683200
6	铁路运输及辅助服务业	406965
7	多元化投资控股、商务服务业	308112
8	软件、程序、计算机应用、网络工程等计算机、微电子服务业	273164
9	证券业	181418
10	人寿保险业	165550
11	房地产开发与经营、物业及房屋装饰、修缮、管理等服务业	153996
12	综合服务业（以服务业为主，含有制造业）	138614
13	化工产品及医药内外商贸批发业	132114
14	港口服务业	127304
15	航空运输及相关服务业	125011
16	其他金融服务业	106925
17	电器商贸批发、零售业	67486
18	水上运输业	65684
19	科技研发、推广及地勘、规划、设计、评估、咨询、认证等承包服务业	64983
20	机电、电子产品内外商贸及批发业	52959
21	文化产业（书刊出版、印刷、发行与销售及影视、音像、文体、演艺等）	48041
22	航空港及相关服务业	45601
23	人力资源、会展博览、国内外经合作等社会综合服务业	42547
24	粮油食品及农林、土畜、果蔬、水产品等内外商贸批发、零售业	38535
25	医药专营批发、零售业	35983
26	公用事业、市政、水务、航道等公共设施投资、经营与管理业	35940
27	陆路运输、城市公交、道路及交通辅助等服务业	35223
28	生活消费品（家用、文体、玩具、工艺品、珠宝等）内外批发及商贸业	29880
29	旅游、旅馆及娱乐服务业	27074
30	商业零售业及连锁超市	25479
31	物流、仓储、运输、配送服务业	24664
32	信息、传媒、电子商务、网购、娱乐等互联网服务业	23908
33	矿产、能源内外商贸批发业	21751
34	汽车和摩托车商贸、维修保养及租赁业	15741
35	金属内外贸易及加工、配送、批发零售业	15679
36	家具、家居专营批发、零售业	12061
37	生产资料内外贸易批发、零售业	11020
38	综合性内外商贸及批发、零售业	8447

表10-20　　2013中国服务业企业500强行业平均营业收入

名次	行业名称	平均营业收入（万元）	名次	行业名称	平均营业收入（万元）
1	电信、邮寄、速递等服务业	38160577	22	综合性内外商贸及批发、零售业	1830896
2	财产保险业	25734900	23	商业零售业及连锁超市	1711975
3	综合保险业	18852037	24	港口服务业	1459880
4	人寿保险业	17265823	25	人力资源、会展博览、国内外经合作等社会综合服务业	1449622
5	能源（电、热、燃气等能）供应、开发、减排及再循环服务业	16004272	26	旅游、旅馆及娱乐服务业	1391612
6	银行业	11384352	27	生活消费品（家用、文体、玩具、工艺品、珠宝等）内外批发及商贸业	1364291
7	化工产品及医药内外商贸批发业	9859643			
8	水上运输业	8363017	28	家具、家居专营批发、零售业	1296885
9	铁路运输及辅助服务业	7390431	29	金属内外贸易及加工、配送、批发零售业	1287312
10	航空运输及相关服务业	7147826	30	汽车和摩托车商贸、维修保养及租赁业	1282682
11	电器商贸批发、零售业	5891548	31	公用事业、市政、水务、航道等公共设施投资、经营与管理业	1112479
12	多元化投资控股、商务服务业	5188163			
13	综合服务业（以服务业为主，含有制造业）	4844214	32	科技研发、推广及地勘、规划、设计、评估、咨询、认证等承包服务业	1012941
14	矿产、能源内外商贸批发业	4774879			
15	机电、电子产品内外商贸及批发业	3270299	33	航空港及相关服务业	978591
16	软件、程序、计算机应用、网络工程等计算机、微电子服务业	2806941	34	陆路运输、城市公交、道路及交通辅助等服务业	951356
17	生产资料内外贸易批发、零售业	2726182	35	其他金融服务业	918798
18	医药专营批发、零售业	2718289	36	文化产业（书刊出版、印刷、发行与销售及影视、音像、文体、演艺等）	678410
19	物流、仓储、运输、配送服务业	2464205			
20	房地产开发与经营、物业及房屋装饰、修缮、管理等服务业	2066331	37	证券业	611485
			38	信息、传媒、电子商务、网购、娱乐等互联网服务业	399434
21	粮油食品及农林、土畜、果蔬、水产品等内外商贸批发、零售业	2030274			

表 10-21　　2013 中国服务业企业 500 强行业平均资产

名次	行业名称	平均资产（万元）
1	银行业	226985924
2	电信、邮寄、速递等服务业	189465782
3	综合保险业	124408784
4	人寿保险业	82460705
5	财产保险业	68865000
6	多元化投资控股、商务服务业	27298811
7	能源（电、热、燃气等能）供应、开发、减排及再循环服务业	22095638
8	水上运输业	17753475
9	航空运输及相关服务业	14415548
10	铁路运输及辅助服务业	10101494
11	证券业	8305996
12	公用事业、市政、水务、航道等公共设施投资、经营与管理业	7805013
13	综合服务业（以服务业为主，含有制造业）	6522132
14	化工产品及医药内外商贸批发业	5943688
15	陆路运输、城市公交、道路及交通辅助等服务业	5421778
16	港口服务业	4952948
17	航空港及相关服务业	4798490
18	房地产开发与经营、物业及房屋装饰、修缮、管理等服务业	4224945
19	物流、仓储、运输、配送服务业	2578974
20	粮油食品及农林、土畜、果蔬、水产品等内外商贸批发、零售业	2489446
21	机电、电子产品内外商贸及批发业	2157101
22	电器商贸批发、零售业	2117619
23	矿产、能源内外商贸批发业	1887195
24	旅游、旅馆及娱乐服务业	1781074
25	医药专营批发、零售业	1772425
26	其他金融服务业	1425703
27	文化产业（书刊出版、印刷、发行与销售及影视、音像、文体、演艺等）	1367759
28	软件、程序、计算机应用、网络工程等计算机、微电子服务业	1266114
29	生产资料内外贸易批发、零售业	1177361
30	科技研发、推广及地勘、规划、设计、评估、咨询、认证等承包服务业	1027036
31	人力资源、会展博览、国内外经合作等社会综合服务业	962692
32	商业零售业及连锁超市	926145
33	信息、传媒、电子商务、网购、娱乐等互联网服务业	870815
34	汽车和摩托车商贸、维修保养及租赁业	833482
35	生活消费品（家用、文体、玩具、工艺品、珠宝等）内外批发及商贸业	828722
36	综合性内外商贸及批发、零售业	781851
37	家具、家居专营批发、零售业	507058
38	金属内外贸易及加工、配送、批发零售业	487527

表10-22　　2013中国服务业企业500强行业平均纳税总额

名次	行业名称	平均纳税总额（万元）	名次	行业名称	平均纳税总额（万元）
1	电信、邮寄、速递等服务业	3005892	22	陆路运输、城市公交、道路及交通辅助等服务业	69176
2	财产保险业	1704716	23	物流、仓储、运输、配送服务业	67549
3	银行业	1318180	24	旅游、旅馆及娱乐服务业	65615
4	综合保险业	1069150	25	科技研发、推广及地勘、规划、设计、评估、咨询、认证等承包服务业	60565
5	能源（电、热、燃气等能）供应、开发、减排及再循环服务业	1034473	26	人力资源、会展博览、国内外经合作等社会综合服务业	54048
6	航空运输及相关服务业	473093	27	商业零售业及连锁超市	46540
7	人寿保险业	406853	28	文化产业（书刊出版、印刷、发行与销售及影视、音像、文体、演艺等）	40322
8	多元化投资控股、商务服务业	309904			
9	综合服务业（以服务业为主，含有制造业）	283176			
10	房地产开发与经营、物业及房屋装饰、修缮、管理等服务业	204485	29	软件、程序、计算机应用、网络工程等计算机、微电子服务业	39551
11	铁路运输及辅助服务业	190046	30	生活消费品（家用、文体、玩具、工艺品、珠宝等）内外批发及商贸业	39457
12	水上运输业	181535			
13	化工产品及医药内外商贸批发业	177220	31	其他金融服务业	30954
14	矿产、能源内外商贸批发业	128081	32	综合性内外商贸及批发、零售业	30130
15	机电、电子产品内外商贸及批发业	127372	33	生产资料内外贸易批发、零售业	26501
16	电器商贸批发、零售业	124548	34	汽车和摩托车商贸、维修保养及租赁业	20465
17	航空港及相关服务业	123305	35	信息、传媒、电子商务、网购、娱乐等互联网服务业	10679
18	港口服务业	99599			
19	公用事业、市政、水务、航道等公共设施投资、经营与管理业	82236	36	家具、家居专营批发、零售业	10190
20	证券业	79271	37	粮油食品及农林、土畜、果蔬、水产品等内外商贸批发、零售业	9390
21	医药专营批发、零售业	70706	38	金属内外贸易及加工、配送、批发零售业	7356

表 10-23　　2013 中国服务业企业 500 强行业平均研发费用

名次	行业名称	平均研发费用（万元）	名次	行业名称	平均研发费用（万元）
1	电信、邮寄、速递等服务业	626150	19	公用事业、市政、水务、航道等公共设施投资、经营与管理业	6426
2	能源（电、热、燃气等能）供应、开发、减排及再循环服务业	99490	20	物流、仓储、运输、配送服务业	6022
3	银行业	37538	21	电器商贸批发、零售业	5690
4	水上运输业	36343	22	陆路运输、城市公交、道路及交通辅助等服务业	5047
5	综合服务业（以服务业为主，含有制造业）	36120			
6	化工产品及医药内外商贸批发业	35406	23	矿产、能源内外商贸批发业	4368
7	软件、程序、计算机应用、网络工程等计算机、微电子服务业	26040	24	其他金融服务业	4306
8	机电、电子产品内外商贸及批发业	25299	25	文化产业（书刊出版、印刷、发行与销售及影视、音像、文体、演艺等）	4201
9	航空港及相关服务业	23730	26	生活消费品（家用、文体、玩具、工艺品、珠宝等）内外批发及商贸业	3157
10	航空运输及相关服务业	23013			
11	科技研发、推广及地勘、规划、设计、评估、咨询、认证等承包服务业	21168	27	旅游、旅馆及娱乐服务业	2579
			28	证券业	2226
12	多元化投资控股、商务服务业	20523	29	综合性内外商贸及批发、零售业	2225
13	医药专营批发、零售业	14826	30	商业零售业及连锁超市	1980
14	房地产开发与经营、物业及房屋装饰、修缮、管理等服务业	14503	31	粮油食品及农林、土畜、果蔬、水产品等内外商贸批发、零售业	1864
15	综合保险业	13838	32	生产资料内外贸易批发、零售业	1631
16	港口服务业	8758	33	人力资源、会展博览、国内外经合作等社会综合服务业	1308
17	信息、传媒、电子商务、网购、娱乐等互联网服务业	8673	34	铁路运输及辅助服务业	753
18	人寿保险业	6581	35	金属内外贸易及加工、配送、批发零售业	439

表 10-24　　2013 中国服务业企业 500 强行业平均人均净利润

名次	行业名称	人均净利润（万元）	名次	行业名称	人均净利润（万元）
1	其他金融服务业	93.14	19	信息、传媒、电子商务、网购、娱乐等互联网服务业	4.28
2	银行业	51.07			
3	金属内外贸易及加工、配送、批发零售业	23.40	20	文化产业（书刊出版、印刷、发行与销售及影视、音像、文体、演艺等）	4.21
4	证券业	22.72			
5	房地产开发与经营、物业及房屋装饰、修缮、管理等服务业	18.87	21	机电、电子产品内外商贸及批发业	4.03
			22	汽车和摩托车商贸、维修保养及租赁业	3.72
6	软件、程序、计算机应用、网络工程等计算机、微电子服务业	18.21	23	粮油食品及农林、土畜、果蔬、水产品等内外商贸批发、零售业	3.29
7	人力资源、会展博览、国内外经合作等社会综合服务业	16.98	24	医药专营批发、零售业	3.26
			25	公用事业、市政、水务、航道等公共设施投资、经营与管理业	2.92
8	化工产品及医药内外商贸批发业	10.99			
9	铁路运输及辅助服务业	10.92	26	生产资料内外贸易批发、零售业	2.63
10	港口服务业	10.32	27	水上运输业	2.59
11	综合保险业	8.31	28	航空运输及相关服务业	2.43
12	能源（电、热、燃气等能）供应、开发、减排及再循环服务业	7.37	29	物流、仓储、运输、配送服务业	2.41
			30	人寿保险业	2.33
13	科技研发、推广及地勘、规划、设计、评估、咨询、认证等承包服务业	6.27	31	综合性内外商贸及批发、零售业	2.23
			32	航空港及相关服务业	2.17
14	生活消费品（家用、文体、玩具、工艺品、珠宝等）内外批发及商贸业	6.16	33	矿产、能源内外商贸批发业	2.07
			34	陆路运输、城市公交、道路及交通辅助等服务业	1.90
15	多元化投资控股、商务服务业	5.89	35	旅游、旅馆及娱乐服务业	1.57
16	电信、邮寄、速递等服务业	5.79	36	财产保险业	1.38
17	综合服务业（以服务业为主，含有制造业）	5.77	37	电器商贸批发、零售业	1.37
18	家具、家居专营批发、零售业	5.10	38	商业零售业及连锁超市	1.28

表10-25　　2013中国服务业企业500强行业平均人均营业收入

名次	行业名称	人均营业收入（万元）
1	金属内外贸易及加工、配送、批发零售业	2202.31
2	其他金融服务业	1167.47
3	化工产品及医药内外商贸批发业	990.10
4	生产资料内外贸易批发、零售业	677.39
5	人力资源、会展博览、国内外经合作等社会综合服务业	578.58
6	家具、家居专营批发、零售业	548.83
7	矿产、能源内外商贸批发业	518.79
8	综合性内外商贸及批发、零售业	518.47
9	机电、电子产品内外商贸及批发业	315.93
10	生活消费品（家用、文体、玩具、工艺品、珠宝等）内外批发及商贸业	301.68
11	房地产开发与经营、物业及房屋装饰、修缮、管理等服务业	261.00
12	物流、仓储、运输、配送服务业	258.32
13	医药专营批发、零售业	246.38
14	汽车和摩托车商贸、维修保养及租赁业	219.88
15	综合服务业（以服务业为主，含有制造业）	219.65
16	银行业	216.33
17	软件、程序、计算机应用、网络工程等计算机、微电子服务业	211.68
18	粮油食品及农林、土畜、果蔬、水产品等内外商贸批发、零售业	201.98
19	水上运输业	199.81
20	人寿保险业	194.29
21	能源（电、热、燃气等能）供应、开发、减排及再循环服务业	192.00
22	综合保险业	179.90
23	电器商贸批发、零售业	158.71
24	航空运输及相关服务业	138.81
25	铁路运输及辅助服务业	131.00
26	港口服务业	121.56
27	科技研发、推广及地勘、规划、设计、评估、咨询、认证等承包服务业	117.86
28	多元化投资控股、商务服务业	107.27
29	公用事业、市政、水务、航道等公共设施投资、经营与管理业	90.49
30	商业零售业及连锁超市	89.88
31	旅游、旅馆及娱乐服务业	80.86
32	电信、邮寄、速递等服务业	80.13
33	证券业	76.58
34	信息、传媒、电子商务、网购、娱乐等互联网服务业	71.55
35	文化产业（书刊出版、印刷、发行与销售及影视、音像、文体、演艺等）	59.03
36	财产保险业	52.10
37	陆路运输、城市公交、道路及交通辅助等服务业	51.32
38	航空港及相关服务业	46.55

表10-26 2013中国服务业企业500强行业平均人均资产

名次	行业名称	人均资产（万元）	名次	行业名称	人均资产（万元）
1	银行业	4313.19	21	粮油食品及农林、土畜、果蔬、水产品等内外商贸批发、零售业	247.66
2	其他金融服务业	1811.57	22	航空港及相关服务业	228.24
3	综合保险业	1187.21	23	综合性内外商贸及批发、零售业	221.40
4	证券业	1040.20	24	家具、家居专营批发、零售业	214.58
5	人寿保险业	927.91	25	机电、电子产品内外商贸及批发业	209.51
6	金属内外贸易及加工、配送、批发零售业	848.03	26	矿产、能源内外商贸批发业	205.04
7	公用事业、市政、水务、航道等公共设施投资、经营与管理业	634.87	27	生活消费品（家用、文体、玩具、工艺品、珠宝等）内外批发及商贸业	183.25
8	化工产品及医药内外商贸批发业	596.86	28	铁路运输及辅助服务业	179.06
9	多元化投资控股、商务服务业	564.40	29	医药专营批发、零售业	160.65
10	房地产开发与经营、物业及房屋装饰、修缮、管理等服务业	533.66	30	信息、传媒、电子商务、网购、娱乐等互联网服务业	155.99
11	水上运输业	424.17	31	汽车和摩托车商贸、维修保养及租赁业	142.88
12	港口服务业	412.42	32	财产保险业	139.42
13	电信、邮寄、速递等服务业	397.85	33	文化产业（书刊出版、印刷、发行与销售及影视、音像、文体、演艺等）	127.14
14	人力资源、会展博览、国内外经合作等社会综合服务业	384.23	34	科技研发、推广及地勘、规划、设计、评估、咨询、认证等承包服务业	119.50
15	综合服务业（以服务业为主，含有制造业）	295.73	35	旅游、旅馆及娱乐服务业	103.48
16	生产资料内外贸易批发、零售业	292.55	36	软件、程序、计算机应用、网络工程等计算机、微电子服务业	95.48
17	陆路运输、城市公交、道路及交通辅助等服务业	292.49	37	电器商贸批发、零售业	57.05
18	航空运输及相关服务业	279.94	38	商业零售业及连锁超市	48.00
19	物流、仓储、运输、配送服务业	270.35			
20	能源（电、热、燃气等能）供应、开发、减排及再循环服务业	264.65			

表 10-27　　2013 中国服务业企业 500 强行业平均人均纳税总额

名次	行业名称	人均纳税总额（万元）
1	其他金融服务业	39.33
2	房地产开发与经营、物业及房屋装饰、修缮、管理等服务业	25.83
3	银行业	25.05
4	人力资源、会展博览、国内外经合作等社会综合服务业	21.57
5	化工产品及医药内外商贸批发业	17.80
6	矿产、能源内外商贸批发业	13.92
7	金属内外贸易及加工、配送、批发零售业	13.31
8	综合服务业（以服务业为主，含有制造业）	12.84
9	能源（电、热、燃气等能）供应、开发、减排及再循环服务业	12.42
10	多元化投资控股、商务服务业	12.08
11	机电、电子产品内外商贸及批发业	11.94
12	证券业	9.93
13	综合保险业	9.33
14	航空运输及相关服务业	9.19
15	生活消费品（家用、文体、玩具、工艺品、珠宝等）内外批发及商贸业	8.72
16	综合性内外商贸及批发、零售业	8.53
17	港口服务业	8.29
18	物流、仓储、运输、配送服务业	7.08
19	科技研发、推广及地勘、规划、设计、评估、咨询、认证等承包服务业	7.05
20	公用事业、市政、水务、航道等公共设施投资、经营与管理业	6.69
21	生产资料内外贸易批发、零售业	6.58
22	医药专营批发、零售业	6.41
23	电信、邮寄、速递等服务业	6.31
24	航空港及相关服务业	5.87
25	人寿保险业	4.58
26	水上运输业	4.34
27	家具、家居专营批发、零售业	4.31
28	旅游、旅馆及娱乐服务业	3.81
29	文化产业（书刊出版、印刷、发行与销售及影视、音像、文体、演艺等）	3.76
30	陆路运输、城市公交、道路及交通辅助等服务业	3.73
31	粮油食品及农林、土畜、果蔬、水产品等内外商贸批发、零售业	3.58
32	财产保险业	3.45
33	汽车和摩托车商贸、维修保养及租赁业	3.40
34	铁路运输及辅助服务业	3.37
35	电器商贸批发、零售业	3.36
36	软件、程序、计算机应用、网络工程等计算机、微电子服务业	2.93
37	商业零售业及连锁超市	2.41
38	信息、传媒、电子商务、网购、娱乐等互联网服务业	1.91

表10-28　2013中国服务业企业500强行业平均人均研发费用

名次	行业名称	人均研发费用（万元）	名次	行业名称	人均研发费用（万元）
1	其他金融服务业	5.47	18	多元化投资控股、商务服务业	0.53
2	软件、程序、计算机应用、网络工程等计算机、微电子服务业	2.47	19	人力资源、会展博览、国内外经合作等社会综合服务业	0.49
3	科技研发、推广及地勘、规划、设计、评估、咨询、认证等承包服务业	2.46	20	粮油食品及农林、土畜、果蔬、水产品等内外商贸批发、零售业	0.48
4	化工产品及医药内外商贸批发业	2.14	21	综合性内外商贸及批发、零售业	0.44
5	航空港及相关服务业	2.07	22	公用事业、市政、水务、航道等公共设施投资、经营与管理业	0.42
6	信息、传媒、电子商务、网购、娱乐等互联网服务业	1.72	23	物流、仓储、运输、配送服务业	0.36
7	房地产开发与经营、物业及房屋装饰、修缮、管理等服务业	1.71	24	航空运输及相关服务业	0.31
			25	证券业	0.30
8	机电、电子产品内外商贸及批发业	1.44	26	陆路运输、城市公交、道路及交通辅助等服务业	0.27
9	综合服务业（以服务业为主，含有制造业）	1.41			
10	电信、邮寄、速递等服务业	1.31	27	金属内外贸易及加工、配送、批发零售业	0.20
11	银行业	1.05	28	矿产、能源内外商贸批发业	0.18
12	能源（电、热、燃气等能）供应、开发、减排及再循环服务业	0.92	29	生产资料内外贸易批发、零售业	0.17
			30	旅游、旅馆及娱乐服务业	0.16
13	医药专营批发、零售业	0.72	31	电器商贸批发、零售业	0.09
14	港口服务业	0.66	32	商业零售业及连锁超市	0.09
15	水上运输业	0.60	33	人寿保险业	0.08
16	文化产业（书刊出版、印刷、发行与销售及影视、音像、文体、演艺等）	0.58	34	综合保险业	0.07
			35	铁路运输及辅助服务业	0.01
17	生活消费品（家用、文体、玩具、工艺品、珠宝等）内外批发及商贸业	0.57			

表 10-29　　2013 中国服务业企业 500 强行业平均资产利润率

名次	行业名称	平均资产利润率（%）	名次	行业名称	平均资产利润率（%）
1	软件、程序、计算机应用、网络工程等计算机、微电子服务业	17.93	17	医药专营批发、零售业	2.03
			18	综合服务业（以服务业为主，含有制造业）	1.95
2	科技研发、推广及地勘、规划、设计、评估、咨询、认证等承包服务业	5.50	19	化工产品及医药内外商贸批发业	1.77
			20	铁路运输及辅助服务业	1.66
3	人力资源、会展博览、国内外经合作等社会综合服务业	4.42	21	旅游、旅馆及娱乐服务业	1.52
			22	电信、邮寄、速递等服务业	1.46
4	其他金融服务业	4.11	23	粮油食品及农林、土畜、果蔬、水产品等内外商贸批发、零售业	1.30
5	房地产开发与经营、物业及房屋装饰、修缮、管理等服务业	3.51	24	汽车和摩托车商贸、维修保养及租赁业	1.20
6	文化产业（书刊出版、印刷、发行与销售及影视、音像、文体、演艺等）	3.51	25	银行业	1.19
			26	矿产、能源内外商贸批发业	1.02
7	生活消费品（家用、文体、玩具、工艺品、珠宝等）内外批发及商贸业	3.37	27	综合性内外商贸及批发、零售业	1.00
			28	财产保险业	0.99
8	金属内外贸易及加工、配送、批发零售业	2.88	29	多元化投资控股、商务服务业	0.97
9	信息、传媒、电子商务、网购、娱乐等互联网服务业	2.75	30	航空港及相关服务业	0.95
			31	生产资料内外贸易批发、零售业	0.90
10	能源（电、热、燃气等能）供应、开发、减排及再循环服务业	2.71	32	航空运输及相关服务业	0.87
			33	物流、仓储、运输、配送服务业	0.84
11	商业零售业及连锁超市	2.66	34	综合保险业	0.70
12	机电、电子产品内外商贸及批发业	2.46	35	陆路运输、城市公交、道路及交通辅助等服务业	0.65
13	家具、家居专营批发、零售业	2.38	36	公用事业、市政、水务、航道等公共设施投资、经营与管理业	0.46
14	港口服务业	2.32			
15	证券业	2.18	37	人寿保险业	-0.18
16	电器商贸批发、零售业	2.05	38	水上运输业	-0.20

第十一章
中国有关地区企业100强数据

表 11-1　　2013 天津企业100强

排名	企业名称	营业收入（万元）	排名	企业名称	营业收入（万元）
1	中国石化销售有限公司华北分公司	32524237	51	天津二商集团有限公司	1090000
2	天津物产集团有限公司	20732047	52	天津市建筑材料集团（控股）有限公司	1082762
3	天津中环电子信息集团有限公司	14553832	53	天津市房地产开发经营集团有限公司	1073742
4	天津天钢集团有限公司	10860029	54	天津城市基础设施建设投资集团有限公司	1058127
5	中海石油（中国）有限公司天津分公司	10602340	55	中钢集团天津有限公司	1022069
6	天津钢管集团股份有限公司	10515233	56	天津现代集团有限公司	983173
7	天津冶金集团有限公司	9506101	57	天津市恒兴钢业有限公司	947082
8	天津天铁冶金集团有限公司	8183222	58	渤海银行股份有限公司	945971
9	中国石油化工股份有限公司天津分公司	7489032	59	天津宝钢北方贸易有限公司	904882
10	天津渤海化工集团有限责任公司	6600117	60	中铁十六局集团第二工程有限公司	853609
11	天津市一轻集团（控股）有限公司	6166801	61	三星高新电机（天津）有限公司	846107
12	天津一汽丰田汽车有限公司	6029708	62	中国农业机械华北集团有限公司	820652
13	天津三星通信技术有限公司	6000167	63	天津二十冶建设有限公司	814116
14	天津百利机电控股集团有限公司	5007000	64	天津三星视界有限公司	812845
15	天津荣程联合钢铁集团有限公司	4601212	65	天津三星 LED 有限公司	811789
16	天津市电力公司	3638729	66	北方国际集团有限公司	801438
17	天津一商集团有限公司	3620785	67	天津市政建设集团有限公司	786014
18	中交第一航务工程局有限公司	3557781	68	中国移动通信集团天津有限公司	782379
19	天狮集团有限公司	2960033	69	天津一汽夏利汽车股份有限公司	750195
20	中铁十八局集团有限公司	2870115	70	天津金耀集团有限公司	731143
21	中国石油天然气股份有限公司大港油田分公司	2785280	71	中国水利水电第十三工程局有限公司	710555
22	中国建筑第六工程局有限公司	2782373	72	国药控股天津有限公司	702379
23	中储发展股份有限公司	2678097	73	工银金融租赁有限公司	700880
24	中国石油天然气股份有限公司大港石化分公司	2668945	74	天津贻成集团有限公司	699185
25	天津市医药集团有限公司	2614854	75	天津市丽兴京津钢铁贸易有限公司	693365
26	天津港（集团）有限公司	2506589	76	天津金元宝商厦集团有限公司	689300
27	天津市建工集团（控股）有限公司	2388182	77	天津市燃气集团有限公司	685873
28	中沙（天津）石化有限公司	2375558	78	天津三星电机有限公司	666888
29	中国石油集团渤海钻探工程有限公司	2325700	79	中国联合网络通信有限公司天津市分公司	653463
30	天津友发钢管集团股份有限公司	2211661	80	天津市交通（集团）有限公司	652300
31	摩托罗拉移动技术（中国）有限公司	2126000	81	天津银行股份有限公司	649696
32	天津市津能投资公司	2109287	82	天津顶益食品有限公司	649537
33	天津市二轻集团（控股）有限公司	2072844	83	天津市金桥焊材集团有限公司	616951
34	天津住宅建设发展集团有限公司	2031315	84	嘉里粮油（天津）有限公司	614426
35	天津纺织集团（控股）有限公司	1986741	85	中材装备集团有限公司	591648
36	天津三星电子有限公司	1906304	86	滨海投资集团股份有限公司	589716
37	天津天士力集团有限公司	1852130	87	中远散货运输有限公司	586640
38	中国铁路物资天津有限公司	1813099	88	天津三星光电子有限公司	559196
39	天津三星视界移动有限公司	1740622	89	天津市新宇彩板有限公司	547436
40	天津国际名众控股有限公司	1703786	90	中节能（天津）投资集团有限公司	533373
41	中国石油天然气股份有限公司天津销售分公司	1567575	91	中冀斯巴鲁（天津）汽车销售有限公司	529460
42	中冶天工集团有限公司	1552158	92	天津市静海县宝来工贸有限公司	509782
43	天津塑力线缆集团有限公司	1529884	93	天津劝业华联集团有限公司	497915
44	中国石油集团渤海石油装备制造有限公司	1521366	94	振华物流集团有限公司	485694
45	天津城建集团有限公司	1438334	95	邦基正大（天津）粮油有限公司	476009
46	天津华北集团有限公司	1419919	96	上海烟草集团有限责任公司天津卷烟厂	455306
47	中色（天津）有色金属有限公司	1319893	97	天津市自来水集团有限公司	448402
48	天津农垦集团总公司	1301778	98	天津恒运能源股份有限公司	437000
49	中交天津航道局有限公司	1236632	99	天津津亚电子有限公司	436129
50	天津立业钢铁集团有限公司	1130000	100	天津三和众诚石油制品销售有限公司	417750

发布单位：天津市企业联合会、天津市企业家协会

表11-2　　2013上海企业100强

排名	企业名称	营业收入（万元）	排名	企业名称	营业收入（万元）
1	上海汽车集团股份有限公司	48097967	51	上海奥盛投资控股（集团）有限公司	1067235
2	宝钢集团有限公司	28822553	52	大华（集团）有限公司	1024882
3	交通银行股份有限公司	27105105	53	上海春秋国际旅行社（集团）有限公司	977411
4	绿地控股集团有限公司	20024837	54	上海浦东电线电缆（集团）有限公司	941060
5	中国太平洋保险（集团）股份有限公司	17145100	55	上海华拓控股集团有限公司	927861
6	上海浦东发展银行股份有限公司	16040800	56	海通证券股有限公司	914069
7	百联集团有限公司	15900914	57	上海新世界（集团）有限公司	903078
8	光明食品（集团）有限公司	13937176	58	上海机场（集团）有限公司	897323
9	益海嘉里投资有限公司	12951929	59	月星集团有限公司	887515
10	上海建工集团股份有限公司	12185028	60	上海交运（集团）公司	828023
11	上海烟草集团有限责任公司	10172803	61	致达控股集团有限公司	803852
12	中国建筑第八工程局有限公司	9538045	62	天喔食品（集团）有限公司	778714
13	上海电气（集团）总公司	9355450	63	上海龙宇燃油股份有限公司	777175
14	中国石化上海石油化工股份有限公司	9307225	64	上海悦达新实业集团有限公司	719518
15	中国东方航空集团公司	8962632	65	上海展志实业集团有限责任公司	709812
16	上海市电力公司	7471628	66	上海强劲产业发展投资控股有限公司	696150
17	上海东浩国际服务贸易（集团）有限公司	6841214	67	上海百营钢铁集团有限公司	695368
18	上海医药集团股份有限公司	6807812	68	上海顺朝企业发展集团有限公司	638790
19	中国海运（集团）总公司	6609661	69	远纺工业（上海）有限公司	598715
20	上海市对外服务有限公司	5524248	70	新大洲本田摩托有限公司	582431
21	上海复星高科技（集团）有限公司	5290593	71	春秋航空股份有限公司	563200
22	上海华谊（集团）公司	4492597	72	上海嘉里食品工业有限公司	557534
23	上海城建（集团）公司	4401439	73	五冶集团上海有限公司	545418
24	上海纺织（集团）有限公司	4400602	74	亚东石化（上海）有限公司	544284
25	太平人寿保险有限公司	4193528	75	中国海诚工程科技股份有限公司	523100
26	上海华信石油集团有限公司	3035817	76	上海苏宁云商销售有限公司	516548
27	申能（集团）有限公司	3010507	77	国能商业有限公司	504327
28	上海国际港务（集团）股份有限公司	2838102	78	上海闵熙钢铁发展有限公司	472937
29	上海人民企业（集团）有限公司	2800215	79	上海建材（集团）总公司	471186
30	老凤祥股份有限公司	2555340	80	东昊石油集团有限公司	446004
31	上海华冶钢铁集团有限公司	2441320	81	上海丝绸集团股份有限公司	423929
32	中国电信股份有限公司上海分公司	2416638	82	上海闽路润贸易有限公司	423500
33	中国二十冶集团有限公司	2366700	83	上海华东电器（集团）有限公司	418120
34	中智上海经济技术合作公司	2276850	84	上海宝闽钢铁集团有限公司	415635
35	上海永达控股（集团）有限公司	2189132	85	正泰电气股份有限公司	403503
36	东方国际（集团）有限公司	1976171	86	上海亚东国际货运有限公司	396630
37	上海振华重工（集团）股份有限公司	1825500	87	上海亚泰建设集团有限公司	396208
38	上海良友（集团）有限公司	1750574	88	上海华通机电（集团）有限公司	394627
39	百丽鞋业（上海）有限公司	1506788	89	上海金开利集团有限公司	386109
40	上海宝冶集团有限公司	1506432	90	上海强生控股股份有限公司	381395
41	上海外高桥造船有限公司	1500560	91	上海东菱实业有限公司	371526
42	上海兰生（集团）有限公司	1481817	92	上海尚友实业集团有限公司	368384
43	中国铁路物资上海有限公司	1458980	93	上海大众公用事业（集团）股份有限公司	366605
44	上海均瑶（集团）有限公司	1412327	94	光大证券股份有限公司	365170
45	上海胜华电缆（集团）有限公司	1361720	95	永乐（中国）电器销售有限公司	348650
46	环旭电子股份有限公司	1333529	96	台积电（中国）有限公司	341661
47	上海申华控股股份有限公司	1315469	97	上海东方明珠（集团）股份有限公司	312474
48	中国万向控股有限公司	1240660	98	上海临港经济发展（集团）有限公司	311282
49	上海均和集团有限公司	1239679	99	上海永大电梯设备有限公司	310632
50	沪东中华造船（集团）有限公司	1221299	100	舜元建设（集团）有限公司	307039

发布单位：上海企业联合会、企业家协会

表 11-3　　**2013 重庆企业 100 强**

排名	企业名称	营业收入（万元）	排名	企业名称	营业收入（万元）
1	重庆长安汽车股份有限公司	11440935	51	重庆鸽牌电线电缆有限公司	391524
2*	重庆建工投资控股有限责任公司	4845160	52	重庆市农业投资集团有限公司	389400
3	达丰（重庆）电脑有限公司	4829200	53	重庆美心（集团）有限公司	372268
4	重庆商社（集团）有限公司	4584330	54	重庆银翔摩托车（集团）有限公司	367057
5	重庆市电力公司	3406277	55	重庆大江工业有限责任公司	364570
6	鸿富锦精密电子（重庆）有限公司	3070500	56	重庆长安民生物流股份有限公司	363271
7	重庆市能源投资集团有限公司	3002073	57	重庆紫光化工股份有限公司	360399
8	重庆龙湖企业拓展有限公司	2922453	58	重庆重铁物流有限公司	356379
9	重庆钢铁（集团）有限责任公司	2590857	59	天圣制药集团股份有限公司	345626
10	中国烟草总公司重庆市公司	2431829	60	重庆市渝万建设集团有限公司	339289
11	重庆市金科投资控股（集团）有限责任公司	2350000	61	重庆市盐业（集团）有限公司	336792
12	重庆农村商业银行股份有限公司	2284574	62	中铁八局集团第一工程有限公司	334722
13	隆鑫控股有限公司	2247099	63	重庆科瑞制药（集团）有限公司	333282
14	重庆力帆控股有限公司	2208780	64	惠普（重庆）有限公司	324700
15	太极集团有限公司	2010754	65	重庆康明斯发动机有限公司	324499
16	重庆华南物资（集团）有限公司	1707197	66	重庆青山工业有限责任公司	311218
17	重庆医药（集团）股份有限公司	1519369	67	重庆望江工业有限公司	310119
18	重庆烟草工业有限责任公司	1275722	68	中铁五局集团第六工程有限责任公司	300642
19	重庆粮食集团有限责任公司	1274017	69	重庆建安建设（集团）有限公司	299168
20	宗申产业集团有限公司	1240378	70	重庆国际复合材料有限公司	287845
21	重庆对外经贸（集团）有限公司	1238267	71	北城致远集团有限公司	286398
22	重庆市博赛矿业（集团）有限公司	1206048	72	重庆一品建设集团有限公司	280117
23	庆铃汽车（集团）有限公司	1205789	73	重庆铁马工业集团有限公司	275187
24	中冶建工集团有限公司	1205428	74	重庆市中大建设集团有限公司	266374
25	重庆交通运输控股（集团）有限公司	1008863	75	重庆市新大兴实业（集团）有限公司	257406
26	重庆海尔空调器有限公司	1000700	76	重庆市公路工程（集团）股份有限公司	250566
27	中冶赛迪集团有限公司	889397	77	重庆市黔龙实业（集团）有限责任公司	247000
28	重庆小康控股有限公司	858185	78	重庆一建建设集团有限公司	244913
29	西南兵器工业公司	830841	79	重庆中渝物业发展有限公司	236111
30	重庆永辉超市有限公司	825267	80	重庆涪陵能源实业集团有限公司	233269
31	重庆润通投资有限公司	768721	81	民生轮船股份有限公司	233055
32	重庆港务物流集团有限公司	745305	82	重庆红宇精密工业有限责任公司	232495
33	重庆中汽西南汽车有限公司	744629	83	重庆大川控股（集团）有限公司	232186
34	中国四联仪器仪表集团有限公司	735005	84	重庆耐德工业股份有限公司	219277
35	中国石化集团四川维尼纶厂	678888	85	重庆泰山电缆有限公司	218579
36	西南铝业（集团）有限责任公司	670940	86	重庆顺博铝合金股份有限公司	214015
37	重庆华宇物业（集团）有限公司	641418	87	重庆新华书店集团公司	208338
38	重庆中科建设（集团）有限公司	632385	88	重庆宝钢汽车钢材部件有限公司	200551
39	重庆九龙电力股份有限公司	619016	89	玖龙纸业（重庆）有限公司	195051
40	英业达（重庆）有限公司	587000	90	中船重工（重庆）海装风电设备有限公司	193861
41	重庆中钢投资（集团）有限公司	514794	91	中国嘉陵工业股份有限公司（集团）	189668
42	重庆市锦天地产（集团）有限公司	466320	92	双钱集团（重庆）轮胎有限公司	185732
43	重庆银行股份有限公司	463654	93	双赢集团有限公司	184538
44	重庆建设摩托车股份有限公司	460951	94	重庆乌江实业（集团）股份有限公司	182935
45	重庆华轻商业公司	445002	95	重庆长征重工有限责任公司	181696
46	华能重庆珞璜发电有限责任公司	434315	96	重庆药友制药有限责任公司	180135
47	中交二航局第二工程有限公司	406231	97	重庆金九控股集团有限公司	180098
48	重庆百事达汽车有限公司	405467	98	中国石油化工股份有限公司润滑油重庆分公司	170372
49	重庆建峰工业集团有限公司	399211	99	重庆跨越（集团）股份有限公司	168134
50	九禾股份有限公司	397038	100	重庆三峡银行股份有限公司	166832

发布单位：重庆市企业联合会、重庆市企业家协会

表11-4

2013河北企业100强

排名	企业名称	营业收入（万元）	排名	企业名称	营业收入（万元）
1	河北钢铁集团有限公司	24782802	51	河北港口集团有限公司	1075924
2	冀中能源集团有限责任公司	22284313	52	唐山轨道客车有限责任公司	1063800
3	开滦（集团）有限责任公司	17566158	53	迁安市九江线材有限责任公司	1062056
4	河北省电力公司	8004004	54	河北钢铁集团龙海钢铁有限公司	996492
5	新兴铸管股份有限公司	5881632	55	邢台钢铁有限责任公司	964975
6	庞大汽贸集团股份有限公司	5779668	56	秦皇岛安丰钢铁有限公司	963291
7	河北津西钢铁集团	5090487	57	天铁第一轧钢有限责任公司	960723
8	隆基泰和实业有限公司	4935741	58	中国石油天然气股份公司冀东油田分公司	957902
9	河北敬业集团	4519086	59	河北省国和汽车投资有限公司	952493
10	长城汽车股份有限公司	4315997	60	河北天柱钢铁集团有限公司	900083
11	河北省物流产业集团有限公司	3763379	61	河北诚信有限责任公司	889171
12	中太建设集团股份有限公司	3702729	62	河北白沙烟草有限责任公司	838087
13	唐山瑞丰钢铁（集团）有限公司	3624064	63	河北立中有色金属集团	836116
14	河北纵横钢铁集团有限公司	3560373	64	唐山百货大楼集团有限责任公司	826366
15	唐山供电公司	3404469	65	国药乐仁堂医药有限公司	814916
16	唐山港陆钢铁有限公司	3019207	66	河北新武安钢铁集团鑫汇冶金有限公司	798161
17	中国石油天然气股份有限公司华北油田分公司	3011260	67	河北鑫海化工有限公司	770966
18	中国石油化工股份有限公司石家庄炼化分公司	2750944	68	河北大元建业集团股份有限公司	757985
19	唐山国丰钢铁有限公司	2637334	69	邯郸市正大制管有限公司	752000
20	石家庄北国人百集团有限责任公司	2541553	70	张家口卷烟厂有限责任公司	751768
21	河北普阳钢铁有限公司	2494506	71	保定天威集团有限公司	721828
22	河北建工集团有限责任公司	2464311	72	巨力集团有限公司	700193
23	春风实业集团有限责任公司	2430442	73	承德兆丰钢铁集团有限公司	698905
24	河北文丰钢铁有限公司	2430287	74	北方凌云工业集团有限公司	697002
25	河北新金钢铁有限公司	2379830	75	河北省新合作控股集团有限公司	680208
26	河北建设集团有限公司	2281791	76	邢台市政建设集团有限公司	657520
27	沧州中铁装备制造材料有限公司	2190628	77	河北曲寨集团有限公司	646072
28	武安市明芳钢铁有限公司	2185658	78	唐山建龙实业有限公司	626373
29	三河汇福粮油集团有限公司	2165013	79	石家庄常山纺织集团有限责任公司	619520
30	武安市裕华钢铁有限公司	2120926	80	天保建设集团有限公司	610000
31	冀东发展集团有限责任公司	2047861	81	河北怀特集团股份有限公司	609489
32	河北新武安钢铁集团文安钢铁有限公司	2013257	82	河北钢铁集团永洋钢铁有限公司	600000
33	中国石油化工股份有限公司沧州分公司	2005130	83	唐山新宝泰钢铁有限公司	590087
34	晶龙实业集团有限公司	1950059	84	承德建龙特殊钢有限公司	585441
35	金鼎重工股份有限公司	1910000	85	邯郸建工集团有限公司	565201
36	石药集团有限公司	1640175	86	昌黎县宏兴实业有限公司	543600
37	华北制药集团有限责任公司	1602785	87	怀来县土木煤炭市场物流服务中心	527371
38	荣盛控股股份有限公司	1519402	88	河北国华沧东发电有限责任公司	527126
39	唐山三友集团有限公司	1493865	89	邯郸市阳光百货集团总公司	521200
40	武安市广耀铸业有限公司	1423634	90	冀北电力有限公司张家口供电公司	518486
41	河北新武安钢铁集团烘熔钢铁有限公司	1300000	91	大唐国际发电股份有限公司张家口发电厂	490816
42	河北天山实业集团有限公司	1286998	92	河北华丰煤化电力有限公司	480520
43	河北前进钢铁集团有限公司	1283384	93	河北国华定洲发电有限责任公司	478047
44	崇利制钢有限公司	1270680	94	风帆股份有限公司	472737
45	五得利面粉集团有限公司	1258883	95	河北省农业生产资料有限公司	472022
46	河北银水实业集团有限公司	1213579	96	建滔（河北）焦化、化工有限公司	470489
47	中海石油中捷石化有限公司	1193334	97	河北冀衡集团有限公司	455373
48	中信戴卡股份有限公司	1184753	98	五矿邢邯矿业有限公司	453803
49	唐山东华钢铁企业集团有限公司	1162443	99	万合集团股份有限公司	451886
50	辛集市澳森钢铁有限公司	1149393	100	山海关船舶重工有限责任公司	441556

发布单位：河北省工业经济联合会（河北省经济团体联合会）、河北省企业联合会、河北省企业家协会和河北省统计学会

表 11-5 **2013 辽宁企业100强**

排名	企业名称	营业收入（万元）	排名	企业名称	营业收入（万元）
1	鞍钢集团公司	14882509	51	大众一汽发动机（大连）有限公司	812596
2	大连万达集团股份有限公司	14168000	52	锦联控股集团有限公司	812443
3	大连大商集团有限公司	13101279	53	东北制药集团有限责任公司	803597
4	华晨汽车集团控股有限公司	10674739	54	辽阳市灯塔市佟二堡裘皮皮草有限公司	799983
5	中国石油天然气股份有限公司大连石化分公司	10230869	55	丹东帕斯特谷物有限公司	769218
6	本钢集团有限公司	10042719	56	九三集团大连大豆科技有限公司	756003
7	中国石油辽河油田公司	5680000	57	五矿营口中板有限责任公司	746164
8	中国石油天然气股份有限公司辽阳石化分公司	5197394	58	辽宁省烟草公司沈阳分公司	736381
9	中国石油天然气股份有限公司抚顺石化分公司	4760000	59	沈阳万科房地产开发有限公司	704882
10	大连西太平洋石油化工有限公司	3867522	60	瓦房店轴承集团有限责任公司	703045
11	中国石油锦州石化公司	3611876	61	辽宁省电力有限公司营口供电公司	697900
12	上海通用（沈阳）北盛汽车有限公司	3103546	62	东软集团股份有限公司	696020
13	大连造船厂集团有限公司	2829178	63	中交一航局第三工程有限公司	693024
14	东北特殊钢集团有限责任公司	2679528	64	中国烟草总公司大连市公司	676686
15	福佳集团有限公司	2614520	65	大杨集团有限责任公司	655266
16	辽宁日林实业集团有限公司	2460500	66	辽宁五一八内燃机配件有限公司	639677
17	辽宁铁法能源有限责任公司	2450420	67	铁岭新鑫有色金属制品厂	621770
18	阜新矿业（集团）有限责任公司	2408487	68	大连海川建设集团	614895
19	沈阳远大企业集团	2012542	69	国药控股沈阳有限公司	610853
20	凌源钢铁集团有限责任公司	1951181	70	锦州沈宏实业集团有限公司	605134
21	沈阳煤业（集团）有限责任公司	1936063	71	丹东东方测控技术有限公司	600118
22	中远船务工程集团有限公司	1896005	72	大连市宏光好运来有限公司	589782
23	大连机床集团有限责任公司	1846492	73	大连开发区金玛企业集团	587000
24	沈阳机床集团有限责任公司	1650280	74	沈阳市强盛精米有限公司	578419
25	沈阳金德新型管业有限公司	1637926	75	新东北电气（沈阳）高压开关有限公司	572122
26	逸盛大化石化有限公司	1613439	76	抚顺矿业集团有限责任公司	564000
27	辽宁兴隆大家庭商业集团有限公司	1597000	77	泰德煤网股份有限公司	558731
28	盘锦北方沥青燃料有限公司	1556795	78	大连港集团有限公司	550282
29	海城市后英经贸集团	1489202	79	中国华录集团有限公司	522618
30	盛京银行股份有限公司	1484405	80	中国第一重型机械集团大连加氢反应器制造有限公司	520000
31	沈阳化工集团有限公司	1460905	81	中国石油天然气股份有限公司辽宁营口销售分公司	510100
32	营口青花耐火材料股份有限公司	1430000	82	大连环宇阳光集团有限公司	509496
33	营口嘉晨集团有限公司	1410000	83	特变电工沈阳变压器集团有限公司	500775
34	北方重工集团有限公司	1404419	84	鞍山宝得钢铁有限公司	500022
35	辽宁忠旺集团有限公司	1292100	85	中国大连国际经济技术合作集团有限公司	499659
36	沈阳飞机工业（集团）有限公司	1234700	86	传奇电气（沈阳）有限公司	497945
37	中国石油天然气股份有限公司辽宁沈阳销售分公司	1129500	87	红塔辽宁烟草有限责任公司	495049
38	辽宁曙光汽车集团股份有限公司	1128563	88	佳能大连办公设备有限公司	467073
39	大化集团有限责任公司	1107131	89	锦州华宇冶金有限公司	456000
40	海城市西洋耐火材料有限公司	1076621	90	沈阳航天三菱汽车发动机制造有限公司	451300
41	辽宁禾丰牧业股份有限公司	1036500	91	金广集团有限公司	448762
42	中国北车集团大连机车车辆有限公司	1033883	92	沈阳北方交通重工集团	443011
43	大连重工·起重集团有限公司	1028815	93	沈阳乳业有限责任公司	434080
44	抚顺新钢铁有限责任公司	1028000	94	锦州华龙铁合金厂	431614
45	大连冰山集团有限公司	1026665	95	沈阳绿建投资控股集团有限责任公司	426305
46	沈阳鼓风机集团股份有限公司	1016849	96	蒙牛乳业（沈阳）有限责任公司	419200
47	渤海造船厂集团有限公司	1009910	97	辽宁天祥钢铁有限公司	416941
48	丹东黄海汽车有限责任公司	946711	98	百盛餐饮（沈阳）有限公司	406436
49	亿达集团有限公司	919939	99	朝阳黑猫伍兴岐炭黑有限责任公司	403407
50	营口港务集团有限公司	824119	100	中信锦州金属股份有限公司	401941

发布单位：辽宁省企业联合会、辽宁省企业家协会

表 11-6　　**2013 山东企业 100 强**

排名	企业名称	营业收入（万元）	排名	企业名称	营业收入（万元）
1	山东能源集团有限公司	19377287	51	中国联合网络通信有限公司山东省分公司	2294156
2	山东电力集团公司	18950665	52	青岛港（集团）有限公司	2278898
3	山东魏桥创业集团有限公司	18651498	53	山东科达集团有限公司	2250213
4	海尔集团公司	16309769	54	山东玉皇化工有限公司	2249534
5	山东钢铁集团有限公司	11668222	55	山东博汇集团有限公司	2174250
6	兖矿集团有限公司	10029299	56	利群集团股份有限公司	2139722
7	海信集团有限公司	8105139	57	玲珑集团有限公司	2011676
8	潍柴控股集团有限公司	8068291	58	山东渤海实业股份有限公司	1979188
9	山东大王集团有限公司	7596998	59	上汽通用五菱汽车股份有限公司青岛分公司	1917916
10	南山集团有限公司	7084631	60	北汽福田汽车股份有限公司诸城汽车厂	1891765
11	山东省商业集团有限公司	6198435	61	福田雷沃国际重工股份有限公司	1862805
12	中国石化青岛炼油化工有限责任公司	6156251	62	山东天圆铜业有限公司	1789038
13	华电国际电力股份有限公司	5948997	63	中国石化青岛石油化工有限责任公司	1779075
14	山东新希望六和集团有限公司	5769129	64	山东华星石油化工集团有限公司	1749179
15	山东黄金集团有限公司	5722701	65	国电山东电力有限公司	1721062
16	山东晨鸣纸业集团股份有限公司	4579484	66	三角集团有限公司	1707399
17	日照钢铁控股集团有限公司	4534220	67	南金兆集团有限公司	1668379
18	临沂新程金锣肉制品集团有限公司	4221685	68	天元建设集团有限公司	1657092
19	山东东明石化集团有限公司	4140165	69	威高集团有限公司	1650084
20	山东招金集团有限公司	4030166	70	新华锦集团	1618023
21	浪潮集团有限公司	4010000	71	临沂临工机械集团	1611801
22	青岛钢铁控股集团有限责任公司	3586438	72	山东淄博傅山企业集团有限公司	1608912
23	青建集团股份公司	3579230	73	山东万通石油化工集团有限公司	1569893
24	中国移动通信集团山东有限公司	3492648	74	正和集团股份有限公司	1527872
25	滨化集团公司	3417669	75	山东垦利石化集团有限公司	1492554
26	山东如意科技集团有限公司	3415704	76	淄博商厦股份有限公司	1434000
27	华盛江泉集团有限公司	3324840	77	山东五征集团	1399493
28	山东泰山钢铁集团有限公司	3305846	78	山东澳亚纺织有限公司	1369862
29	华勤橡胶工业集团有限公司	3192043	79	香驰控股有限公司	1357632
30	山东太阳纸业股份有限公司	3080315	80	华鲁控股集团有限公司	1337901
31	山东高速集团有限公司	3021195	81	山东恒源石油化工股份有限公司	1318151
32	华泰集团有限公司	3017857	82	上海通用东岳动力总成有限公司	1311370
33	山东金诚石化集团有限公司	2892519	83	欧美投资集团有限公司	1310327
34	山东时风（集团）有限责任公司	2821730	84	山东联盟化工集团有限公司	1306001
35	山东京博控股股份有限公司	2800000	85	日照港集团有限公司	1296528
36	中国银行股份有限公司山东省分行	2776577	86	诸城外贸有限责任公司	1236517
37	上海通用东岳汽车有限公司	2763174	87	东辰控股集团有限公司	1226090
38	中铁十四局集团有限公司	2723563	88	山东远通汽车贸易集团有限公司	1223586
39	利华益集团股份有限公司	2665007	89	山东鲁北企业集团总公司	1217346
40	山东胜通集团股份有限公司	2613978	90	一汽解放青岛汽车有限公司	1209073
41	西王集团有限公司	2608127	91	山东神驰化工集团有限公司	1170869
42	青岛啤酒股份有限公司	2578154	92	山东永泰化工有限公司	1160018
43	山东大海集团有限公司	2563076	93	山东航空集团有限公司	1134087
44	沂州集团有限公司	2525247	94	山东泉林纸业有限责任公司	1120830
45	山东金岭集团有限公司	2477773	95	山东华兴机械股份有限公司	1062558
46	东营方圆有色金属有限公司	2449311	96	中建八局第二建设有限公司	1050922
47	南车青岛四方机车车辆股份有限公司	2405095	97	山推工程机械股份有限公司	1048475
48	东营鲁方金属材料有限公司	2370428	98	山东聊城鲁西化工集团有限责任公司	1046979
49	万达控股集团有限公司	2355301	99	潍坊特钢集团有限公司	1020789
50	中铁十局集团有限公司	2343497	100	得利斯集团有限公司	1017614

发布单位：山东省企业联合会、山东省企业家协会

表 11-7 **2013 浙江企业 100 强**

排名	企业名称	营业收入（万元）	排名	企业名称	营业收入（万元）
1	浙江省物产集团公司	19683252	51	杭州华东医药集团有限公司	1987654
2	浙江吉利控股集团有限公司	15489452	52	浙江元立金属制品集团有限公司	1842468
3	中国石油化工股份有限公司镇海炼化分公司	13550447	53	中球冠集团有限公司	1824389
4	中国石油化工股份公司浙江石油分公司	10500377	54	维科控股集团股份有限公司	1769079
5	万向集团公司	9587435	55	银泰百货（集团）有限公司	1699877
6	杭州钢铁集团公司	9150977	56	升华集团控股有限公司	1605044
7	广厦控股集团有限公司	8022493	57	奥康集团有限公司	1545195
8	海亮集团有限公司	7852780	58	巨化集团公司	1531958
9	浙江恒逸集团有限公司	7032005	59	卧龙控股集团有限公司	1527728
10	浙江省能源集团有限公司	6714550	60	浙江大东南集团有限公司	1518052
11	杭州娃哈哈集团有限公司	6363451	61	红狮控股集团有限公司	1439566
12	浙江省兴合集团公司	6154829	62	宁波神化化学品经营有限责任公司	1432598
13	绿城房地产集团有限公司	5460000	63	杭州富春江冶炼有限公司	1414860
14	浙江中烟工业有限责任公司	5126992	64	龙元建设集团股份有限公司	1399327
15	浙江荣盛控股集团有限公司	4682896	65	浙江广天日月集团股份有限公司	1397232
16	杭州汽轮动力集团有限公司	4658578	66	金海重工股份有限公司	1379543
17	浙江省国际贸易集团有限公司	4480406	67	春和集团有限公司	1362867
18	雅戈尔集团股份有限公司	4444227	68	纳爱斯集团有限公司	1358762
19	青山控股集团有限公司	4244772	69	杭州联华华商集团有限公司	1332189
20	中天发展控股集团有限公司	4127039	70	浙江华成控股集团有限公司	1330806
21	浙江省建设投资集团有限公司	4105737	71	华立集团股份有限公司	1324872
22	奥克斯集团有限公司	4050820	72	富通集团有限公司	1312076
23	浙江省商业集团有限公司	3896352	73	浙江东南网架集团有限公司	1300615
24	盾安控股集团有限公司	3895031	74	五洋建设集团股份有限公司	1286203
25	浙江远东化纤集团有限公司	3805550	75	浙江天圣控股集团有限公司	1226727
26	远大物产集团有限公司	3632214	76	浙江翔盛集团有限公司	1215322
27	超威集团	3451887	77	东方建设集团有限公司	1203751
28	银亿集团有限公司	3268189	78	杭州金鱼电器集团有限公司	1144946
29	正泰集团股份有限公司	3118073	79	中厦建设集团有限公司	1136876
30	宁波金田投资控股有限公司	3108829	80	华峰集团有限公司	1135003
31	杭州橡胶（集团）公司	3104549	81	利时集团股份有限公司	1134527
32	浙江中成控股集团有限公司	2852081	82	华通机电集团有限公司	1134138
33	人民电器集团有限公司	2786551	83	浙江宝利德股份有限公司	1128960
34	德力西集团有限公司	2763261	84	中设建工集团有限公司	1124578
35	浙江前程投资股份有限公司	2734592	85	浙江康桥汽车工贸集团股份有限公司	1110880
36	天正集团有限公司	2650652	86	浙江富春江通信集团有限公司	1110733
37	中海石油宁波大榭石化有限公司	2623309	87	华升建设集团有限公司	1106636
38	浙江昆仑控股集团有限公司	2501322	88	浙江栋梁新材股份有限公司	1096463
39	传化集团有限公司	2489782	89	长业建设集团有限公司	1085678
40	浙江桐昆控股集团有限公司	2466369	90	兴乐集团有限公司	1083840
41	杉杉控股有限公司	2402587	91	宁波华东物资城市场建设开发有限公司	1075890
42	浙江省交通投资集团有限公司	2393066	92	祐康食品集团有限公司	1071867
43	浙江八达建设集团有限公司	2301756	93	浙江天宇交通建设集团有限公司	1063576
44	宁波富邦控股集团有限公司	2262129	94	浙江英特药业有限责任公司	1058995
45	中基宁波集团股份有限公司	2211318	95	世纪华丰控股有限公司	1056053
46	浙江龙盛控股有限公司	2135037	96	杭州市商贸旅游集团有限公司	1055608
47	精功集团有限公司	2082663	97	万丰奥特控股集团有限公司	1055450
48	浙江宝业建设集团有限公司	2065314	98	宁波博洋控股集团有限公司	1035000
49	西子联合控股有限公司	2058239	99	人本集团有限公司	1027766
50	杭州锦江集团有限公司	2011262	100	三花控股集团有限公司	1020182

发布单位：浙江省企业联合会、浙江省企业家协会

表 11-8 2013 安徽企业 100 强

排名	企业名称	营业收入（万元）	排名	企业名称	营业收入（万元）
1	铜陵有色金属集团控股有限公司	10653077	51	安徽省华鑫铅业集团有限公司	499204
2	马钢（集团）控股有限公司	8184660	52	合肥宝龙达信息有限公司	492381
3	淮南矿业（集团）有限责任公司	7281701	53	安徽丰原集团有限公司	483192
4	安徽海螺集团有限责任公司	6902433	54	安徽省盐业总公司	477556
5	安徽省徽商集团有限公司	6143683	55	安徽华力建设集团有限公司	469921
6	淮北矿业（集团）有限责任公司	5076531	56	安徽迎驾集团股份有限公司	465107
7	中石化股份公司安徽石油分公司	3946777	57	安徽天大企业（集团）有限公司	454136
8	中铁四局集团有限公司	3914700	58	日立建机（中国）有限公司	448064
9	安徽省皖北煤电集团有限责任公司	3500045	59	华菱星马汽车（集团）股份有限公司	447550
10	安徽江淮汽车集团有限公司	3483236	60	芜湖市富鑫钢铁有限公司	439953
11	合肥市百货大楼集团股份有限公司	3190000	61	合肥华泰集团股份有限公司	433596
12	奇瑞汽车股份有限公司	3062433	62	安徽鸿路钢结构（集团）股份公司	425678
13	中石化股份公司安庆分公司	2876438	63	宝业集团安徽有限公司	417027
14	安徽中烟工业有限责任公司	2831159	64	安徽山鹰纸业股份有限公司	414344
15	安徽建工集团有限公司	2630987	65	安徽中杭集团有限公司	407536
16	全威（铜陵）铜业科技有限公司	2309629	66	铜陵市富鑫钢铁有限公司	403737
17	安徽国贸集团控股有限公司	2189295	67	合肥荣事达三洋电器股份有限公司	401576
18	格力电器（合肥）有限公司	2052047	68	合肥建工集团有限公司	400954
19	中国移动通信集团安徽有限公司	1973804	69	南京医药合肥天星有限公司	398267
20	芜湖新兴铸管有限责任公司	1960212	70	安徽昊源化工集团有限公司	393224
21	合肥海尔工业园	1785450	71	安徽鑫科新材料股份有限公司	392101
22	安徽辉隆农资集团有限公司	1621748	72	黄山永佳（集团）有限公司	392030
23	美的集团合肥公司	1313374	73	安徽华茂集团有限公司	390539
24	安徽省高速公路控股集团有限公司	1266472	74	安徽省安庆环新集团有限公司	373044
25	安徽省能源集团有限公司	1139844	75	安徽凯源建设集团有限公司	355840
26	安徽出版集团有限责任公司	1076349	76	安徽湖滨建设集团有限公司	355759
27	铜陵化学工业集团有限公司	1049614	77	安徽庆发集团股份有限公司	342698
28	蚌埠玻璃工业设计研究院	1040296	78	中盐安徽红四方股份有限公司	342393
29	安徽华源医药股份有限公司	1024780	79	安徽鸿润（集团）股份有限公司	333705
30	安徽淮海实业发展集团有限公司	1010815	80	安徽晋煤中能化工股份有限公司	330683
31	安徽新华发行（集团）控股有限公司	975813	81	安徽省旅游集团有限责任公司	323535
32	中国十七冶集团有限公司	935231	82	安徽三星化工有限公司	314128
33	联合利华（中国）有限公司	934278	83	安徽鑫港炉料股份有限公司	311969
34	合肥美菱股份有限公司	930688	84	安徽全柴集团有限公司	307314
35	徽商银行股份有限公司	923205	85	安徽金种子集团有限公司	303529
36	安徽省电力公司合肥供电公司	915059	86	安徽皖维集团有限责任公司	295645
37	国投新集能源股份有限公司	885206	87	国电蚌埠发电有限公司	278291
38	铜陵精达铜材（集团）有限公司	824843	88	安徽金禾实业股份有限公司	278000
39	合肥京东方光电科技有限公司	785679	89	马鞍山钢铁建设集团有限公司	275460
40	中粮生物化学（安徽）股份有限公司	773038	90	安徽华电宿州发电有限公司	273586
41	安徽楚江投资集团有限公司	758963	91	马鞍山当涂发电有限公司	260891
42	淮南东辰集团有限公司	654860	92	安徽省皖中集团有限责任公司	260143
43	安徽中鼎控股（集团）有限公司	649906	93	安徽康佳电子有限公司	256232
44	安徽省交通投资集团有限责任公司	634602	94	安徽尊贵电器集团有限公司	250851
45	安徽佳通轮胎有限公司	619365	95	安徽口子酒业股份有限公司	250655
46	安徽天康（集团）股份有限公司	614135	96	蒙牛乳业马鞍山有限公司	239929
47	安徽叉车集团有限公司	613492	97	中国人民解放军五七二〇工厂	238259
48	安徽亚夏汽车股份有限公司	604285	98	安徽省正大源饲料集团有限公司	231045
49	合肥世纪精信机械制造有限公司	530588	99	黄山兴乐铜业集团有限公司	230015
50	安徽古井集团有限责任公司	506288	100	安徽龙云建设投资（集团）有限公司	229935

发布单位：安徽省企业联合会/安徽省企业家联合会

表 11-9　　2013 湖南企业100强

排名	企业名称	营业收入（万元）	排名	企业名称	营业收入（万元）
1	五矿有色金属控股有限公司	11953723	51	长沙通程控股股份有限公司	391071
2	中联重科股份有限公司	9025181	52	湖南省邮政公司	383981
3	湖南中烟工业有限责任公司	8336170	53	长沙新振升集团有限公司	372492
4	三一集团有限公司	8236876	54	北汽福田汽车股份有限公司长沙汽车厂	369663
5	湖南华菱钢铁集团有限责任公司	6895184	56	国药控股湖南有限公司	351975
6	中国烟草总公司湖南省公司	5993318	55	郴州市金贵银业股份有限公司	369435
7	中国建筑第五工程局有限公司	5706161	57	湖南汽车城有限公司	342515
8	中国石油化工股份有限公司湖南石油分公司	4871565	58	湖南省沙坪建筑有限公司	337590
9	中国石油化工股份有限公司长岭分公司	4528256	59	湖南省茶业集团股份有限公司	332591
10	湖南省建筑工程集团总公司	3504868	60	华能湖南岳阳发电有限责任公司	331400
11	晟通科技集团有限公司	2625201	61	全洲药业集团有限公司	326634
12	物产中拓股份有限公司	2481367	62	华润电力投资有限公司湖南分公司	319144
13	中国移动通信集团湖南有限公司	2225742	63	湖南苏宁云商有限公司	306543
14	湖南博长控股集团有限公司	2054485	64	华融湘江银行股份有限公司	298376
15	中国建设银行股份有限公司湖南省分行	2032000	65	湖南粮食集团有限责任公司	286129
16	中国石化集团资产经营管理有限公司巴陵石化分公司	1946527	66	快乐购物股份有限公司	285510
17	大汉控股集团有限公司	1892260	67	中国铁建重工集团有限公司	284638
18	南车株洲电力机车有限公司	1567696	68	华天实业控股集团有限公司	277696
19	南车株洲电力机车研究所有限公司	1412300	69	国电益阳发电有限公司	276285
20	中国水利水电第八工程局有限公司	1261288	70	湖南望新建设集团股份有限公司	273166
21	湘电集团有限公司	1256271	71	湖南吉利汽车部件有限公司	269269
22	中国人寿保险股份有限公司湖南省分公司	1228519	72	株洲旗滨集团股份有限公司	268453
23	步步高商业连锁股份有限公司	1000565	73	心连心集团有限公司	265056
24	湖南省煤业集团有限公司	882141	74	大唐湘潭发电有限责任公司	264016
25	中国电信股份有限公司湖南分公司	825946	75	金杯电工股份有限公司	257756
26	湖南金龙国际集团	816783	76	长丰集团有限责任公司	254912
27	湖南泰格林纸集团股份有限公司	815798	77	南车株洲电机有限公司	253690
28	大唐华银电力股份有限公司	809529	78	湖南对外建设集团有限公司	251610
29	湖南南方水泥集团有限公司	803096	79	南车长江车辆有限公司株洲分公司	247222
30	嘉凯城集团股份有限公司	775449	80	方正证券股份有限公司	233162
31	中国联合网络通信有限公司湖南省分公司	699960	81	中冶长天国际工程有限责任公司	232162
32	湖南省新华书店有限责任公司	680245	82	湖南省轻工盐业集团有限责任公司	231084
33	湖南友谊阿波罗控股股份有限公司	639940	83	泰富重装集团有限公司	228861
34	湖南高岭建设集团股份有限公司	602070	84	湖南鸿冠集团有限公司	228000
35	湖南安石企业（集团）有限公司	597654	85	中国能源建设集团湖南省火电建设公司	227068
36	湖南路桥建设集团公司	594824	86	湖南巴陵油脂有限公司	226544
37	湖南九龙经贸集团有限公司	584203	87	湖南湘江涂料集团有限公司	223093
38	中国电子科技集团公司第四十八研究所	547865	88	湖南顺天建设集团有限公司	215658
39	中国石油化工股份有限公司巴陵分公司	516950	89	湖南展泰有色金属有限公司	214482
40	中国南方航空工业（集团）有限公司	511917	90	湖南福晟集团有限公司	213230
41	江麓机电集团有限公司	495663	91	中盐湖南株洲化工集团有限公司	213095
42	江南工业集团有限公司	478000	92	湖南东信集团有限公司	210635
43	湖南辰州矿业股份有限公司	472909	93	湖南郴电国际发展股份有限公司	209593
44	湖南兰天汽车集团有限公司	452898	94	株洲联诚集团有限责任公司	208495
45	湖南佳惠百货有限责任公司	445104	95	株洲百货股份有限公司	206000
46	特变电工衡阳变压器有限公司	439045	96	湖南正虹科技发展股份有限公司	196603
47	湖南新物产集团有限公司	408894	97	山河智能装备股份有限公司	193734
48	湖南宇腾有色金属股份有限公司	408682	98	中华联合财产保险股份有限公司湖南分公司	183590
49	长沙银行股份有限公司	406843	99	湖南金正方企业集团股份有限公司	173382
50	湖南电广传媒股份有限公司	406368	100	袁隆平农业高科技股份有限公司	170531

发布单位：湖南省工业经济联合会、湖南省企业联合会、湖南省企业家协会

表11-10

2013湖北企业100强

排名	企业名称	营业收入（万元）	排名	企业名称	营业收入（万元）
1	东风汽车公司	38942093	51	长江高科电缆有限公司	592458
2	武汉钢铁（集团）公司	21377324	52	中兴能源（湖北）有限公司	577204
3	中国建筑第三工程局有限公司	9492456	53	南车长江车辆有限公司	565891
4	湖北宜化集团有限责任公司	7050219	54	汉江水利水电（集团）有限责任公司	550347
5	大冶有色金属集团控股有限公司	6350944	55	益海嘉里（武汉）粮油工业有限公司	549550
6	湖北中烟工业有限责任公司	5990385	56	人福医药集团股份有限公司	531709
7	中国葛洲坝集团有限公司	5416393	57	劲牌有限公司	530215
8	武汉铁路局	5095034	58	武汉商贸国有控股集团有限公司	525076
9	中铁十一局集团有限公司	3334563	59	中国核工业第二二建设有限公司	519874
10	中国石油化工股份有限公司荆门分公司	3170345	60	武汉工贸有限公司	506889
11	九州通医药集团股份有限公司	2950766	61	黄石鑫鹏铜材有限责任公司	503023
12	中国石化集团江汉石油管理局	2867835	62	武汉建工股份有限公司	500327
13	武汉武商集团股份有限公司	2680010	63	湖北奥星粮油工业有限公司	486402
14	中百控股集团股份有限公司	2621631	64	长飞光纤光缆有限公司	485521
15	中国石油化工股份有限公司武汉分公司	2620435	65	武汉船用机械有限责任公司	455043
16	湖北新冶钢有限公司	2591273	66	鄂州鸿泰钢铁有限公司	440638
17	中国长江电力股份有限公司	2578192	67	武汉市汉商集团股份有限公司	428900
18	中交第二航务工程局有限公司	2503774	68	武汉市市政建设集团有限公司	421297
19	中铁大桥局集团有限公司	2185495	69	宜昌东阳光药业股份有限公司	415830
20	中国移动通信集团湖北有限公司	1987955	70	湖北祥云（集团）化工股份有限公司	414321
21	宜昌兴发集团有限责任公司	1905052	71	华能武汉发电有限责任公司	411492
22	武汉邮电科学研究院	1654385	72	湖北华电襄阳发电有限公司	408203
23	福星集团	1623985	73	湖北白云边集团	405632
24	湖北稻花香集团	1600426	74	湖北省农业生产资料集团有限公司	405163
25	山河建设集团有限公司	1523393	75	武汉常阳新力建设工程有限公司	403900
26	三环集团公司	1492519	76	湖北西塞山发电有限公司	382945
27	卓尔控股有限公司	1429618	77	中国五环工程有限公司	378703
28	中国航天三江集团公司	1423968	78	武汉东湖高新集团股份有限公司	374467
29	中国一冶集团有限公司	1361200	79	湖北省工业建筑集团有限公司	371017
30	新八建设集团有限公司	1280036	80	中铁第四勘察设计院集团有限公司	370429
31	华新水泥股份有限公司	1252053	81	黄石新兴管业有限公司	362139
32	武汉中商集团股份有限公司	1251079	82	中国化学工程第六建设有限公司	361535
33	中国电信股份有限公司湖北分公司	1102985	83	武汉顺乐不锈钢有限公司	356873
34	中国十五冶金建设集团有限公司	1050623	84	武汉海尔电器股份有限公司	356413
35	新七建设集团有限公司	1040288	85	中铝华中铜业有限公司	352799
36	湖北能源集团股份有限公司	1029637	86	武汉东方建设集团有限公司	350774
37	湖北东圣化工集团有限公司	928006	87	武汉市燃气热力集团有限公司	348565
38	湖北新洋丰肥业股份有限公司	900544	88	长江水利委员会长江勘测规划设计研究院	343117
39	湖北枝江酒业集团	900000	89	中铁电气化局集团第二工程有限公司	341237
40	武昌造船厂集团有限公司	870704	90	湖北新鑫钢铁集团有限公司	335701
41	百步亭集团有限公司	852651	91	黄石山力科技发展有限公司	333060
42	新龙药业集团	852558	92	湖北长安建筑股份有限公司	331408
43	宝业湖北建工集团有限公司	798537	93	湖北齐星集团	327585
44	湖北三宁化工股份有限公司	791980	94	万宝粮油集团有限公司	315897
45	武汉市城市建设投资开发集团有限公司	720593	95	骆驼集团股份有限公司	306816
46	中冶南方工程技术有限公司	707362	96	湖北兴业钢铁炉料有限责任公司	305901
47	福娃集团有限公司	700081	97	航宇救生装备有限公司	300023
48	中国联合网络通信有限公司湖北省分公司	666843	98	赤东建设集团有限公司	297300
49	黄石东贝机电集团有限责任公司	664063	99	湖北景天棉花产业集团有限公司	286200
50	湖北银丰实业集团有限责任公司	611355	100	中国电力工程顾问集团中南电力设计院	283000

发布单位：湖北省企业联合会

表 11-11　　2013 江西企业 100 强

排名	企业名称	营业收入（万元）	排名	企业名称	营业收入（万元）
1	江西铜业集团公司	17590039	51	江西省邮政公司	253797
2	新余钢铁集团有限公司	3836177	52	国电黄金埠发电有限公司	241529
3	江西萍钢实业股份有限公司	3722428	53	国电九江发电厂	240269
4	江铃汽车集团公司	3303517	54	赣州虔东稀土集团股份有限公司	239091
5	中国石化股份有限公司九江分公司	3181486	55	江西青峰药业有限公司	231100
6	双胞胎（集团）股份有限公司	3082715	56	江西亚东水泥有限公司	223855
7	江西省煤炭集团公司	2202516	57	江西深傲服装有限公司	221792
8	晶科能源有限公司	1740000	58	江西长运股份有限公司	217020
9	江西钨业集团有限公司	1739974	59	江西万年贡米集团有限公司	209863
10	江西省建工集团有限责任公司	1559427	60	江西公路开发总公司	202895
11	中国移动通信集团江西有限公司	1466121	61	江西中烟工业有限责任公司赣南卷烟厂	198343
12	方大特钢科技股份有限公司	1335511	62	中铁二十四局集团南昌铁路工程有限公司	190296
13	江西江西中烟工业有限责任公司	1257175	63	中国农业银行股份有限公司赣州分行	185286
14	中国第四冶金建设有限责任公司	1148397	64	中阳建设集团有限公司	182540
15	景德镇市焦化工业集团有限责任公司	1063841	65	江西省送变电建设公司	179039
16	江西江锂科技有限公司	1001612	66	崇义章源钨业股份有限公司	174436
17	江西中烟工业有限责任公司南昌卷烟厂	951702	67	五矿稀土（赣州）有限公司	169416
18	南昌市政公用投资控股有限责任公司	895418	68	江西联达冶金有限公司	168511
19	江西稀有金属钨业控股集团有限公司	764654	69	龙南县福鑫钢铁有限公司	163015
20	中国石化江西赣州石油分公司	738706	70	九江市嘉盛粮油工业有限公司	157754
21	江西济民可信集团有限公司	601600	71	江西挪宝电器有限公司	157382
22	江西省烟草公司赣州市公司	560618	72	江西恩达麻世纪科技股份有限公司	154055
23	华意压缩机股份有限公司	560143	73	赣县世瑞新材料有限公司	152684
24	中铁四局集团第五工程有限公司	510356	74	龙达（江西）差别化化学纤维有限公司	148425
25	泰豪集团有限公司	481157	75	江西省圣塔实业集团有限公司	147967
26	江西万年青水泥股份有限公司	465843	76	江西江州联合造船有限责任公司	144805
27	共青城赛龙通信技术有限责任公司	458386	77	江西美庐乳液集团有限公司	136159
28	江西昌河汽车有限责任公司	438429	78	全南晶环科技有限责任公司	133597
29	江西博能实业集团有限公司	435260	79	新余农村商业银行股份有限公司	130997
30	江西赣州供电公司	410535	80	江西保太有色金属集团有限公司	129428
31	中粮粮油工业（九江）有限公司	409518	81	赣州有色冶金研究所	127174
32	中航工业江西洪都航空工业集团有限责任公司	404156	82	江西联创光电科技股份有限公司	126997
33	凤凰光学集团有限公司	402766	83	江西际洲建设工程集团有限公司	124293
34	鸭鸭股份公司	379930	84	江西宝华山实业集团有限公司	123903
35	仁和（集团）发展有限公司	373651	85	南昌水业集团有限责任公司	119707
36	江西赣粤高速公路股份有限公司	355767	86	九江恒生化纤有限公司	119140
37	江西耀生钨业股份有限公司	342674	87	江西新华金属制品有限责任公司	118696
38	诚志股份有限公司	338321	88	星火化工新材料股份有限公司江西星火有机硅厂	114105
39	江西新金叶实业有限公司	331208	89	九江诺贝尔陶瓷有限公司	112566
40	汇仁集团有限公司	323510	90	中铁二十四局集团南昌建设公司	110396
41	志高空调（九江）有限公司	320847	91	汇森家具（龙南）有限公司	109355
42	中铁大桥局集团第五工程有限公司	319405	92	赣州远驰新材料有限公司	109074
43	四特酒有限责任公司	301750	93	江西国鸿集团股份有限公司	108439
44	中国石油化工股份有限公司江西上饶石油分公司	298756	94	江西三川集团有限公司	101267
45	江西建工第二建筑有限责任公司	294026	95	中国银行股份有限公司赣州市分行	98962
46	江西省交通工程集团公司	291458	96	中国工商银行股份有限公司赣州分行	96842
47	赣州晨光稀土新材料股份有限公司	287113	97	江西桑海集团有限责任公司	96501
48	赣州银行股份有限公司	275026	98	江联重工股份有限公司	96143
49	江西自立资源再生有限公司	268055	99	果喜实业集团有限公司	96038
50	江西回圆服饰有限公司	255182	100	江西瑞金万年青水泥有限责任公司	93185

发布单位：江西省企业联合会、江西省企业家协会

表11-12 **2013四川企业100强**

排名	企业名称	营业收入（万元）	排名	企业名称	营业收入（万元）
1	新希望集团有限公司	8063941	51	四川新华发行集团有限公司	494897
2	四川长虹电子集团有限公司	8031205	52	成都发动机（集团）有限公司	442901
3	成都铁路局	6848613	53	中国水利水电第十工程局有限公司	425651
4	中铁二局集团有限公司	6661103	54	四川华油集团有限责任公司	418040
5	四川省宜宾五粮液集团有限公司	6008905	55	泰康人寿保险股份有限公司四川分公司	404416
6	中国东方电气集团有限公司	4260728	56	攀钢集团西昌新钢业有限公司	390875
7	四川华西集团有限公司	4145040	57	四川航天工业集团有限公司	370881
8	通威集团有限公司	4127387	58	四川省通信产业服务有限公司	365232
9	中国石油天然气股份有限公司西南油气田分公司	4034231	59	四川沱牌舍得集团有限公司	355801
10	中国石油集团川庆钻探工程有限公司	4021814	60	南车资阳机车有限公司	347860
11	四川省川威集团有限公司	3787014	61	凉山矿业股份有限公司	330460
12	四川宏达集团	3664311	62	四川川开实业发展有限公司	328465
13	科创控股集团有限公司	3480242	63	中核建中核燃料元件有限公司	325092
14	泸州老窖集团有限责任公司	3452845	64	中钢集团四川有限公司	310970
15	四川德胜集团钢铁有限公司	3014566	65	四川省晟茂投资集团有限公司	307231
16	成都建筑工程集团总公司	2934913	66	四川省银河化学股份有限公司	306700
17	四川科伦实业集团有限公司	2884595	67	四川安吉物流集团有限公司	300108
18	四川公路桥梁建设集团有限公司	2461575	68	中国水电顾问集团成都勘测设计研究院	297004
19	中铁八局集团有限公司	2139774	69	四川省高宇集团有限公司	290991
20	四川省达州钢铁集团有限责任公司	2095520	70	成都国腾实业集团有限公司	290749
21	攀枝花钢城集团有限公司	1745258	71	四川省能源投资集团有限责任公司	281525
22	中国五冶集团有限公司	1639403	72	信息产业电子第十一设计研究院科技工程股份有限公司	278903
23	中铁二十三局集团有限公司	1613441	73	四川大西洋集团有限责任公司	274460
24	攀钢集团钢铁钒钛股份有限公司	1560260	74	中国石油天然气股份有限公司四川攀枝花销售分公司	267026
25	四川航空股份有限公司	1536066	75	自贡硬质合金有限责任公司	265936
26	四川九洲电器集团有限责任公司	1511785	76	四川峨胜水泥集团股份有限公司	253563
27	中国电信股份有限公司四川分公司	1472794	77	华西能源工业股份有限公司	244924
28	中国水利水电第七工程局有限公司	1372487	78	南车眉山车辆有限公司	241076
29	四川省宜宾普什集团有限公司	1360191	79	四川省威远建业集团有限公司	226019
30	四川省烟草公司成都市公司	1354902	80	四川空分设备（集团）有限责任公司	225431
31	四川省煤炭产业集团有限责任公司	1160754	81	四川蓝剑饮品集团有限公司	221202
32	宜宾丝丽雅集团有限公司	1133414	82	四川建安工业有限责任公司	201176
33	四川郎酒集团有限责任公司	1100000	83	四川海大橡胶集团有限公司	201040
34	成都飞机工业（集团）有限责任公司	1009188	84	四川美乐集团实业有限公司	200010
35	中国十九冶集团有限公司	1003169	85	中邮人寿保险股份有限公司四川分公司	199421
36	成都银行股份有限公司	998084	86	攀枝花公路建设有限公司	197762
37	四川化工控股（集团）有限责任公司	784749	87	中昊晨光化工研究院有限公司	192468
38	四川龙蟒集团有限责任公司	758976	88	四川恒鼎实业有限公司	186160
39	中国水利水电第五工程局有限公司	752850	89	四川民福投资集团有限公司	183875
40	四川省开元集团有限公司	751200	90	四川怡和企业（集团）有限责任公司	183232
41	成都神钢工程机械（集团）有限公司	735432	91	中国人民解放军第五七一九工厂	182543
42	成都红旗连锁股份有限公司	728163	92	成都地奥集团	181538
43	成都印钞有限公司	668303	93	泸州北方化学工业有限公司	176777
44	四川美丰化工股份有限公司	650659	94	四川弈新实业有限公司	174264
45	四川高金食品股份有限公司	612443	95	泸州市兴泸投资集团有限公司	172286
46	四川富临实业集团有限公司	583012	96	成都光明光电股份有限公司	171239
47	宜宾天原集团股份有限公司	582801	97	四川蓥峰实业有限公司	168023
48	吉峰农机连锁股份有限公司	574997	98	四川南江矿业集团有限公司	158612
49	中国成达工程有限公司	571213	99	中国建筑西南勘察设计研究院有限公司	156446
50	四川鑫福产业集团有限公司	545557	100	南车成都机车车辆有限公司	150153

发布单位：四川省企业联合会、四川省企业家协会

表 11-13　　2013 云南企业 100 强

排名	企业名称	营业收入（万元）	排名	企业名称	营业收入（万元）
1	红塔烟草（集团）有限责任公司	9094348	51	金安桥水电站有限公司	250576
2	红云红河烟草（集团）有限责任公司	7477746	52	昆明船舶设备集团有限公司	243511
3	昆明钢铁控股有限公司	7135444	53	昆明云内动力股份有限公司	238171
4	云天化集团有限责任公司	5987893	54	云南路桥股份有限公司	237064
5	云南电网公司	5986783	55	中国联合网络通信有限公司云南省分公司	237016
6	云南铜业（集团）有限公司	4718181	56	云南省小龙潭矿务局	219386
7	中国石油化工股份有限公司云南石油分公司	4404050	57	云南阳光基础建设有限公司	210095
8	云南建工集团有限公司	3230626	58	云南烟叶复烤有限责任公司	206300
9	云南煤化工集团有限公司	3023206	59	云南曲靖呈钢钢铁（集团）有限公司	202006
10	云南冶金集团股份有限公司	3001137	60	楚雄德胜煤化工有限公司	184021
11	云南锡业集团（控股）有限责任公司	2634884	61	蒙自矿冶有限责任公司	182972
12	昆明铁路局	2075355	62	云南南天电子信息产业股份有限公司	182657
13	中国移动通信集团云南有限公司	1879736	63	云南省凤庆糖业集团有限责任公司	182034
14	十四冶建设集团有限公司	1396530	64	一汽通用红塔云南汽车制造有限公司	177890
15	云南白药控股有限公司	1383805	65	云南文山电力股份有限公司	171034
16	云南省投资控股集团有限公司	1383480	66	昆明康辉旅行社有限公司	164722
17	云南物流产业集团	1283322	67	云南省邮政公司	164402
18	中国水利水电第十四工程局有限公司	1215523	68	云南东方糖酒有限公司	162787
19	云南黄金矿业集团股份有限公司	1095428	69	云南第二公路桥梁工程有限公司	162310
20	俊发地产有限责任公司	1064434	70	云南保山电力股份有限公司	159781
21	奥宸地产（集团）有限公司	1032399	71	滇虹药业集团股份有限公司	159347
22	华能澜沧江水电有限公司	1029274	72	云南景成集团有限公司	159343
23	云南力帆骏马车辆有限公司	973783	73	云南广电网络集团有限公司	154743
24	云南南磷集团股份有限公司	879374	74	云南澜沧江酒业集团有限公司	153357
25	高深（集团）有限公司	795102	75	昆明自来水集团有限公司	151273
26	云南玉溪仙福钢铁（集团）有限公司	719695	76	西双版纳景阳橡胶有限责任公司	151210
27	云南玉溪玉昆钢铁集团有限公司	709503	77	云南天高镍业有限责任公司	150200
28	中国电信股份有限公司云南分公司	640157	78	云南振兴实业集团有限责任公司	148736
29	云南曲靖越钢控股集团有限公司	560451	79	云南玉溪百信商贸集团有限公司	145951
30	云南德胜钢铁有限公司	549153	80	昆明电缆集团股份有限公司	145251
31	云南祥丰化肥股份有限公司	508500	81	昆明聚仁兴橡胶有限公司	144500
32	云南祥云飞龙有色金属股份有限公司	448346	82	云南曲靖交通集团有限公司	142023
33	云南出版集团有限责任公司	418377	83	西南交通建设集团股份有限公司	140914
34	玉溪汇溪金属铸造制品有限公司	409754	84	云南 CY 集团有限公司	140000
35	安宁永昌钢铁有限公司	406078	85	国投曲靖发电有限公司	137000
36	云南省曲靖双友钢铁有限公司	390186	86	云南健之佳健康连锁店股份有限公司	136000
37	云南省活发集团	387425	87	云南昊龙实业集团有限公司	131607
38	华能云南滇东能源有限责任公司	384567	88	云南通变电器有限公司	131227
39	昆明金水铜冶炼有限公司	375400	89	昆明醋酸纤维有限公司	130900
40	云南三鑫集团有限公司	367051	90	个旧市自立矿冶有限公司	128740
41	云南英茂集团有限公司	309898	91	国投云南大朝山水电有限公司	128700
42	临沧南华糖业有限公司	309554	92	云南金鼎锌业有限公司	128489
43	昆明中铁大型养路机械集团有限公司	304807	93	大理药业股份有限公司	127411
44	昆明制药集团股份有限公司	304108	94	云南罗平锌电股份有限公司	126220
45	云南英茂糖业（集团）有限公司	303084	95	云南烟草保山香料烟有限责任公司	124897
46	云南东骏药业（集团）有限公司	301811	96	云南宣威磷电有限责任公司	121900
47	云南鸿翔一心堂药业（集团）股份有限公司	284214	97	昆明曼勐橡胶有限公司	121800
48	云南金格百货集团有限公司	270350	98	曲靖众一精细化工股份有限公司	121500
49	云南乘风有色金属股份有限公司	259799	99	中铝昆明铜业有限公司	121300
50	云南富源德鑫集团	256898	100	云南康丰糖业（集团）有限公司	120476

发布单位：云南省企业联合会、云南省企业家协会

表 11-14 **2013 广西企业 100 强**

排名	企业名称	营业收入（万元）	排名	企业名称	营业收入（万元）
1	广西电网公司	5381686	51	广西来宾东糖集团有限公司	310082
2	上汽通用五菱汽车股份有限公司	5355560	52	广西富满地农资股份有限公司	277713
3	广西柳州钢铁（集团）公司	5180773	53	南宁百货大楼股份有限公司	264150
4	广西建工集团有限责任公司	4386972	54	嘉里粮油（防城港）有限公司	263089
5	广西投资集团有限公司	4232901	55	中信大锰矿业有限责任公司	260085
6	广西玉柴机器集团有限公司	4157322	56	华润水泥（平南）有限公司	243051
7	广西北部湾国际港务集团有限公司	3387932	57	中电广西防城港电力有限公司	234195
8	中国石化北海炼化有限责任公司	2807294	58	广西平铝集团有限公司	228810
9	广西交通投资集团有限公司	2437808	59	广西壮族自治区邮政公司	222947
10	广西有色金属集团有限公司	2296396	60	广西梧州中恒集团股份有限公司	194571
11	广西农垦集团有限责任公司	1764080	61	广西黑五类食品集团有限责任公司	193646
12	广西中烟工业有限责任公司	1683259	62	广西强强碳素股份有限公司	192551
13	广西柳工集团有限公司	1562415	63	台泥（贵港）水泥有限公司	188137
14	东风柳州汽车有限公司	1394310	64	广西云星集团有限公司	183589
15	柳州五菱汽车有限责任公司	1365399	65	广西裕华建设集团有限公司	179839
16	广西洋浦南华糖业集团股份有限公司	1317517	66	广西运德汽车运输集团有限公司	179366
17	广西信发铝电有限公司	1099329	67	广西超大运输集团有限责任公司	174344
18	广西物资集团有限责任公司	1074734	68	广西成源矿冶有限公司	172256
19	大海粮油工业（防城港）有限公司	1044871	69	广西铁合金有限责任公司	170421
20	广西盛隆冶金有限公司	1017332	70	广西五鸿建设集团有限公司	168475
21	广西梧州市丰盈不锈钢有限公司	896566	71	梧州神冠蛋白肠衣有限公司	166015
22	中国大唐集团公司广西分公司	888313	72	南宁市建筑安装工程有限责任公司	165892
23	中国石油化工股份有限公司广西南宁石油分公司	866268	73	广西三环企业集团股份有限公司	164700
24	广西壮族自治区机电设备有限责任公司	821915	74	南宁振宁资产经营有限责任公司	162729
25	广西壮族自治区公路桥梁工程总公司	806530	75	广西泰禾发展集团有限公司	157848
26	广西水利电业集团有限公司	800848	76	桂林三金集团股份有限公司	155029
27	桂林力源粮油食品集团有限公司	76761	577	广西登高集团有限公司	151670
28	广西北部湾银行股份有限公司	760393	78	中国有色集团（广西）平桂飞碟股份有限公司	145706
29	中国铝业股份有限公司广西分公司	691157	79	南南铝业股份有限公司	144230
30	柳州正菱集团有限公司	565120	80	广西湘桂糖业集团有限公司	143041
31	广西梧州市金海不锈钢有限公司	552151	81	广西新华书店集团有限公司	141332
32	南宁富桂精密工业有限公司	549370	82	广西博庆食品有限公司	139406
33	中粮油脂（钦州）有限公司	520652	83	华厦建设集团有限公司	132126
34	广西壮族自治区冶金建设公司	503960	84	广西瑞通运输集团有限公司	128274
35	广西凤糖生化股份有限公司	501638	85	广西鱼峰水泥股份有限公司	127864
36	中国邮政储蓄银行股份有限公司广西壮族自治区分行	476141	86	广西大锰锰业有限公司	124345
37	广西贵港钢铁集团有限公司	472547	87	广西壮族自治区百色电力有限责任公司	124323
38	广西扬翔股份有限公司	472485	88	柳州两面针股份有限公司	122761
39	桂林福达集团有限公司	454859	89	广西贵港建设集团有限公司	121700
40	广西桂鑫钢铁集团有限公司	429550	90	广西巨东种养集团有限公司	121532
41	广西桂东电力股份有限公司	418734	91	广西金融投资集团有限公司	120075
42	桂林国际电线电缆集团有限责任公司	415598	92	广西五丰粮食集团有限公司	119793
43	中油广西田东石油化工总厂有限公司	408895	93	桂林彰泰实业集团有限公司	113955
44	中国联合网络通信集团有限公司广西壮族自治区分公司	404218	94	广西永凯糖纸集团有限责任公司	112605
45	十一冶建设集团有限责任公司	402621	95	广西贵糖（集团）股份有限公司	109518
46	广西河池市南方有色金属集团有限公司	362160	96	广西金源生物化工实业有限公司	104902
47	燕京啤酒（桂林漓泉）股份有限公司	331778	97	中铁二十五局集团第四工程有限公司	104752
48	广西北部湾投资集团有限公司	331290	98	中房集团南宁房地产开发公司	103374
49	南宁糖业股份有限公司	331171	99	广西上上糖业有限公司	103332
50	桂林银行股份有限公司	317887	100	北流海螺水泥有限责任公司	103144

发布单位：广西企业联合会、广西企业家协会

表 11-15　　2013 厦门市企业 100 强

排名	企业名称	营业收入（万元）	排名	企业名称	营业收入（万元）
1	厦门建发股份有限公司	911.67	51	路达（厦门）工业有限公司	25.40
2	厦门国贸控股有限公司	649.13	52	厦门中盛粮油集团有限公司	24.92
3	戴尔（中国）有限公司	359.50	53	厦门中禾实业有限公司	23.75
4	厦门象屿集团有限公司	323.82	54	厦门建发旅游集团股份有限公司	23.04
5	宸鸿科技（厦门）有限公司	315.42	55	厦门佳事通贸易有限公司	22.82
6	厦门金龙汽车集团股份有限公司	191.65	56	厦门市建安集团有限公司	21.92
7	厦门航空有限公司	165.01	57	厦门源昌城建集团有限公司	20.79
8	翔鹭石化股份有限公司	130.92	58	厦门众达钢铁有限公司	20.72
9	厦门正新橡胶工业有限公司	125.44	59	厦门欣华晨进出口有限公司	20.66
10	厦门烟草工业有限责任公司	103.52	60	厦门育哲进出口有限公司	20.48
11	厦门银鹭集团有限公司	102.50	61	瑞世达科技（厦门）有限公司	20.12
12	厦门钨业股份有限公司	88.37	62	福建三建工程有限公司	20.12
13	厦门厦工机械股份有限公司	81.50	63	欣贺股份有限公司	20.03
14	厦门中骏集团有限公司	80.54	64	厦门中联建设工程有限公司	19.38
15	厦门路桥工程物资有限公司	73.48	65	厦门 TDK 有限公司	19.28
16	厦门海沧投资集团有限公司	69.41	66	中铁二十二局集团第三工程有限公司	18.98
17	厦门翔业集团有限公司	57.29	67	锐珂（厦门）医疗器材有限公司	18.77
18	厦门夏商集团有限公司	57.22	68	厦门顺通达集团有限责任公司	18.70
19	联发集团有限公司	54.22	69	厦门蒙发利科技（集团）股份有限公司	17.72
20	华信石油有限公司	51.86	70	捷太格特转向系统（厦门）有限公司	17.61
21	厦门恒兴集团有限公司	50.94	71	厦门青岛啤酒东南营销有限公司	17.57
22	均和（厦门）商贸有限公司	50.54	72	厦门公交集团有限公司	16.88
23	厦门经济特区房地产开发集团有限公司	49.69	73	厦门建松电器有限公司	16.23
24	厦门华特集团有限公司	49.39	74	鑫泰建设集团有限公司	16.20
25	鹭燕（福建）药业股份有限公司	46.86	75	明达玻璃（厦门）有限公司	15.80
26	厦门市嘉晟对外贸易有限公司	44.65	76	厦门思总建设有限公司	15.37
27	中交一公局厦门工程有限公司	44.52	77	恒晟集团有限公司	14.69
28	厦门华澄集团有限公司	42.08	78	厦门住宅建设集团有限公司	14.65
29	福建省烟草公司厦门市公司	41.28	79	厦门协力集团有限公司	14.34
30	厦门禹洲集团股份有限公司	38.94	80	福建安井食品股份有限公司	14.27
31	厦门轻工集团有限公司	37.88	81	厦门船舶重工股份有限公司	13.86
32	中铁十七局集团第六工程有限公司	35.75	82	厦门太古飞机工程有限公司	13.71
33	厦门海澳集团有限公司	32.81	83	盛屯矿业集团股份有限公司	13、69
34	宝宸（厦门）光学有限公司	31.85	84	福建联美建设集团有限公司	13.31
35	明达实业（厦门）有限公司	31.38	85	厦门宇信兴业进出口贸易有限公司	13.10
36	厦门源昌集团有限公司	30.83	86	厦门市建筑科学研究院集团股份有限公司	13.08
37	厦门翔鹭化纤股份有限公司	30.33	87	厦门松霖科技有限公司	13.04
38	林德（中国）叉车有限公司	30.11	88	厦门锦厦科技有限公司	13.02
39	厦门嘉联恒进出口有限公司	30.10	89	厦门东纶股份有限公司	13.01
40	厦门宏发电声股份有限公司	30.08	90	贝莱胜电子（厦门）有限公司	12.96
41	厦门航空开发股份有限公司	29.83	91	祥达光学（厦门）有限公司	11.97
42	厦门华侨电子股份有限公司	29.27	92	厦门多威电子有限公司	11.11
43	百路达（厦门）工业有限公司	29.10	93	厦门电力工程集团有限公司	11.08
44	厦门盛元通商集团	28.06	94	厦门中宸集团有限公司	10.75
45	葛洲坝集团第六工程有限公司	27.59	95	厦门市天虹商场有限公司	10.69
46	厦门市明穗粮油贸易有限公司	27.19	96	厦门特运集团有限公司	10.49
47	厦门华融集团有限公司	27.12	97	东亚电力（厦门）有限公司	10.44
48	鑫东森集团有限公司	26.77	98	厦门华诚实业有限公司	10.16
49	腾龙特种树脂（厦门）有限公司	25.93	99	厦门钢宇工业有限公司	9.94
50	厦门新景地集团有限公司	25.57	100	厦门万里石股份有限公司	9.79

发布单位：厦门企业和企业家协会

表11-16 2013成都市企业100强

排名	企业名称	营业收入（万元）	排名	企业名称	营业收入（万元）
1	鸿富锦精密电子（成都）有限公司	9245963	51	中国人民解放军第五七一九工厂	182543
2	新希望集团有限公司	8063941	52	成都地奥集团	181538
3	通威集团有限公司	4127387	53	四川成都成工工程机械股份有限公司	181499
4	中国石油川庆钻探工程公司	4021814	54	成都市公共交通集团公司	181311
5	东方电气股份有限公司	3807920	55	中国重汽集团成都王牌商用车有限公司	178877
6	中国移动通信集团四川有限公司	3059216	56	四川水井坊股份有限公司	163619
7	成都建筑工程集团总公司	2934913	57	成都交通投资集团有限公司	155705
8	四川科伦实业集团有限公司	2884595	58	莫仕连接器（成都）有限公司	151859
9	中国五冶集团有限公司	1639403	59	中国南车成都机车车辆有限公司	150153
10	四川省烟草公司成都市公司	1354902	60	成都客车股份有限公司	150125
11	攀钢集团成都钢钒有限公司	1128809	61	成都市人人乐商业有限公司	149154
12	成都飞机工业（集团）有限责任公司	1009188	62	成都航天模塑股份有限公司	145566
13	成都银行股份有限公司	998084	63	四川亚东水泥有限公司	134709
14	四川省天泽贵金属有限责任公司	855489	64	成都金瑞通实业股份有限公司	134541
15	成都宝钢西部贸易有限公司	833024	65	索尔思光电（成都）有限公司	128561
16	戴尔（成都）有限公司	774678	66	四川华西绿舍建材有限公司	127743
17	英特尔产品（成都）有限公司	765901	67	都江堰拉法基水泥有限公司	127044
18	成都神钢工程机械（集团）有限公司	735432	68	成都南玻玻璃有限公司	126368
19	成都冶金实验厂有限公司	732500	69	中国电力工程顾问集团西南电力设计院	122211
20	成都红旗连锁股份有限公司	728163	70	四川盟宝实业有限公司	121886
21	成都印钞有限公司	668303	71	成都彭州京华制管有限公司	120574
22	中国成达工程有限公司	571213	72	成都特驱农牧科技有限公司	113697
23	中国石油天然气股份有限公司四川销售成品油分公司	532328	73	立邦涂料（成都）有限公司	100955
24	成都建国汽车贸易有限公司	505128	74	台玻成都玻璃有限公司	97893
25	中国电信股份有限公司成都分公司	478700	75	四川川锅锅炉有限责任公司	96741
26	成都高新投资集团有限公司	452962	76	四川天邑康和通信股份有限公司	95562
27	中航工业成都发动机（集团）有限公司	442901	77	四川鑫电电缆有限公司	95437
28	四川联想电子科技有限公司	435300	78	成都铁塔厂	87990
29	四川华油集团有限责任公司	418040	79	成都天兴山田车用部品有限公司	87567
30	四川港宏投资控股集团有限公司	416001	80	四川汇源光通信股份有限公司	86500
31	华为数字技术（成都）有限公司	407510	81	四川远星橡胶有限责任公司	86176
32	四川苏宁云商销售有限公司	384451	82	成都伍田食品有限公司	84200
33	成都市银丰铜业有限公司	379931	83	成都创维电器有限公司	84125
34	成都城市燃气有限责任公司	332313	84	成都索贝数码科技股份有限公司	83986
35	成都兴城投资集团有限公司	294092	85	四川德惠商业股份有限公司	83106
36	四川省高宇集团有限公司	290991	86	成都希望食品有限公司	81036
37	成都国腾实业集团有限公司	290749	87	成都彩虹电器（集团）股份有限公司	80350
38	TCL王牌电器（成都）有限公司	288114	88	四川电力设计咨询有限责任公司	80035
39	国电成都金堂发电有限公司	281491	89	成都电力机械厂	77492
40	信息产业电子第十一设计研究院科技工程股份有限公司	278903	90	成都天马微电子有限公司	76294
41	成都京东方光电科技有限公司	272021	91	四川省彭州市宝山企业（集团）有限公司	75750
42	成都成实实业（集团）有限责任公司	265777	92	四川徽记食品股份有限公司	73829
43	成都国美电器有限公司	244357	93	天威新能源控股有限公司	72837
44	四川国栋建设集团有限公司	225901	94	中房集团成都房地产开发有限公司	69377
45	四川腾中重工机械有限公司	220504	95	四川艾普网络股份有限公司	68226
46	成都人居置业有限公司	217580	96	成都三泰电子实业股份有限公司	65742
47	成都三旺农牧股份有限公司	215804	97	四川华庆机械有限责任公司	62264
48	成都工业投资集团有限公司	211923	98	成都双虎实业有限公司	62054
49	成都前锋电子电器集团股份有限公司	187180	99	成都先进功率半导体股份有限公司	61944
50	四川怡和企业（集团）有限责任公司	183232	100	成都玉龙化工有限公司	60111

发布单位：成都市企业联合会

表11-17　　2013武汉市企业100强

排名	名称	营业收入（万元）	排名	名称	营业收入（万元）
1	东风汽车公司	38942093	51	武汉重冶阳逻重型机械制造有限公司	412838
2	武汉钢铁（集团）公司	21377324	52	华能武汉发电有限责任公司	411492
3	中国建筑第三工程局有限公司	9492456	53	武汉常阳新力建设工程有限公司	403900
4	湖北中烟工业有限责任公司	5990385	54	中国五环工程有限公司	378703
5	武汉铁路局	5095034	55	武汉东湖高新集团股份有限公司	374467
6	武汉国有资产经营公司	3494674	56	中铁第四勘察设计院集团有限公司	370429
7	中铁十一局集团有限公司	3334563	57	武汉运盛集团有限公司	357563
8	九州通医药集团股份有限公司	2950766	58	武汉顺乐不锈钢有限公司	356873
9	武汉武商集团股份有限公司	2680010	59	卓峰建设集团有限公司	356800
10	中百控股集团股份有限公司	2621631	60	武汉海尔电器股份有限公司	356413
11	中国石油化工股份有限公司武汉分公司	2620435	61	武汉东方建筑集团有限公司	350774
12	中交第二航务工程局有限公司	2503774	62	武汉钢铁（集团）公司实业公司	349638
13	中铁大桥局集团有限公司	2185495	63	武汉市燃气热力集团有限公司	348565
14	武汉邮电科学研究院	1654385	64	长江水利委员会长江勘测规划设计研究院	343117
15	山河建设集团有限公司	1523393	65	武汉地产开发投资集团有限公司	326431
16	三环集团公司	1492519	66	武钢北湖农工商公司	324126
17	卓尔控股有限公司	1429618	67	武汉有色金属投资有限公司	314386
18	中国航天三江集团公司	1423968	68	盛隆电气集团有限公司	302987
19	中国一冶集团有限公司	1361200	69	武汉新建总建设集团	284691
20	武汉欧亚达家居集团有限公司	1296885	70	中国电力工程顾问集团中南电力设计院	283000
21	新八建设集团有限公司	1280036	71	武汉本田贸易有限公司	273704
22	武汉中商集团股份有限公司	1251079	72	武汉国裕物流产业集团有限公司	260548
23	新七建设集团有限公司	1040288	73	武汉市汉口精武食品工业园有限公司	249776
24	湖北省烟草公司武汉市公司	987689	74	武汉天马微电子有限公司	246210
25	武昌造船厂集团有限公司	870704	75	广厦湖北第六建设工程有限责任公司	244546
26	百步亭集团	852651	76	武汉金牛经济发展有限公司	243628
27	武汉市城市建设投资开发集团有限公司	720593	77	中国联合网络通信有限公司武汉市分公司	239614
28	中冶南方工程技术有限公司	707362	78	TCL空调器（武汉）有限公司	238826
29	华润新龙医药有限公司	628830	79	武汉市公共交通集团有限责任公司	233969
30	中国移动通信集团湖北有限公司武汉分公司	627621	80	武汉统一企业食品有限公司	232054
31	湖北银丰实业集团有限责任公司	611355	81	武汉中东磷业科技有限公司	226800
32	冠捷显示科技（武汉）有限公司	587129	82	凌云科技集团有限责任公司	221534
33	南车长江车辆有限公司	565891	83	武汉新康化学集团有限公司	220560
34	长飞光纤光缆有限公司	560455	84	武船重型工程股份有限公司	220178
35	益海嘉里（武汉）粮油工业有限公司	549550	85	武汉经济发展投资（集团）有限公司	217827
36	武汉艾德蒙科技股份有限公司	540000	86	中国人民财产保险股份有限公司武汉市分公司	211809
37	人福医药集团股份公司	531709	87	湖北省信产通信服务有限公司	208993
38	武汉市万科房地产有限公司	529251	88	钰龙集团有限公司	206391
39	武汉商贸国有控股集团有限公司	525076	89	湖北凌志装饰工程有限公司	204320
40	武汉新十建筑集团有限公司	507895	90	武汉市水务集团有限公司	201118
41	武汉工贸有限公司	506889	91	武汉中央商务区城建开发有限公司	200605
42	武汉建工股份有限公司	500327	92	航天电工技术有限公司	200430
43	国药控股湖北有限公司	481105	93	武汉中原电子集团有限公司	190535
44	中国电信股份有限公司武汉分公司	475698	94	武桥重工集团股份有限公司	188112
45	湖北盛兴格力电器销售有限公司	474366	95	远大医药（中国）有限公司	185500
46	武汉船用机械有限责任公司	455043	96	千里马工程机械集团股份有限公司	184376
47	汉口银行	435025	97	中交第二航务工程勘察设计院有限公司	184337
48	武汉市汉商集团股份有限公司	428900	98	江汉石油钻头股份有限公司	184054
49	武汉农村商业银行股份有限公司	425351	99	武汉市邮政局	180446
50	武汉市市政建设集团有限公司	421297	100	武汉苏泊尔炊具有限公司	179333

发布单位：武汉企业联合会、企业家协会

第十二章
2013 世界企业 500 强数据

2013《财富》世界企业500强

上年排名	排名	公司名称	国家	营业收入（百万美元）	净利润（百万美元）	资产总额（百万美元）	股东权益（百万美元）	雇员人数（人）
1	1	荷兰皇家壳牌石油公司	荷兰	481700.00	26592.00	360325.00	188494.00	87000
3	2	沃尔玛	美国	469162.00	16999.00	203105.00	76343.00	2200000
2	3	埃克森美孚	美国	449886.00	44880.00	333795.00	165863.00	88000
5	4	中国石油化工集团公司	中国	428167.40	8221.10	314082.30	102164.90	1015039
6	5	中国石油天然气集团公司	中国	408630.00	18195.90	547232.10	262625.80	1656465
4	6	英国石油公司	英国	388285.00	11582.00	300193.00	118414.00	85700
7	7	国家电网公司	中国	298448.80	12317.90	374545.70	156322.80	849594
10	8	丰田汽车公司	日本	265701.80	11586.60	377482.10	129234.40	333498
12	9	大众公司	德国	247613.30	27909.10	408172.50	102180.20	549763
11	10	道达尔公司	法国	234277.50	13743.20	226504.90	96112.50	97126
8	11	雪佛龙	美国	233899.00	26179.00	232982.00	136524.00	62000
14	12	嘉能可斯特拉塔	瑞士	214436.00	1004.00	105537.00	31266.00	61000
13	13	日本邮政控股公司	日本	190859.30	6776.80	3115882.70	112032.30	209000
20	14	三星电子	韩国	178554.80	20585.70	169154.60	109387.70	236000
16	15	意昂集团	德国	169756.40	2849.10	185109.40	46080.30	72083
	16	菲利普斯66公司	美国	169551.00	4124.00	48073.00	20775.00	13500
17	17	埃尼石油公司	意大利	167904.50	10008.60	184074.70	78036.10	77838
24	18	伯克希尔-哈撒韦公司	美国	162463.00	14824.00	427452.00	187647.00	288500
55	19	苹果公司	美国	156508.00	41733.00	176064.00	118210.00	76100
25	20	安盛	法国	154571.30	5335.90	1004268.70	70739.80	94364
15	21	俄罗斯天然气工业股份公司	俄罗斯	153527.80	38086.20	395184.40	274796.40	417000
19	22	通用汽车公司	美国	152256.00	6188.00	149422.00	36244.00	213000
21	23	戴姆勒股份公司	德国	146886.30	7832.90	214837.50	57841.30	275087
22	24	通用电气公司	美国	146874.00	13641.00	685328.00	123026.00	305000
23	25	巴西国家石油公司	巴西	144103.00	11034.00	331645.00	167887.00	85065
45	26	EXOR集团	意大利	142226.40	511.50	165896.70	9444.10	287343
35	27	瓦莱罗能源公司	美国	138286.00	2083.00	44477.00	18032.00	21671
27	28	福特汽车公司	美国	134252.00	5665.00	190554.00	15947.00	171000
54	29	中国工商银行	中国	133636.00	37806.50	2815629.60	180568.70	427356
43	30	鸿海精密工业股份有限公司	中国台湾	132076.10	3204.80	70404.40	22265.00	1290000
28	31	安联保险集团	德国	130774.60	6642.80	915648.80	70593.50	144094

上年排名	排名	公司名称	国家	营业收入（百万美元）	净利润（百万美元）	资产总额（百万美元）	股东权益（百万美元）	雇员人数（人）
29	32	日本电报电话公司	日本	128860.60	6311.00	209081.80	88500.40	227150
18	33	荷兰国际集团	荷兰	128349.60	4188.20	1531916.20	65265.40	92572
32	34	美国电话电报公司	美国	127434.00	7264.00	272315.00	92362.00	241810
26	35	房利美	美国	127230.00	17220.00	3222422.00	7183.00	7200
34	36	墨西哥石油公司	墨西哥	125195.40	197.70	155883.80	-20928.80	151022
33	37	苏伊士集团	法国	124706.20	1991.90	270887.30	78755.80	236156
36	38	委内瑞拉国家石油公司	委内瑞拉	124459.00	2678.00	218424.00	65232.00	111342
40	39	挪威国家石油公司	挪威	124381.60	11846.70	141005.60	57380.10	23028
56	40	CVSCaremark 公司	美国	123133.00	3876.90	65912.00	37704.00	164500
30	41	法国巴黎银行	法国	123029.20	8421.40	2514188.20	113214.90	188551
37	42	麦克森公司	美国	122455.00	1338.00	34786.00	7070.00	43500
31	43	惠普	美国	120357.00	-12650.00	108768.00	22436.00	331800
41	44	JX 控股公司	日本	119499.40	1920.50	77392.50	20174.80	25569
64	45	本田汽车	日本	118952.40	4421.30	145057.00	53590.20	190338
49	46	卢克石油公司	俄罗斯	116335.00	11004.00	98961.00	73207.00	150000
42	47	日产汽车	日本	115961.40	4123.80	136225.20	48031.30	160530
50	48	威瑞森电信	美国	115846.00	875.00	225222.00	33157.00	183400
48	49	意大利忠利保险公司	意大利	113794.20	115.70	582307.90	26137.30	79454
77	50	中国建设银行	中国	113369.90	30618.20	2242721.50	151153.60	348955
63	51	联合健康集团	美国	110618.00	5526.00	80885.00	31178.00	133000
52	52	意大利国家电力公司	意大利	109093.20	1111.60	226276.80	48471.50	73702
47	53	西门子	德国	108988.50	5782.00	139283.10	39531.90	370000
38	54	日立	日本	108874.50	2111.30	104353.50	22154.90	326240
51	55	摩根大通	美国	108184.00	21284.00	2359141.00	204069.00	258965
61	56	康德乐	美国	107552.00	1069.00	24260.00	6244.00	32500
65	57	SK 集团	韩国	106258.80	931.30	84679.50	10604.60	78593
44	58	西班牙国家银行	西班牙	106077.00	2833.70	1673622.60	107095.80	186763
39	59	家乐福	法国	105996.10	1584.60	60431.50	9869.40	364969
53	60	汇丰银行控股公司	英国	105294.00	14027.00	2692538.00	175242.00	284186
67	61	法国兴业银行	法国	105064.40	994.70	1648666.50	65658.20	154009
57	62	国际商业机器公司	美国	104507.00	16604.00	119213.00	18860.00	466995
59	63	乐购	英国	104424.90	196.60	76080.70	25259.10	416441

上年排名	排名	公司名称	国家	营业收入（百万美元）	净利润（百万美元）	资产总额（百万美元）	股东权益（百万美元）	雇员人数（人）
84	64	中国农业银行	中国	103478.70	22996.90	2125795.20	120349.70	481431
62	65	巴斯夫公司	德国	101176.80	6270.10	84795.80	32401.30	113262
46	66	美国银行	美国	100078.00	4188.00	2209974.00	236956.00	267190
78	67	好市多	美国	99137.00	1709.00	27140.00	12361.00	135000
69	68	宝马	德国	98759.50	6549.00	173804.60	39934.80	105876
71	69	雀巢公司	瑞士	98483.80	11319.00	137940.10	66601.50	339000
93	70	中国银行	中国	98428.70	22099.50	2035313.70	132365.50	302016
81	71	中国移动通信集团公司	中国	96874.50	11850.60	204799.30	118852.60	222431
75	72	克罗格	美国	96751.30	1496.50	24651.50	4207.00	343000
58	73	法国农业信贷银行	法国	95181.70	-8316.10	2428598.80	52368.10	79282
213	74	美国快捷药方控股公司	美国	94416.70	1312.90	58111.20	23385.00	30215
68	75	马来西亚国家石油公司	马来西亚	94272.50	16001.10	159734.40	99374.90	46145
91	76	来宝集团	中国香港	94045.10	471.30	19700.10	5140.10	15000
73	77	法国电力公司	法国	93466.10	4261.50	329705.30	34086.00	159740
80	78	美国富国银行	美国	91247.00	18897.00	1422968.00	157554.00	269200
60	79	花旗集团	美国	90769.00	7541.00	1864660.00	189049.00	259000
100	80	中国建筑股份有限公司	中国	90603.20	1291.50	105535.10	9362.80	203761
95	81	泰国国家石油有限公司	泰国	89944.90	3369.60	53363.40	19816.30	20816
92	82	ADM 公司	美国	89038.00	1223.00	41553.00	17969.00	30000
66	83	松下	日本	87944.80	-9082.80	57423.50	13447.10	293742
162	84	英国保诚集团	英国	87913.50	3481.60	504254.00	16836.50	24485
131	85	英国劳埃德银行集团	英国	86848.60	-2261.40	1502673.90	71511.60	92788
74	86	日本生命保险公司	日本	86720.10	2985.70	586868.20	17825.20	72832
72	87	麦德龙	德国	85768.20	3.90	45828.50	7940.80	248637
83	88	印度石油公司	印度	85521.40	817.70	43739.30	11599.20	36008
86	89	宝洁公司	美国	85120.00	10756.00	132244.00	63439.00	126000
195	90	保德信金融集团	美国	84838.00	469.00	709298.00	38575.00	48498
70	91	安赛乐米塔尔	卢森堡	84213.00	-3726.00	114573.00	51723.00	244890
76	92	慕尼黑再保险公司	德国	84049.90	4106.00	340569.90	35830.00	45437
101	93	中国海洋石油总公司	中国	83458.90	7735.10	131309.40	59434.50	102562
87	94	索尼	日本	81897.30	518.20	151130.80	23380.50	146300
123	95	波音	美国	81698.00	3900.00	88896.00	5867.00	174400

上年排名	排名	公司名称	国家	营业收入（百万美元）	净利润（百万美元）	资产总额（百万美元）	股东权益（百万美元）	雇员人数（人）
79	96	房地美	美国	80635.00	10982.00	1989856.00	8827.00	4989
82	97	西班牙电话公司	西班牙	80135.40	5048.00	171066.70	26971.70	133186
94	98	美源伯根公司	美国	79720.50	719.00	15444.10	2456.70	13950
137	99	俄罗斯石油公司	俄罗斯	79610.30	10981.80	126334.40	73023.80	166110
111	100	中国铁道建筑总公司	中国	77164.70	815.10	78201.90	7097.10	290907
106	101	马拉松原油公司	美国	76783.00	3389.00	27223.00	11694.00	25985
112	102	中国中铁股份有限公司	中国	76711.00	1165.70	88395.10	12577.90	289343
130	103	上海汽车集团股份有限公司	中国	76233.60	3289.10	50913.00	19635.90	105953
117	104	现代汽车	韩国	74998.50	7601.80	113539.00	41140.70	98348
89	105	德国电信	德国	74754.60	-6753.30	142289.10	34167.70	232000
116	106	家得宝	美国	74754.00	4535.00	41084.00	17777.00	340000
99	107	信实工业公司	印度	74426.70	3837.60	66677.20	33499.90	23519
98	108	德国邮政	德国	74126.20	2130.70	44978.30	15753.80	428129
148	109	英杰华集团	英国	73830.20	-5099.60	513089.20	13659.00	33122
119	110	微软	美国	73723.00	16978.00	121271.00	66363.00	94000
129	111	中国人寿保险（集团）公司	中国	73671.40	-1744.30	370218.80	8926.20	141932
90	112	雷普索尔公司	西班牙	73465.60	2647.40	85578.80	35198.60	29985
120	113	塔吉特公司	美国	73301.00	2999.00	48163.00	16558.00	361000
125	114	欧洲宇航防务集团	荷兰	72584.00	1578.10	121408.80	13721.10	140405
108	115	必和必拓	澳大利亚	72226.00	15417.00	129273.00	65870.00	46370
88	116	巴西银行	巴西	72086.60	5756.60	554962.10	33719.80	114182
127	117	东京电力公司	日本	71967.20	-8252.40	159458.80	12377.30	48757
115	118	三菱商事株式会社	日本	71877.30	4335.50	153304.90	44464.90	69975
113	119	中国中化集团公司	中国	71824.10	813.30	46004.80	10325.30	47718
107	120	沃尔格林公司	美国	71633.00	2127.00	33462.00	18236.00	205500
85	121	标致	法国	71255.20	-6438.50	85483.90	12947.40	204287
	122	印尼国家石油公司	印度尼西亚	70924.40	2760.70	40882.40	15115.70	24784
178	123	苏黎世保险集团	瑞士	70414.00	3878.00	409267.00	34494.00	52722
105	124	沃达丰集团	英国	70187.40	677.50	216644.10	108516.40	91272
109	125	美国国际集团	美国	70143.00	3438.00	548633.00	98002.00	63000
97	126	东芝	日本	69848.20	933.70	64965.20	11004.90	206000
134	127	日本永旺集团	日本	69322.70	910.80	62075.70	11066.20	284261

上年排名	排名	公司名称	国家	营业收入（百万美元）	净利润（百万美元）	资产总额（百万美元）	股东权益（百万美元）	雇员人数（人）
102	128	国际资产控股公司	美国	69260.60	15.00	2958.90	319.10	1074
114	129	大都会人寿	美国	68224.00	1324.00	836781.00	64453.00	64000
104	130	德意志银行	德国	67487.20	304.60	2652650.50	71186.70	98219
110	131	博世公司	德国	67423.00	2905.70	74248.90	34775.40	305877
138	132	强生	美国	67224.00	10853.00	121347.00	64826.00	127600
103	133	法国 BPCE 银行集团	法国	66973.20	2759.20	1512661.30	66640.20	116791
152	134	中国南方电网有限责任公司	中国	66686.00	1020.40	89012.40	30048.20	300863
139	135	联合利华	英国/荷兰	65957.90	5757.40	60856.00	19982.60	173000
155	136	卡特彼勒	美国	65875.00	5681.00	89356.00	17532.00	125341
133	137	百事公司	美国	65492.00	6178.00	74638.00	22294.00	278000
140	138	州立农业保险公司	美国	65285.70	3159.20	205955.10	65374.90	68010
124	139	莱茵集团	德国	65247.20	1678.40	116267.80	15979.20	70208
135	140	美国邮政	美国	65223.00	-15906.00	22611.00	-34846.00	578743
165	141	中国第一汽车集团公司	中国	64886.00	2622.40	39092.30	15600.90	85552
145	142	日本第一生命保险	日本	63630.90	390.50	379727.80	5993.00	60771
160	143	邦吉公司	美国	63494.00	64.00	27280.00	10862.00	36000
9	144	康菲石油公司	美国	63373.00	8428.00	117144.00	47987.00	16900
167	145	美国康卡斯特电信公司	美国	62570.00	6203.00	164971.00	49356.00	129000
142	146	东风汽车集团	中国	61721.90	1333.60	36654.00	7359.60	176580
150	147	Wellpoint 公司	美国	61711.70	2655.50	58955.40	23802.70	43500
126	148	辉瑞制药有限公司	美国	61244.00	14570.00	185798.00	81260.00	91500
206	149	亚马逊	美国	61093.00	-39.00	32555.00	8192.00	88400
151	150	Seven&I 控股公司	日本	60864.70	1683.50	46209.90	21288.70	55011
228	151	荷兰全球保险集团	荷兰	60673.50	1967.50	482547.90	39082.00	24407
149	152	欧尚集团	法国	60312.30	843.00	39621.10	12359.40	287039
171	153	西农	澳大利亚	59901.80	2192.70	43361.30	26262.50	200000
163	154	联合技术公司	美国	59783.00	5130.00	89409.00	25914.00	218300
122	155	蒂森克虏伯	德国	59483.70	-6054.30	49244.70	4577.90	167961
132	156	三井物产株式会社	日本	59146.70	3708.10	109836.00	33849.10	45148
154	157	马士基集团	丹麦	59064.60	3742.30	74352.00	36902.90	121105
176	158	美洲电信	墨西哥	58919.40	6951.20	77310.90	23241.70	158719
175	159	澳大利亚伍尔沃斯公司	澳大利亚	58621.80	1873.70	22116.30	8391.30	190000

上年排名	排名	公司名称	国家	营业收入（百万美元）	净利润（百万美元）	资产总额（百万美元）	股东权益（百万美元）	雇员人数（人）
168	160	丸红株式会社	日本	58541.00	2477.00	63458.40	12040.80	33566
205	161	中国兵器工业集团公司	中国	58027.80	675.20	45670.70	11162.10	279563
157	162	诺华公司	瑞士	57561.00	9505.00	124216.00	69093.00	127724
144	163	三菱日联金融集团	日本	57359.80	10267.50	2494667.00	112535.70	83491
96	164	日本明治安田生命保险公司	日本	56944.40	2850.50	351921.50	10269.80	37574
147	165	戴尔	美国	56940.00	2372.00	47540.00	10680.00	110050
156	166	陶氏化学	美国	56786.00	1182.00	69605.00	20877.00	53380
146	167	韩国浦项制铁公司	韩国	56472.50	2186.00	74049.10	36857.50	35094
136	168	巴西布拉德斯科银行	巴西	55952.80	5779.90	391395.60	34752.20	87095
182	169	法国国家人寿保险公司	法国	55934.90	1222.70	465608.80	18648.40	4842
141	170	法国电信	法国	55922.30	1053.80	118611.60	32040.10	170531
161	171	圣戈班集团	法国	55515.00	984.40	62644.80	22988.10	192781
194	172	中国中信集团有限公司	中国	55435.10	4779.50	572314.90	37792.90	163468
373	173	英国法通保险公司	英国	55426.90	1288.40	562842.80	8843.30	9864
172	174	日本伊藤忠商事株式会社	日本	55150.50	3375.40	75717.50	18781.20	77513
200	175	法切莱公司	法国	54830.00	236.50	59471.90	934.60	321386
210	176	奥地利石油天然气集团	奥地利	54809.70	1752.10	40230.30	15689.80	28658
121	177	巴克莱	英国	54648.80	-1649.70	2422218.00	87093.30	139200
234	178	神华集团	中国	54517.90	6150.90	131911.90	48399.60	207700
177	179	联合包裹速递服务公司	美国	54127.00	807.00	38863.00	4653.00	310780
128	180	德国巴登-符腾堡州银行	德国	53812.20	512.80	443344.70	13578.80	11642
242	181	中国平安保险（集团）股份有限公司	中国	53760.90	3177.90	456521.50	25619.50	190284
221	182	中国电信集团公司	中国	53378.60	1066.50	106848.90	56985.50	488113
173	183	英特尔公司	美国	53341.00	11005.00	84351.00	51203.00	105000
158	184	雷诺	法国	53037.20	2277.20	99410.70	32021.70	127086
180	185	新日铁住金	日本	52864.40	-1500.10	75420.20	22789.70	83187
166	186	富士通	日本	52765.70	-878.00	32436.70	8857.10	170000
233	187	中国华润总公司	中国	52448.20	1905.60	117253.00	16461.40	457310
164	188	联合信贷集团	意大利	52281.10	1111.50	1221743.20	82762.10	156354
277	189	谷歌	美国	52203.00	10737.00	93798.00	71715.00	53861
191	190	日本三井住友金融集团	日本	52099.70	9562.20	1581880.90	60432.20	64635
209	191	MS&AD保险集团控股有限公司	日本	51971.60	1007.00	169304.90	11823.80	36643

上年排名	排名	公司名称	国家	营业收入（百万美元）	净利润（百万美元）	资产总额（百万美元）	股东权益（百万美元）	雇员人数（人）
169	192	中国五矿集团公司	中国	51807.00	704.10	39670.30	5734.40	116230
186	193	西班牙对外银行	西班牙	51780.40	2153.90	840727.70	54613.00	115852
187	194	拜耳集团	德国	51096.70	3143.40	67671.10	24345.80	110500
153	195	力拓集团	英国	50967.00	-2990.00	117573.00	46865.00	71219
258	196	中国邮政集团公司	中国	50932.90	4082.00	812304.00	27153.70	901722
192	197	瑞士罗氏公司	瑞士	50609.40	10175.40	70817.40	15838.70	82089
190	198	美国劳氏公司	美国	50521.00	1959.00	32666.00	13857.00	202500
179	199	德国联邦铁路公司	德国	50500.40	1890.40	69192.30	20832.80	287508
239	200	住友生命保险公司	日本	50481.50	1298.60	282623.60	10243.90	42098
188	201	沙特基础工业公司	沙特阿拉伯	50400.80	6591.40	90157.60	39395.00	40000
240	202	西班牙 ACS 集团	西班牙	50098.00	-2475.70	54788.80	3501.80	161865
183	203	万喜集团	法国	49649.10	2463.20	81188.80	17577.40	192701
305	204	国际石油投资公司	阿联酋	49497.80	1512.00	65160.40	13780.50	20392
254	205	澳大利亚国民银行	澳大利亚	49035.60	4199.00	793384.40	45493.10	43336
203	206	韩国现代重工集团	韩国	48809.80	873.90	46030.30	15769.80	38036
227	207	澳洲联邦银行	澳大利亚	48673.30	7312.40	736040.60	42058.80	44844
212	208	可口可乐公司	美国	48017.00	9019.00	86174.00	32790.00	150900
238	209	中国南方工业集团公司	中国	47967.40	218.00	44737.60	6045.90	237021
159	210	巴西淡水河谷公司	巴西	47694.00	5511.00	131478.00	74241.00	85305
143	211	苏格兰皇家银行集团	英国	47642.80	-9005.90	2132872.40	110731.70	143950
250	212	中国航空工业集团公司	中国	47351.20	1021.70	91281.00	21067.80	479257
216	213	中国交通建设股份有限公司	中国	47332.60	1232.50	71973.40	10264.70	104142
207	214	默沙东	美国	47267.00	6168.00	106132.00	53020.00	83000
199	215	日本出光兴产株式会社	日本	47263.10	604.10	29026.40	5437.70	8684
211	216	洛克希德-马丁	美国	47182.00	2745.00	38657.00	39.00	120000
222	217	KOC 集团	土耳其	47128.90	1286.00	61132.80	9128.40	82158
236	218	东京海上日动火灾保险公司	日本	46456.10	1560.40	191802.60	13096.60	33006
201	219	赛诺菲	法国	46209.30	6383.20	132356.40	75582.90	111974
237	220	思科公司	美国	46061.00	8041.00	91759.00	51286.00	66639
193	221	意大利联合圣保罗银行	意大利	45867.50	2062.60	887770.30	65399.80	96170
197	222	宝钢集团有限公司	中国	45682.70	918.80	80002.20	36699.70	130401
185	223	利安德巴塞尔工业公司	荷兰	45630.00	2848.00	24220.00	11139.00	13500

上年排名	排名	公司名称	国家	营业收入（百万美元）	净利润（百万美元）	资产总额（百万美元）	股东权益（百万美元）	雇员人数（人）
223	224	丰益国际	新加坡	45463.40	1255.50	41920.10	14345.90	93000
196	225	乐金电子	韩国	45246.10	59.30	29387.10	11634.70	86697
184	226	百思买	美国	45087.00	-441.00	16787.00	3061.00	165000
208	227	沃尔沃集团	瑞典	44850.60	1630.50	52087.70	13169.90	106991
304	228	俄罗斯联邦储蓄银行	俄罗斯	44835.50	11233.00	494380.90	52754.00	286019
225	229	巴拉特石油公司	印度	44794.40	345.70	14640.80	3086.90	14045
189	230	南苏格兰电力	英国	44698.50	672.60	31269.30	8424.30	19795
246	231	中国华能集团公司	中国	44343.90	86.10	127606.10	5917.90	142952
232	232	美国西夫韦公司	美国	44206.50	596.50	14657.00	2927.90	171000
220	233	日本 KDDI 电信公司	日本	44102.10	2907.80	43457.40	23601.90	20238
230	234	Iberdrola 公司	西班牙	43952.90	3650.60	127623.30	44502.00	31338
264	235	韩国电力公司	韩国	43612.90	-2811.60	136534.00	46605.40	38611
224	236	佳能	日本	43606.60	2814.10	45754.80	30052.40	196968
229	237	西太平洋银行	澳大利亚	43568.20	6141.10	701760.80	46005.70	35675
219	238	法国国营铁路公司	法国	43463.00	492.20	56810.40	9636.00	249343
235	239	GS 加德士	韩国	43407.60	651.80	21060.40	8527.20	4535
218	240	法国布伊格集团	法国	43249.70	813.50	48449.10	11307.50	133780
260	241	斯伦贝谢公司	美国	43131.00	5490.00	61547.00	34751.00	118000
259	242	电装公司	日本	43122.20	2187.90	42330.80	23022.30	132276
326	243	交通银行	中国	43094.90	9251.90	846408.50	60979.10	96259
214	244	三菱电机股份有限公司	日本	42956.80	837.10	36281.00	13830.50	120958
263	245	联邦快递	美国	42680.00	2032.00	29903.00	14727.00	280241
226	246	ENTERPRISEPRODUCTSPARTNERS	美国	42583.10	2419.90	35934.40	13187.70	6600
262	247	西斯科公司	美国	42380.90	1121.60	12095.00	4685.00	47800
249	248	华特迪士尼公司	美国	42278.00	5682.00	74898.00	39759.00	166000
243	249	荷兰皇家阿霍德集团	荷兰	42204.90	1062.80	19881.10	7902.60	125000
241	250	德国大陆集团	德国	42070.20	2420.50	36036.80	11557.20	169639
251	251	江森自控有限公司	美国	41955.00	1226.00	30884.00	11555.00	170000
266	252	起亚汽车	韩国	41945.80	3431.40	30266.10	15739.20	47083
231	253	英国葛兰素史克公司	英国	41885.50	7234.20	67409.30	9443.00	99488
290	254	高盛	美国	41664.00	7475.00	938555.00	75716.00	32400
204	255	瑞士信贷	瑞士	41517.80	1439.00	1010031.70	38791.40	47400

上年排名	排名	公司名称	国家	营业收入（百万美元）	净利润（百万美元）	资产总额（百万美元）	股东权益（百万美元）	雇员人数（人）
292	256	中国人民保险集团股份有限公司	中国	40788.90	1082.80	110532.40	10492.90	102541
253	257	软银	日本	40683.00	3485.10	69413.70	14885.60	24598
333	258	中国联合网络通信股份有限公司	中国	40617.10	375.30	83199.40	11604.10	218598
287	259	CHS	美国	40599.30	1260.60	13423.20	4455.30	9495
267	260	印度斯坦石油公司	印度	39925.20	92.10	16979.60	2501.20	11027
268	261	雅培公司	美国	39873.90	5962.90	67234.90	26721.00	92939
245	262	西尔斯控股	美国	39854.00	-930.00	19340.00	2755.00	274000
215	263	瑞银集团	瑞士	39769.40	-2678.50	1376059.50	50153.00	62628
265	264	安海斯-布希英博	比利时	39758.00	7243.00	122621.00	41142.00	117632
202	265	法国威立雅环境集团	法国	39721.50	506.10	58807.60	9427.90	248805
275	266	怡和集团	中国香港	39593.00	1688.00	63460.00	17803.00	360000
270	267	杜邦公司	美国	39528.00	2788.00	49736.00	10088.00	70000
273	268	瑞士 ABB 集团	瑞士	39336.00	2704.00	49070.00	16906.00	146100
269	269	河北钢铁集团	中国	39279.90	-182.30	50852.40	8522.40	130965
289	270	哈门那公司	美国	39126.00	1222.00	19979.00	8847.00	43400
248	271	汉莎集团	德国	39031.90	1272.30	37461.90	10859.30	116957
313	272	全球燃料服务公司	美国	38945.30	189.30	4107.80	1517.20	2490
298	273	中国铝业公司	中国	38822.10	-786.30	68763.10	3271.30	178723
174	274	诺基亚	芬兰	38780.00	-3991.60	39478.70	10626.00	97798
286	275	巴西 JBS 公司	巴西	38747.70	368.00	24306.90	10068.70	141627
255	276	森科能源公司	加拿大	38641.70	2784.90	76802.30	39404.30	13932
318	277	中国航空油料集团公司	中国	38445.30	126.80	6458.00	1452.70	10348
256	278	日本钢铁工程控股公司	日本	38405.00	476.90	43697.00	15979.50	57044
278	279	美国阿美拉达赫斯公司	美国	38373.00	2025.00	43441.00	21090.00	14775
303	280	哥伦比亚国家石油公司	哥伦比亚	38327.80	8227.00	64469.90	36651.30	10118
244	281	意大利电信	意大利	38298.10	-2090.90	102232.90	25544.10	83162
282	282	加拿大皇家银行	加拿大	38224.40	7409.10	825760.60	44302.40	74377
276	283	普利司通	日本	38092.20	2150.50	35156.20	18755.40	143448
288	284	英国森特理克集团	英国	37941.20	2017.30	35678.60	9633.20	38642
294	285	美国英格雷姆麦克罗公司	美国	37827.30	305.90	11480.40	3611.30	20800
319	286	PlainsAllAmericanPipeline	美国	37797.00	1094.00	19235.00	6637.00	4700
284	287	霍尼韦尔国际公司	美国	37665.00	2926.00	41853.00	12975.00	132000

上年排名	排名	公司名称	国家	营业收入（百万美元）	净利润（百万美元）	资产总额（百万美元）	股东权益（百万美元）	雇员人数（人）
322	288	迪奥	法国	37655.50	1783.80	68783.60	13323.00	93146
257	289	法国维旺迪集团	法国	37261.00	210.80	78451.30	24340.50	57182
252	290	三菱化学控股	日本	37193.30	223.90	35188.90	8888.30	55131
291	291	澳新银行集团	澳大利亚	37175.00	5823.30	667619.20	42805.50	48239
349	292	中国铁路物资股份有限公司	中国	37172.10	86.30	11762.20	1277.80	11051
283	293	美国联合大陆控股有限公司	美国	37152.00	-723.00	37628.00	481.00	88000
300	294	甲骨文公司	美国	37121.00	9981.00	78327.00	43688.00	115000
271	295	日本电气公司	日本	36989.00	366.50	27457.10	7451.40	102375
312	296	美国利宝互助保险集团	美国	36944.00	829.00	120060.00	18317.00	50000
297	297	波兰国营石油公司	波兰	36909.00	720.50	17028.20	8567.10	21956
285	298	印度国家银行	印度	36863.30	3293.00	392521.60	23007.50	295696
341	299	中国国电集团公司	中国	36848.40	214.50	116499.30	6443.30	142717
302	300	森宝利	英国	36800.00	969.60	19273.50	8703.80	105000
343	301	HCA 公司	美国	36783.00	1605.00	28075.00	-9660.00	178500
280	302	中国冶金科工集团有限公司	中国	36756.20	-806.00	54012.30	4160.40	135673
308	303	达美航空	美国	36670.00	1009.00	44550.00	-2131.00	73561
327	304	安泰保险	美国	36595.90	1657.90	41494.50	10405.80	35000
337	305	台湾中油股份有限公司	中国台湾	36499.20	-1137.20	29422.60	8246.50	14977
247	306	住友商事	日本	36322.30	2799.20	83327.20	21838.50	73953
348	307	迪尔公司	美国	36157.10	3064.70	56265.80	6842.10	66859
315	308	俄罗斯 Sistema 公司	俄罗斯	35442.30	946.80	44726.30	9195.20	170000
274	309	联合博姿	瑞士	35383.50	1116.50	29047.70	8350.10	74645
328	310	斯普林特 Nextel 公司	美国	35345.00	-4326.00	51570.00	7087.00	39000
330	311	冀中能源集团	中国	35319.90	59.30	24047.40	3007.90	141285
316	312	日本瑞穗金融集团	日本	35079.00	6749.90	1887351.70	55048.90	55492
170	313	亿滋国际	美国	35015.00	3028.00	75478.00	32215.00	110000
281	314	荷兰合作银行	荷兰	34934.90	1152.80	991826.30	36722.40	59628
351	315	华为投资控股有限公司	中国	34900.60	2435.30	33707.20	12045.60	150000
314	316	印度塔塔汽车公司	印度	34705.00	1818.30	31286.50	6925.60	62873
272	317	弗朗茨海涅尔公司	德国	34690.70	-2369.80	19003.20	4228.80	45101
346	318	江苏沙钢集团	中国	34557.90	94.50	26391.60	5429.70	41145
365	319	中国建筑材料集团有限公司	中国	34462.20	471.30	48250.80	3018.90	165652

上年排名	排名	公司名称	国家	营业收入（百万美元）	净利润（百万美元）	资产总额（百万美元）	股东权益（百万美元）	雇员人数（人）
301	320	关西电力	日本	34429.30	-2931.30	81225.00	12914.90	33537
279	321	广达电脑	中国台湾	34412.20	779.20	19547.70	4264.00	121917
295	322	首钢集团	中国	34329.70	132.70	61703.70	13722.80	117607
296	323	美国超价商店公司	美国	34327.00	-1466.00	11034.00	-1415.00	120000
317	324	美国纽约人寿保险公司	美国	34308.60	1333.20	222724.40	16568.50	11166
306	325	日本 NKSJ 控股	日本	34238.70	525.30	97640.40	7645.10	35481
367	326	中国机械工业集团有限公司	中国	33952.30	715.70	31332.60	5659.40	102325
299	327	日本三菱重工业股份有限公司	日本	33933.70	1172.10	41863.00	14527.30	68213
321	328	武汉钢铁（集团）公司	中国	33882.30	32.40	37404.00	7672.80	124341
370	329	联想集团	中国	33873.40	635.10	16882.00	2666.60	35026
310	330	Medipal 控股公司	日本	33850.20	224.60	14134.10	3350.00	11115
344	331	美国运通公司	美国	33808.00	4482.00	153140.00	18886.00	63500
332	332	新闻集团	美国	33706.00	1179.00	56663.00	24684.00	48000
309	333	爱立信	瑞典	33644.40	853.00	42285.60	21048.20	110638
394	334	瑞士再保险股份有限公司	瑞士	33624.00	4201.00	215785.00	34002.00	11193
334	335	德国中央合作银行	德国	33599.70	888.00	536818.20	10481.00	25824
	336	北京汽车集团	中国	33374.50	1074.40	27328.60	4768.40	83000
340	337	好事达	美国	33315.00	2306.00	126947.00	20580.00	38300
345	338	泰森食品	美国	33278.00	583.00	11896.00	6012.00	115000
342	339	德国艾德卡公司	德国	33195.80	181.30	8307.20	1560.20	317600
324	340	法国航空-荷兰皇家航空集团	法国	32962.20	-1531.90	36216.20	6490.80	100744
335	341	加拿大鲍尔集团	加拿大	32942.90	882.60	272900.40	10145.70	32948
457	342	万通互惠理财	美国	32872.20	1114.60	216533.40	12686.90	9500
416	343	天津市物资集团总公司	中国	32864.00	114.30	14308.90	1245.00	6622
338	344	加拿大乔治威斯顿公司	加拿大	32763.80	486.30	21904.80	5718.30	140000
329	345	科斯莫石油	日本	32749.40	-1034.20	18547.80	2203.00	6496
	346	英国耆卫保险公司	英国	32700.60	1858.90	233225.60	12731.00	54368
307	347	荷兰皇家飞利浦公司	荷兰	32579.30	290.40	38331.90	14684.70	118087
366	348	Tesoro 公司	美国	32484.00	743.00	10702.00	4251.00	5761
320	349	法国邮政	法国	32455.90	615.60	277538.90	9846.90	266618
261	350	摩根士丹利	美国	32355.00	68.00	780960.00	62109.00	57061

上年排名	排名	公司名称	国家	营业收入（百万美元）	净利润（百万美元）	资产总额（百万美元）	股东权益（百万美元）	雇员人数（人）
347	351	东日本旅客铁道株式会社	日本	32174.70	2112.00	76842.60	21343.30	73017
323	352	美国教师退休基金会	美国	32156.00	2060.00	451775.50	29309.00	8260
376	353	西班牙天然气公司	西班牙	32004.80	1851.90	61806.40	17480.60	15959
390	354	中国电力建设集团有限公司	中国	31971.00	684.50	44224.80	6050.70	207526
402	355	中国化工集团公司	中国	31967.90	-186.70	42922.60	3171.80	127107
356	356	日本中部电力	日本	31899.80	-387.30	62582.70	15321.60	29774
393	357	中粮集团有限公司	中国	31751.50	584.50	42820.40	9062.60	106642
198	358	俄罗斯秋明英国石油控股公司	俄罗斯	31741.00	7584.00	43291.00	22477.00	50000
483	359	绿地控股集团有限公司	中国	31738.70	1197.50	38812.70	4323.80	27390
325	360	斯特拉塔	瑞士	31618.00	1180.00	83113.00	44452.00	43323
339	361	通用动力	美国	31513.00	-332.00	34309.00	11390.00	92200
355	362	菲利普-莫里斯国际公司	美国	31377.00	8800.00	37670.00	-3476.00	87100
362	363	和记黄埔有限公司	中国香港	31338.90	3368.40	103718.60	50519.80	256814
426	364	浙江物产集团	中国	31197.30	46.20	9491.60	831.80	18380
429	365	韩国天然气公司	韩国	31103.40	325.60	37948.30	7826.90	2976
311	366	巴西伊塔乌投资银行	巴西	31095.70	2323.40	177829.50	14668.80	113400
350	367	铃木汽车	日本	31048.70	968.10	26464.20	12708.50	55948
361	368	意大利邮政集团	意大利	30932.40	1326.90	158935.50	7448.50	144628
357	369	印度石油天然气公司	印度	30859.10	4451.60	46638.60	28066.60	32923
385	370	麦格纳国际	加拿大	30837.00	1433.00	17109.00	9429.00	118975
383	371	S-OIL公司	韩国	30829.90	519.50	11674.90	5022.20	2691
353	372	施耐德电气	法国	30773.70	2364.60	47660.80	21937.50	139989
460	373	山东能源集团有限公司	中国	30712.30	947.70	35277.90	7944.80	268914
379	374	爱信精机	日本	30466.40	933.50	23916.00	8426.70	83378
	375	英国标准人寿保险公司	英国	30402.70	1106.10	282966.30	7078.20	8458
369	376	中国大唐集团公司	中国	30399.30	-135.20	105281.50	2909.50	103822
359	377	美国全国保险公司	美国	30356.30	748.50	153543.20	13825.70	31657
403	378	多伦多道明银行	加拿大	30200.00	6338.90	811755.40	47561.00	78397
408	379	台塑石化股份有限公司	中国台湾	30187.80	92.00	15966.00	7122.80	6507
375	380	荷兰GasTerra能源公司	荷兰	30048.10	46.30	4921.80	284.70	189
181	381	宏利金融	加拿大	29951.90	1634.10	488302.20	25713.30	27913

上年排名	排名	公司名称	国家	营业收入（百万美元）	净利润（百万美元）	资产总额（百万美元）	股东权益（百万美元）	雇员人数（人）
368	382	3M 公司	美国	29904.00	4444.00	33876.00	17575.00	87677
354	383	夏普	日本	29847.70	-6567.20	22210.20	1954.60	50647
	384	和硕	中国台湾	29824.70	206.40	13480.30	3308.70	177948
405	385	埃森哲	爱尔兰	29778.00	2553.50	16665.40	4145.80	257000
406	386	DirecTV 公司	美国	29740.00	2949.00	20555.00	-5431.00	28450
	387	正威国际集团	中国	29588.30	569.20	13914.00	6950.30	15109
440	388	山东魏桥创业集团有限公司	中国	29562.00	1074.40	15868.00	7718.90	135935
433	389	中国华电集团公司	中国	29341.80	481.40	95818.50	4708.70	115097
447	390	山西煤炭运销集团有限公司	中国	29322.60	9.60	21827.40	4398.30	110691
374	391	德尔海兹集团	比利时	29246.90	134.90	15734.00	6842.80	119804
413	392	T&D 控股	日本	29129.60	767.50	145411.90	6566.10	20497
	393	信诺	美国	29119.00	1623.00	53734.00	9769.00	35800
358	394	英国电信集团	英国	29082.50	3302.10	37690.80	-397.80	87900
425	395	中国电子信息产业集团有限公司	中国	29010.40	236.20	25826.80	2855.00	126285
391	396	欧莱雅	法国	28867.40	3685.40	38920.00	27592.00	72637
392	397	威廉莫里森超市连锁公司	英国	28778.50	1027.80	16687.40	8290.60	91760
352	398	墨菲石油公司	美国	28776.40	970.90	17522.60	8942.00	6341
360	399	英美资源集团	英国	28761.00	-1493.00	79369.00	37657.00	106000
371	400	阿弗瑞萨控股公司	日本	28750.90	250.10	12651.50	2736.50	10939
384	401	中国远洋运输（集团）总公司	中国	28736.00	-379.80	56124.70	16863.20	74909
381	402	时代华纳	美国	28729.00	3019.00	68304.00	29877.00	34000
	403	山西焦煤集团有限责任公司	中国	28646.30	0.70	32102.00	5340.10	200602
397	404	河南煤业化工集团有限责任公司	中国	28636.60	-436.10	32050.90	3361.50	181058
378	405	曼弗雷集团	西班牙	28605.70	855.50	75115.20	10295.80	35586
484	406	新兴际华集团	中国	28579.00	303.60	12371.60	3212.10	75166
	407	山西阳泉煤业（集团）有限责任公司	中国	28578.70	34.20	23339.60	2401.40	150967
451	408	中国电力投资集团公司	中国	28558.40	181.00	91911.10	6067.20	126436
364	409	Coop 集团	瑞士	28514.50	482.20	18446.10	7531.40	64416
444	410	哈里伯顿公司	美国	28503.00	2635.00	27410.00	15765.00	73000
	411	中国民生银行	中国	28436.30	5953.60	515545.20	26174.80	49227
498	412	招商银行	中国	28039.50	7175.60	519645.90	32170.80	59340

上年排名	排名	公司名称	国家	营业收入（百万美元）	净利润（百万美元）	资产总额（百万美元）	股东权益（百万美元）	雇员人数（人）
331	413	阿斯利康	英国	27973.00	6297.00	53534.00	23737.00	51700
	414	江西铜业集团公司	中国	27879.60	280.50	15776.90	3215.20	28534
490	415	开滦集团	中国	27841.80	121.50	10344.60	2216.40	70503
424	416	国际纸业	美国	27833.00	794.00	32153.00	6304.00	70000
434	417	中国船舶重工集团公司	中国	27753.00	1026.20	57677.30	12777.60	160986
407	418	大众超级市场公司	美国	27706.80	1552.30	12278.30	9082.20	158000
417	419	梅西百货	美国	27686.00	1335.00	20991.00	6051.00	175700
380	420	Ultrapar 控股公司	巴西	27600.30	517.50	7474.30	2926.40	9282
382	421	米其林公司	法国	27596.80	2017.70	28449.40	11203.40	107302
473	422	福陆公司	美国	27577.10	456.30	8276.00	3341.30	41193
410	423	麦当劳	美国	27567.00	5464.80	35386.50	15293.60	440000
419	424	Onex 公司	加拿大	27443.00	-121.00	36302.00	1625.00	250000
363	425	PHOENIXPHARMAHANDEL	德国	27337.20	193.60	9933.00	2580.60	23932
465	426	现代摩比斯公司	韩国	27336.80	3159.50	28069.50	15791.90	19172
	427	三星人寿保险	韩国	27253.00	882.90	167256.50	19483.60	6903
	428	兴业银行	中国	27247.90	5502.70	521800.70	27218.10	42561
450	429	中国太平洋保险（集团）股份有限公司	中国	27174.40	804.70	109385.10	15437.00	85137
	430	潞安集团	中国	27105.40	1.70	20280.00	2717.80	85027
409	431	加拿大丰业银行	加拿大	26994.30	6215.40	668578.90	39667.70	81497
	432	大同煤矿集团有限责任公司	中国	26980.00	-68.90	23111.00	4454.60	159918
411	433	达能	法国	26819.30	2148.70	38935.60	16070.20	102401
448	434	渣打银行	英国	26816.00	4887.00	636518.00	45362.00	89058
	435	山西晋城无烟煤矿业集团有限责任公司	中国	26757.40	332.90	29512.90	3677.70	164507
389	436	昭和壳牌石油公司	日本	26682.60	12.70	14264.80	2884.60	5848
400	437	富士胶片控股株式会社	日本	26669.80	653.50	32548.90	19881.60	80322
396	438	Migros 集团	瑞士	26666.70	1060.10	63560.30	17377.20	75732
432	439	金巴斯集团	英国	26647.40	953.70	14902.80	5216.80	508714
428	440	马自达汽车株式会社	日本	26556.30	413.10	21048.60	4820.40	37745
386	441	BAE 系统公司	英国	26450.40	1692.50	36201.90	6046.10	81000
	442	哈特福德金融服务集团	美国	26412.00	-38.00	298513.00	22447.00	22500
387	443	德科集团	瑞士	26391.40	484.50	12673.20	4872.10	32987

上年排名	排名	公司名称	国家	营业收入（百万美元）	净利润（百万美元）	资产总额（百万美元）	股东权益（百万美元）	雇员人数（人）
438	444	澳大利亚电信	澳大利亚	26302.90	3511.80	40505.20	11764.70	36039
430	445	Surgutneftegas 公司	俄罗斯	26265.40	5183.10	58846.90	55337.50	101765
	446	中国医药集团	中国	26189.50	343.30	20243.50	3788.70	69169
	447	LGDISPLAY 公司	韩国	26129.90	207.10	22846.00	9537.90	55621
404	448	阿尔斯通	法国	26090.60	1032.30	40586.60	6433.60	86252
399	449	BrazilianDistribution	巴西	26067.30	538.10	17291.80	4149.80	151037
422	450	住友电工	日本	26010.50	457.10	24442.20	10992.20	206323
293	451	贺利氏控股集团	德国	25981.30	296.60	5323.90	3056.80	13615
441	452	西北互助人寿保险公司	美国	25957.00	783.00	202450.00	16175.80	5045
478	453	TJX	美国	25878.40	1906.70	9511.90	3665.90	179000
431	454	TravelersCos.	美国	25740.00	2473.00	104938.00	25405.00	30500
418	455	株式会社 Maruhan	日本	25732.60	244.70	3873.40	1888.00	13001
459	456	荷兰 SHV 公司	荷兰	25716.10	980.40	13489.00	5047.80	55800
414	457	安富利公司	美国	25707.50	567.00	10167.90	3905.70	19100
464	458	喜力控股公司	荷兰	25565.10	1898.10	47427.50	7600.70	76191
427	459	日本烟草	日本	25531.90	4137.90	40985.50	19214.10	49507
	460	上海浦东发展银行股份有限公司	中国	25424.10	5418.40	504904.60	28489.30	35784
421	461	来德爱	美国	25392.30	118.10	7078.70	-2459.40	69865
497	462	美国家庭人寿保险公司	美国	25364.00	2866.00	131094.00	15978.00	8965
415	463	TechData	美国	25361.00	214.60	6806.30	1977.60	9089
	464	陕西延长石油（集团）有限责任公司	中国	25341.70	2443.70	34327.20	12482.40	126793
395	465	美国诺斯洛普格拉曼公司	美国	25218.00	1978.00	26543.00	9514.00	68100
	466	百联集团	中国	25202.40	93.70	12324.10	2003.90	69976
471	467	野村控股	日本	25047.10	1291.30	403643.00	24408.20	27956
377	468	德国商业银行	德国	24925.10	7.70	838213.90	34465.60	48752
463	469	美国航空	美国	24855.00	-1876.00	23510.00	-7987.00	77750
479	470	费森尤斯集团	德国	24790.10	1190.00	40421.30	10061.80	169324
401	471	塔塔钢铁	印度	24760.20	-1297.20	27032.20	6288.00	80534
420	472	巴登-符滕堡州能源公司	德国	24733.40	608.50	48470.10	7814.80	18912
398	473	Vattenfall	瑞典	24713.20	2501.60	81245.50	22516.00	32794
412	474	匈牙利油气公司	匈牙利	24685.40	674.30	21604.10	7704.40	29446

上年排名	排名	公司名称	国家	营业收入（百万美元）	净利润（百万美元）	资产总额（百万美元）	股东权益（百万美元）	雇员人数（人）
437	475	史泰博	美国	24671.90	-210.70	12280.00	6128.20	67554
388	476	德克夏	比利时	24593.50	-3683.20	470873.90	3759.50	3373
475	477	浙江吉利控股集团	中国	24550.20	52.40	18179.20	1879.40	40500
456	478	艾默生电气	美国	24507.00	1968.00	23818.00	10295.00	134900
442	479	雷神公司	美国	24414.00	1888.00	26686.00	8026.00	67800
458	480	西方石油公司	美国	24253.00	4598.00	64210.00	40016.00	12300
472	481	大和房建	日本	24180.60	798.10	25225.90	7680.10	30361
	482	中国有色矿业集团有限公司	中国	24146.20	83.20	16811.20	1486.50	29883
	483	广州汽车工业集团	中国	24144.80	66.00	18062.20	2872.30	50462
	484	耐克公司	美国	24128.00	2223.00	15465.00	10381.00	44000
445	485	英美烟草集团	英国	24071.80	6086.90	44414.60	12144.20	56363
435	486	CRH 公司	爱尔兰	23979.20	709.40	27903.60	13889.90	76175
495	487	索迪斯	法国	23781.10	684.60	16119.20	3823.70	421391
453	488	途易	德国	23774.20	-19.60	16995.40	2678.50	73812
	489	第一资本金融公司	美国	23771.00	3517.00	312918.00	40499.00	39593
439	490	美铝公司	美国	23700.00	191.00	40179.00	13199.00	61000
470	491	CFE 公司	墨西哥	23643.30	-1460.70	76234.80	8405.30	97367
372	492	伟创力	新加坡	23610.10	277.10	10591.60	2246.80	149000
462	493	鞍钢集团公司	中国	23588.30	-1592.50	43291.00	11594.40	199018
446	494	住友化学	日本	23512.30	-615.10	26298.80	5579.90	30396
	495	Exelon 公司	美国	23489.00	1160.00	78554.00	21431.00	26057
	496	麒麟控股株式会社	日本	23441.60	704.20	34136.00	11297.70	41063
494	497	国际航空集团	英国	23398.30	-1211.90	26149.10	6268.00	59574
336	498	英力士集团控股有限公司	卢森堡	23374.20	-368.20	12689.10	-999.20	7025
	499	国泰人寿保险股份有限公司	中国台湾	23282.50	110.90	125582.60	4658.50	33787
461	500	理光集团	日本	23175.20	391.00	25113.80	9553.10	107431

第十三章 中国500强企业按照行业分类名单

行业名次	公司名称	通讯地址	邮编	名次(1)
农、林、渔、畜牧业				
1	黑龙江北大荒农垦集团总公司	黑龙江省哈尔滨市南岗区长江路386号	150090	104
2	海南省农垦集团有限公司	海南省滨海大道115号海垦国际金融中心35－42层	570105	440
煤炭采掘及采选业				
1	神华集团有限责任公司	北京市东城区安定门西滨河路22号	100011	21
2	冀中能源集团有限责任公司	河北省邢台市中兴西大街191号	054021	43
3	山东能源集团有限公司	山东省济南市经十路10777号山东能源大厦	250014	57
4	山西焦煤集团有限责任公司	山西省太原市新晋祠路一段1号	030024	65
5	河南煤业化工集团有限责任公司	河南省郑州市郑东新区CBD商务外环6号国龙大厦	450046	66
6	阳泉煤业（集团）有限责任公司	山西省阳泉市北大西街5号	045000	68
7	开滦（集团）有限责任公司	河北省唐山市新华东道70号	063018	73
8	山西潞安矿业（集团）有限责任公司	山西省长治市襄垣县侯堡镇	046204	77
9	大同煤矿集团有限责任公司	山西省大同市矿区新平旺东门街区11号	037003	78
10	山西晋城无烟煤矿业集团有限责任公司	山西省晋城市城区北石店镇	048006	79
11	中国平煤神马能源化工集团有限责任公司	河南省平顶山市矿工中路21号	467000	98
12	陕西煤业化工集团有限责任公司	陕西省西安市高新区锦业路1号都市之门B座	710065	99
13	中国中煤能源集团有限公司	北京市朝阳区黄寺大街1号	100120	105
14	兖矿集团有限公司	山东省邹城市凫山南路298号	273500	122
15	淮南矿业（集团）有限责任公司	安徽省淮南市洞山中路1号	232001	158
16	淮北矿业（集团）有限责任公司	安徽省淮北市孟山路1号	235006	212
17	内蒙古伊泰集团有限公司	内蒙古鄂尔多斯市东胜区天骄北路伊泰大厦	017000	230
18	黑龙江龙煤矿业控股集团有限责任公司	黑龙江省哈尔滨市南岗区（开发区）闽江路235号	150090	260
19	安徽省皖北煤电集团有限责任公司	安徽省宿州市西昌路157号	234000	294
20	义马煤业集团股份有限公司	河南省三门峡市义马市千秋东路6号	472300	305
21	郑州煤炭工业（集团）有限责任公司	河南省郑州市中原区中原西路188号	450042	315
22	河南神火集团有限公司	河南省永城市光明路中段	476600	355
23	徐州矿务集团有限公司	江苏省徐州市淮海西路235号	221006	382
24	阜新矿业（集团）有限责任公司	辽宁省阜新市海州区中华路89号	123000	424
25	江西省煤炭集团公司	江西省南昌市西湖区丁公路117号	330002	462
26	辽宁铁法能源有限责任公司	辽宁省调兵山市人民路27号	112700	491
石油、天然气开采及生产业				
1	中国石油天然气集团公司	北京市东城区东直门北大街九号	100007	2

注：名次（1）为2013中国企业500强中的名次

行业名次	公司名称	通讯地址	邮编	名次(1)
2	中国海洋石油总公司	北京市东城区朝阳门北大街25号	100010	10
3	陕西延长石油（集团）有限责任公司	陕西省西安市高新技术产业开发区科技二路75号	710075	82
建筑业				
1	中国建筑工程总公司	北京市海淀区三里河路15号中建大厦A座	100037	9
2	中国铁道建筑总公司	北京市海淀区复兴路40号	100855	11
3	中国中铁股份有限公司	北京市海淀区复兴路69号9号楼中国中铁大厦	100039	12
4	中国交通建设集团有限公司	北京市西城区德胜门外大街85号	100088	29
5	中国冶金科工集团有限公司	北京市朝阳区曙光西里28号中冶大厦	100028	40
6	中国电力建设集团有限公司	北京市海淀区三里河路1号西苑饭店7号楼	100044	52
7	中国能源建设集团有限公司	北京市西城区北三环中路29号院3号楼	100029	94
8	上海建工集团股份有限公司	上海市福山路33号	200120	137
9	广厦控股集团有限公司	浙江省杭州市玉古路166号	310013	150
10	中国化学工程股份有限公司	北京市东直门内大街2号	100007	203
11	重庆建工投资控股有限责任公司	重庆市北部新区金开大道1596号	401122	219
12	上海城建（集团）公司	上海市浦东新区福山路500号29楼	200122	236
13	广西建工集团有限责任公司	广西南宁市朝阳路49号	530012	238
14	四川华西集团有限公司	四川省成都市解放路二段95号	610081	239
15	中天发展控股集团有限公司	浙江省杭州市钱江新城城星路69号中天国开大厦	310020	252
16	浙江省建设投资集团有限公司	浙江省杭州市文三路20号建工大厦	310012	256
17	陕西建工集团总公司	陕西省西安市莲湖区北大街199号	710003	258
18	江苏南通三建集团有限公司	江苏省海门市狮山路131号	226100	270
19	中太建设集团股份有限公司	河北省廊坊市广阳道20号	065000	277
20	北京城建集团有限责任公司	北京市海淀区北太平庄路18号	100088	281
21	青建集团股份有限公司	山东省青岛市南海支路5号	266071	290
22	广州市建筑集团有限公司	广东省广州市广卫路4号（建工大厦）	510030	291
23	湖南省建筑工程集团总公司	湖南省长沙市芙蓉南路一段788号（友谊路口）	410004	292
24	中南控股集团有限公司	江苏省海门市常乐镇	226124	293
25	云南建工集团有限公司	云南省昆明市东风东路36号	650051	318
26	北京建工集团有限责任公司	北京市西城区广莲路1号建工大厦	100055	347
27	成都建筑工程集团总公司	四川省成都市八宝街111号	610031	353
28	浙江中成控股集团有限公司	浙江省绍兴市中兴中路375号	312000	359
29	北京市政路桥集团有限公司	北京市西城区南礼士路17号	100045	360
30	安徽建工集团有限公司	安徽省合肥市芜湖路325号建工大厦	230001	381
31	山西建筑工程（集团）总公司	山西省太原市新建路9号	030002	398
32	浙江昆仑控股集团有限公司	浙江省杭州市体育场路580号	310007	400
33	江苏南通二建集团有限公司	江苏省启东市人民中路683号	226200	406
34	甘肃省建设投资（控股）集团总公司	甘肃省兰州市七里河区西津东路575号	730050	409

行业名次	公司名称	通讯地址	邮编	名次(1)
35	河北建工集团有限责任公司	河北省石家庄市友谊北大街146号	050051	413
36	四川公路桥梁建设集团有限公司	四川省成都市高新区九兴大道12号	610041	414
37	广东省建筑工程集团有限公司	广东省广州市天河天润路87号广建大厦	510635	426
38	天津市建工集团（控股）有限公司	天津市新技术产业园区花园产业区开华道1号	300384	428
39	江苏省苏中建设集团股份有限公司	江苏省南通市海安中坝南路18号	226600	436
40	浙江八达建设集团有限公司	浙江省诸暨市友谊路138号	311800	441
41	河北建设集团有限公司	河北省保定市五四西路329号	071051	447
42	黑龙江省建设集团有限公司	黑龙江省哈尔滨市香坊区三大动力路532号	150046	467
43	浙江宝业建设集团有限公司	浙江省绍兴县杨汛桥镇	312028	483
44	北京住总集团有限责任公司	北京市朝阳区慧忠里320号	100101	487
电力生产业				
1	中国华能集团公司	北京市西城区复兴门内大街6号	100031	31
2	中国国电集团公司	北京市西城区阜成门北大街6-8号	100034	41
3	中国大唐集团公司	北京市西城区广宁伯街1号	100033	58
4	中国华电集团公司	北京市西城区宣武门内大街2号	100031	61
5	中国电力投资集团公司	北京市西城区金融大街28号3号楼	100033	69
6	内蒙古电力（集团）有限责任公司	内蒙古呼和浩特市锡林南路218号	010020	198
7	广东省粤电集团有限公司	广东省广州市天河东路2号粤电广场	510630	200
8	中国广东核电集团有限公司	广东省深圳市福田区上步中路1001号科技大厦	518031	301
9	中国长江电力股份有限公司	湖北省宜昌市西坝建设路1号	443002	389

行业名次	公司名称	通讯地址	邮编	名次（1）	名次（2）
农副食品及农产品加工业					
1	新希望集团有限公司	四川省成都市武侯区新希望路9号B座4楼	610041	148	66
2	通威集团有限公司	四川省成都市二环路南四段11号	610041	253	125
3	双胞胎（集团）股份有限公司	江西省南昌市火炬大道999号高新管委会北二楼	330096	332	168
4	西王集团有限公司	山东省邹平县西王工业园	256209	387	202
5	三河汇福粮油集团有限公司	河北省三河市燕郊开发区汇福路8号	065201	469	247
6	山东渤海实业股份有限公司	山东省滨州市博兴县工业园滨河路333号	256500		269
7	广西农垦集团有限责任公司	广西南宁市七星路135号	530022		289
8	广东海大集团股份有限公司	广东省广州市番禺区番禺大道北555号天安科技创新大厦213号	511400		317
9	天津农垦集团有限公司	天津市河西区气象台路96号	300074		351
10	五得利面粉集团有限公司	河北省邯郸市大名县五得利街	056900		357
11	辽宁禾丰牧业股份有限公司	辽宁省沈阳市沈北新区辉山大街169号	110164		465
12	桂林力源粮油食品集团有限公司	广西桂林市中山北路122号	541001		483
食品加工制造业					
1	光明食品（集团）有限公司	上海市华山路263弄7号	200040	95	34
2	中国盐业总公司	北京市丰台区广外莲花池中盐大厦	100055	298	148
3	天狮集团有限公司	天津市武清开发区新源道北18号	301700	350	179
4	北京二商集团有限责任公司	北京市宣武区槐柏树街2号1号楼202室	100053		285
5	上海良友（集团）有限公司	上海市浦东新区张杨路88号	200122		290
6	香驰控股有限公司	山东博兴博城五路172号	256500		341
7	广西洋浦南华糖业集团股份有限公司	广西南宁市民族大道81号气象大厦16楼	530022		348
8	祐康食品集团有限公司	浙江省杭州市机场路377号	310021		393
9	厦门银鹭集团有限公司	福建省厦门市湖里区钟岭路2号银鹭大厦4楼	361015		409
10	得利斯集团有限公司	山东省诸城市昌城得利斯工业园	262216		414
肉食品加工业					
1	雨润控股集团有限公司	江苏省南京市建邺区雨润路10号	210041	112	39
2	临沂新程金锣肉制品集团有限公司	山东省临沂市兰山区金锣科技园	276036	246	120
3	河南省漯河市双汇实业集团有限责任公司	河南省漯河市双汇路1号	462000	263	129
4	诸城外贸有限责任公司	山东省诸城市密州路东首	262200		362
5	河南众品食业股份有限公司	河南省许昌长葛市长社路21号	461500		378
6	北京顺鑫农业股份有限公司	北京市顺义区站前西街北侧顺鑫国际商务中心1305层	101300		457
乳制品加工业					

注：名次（2）为2013中国制造业企业500强中的名次

行业名次	公司名称	通讯地址	邮编	名次(1)	名次(2)
1	内蒙古伊利实业集团股份有限公司	内蒙古呼和浩特市金川开发区金四道8号	010080	247	121
饮料加工业					
1	杭州娃哈哈集团有限公司	浙江省杭州市清泰街160号	310009	179	83
2	维维集团股份有限公司	江苏省徐州市维维大道300号	221111	448	234
3	农夫山泉股份有限公司	浙江省杭州市西湖区曙光路148路	310007		435
酿酒制造业					
1	四川省宜宾五粮液集团有限公司	四川省宜宾市翠屏区岷江西路150号	644007	188	87
2	泸州老窖集团有限责任公司	四川省泸州市龙马潭区南光路9号泸州老窖大楼	646000	299	149
3	中国贵州茅台酒厂（集团）有限责任公司	贵州省仁怀市茅台镇	564501	336	172
4	青岛啤酒股份有限公司	山东省青岛市香港中路五四广场青啤大厦	266071	390	204
5	北京燕京啤酒集团公司	北京市顺义区双河路9号	101300		294
6	江苏洋河酒厂股份有限公司	江苏省宿迁市洋河镇中大街118号	223800		295
7	湖北稻花香集团公司	湖北省宜昌市夷陵区龙泉镇龙沙街1号	443112		311
8	四川郎酒集团有限责任公司	四川省古蔺县二郎镇	646523		389
9	湖北枝江酒业集团	湖北省枝江市迎宾大道99号	443200		442
烟草加工业					
1	上海烟草集团有限责任公司	上海市长阳路717号	200082	118	43
2	红塔烟草（集团）有限责任公司	云南省玉溪市红塔区红塔大道118号	653100	132	54
3	湖南中烟工业有限责任公司	湖南省长沙市雨花区万家丽中路三段188号	410019	141	60
4	红云红河烟草（集团）有限责任公司	云南省昆明市五华区红锦路367号	650231	156	70
5	湖北中烟工业有限责任公司	湖北省武汉市东西湖区金山大道环湖路特66号	430040	190	89
6	浙江中烟工业有限责任公司	浙江省杭州市建国南路288号	310009	208	96
7	贵州中烟工业有限责任公司	贵州省贵阳市友谊路25号	550001	349	178
8	安徽中烟工业有限责任公司	安徽省合肥市高新区黄山路606号	230088	362	184
9	广西中烟工业有限责任公司	广西南宁市北湖南路28号	530001		298
10	重庆烟草工业有限责任公司	重庆市南岸区南坪东路2号	400060		355
11	江西中烟工业有限责任公司	江西省南昌市新开发区京东大道201号金圣工业科技园	330096		358
12	河北白沙烟草有限责任公司	河北省石家庄市珠江大道366号	052165		454
13	张家口卷烟厂有限责任公司	河北省张家口市桥东区钻石北路9号	075000		488
纺织、印染业					
1	山东魏桥创业集团有限公司	山东省邹平经济开发区魏纺路1号	256200	60	21
2	上海纺织（集团）有限公司	上海市古北路989号	200336	237	113
3	山东如意科技集团有限公司	山东省济宁市洸河路72号如意大厦	272000	304	153
4	江苏阳光集团有限公司	江苏省江阴市新桥镇阳光工业园	214426	319	159

行业名次	公司名称	通讯地址	邮编	名次(1)	名次(2)
5	华芳集团有限公司	江苏省苏州市张家港市城北路178号	215600	373	193
6	山东大海集团有限公司	山东省东营市东城区府前大街70号	257091	392	206
7	澳洋集团有限公司	江苏省张家港市杨舍镇塘市镇中路澳洋国际大厦	215600	492	261
8	天津纺织集团（控股）有限公司	天津市空港经济区中心大道东九道6号天纺大厦	300308	500	268
9	山东澳亚纺织有限公司	山东省广饶县经济开发区孙武路876号	257300		336
10	浙江天圣控股集团有限公司	浙江省绍兴县柯桥山阴西路19号	312030		363
11	兴惠化纤集团有限公司	浙江省杭州市萧山区衙前镇吟龙村	311209		447
12	富丽达集团控股有限公司	浙江省杭州市萧山区临江工业园区	311228		462
13	北京纺织控股有限责任公司	北京市东城区东单三条33号	100005		494
纺织品、服装、鞋帽（含皮草、毛、绒等）加工业					
1	雅戈尔集团股份有限公司	浙江省宁波市鄞县大道西段2号	315153	235	112
2	红豆集团有限公司	江苏省无锡市区东港镇红豆工业城	214199	259	128
3	海澜集团有限公司	江苏省江阴市新桥镇海澜工业园	214421	314	158
4	杉杉控股有限公司	上海市东方路985号一百杉杉大厦25F	200122	425	222
5	波司登股份有限公司	江苏省常熟市波司登工业园	215532	446	233
6	内蒙古鄂尔多斯羊绒集团有限责任公司	内蒙古鄂尔多斯市东胜区达拉特南路102号	017000		276
7	维科控股集团股份有限公司	浙江省宁波市海曙区和义路99号维科大厦	315000		287
8	奥康集团有限公司	浙江省温州市永嘉县瓯北镇千石奥康工业园	325101		316
9	宁波博洋控股集团有限公司	浙江省宁波市海曙区启文路157弄6号	315012		405
10	青岛即发集团控股有限公司	山东省青岛即墨市黄河二路386号即发技术中心	266200		434
11	宁波申洲针织有限公司	浙江省宁波市经济技术开发区大港工业城甬江路18号	315800		443
12	孚日集团股份有限公司	山东省高密市孚日街1号	261500		461
13	鲁泰纺织股份有限公司	山东省淄博市淄川区松龄东路81号	255100		496
14	浙江森马服饰股份有限公司	浙江省温州市六虹桥路1189号森马大厦	325006		500
木材、藤、竹、家具等加工及木制品、纸制品等印刷、包装业					
1	上上集团有限公司	河南省郑州市新区商务外环路12号	450018	438	229
2	中国吉林森林工业集团有限责任公司	吉林省长春市人民大街4036号	130021		468
造纸及纸制品加工业					
1	山东大王集团有限公司	山东省东营市广饶县大王镇	257335	153	69
2	山东晨鸣纸业集团股份有限公司	山东省农圣东街2199号	262700	227	108
3	山东太阳纸业股份有限公司	山东省兖州市友谊路1号	272100	333	169
4	华泰集团有限公司	山东省东营市广饶县大王镇潍高路251号	257335	342	175
5	金东纸业（江苏）股份有限公司	江苏省镇江市大港兴港东路8号	212132	403	211

行业名次	公司名称	通讯地址	邮编	名次(1)	名次(2)
6	山东博汇集团有限公司	山东省淄博市桓台县马桥镇	256405	466	246
7	山东泉林纸业有限责任公司	山东省高唐县光明东路15号	252800		385
8	胜达集团有限公司	浙江省杭州市萧山经济技术开发区北塘路2号	311215		413
生活用品（含文体、玩具、工艺品、珠宝）等轻工产品加工制造业					
1	天津市一轻集团（控股）有限公司	天津市河西区解放南路398号	300200	184	86
2	老凤祥股份有限公司	上海市漕溪路258弄26号6楼	200235	393	207
3	重庆轻纺控股（集团）公司	重庆市北部新区高新园黄山大道中段7号	401121	394	208
4	天津二轻集团（控股）有限公司	天津市南开区长江道108号	300111	482	257
5	广博集团股份有限公司	浙江省宁波市鄞州区石碶车何广博工业园	315153		450
石化产品、炼焦及其他燃料加工业					
1	中国石油化工集团公司	北京市朝阳区朝阳门北大街22号	100728	1	1
2	山东东明石化集团有限公司	山东省东明县石化大道27号	274500	251	124
3	大连西太平洋石油化工有限公司	辽宁省大连市开发区海青岛	116600	266	131
4	云南煤化工集团有限公司	云南省昆明市五华区小康大道580号	650231	339	173
5	山东金诚石化集团有限公司	山东省淄博市桓台县马桥镇	256405	356	181
6	山东京博控股股份有限公司	山东省滨州市博兴县经济开发区	256500	366	188
7	利华益集团股份有限公司	山东省东营市利津县大桥路86号	257400	375	195
8	嘉晨集团有限公司	辽宁省营口市老边区营大路66号	115005	442	230
9	宁夏宝塔石化集团有限公司	宁夏银川市金凤区宁安大街88号宝塔石化大厦	750002		273
10	山东华星石油化工集团有限公司	山东省东营市广饶县大王镇潍高路1号	257335		291
11	山东万通石油化工集团有限公司	东营区史口镇郝纯路西	257082		313
12	正和集团股份有限公司	山东省东营广饶县石村镇辛桥	257342		321
13	山东垦利石化有限责任公司	山东省东营市垦利县利河路299号	257500		326
14	山东恒源石油化工股份有限公司	山东省德州市临邑县石化路70号	251500		347
15	山东神驰化工有限公司	山东省东营市东营区郝纯路129号	257082		374
16	景德镇市焦化工业集团有限责任公司	江西省景德镇市历尧	333000		396
17	山东石大科技集团有限公司	山东省东营北二路489号	257061		449
18	河北鑫海化工有限公司	河北省渤海新区黄骅港南疏港路中段	061103		480
化学原料及化学制品制造业					
1	中国化工集团公司	北京市海淀区北四环西路62号	100080	53	19
2	湖北宜化集团有限责任公司	北京市南四环西路188号总部基地15区3号楼	010070	161	72
3	天津渤海化工集团有限责任公司	天津市和平区湖北路10号	300040	173	80
4	云天化集团有限责任公司	云南省昆明市滇池路1417号	650228	191	90
5	上海华谊（集团）公司	上海市卢湾区徐家汇路560号华仑大厦	200025	231	111
6	江阴澄星实业集团有限公司	江苏省江阴市梅园大街618号	214432	272	136

行业名次	公司名称	通讯地址	邮编	名次（1）	名次（2）
7	滨化集团公司	山东省滨州市滨城区黄河五路 869 号	256600	303	152
8	亚邦投资控股集团有限公司	江苏省常州市武进区牛塘镇人民西路 105 号	213163	367	189
9	传化集团有限公司	浙江省杭州市萧山经济技术开发区	311215	405	213
10	山东金岭集团有限公司	山东省东营市广饶县大王经济开发区	257335	408	215
11	新疆天业（集团）有限公司	新疆石河子经济技术开发区北三东路 36 号	832000	451	235
12	浙江龙盛控股有限公司	浙江省上虞市道墟镇龙盛大道 1 号	312368	473	250
13	宜昌兴发集团有限责任公司	湖北省兴山县古天镇高阳大道 58 号	443711		277
14	江苏三木集团有限公司	江苏省宜兴市官林镇都山村三木路 85 号	214258		299
15	逸盛大化石化有限公司	辽宁省大连市金州新区滨海旅游路 262 号	116600		307
16	升华集团控股有限公司	浙江省德清县钟管镇南湖路 9 号	313220		310
17	巨化集团公司	浙江省衢州市	324004		318
18	纳爱斯集团有限公司	浙江省丽水市括苍南路 19 号	323000		340
19	山东联盟化工集团有限公司	山东省寿光市建新街 199 号	262700		350
20	东辰控股集团有限公司	山东省东营市永莘路 98 号	257506		364
21	山东鲁北企业集团总公司	山东省滨州市无棣县埕口镇鲁北市新技术开发区	251909		367
22	红太阳集团有限公司	江苏省南京市高淳县宝塔路 269 号	211300		373
23	大化集团有限责任公司	辽宁省大连市甘井子区工兴路 10 号	116032		388
24	唐山三友集团有限公司	河北省唐山市南堡经济技术开发区	063305		394
25	铜陵化学工业集团有限公司	安徽省铜陵市翠湖一路 2758 号	244000		401
26	山东聊城鲁西化工集团股份有限公司	聊城市鲁化路 68 号	252000		404
27	洪业化工集团股份有限公司	山东省东明县北外环路（106 国道）中段	274500		424
28	广州立白企业集团有限公司	广州市荔湾区荔湾路 97 号德兴楼	510170		429
29	湖北新洋丰肥业股份有限公司	湖北省荆门市东宝区石桥驿镇洋丰大道 1 号	448150		440
30	河北诚信有限责任公司	河北省石家庄市元氏县元赵路南	051130		444
31	云南南磷集团股份有限公司	云南省昆明市东风西路顺城东塔 15A 楼	650032		446
32	青海盐湖工业股份有限公司	青海省格尔木市黄河路 28 号	816000		458
33	四川化工控股（集团）有限责任公司	四川省成都市高新区天府大道中段 279 号	610041		479
34	四川龙蟒集团有限责任公司	四川省成都市高新区高朋大道 23 号	610041		485
35	江苏隆力奇集团有限公司	江苏省常熟市辛庄镇南隆力奇工业园	215555		490
36	新疆中泰（集团）股份有限公司	新疆乌鲁木齐市西山路 78 号	830009		497
医药、医疗设备制造业					
1	上海医药集团股份有限公司	上海市太仓路 200 号医药大厦	200020	169	78
2	广州医药集团有限公司	广东省广州市沙面北街 45 号	510130	242	116
3	科创控股集团有限公司	成都市武侯科技园武科西二路 5 号	610045	297	147
4	扬子江药业集团有限公司	江苏省泰州市高港区扬子江南路 1 号	225321	308	154
5	四川科伦实业集团有限公司	四川省成都市锦里西路 107 号南 18F	610072	357	182

行业名次	公司名称	通讯地址	邮编	名次(1)	名次(2)
6	天津市医药集团有限公司	天津市河西区友谊北路29号	300204	384	200
7	太极集团有限公司	重庆市渝北区龙塔街道黄龙路38号	401147	497	266
8	杭州华东医药集团有限公司	浙江省杭州市拱墅区莫干山路866号	310011	499	267
9	天津天士力集团有限公司	天津市北辰科技园区普济河东道2号天士力现代中药城	300410		279
10	威高集团有限公司	山东省威海市世昌大道312号	264209		304
11	石药集团有限责任公司	石家庄高新技术产业开发区黄河大道226号	050035		305
12	华鲁控股集团有限公司	山东省济南市榜棚街1号华鲁大厦六楼	250011		343
13	东北制药集团有限责任公司	辽宁省沈阳市经济技术开发区昆明湖街8号	110027		470
14	天津金耀集团有限公司（天津药业集团有限公司）	天津市河东区八纬路109号	300171		495
化学纤维制造业					
1	恒力集团有限公司	江苏省吴江市盛泽镇南麻经济开发区恒力路1号	215226	136	57
2	浙江恒逸集团有限公司	浙江省杭州市萧山区衙前镇	311209	162	73
3	江苏三房巷集团有限公司	江苏省江阴市周庄镇	214423	204	93
4	浙江荣盛控股集团有限公司	浙江省杭州市萧山区益农镇红阳路98号	311247	222	105
5	浙江远东化纤集团有限公司	浙江省绍兴县滨海工业区	312073	271	135
6	盛虹控股集团有限公司	江苏省吴江市盛泽镇西白洋东方丝绸市场西侧	215228	282	142
7	浙江桐昆控股集团有限公司	浙江省桐乡市桐乡经济开发区光明路199号	314500	412	217
8	江苏华宏实业集团有限公司	江苏省江阴市周庄镇华宏村	214423		342
9	兴达投资集团有限公司	江苏省无锡市锡山区东港镇锡港南路88号	214196		346
10	浙江翔盛集团有限公司	浙江省杭州市萧山区党山镇工业园区内	311245		368
11	华峰集团有限公司	浙江省瑞安市莘塍工业园区	325206		381
12	新凤鸣集团股份有限公司	浙江省桐乡市洲泉镇德胜路888号	314513		431
13	开氏集团有限公司	浙江省杭州市萧山区衙前镇衙前路432号	311209		474
14	龙达集团有限公司	浙江省杭州市滨江区江南大道288号康恩贝大厦17层	310051		481
橡胶制品业					
1	华勤橡胶工业集团有限公司	山东省兖州市华勤工业园	272100	321	161
2	杭州橡胶（集团）公司	浙江省杭州市望江门外海潮路1号	310008	331	167
3	山东胜通集团股份有限公司	山东省东营市垦利县新兴路377号	257500	386	201
4	山东玉皇化工有限公司	山东省东明县武胜桥镇经济开发区	274512	456	240
5	玲珑集团有限公司	山东省招远市金龙路777号	265406	495	264
6	三角集团有限公司	山东省威海市青岛中路56号	264200		296
7	双钱集团股份有限公司	上海市黄浦区四川中路63号	200002		369
8	山东永泰化工有限公司	山东省东营市广饶县大王镇迎春路	257335		377

行业名次	公司名称	通讯地址	邮编	名次(1)	名次(2)
塑料制品业					
1	浙江大东南集团有限公司	浙江省诸暨市璜山镇建新路88号	311809		323
2	金发科技股份有限公司	广东省广州市高新技术产业开发区科学城科丰路33号	510663		365
3	浙江富陵控股集团有限公司	浙江省绍兴市袍江区新区富陵	312075		473
建材及玻璃等制造业					
1	中国建筑材料集团有限公司	北京市海淀区紫竹院南路2号	100048	46	15
2	安徽海螺集团有限责任公司	安徽省芜湖市九华南路1011号	241070	165	76
3	中国中材集团有限公司	北京市西城区西直门内北顺城街11号	100035	178	82
4	北京金隅集团有限责任公司	北京市东城区北三环东路36号	100013	248	122
5	吉林亚泰（集团）股份有限公司	长春市二道区吉林大路1801号	130031	267	132
6	沂州集团有限公司	山东省临沂市罗庄区付庄办事处	276018	397	209
7	天瑞集团股份有限公司	河南省汝州市广成东路63号	467599	454	238
8	冀东发展集团有限责任公司	河北省唐山市丰润区林荫路233号	064000	488	260
9	沈阳远大企业集团	辽宁省沈阳市经济技术开发区十六号街6号	110027	494	263
10	红狮控股集团有限公司	浙江省兰溪市东郊上郭	321100		328
11	华新水泥股份有限公司	湖北省武汉市洪山区关山二路特一号国际企业中心一期5号楼	430073		360
12	天津市建筑材料集团（控股）有限公司	天津市南开区红旗南路508号	300051		392
13	上海奥盛投资控股（集团）有限公司	上海市浦东新区商城路518号17楼	200120		395
14	杭州诺贝尔集团有限公司	浙江省杭州市余杭区临平镇世纪大道1133号	311100		478
黑色冶金及压延加工业					
1	宝钢集团有限公司	上海市浦东新区浦电路370号宝钢大厦	200122	30	9
2	河北钢铁集团有限公司	河北省石家庄市裕华西路40号	050000	35	10
3	江苏沙钢集团有限公司	江苏省苏州市张家港市锦丰镇	215625	45	14
4	首钢总公司	北京市石景山区石景山路68号首钢厂东门	100041	47	16
5	武汉钢铁（集团）公司	湖北省武汉市友谊大道999号	430080	49	17
6	新兴际华集团有限公司	北京市朝阳区东三环中路7号财富中心A座	100020	67	23
7	鞍钢集团公司	辽宁省鞍山市铁西区环钢路1号	114021	89	31
8	太原钢铁（集团）有限公司	山西省太原市尖草坪2号	030003	93	33
9	山东钢铁集团有限公司	山东省济南市高新区舜华路2000号舜泰广场4号楼	250101	102	35
10	天津天钢集团有限公司	天津市东丽区津塘公路398号	300301	107	36
11	天津钢管集团股份有限公司	天津市东丽区津塘公路396号	300301	113	40
12	酒泉钢铁（集团）有限责任公司	甘肃省嘉峪关市雄关东路12号	735100	116	42
13	本钢集团有限公司	辽宁省本溪市平山区人民路16号	117000	121	46
14	天津冶金集团有限公司	天津市和平区常德道57号	300050	126	49

行业名次	公司名称	通讯地址	邮编	名次(1)	名次(2)
15	杭州钢铁集团公司	浙江省杭州市半山路178号	310022	131	53
16	马钢（集团）控股有限公司	安徽省马鞍山市九华西路8号	243000	144	62
17	天津天铁冶金集团有限公司	河北涉县天津天铁冶金集团有限公司	056404	145	63
18	中天钢铁集团有限公司	江苏省常州市武进区遥观镇印墅村312国道旁	213011	163	74
19	湖南华菱钢铁集团有限责任公司	湖南省长沙市湘府路222号	410004	166	77
20	北京建龙重工集团有限公司	北京市丰台区南四环西路188号总部基地二区4号楼	100070	170	79
21	南京钢铁集团有限公司	江苏省南京市六合区大厂卸甲甸	210035	174	81
22	新华联合冶金控股集团有限公司	北京市丰台区南四环西路188号总部基地三区19楼	100070	189	88
23	河北津西钢铁集团股份有限公司	河北省唐山市迁西县三屯营镇	064302	211	98
24	包头钢铁（集团）有限责任公司	内蒙古包头市昆区河西工业区包钢信息大楼	014010	213	99
25	陕西东岭工贸集团股份有限公司	陕西省宝鸡市金台大道东段	721004	217	101
26	江苏西城三联控股集团	江苏省江阴市临港新城夏港街道静堂里路21号	214442	218	102
27	天津荣程联合钢铁集团有限公司	天津市开发区盛达街9号泰达金融广场8楼	300457	224	107
28	日照钢铁控股集团有限公司	山东省日照市沿海路600号	276806	228	109
29	河北敬业企业集团有限责任公司	河北省平山县南甸镇河北敬业集团	050400	229	110
30	江苏新长江实业集团有限公司	江苏省江阴市夏港镇夏港街道长江村	214442	240	114
31	青山控股集团有限公司	浙江省温州市龙湾区永中街道青山村青陶路1号	325038	244	118
32	新余钢铁集团有限公司	江西省新余市冶金路	338001	268	133
33	四川省川威集团有限公司	四川省成都市高新区天府2街269号26楼行政中心	610095	273	137
34	江西萍钢实业股份有限公司	江西省南昌市红谷滩新区凤凰中大道与世贸路交汇处	330038	276	139
35	唐山瑞丰钢铁（集团）有限公司	河北省唐山市丰南区小集镇工业区	063303	286	143
36	江苏申特钢铁有限公司	江苏省常州市溧阳经济开发区昆仑北路288号	213300	288	144
37	青岛钢铁控股集团有限责任公司	山东省青岛市李沧区遵义路5号	266043	289	145
38	安阳钢铁集团有限责任公司	河南省安阳市殷都区梅元庄	455004	302	151
39	山东泰山钢铁集团有限公司	山东省莱芜市新甫路1号	271100	312	156
40	昆明钢铁控股有限公司	云南省昆明安宁市昆明钢铁控股有限公司	650302	320	160
41	唐山港陆钢铁有限公司	河北省遵化市镇海东街198号	064200	341	174
42	四川德胜集团钢铁有限公司	四川省乐山市沙湾区铜河路南段8号	614900	343	176
43	福建省三钢（集团）有限责任公司	福建省三明市梅列区工业中路群工三路	365000	368	190
44	东北特殊钢集团有限责任公司	辽宁省大连市金州新区登沙河临港工业区河滨南路18号	116105	374	194

行业名次	公司名称	通讯地址	邮编	名次(1)	名次(2)
45	重庆钢铁（集团）有限责任公司	重庆市大渡口区大堰三村1栋1号	400080	388	203
46	河北普阳钢铁有限公司	河北省武安市阳邑镇东	056305	402	210
47	河北文丰钢铁有限公司	河北省武安市南环路南侧	056300	422	221
48	河北新金钢铁有限公司	河北省武安市武邑路骈山村东	056300	429	223
49	天津友发钢管集团股份有限公司	天津市静海县大邱庄镇尧舜度假村	301606	459	243
50	武安市明芳钢铁有限公司	河北省武安市北关河北侧	056300	465	245
51	武安市裕华钢铁有限公司	河北省武安市上团城乡崇义四街	056300	474	251
52	四川省达州钢铁集团有限责任公司	四川省达州市通川区西河路25号	635000	479	254
53	湖南博长控股集团有限公司	湖南省冷水江市轧钢路5号	417500	486	259
54	河北新武安钢铁集团文安钢铁有限公司	河北省武安市南环路	056300	493	262
55	四平红嘴集团总公司	吉林省四平市铁西区红嘴路28号	136000		270
56	凌源钢铁集团有限责任公司	辽宁省凌源市钢铁路3号	122504		271
57	金鼎重工股份有限公司	河北省武安市崇义铸造工业园区	056300		275
58	西林钢铁集团有限公司	黑龙江省伊春市西林区新兴街121号	153025		280
59	南金兆集团有限公司	山东省淄博市临淄区凤凰镇南金村	255419		301
60	山东淄博傅山企业集团有限公司	山东省淄博市高新区卫固镇傅山村	255084		309
61	河南济源钢铁（集团）有限公司	河南省济源市虎岭产业集聚区	459000		319
62	武安市广耀铸业有限公司	河北省武安市大同镇小屯村东	056300		330
63	方大特钢科技股份有限公司	江西省南昌市青山湖区冶金大道475号	330012		344
64	河北新武安钢铁集团烘熔钢铁有限公司	河北省武安市冶陶镇固镇村	056304		353
65	河北前进钢铁集团有限公司	河北省霸州市胜芳镇开发区中星园区	065701		354
66	崇利制钢有限公司	河北省邯郸市涉县井店一街崇利制钢有限公司	056404		356
67	唐山东华钢铁企业集团有限公司	河北省唐山市丰南区小集镇宋一村	063303		376
68	辛集市澳森钢铁有限公司	河北省辛集市南智邱镇赵马村村东	052360		379
69	迁安市九江线材有限责任公司	河北省迁安市木厂口镇松汀村南	064404		398
70	山西晋城钢铁控股集团有限公司	山西晋城市巴公工业园区	048002		403
71	潍坊特钢集团有限公司	山东省潍坊市钢铁工业园区东路	251201		411
72	广西盛隆冶金有限公司	广西防城港市港口区公车镇垭港村	538004		415
73	河北钢铁集团龙海钢铁有限公司	河北省内邱县京广路1号	054200		425
74	秦皇岛安丰钢铁有限公司	秦皇岛市昌黎县靖安镇秦皇岛安丰钢铁有限公司	066603		426
75	邢台钢铁有限责任公司	河北省邢台市桥西区钢铁南路262号	054027		427
76	天津市恒兴钢业有限公司	天津市静海县静海镇北环工业园	301600		430
77	宁波宝新不锈钢有限公司	浙江省宁波市经济技术开发区	315807		436
78	振石控股集团有限公司	浙江省桐乡市崇福大道708号振石科技大楼	314500		438
79	浙江协和集团有限公司	杭州市萧山区红山农场	311234		439
80	河北天柱钢铁集团有限公司	河北省唐山市丰润区殷官屯村村东	064000		441

行业名次	公司名称	通讯地址	邮编	名次(1)	名次(2)
81	河北新武安钢铁集团鑫汇冶金有限公司	河北省武安市午及镇下白石村	056300		471
一般有色冶金及压延加工业					
1	中国铝业公司	北京市海淀区西直门北大街62号	100082	36	11
2	正威国际集团有限公司	广东省深圳市福田区深南大道7888号东海国际中心一期A座29层	518040	59	20
3	江西铜业集团公司	江西省贵溪市冶金大道15号	335424	71	24
4	中国有色矿业集团有限公司	北京朝阳区安定路10号中国有色大厦（北楼）	100029	86	28
5	金川集团股份有限公司	甘肃省金昌市金川区金川路98号	737104	88	30
6	铜陵有色金属集团控股有限公司	安徽省铜陵市长江西路有色大院	244001	111	38
7	陕西有色金属控股集团有限责任公司	陕西省西安市高新区高新路51号高新大厦	710075	138	58
8	海亮集团有限公司	浙江省诸暨市店口镇解放路386号	311814	151	68
9	南山集团有限公司	山东省龙口市东江镇南山工业园	265706	160	71
10	大冶有色金属集团控股有限公司	湖北省黄石市新下陆下陆大道18号	435005	180	84
11	广西投资集团有限公司	广西南宁市民族大道109号广西投资大厦	530028	245	119
12	白银有色集团股份有限公司	甘肃省白银市白银区友好路96号	730900	275	138
13	四川宏达（集团）有限公司	四川省成都市锦里东路2号宏达国际广场27楼	610041	280	141
14	金龙精密铜管集团股份有限公司	河南省新乡市人民西路191号	453000	323	162
15	宁波金田投资控股有限公司	浙江省宁波市江北区慈城城西西路1号	315034	327	165
16	云南冶金集团股份有限公司	云南省昆明市北市区小康大道399号	650224	346	177
17	云南锡业集团（控股）有限责任公司	云南省个旧市金湖东路121号	661000	380	198
18	晟通科技集团有限公司	湖南省长沙市金星路109号晟通长沙产业园	410200	383	199
19	东营方圆有色金属有限公司	山东省东营经济开发区浏阳河路99号	257091	418	219
20	东营鲁方金属材料有限公司	东营市东营区养殖区骨干路22号	257091	431	225
21	西部矿业集团有限公司	青海省西宁市五四大街52号	810001	432	226
22	万基控股集团有限公司	河南省洛阳市新安县产业集聚区	471832	433	227
23	广西有色金属集团有限公司	广西南宁路金浦路22号名都大厦9层	530021	443	231
24	河南豫联能源集团有限责任公司	河南省巩义市新华路31号	451200	452	236
25	河南豫光金铅集团有限责任公司	河南省济源市荆梁南街1号	459001	478	253
26	深圳市中金岭南有色金属股份有限公司	广东省深圳市福田区车公庙深南大道6013号中国有色大厦23-26楼	518040		282
27	山东天圆铜业有限公司	东营市东营区黄河路36号	257091		286
28	江西稀有金属钨业控股集团有限公司	江西省南昌市北京西路118号	330046		288
29	江西钨业集团有限公司	江西省南昌市火炬大街188号淳和大厦	330096		293
30	天津华北集团有限公司	天津市北城区津围公路15号	300402		331
31	杭州富春江冶炼有限公司	浙江省杭州市富阳市鹿山街道谢家溪	311407		332
32	宁夏天元锰业有限公司	中宁新材料循环经济示范区	755103		372

行业名次	公司名称	通讯地址	邮编	名次(1)	名次(2)
33	人本集团有限公司	浙江省温州市经济龙湾区括苍东路66号	325011		407
34	中条山有色金属集团有限公司	山西省运城市垣曲县	043700		420
35	山东创新金属科技股份有限公司	山东省滨州市邹平县城北外环路东首	256200		422
36	江西江锂科技有限公司	江西省新余市分宜工业园区	336600		423
37	厦门钨业股份有限公司	福建省厦门市湖滨南路619号1601	361004		445
38	兰溪自立铜业有限公司	浙江省兰溪市大仙东路23-2号	321100		452
39	河北立中有色金属集团	河北省保定市七一东路948号	071000		456
40	无锡市凌峰铜业有限公司	江苏省宜兴市官林镇东虹路2号	214251		467
41	安徽楚江投资集团有限公司	安徽省芜湖市九华北路10号	241008		486
金属制品、加工工具、工业辅助产品加工制造业					
1	春风实业集团有限责任公司	河北省冀州市冀新西路86号	053200	421	220
2	江苏法尔胜泓昇集团有限公司	江苏省江阴市成江中路165号	214434	444	232
3	精功集团有限公司	浙江省绍兴柯桥金柯桥大道112号精功大厦18F	312030	481	256
4	浙江元立金属制品集团有限公司	浙江省遂昌县元立大道479号	323300		283
5	福星集团	湖北省汉川市沉湖镇福星街1号	431608		306
6	浙江东南网架集团有限公司	浙江省杭州市萧山区衙前镇新林周村	311209		352
7	江苏大明金属制品有限公司	江苏省无锡市通江大道1518号	214191		375
8	精工控股集团有限公司	浙江省绍兴市袍江世纪西街1号	312071		386
9	浙江栋梁新材股份有限公司	浙江省湖州市吴兴区织里镇栋梁路	313008		390
10	湖南金龙国际集团	湖南省长沙市望城经开区金星东路8号	410200		463
11	江苏海达科技集团有限公司	江苏省江阴市华士镇环南路800号	214421		466
12	金洲集团有限公司	浙江省湖州市二里桥路57号	313000		475
13	邯郸市正大制管有限公司	河北省邯郸市成安工业区聚良大道9号	056700		487
工程机械、设备及零配件制造业					
1	徐州工程机械集团有限公司	江苏省徐州市金山桥经济开发区驮蓝山路26号	221004	119	44
2	中联重科股份有限公司	湖南省长沙市银盆南路361号	410013	133	55
3	三一集团有限公司	湖南省长沙市经济开发区三一工业城	410100	143	61
4	上海振华重工（集团）股份有限公司	上海市浦东新区东方路3261号	200125		284
5	太原重型机械集团有限公司	山西省太原市万柏林区玉河53号	030024		297
6	临沂临工机械集团	山东省临沂市经济技术开发区 临工工业园	276023		308
7	广西柳工集团有限公司	广西柳州市柳南区柳太路一号	545007		314
8	山推工程机械股份有限公司	山东省济宁市327国道58号	272073		402
9	大连重工·起重集团有限公司	辽宁省大连市西岗区169号华锐大厦	116013		406
10	郑州煤矿机械集团股份有限公司	河南省郑州市郑州经济技术开发区第九大街167号	450016		410

行业名次	公司名称	通讯地址	邮编	名次（1）	名次（2）
11	杭叉集团股份有限公司	浙江省临安经济开发区东环路88号	311305		437
12	厦门厦工机械股份有限公司	厦门市集美区灌口南路668号	360123		464
13	成都神钢工程机械（集团）有限公司	四川省成都市经济技术开发区汽车城大道666号	610100		492
工业机械、设备及零配件制造业					
1	盾安控股集团有限公司	浙江省杭州市滨江区泰安路239号	310052	265	130
2	中国恒天集团有限公司	北京市朝阳区建国路99号中服大厦	100020	278	140
3	大连市机床集团有限责任公司	大连市开发区双口港辽河东路100号	116022		281
4	沈阳机床（集团）有限责任公司	辽宁省沈阳市经济技术开发区开发大路17甲1–8号	110142		303
5	北方重工集团有限公司	辽宁省沈阳市经济技术开发区开发大路16号	110141		333
6	大连冰山集团有限公司	辽宁省大连市沙河口区西南路888号	116033		408
7	沈阳鼓风机集团股份有限公司	辽宁省沈阳经济技术开发区开发大路16号甲	110869		416
8	海天塑机集团有限公司	浙江省宁波市北仑区小港江南出口加工贸易区	315821		432
9	杭州制氧机集团有限公司	浙江省杭州市下城区中山北路592号弘元大厦	310014		453
10	天洁集团有限公司	浙江省诸暨市牌头镇杨傅村天洁工业园	311825		489
农林业机械、设备及零配件制造业					
1	山东时风（集团）有限责任公司	山东省高唐县鼓楼西路	252800	364	186
2	福田雷沃国际重工股份有限公司	山东省潍坊市北海南路192号	261206		278
电力、电气等设备、机械、元器件及线缆制造业					
1	天津百利机电控股集团有限公司	天津市南开区长江道4号	300100	214	100
2	超威电源有限公司	浙江省长兴县雉城镇新兴工业园区	313100	300	150
3	正泰集团股份有限公司	浙江省温州市乐清市北白象镇正泰工业园正泰路1号	325603	326	164
4	上海人民企业（集团）有限公司	上海市静安区南京西路881号	200041	365	187
5	人民电器集团有限公司	浙江省乐清市经济开发区（柳市镇车站路555号人民电器工业园）	325604	369	191
6	德力西集团有限公司	浙江省乐清市柳市镇柳青路1号	325604	370	192
7	天正集团有限公司	浙江省乐清市柳市镇天正工业园区	325604	378	196
8	亨通集团有限公司	江苏省吴江市经济技术开发区中山北路2288号	215200	379	197
9	江苏金辉铜业集团有限公司	江苏省宜兴市官林镇金辉工业园	214252	404	212
10	北京京城机电控股有限责任公司	北京朝阳区东三环中路59号京城机电大厦18层	100022	407	214
11	新疆特变电工集团有限公司	新疆维吾尔自治区昌吉市延安南路52号	831100	410	216
12	宁波富邦控股集团有限公司	浙江省宁波市海曙区长春路2号	315010	453	237
13	远东控股集团有限公司	江苏省宜兴市高塍镇远东大道6号	214257	470	248

行业名次	公司名称	通讯地址	邮编	名次(1)	名次(2)
14	宝胜集团有限公司	江苏省宝应县宝胜中路1号	225800	480	255
15	中国西电集团公司	陕西省西安市高新区唐兴路7号	710075		312
16	永鼎集团有限公司	江苏省吴江市汾湖镇汾湖国道路751号	215211		315
17	天津塑力线缆集团有限公司	天津市北辰区高新大道41号	300412		320
18	上海胜华电缆（集团）有限公司	上海市浦东新区沪南公路7577号	201314		339
19	富通集团有限公司	浙江省富阳市金秋大道富春科技园1-8号	311400		349
20	湘电集团有限公司	湖南省湘潭市下摄司街302号	411101		359
21	华通机电集团有限公司	浙江省乐清市柳市镇柳青路2号	325604		383
22	浙江富春江通信集团有限公司	浙江省富阳市江滨东大道138号	311401		387
23	兴乐集团有限公司	浙江省乐清市柳市镇后街工业区昌盛路17号	325604		391
24	江苏上上电缆集团有限公司	江苏省溧阳市上上路68号	213300		418
25	上海浦东电线电缆（集团）有限公司	上海市奉贤区青港工业园区上线路777号	201414		433
26	铜陵精达铜材（集团）有限责任公司	安徽省铜陵市经济技术开发区黄山大道	244000		460
电梯及运输、仓储设备、设施制造业					
1	中国国际海运集装箱（集团）股份有限公司	广东省深圳市南山区蛇口工业区港湾大道2号中集研发中心	518067	201	92
2	西子联合控股有限公司	浙江省杭州市庆春东路1-1号西子联合大厦21楼	310016	484	258
轨道交通设备及零部件制造业					
1	中国南车集团公司	北京市海淀区西四环中路16号院5号楼	100036	129	51
2	中国北方机车车辆工业集团公司	北京市丰台区方城园一区15号楼中国北车大厦	100078	130	52
家用电器及零配件制造业					
1	海尔集团公司	山东省青岛市海尔路1号	266101	81	26
2	美的集团有限公司	广东省佛山市顺德区北滘镇美的大道6号美的总部大楼B区26-28楼	528311	114	41
3	珠海格力电器股份有限公司	广东省珠海市香洲区前山金鸡路789号	519070	123	47
4	海信集团有限公司	山东省青岛市市南区东海西路17号	266071	146	64
5	四川长虹电子集团有限公司	四川省绵阳市高新区绵兴东路35号	621000	149	67
6	TCL集团股份有限公司	广东省惠州市仲恺高新区惠风三路17号TCL科技大厦	516006	164	75
7	奥克斯集团有限公司	浙江省宁波市鄞州县（区）日丽中路757号25F	315010	255	126
8	广东格兰仕集团有限公司	广东省佛山市顺德区容桂大道南25号	528305	363	185
9	江苏双良集团有限公司	江苏省江阴市利港镇	214444	416	218
10	广州万宝集团有限公司	广东省广州市海珠区江南大道中111号	510220	477	252

行业名次	公司名称	通讯地址	邮编	名次（1）	名次（2）
11	杭州金鱼电器集团有限公司	浙江省杭州市西湖区天目山路159号现代国际大厦南座16楼	310013		380
12	澳柯玛股份有限公司	山东省青岛经济技术开发区前湾港路315号	266510		428
13	惠州市华阳集团有限公司	广东省惠州市东江高新科技产业园上霞北路1号华阳工业园A区集团办公大楼	516005		459
黄金冶炼及压延业					
1	中国黄金集团公司	北京市东城区安定门外大街9号	100011	120	45
2	山东黄金集团有限公司	山东省济南市高新区舜华路2000号舜泰广场3号楼	250100	197	91
3	紫金矿业集团股份有限公司	福建省上杭县紫金大道1号	364200	220	103
4	山东招金集团有限公司	山东省招远市开发区盛泰路108号	265400	257	127
电子元器件与仪器仪表、自动化控制设备制造业					
1	中国电子信息产业集团有限公司	北京市海淀区万寿路27号北京64信箱	100846	63	22
2	山东科达集团有限公司	山东省东营市府前大街65号	257091	455	239
3	晶龙实业集团有限公司	河北省宁晋县晶龙大街289号	055550		272
4	惠州市德赛集团有限公司	广东省惠州市江北云山西路12号德赛大厦22层	516003		400
5	三花控股集团有限公司	浙江省新昌县城关镇七星街道下礼泉村	312500		412
6	山东润峰集团有限公司	山东省济宁市微山县润峰工业园	277600		455
7	广州无线电集团有限公司	广东省广州市天河区黄埔大道西平云路163号	510656		472
8	中国四联仪器仪表集团有限公司	重庆市北碚区碚峡路128号	400700		493
动力、电力生产等装备、设备制造业					
1	上海电气（集团）总公司	上海市四川中路149号	200002	128	50
2	潍柴控股集团有限公司	山东省潍坊市高新技术开发区福寿东街197号甲	261001	147	65
3	杭州汽轮动力集团有限公司	浙江省杭州市庆春东路68号杭州汽轮国际大厦18楼	310016	223	106
4	中国东方电气集团有限公司	四川省成都市高新西区西芯大道18号	611731	243	117
5	广西玉柴机器集团有限公司	广西玉林市玉柴大道1号	537005	249	123
6	哈尔滨电气集团公司	黑龙江省哈尔滨市香坊区三大动力路39号	150040	334	170
7	卧龙控股集团有限公司	浙江省上虞市人民西路1801号	312300		322
8	胜利油田高原石油装备有限责任公司	山东省东营市南一路232号	257091		498
计算机及零部件制造业					
1	联想控股有限公司	北京市海淀区科学院南路2号融科资讯中心A座10层	100190	42	12
2	北大方正集团有限公司	北京市海淀区成府路298号中关村方正大厦9层	100871	183	85

行业名次	公司名称	通讯地址	邮编	名次（1）	名次（2）
3	京东方科技集团股份有限公司	北京市朝阳区酒仙桥路10号	100015	391	205
4	同方股份有限公司	北京市海淀区王庄路1号同方科技大厦A座29层	100083	458	242
通讯器材及设备、元器件制造业					
1	华为技术有限公司	北京市西城区金融街5号新盛大厦南塔20层华为驻北京代表处	100032	44	13
2	天津中环电子信息集团有限公司	天津市南开区复康路23号	300191	90	32
3	中兴通讯股份有限公司	广东省深圳市科技南路55号	518057	140	59
4	武汉邮电科学研究院	湖北省武汉市洪山区邮科院路88号	430074		302
5	四川九洲电器集团有限责任公司	四川省绵阳市九华路6号	621000		324
办公、影像等电子设备、元器件制造业					
1	深圳华强集团有限公司	广东省深圳市深南中路华强路口华强集团1号楼	518031		417
2	得力集团有限公司	浙江省宁波市宁海县得力工业园	315600		499
汽车及零配件制造业					
1	上海汽车集团股份有限公司	上海市威海路489号	200041	13	2
2	中国第一汽车集团公司	吉林省长春市东风大街2259号	130011	17	3
3	东风汽车公司	湖北省武汉市经济技术开发区东风大道特1号	430056	18	4
4	北京汽车集团有限公司	北京市顺义区双河大街99号北京汽车产业基地	101300	50	18
5	浙江吉利控股集团有限公司	浙江省杭州市滨江区江陵路1760号	310051	85	27
6	广州汽车工业集团有限公司	广东省广州市东风中路448-458号19楼-20楼	510030	87	29
7	华晨汽车集团控股有限公司	辽宁省沈阳市大东区东望街39号	110044	109	37
8	万向集团公司	浙江省杭州市萧山经济技术开发区	311215	125	48
9	江苏悦达集团有限公司	江苏省盐城市世纪大道东路2号	224007	135	56
10	长城汽车股份有限公司	河北省保定市朝阳南大街2266号	071000	241	115
11	安徽江淮汽车集团有限公司	安徽省合肥市包河区东流路176号	230022	296	146
12	江铃汽车集团公司	江西省南昌市迎宾北大道666号	330001	313	157
13	陕西汽车控股集团有限公司	陕西省西安市经济开发区泾渭工业园	710200	328	166
14	奇瑞汽车股份有限公司	安徽省芜湖市经济技术开发区长春路8号	241009	335	171
15	郑州宇通集团有限公司	河南省郑州市管城区宇通路河宇通工业园	450061	430	224
16	厦门金龙汽车集团股份有限公司	厦门市厦禾路668号22-23层	361004		274
17	三环集团公司	湖北省武汉市东湖新技术开发区佳园路33号	430074		327
18	山东五征集团	山东省日照市北经济开发区五征汽车城总部办公楼	262306		334
19	柳州五菱汽车有限责任公司	广西柳州市河西路18号	545007		337

行业名次	公司名称	通讯地址	邮编	名次(1)	名次(2)
20	庆铃汽车（集团）有限公司	重庆市九龙坡区中梁山协兴村1号	400052		371
21	辽宁曙光汽车集团股份有限公司	辽宁省丹东市振安区曙光路50号	118001		384
22	万丰奥特控股集团有限公司	浙江省新昌县万丰科技园	312500		399
23	重庆小康控股有限公司	重庆市沙坪坝区上桥工业园	400033		448
24	海马汽车集团股份有限公司	海南省海口市金盘工业区金牛路2号	570216		451
25	华翔集团股份有限公司	浙江省宁波市象山县西周镇镇安路104号	315722		477
摩托车及零配件制造业					
1	隆鑫控股有限公司	重庆市九龙坡区石坪桥横街特5号	400051	457	241
2	重庆力帆控股有限公司	重庆市沙坪坝区上桥张家湾60号	400037	461	244
3	宗申产业集团有限公司	重庆市巴南区渝南大道126号宗申工业园	400054		361
4	重庆润通投资有限公司	重庆市九龙坡区科城路68号34-8，34-9	400039		482
航空航天及国防工业					
1	中国兵器工业集团公司	北京市西城区三里河路46号	100821	19	5
2	中国兵器装备集团公司	北京市海淀区车道沟10号院	100089	27	7
3	中国航空工业集团公司	北京市朝阳区建国路128号中航工业大厦	100022	28	8
4	中国航天三江集团公司	湖北省武汉市东西湖区金山大道9号	430040		329
船舶工业					
1	中国船舶重工集团公司	北京市海淀区昆明湖南路72号	100097	74	25
2	江苏扬子江船业集团公司	江苏省江阴市鲥鱼港路38号	214431	351	180
3	上海外高桥造船有限公司	上海市浦东新区洲海路3001号	200137		325
4	金海重工股份有限公司	浙江省岱山县途镇金海大道1号	316291		335
5	春和集团有限公司	浙江省宁波市江北区扬善路51号金港大厦12楼	315020		338
6	沪东中华造船（集团）有限公司	上海市浦东新区浦东大道2851号	200129		366
综合制造业（以制造业为主，含有服务业）					
1	中国五矿集团公司	北京市海淀区三里河路5号五矿大厦	100044	25	6
2	上海复星高科技（集团）有限公司	上海市黄浦区复兴东路2号复星商务大厦	200010	206	94
3	江苏华西集团公司	江苏省无锡市江阴市华士镇华西村	214420	207	95
4	无锡产业发展集团有限公司	江苏省无锡市县前西街168号	214031	210	97
5	比亚迪股份有限公司	广东省深圳市龙岗区坪山横坪公路3001号	518118	221	104
6	新华联集团有限公司	北京市朝阳区东四环中路道家园18号新华联大厦17层	100025	269	134
7	华盛江泉集团有限公司	山东省临沂市罗庄区双月湖西岸	276017	310	155
8	重庆化医控股（集团）公司	重庆市北部新区星光大道70号天王星A1座	401121	325	163
9	重庆机电控股（集团）公司	重庆市北部新区黄山大道中段60号	401123	358	183
10	万达控股集团有限公司	山东省东营市垦利县行政办公新区万达大厦	257500	435	228
11	苏州创元投资发展（集团）有限公司	江苏省苏州市南门东二路4号	215007	471	249

行业名次	公司名称	通讯地址	邮编	名次（1）	名次（2）
12	杭州锦江集团有限公司	浙江省杭州市湖墅南路 111 号锦江大厦 20－22 楼	310005	496	265
13	攀枝花钢城集团有限公司	四川省攀枝花市东区长寿路	617023		292
14	江苏天地龙控股集团有限公司	江苏省宜兴市西郊工业园（徐舍镇）	214241		300
15	华立集团股份有限公司	浙江省杭州市余杭区五常大道 181 号华立科技园	310023		345
16	重庆市博赛矿业（集团）有限公司	重庆市渝中区邹容路 131 号世界贸易中心 47 楼	400010		370
17	利时集团股份有限公司	浙江省宁波市鄞州区投资创业中心诚信路 518 号	315105		382
18	山东华兴机械股份有限公司	山东省博兴县乐安大街 1678 号	256500		397
19	安徽淮海实业发展集团有限公司	安徽省淮北市相山北路 57 号	235000		419
20	花园集团有限公司	浙江省东阳市南马镇花园工业区	322121		421
21	致达控股集团有限公司	上海市延平路 121 号 29 楼	200042		469
22	浙江航民实业集团有限公司	浙江省杭州市萧山区瓜沥镇航民村	311241		476
23	山西兰花科技创业股份有限公司	山西省晋城市凤台东街 2288 号兰花大厦	048026		484
24	河南财鑫集团有限责任公司	河南省郸城县城东环路 37 号	477150		491

行业名次	公司名称	通讯地址	邮编	名次（1）	名次（3）
能源（含电力、热力、燃气等）供应、开发、减排及再生循环服务业					
1	国家电网公司	北京市西城区西长安街86号	100031	3	1
2	中国南方电网有限责任公司	广东省广州市珠江新城华穗路6号	510623	16	9
3	浙江省能源集团有限公司	浙江省杭州市天目山路152号	310007	171	59
4	中国节能环保集团公司	北京市海淀区西直门北大街42号	100082	311	100
5	北京能源投资（集团）有限公司	北京市朝阳区永安东里16号CBD国际大厦A区	100022	330	106
6	申能（集团）有限公司	上海市虹井路159号申能能源中心	201103	344	110
7	山西省国新能源发展集团有限公司	山西省太原市长风大街108号东座	030006	396	122
8	福建省能源集团有限责任公司	福建省福州市省府路1号	350001		155
9	安徽省能源集团有限公司	安徽省合肥市马鞍山路76号能源大厦6楼	230011		198
10	无锡市国联发展（集团）有限公司	江苏省无锡市金融一街8号国联金融大厦20楼	214121		233
11	广西水利电业集团有限公司	广西南宁市厢竹大道30号	530023		253
12	天津市燃气集团有限公司	天津市南开区四马路28号	300100		281
13	东华能源股份有限公司	江苏省张家港市保税区出口加工区东华路668号	215634		320
14	广西桂东电力股份有限公司	广西贺州市平安西路12号	542899		379
15	上海大众公用事业（集团）股份有限公司	上海市吴中路699号7楼	201103		413
16	武汉市燃气热力集团有限公司	湖北省武汉市江汉区台北路225号	430015		429
铁路运输及辅助服务业					
1	中国铁路物资股份有限公司	北京市西城区华远街11号	100032	38	19
2	广州铁路（集团）公司	广东省广州市中山一路151号	510080	167	57
3	大秦铁路股份有限公司	山西省太原市建设北路202号	030013	225	80
4	中铁集装箱运输有限责任公司	北京市宣武区鸭子桥路24号中铁商务大厦622房间	100055		169
5	内蒙古集通铁路（集团）有限责任公司	内蒙古自治区呼和浩特市新城区成吉思汗东街19号	010050		314
陆路运输、城市公交、道路及交通辅助等服务业					
1	山东高速集团有限公司	山东省济南市历下区龙奥北路8号	250098	340	109
2	广东省交通集团有限公司	广东省广州市珠江新城珠江东路32号利通广场	510623	348	112
3	浙江省交通投资集团有限公司	浙江省杭州市文晖路303号	310014	427	131
4	安徽省高速公路控股集团有限公司	安徽省合肥市望江西路520号	230088		186
5	重庆交通运输控股（集团）有限公司	重庆市北部新区高新园青松路33号	401121		220

注：名次（3）为2013中国服务业企业500强中的名次

行业名次	公司名称	通讯地址	邮编	名次(1)	名次(3)
6	上海交运（集团）公司	上海市闸北区恒丰路288号	200070		255
7	天津市交通（集团）有限公司	天津市和平区营口道10号	300041		288
8	安徽省交通投资集团有限责任公司	安徽省合肥市高新技术开发区香樟大道180号	230088		294
9	山西汽车运输集团有限公司	山西省太原市迎泽大街50号	030001		322
10	万合集团股份有限公司	河北省邯郸市机场路与河大路交叉口东行50米	056001		360
11	广州市地下铁道总公司	广东省广州市海珠区新港东路618号南丰汇11–14楼	510000		363
12	上海强生控股股份有限公司	上海市静安区南京路920号强生南泰大厦1802室	200041		407
13	苏州汽车客运集团有限公司	江苏省苏州市金阊区留园路288号	215008		415
14	江西赣粤高速公路股份有限公司	江西省南昌市朝阳洲中路367号	330025		424
15	广州市第二公共汽车公司	广东省广州市中山大道1011号	510660		464
16	大众交通（集团）股份有限公司	上海市吴中路699号7楼	201103		466
17	交运集团公司	山东省青岛市市北区延吉路100号	266034		474
水上运输业					
1	中国远洋运输（集团）总公司	北京市西城区复兴门内大街158号远洋大厦11层	100031	64	27
2	中国海运（集团）总公司	上海市东大名路678号	200080	172	60
3	广东省航运集团有限公司	广东省广州市越秀区八旗二马路48号广东航运大厦3006室	510111		428
港口服务业					
1	广西北部湾国际港务集团有限公司	广西南宁市民族大道1219号	530028	306	97
2	上海国际港务（集团）股份有限公司	上海市虹口区东大名路358号国际港务大厦	200080	361	115
3	天津港（集团）有限公司	天津市滨海新区（塘沽）津港路99号	300461	399	123
4	青岛港（集团）有限公司	山东省青岛市港青路6号	266011	449	136
5	日照港集团有限公司	山东省日照市黄海一路91号	276826		182
6	河北港口集团有限公司	河北省秦皇岛市海港区海滨路35号	066002		208
7	营口港务集团有限公司	辽宁省营口市鲅鱼圈区营港路1号	115007		249
8	广州港集团有限公司	广东省广州市越秀区沿江东路406号港口中心	510100		299
9	大连港集团有限公司	辽宁省大连市中山区港湾街1号	116001		316
10	唐山港集团股份有限公司	河北省唐山市唐山海港经济开发区	063611		402
11	丹东港集团有限公司	辽宁省丹东市振兴区兴五路7号	118000		459
航空运输业					
1	海航集团有限公司	海南省海口市国兴大道7号海航大厦	570203	108	43
2	中国南方航空集团公司	广东省广州市机场路航云南街27号	510406	115	45
3	中国航空集团公司	北京市朝阳区霄云路36号国航大厦	100027	117	46

行业名次	公司名称	通讯地址	邮编	名次(1)	名次(3)
4	中国东方航空集团公司	上海市虹桥机场空港三路99号	200335	134	49
5	四川航空股份有限公司	四川省成都市双流国际机场四川航空大厦	610202		162
6	山东航空集团有限公司	济南市二环东路5746号	240014		199
航空港及相关服务业					
1	首都机场集团公司	北京首都国际机场三号航站楼南侧二纬路	100621	489	146
2	上海机场（集团）有限公司	上海市虹桥机场迎宾二路200号	200335		236
3	厦门翔业集团有限公司	福建省厦门市思明区仙岳路396号翔业大厦17楼	361000		312
4	中国民航信息集团公司	北京市东城区东四西大街157号	100010		391
电信、邮寄、速递等服务业					
1	中国移动通信集团公司	北京市西城区金融大街29号	100033	8	6
2	中国电信集团公司	北京市西城区金融大街31号	100140	23	12
3	中国邮政集团公司	北京市西城区金融街甲3号	100808	26	14
4	中国联合网络通信集团有限公司	北京市西城区金融大街21号中国联通大厦	100033	34	17
软件、程序、计算机应用、网络工程等计算机、微电子服务业					
1	神州数码控股有限公司	北京市海淀区上地9街9号数码科技广场	100085	192	69
2	三胞集团有限公司	江苏省南京市中山北路219号宏图大厦22楼	210008	205	76
3	浪潮集团有限公司	山东省济南市山大路224号	250101	261	87
4	东软集团股份有限公司	辽宁省沈阳市浑南新区新秀街2号东软软件园	110179		275
5	浙大网新科技股份有限公司	浙江省杭州市西湖区三墩镇西园八路1号A楼15F	310030		336
6	浙江大华技术股份有限公司	浙江省杭州市滨江区滨安路1187号	310053		426
物流、仓储、运输、配送服务业					
1	中国外运长航集团有限公司	北京市海淀区西直门北大街甲43号金运大厦A座1502	100044	110	44
2	厦门建发集团有限公司	福建省厦门市鹭江道52号海滨大厦9楼	361001	127	48
3	中国诚通控股集团有限公司	北京市南四环西路188号总部基地6区17号楼9层	100070	155	54
4	河北省物流产业集团有限公司	河北省石家庄市中华北大街3号	050000	274	90
5	厦门象屿集团有限公司	福建省厦门现代物流园区象兴四路21号银盛大厦9楼	361006	317	102
6	腾邦投资控股有限公司	广东省深圳市福田保税区桃花路9号腾邦集团大厦	518038	417	127
7	广西交通投资集团有限公司	广西南宁市金浦路22号13层	530028	420	129
8	福建省交通运输集团有限责任公司	福建省福州市东水路18号交通综合大楼东楼21-23层	350001	450	137
9	云南物流产业集团有限公司	云南省昆明市广福路8号	650228		183

行业名次	公司名称	通讯地址	邮编	名次(1)	名次(3)
10	玖隆钢铁物流有限公司	江苏省张家港市锦丰镇锦绣路 1 号玖隆物流园	215625		192
11	广州金博物流贸易集团有限公司	广州市经济技术开发区西基工业区隔墙路 47 号	510730		219
12	重庆港务物流集团有限公司	重庆市江北区海尔路 318 号重庆保税港区	400025		263
13	新疆维吾尔自治区棉麻公司	新疆乌鲁木齐市火车北站四路 38 号	830015		301
14	武汉商贸国有控股集团有限公司	湖北省武汉市解放大道 1127 号富商大厦 8-9 楼	430030		326
15	振华物流集团有限公司	天津经济技术开发区第二大街 62 号 MSD-B1 座 7 层	300461		343
16	上海亚东国际货运有限公司	上海市黄浦区延安东路 45 号工商联大厦 16 楼	200002		400
17	青海省物资产业集团总公司	青海省西宁市朝阳东路 34-2 号	810003		416
18	重庆重铁物流有限公司	重庆市渝中区中山支路 16 号	400014		422
19	四川安吉物流集团有限公司	四川省宜宾市岷江西路 150 号	644007		465
20	浙江省八达物流有限公司	浙江省杭州市建国中路 27 号 6 楼	310009		494
矿产、能源内外商贸及批发业					
1	中国航空油料集团公司	北京市海淀区马甸路 2 号桥冠城园中国航油大厦	100088	37	18
2	山西煤炭运销集团有限公司	山西省太原市开化寺街 82 号	030002	62	26
3	山西煤炭进出口集团有限公司	山西省太原市长风大街 115 号世纪广场 B 座	030006	106	42
4	珠海振戎公司	北京市朝阳区大屯里 121 号华悦国际公寓 J 座	100108	157	55
5	南方石化集团有限公司	广东省广州市天河区林和西路 3-15 号耀中广场 14 楼	510600	195	72
6	上海华信石油集团有限公司	上海市徐汇区天钥桥路 1000 号 2 楼	200030	337	107
7	中球冠集团有限公司	浙江省杭州市萧山区市心中路 819 号绿都世贸广场 13 层	311202		154
8	广州元亨能源有限公司	广东省越秀区东风东路 850 号锦城大厦 18 楼	510600		202
9	上海龙宇燃油股份有限公司	上海市浦东新区东方路 710 号 19 楼	200122		257
10	华信石油有限公司	福建省厦门市思湖区湖滨北路 15 号十层 A 单元	361012		329
11	天津恒运能源股份有限公司	天津市塘沽区海洋高新技术开发区金江路 45 号	300451		368
12	天津三和众诚石油制品销售有限公司	天津市静海县唐官屯物流园区一大道 1 号	301608		382
13	内蒙古铁鑫煤化集团有限公司	内蒙古包头市东河区巴彦塔拉西大街铁鑫大厦 11 号	014040		440
14	厦门海澳集团有限公司	福建省厦门市海沧区钟林路 12 号海沧商务大楼 19 楼	361026		442
15	江苏中江能源有限公司	江苏省镇江市中山东路 45 号 16 层	212000		450

行业名次	公司名称	通讯地址	邮编	名次(1)	名次(3)
16	上海中燃船舶燃料有限公司	上海市四川北路1688号福德商务中心（南楼）28楼	200080		492
化工产品及医药批发及内外商贸业					
1	中国中化集团公司	北京市复兴门内大街28号凯晨世贸中心中座F11	100031	15	8
2	南通化工轻工股份有限公司	江苏省南通市南大街28号	226001		161
3	宁波神化化学品经营有限责任公司	浙江省宁波市江东区东胜路35号	315040		171
4	日出实业集团有限公司	浙江省宁波市鄞州县（区）天童南路588号宁波商会国贸中心A座42楼	315000		323
5	河南蓝天集团有限公司	河南省驻马店市解放路68号中原大厦17楼	463000		387
机电、电子批发及内外商贸业					
1	中国通用技术（集团）控股有限责任公司	北京丰台区西三环中路90号	100055	92	36
2	广东省广新控股集团有限公司	广东省广州市海珠区新港东路1000号东塔	510308	175	61
3	宁波市慈溪进出口股份有限公司	浙江省宁波市慈溪市寺山路269号外贸大厦A座7楼	315300		248
4	广州佳都集团有限公司	广东省广州市天河软件园建中路66号佳都商务大厦东塔9楼	510665		383
5	上海金开利集团有限公司	上海市黄浦区西藏南路758号金开利广场5楼	200011		406
6	厦门嘉联恒进出口有限公司	福建省厦门市莲秀里185号必利达大厦28D	361009		463
7	广东省商业企业集团公司	广东省广州市越秀区新河浦路66号三楼	510080		487
生活消费商品（含家居、文体、玩具、工艺品、珠宝等）内外批发及商贸业					
1	浙江省国际贸易集团有限公司	浙江省杭州市中山北路308号国贸集团大楼	310003	232	82
2	中国中纺集团公司	北京市建国门内大街19号中纺大厦	100005	234	84
3	中国工艺（集团）公司	北京市朝阳区朝阳门外吉祥里103号	100020	250	85
4	广东省丝绸纺织集团有限公司	广东省广州市东风西路198号丝丽大厦	510180	283	92
5	江苏国泰国际集团有限公司	江苏省张家港市人民中路国泰大厦30-31楼	215600	338	108
6	广州轻工工贸集团有限公司	广东省广州市沿江西路147号	510120	439	134
7	安徽国贸集团控股有限公司	安徽省合肥市政务文化新区祁门路1779号	230071	463	139
8	江苏省苏豪控股集团有限公司	江苏省南京市软件大道48号A座519室	210012	498	148
9	新华锦集团	山东省青岛市东海西路41号东海世家2栋3-4层	266071		160
10	上海兰生（集团）有限公司	上海市卢湾区淮海中路8号32楼	200021		168
11	四川省烟草公司成都市公司	四川省成都市青羊区槐树街1号	610031		177
12	广州纺织工贸企业集团有限公司	广东省广州市越秀区东风中路438号广德大厦	510040		195
13	太平鸟集团有限公司	浙江省宁波市环城西路南段826号	315011		244
14	浙江华瑞集团有限公司	浙江省杭州市萧山区建设一路66号华瑞中心一号楼28层	311215		270

行业名次	公司名称	通讯地址	邮编	名次（1）	名次（3）
15	浙江凯喜雅国际股份有限公司	浙江省杭州市体育场路 105 号	310004		289
16	湖北银丰实业集团有限责任公司	湖北省武汉市江岸区青岛路 7 号银丰大厦 12 楼	430014		296
17	中国免税品（集团）有限责任公司	北京市东城区东直门外小街甲 2 号-1	100027		317
18	温州金州集团	浙江省温州市瓯海区郭溪镇曹埭村金州工业园	325018		349
19	厦门市嘉晟对外贸易有限公司	福建省厦门市思明区塔埔东路 165 号 1803 单元	361008		364
20	上海丝绸集团股份有限公司	上海市吴兴路 283 号	200030		375
21	万事利集团有限公司	浙江省杭州市江干区秋涛北路 72 号三新银座大厦 19 楼	310020		380
22	辛集皮革城有限公司	河北省辛集市教育路北段东侧	052360		385
23	福建省烟草公司厦门市公司	福建省厦门市湖光路 66-67 号鑫诚大厦 17 楼	361004		386
24	浙江中国小商品城集团股份有限公司	浙江省义乌市福田路 105 号海洋商务楼 17 楼	322000		420
25	南京金箔集团有限责任公司	江苏省南京市江宁区东山莱茵达路 288 号天印花园 28 幢	211100		482
26	厦门华融集团有限公司	厦门市思明区故宫东路 27 号 601 单元	361004		485
27	鑫东森集团有限公司	福建省厦门思明区观音山商务中心南投路 11 号荣鑫盛运营中心 22f	361008		488
28	众地集团有限公司	山东省青岛市南区瞿糖峡路 7 号	266002		496
29	绮丽集团有限责任公司	山东省青岛市南京路 2 号	266071		499
粮油食品及农林、土畜、果蔬、水产品等内外批发商贸业					
1	中粮集团有限公司	北京市朝阳区朝阳门南大街 8 号中粮福临门大厦 18F	100020	54	23
2	北京粮食集团有限责任公司	北京市朝阳区东三环中路 16 号京粮大厦	100022		152
3	重庆粮食集团有限责任公司	重庆市北部新区星光大道 90 号土星商务中心 A2	401121		184
4	吉林粮食集团有限公司	吉林省长春市春城大街 1515 号	130062		258
5	新疆西部银力棉业（集团）有限责任公司	新疆石河子市北三路 23 小区 79 号	832000		304
6	厦门夏商集团有限公司	福建省厦门市厦禾路 939 号 10-20 楼	361004		313
7	浙江省农村发展集团有限公司	浙江省杭州市武林路 437 号农发大厦	310006		321
8	新疆生产建设兵团农一师棉麻公司	新疆阿克苏市民主路 8-2 号	843000		335
9	安徽省盐业总公司	安徽省合肥市胜利路 1366 号	230011		345
10	新疆银隆农业国际合作股份有限公司	新疆乌鲁木齐市南湖北路 89 号温州大厦	830017		374
11	江苏省粮食集团有限责任公司	江苏省南京市中山路 338 号 26 楼	210008		395
12	新疆前海供销集团公司	新疆喀什市克孜都维路 478 号	844000		419
13	深圳市粮食集团有限公司	深圳市福田区福虹路 9 号世贸广场 A 座 13 楼	518033		470

行业名次	公司名称	通讯地址	邮编	名次(1)	名次(3)
14	厦门市明穗粮油贸易有限公司	厦门现代物流园区象屿路88号保税市场大厦3楼303室	361006		484
生产资料批发及内外商贸业					
1	天津物产集团有限公司	天津市和平区营口道四号	300041	51	22
2	浙江省物产集团公司	浙江省杭州市环城西路56号	310006	56	25
3	安徽省徽商集团有限公司	安徽省合肥市芜湖路258号	230061	187	68
4	江苏汇鸿国际集团有限公司	江苏省南京市白下路91号汇鸿大厦	210001	233	83
5	安徽辉隆农资集团	安徽省合肥市祁门路1777号辉隆大厦	230022		159
6	重庆对外经贸（集团）有限公司	重庆市北部新区星光大道80号天王星D座	401121		190
7	浙江建华集团有限公司	浙江省杭州市沈半路2号	310015		251
8	厦门路桥工程物资有限公司	福建省厦门市海沧区海虹路5号	361026		266
9	庆丰农业生产资料集团有限责任公司	黑龙江省大庆市龙凤区卧里屯大街55号	163714		267
10	江苏苏农农资连锁集团股份有限公司	江苏省南京市莫愁路357号	210004		287
11	山东机械进出口集团有限公司	山东省青岛市瞿塘峡路1号	266002		292
12	新疆农资（集团）有限责任公司	新疆乌鲁木齐市中山路2号	830002		298
13	广东天禾农资股份有限公司	广州市越秀区东风东路709号	510080		307
14	吉峰农机连锁股份有限公司	四川省郫县现代工业港北片区港通北二路219号	611743		311
15	厦门恒兴集团有限公司	福建省厦门市思明区鹭江道100号财富中心大厦42层	361001		332
16	河北省农业生产资料有限公司	河北省石家庄市胜利北大街151号冀兴大厦A507	050041		348
17	张家港保税区锦德贸易有限公司	江苏省张家港市锦丰镇江苏沙钢集团有限公司物贸财务	215625		390
18	湖北省农业生产资料集团有限公司	湖北省武汉市汉口解放大道1409号	430022		393
19	九禾股份有限公司	重庆市九龙坡区西郊路33号九龙明珠大厦5楼	400050		399
20	福建省福农农资集团有限公司（福建省农资集团公司）	福建省福州市鼓楼区尚宾路32号	350001		408
21	常州市化工轻工材料总公司	江苏省常州市桃园路19号	213003		434
22	中国天津国际经济技术合作集团公司	天津市和平区睦南道103号	300050		462
23	广西富满地农资股份有限公司	广西南宁市桃源路43号农资大厦8楼	530021		479
金属内外商贸及加工、配送、批发零售业					
1	广东振戎能源有限公司	广东省广州市天河区珠江新城华夏路8号合景国际金融广场第35楼	510623	185	66
2	上海华冶钢铁集团有限公司	上海市宝山区锦乐路288号	201901	419	128
3	丰立集团有限公司	江苏省张家港市大新镇	215636	475	143

行业名次	公司名称	通讯地址	邮编	名次(1)	名次(3)
4	大汉控股集团有限公司	湖南省长沙市人民东路大汉建材城1栋	410000		153
5	重庆华南物资（集团）有限公司	重庆市江北区红黄路1号1幢15-1	400020		157
6	张家港保税区兴恒得贸易有限公司	张家港市锦丰镇沙钢集团科技大楼经贸财务科	215625		166
7	上海均和集团钢铁销售有限公司	上海市曲阳路910号15楼	200437		189
8	天津立业钢铁集团有限公司	天津市东丽区军粮城兴农村北	300301		200
9	上海展志实业集团有限责任公司	上海市杨浦区国宾路36号万达广场B座17层	200433		272
10	上海强劲产业发展投资股份有限公司	上海市徐汇区老沪闵路1070号1号楼3F	200237		274
11	上海百营钢铁集团有限公司	上海市宝山区友谊路1518弄1号10-16F	201900		276
12	天津市丽兴京津钢铁贸易有限公司	天津市东丽区军粮城工业园宝仓路丽兴物流园	300301		278
13	江阴长三角钢铁集团有限公司	江苏省江阴市澄山路2号贯庄钢材市场交易中心	214400		282
14	上海顺朝企业发展集团有限公司	上海市虹口区广灵四路24号甲开隆大厦12楼	200083		293
15	均和（厦门）商贸有限公司	厦门市思明区塔埔东路155号11层			334
16	张家港保税区荣德贸易有限公司	江苏省张家港市锦丰镇沙钢集团科技大楼废钢处	215600		347
17	上海闵路润贸易有限公司	上海市杨浦区国宾路36号万达广场B座11楼	200433		376
18	上海宝闽钢铁集团有限公司	上海市逸仙路661号新海商务大厦16楼	200434		384
19	山西金邦贸易有限公司	山西省太原市三墙路24号城墙花园商务大厦12层	030002		397
20	上海尚友实业集团有限公司	上海市杨浦区国权路39号金座6楼	200433		411
21	天津渤海润德钢铁集团有限公司	天津市河西区围堤道53增1号丽晶国际大厦23层	300201		418
22	张家港福洛瑞物贸有限公司	江苏省张家港市锦丰镇 锦绣路3号	215625		421
23	武汉有色金属投资有限公司	湖北省武汉市硚口区古田二路汇丰企业总部4栋A单元5层	430034		453
24	张家港保税区荣润贸易有限公司	江苏省张家港市锦丰镇沙钢集团科技大楼废钢处	215625		456
25	上海中钢投资集团有限公司	删改市浦东新区浦电路438号21楼	200122		497
综合性内外商贸及批发业、零售业					
1	厦门国贸控股有限公司	福建省厦门市湖滨南路388号国贸大厦38楼	361004	177	63
2	浙江省兴合集团公司	浙江省杭州市延安路312号	310006	186	67
3	远大物产集团有限公司	浙江省宁波市江东区惊驾路555号泰富广场A座12-15层	315040	284	93
4	中基宁波集团股份有限公司	浙江省宁波市鄞州区天童南路666号	315199	460	138
5	东方国际（集团）有限公司	上海市娄山关路85号A座23楼	200336		149
6	欧美投资集团有限公司	山东省青岛市东海西路35号4栋12层	266071		180
7	河北银水实业集团有限公司	河北省唐山市开平区郑庄子镇贾庵子村	063020		193

行业名次	公司名称	通讯地址	邮编	名次(1)	名次(3)
8	广西物资集团有限责任公司	广西省南宁市东葛路78号	530022		210
9	北方国际集团有限公司	天津市和平区大理道68号	300050		252
10	宁波君安物产有限公司	浙江省宁波市江东区彩虹北路40号	315040		318
11	浙江万丰企业集团公司	浙江省杭州市萧山区城厢街道人民路51号	311203		341
12	宁波海田控股集团有限公司	浙江省宁波市江北区文教路72弄16号	315016		361
13	嘉兴良友进出口集团股份有限公司	浙江省嘉兴市东升东路2500号良友大厦	314033		366
14	上海东菱实业有限公司	上海市虹口区逸仙路300号1705室	200434		409
15	上海外经集团控股有限公司	上海市小木桥路681号上海外经大厦	200032		468
汽车及摩托车商贸、维修保养及租赁业					
1	庞大汽贸集团股份有限公司	河北省唐山市滦县火车站广场东侧庞大汽贸集团	063700	194	71
2	中升集团控股有限公司	大连市沙河口区河曲街20号	116021	215	78
3	上海永达控股（集团）有限公司	上海市瑞金南路299号	200023	464	140
4	上海申华控股股份有限公司	上海市宁波路1号申华金融大厦24F	200002		179
5	北京祥龙博瑞汽车服务（集团）有限公司	北京市朝阳区东直门外左家庄路2号	100028		185
6	山东远通汽车贸易集团有限公司	山东省临沂市通达路319号	276000		191
7	浙江康桥汽车工贸集团股份有限公司	浙江省杭州市花园岗街181号	310015		203
8	河北省国和汽车投资有限公司	河北省石家庄市北二环东路68号国际汽车园区东门亚龙花园对面	050033		226
9	润华集团股份有限公司	济南市经十西路3999号润华汽车文化产业园	250117		234
10	广西壮族自治区机电设备有限责任公司	广西南宁市民族大道127号铂宫国际7楼	530022		246
11	山西大昌汽车集团有限公司	山西省太原市平阳南路88号	030032		260
12	重庆中汽西南汽车有限公司	重庆市北部新区金渝大道99号（汽博中心）	401147		264
13	宁波轿辰集团股份有限公司	浙江省宁波市高新区星海南路16号轿辰大厦	315040		280
14	安徽亚夏实业股份有限公司	安徽省宁国市宁阳西路75号	242300		300
15	湖南兰天汽车集团有限公司	湖南省长沙市岳麓区方栖路279号	410003		359
16	湖南新物产集团有限公司	湖南省长沙市芙蓉区五一大道333号	410011		389
17	重庆百事达汽车有限公司	重庆市渝北区龙西街道松牌路521号	401147		392
18	湖南汽车城有限公司	湖南省长沙市东风路360号	410003		433
19	蓝池集团有限公司	河北省邢台市桥西区邢州大道2332	054000		436
20	华星北方汽车贸易有限公司	天津市河西区太湖路6号	300210		439
电器商贸批发业、零售业					
1	苏宁控股集团	江苏省南京市玄武区徐庄软件园苏宁大道1号	210042	39	20
2	国美电器有限公司	北京市朝阳区霄云路26号鹏润大厦B座10层	100016	100	39
3	天音通信有限公司	广东省深圳市深南中路1002号新闻大厦26层	518027	324	104
4	深圳市爱施德股份有限公司	广东省深圳市南山区茶光路南湾工业区7栋3楼	518055		151

行业名次	公司名称	通讯地址	邮编	名次(1)	名次(3)
5	武汉工贸有限公司	湖北省武汉市江汉区唐家墩路133号	430023		333
6	常熟市交电家电有限责任公司	江苏省常熟市华山路99号	215500		457
7	话机世界数码连锁集团股份有限公司	浙江省杭州市密渡桥路1号白马大厦28楼	300005		489
医药专营批发业、零售业					
1	中国医药集团总公司	北京市海淀区知春路20号	100191	80	32
2	九州通医药集团股份有限公司	湖北省武汉市汉阳区龙阳大道特8号	430051	352	113
3	南京医药产业（集团）有限责任公司	江苏省南京市御道街正阳大厦七楼	210007	376	118
4	重庆医药（集团）股份有限公司	重庆市渝中区大同路1号	400011		164
5	浙江英特药业有限责任公司	浙江省杭州市滨江区江南大道96号中化大厦	310051		213
6	新龙药业集团	湖北省武汉市龙阳大道特8号	430051		242
7	鹭燕（福建）药业股份有限公司	福建省厦门市湖里区华泰路3号A幢五层A单元	361006		351
8	宁波医药股份有限公司	浙江省宁波市车轿街26号	315000		377
9	浙江省医药工业有限公司	浙江省杭州市莫干山路文北巷27号	310012		401
10	全洲药业集团有限公司	湖南省长沙市雨花区时代阳光大道216号全洲大厦	410111		444
商业零售业、连锁超市					
1	百联集团有限公司	上海市黄浦区中山南路315号百联大厦13楼	200010	84	34
2	大连大商集团有限公司	辽宁省大连市中山区青三街1号	116001	97	38
3	武汉商联（集团）股份有限公司	湖北省武汉市江岸区沿江大道238号	430010	159	56
4	山东省商业集团有限公司	山东省济南市山师东路4号	250014	182	65
5	重庆商社（集团）有限公司	重庆市渝中区青年路18号	400010	226	81
6	浙江省商业集团有限公司	浙江省杭州市惠民路56号	310002	264	89
7	天津一商集团有限公司	天津市和平区唐山道54号	300040	287	95
8	合肥百货大楼集团股份有限公司	安徽省合肥市长江西路689号金座A2408	230088	322	103
9	江苏高力集团有限公司	江苏省南京市栖霞区栖霞大道8号紫峰大厦40楼	210038	329	105
10	石家庄北国人百集团有限责任公司	河北省石家庄市中山东路188号	050000	395	121
11	永辉超市股份有限公司	福建省福州市西二环中路436号	350002	411	125
12	长春欧亚集团股份有限公司	吉林省长春市绿园区南阳路418号	130011	423	130
13	利群集团股份有限公司	山东省青岛市崂山区崂山路67号	266102	472	142
14	银泰百货（集团）有限公司	浙江省杭州市下城区延安路528号标力大厦B座21层	310006		158
15	淄博商厦股份有限公司	山东省淄博市张店区中心路125号	255000		170
16	北京菜市口百货股份有限公司	北京市西城区广安门内大街306号	100053		188
17	浙江宝利德控股集团有限公司	浙江省杭州市西湖区求是路8号公元大厦南楼1001	310003		201

行业名次	公司名称	通讯地址	邮编	名次（1）	名次（3）
18	广州百货企业集团有限公司	广东省广州市越秀区西湖路12号23楼	510030		204
19	天津二商集团有限公司	天津市和平区山东路112号	300041		206
20	杭州市商贸旅游集团有限公司	浙江省杭州市上城区庆春路149-3号	310003		215
21	北京京客隆商业集团股份有限公司	北京市朝阳区新源街45号楼	100027		223
22	上海新世界（集团）有限公司	上海市黄浦区九江路619号22楼	200001		235
23	月星集团有限公司	上海市普陀区澳门路168号	200060		239
24	唐山百货大楼集团有限责任公司	河北省唐山市路北区新华东道125号	063000		245
25	无锡商业大厦大东方股份有限公司	江苏省无锡市中山路343号	214001		262
26	天津金元宝商厦集团有限公司	天津市滨海新区塘沽解放路668号	300450		279
27	河北省新合作控股集团有限公司	河北省石家庄市建设南大街21号付1号	050011		284
28	湖南友谊阿波罗控股股份有限公司	湖南省长沙市芙蓉区八一路1号	410001		291
29	河北怀特集团股份有限公司	河北省石家庄市裕华区槐岭路26号	050021		297
30	银川新华百货商业集团股份有限公司	宁夏银川市兴庆区解放西街2号老大楼写字楼7楼	750001		302
31	邯郸市阳光百货集团总公司	河北省邯郸市中华北大街29号	056002		328
32	天津劝业华联集团有限公司	天津市河西区马场道59号A座7层	300203		338
33	江苏恒大置业投资发展有限公司	江苏省苏州市苏惠路98号国检大厦五楼502-520室	215021		342
34	杭州大厦有限公司	浙江省杭州市武林广场1号	310006		357
35	广州友谊集团股份有限公司	广东省广州市越秀区环市东路369号	510095		365
36	重庆华轻商业公司	重庆市渝中区邹容路107号	400010		367
37	青岛维客集团股份有限公司	山东省青岛市李沧区京口路86号	266100		369
38	武汉市汉商集团股份有限公司	湖北省武汉市汉阳大道134号	430050		373
39	长沙通程控股股份有限公司	湖南省长沙市劳动西路589号	410007		403
40	青岛利客来集团股份有限公司	山东省青岛市李沧区京口路58号	266100		414
41	加贝物流股份有限公司	浙江省宁波市北仑区大研庐山中路1号	315806		423
42	中兴-沈阳商业大厦（集团）股份有限公司	辽宁省沈阳市和平区太原北街86号	110001		438
43	雄风集团有限公司	浙江省诸暨市陶朱街道诸三路100号	311800		443
44	浙江华联商厦有限公司	浙江省宁波市余姚市阳明西路1号	315400		446
45	河北保百集团有限公司	河北省保定市朝阳北大街916号	071051		449
46	湖州市浙北大厦有限责任公司	浙江省湖州市红旗路南街口	313000		460
47	山西华宇集团有限公司	山西省太原市开化寺街87号	030002		467
48	大连金玛商城企业集团有限公司	辽宁省大连市金州新区双D港数字2路23号	116600		472
49	浙江供销超市有限公司	浙江省绍兴市延安东路173号	312000		473
50	快乐购物股份有限公司	湖南省长沙市开福区金鹰影视文化城	410003		475
51	南京新街口百货商店股份有限公司	江苏省南京市中山南路1号	210005		477

行业名次	公司名称	通讯地址	邮编	名次（1）	名次（3）
52	张家港市第一人民商场有限责任公司	江苏省张家港市杨舍镇步行街35号	215600		481
53	河北惠友商业连锁发展有限公司	河北省涿州范阳中路252号	072750		486
54	心连心集团有限公司	湖南省湘潭市韶山中路10号	411100		490
55	南宁百货大楼股份有限公司	广西南宁市朝阳路39号	530012		491
56	重庆市新大兴实业（集团）有限公司	重庆市涪陵区鹅颈管1组新大兴大厦	408000		493
家具、家居专营批发业、零售业					
1	武汉欧亚达家居集团有限公司				181
银行业					
1	中国工商银行股份有限公司	北京市西城区复兴门内大街55号	100140	4	2
2	中国建设银行股份有限公司	北京市西城区金融大街25号	100033	5	3
3	中国农业银行股份有限公司	北京市东城区建国门内大街69号	100005	6	4
4	中国银行股份有限公司	北京市复兴门内大街1号	100818	7	5
5	交通银行股份有限公司	上海市仙霞路18号10楼	200336	32	15
6	中国民生银行股份有限公司	北京市西城区复兴门内大街2号	100031	70	28
7	招商银行股份有限公司	广东省深圳市深南大道7088号招商银行大厦45楼	518040	72	29
8	兴业银行股份有限公司	福建省福州市湖东路154号中山大厦A座	350003	75	30
9	上海浦东发展银行股份有限公司	上海市中山东一路12号	200002	83	33
10	中国农业发展银行	北京市西城区月坛北街甲2号	100045	96	37
11	中国光大银行股份有限公司	北京市西城区太平桥大街25号、甲25号中国光大中心	100033	103	41
12	华夏银行股份有限公司	北京市东城区建国门内大街22号华夏银行大厦	100005	152	52
13	广发银行股份有限公司	广东省广州市越秀区东风东路713号	510080	193	70
14	北京银行	北京市西城区金融大街丙17号北京银行大厦26层办公室	100033	196	73
15	重庆农村商业银行股份有限公司	重庆市江北区洋河东路10号	400020	445	135
16	广州农村商业银行股份有限公司	广东省广州市天河区珠江新城华夏路1号	510623		156
17	盛京银行有限公司	辽宁省沈阳市沈河区北站路109号	110013		167
18	天津银行股份有限公司	天津市河西区友谊路15号	300201		176
19	吉林银行	吉林省长春市东南湖大路1817号	130033		194
20	广州银行股份有限公司	广东省广州市越秀区广州大道北195号	510075		212
21	成都银行股份有限公司	四川省成都市西御街16号	610015		221
22	渤海银行股份有限公司	天津市河西区马场道201-205号	300204		227
23	徽商银行股份有限公司	安徽省合肥市安庆路79号天徽大厦A座	230001		230
24	汉口银行股份有限公司	湖北省武汉市建设大道933号	430015		238
25	广西北部湾银行股份有限公司	广西南宁市青秀路10号	530028		259

行业名次	公司名称	通讯地址	邮编	名次(1)	名次(3)
26	长沙银行股份有限公司	湖南省长沙市芙蓉中路1段433号	410005		268
27	青岛农村商业银行股份有限公司	山东省青岛市香港东路109号	266061		271
28	华融湘江银行股份有限公司	湖南省长沙市天心区芙蓉南路一段828号鑫远杰座大厦	410004		285
29	武汉农村商业银行股份有限公司	湖北省武汉市江岸区建设大道618号	430015		310
30	青岛银行股份有限公司	山东省青岛市香港中路68号	266071		344
31	重庆银行股份有限公司	重庆市渝中区邹容路153号	040010		353
32	洛阳银行股份有限公司	河南省洛阳市洛阳新区开元大道与通济街交叉口	471023		371
33	江苏张家港农村商业银行股份有限公司	江苏省张家港市人民中路66号	215600		394
34	宁夏银行股份有限公司	宁夏回族自治区银川市金凤区北京中路157号	750002		396
35	日照银行股份有限公司	山东省日照市烟台路197号	276826		427
36	江苏吴江农村商业银行股份有限公司	江苏省吴江市中山南路1777号	215200		448
37	桂林银行股份有限公司	广西桂林市中山南路76号	541002		451
38	齐商银行股份有限公司	山东省淄博市金晶大道105号	255025		452
39	张家口市商业银行股份有限公司	河北省张家口市桥东区胜利北路51号	075000		478
人寿保险业					
1	中国人寿保险（集团）公司	北京市西城区金融大街17号中国人寿中心22层	100033	14	7
2	新华人寿保险股份有限公司	北京市朝阳区建国门外大街甲12号新华保险大厦	100022	101	40
3	泰康人寿保险股份有限公司	北京市西城区复兴门内大街156号泰康人寿大厦	100031	154	53
4	阳光保险集团股份有限公司	北京市朝阳区朝外大街乙12号1号楼昆泰国际大厦28层	100020	309	99
财产保险业					
1	中国人民保险集团股份有限公司	北京市海淀区清华西路28号内万春园	100084	33	16
综合保险业					
1	中国平安保险（集团）股份有限公司	广东省深圳市福田区福华路星河发展中心15楼	518048	22	11
2	中国太平洋保险（集团）股份有限公司	上海市浦东新区银城中路190号南楼	200120	76	31
3	中国太平保险集团公司	北京市西城路广成街4号院2号楼3-905室	100140	202	75
证券业					
1	海通证券股份有限公司	上海市广东路689号	200001		232
2	中国银河证券股份有限公司	北京市西城区金融大街35号国际企业大厦C座15层总裁办公室	100033		315
3	光大证券股份有限公司	上海市静安区新闸路1508号	200040		417

行业名次	公司名称	通讯地址	邮编	名次(1)	名次(3)
其他金融服务业					
1	广东粤财投资控股有限公司	广东省广州市东风中路481号粤财大厦15楼	510045		174
2	厦门华澄集团有限公司	福建省厦门市思明区厦禾路589号银聚祥邸六层	361004		378
多元化投资控股、商务服务业					
1	中国中信集团有限公司	北京市朝阳区新源南路6号京城大厦	100004	20	10
2	中国华润总公司	香港湾仔港湾道26号华润大厦49楼（广东省深圳市深南东路5001号华润大厦28楼）	518001	24	13
3	国家开发投资公司	北京市西城区阜成门北大街6号-6	100034	139	50
4	广东省广晟资产经营有限公司	广东省广州市珠江新城珠江西路17号广晟国际大厦50楼	510623	285	94
5	重庆市能源投资集团有限公司	重庆市渝北区洪湖西路12号	401121	345	111
6	浙江前程投资股份有限公司	浙江省宁波市江东区39号前程大厦C座	315040	372	117
7	天津市津能投资公司	天津市和平区马场道142号增1号	300050	476	144
8	深圳市神州通投资集团有限公司	广东省深圳市南山区西丽茶光路南湾工业区第6、7栋	518055	485	145
9	广东粤海控股有限公司	广东省广州市天河区天河路208号粤海天河城大厦45楼	510620		165
10	广东粤合资产经营有限公司	广东省广州市天河区天河路242号丰兴广场B座8楼804-810室	510620		197
11	湖北能源集团股份有限公司	湖北省武汉市武昌区徐东大街96号	430062		216
12	河南交通投资集团有限公司	河南省郑州市郑东新区农业东路100号	450016		228
13	青海省投资集团有限公司	青海省西宁市城西区新宁路36号	810008		256
14	四川省开元集团有限公司	成都市一环路南三段47号开元大厦	610041		261
15	厦门海沧投资集团有限公司	福建省厦门市海沧区钟林路8号海投大厦	361026		277
16	云南省能源投资集团有限公司	云南省昆明市人民中路20号美亚大厦18-24楼	650021		350
17	广州中大控股有限公司	广州市海珠区新港西路135号中大科技综合楼B座自编1614房	510275		372
18	无锡市交通产业集团有限公司	江苏省无锡市运河东路100号	214031		388
19	广州凯得控股有限公司	广东省广州市科学城科学大道239号8楼	510663		435
房地产开发与经营、物业及房屋装饰、修缮、管理等服务业					
1	绿地控股集团有限公司	上海市打浦路700号绿地总部大厦4楼	200023	55	24
2	大连万达集团股份有限公司	北京市朝阳区建国路93号万达广场B座	100022	91	35
3	恒大地产集团有限公司	广东省广州市天河区黄埔大道78号天伦大厦恒大中心36楼	510620	176	62
4	绿城房地产集团有限公司	浙江省杭州市杭大路1号黄龙世纪广场A10楼	310007	199	74

行业名次	公司名称	通讯地址	邮编	名次(1)	名次(3)
5	隆基泰和实业有限公司	河北省高碑店市东方路66号	074099	216	79
6	华侨城集团公司	广东省深圳市南山区华侨城办公楼	518053	254	86
7	银亿集团有限公司	浙江省宁波市江北区人民路132号	315020	316	101
8	重庆龙湖企业拓展有限公司	重庆市江北区北城天街4号北岸星座7楼	400020	354	114
9	百兴集团有限公司	江苏省常州市新北区黄河东路88号	213022	377	119
10	福佳集团有限公司	辽宁省大连市沙河口区兴工街4号A栋24楼	116021	385	120
11	世纪金源投资集团有限公司	北京市海淀区蓝晴路1号	100097	401	124
12	江苏华厦融创置地集团有限公司	江苏省徐州市中山北路269号	221007	434	132
13	重庆市金科投资控股（集团）有限责任公司	重庆市江北区石马河街道金科十年城5栋3楼	401121	437	133
14	弘阳集团有限公司	江苏省南京市大桥北路9号弘阳大厦	210031	468	141
15	天津住宅建设发展集团有限公司	天津市和平区马场道66号	300050	490	147
16	荣盛控股股份有限公司	河北省廊坊市开发区四海路春明道12号	065001		163
17	苏州金螳螂企业集团有限公司	江苏省苏州市西环路888号	215004		172
18	卓尔控股有限公司	湖北省武汉市盘龙城经济开发区楚天大道特1号卓尔大厦	430312		173
19	浙江华成控股集团有限公司	浙江省杭州市钱江新城富春路308号华成国际大厦39楼	310016		178
20	天津市房地产开发经营集团有限公司	天津市河西区宾水道增9号环渤海发展中心A座16-19层	300061		211
21	大华（集团）有限公司	上海市宝山区华灵路698号	200442		218
22	天津现代集团有限公司	天津市和平区西康路与成都道交口赛顿中心C座29层	300051		222
23	上海华拓控股集团有限公司	上海市闵行区都市路4855号2号楼17楼	201199		229
24	亿达集团有限公司	辽宁省大连市沙河口区东北路99号亿达广场4号楼10楼	116021		231
25	百步亭集团有限公司	湖北省武汉市江岸区百步亭花园路18号	430012		241
26	西安高科（集团）公司	陕西省西安市高新区科技路33号高新国际商务中心34层	710075		243
27	锦联控股集团有限公司	辽宁省大连市中山区祝贺街35号锦联大厦	116001		250
28	广州珠江实业集团有限公司	广东省广州市环市东路371-375号世界贸易中心大厦南塔29、29楼	510095		265
29	天津贻成集团有限公司	天津市塘沽区河北路4862-1号	300451		273
30	广东珠江投资股份有限公司	广东省广州市珠江东路421号珠江投资大厦6楼	510623		286
31	重庆华宇物业（集团）有限公司	重庆市沙坪坝区华宇广场1号世纪银河30楼	400030		290

行业名次	公司名称	通讯地址	邮编	名次(1)	名次(3)
32	北京北辰实业集团有限责任公司	北京市朝阳区北辰东路 8 号北辰实业总经办	100101		303
33	滨海投资集团股份有限公司	天津市滨海新区塘沽烟台道 15 号	300450		306
34	荣安集团股份有限公司	浙江省宁波市海曙县区灵桥路 513 号天封大厦 5 楼	315000		319
35	厦门经济特区房地产开发集团有限公司	福建省厦门市思明区文塔路 211 号 4-6 层	361004		339
36	宁波伟立投资集团有限公司	浙江省宁波市江东县百丈东路 758 弄 7 号	315040		346
37	重庆市锦天地产（集团）有限公司	重庆市大渡口区文体路 126 号	400084		352
38	祥生实业集团有限公司	浙江省诸暨市苎萝东路 195 号祥生新世纪广场商务楼 15 层	311800		358
39	河北卓正实业集团有限公司	河北省保定市七一路 2356 号	071000		370
40	宁波万象控股集团有限公司	浙江省宁波市象山县新丰路 276 号	315700		398
41	天津海泰控股集团有限公司	天津华苑产业区梅苑路 6 号海泰大厦 11-12 层	300384		404
42	厦门禹洲集团股份有限公司	厦门市湖滨西路 39 号华侨海景城 6 楼	361003		405
43	东冠集团有限公司	浙江省杭州市滨江区江南大道 588 号恒鑫大厦	310052		430
44	武汉地产开发投资集团有限公司	湖北省武汉市江汉区新华路 25 号伟业大厦 14 层	430022		445
45	宁波联合集团股份有限公司	浙江省宁波市经济技术开发区东海路 1 号联合大厦	315803		461
46	厦门源昌集团有限公司	厦门市思明区湖滨南路 253 号源昌集团大厦 38 层	361000		469
47	大洲控股集团有限公司	福建省厦门市思明区鹭江道 2 号厦门第一广场 28 层	361001		483
48	厦门新景地集团有限公司	福建省厦门市湖里区嘉禾路 396 号 10 层	361009		495
49	天津津滨发展股份有限公司	天津开发区黄海路 98 号津滨杰座二区 B 座	300457		498
旅游、宾馆及娱乐服务业					
1	中国港中旅集团公司	北京市宣武区广安门内大街 338 号 9 层（香港干诺道中 78-83 号中旅集团大厦）	100053	209	77
2	北京首都旅游集团有限责任公司	北京市朝阳区雅宝路 10 号凯威大厦	100020	279	91
3	中青旅控股股份有限公司	北京市东城区东直门南大街 5 号	100007		217
4	上海春秋国际旅行社（集团）有限公司	上海市定西路 1558 号	200050		224
5	开元旅业集团有限公司	浙江省杭州市萧山区市心中路 818 号	311202		356
6	广州广之旅国际旅行社股份有限公司	广东省广州市白云区机场西乐嘉路 1 号	510403		425
7	安徽省旅游集团有限责任公司	安徽省合肥市梅山路 18 号 IFC 安徽国际金融中心 38-39F	230022		447
8	浙江南苑控股集团有限公司	浙江省宁波市鄞州区鄞县大道 1288 号	315000		458
9	华天实业控股集团有限公司	湖南省长沙市芙蓉中路 593 号 22 楼华天集团	410008		480

行业名次	公司名称	通讯地址	邮编	名次(1)	名次(3)
公用事业、市政、水务、航道、港口等公共设施的投资、经营与管理业					
1	北京控股集团有限公司	北京市朝阳区东三环北路38号院北京国际中心4号楼	100026	262	88
2	辽宁日林实业集团有限公司	辽宁省丹东振兴区三纬路1号A区A座	118000	415	126
3	北京首都创业集团有限公司	北京市东城区朝阳门北大街6号首创大厦15层	100027		150
4	宁波华东物资城市场建设开发有限公司	浙江省宁波市江东区宁穿路535号	315040		209
5	天津城市基础设施建设投资集团有限公司	天津市和平区大沽北路161号城投大厦	300040		214
6	南昌市政公用投资控股有限责任公司	江西省南昌市湖滨东路1399号	330039		237
7	天津市政建设集团有限公司	天津市和平区衡阳路4号	300050		254
8	武汉市城市建设投资开发集团有限公司	湖北省武汉市洪山区团结大道1020号	430061		269
9	南京大地建设集团有限责任公司	江苏省南京市华侨路56号	210029		324
10	怀来县土木煤炭市场物流服务中心	河北省怀来县土木镇土木村东	075411		325
11	广东省广告股份有限公司	广东省广州市东风东路745号之二	510080		354
12	天津市自来水集团有限公司	天津市和平区建设路54号	300040		362
13	广西北部湾投资集团有限公司	广西南宁市中泰路11号北部湾大楼北楼	530029		441
14	上海临港经济发展（集团）有限公司	上海市浦东新区新元南路555号	201306		455
15	无锡市市政公用产业集团有限公司	江苏省无锡市解放东路800号	214002		500
人力资源、会展博览、国内外经济合作等社会综合服务业					
1	中国国际技术智力合作公司	北京市朝阳区光华路7号汉威大厦西区25层	100004	307	98
2	北京外企服务集团有限责任公司	北京市朝阳区西大望路15号外企大厦B座19层	100022	371	116
3	中国江苏国际经济技术合作集团有限公司	江苏省南京市北京西路5号	210008		187
4	中国对外贸易中心（集团）	广东省广州市海珠区阅江中路382号	510335		330
5	中国大连国际经济技术合作集团有限公司	辽宁省大连市西岗区黄河路219号外经贸大厦	116011		337
6	中国出国人员服务总公司	北京市朝阳区惠新东街四号富盛大厦1座2807号	100029		471
科技研发、推广及地勘、规划、设计、评估、咨询、认证等承包服务业					
1	中国煤炭科工集团有限公司	北京市朝阳区和平里十三区煤炭大厦	100013	295	96
2	中国海诚工程科技股份有限公司	上海市宝庆路21号	200031		327
3	赛鼎工程有限公司	山西省太原市高新区晋阳街赛鼎路1号	030032		410
4	银江科技集团有限公司	浙江省杭州市西湖科技园西园八路2号银江软件园G座	310030		431
5	长江水利委员会长江勘测规划设计研究院	湖北省武汉市汉口解放大道1155号	430010		432
文化产业（书刊的出版、印刷、发行与销售及影视、广播、音像、文体、演艺等）					
1	江苏凤凰出版传媒集团有限公司	江苏省南京市湖南路1号凤凰广场A座	210009		196
2	安徽出版集团有限责任公司	安徽省合肥市政务文化新区翡翠路1118号	230071		207

行业名次	公司名称	通讯地址	邮编	名次(1)	名次(3)
3	安徽新华发行（集团）控股有限公司	安徽省合肥市长江中路279号	230061		225
4	西安曲江文化产业投资（集团）有限公司	陕西省雁塔南路292号曲江文化大厦	710061		247
5	湖南省新华书店有限责任公司	湖南省长沙市五一大道826号湖南大厦913室	410005		283
6	中国教育出版传媒集团有限公司	北京市海淀区学院路30号科大天工大厦	100083		295
7	浙江出版联合集团有限公司	浙江省杭州市天目山路40号	310013		309
8	四川新华发行有限公司	四川省成都市人民南路一段86号城市之心12F	610016		340
9	云南出版集团有限责任公司	云南省昆明市环城西路609号	650034		381
10	上海东方明珠（集团）股份有限公司	上海世纪大道1号3号门	200120		454
11	广东南方报业传媒集团有限公司	广东省广州市广州大道中289号南方报业传媒集团经营管理部	510601		476
信息、传媒、电子商务、网购、网络娱乐等互联网服务业					
1	广州唯品会信息科技有限公司	广东省广州市荔湾区芳村花海街20号	510370		355
2	广东省广播电视网络股份有限公司	广东省广州市珠江西路17号广晟国际大厦37楼	510623		437
综合服务业（以服务业为主，含有制造业）					
1	中国机械工业集团有限公司	北京市海淀区丹棱街3号A座	100080	48	21
2	中国保利集团公司	北京市东城区朝阳门北大街1号保利大厦28层	100010	124	47
3	新疆广汇实业投资（集团）有限责任公司	乌鲁木齐市新华北路165号广汇中天广场32层	830002	142	51
4	上海东浩国际服务贸易（集团）有限公司	上海市延安中路837号	200040	168	58
5	海南大印集团有限公司	海南省海口市滨海大道123号鸿联广场5楼	570105	181	64
6	上海均瑶（集团）有限公司	上海市徐汇区肇嘉浜路789号均瑶国际广场37楼	200032		175
7	广州岭南国际企业集团有限公司	广东省广州市流花路122号中国大酒店商业大厦4-6层	510015		205
8	华泰保险集团股份有限公司	北京市西城区金融大街35号国际企业大厦A座18层	100033		240
9	宁波滕头集团有限公司	浙江省奉化市萧王庙街道滕头村	315503		305
10	湖南九龙经贸集团有限公司	湖南省娄底市长青中街21号	417100		308
11	苏州国信集团有限公司	江苏省太仓市上海东路105号	215400		331
12	华茂集团股份有限公司	浙江省宁波市西门望春工业区龙嘘路125号	315175		412

后 记

一、《中国500强企业发展报告》是由中国企业联合会、中国企业家协会组织编写的全面记载和反映中国500强企业改革和发展的综合性大型年度报告。

二、为贯彻落实党的十八大和国家“十二五”规划纲要精神，促进企业做强做大做久，提高国际竞争力，发展我国大型跨国公司，中国企业联合会、中国企业家协会连续第十二年参照国际惯例推出中国500强企业及其与世界企业500强的对比分析报告，连续第九年推出了中国制造业企业500强、中国服务业企业500强及其分析报告，并连续推出了中国企业效益200佳和中国100大跨国公司及其分析报告。国务院领导多次作出批示，希望中国企业联合会继续把这方面的工作做好。2013中国企业500强、2013中国制造业企业500强、2013中国服务业企业500强、2013中国100大跨国公司的产生得到了各有关企联（企协）、企业家协会及大企业的大力支持，在此深表感谢。

三、本报告为中国企业联合会、中国企业家协会的研究成果。各章的作者为，第一章：冯立果，尹苗苗；第二章：赵婷；第三章：高蕊；第四章：李建明；第五章：缪荣；第六章：刘兴国；第七章至第九章：吴晓；第十章至第十三章：张德华，全书由郝玉峰统稿。参加编辑工作的有：郝玉峰、缪荣、张德华、殷恒晨、赵婷、冯立果、高蕊、刘兴国、吴晓。

四、凡引用本报告研究数据、研究成果者，应注明引自“中国企业联合会《2013中国500强企业发展报告》”或“中国企业联合会2013中国企业500强”、“中国企业联合会2013中国制造业企业500强”或“中国企业联合会2013中国服务业企业500强”，未经授权不得转载2013中国企业500强、2013中国制造业企业500强、2013中国服务业企业500强的名单。

五、2014年我会将继续对中国企业500强、中国制造业企业500强、中国服务业企业500强进行分析研究，出版《中国500强企业发展报告》，希望申报2014中国企业500强、2014中国制造业企业 500 强、2014 中国服务业企业 500 强的企业请与中国企业联合会、中国企业家协会研究部联系，电话：010－88512628、68701280、68431613、88413605、68465525；传真：68411739；网址：www. china–500. org。

六、本报告得到了中国航空工业集团公司、埃森哲（中国）有限公司、金蝶国际软件集团、联瑞集团、天津天士力集团有限公司、中国企业管理科学基金会的大力支持，在此特别致谢！

由于时间仓促，本报告难免出现疏漏和不尽人意之处，恳请经济界、企业界及其他各界人士提出宝贵意见和建议。

在本书即将出版之际，我们还要向一直负责本书出版的企业管理出版社表示感谢。

编　者

2013 年 8 月

2013年中国企业500强

2013年中国制造业企业500强

2013年中国服务业企业500强

部分企业介绍

中国铁建股份有限公司

CHINA RAILWAY CONSTRUCTION CORPORATION LIMTTED

中国铁建董事长、党委书记孟凤朝(左)在北京地铁施工现场向《财富》杂志总编苏安迪（右）介绍工程建设情况

中国铁建总裁张宗言（中）在长沙铁建重工集团调研

逢山凿路　遇水架桥

前身是铁道兵的中国铁建股份有限公司（中文简称中国铁建，英文简称CRCC），由中国铁道建筑总公司独家发起设立，于2007年11月5日在北京成立，为国务院国有资产监督管理委员会管理的特大型建筑企业。2008年3月10日、13日分别在上海和香港上市（A股代码601186、H股代码1186），公司注册资本123.38亿元。

中国铁建是中国乃至全球最具实力、最具规模的特大型综合建设集团之一，2013年《财富》“世界500强企业”排名第100位，处于“全球225家最大承包商”最前列，“中国企业500强”排名第11位，是中国最大的工程承包商，也是中国最大的海外工程承包商。

公司业务涵盖工程建筑、房地产、特许经营、工业制造、物资物流、矿产资源及金融保险，已经从以施工承包为主发展成为具有科研、规划、勘察、设计、施工、监理、维护、运营和投融资的完善的行业产业链，具备了为业主提供一站式综合服务的能力。并在高原铁路、高速铁路、高速公路、桥梁、隧道和城市轨道交通工程设计及建设领域确立了行业领导地位。自上世纪八十年代以来，在工程承包、勘察设计咨询等领域获得了400项国家级奖项。其中包括：国家科技进步奖、国家勘察设计“四优”奖、詹天佑土木工程大奖、国家优质工程奖、中国建筑工程鲁班奖、中国专利奖优秀奖等。

公司经营范围遍及除台湾以外的全国33个省（市）、自治区、香港、澳门特别行政区以及世界60多个国家。公司专业团队强大，拥有1名工程院院士、5名国家勘察设计大师和191名享受国务院特殊津贴的专家。

公司秉承铁道兵令行禁止、勇于创新、一往无前的优良传统和工作作风，形成了以“诚信、创新永恒，精品、人品同在”为核心价值观的卓越文化，企业具有强大的凝聚力、执行力和战斗力。在董事长、党委书记孟凤朝和总裁张宗言的带领下，中国铁建正向“中国建筑业的领军者，全球最具竞争力的大型建设集团”的目标迈进。

京沪高铁铺轨：中国铁建十四局集团的施工人员在紧张进行铺轨作业

中国铁建20局沪昆高铁岗乌隧道1号横洞内，项目副总工地质监测部部长罗宗帆和技术人员在掌子面进行雷达地质监测

京沪高铁铺轨：中国铁建十四局集团的施工人员在铺轨机前作业

由中国铁建十四局集团承建的武广客运专线里石隧道群

由中国铁建二十三局集团承建的郑西客运专线高桥隧道

中国铁建十二局集团承建的阿尔及利亚东西高速公路布泽葛扎一号隧道，正在进行焊接作业

载客列车在昆明新机场快速公交行驶——中国铁建十一局集团承担全线铺轨任务

由中国铁建十二局集团承建的阿尔及利亚东西高速公路布泽葛扎一号隧道外景

昆明市西北片区陈家营保障房性住房项目——中国铁建十六局集团承建

中国铁建十六局集团参与建设的昆明地铁首期工程1号线——空载列车驶出世纪城车站

昆明北二环改扩建工程——石虎关立交桥，由中国铁建十五局集团承建

中国铁建十四局集团承建的阿尔及利亚东西高速公路OA251悬灌桥跨越公路、铁路和河流

由中国铁建十九局施工的沈阳至大连八车道高速公路

昆明北二环改扩建工程——菊花立交桥，由中国铁建十六局集团承建

昆明新机场快速公交工程——载客列车通过昆明市郊瓦角村

由中国铁建援建的玉树琼龙住宅小区位于玉树州委党校东侧1.5公里处，是一个集住宅、商业的综合小区，总占地面积208712m²，总建筑面积248870.24m²，共计住户1857户

玉树起舞，巴塘欢歌。玉树州民族中学学生跳起欢快的锅庄舞，迎接新校园竣工

京沪高铁铺轨：中国铁建十四局、十五局集团铺轨牵引车分别向上海、北京方向铺轨

中国铁建20局沪昆高铁岗乌隧道3号横洞，员工在隧道口挂红灯笼迎接新年的到来

由中国铁建十七局集团承建的包西铁路第一长隧——冒天山隧道

空警 2000

空警 200

运 –20 大型运输机

参加国家科技奖励大会的中航工业获奖代表

“太行”发动机

AC313 直升机在珠峰大本营进行飞行测试

新舟 600

中国航空工业集团公司（简称“中航工业”）是一个以航空为本，能够在众多领域为用户提供从研发到运营，从制造到金融全价值链服务能力的企业。设有航空装备、运输机、发动机、直升机、航电系统、机电系统、通用飞机、航空研究、飞行试验、贸易物流、资产管理、金融服务、工程规划建设等产业板块，下辖 200 家子公司（分公司），有 26 家上市公司，员工约 50 万人。2013 年在《财富》世界 500 强排名第 212 位。在研发先进军民用航空装备的同时，致力于发展民用运输产业，在世界航空工业领域进行广泛合作与交流。在非航空领域方面，将航空科技融入机械装备、汽车、燃气轮机、制冷设备、电子、环保、新能源设备等产品，并提供金融服务、飞机租赁、通用航空、交通运输、医疗服务等高端服务业项目。

地址：北京市朝阳区建国路 128 号中航工业大厦
邮编：100022
信箱：北京 2399 信箱
电话：010–58356984
传真：010–58356979
网址：www.avic.com

专注产业链经营并成为全球卓越企业

深圳总部：东海国际中心

北京总部：Sk大厦

广州总部：广州国际金融中心

一家伟大的企业具有三大标准：持续引领、快速增长、永续经营；

企业简介
Group Introduction

正威国际集团是一家以有色金属完整产业链为主导的全球化集团公司，历经近20年的发展，目前拥有员工15000余名。集团总部位于广东深圳，应全球业务发展，在国内成立了北京、上海、广州区域总部，在欧洲（日内瓦）、亚洲（新加坡）等地设立国际区域总部。

近年来，集团在做大做强有色金属主业的基础上，乘势而起，迅速抢占市场资源、持续深化拓展产业布局，建立横跨亚、美、欧三大洲的十大产业基地，2013年进入世界500强，荣列第387名。正威引领市场，持续增长源于正威在发展过程中形成的超前的全新的商业思想和商业模式；强大的创新能力，创造性的执行能力和持续为社会贡献“全新产品”和“全新服务”的三大能力。

随着经济全球化进程的不断加快和中国经济体制改革的纵深推进，集团决定顺势而上，实施国际化市场、国际化人才、国际化管理及“大增长极、大产业链、大产业园”的产城发展模式，形成一个产业振兴一座城市的巨大影响力，走超常规发展之路，做大做强产业链，打造全球产业链最完整、产品质量最好、最值得信赖和尊重的服务商，实现正威“振兴民族精神 实现产业报国”的企业使命。

上海总部: 东亚银行大厦

亚洲总部: 新加坡盛大厦

欧洲总部: 日内瓦航海大厦

五大价值：创造客户、员工、伙伴、股东及社会的价值。

综合机械化采煤工作面

全国最大的燃用洗中煤坑口电厂

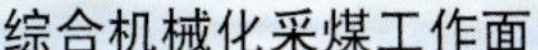

2012 年，山西焦煤生产原煤 10540 万吨，精煤 4558 万吨，焦炭 807 万吨，发电 179 亿度，营业收入 1807 亿元，上缴税费 158 亿元，实现利润 26 亿元。位居“中国企业 500 强”第 83 位、“全国煤炭企业 100 强”第 7 位，“全国煤炭产量 50 强”第 4 位。2013 年 7 月，《财富》世界 500 强企业排名揭晓，山西焦煤以 28646.3 百万美元的营业收入首次入榜，位列 403 位。

展望“十二五”，山西焦煤将以科学发展观为指导，瞄准“进军世界五百强和创建国家级文明企业”两大战略目标，紧扣“安全焦煤、百年焦煤、十强焦煤、美丽焦煤”四大战略支撑，深入推进安全、效益、发展、文明四件大事，全面加快企业转型跨越发展步伐，努力打造国内“第一大焦煤、焦炭、元明粉生产供应商”，同步推动化工、电力、钢铁、机械电气制造、建筑建井建材、贸易服务、环保制造服务等 7 个关联产业上规模、出效益。到“十二五”末，集团将实现炼焦煤产能超 2 亿吨，焦炭产能超 2500 万吨，化工产能超 800 万吨，电力装机容量超 1000 万千瓦，营业收入力争超过 3000 亿元。

古交工业园区

全国首家采用焦炉煤气配水煤气生产工艺的甲醇生产装置

千万吨级生产矿井

集团董事长、党委书记 李晋平

集团董事、总经理 翟红

2012 年 6 月 28 日，600 万吨 / 年高河新型现代化矿井竣工

潞安与西门子（中国）有限公司合作在
山西长治建设大型特种电机生产基地

集团煤化工工业园区

国家科学技术进步奖

证　书

为表彰国家科学技术进步奖获得者，特颁发此证书。

项目名称：贫煤、贫瘦煤高炉喷吹技术开发与应用

奖励等级：二等

获 奖 者：山西潞安矿业（集团）有限责任公司

证书号：2007-J-252-2-01-D01

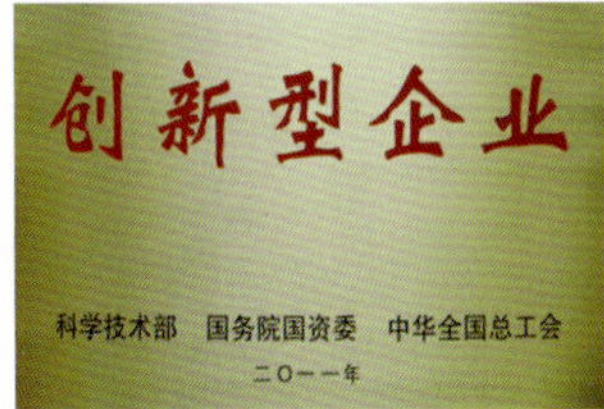

山西潞安矿业（集团）有限责任公司，是山西省属七大煤炭企业集团之一，是以煤为基、多元发展的能源企业集团。截止 2012 年底，潞安集团拥有资产 1260 亿元，拥有全资和控股子公司 46 家，分公司 14 家，参股子公司 21 家。2012 年煤炭产量 8008 万吨，营业收入 1710 亿元，实现利润 25 亿元，在 2013 年度《财富》世界 500 强中排名 430 位。

按照国家转变经济增长方式的要求及山西转型跨越发展的战略部署，潞安集团大力实施“建设亿吨煤炭新基地、打造产业发展新高地、开创幸福潞安新天地、全面建设既强又大国际化新潞安”的“三地一新”发展战略，坚持“高端化、低碳化、国际化”和“循环型、创新型、效益型”的“三化三型”发展方针，逐步形成了“5+5”产业格局，即煤炭、煤基合成油、煤电一体化、硝基肥料、新型焦化五大主导产业，光伏产业、装备制造、建筑建材、物流贸易、金融服务五大辅助产业。同时，企业正由战略引领向价值引领转型、资源依赖型向创新驱动型转型、高碳能源向低碳利用转型。

潞安人恪守“为人至诚，为业至精”理念，秉承“艰苦奋斗，博采众长，追求卓越”精神，以阳光的心开采光明，以感恩的心回报社会，以真诚的心造福员工，努力建设具有国际竞争力的能源品牌企业，力争到 2015 年，资产总额、营业收入双双达到 2000 亿元以上，建成“双两千亿企业”。

21 万吨／年煤基合成油示范厂于 2008 年 12 月 22 日产出了全国第一桶煤基合成油

地址：山西 长治 侯堡　　邮编：046204　　电话：0355—5922141　　传真：0355—5921972　　网址：http://www.cnluan.com

晋煤集团

JINCHENG ANTHRACITE MINING GROUP

山西晋城无烟煤矿业集团有限责任公司（以下简称晋煤集团）是由山西省国资委控股，国开金融公司、中国信达公司、中国建设银行三方股东参股的有限责任公司。公司注册资本 40.52 亿元，主营煤炭开采、煤层气开发利用、煤化工、煤机制造、发电等，是我国优质无烟煤重要的生产企业、全国最大的煤层气抽采利用企业、全国最大的煤化工企业集团和全国最大的瓦斯发电企业集团。截至 2012 年底，公司总资产 1838.7 亿元。企业位列 2012“中国企业 500 强”第 85 位，2012“中国企业效益 200 佳”第 86 位，2013 年《财富》杂志“世界 500 强”第 435 位。

近年来，晋煤集团坚持“以煤为基、多元发展”战略，加快推进“煤－气－化、煤－焦－化、煤－气－电”三条产业链建设，培育形成了煤炭、煤化工、煤层气、煤机制造、发电、新兴产业“六大板块”相互支撑、协调发展的产业格局。公司坚持科技创新，强化精细管理，加快传统产业转型升级，不断巩固煤炭核心地位，推进煤化联动、煤气共采、煤电一体、煤机联合，坚持做优新兴产业，推动企业建设发展不断迈上了新的水平。2012 年，公司原煤产量 5393 万吨，总氨产量 1365 万吨、尿素产量 1166 万吨，基础化工产品市场份额位列全国第一；累计拥有煤层气井 4367 口，占全国总井数近 50%，全年地面煤层气抽采量和利用量分别占全国总量的 54% 和 49%，连续 6 年保持全国第一。全年实现营业收入 1688.2 亿元，其中，非煤营业收入占比 74.72%；实现利润 37.8 亿元，名列山西省第一。

按照企业“十二五”发展目标，晋煤集团将在 2015 年末，形成 1.2 亿吨煤炭生产和基建规模，3600 万吨以上总氨产能、100 万吨清洁燃料生产规模、3000 兆瓦以上发电装机容量，努力完成百亿立方米煤层气抽采工程，实现生产经营总额突破 2000 亿元、利润 200 亿元以上，建设成为极具核心竞争力的现代化新型能源集团。

绿色可持续建筑

无烟煤

长平矿

12 万千瓦瓦斯发电厂

寺河矿

天溪煤制油分公司

上海东浩国际服务贸易（集团）有限公司
SHANGHAI EASTBEST INTERNATIONAL(GROUP)CO.,LTD
上海东浩国际服务贸易（集团）有限公司（简称东浩集团）是经上海市人民政府批准，由市国有资产监督和管理委员会出资组建并监管的大型国有服务业企业集团，注册资本为22亿元人民币。东浩集团积极投入上海世博会筹办工作，负责建造了中国2010年世博会世博中心、主题馆两大永久性场馆和中国馆的前期建设，负责世博中心、主题馆在世博会期间的运营管理及世博会后主题馆的后续利用，在展览展示、人力资源、贸易物流等方面也为上海世博会提供了大量服务。世博会结束后，东浩集团投入了在上海虹桥商务区内的国家会展项目的建设。
在发展主营业务上，东浩集团坚持立足上海城市功能定位，整合集团内外资源，建立了多元化、多板块、灵活多样的市场化运作模式，致力于打造以完整产业链为标志、全国布局合理的人力资源服务和国际化、专业化、市场化、品牌化的会展、传播、贸易服务，主营业务突出，业务规模和经济效益兼备，是上海市加快发展现代服务业重要的企业集团。2012年东浩集团完成营业收入684亿元，实现净利润5亿元。
2011中国国际工业博览会
开幕式
OPENING CEREMONY
中国企业500强中排名第169位
中国服务业企业500强中排名第59位
上海企业100强中排名第18位
上海服务业50强排名第9位
上海市纳税100强排名第7位
世博会志愿者职业发展服务计划启动
上海东浩人力资源有限公司成立仪式
中国博览会会展综合体
开工仪式
2011.12.26

新疆广汇实业投资（集团）有限责任公司

XINJIANG GUANGHUI INDUSTRY INVESTMENT GROUP CO.,LTD.

新疆广汇实业投资（集团）有限责任公司创建于1989年，经过24年发展，形成了“能源开发、汽车服务、房产置业”三大产业。截至2012年底，集团共有总资产955.9亿元，员工近7万名。2012年位列“中国企业500强”第137位，“中国民营企业500强”第9位。先后获国家“诚信纳税企业”，“国家西部大开发突出贡献集体”等称号。2012年经营收入827.11亿元，实现净利润44.87亿元。

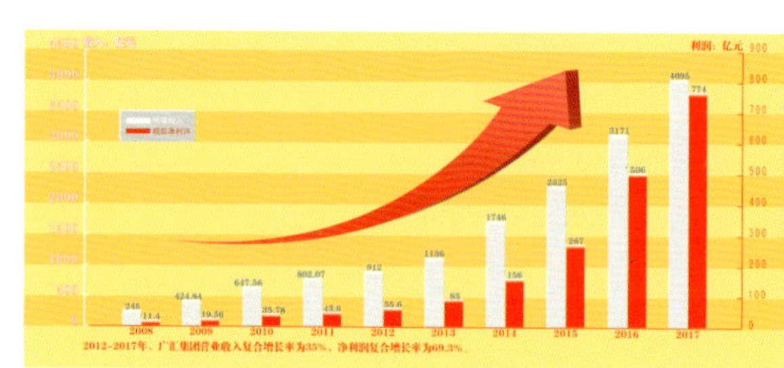

广汇集团创始人 孙广信

广汇能源储备非常丰富，现有哈密、阿勒泰两大煤区，煤炭储量累计超过180亿吨。在境外哈萨克斯坦拥有石油15.92亿吨，天然气资源量4213亿方，是中国第一个在国外拥有油气资源的民营企业。公司还积极响应国家“西煤东运”战略，发展能源物流项目，建成全长479公里的“疆煤东运”公路专线淖柳公路和118.5公里的跨境天然气管线。另外，甘肃柳沟煤炭中转物流园、启东能源中转码头、宁夏中卫广汇综合项目成为广汇能源物流的三个重要中转基地。

广汇从2001年开始涉足汽车服务业，2004年初步形成了全国性汽车连锁销售服务网络，目前在全国拥有13家区域平台公司，394家4S店，近500家经营性店面，旗下有全国最大的汽车租赁公司、最大的二手车拍卖网，已经连续六年蝉联全国乘用车销售第一名。

广汇房产置业从1993年起步，现已成为西北五省最大的房地产企业。房产开发公司位列2010—2011年度“中国房地产业百强企业”第20位，物业公司位列“中国百强物业企业”第58位，已在新疆和广西的“两省五市”区域内累计开发了100多个多功能住宅小区和商业地产项目，累计开发总面积1618万平方米，物业管理面积1414万平方米、热力供应面积1300万平方米。

广汇男篮从2008起连续三个赛季夺得CBA总决赛亚军，已成为广汇集团和新疆一张最好的名片。

全体广汇人正在“产业报国，实业兴疆”企业宗旨的指引下，按照“认真、用心、激情、信念、决心”的工作要求，争取为促进经济发展与社会和谐多做贡献。

图片说明:广汇能源斋桑项目基地

重庆中汽西南汽车城

广汇飞虎男篮

红云红河烟草（集团）有限责任公司简介

红云红河烟草（集团）有限责任公司（简称红云红河集团）成立于2008年11月8日，是中国烟草“深化改革、推动重组、走向联合、共同发展”向更高层次和更高水平迈出的重要一步。

集团是以烟草为主业，跨地区经营的大型国有企业，下辖昆明卷烟厂、红河卷烟厂、曲靖卷烟厂、会泽卷烟厂、新疆卷烟厂、乌兰浩特卷烟厂六个生产厂，控股山西昆明烟草有限责任公司和内蒙古昆明卷烟有限责任公司。其核心品牌“云烟”、“红河”为“中国驰名商标”、“中国名牌产品”。

集团坚持以品牌为根本，市场为导向，营销为龙头，技术为核心，原料为基础，制造为保障，打基础，练内功，抓管理，树形象。2012年生产卷烟516万箱，实现税利587亿元，位列中国企业500强第160位，云南百强企业第2位。

集团确定了“5118”的十二五品牌发展目标，即到2015年云烟品牌规模达到500万箱、红河品牌规模达到100万箱、“云烟”和“红河”商业销售收入达到1800亿元。

身处中国烟草行业更大对更大、更强对更强、更快对更快的竞争时代，红云红河集团正以科学发展观统领全局。牢固树立“国家利益至上，消费者利益至上”的行业共同价值观，牢记发展不忘回报社会的宗旨，以“满腔热情、富有激情、充满智慧、奋力创新”的精神状态，在改革中解放思想，在发展中创新思维，在探索中奋勇攀登，在拼搏中努力跨越，为中国烟草事业和地方经济社会发展做出更大贡献。

红云红河烟草(集团)有限责任公司
HONGYUNHONGHE TOBACCO (GROUP) CO.,LTD

▼大冶有色集团董事长、党委书记张麟在冶炼厂澳炉投料口检查安全生产工作

▼大冶有色铜绿山矿主井

▼世界上最大的澳斯麦特熔炼炉落户大冶有色

大冶有色
DAYE NONFERROUS

基本概况

大冶有色金属集团控股有限公司系湖北省重点骨干企业，中国500强企业，位于中国青铜文化发祥地——湖北省黄石市。公司始创于1953年，是国家“一五”时期建设的156个重点项目之一。经过60多年的发展，公司已成长为中国铜工业一支重要的生力军：成为集采矿、选矿、冶炼、化工、压延加工、余热发电、综合回收、科研设计、地勘井巷、建筑安装、机械修造、动力运输等于一体的国有特大型铜业联合企业。2010年，公司被列入国家中部原材料基地和国家新型工业化产业示范基地重点建设企业之一。

公司现辖20余家全资子公司、参股公司和控股公司，所属企业遍及国内鄂东南、长三角、珠三角、湖南、新疆、香港等广大地区和吉尔吉斯、蒙古等国，业务范围遍及世界各地。2012年实

大冶有色金属有限责任公司在香港上市

▼大冶有色拥有世界一流工艺水平的30万吨铜加工清洁生产示范项目

▼大冶有色生产的黄金产品

现销售收入632亿元,位列2012年中国500强企业第236位,2012年度湖北省100强企业第9位。2012年初,大冶有色金属有限责任公司成功在香港联交所红筹上市,成为湖北省第一家香港"红筹股"上市公司。2011年1月,大冶有色成为湖北省国资委与中国有色集团共同持股的公司。

发展概况

"十一五"以来,公司通过实施资源开发、规模提升、结构调整、资本营运、人才强企"五大发展战略",实现了资源占有量、生产能力、资产总额、经营规模"四个翻番"和"五大历史性转变",2011末与2005年相比,资源占有量由不足80万吨增加到目前的400万吨,阴极铜生产能力由20万吨提高到40万吨,资产总额由56亿元增加到200亿元,年销售收入由50亿元增长到632亿元。同时,公司实现了由国有单一投资主体向多元投资主体转变,由省内的工厂制企业向跨地域经营的大型企业集团转变,由主要依赖初级原材料生产的单极增长,向大规模资源综合回收利用、贸易及相关服务业多种产业多极增长转变,由单纯依赖银行贷款的间接融资方式,向股权、债券等直接融资相结合的多渠道资本运作转变,由计划经济的思维方式,向"以市场为导向,以效益为中心"的经营理念转变。

公司主要产品为阴极铜,以及黄金、白银、硫酸、铁精矿等综合利用产品。目前公司的生产能力为:采矿360万吨,选矿450万吨,阴极铜70万吨,黄金10吨,白银300吨,硫酸100万吨,铁精矿35万吨,铜杆11万吨、铝杆4万吨。此外还生产一定数量的铂、钯、钼、硒、铅、铋、镍、锡、碲、铼、铟等稀贵金属产品。

预计到2017年,公司的营业收入、资产总额、利税总额分别达到1500亿元、500亿元、100亿元以上。

▼大冶有色冶炼厂全景图

广新集团大楼

广东省广新控股集团有限公司（以下简称集团）是2000年由省属原主要专业外贸公司组建的国有大企业集团，注册资本16亿元，在职员工总数接近2.4万人。近年来以推进商业模式、业务模式、管理模式、经营发展模式创新为重点，集团从传统型外贸企业发展成为产业链明显、集“科、工、贸、投”于一体的具有一定国际资源整合能力和竞争力的国际化企业集团。在巩固和发展外贸进出口业务的同时，目前已形成了以新能源、新材料、生物医药、高端装备制造、新一代信息技术为主的战略性新兴产业；以投资控股服务、批发和零售、广告创意、现代物流和期货为主的现代服务产业；以矿产资源开发、有色金属压延加工、黑色金属冶炼和压延加工为主的矿产资源开发、金属冶炼和加工业产业等“三大核心”产业。现集团下辖21家一级企业，已控股和参股了7家境内外上市公司。2012年在中国企业500强中名列第168位。广东企业500强第16位。在中企联“2012中国100大跨国公司”名列第54位，跨国指数排名第13位。

广东省广新控股集团有限公司

集团展厅

四川省宜宾五粮液集团有限公司

▲ 厂区大景宽幅

▲ 酒包装线

五粮液集团有限公司前身是50年代初宜宾市区8家古传酿酒作坊联合组建而成的“中国专卖公司四川省宜宾酒厂”，20世纪80年代后期，企业通过实施质量效益战略、质量规模效益战略、质量规模效益多元化战略“三步发展战略”，实现了高速增长。1998年改制为“四川省宜宾五粮液集团有限公司”。

五粮液集团有限公司通过实施“凸显酒业、优化多元”的战略，凭借着独特的白酒酿造传统工艺，经过多年发展已成为中国白酒行业的龙头企业、酒业大王。并且在机械制造、高分子材料、玻璃绝缘子、物流等诸多领域占领高端，成为具有深厚企业文化的国有特大型企业集团。集团公司建立有国家级企业技术中心和博士后科研工作站，被批准为“全国白酒标准化技术委员会浓香型白酒分技术委员会”秘书处承担单位和首批国家商标战略实施示范企业，是唯一三次获得国家质量管理奖的白酒企业。公司现有职工5万多人，占地约10平方公里。2012年实现销售收入600.68亿元，实现利税205.83亿元；五粮液品牌价值高达659.19亿元，位居全国白酒制造业第一位，连续18年保持中国食品行业品牌价值之冠，成为引领行业发展的一面旗帜。

地　址：四川省宜宾市岷江西路150号　　邮　编：644007
电　话：0831-3553988　　传　真：0831-3553988
网　址：www.wuliangye.com.cn

▲ 新五粮春

▲ 五液醇

◀ 世纪广场

中国太平保险集团有限责任公司开启改革发展新征程

中国太平保险集团有限责任公司，简称“中国太平”，是管理总部设在香港的中管金融保险集团，经营区域涉及中国大陆、港澳、欧洲、大洋洲、东亚及东南亚等国家和地区，业务范围涵盖寿险、产险、养老保险、再保险、再保险经纪及保险代理、证券经纪、资产管理和非金融投资等领域。集团旗下中国太平保险控股有限公司（HK00966）在香港上市，已连续多年入选财富中国500强。截至2012年底，中国太平总资产超过2000亿元，管理资产达2700亿元，在境内外、海内外共拥有团体和个人客户数超过3000万。

中国太平保险集团党委书记、董事长王滨在集团工作会议上作关于集团中长期发展规划和三年战略目标的重要报告

作为当今中国保险业历史最为悠久的民族品牌，中国太平八十年来肩负继承与发扬民族保险品牌的历史使命，见证了中国民族保险业的发展与壮大，更承载了民族保险业生生不息、勇担责任的深厚文化传统。2011年以来，中国太平抓住列入中管央企所带来的重要战略机遇，在全面、充分论证基础上，制订了“建设国内领先、国际一流综合金融保险集团”的中长期发展规划和“三年再造一个新太平”的战略目标，认真履行肩负的政治责任、社会责任、行业责任和企业责任，开启了集团改革发展的新征程。

专业化运作能力不断提升，业务持续健康快速发展

作为中管央企，中国太平深刻认识到发展是解决企业所有问题的关键，围绕建立“一个客户，一个太平”的综合经营模式，抓客户、抓创新、抓服务，全面提升管理能力、创新能力、服务能力与协同能力，专业化能力不断提升，实现了业务持续快速健康发展。中国太平旗下寿险业务已成为国内寿险市场专业化经营的重要主体，寿险新业务价值持续健康成长，专业化管理水平不断提升，业务增速和业务品质均居行业前列。产险业务以销售体系改革为突破，全面建立起专业化运作体系，逐步推进产险运营服务的集中统一管理，有效管控业务品质，综合成本率持续下降，已连续实现承保盈利和税后盈利，跻身行业第八名。境外业务持续稳健发展，业务规模、质量和盈利明显提升。养老保险业务累计管理年金规模超过500亿元。投资与资产管理秉持稳健安全原则，

2013 年 6 月 6 日，中国太平保险集团有限责任公司创立大会在北京召开

提升客户价值，创新渠道，带动集团总资产与管理资产规模的快速扩大。集团统一的电子商务平台开始运行。"总对总"、大项目、大客户开拓有声有色，先后与多个地方政府、银行以及大型央企签订总对总战略合作协议，初步形成了符合自身发展战略和业务特点的大客户开拓和服务体系，拓展了业务来源，扩大了社会影响。

凭借专业化的经营与稳健的财务管理，中国太平旗下海内外公司获得了国际权威评级公司的高度关注，5 家公司保持了 A 级评级，是获得国际 A 级评级最多的保险央企。

2012 年中国太平旗下机构评级情况

	评级机构	评级	评级内容	评级展望
太平澳门	贝氏评级	A–	财务实力 发行人信用	正面
太平新加坡	贝氏评级	A–	财务实力	稳定
太平人寿	惠誉评级	A–	财务实力	稳定
太平再保险	惠誉评级	A	财务实力	稳定
太平香港	贝氏评级	A	财务实力 发行人信用	稳定

成功重组改制，改革发展取得重要成就

2012 年，中国太平启动了重组改制工作，同步推进集团改制和整体上市。2013 年 6 月 6 日，中国太平保险集团有限责任公司创立大会在北京召开。6 月 27 日，重组改制获得中国保监会正式批复，标志着中国太平重组改制和整体上市工作顺利完成，在加快建设一流金融保险集团道路上迈出了关键一步。这对于集团建立符合现代企业管理制度的公司治理结构，优化组织架构，提高管理效率，增强协同效应，以及建立完善资本补充的长效机制，提升整体实力和抗风险能力都具有重大意义。

展望未来，中国太平将坚持价值持续增长理念，深入推进以客户为中心的"一个客户、一个太平"综合经营模式，不断提升品牌形象和服务能力，不断优化客户体验，向着"建设国内领先，国际一流综合金融保险集团"的道路奋力前行。

中国太平保险集团品牌形象代言人成龙

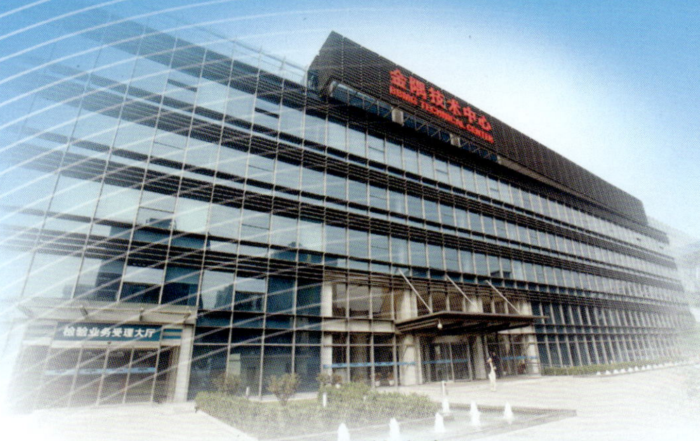

金隅技术中心

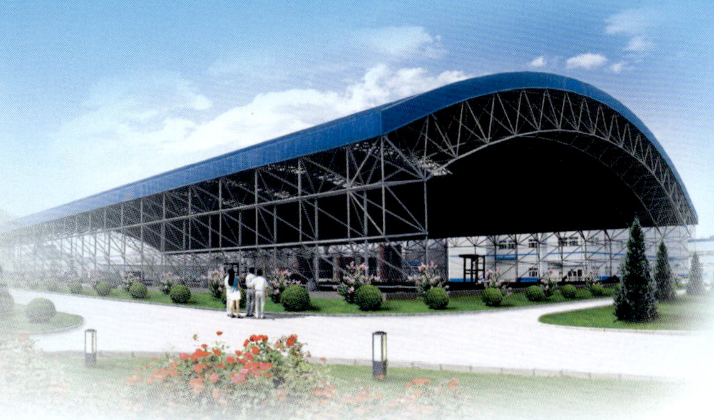

危险废弃物处置设施

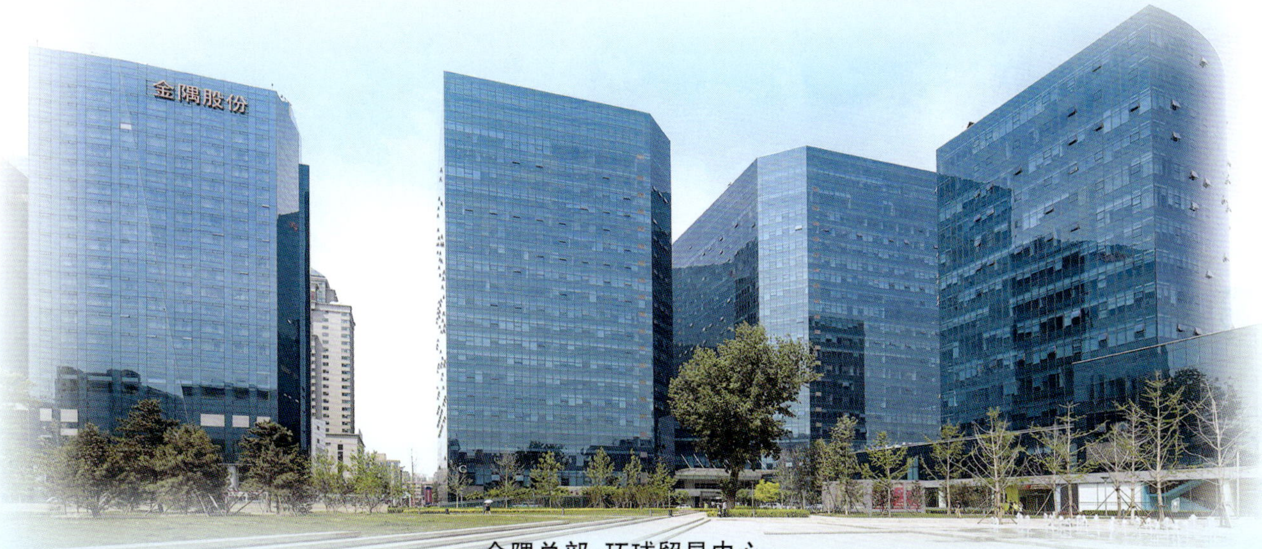

金隅总部 环球贸易中心

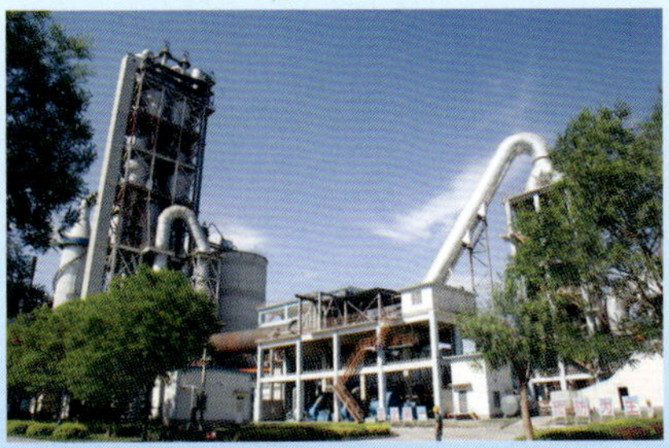

水泥环保示范线

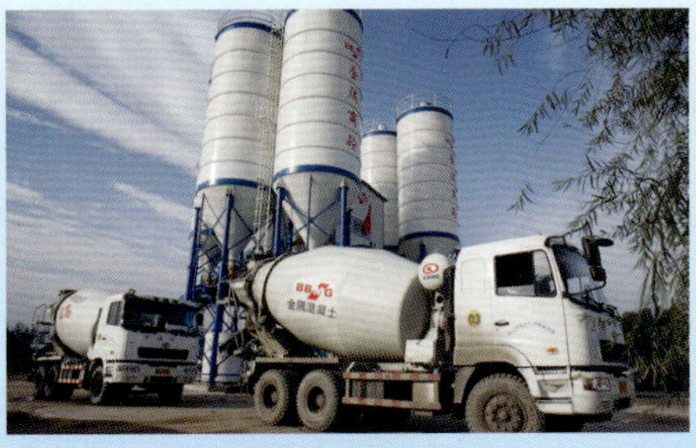

金隅混凝土

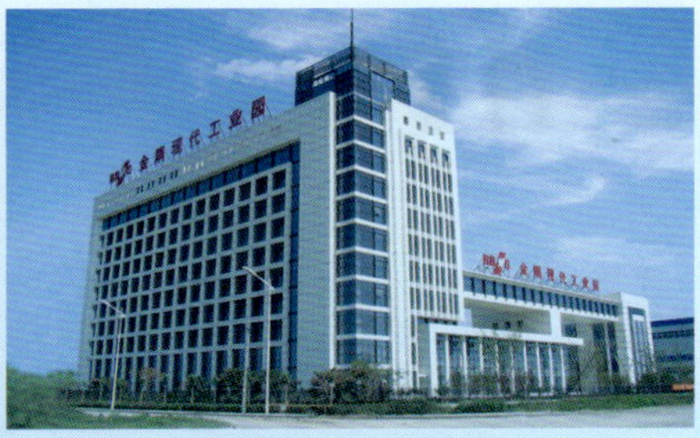

金隅现代工业园

★地址：北京市东城区北三环东路 36 号 ★邮编：100013 ★电话：010-66411587 ★传真：010-66412086 ★网址：www.bbmg.com.cn

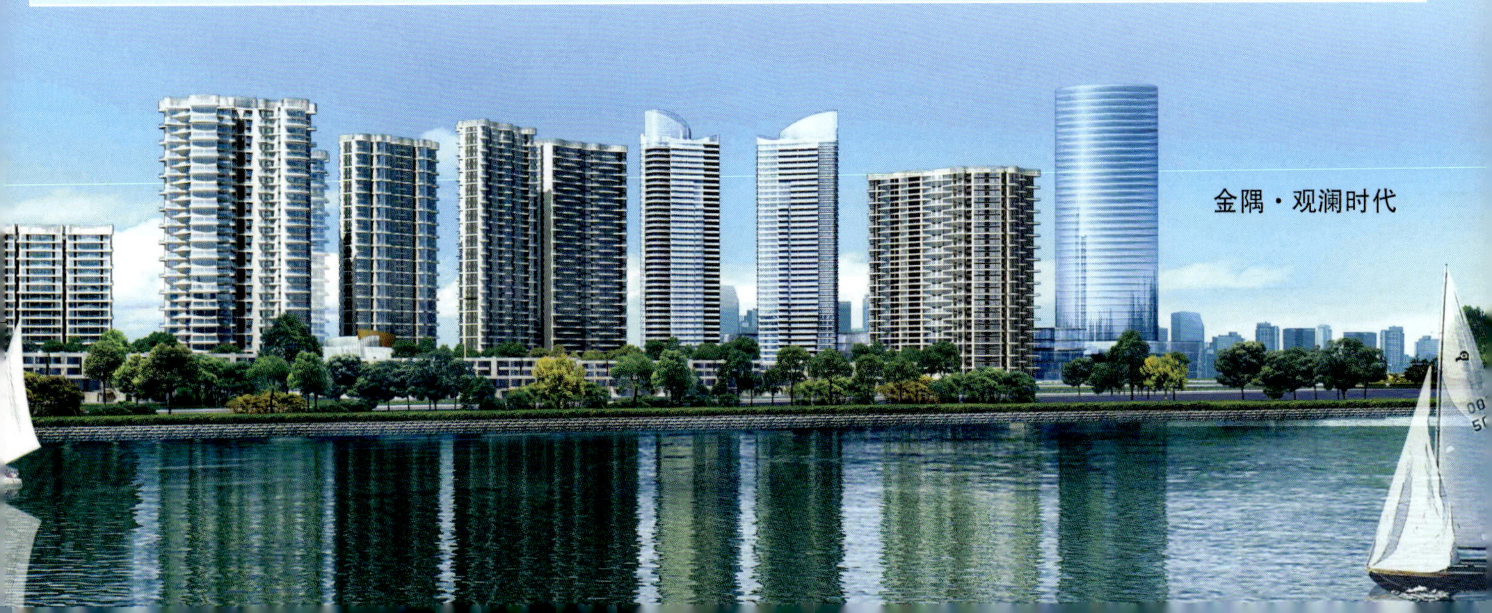

金隅·观澜时代

中国延安干部学院添建项目

中国电子科技集团公司第二十研究所实验楼工程

加纳共和国库马西油罐项目

董事长 刘耀华

陕西建工集团成立于 1950 年，是陕西省惟一获得房建施工总承包特级资质、建筑行业甲级设计资质及海外经营权的省属大型国有综合企业集团，具有承担土建、安装、市政、石化、路桥、地铁、机场、矿山、核电、水利、装饰、钢结构、古建园林等工程投资、勘察、设计、研发、施工、管理为一体的总承包能力，并拥有物流配送、地产开发、旅游饭店等产业。

60 多年来，集团奉行“以人为本，敬业守信，建造精品，争创一流”的企业精神，以陕西经济建设为主战场，坚持省内省外并重、国内国外并举的经营方针，完成了国内外一大批重点工程建设项目，海外分支机构已遍布 15 个国家。

凭借非凡的实力，集团始终雄居中国企业 500 强、中国建筑业企业竞争力百强之列，排名不断前移。2012 年分别列第 321 位和第 14 位，比上年前移 6 位和 25 位。

陕西省天然气股份有限公司调度指挥中心

路桥工程 –104 国道浙江嵊州段禹溪立交桥

地铁工程 – 西安地铁五路口车站工程

总经理 薛永武

北山门勘测科研综合楼二期工程

博茨瓦纳莫荷迪查尼高级中学项目境外工程

集团现有各类中高级技术职称近万人，其中，教授级高级工程师 84 人，高级工程师 1083 人；国家一、二级建造师 3133 人。工程建设人才资源优势称雄西部地区，在全国省级建工集团处于领先地位。

近年来，集团取得科研成果 300 余项，获全国和省级科学技术奖 11 项、国家和省（部）市级科技进步奖 75 项、建设部华夏建设科技奖 5 项，获国家和省级工法 241 项、专利 126 项，主编、参编国家行业规范标准 90 余项。集团先后有 32 项工程荣获中国建设工程质量最高奖——鲁班奖，23 项工程获国家优质工程奖，2 项工程获中国土木工程“詹天佑奖”，7 项工程获中国建筑钢结构金奖。

展望未来，陕建人豪情满怀。他们正以积极进取和勇于创新的精神不断向称霸陕西市场、称雄全国市场、驰骋国际市场的战略目标阔步奋进！

国家级绿色示范工程－陕西省科技能源中心

安装工程－省政府热力交换站安装工程

网架工程－西安咸阳国际机场东航机库网架工程

机场工程－西安咸阳国际机场 T3 航站楼

原盐结晶

原盐集坨现场

中国盐业总公司

China National Salt Industry Corporation

董事长 茆庆国

中国盐业总公司创立于1950年，现为国务院国资委监管的国有大型企业，是中国盐行业唯一的中央企业。公司主要承担两大任务：一是做强做优，实现国有资产的保值增值；二是承担全国食盐专营的生产经营任务，确保全国合格碘盐供应。作为中央企业，中国盐业总公司长期以来一直致力于推动盐业行业持续、稳定、健康发展。20世纪90年代以来，公司协助国家有关部门落实食盐专营，积极组织推进普及碘盐供应，建立起了规范的食盐生产销售网络体系，我为我国实现消除碘缺乏的目标，为中国盐业的发展做出了重要贡献。

中盐红四方化工装置

海盐盐田

中国盐业总公司在加快企业自身发展的同时还承担了应有的社会责任，在应对数次食盐抢购风潮中，不计较企业的得失，以国家大局为重，不惜代价保证了非常时期的市场供应，为维护社会稳定做出了表率。

近年来，通过资本扩张，推进行业联合和产业重组，发展壮大了企业的实力。目前，中国盐业总公司已经成为亚洲最大的盐业企业。企业坚持盐与盐化工并举，打造了盐业循环经济的发展模式。展望未来，中盐人将以建设具有国际竞争力的世界一流盐与盐化工企业为长远目标，近期着重加快企业的“转型发展”步伐，打好基础，创造辉煌。

中盐企业员工举行食品安全道德宣誓

真空制盐装置

郑州煤炭工业(集团)有限责任公司

ZHENGZHOU COAL INDUSTRY (GROUP) CO., LTD.

集团董事长、党委书记　孟中泽

全煤系统企业文化现场推广会在郑煤集团召开

郑煤集团总调度室

白坪煤矿大型选煤系统

郑煤集团阳光花苑小区

郑煤集团办公大楼

郑州煤炭工业(集团)有限责任公司

ZHENGZHOU COAL INDUSTRY (GROUP) CO., LTD.

郑煤集团全称郑州煤炭工业（集团）有限责任公司，其前身新密矿务局，始建于1958年，1989年1月更名为郑州矿务局，1996年1月改制为国有独资公司，1998年7月由隶属煤炭部下放为省管企业。1997年11月，独家发起组建"郑州煤电股份有限公司"，1998年1月"郑州煤电"在上交所上市（600121），成为境内国有煤炭企业第一股。郑煤集团是全国煤炭行业AAA级信用企业，中国煤炭工业科技进步十佳企业、全煤企业文化建设示范基地，位列2012中国工业企业500强第300位。

郑煤集团拥有煤炭采选、电力、铝业、建材、化工、物流、机制、餐饮、建筑施工等产业，现有在册职工4.18万人，总部位于郑州市中原西路，地处中原经济区核心区，所辖单位分布于河南郑州、商丘以及内蒙古自治区、山西平陆等地。煤炭产品以贫瘦动力煤和贫瘦洗精煤为主，广泛应用于电力、冶金、化工、建材等领域，销售区域分布河南、湖北、湖南、江西等地。

作为全国规划的14个亿吨级大型煤炭基地河南基地重要组成部分，郑煤集团拥有"三软"不稳定突出煤层防突技术、"三下"采煤核心技术，组建有工程技术研究院和一个省级企业技术中心、一个博士后研发基地、一个国家级实验室。目前21座直管矿井核定生产能力1961万吨/年，1座在建矿井设计生产能力240万吨/年；98座兼并重组矿井复工复产后，预计新增产能800万吨/年以上。

近年来，郑煤集团以科学发展观为统领，以奉献绿色能源、创造蓝筹价值，为中原经济区建设提供能源支撑为己任，把安全作为基本保障，把结构调整作为主攻方向，把自主创新作为重要支撑，深入实践"六个注重"，强化安全生产，创新经营管理，落实"八字方针"，推进兼并重组，持续改善民生，企业在逆势中保持平稳健康发展态势。规划到"十二五"末，力争实现"3553"战略目标，即煤炭产量达到3000万吨，销售收入实现500亿元，完成利税50亿元，在中国企业500强排名中稳定在前300名以内。

地　址：河南省郑州市中原西路188号
邮　编：450042
传　真：0371-87788908

云南建工集团有限公司

集团公司党委书记、董事长　陈文山

集团公司党委副书记、总经理 刘勇

昆明长水机场

云南省保障性住房建设项目

绥江新县城

云南建工集团有限公司成立于 1951 年，是云南省国资委履行出资人职责和省委、省政府重点扶持的国有骨干企业。集团现有资产总额 310 亿元，其中净资产 92 亿元；拥有全资和控股子公司 34 个，在职职工 17339 人，其中，各类专业技术人员 9000 余人，有高级职称者 500 余人；拥有各种建筑施工资质 83 个，是云南省唯一拥有房建工程总承包特级资质、机场跑道施工专项资质、援外成套项目 A 级资格的企业。

成立 60 余年来，云南建工集团累计完成各类建筑物 9000 多万平方米；获得全国建筑工程鲁班奖 21 项，国家优质工程银质奖 32 项，詹天佑土木工程大奖提名奖 1 项，全国用户满意工程 13 项，全国和省级以上科技进步奖 400 多项，获部省级优质工程奖 390 项；现有省级技术中心 7 个，院士工作站 1 个，拥有发明专利 7 项、其他专利 13 项、国家级工法 20 项，绿色高性能混凝土生产进入全国前十强；集团连续 21 次入选中国企业 500 强，连续 9 次入选中国承包商 60 强，连续 3 次进入国际承包商（ENR）225 强及中国 100 大跨国公司榜单，连续 6 年入选中国对外承包工程企业信用等级评价 AAA 级，2012 年入选中国对外承包工程行业社会责任绩效评价领先型企业。

“十一五”以来，云南建工集团通过转方式、调结构，大力推进企业转型升级工作，实现了两大主业（房建、房地产开发）互相促进，六大板块（水利水电、机电设备安装、商品混凝土、路桥、市政、钢结构）齐头并进，专业公司（地基工程施工、建材物流、水泥生产、建筑科研、勘察设计、建筑劳务、建材科技、股权投资基金管理等）不断发展，国际、国内两个市场相互带动的发展格局。

2012 年，云南建工集团实现营业收入 323 亿元。全年共与省内 8 个州（市）的 33 个市（区）、县签订 12.77 万套保障房合作建设协议，占全省 2012 年保障房建设任务的 47%。昆明长水国际机场项目实现按期竣工交付和转场运营，集团 8 个单位和 98 名个人受到省委、省政府的表彰。金沙江水电站移民工程项目顺利推进，用 10 个月时间建成绥江新县城。老挝万象亚欧峰会酒店项目竣工移交，确保会议按时召开……这一系列重大项目的完成，持续提升了云南建工在国际、国内的品牌影响力，进一步推动集团转型升级为集投资开发和建筑施工于一体的大型建设集团。

老挝万象亚欧峰会酒店

昆明拓东大成项目

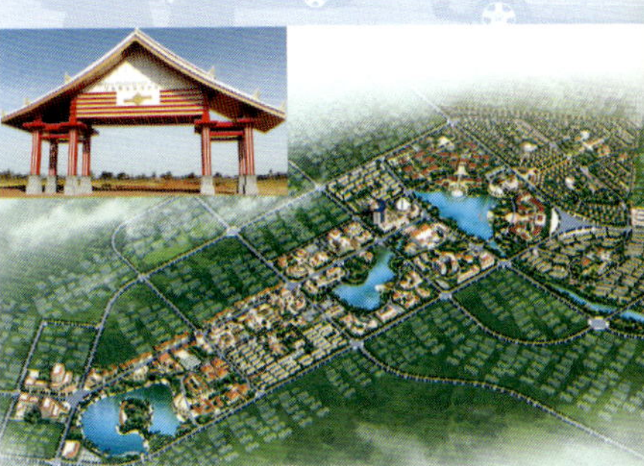

老挝万象赛色塔国家级境外经贸合作区

地址：云南省昆明市东风东路 36 号　邮编：650031　传真：0871-3173714　网址：www.ynjg.com

东北特殊钢集团有限责任公司

DONGBEI SPECIAL STEEL GROUP CO.,LTD

董事长、党委书记 赵明远

总经理、党委副书记 刘 伟

东北特殊钢集团有限责任公司是我国最大的知名特殊钢企业。现已发展成为当今世界产能最大、技术含量最高、品种组距最全的特殊钢企业集团，是国内高端特殊钢生产、研发的龙头企业，是我国特殊钢新材料和国防军工、航空航天产业配套材料最重要的生产和科研试制基地。2012年底资产总额507亿元，拥有27家控股、6家参股子公司，在岗员工2.6万人，当年实现营业收入268亿元。在2013年“中国企业500强”中列375位；“中国制造业500强”中列194位。“三大”图形商标是中国驰名商标。

东北特钢集团通过几年的科学发展，目前已具备年产特殊钢560万吨，特殊钢材449万吨的生产能力，形成六大主导产品，十八大支柱品牌产品。其中不锈钢、轴承钢、工模具钢和汽车用钢规模产量居国内首位；高温合金、高强钢市场占有率达80%以上，工模具钢为国内第一品牌。与全球170多家国外客户建立合作关系，与世界500强企业中的56家有商务合作，通过50项国际大公司及行业认证，产品销往38个国家和地区，覆盖全球114个港口。2012年自主创新成果显著，在研国家“863”等省部级以上课题50项，获得冶金质量金杯奖和省名牌产品等行业及省级以上奖项24个。

地 址：辽宁省大连市金州新区大连登沙河临港工业区河滨南路18号
邮 编：116105
电 话：0411—87256116
传 真：0411—87256100
网 址：www.dtsteel.com
电子信箱：dtoffice@dtsteel.com

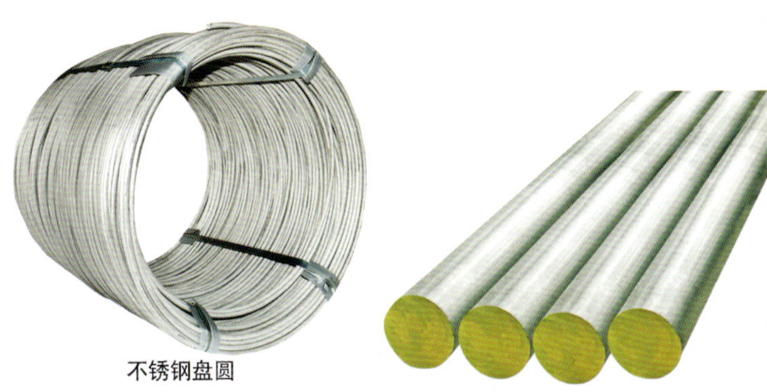

不锈钢盘圆

大圆材

宽扁模具钢

国际领先的100吨气密型保护气氛电渣炉

国内唯一的最大宽度860mm的模具宽扁钢生产线

国际领先的8000吨液压自由式快锻机

②

世纪金源集团是著名实业家、旅菲爱国华侨黄如论先生创办的综合性跨行业国际集团。集团以“好企业，做好人，育好人，办好事，有好报”为企业信仰，以“房地产开发、星级大饭店、大型购物中心、金融资本运营、物业管理、核桃油生产”为大型支柱产业，目前在中国大陆已投资2048亿元人民币，开发各类商品房7000万平方米，缴纳各项税费已达170.33亿元人民币。集团属下拥有9个区域集团，三个行业集团，其中包括80多家子公司，16家五星级大饭店，7家Shopping Mall，投资地域遍及福建、北京、上海、江西、重庆、云南、湖南、贵州、安徽、陕西、江苏、浙江，以及中国香港、菲律宾等海内外各地。集团现有员工两万名，英才荟萃，实力雄厚。

①

③

世纪金源集团在董事局主席黄如论先生的带领下，秉承“以情服务、用心做事；敬业爱岗，廉洁自律”的企业理念，弘扬“务实高效、开拓进取”的企业精神，在海内外均取得了令人瞩目的成绩。企业成立于1991年，在福建省先后建成福州国泰大厦、福州金源大广场、金源花园等重大项目，先后荣获福建省政府授予引进外资“四超”企业、“利润超千万、资产超亿元”外商企业等荣誉称号。在北京市投资8亿元人民币开发“世纪嘉园”（已售罄），首推准现房模式，被建设部作为行业标准推广；投资170亿元人民币开发“北京世纪城”（已售罄），首创“造城”模式，社区内人车分流、动静分离，配套齐全，连续四年夺得北京市年度销售冠军；投资45亿元人民币建设北京金源时代购物中心，将大型购物中心真正引入中国，项目总建筑面积70.8万平方米，其中主体建筑61.5万平方米，是世界最大的单体商业建筑，在京城消费者中拥有巨大品牌号召力。在重庆市投资6.8亿元人民币兴建超五星级重庆世纪金源大饭店，投资5.5亿元人民币建成五星级重庆君豪大饭店，投资26亿元人民币建造重庆金源时代购物中心，为当今中国西南最大商业设施。在云南昆明，投下100亿元人民币开发“昆明世纪城”（已售罄），为云南乃至西南地区规模最大、配套最全的一流社区；同步建成的昆明世纪金源大饭店、昆明金源时代购物中心，均为当地行业市场领跑者。在湖南长沙投资140亿元人民币建成“湘江世纪城”（现已售罄），在贵州贵阳投资200亿元人民币建成“贵阳世纪城”（现基本售罄），在安徽合肥投资158亿元人民币建成“滨湖世纪城”（现已售罄），各地项目社区内均功能齐全、配套完善，囊括大型购物中心、星级大饭店、高级住宅、写字楼等，为现代化城市综合体的典范之作，为加快投资地城市化进程、平抑房价、改善民生做出积极贡献。企业在不断开拓同

时，继续扩大各地投资规模，投下160亿元人民币在巴南区龙洲湾开发建设“重庆世纪城”（项目在建中、热销中）；投资100亿元于云南腾冲和西双版纳进军旅游地产项目（项目在建、热销中），利用当地天然温泉、河流、傣族发源地遗址等不可复制的自然与人文资源，将环境保护、文化传承与合理开发统一起来，打造稀缺、高档的旅游地产作品；在福州林浦，规划建筑面积100万平方米，建设闽江世纪城。在连江贵安，规划建筑面积320万平方米，建设贵安新天地。在福州罗源，规划建筑面积680万平方米，建设罗源滨海新城。在浙江宁波，规划建筑面积450万平方米，建设宁波杭州湾世纪城。在安徽合肥北部，规划建筑面积500万平方米，建设合肥北城世纪城。各项目巨大的开发潜力、难以复制的优势条件，定将为集团第五轮投资开拓出全新空间，带动世纪金源房地产品牌，进入更高层次与更深领域。推进金融资本运营发展，入股北京银行及两家省级银行，入股一家证券公司及一家人寿保险公司，企业在银行、证券、保险等金融领域，逐步形成多元投资与稳健发展格局，为未来可持续发展，奠定了更为坚实的基础。

凭借对社会发展做出的杰出贡献，世纪金源集团迄今获得各项荣誉近300项。在国家税务总局指导的纳税评比中，世纪金源集团自2004年起连续三年名列“中国行业纳税百强”前三甲；2005年至今，世纪金源集团七度荣登“中国企业500强”排行榜；连续八年荣登“中国服务业企业排行榜”；2009年，荣登全国房地产销售面积第2名、销售总额全国第8名，成为前十名中唯一一家既非上市公司也非国企的企业。集团董事局主席黄如论先生二十二年来热心公益慈善事业，共捐资人民币44亿元，连续八年获得“中华慈善奖”，七次荣登“中国慈善排行榜”榜首，先后多次受到党和国家领导人习近平、李克强等亲切接见。世纪金源集团的众多荣誉和突出成就吸引海内外各大媒体争相报道，并给予高度评价。

当前，世纪金源集团已跨入规模经营与品牌运作的现代企业层次，担负起更为广泛、更加体现人本精神的社会责任，到目前已安置京、闽、渝、滇四地下岗工人5000多人，间接解决了8万多人的就业问题，为当地的经济繁荣和城市建设作出突出贡献。

沐浴改革春风，追赶世纪潮流。基于对国内政策稳定，投资环境日臻完善的坚定信念，世纪金源集团凭借雄厚实力，以“追求卓越、共创辉煌”的执著，走出了一条坚实的发展之路。

①贵安新天地 ②贵安世纪金源温泉大饭店 ③合肥滨湖世纪城
④合肥世纪金源购物中心 ⑤贵阳世纪金源大饭店
⑥北京世纪金源购物中心 ⑦罗源湾滨海新城 ⑧宁波杭州湾世纪城

地　址：北京市海淀区蓝晴路1号　　邮　编：100097
电　话：010-88468888　　传　真：010-88468888
网　址：www.grgroup.com.cn

电力电缆车间

超高压立塔

总部办公大楼

光纤拉丝车间

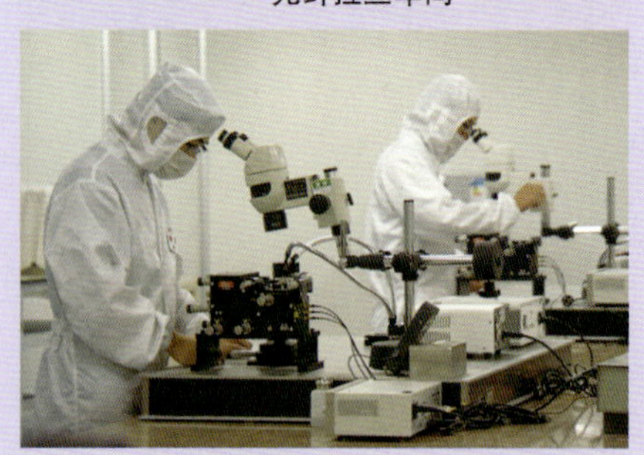
光器件研发车间

亨通集团是以光电线缆制造业为主，涉足地产置业、热电能源、金融投资等领域的国家级创新型企业。控股子公司30余家（其中上市公司2家）。在全国8省市设立研发生产基地，在全球设立营销技术服务中心18处，产品覆盖80多个国家和地区，是中国线缆行业领军企业、中国企业500强。

20年来，亨通已构建起“以战略创新为前提、人才创新为依托、技术创新为重点、机制创新为关键、资本创新为纽带”的创新体系，建立了国家级企业技术中心、国家级博士后科研工作站、5个省级工程技术研究中心、3个院士工作站等研发创新平台，参与国家与行业标准制定及国家专利授权数均列全国同行第一，先后承担100多项包括国家863项目、自然科学基金项目、火炬项目及省部级新产品、技术攻关项目。

亨通积极投身于扶贫、济弱、助残、敬老、赈灾等社会光彩事业的发展，成立了由国家民政部直管的“亨通慈善基金会”，慈善公益累计捐赠3.4亿元，连续多届获慈善领域政府最高奖——中华慈善奖。

亨通将以“打造世界知名品牌，成就国际优秀企业”这一发展总纲，加快实施集团五大发展战略，到“十二五”末，力争集团营收突破500亿元，率先跻身世界同行前五强。

地　址：江苏省苏州市吴江区中山北路2288号　邮　编：215200　电　话：0512－63196700
传　真：0512－63196722　网　址：www.hengtonggroup.com

亨通光电线缆产业园

亨通光通信科技产业园

四川公路桥梁建设集团有限公司

Sichuan Road & Bridge(group)co.,Ltd

集团董事长、党委书记 孙云

四川公路桥梁建设集团有限公司是由四川省人民政府批准成立的国有独资大型企业，拥有国家工程总承包特级资质和公路行业甲级设计资质，主要从事路桥施工、路桥投资收费、水电开发、房地产开发、矿藏开发、证券投资等业务。公司下辖50多个全资和控股分、子公司，员工13000多人，年营业收入300多亿元。公司作为主发起人成立的四川路桥建设股份有限公司于2003年在上海证券交易所上市，是四川交通系统首家A股上市公司。

公司坚持“立足四川、服务全国、跻身世界、开拓发展”的经营方针，60多年来，共修建公路1.5万余公里，其中高等级公路5000余公里，大型桥梁1000多座，以及隧道、机场、码头、水坝、市政工程等，以“优质高效、信守合同”赢得了业界的良好赞誉。公司在高速公路路面及特大型桥梁施工方面有较强实力，多项施工技术处于国内或世界先进水平，多次荣获国家及部、省级科技进步奖、科技成果奖和优质工程奖。如浙江舟山西堠门跨海大桥荣获“古斯塔夫·林德撒尔”国际桥梁大奖；万县长江大桥获国家科技进步一等奖、国家优质工程银奖和詹天佑土木工程大奖；宜昌长江大桥、成都绕城高速公路东段工程、陕西榆晋高速公路项目获中国建筑工程鲁班奖等。

近年来，公司坚持“一业为主、两翼并举、多元发展”的战略，在巩固路桥施工主业优势的同时，稳步推进基础建设投资和资本运营。公司先后投资建设了宜宾长江大桥等5个独立大桥BOT工程项目，以及宜泸高速、成德绵高速、成自泸高速、内威荣高速、自隆等高速公路BOT项目；投资开发了四川巴河流域水电开发项目、甘孜州巴郎河和小金川流域水电开发项目、达州市西外新区房产开发项目等，并在医药、证券行业进行了成功的开拓。

在2008年“5.12”抗震救灾、2010年抗击“8.13”特大山洪泥石流、2013年“4.20”雅安芦山抗震救灾等多次急难险重的任务中，集团冲锋在前，不畏艰险、抢险救灾，先后投入资金5亿多元，抢通保通灾区道路600多公里，转移灾民1万多人，用铁血行动保卫了人民群众的生命财产安全，捍卫了灾后重建的重大成果，成为四川省抢险救灾的一面光辉旗帜。集团抗震救灾和抢险救灾的突出表现和重要贡献，得到了党和国家领导人、四川省委、省政府领导的高度赞扬和社会各界的普遍赞誉。

公司多次被评为“四川省国有建筑企业综合实力首强”及“最佳效益首强”，“四川省大型企业集团经营规模10强”及“综合实力10强”，并荣获了“全国五一劳动奖状”、“全国抗震救灾英雄集体”、“全国文明单位”、“全国先进基层党组织”、“四川省最佳文明单位”等荣誉称号，五次跻身“中国企业500强”。

湖北荆岳长江大桥

全国文明单位

中央精神文明建设指导委员会

地址：四川省成都市高新区九兴大道12号 邮编：610041 电话：028-85126096 传真：028-85063076 网址：www.scrbg.com.cn

广西交通投资集团有限公司

Guangxi Communications Investment Group CO.,LTD.

▲ 广西交通投资集团下属广西三祺投资有限公司所开发的获得“2013年度广西山水生态名宅”大奖的三祺九个半岛项目

▲ 南宁东盟商务区第一高楼——广西交通投资集团三祺大厦封顶

▲ 广西交通投资集团下属广西三祺投资有限公司所开发的梧州红岭新区CBD核心区位160万平方米城市综合体。

▲ 广西交通投资集团“微笑服务”品牌享誉海内外赢得了社会广泛赞誉。

▲ 广西交通投资集团打造南方喀斯特地貌的山区高速公路典型示范工程。

▲ 广西交通投资集团成立广西首家企业集团财务公司，并与国家开发银行广西分行开发性金融合作签约

广西交通投资集团有限公司是广西壮族自治区人民政府批准成立的国有独资大型企业集团，于2008年7月28日挂牌成立，截至2012年年底，企业员工9100多人，总资产1280亿元，成为广西首个总资产超千亿元非金融企业。集团公司于2013年进入中国企业500强。公司主要从事高速公路等重大交通基础设施建设与经营；交通设施养护、维护、收费；对交通、能源、金融、物流、资源开发、地产开发、市政设施、建筑等行业的投资、建设与管理以及国际经济技术合作。

集团公司目前运营管理的高速公路里程达2167公里，高速公路的管养和运营水平不断提高，微笑服务享誉中外。自成立以来，集团公司已建、在建、筹建高速公路及高等级公路28条，建设总里程近4000公里（含连接线），总投资约2400亿元。集团公司以创建“一号六岗”等主题活动为抓手，全面推进工程项目“标准化、规范化、精细化、人本化”管理，力争把项目打造成优质、安全、低碳、环保、阳光、廉洁工程，打造文化精品高速公路，成为沿线历史人文、文化景观、自然风貌的载体，给司乘人员“车在路上走，人在画中行”的轻松惬意出行体验。

集团公司坚持以邓小平理论、“三个代表”重要思想和科学发展观为指导，全面贯彻落实十八大精神，稳中求进，科学发展，统筹兼顾，坚持加快建设营业收入超千亿元企业战略目标不动摇，坚持交通与产业发展相统一，坚持规模扩张与效益提升相统一，坚持多元化发展与风险防控相统一，坚持企业发展与员工发展相统一，持续提升企业核心竞争力， 通过投资建设、并购重组、资本运营等方式，构建以交通及相关产业为主业、商贸、房地产、能源化工、资源及加工为支柱产业，金融、文化旅游为培育产业的“一四二”产业布局，实现集团公司全面协调可持续发展，发挥广西交通建设主力军和广西产业发展主力军的作用，建设强大企业、美丽企业、幸福企业，成为具有交通和低碳绿色环保特色的国内一流、东盟知名的大型企业集团。

▲ 广西交通投资集团在建的广西第一跨海大桥——龙门大桥设计效果图。

▲ 广西交通投资集团展现壮乡文化特色的六寨至宜州高速公路隧道雕塑群。

中國梦想

上上集团董事局主席　冯世翔

上上集团有限公司是经国家工商总局批准注册的综合型集团企业，中国企业500强，中国制造业企业500强之一。上上集团以环保包装、综合地产为双轮驱动，同时涵括金融投资、商业贸易领域，截至2012年年底，上上集团实际控制公司（含全资和绝对控股及具有重大影响力的参股公司）共42家，投资领域涵括四大行业十一个门类，跨区域经营覆盖至中国中部、西部、东部等7省28个城市，拥有员工8000余名。

上上集团前身为源自浙江温州的冯氏家族企业群，在20多年经营实践的基础上，于2009年完成企业重组改制，在董事局主席冯世翔的带领下，现已发展成为国内领先的超大型印刷包装集团，率先在中国印刷包装业推出"中国印刷包装第一基地连锁品牌"模式，拥有中国中部六省综合实力排名第一的印刷包装生产基地、中国最大的大幅面环保包装生产基地、全亚洲单体面积最大的综合型环保包装基地等八大基地集群及印刷包装物资交易市场、环保包装研究院等产业配套项目。

近年来，上上集团敏锐把握国家战略需求和世界科技发展态势，紧跟中国产业转移步伐，迅速变产业配套优势为产业协同优势，不断拉长产业链条，完善实体工业的全产业链布局，进军中国中部、西部加工制造业蓝海区域，同时启动布局全国的"基地连锁"大战略，目前，上上集团环保包装业已完成从1.0基地版本到4.0基地版本的升级，以大手笔投资加大在科技工艺、创新科研、绿色循环经济上的投入，以国际先进技术驱动产业升级转型，引领集团转变为技术引领型和生态环保型企业，并计划在2030年前以500公里为半

上上力量

◎实体工业（环保包装）◎综合地产 ◎商业贸易 ◎金融投资

径，以自建、并购等方式完成30个左右的大型基地布局，以“中国梦想、上上力量”赋予传统行业生机和活力，构建世界知名印刷包装品牌。

在综合地产领域，上上集团依靠自身在市场定位分析、产品开发理念、规划设计、环境营造、工程施工、配套设置、销售服务和物业管理等方面积聚的综合优势和强大资本实力，先后在全国二三线城市实施开发，累计开竣工面积已超过600万平米。目前在中原事业部和江浙沪事业部所在地等10个城市同时建设运营以“上上广场”、“上上国际中心”为统一品牌的大型城市综合体项目，以“欧洲风情小镇”为代表的高端住宅项目，以塑造城市辨识码为项目追求，着眼于做强做大、做精做专，走出了一条快速发展的新路子。

欲得其中，必求其上，欲得其上，必求上上，以“上上文化、上上之道”为企业精神内核的上上集团，正以印刷包装业为根基，驱动创新发展，以综合地产为主体，拉动企业增收，以配套商贸和金融投资为补充，优化产业布局，循沿传统行业，以内功筑基，凭实业立身，在整合与再整合中实现裂变式发展，释放强大的品牌效能。

海南省农垦集团改制成立于2010年10月，其前身是海南省农垦总公司。海南省农垦集团是以天然橡胶产业为核心、兼顾热带现代农业、旅游及旅游地产、金融服务业多元化发展的大型农业企业集团，现有下属二级企业32家，员工近9万人。2012年底，集团总资产达206亿元。

海南农垦拥有土地总面积390多万亩，辖区有优质温泉、热带雨林及湿地保护区等丰富的旅游观光资源，尤其是拥有几代农垦人创建起来的全国最大的天然橡胶生产基地和重要的热带作物生产基地。

近三年来，集团以内涵式增长和收购兼并的外延式发展并举，实现了四大主导产业快速发展。2012年销售收入达到233亿元，盈利能力逐年提升。集团在天然橡胶产业拥有橡胶种植、收购、加工、深加工、贸易、物流、科研开发的完整产业链。在海南、东南亚、塞拉利昂等地拥有约600多万亩橡胶种植基地，在海南、云南、东南亚等地拥有众多的橡胶加工企业，在橡胶制品领域，有轮胎、输送带、乳胶手套、乳胶丝等多家企业，在营销渠道方面，集团的销售网络覆盖了全球七大洲，年销售橡胶150多万吨。海南橡胶、中国化工橡胶、新加坡R1公司是集团天然橡胶产业板块的核心企业。在热带现代农业，集团因地制宜，重点发展畜牧、花卉、茶叶、胡椒、饮料、热带瓜果蔬菜等产业，旗下控股农垦畜牧、农工贸、北京绿色海垦等企业。在旅游地产业，集团投资建设各类项目107个，总投资1200亿元，定位于建设五星级酒店、高尔夫球会、高档别墅公寓、城市综合体、庄园地产、休闲农庄、观光旅游等地产项目，旗下企业主要有农垦中南、中新、中源、神泉、北京海垦置业等。在金融领域，形成了财务公司、担保公司、小额贷款公司、大宗商品交易中心的金融业态布局，以产融结合的发展模式，推动海南农垦产业大发展。

按照海南省委、省政府提出要在“十二五”末海南农垦集团销售收入达到千亿元的目标和把海南橡胶建成亚洲最大的天然橡胶企业的要求，海南农垦集团正以海南国际旅游岛建设为契机，不断加快产业发展，力争在十二五末成为世界最大的天然橡胶企业、中国最大的热带现代农业企业。

▲ 海垦国际金融中心

▼ 全国最大天然橡胶生产基地

▼ 胶工割胶归来

▼ 好汉坡国际度假酒店

▼ 热带农作物生产基地

■ 地　址：海南省海口市滨海大道115号海垦国际金融中心（36–42层）　邮　编：570105　电　话：0898–68580160　传　真：0898–68581807

维维

维维第三生产基地

维维豆奶粉流化床生产车间

维维万头澳牛场

维维集团成立于 1992 年 10 月，经过 20 年奋斗进取，现已成为拥有总资产 150 亿元的跨行业、跨地区的大型企业集团。集团拥有 30 多个豆奶、牛奶、白酒生产基地，100 多条现代化食品生产线，是全国最大的豆奶食品生产企业、“中国企业 500 强”、“中国 10 家最大食品制造企业”。2012 年实现销售收入 228.12 亿元，利税 21.7 亿元，荣获中国食品安全十强企业、中国食品安全最具社会责任感企业、食品安全示范单位、全国食品工业优秀龙头食品企业、国家级农业产业化龙头企业，全国农产品加工业示范企业等荣誉称号。

维维集团发扬“追求卓越”的企业精神，全力打造维维精品。“维维”商标被国家工商局商标局认定为“中国驰名商标”。“维维牌豆奶粉”和“天山雪牌牛奶”双双获得国家绿委颁发的“绿色食品”证书。“维维”牌豆奶粉成为中国最畅销商品之一，多年来始终名列市场占有率第一位、销量第一位。

2000 年 6 月，维维股票在上交所成功上市，标志着维维集团已从单一的产品经营迈上资本经营的新台阶。近年来，维维股份根据国家宏观经济环境和自身发展的实际，及时调整结构性发展战略。维维利用品牌、技术与资金优势，做好行业整合与规模扩张，产业涉足豆奶、乳制品、饮料、酒业、粮油、矿业、房地产等，逐步形成“大食品、综合性、多元化、国际化”的发展方向，取得良好的效益。

维维集团拥有完善的产品销售网络，实行“地毯式”营销策略，做到省有分公司，市有市场部，县有代理商，销售网络遍布全国城乡。截止 2012 年底，维维已掌控终端店近十万家，建成乡镇形象店二万多家。

维维积极引进科技人才，现有含博士、硕士在内的各类科技人员 2000 多人，设立了国家级博士后科研流动站，组建了省级“营养与功能食品研究开发中心”。维维在大豆学科的研究，已达到国际先进水平。

健康生活，欢乐维维！

维维的明天更美好！

维维产品全家福

天瑞集团股份有限公司

天瑞集团始创于1983年，经过三十年的发展，已成为集铸造、水泥、旅游、矿业、商贸物流为一体的企业集团。2012年底集团总资产达498亿元，实现销售收入225亿元，拥有员工1.6万多人，是河南省重点支持的百户工业企业之一，位列2013中国企业500强第455位，2013中国制造业企业500强第238位，河南省2013年度百强第25位。

天瑞集团铸造有限公司是全国最大的合金钢铸造企业，是铁道部“铁路产品定点生产厂”，拥有世界上最先进的德国V法造型生产线，具备年产30万吨的铸钢件生产能力。

天瑞集团水泥有限公司于2011年12月23日在香港主板成功上市，是河南省和辽宁省最大的水泥生产企业，年水泥产能5000多万吨，是国家重点支持的12家全国性水泥企业（集团）之一，是国家工业和信息化部指定的水泥行业兼并联合重组的五大龙头水泥企业之一，是被世界可持续发展工商理事会水泥可持续性倡议行动(CSI)接纳为成员的中国三家水泥公司（中材集团、中国建材集团、天瑞水泥）之一。

天瑞集团旅游发展股份有限公司下辖尧山-中原大佛景区（国家级风景名胜区、国家5A级旅游景区）、六羊山景区、南召真武顶风景区、关公文化景区等景区，拥有得天独厚的原始森林、佛教文化和天然温泉等核心旅游资源。重达116吨的世纪吉祥铜钟，是世界上最大的青铜钟，获得世界吉尼斯纪录证书，经专家鉴定为钟文化的里程碑；中原大佛1997年奉建，历时12年，投资12亿元，2008年9月29日（农历九月初一）由台湾佛光山开山宗长星云长老、中国佛教协会原会长一诚长老、香港佛教协会会长觉光长老等海内外108位高僧大德共同主持开光。中原大佛总高208米（大佛眼高1.9米，宽3.9米，佛手高19米，宽9米，厚5米），共用黄金108公斤，合金铜3300吨，特殊钢材15000吨，为世界第一铜铸立佛。星云长老、一诚长老、中国佛教协会会长传印长老等还为中原大佛亲笔题词；关公文化景区位于山西运城解州关公祖庭圣地，世界最高80米的关公圣像于2010年9月13日开光。天瑞旅游景区将规划建设成为世界级休闲度假旅游胜地和世界佛教文化圣地。

天瑞集团将继续坚持“产业多元化、产品专业化、管理现代化、市场国际化”的总体发展战略定位，加快转变经济发展方式，坚持走循环经济和低碳经济的发展道路，为促进经济发展和社会进步做出新的更大的贡献。

◆ 总部地址：河南省汝州市广成东路63号　邮编：467599　电话：0375-6037666　传真：0375-6030123

世界单线规模最大、技术最先进的天瑞集团郑州水泥有限公司日产12000吨新型干法水泥熟料生产线

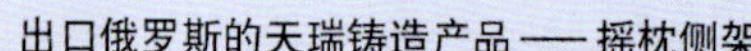

出口俄罗斯的天瑞铸造产品——摇枕侧架

天瑞集团投资建设的山西运城关帝文化景区

中原大佛文化圣地实景

中国佛教协会原会长一诚长老（左）、香港佛教协会会长觉光长老（中）、台湾佛光山开山宗长星云长老（右）参拜中原大佛

中国佛教协会原会长一诚长老为中原大佛亲笔题词

中原大佛

一誠

台湾佛光山开山宗长星云长老为中原大佛亲笔题词

世界第一 中原大佛

中国佛教协会会长传印长老为中原大佛亲笔题词

中原大佛

傳印

2008年9月29日上午9时59分，两岸四地108位高僧大德为中原大佛开光。这是中华民族有史以来大法师、高僧大德人数最多、规格最高、规模最大的一次佛事开光盛会！

福建省交通运输集团有限责任公司

FUJIAN PROVINCIAL COMMUNICATION TRANSPORTATION GROUP CO.,LTD

福建交通集团董事长　刘小健

福建省交通运输集团有限责任公司是福建省属专业从事港口码头、交通运输、仓储物流、大宗商品经营和医药供销的大型国有企业集团。集团总资产227亿元，员工2.6万人，拥有15家全资及控股子公司，3家境外企业和机构，并有各类三级及以下企业和机构160多家，是福建省最大的公用码头经营建设企业和最大的沥青供应商，位居全国物流百强第8位，福建百强企业第21位，福建物流企业15强首位。

目前集团已形成福州港集装箱为主、湄洲湾港散货为主、古雷港石化为主的三大港区协同发展格局；拥有一支以散货运输为主、以集装箱运输为辅的大型海运船队；建成了以福建为主、辐射全国并延伸到港台的客运体系和覆盖海西延伸全国的现代综合物流体系，提升了为工业企业提供优质高效低成本的物流供应链服务能力，在福建省港口、海运、物流、商贸、客运和医药等行业发挥了引领带动作用。

福建交通集团港口

福建交通集团散货船

福建交通集团新型气电混合动力公交车

福建交通集团物流车队

福建交通集团大宗物资贸易

福建交通集团物流信息大厦

深圳市神州通投资集团有限公司

集团董事长 黄绍武

深圳市神州通投资集团有限公司创建于1996年，行政总部位于深圳、业务总部位于北京，是一家大型的综合性、多元化民营企业集团，在全国拥有员工一万多人。公司投资行业横跨商贸、地产、通讯、IT信息、光通信、物流、电子商务、文化、旅游、数码产品、生态农业等多个领域，属典型的“两高一低”即高端服务业、高新技术产业、低碳环保型产业。

目前，集团旗下有19家大型控股子公司及87家下属产业的分子公司，其中有两家国家级高新技术企业、一家深圳市重点文化企业，另有一家上市公司（爱施德股份，A股股票代码：002416，集团目前还有两家子公司也启动了上市程序，拟于两年内完成IPO）。集团主要成员企业所在行业拥有举足轻重的地位，多数是行业领军企业。爱施德股份是深圳市重点民营骨干领军企业；酷动数码是深圳连锁经营30强；太辰光通信产品技术国际一流、国内领先；神州通物流是深圳市重点物流企业。

集团荣誉

- “中国企业500强”
- “中国服务业企业500强”
- “中国民营企业500强”
- “广东省500强企业”
- “深圳市百强企业”
- 深圳市纳税大户、纳税先进企业等

集团产业爱施德上市仪式（爱施德上榜《财富》2013年中国500强企业位列224名）

集团团队风采

神州通慈善基金会（原圆基金）捐助玉树地震中受灾的俄多玛乡中心小学

2012年第一期高层管理干部研修班

企业宗旨：

聚才兴业　共享成功

企业目标：成为“让员工感到幸福、被合作伙伴认同、受社会尊敬”的世界级企业集团。

核心价值观：共怀梦想共同成长共担风险共创价值共享成功。

社会责任：

神州通集团在企业稳健发展的同时，时刻牢记作为一个企业公民的社会责任，安置就业人员，投入公益事业，以各种形式回馈社会。2010年12月，经政府批准，神州通圆基金正式注册为“深圳市神州通慈善基金会”。神州通慈善基金会引领每个神州通人都积极投身到助力社会公益事业、创建和谐社会的伟大行动中！

深圳总部：深圳市南山区西丽茶光路南湾工业区第6、7栋
邮政编码：518055
电　　话：0755-86927111　　传真：0755-86136835

北京总部：北京市朝阳区百子湾西里302号神州通大厦
邮政编码：100124
电　　话：010-87957222　　传真：010-57613299

河北新武安钢铁集团
文安钢铁有限公司

公司董事长　王文安

河北新武安钢铁集团文安钢铁有限公司位于武安市南环路，企业成立于1993年，法人代表王文安，注册资本2.0281亿元。是一家集烧结加工、建筑运输、制氧机电、能源电力、钢铁冶炼、钢铁轧制、物资贸易、物流服务、城市供暖、房地产开发等于一体的综合型企业，从业人员6000余人，是“中国钢铁工业协会”会员单位，河北省百强企业、中国企业500强、中国制造业500强。

主要产品有钢坯、带钢、线材，年综合生产能力350万吨，其中热轧光圆钢筋荣获2012年度河北省优质产品荣誉称号。公司以钢铁产业为主导，面向市场着力于产业结构调整，工序过程完善，能源综合利用，绿色文明生产，围绕“控污染，节资源，兴利用，建设生态型钢铁企业”的方针开展各项工作。

炼钢

轧钢

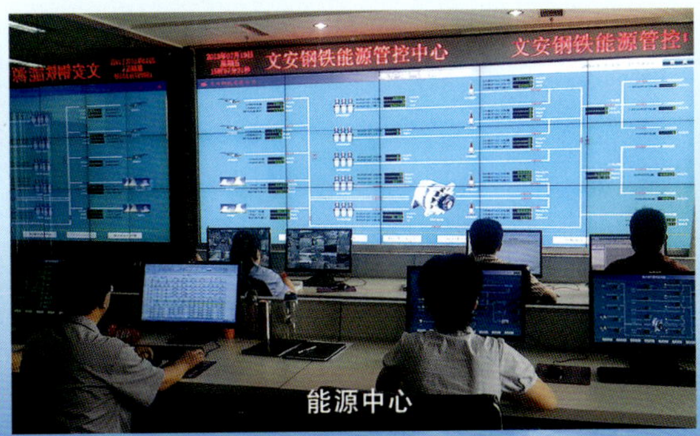

能源中心

带钢

地址：河北省武安市新华大街南端　邮编：056300　传真：0310-5533088　电话：0310-5533088　网址：wenangangtie.chinatsi.com

文安钢铁

河北新武安钢铁集团

远大中国控股（02789.HK）

■全球幕墙行业领袖·世界第一

全球第一建筑幕墙公司，2012年占据世界市场份额7.3%，中国市场份额的21.4%。

■全球一站式幕墙供应商·首席外墙专家

全球最优质的集成化、一站式的综合幕墙解决方案供应商之一，拥有占地1平方公里世界最大的幕墙生产制造基地，沈阳、上海、成都、佛山四大生产基地，总规模达到149万平方米，每年可满足1300万平方米来自全球建筑幕墙市场的用户需求。

博林特电梯股份（002689.SZ）

■服务世界·中国电梯销售、出口第一品牌

中国电梯走向世界的引领者，自2008年起，实现中国本土品牌出口第一。遍布全球的220多个销售服务网点，配备星级标准的安装维保体系，对接“终身无忧”的售后体验。

■比肩世界·填补中国电梯行业多项技术空白

国内极少数掌握全部电梯核心部件生产技术和生产能力的自主电梯品牌，技术质量水准基本与国际一线品牌实现全面同步。

远大科技电工集团

■电子电子·国际先进的电气传动技术专家

继承利德华福核心研发团队，采用欧洲先进的电气传动技术平台，拥有自主的电气传动产品完整产品线和系统解决方案。

■电机制造·国内领先的大型电机专业企业

具有自主创新能力和研发实力，年生产能力达1万台（套）的大型机电设备制造、安装专业企业，每1小时可为世界提供一台大型优质电机。

■风力发电·中国风电制造与工程领域重要参与者

从事兆瓦级风力发电设备的研发、制造和风电（成套）系统供应商，融合创新技术和强大生产力，引领风电产业从中国制造走向中国创造。

天士力——

大健康产品的创造者 大健

推进全面国际化 发展大健康产业

天士力秉承“追求天人合一，提高生命质量”的企业理念和“创造健康，人人共享”的企业愿景，着力打造现代中药第一品牌，不断推进大健康产业持续快速发展。目前已成为以大健康产业为主线，以生物医药产业为核心，以生命健康产业、健康管理与服务业为两翼的高科技国际化企业集团。

多年来，天士力积极致力于倡导和推动大健康理念体系、大健康教育体系、大健康技术体系、大健康产业体系和大健康服务体系的全面建设和完善，围绕让人们“生得优、活得长、病得晚、走得安”的目标，努力打造“五个一”工程，即：设计好一套健康管理方案，做好一盒药、一杯茶、一瓶水、一瓶酒。

天士力立足于对传统产业的新型工业化，坚持用现代科技创新传统产业，使传统中药产业、传统茶产业和传统白酒产业，发生了根本性的变革，进入了现代先进制造的发展轨道。同时，立足于现代产品理念和消费方式，挖掘产品的核心价值和文化灵魂，提出“水润、茶清、酒通、药和”的全新产品文化内涵，为健康产品注入新的文化活力和价值要素。

管理方案的设计者　大健康文化的践行者

实施“五个一”的企业工程

山东恒源石油化工股份有限公司

Shandong Hengyuan Petrochemical company limited

集团公司董事长、总经理 王有德

山东恒源石油化工股份有限公司是一家具有四十年光荣历史的以石油化工为主业，集石油炼制与后续化工为一体的国有大型企业。是山东省百强企业、全国制造业500强企业，连续两年跻身全国石油化工及石油制品行业百强企业。公司地处鲁西北，胜利油田临盘采油厂腹地，位于临邑县县城西侧，北邻京津，南靠省城济南，104国道侧城而过，处于“南融济南都市圈，北接滨海新区”的连接点，交通条件便利，资源优势得天独厚。

公司综合加工能力达550万吨/年，总资产35亿元，占地面积160万平方米，员工2800余人。主要产品有90#汽油、93#汽油、0#柴油、-10#柴油、-20#柴油、液化气、丙烯、丙烷、聚丙烯、叔丁醇、MTBE、油浆、沥青、减压渣油、叔戊烯、叔戊醇、苯、甲苯、二甲苯、乙苯、苯乙烯、石油焦等。

2000年4月公司一次性通过ISO9002国际标准质量体系认证，2007年12月2日被省安监局批准为“省级安全标准化企业”，并先后荣获“全国优秀化工企业”、“全国五一劳动奖状”、“全国模范职工之家”、“化工部清洁文明工厂”、“全国厂务公开民主管理先进单位”、“中国原油加工及石油制品

制造行业销售收入百强”、“山东省国有企业管理创新先进企业”、“省级文明单位”、“省级先进企业”、“富民兴鲁劳动奖章”、“山东省AAA级重合同守信用企业”、“山东省百佳文明诚信企业”、“山东省和谐劳动关系优秀企业”、“山东省最具幸福感企业”、“山东省纳税百强企业”、“2009年度山东省100强”、“2012、2013年度山东企业100强”、“2012、2013年度中国化工企业500强”、“2012、2013年度中国制造业企业500强”等荣誉称号，是德州市重要支柱企业和山东省重点企业集团。

公司“十二五”规划目标为：“增大炼油加工规模，延伸化工产品链条，重点发展精细化工，走炼化一体化的发展路线，加大投入，不断膨胀企业规模，积极拓展化工板块，借助炼油基础平台，围绕三苯、三烯、液化气进一步规划下游发展项目。”

九州华夏，和谐共进。集团公司董事长、总经理王有德携全体员工向国内外朋友致意，愿本着“平等互利·真诚合作·共求发展”的原则，同国内外企业和经济组织密切往来，开展经济、技术交流与合作，共同创造新的辉煌。

中国·山东·临邑县恒源路111号
公司总部：0534-4233715
0534-4225918
邮编： 251500

金博物贸集团党委书记　关学方

金博物贸集团总经理　王　亚

广州金博物流贸易集团有限公司

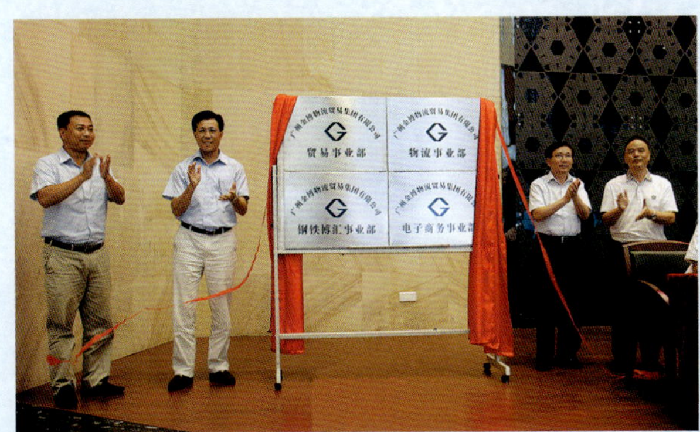
金博物贸集团“四大平台”

集团领导关怀指导公司发展动员大会

金博物贸集团规划图

广州金博物流贸易集团有限公司（简称“物贸集团”）于2011年8月29日由广州市国资委等出资21.37亿元注册成立，是一家现代服务业的旗舰型企业。

根据物贸集团“打造钢铁物贸平台，使钢铁物贸成为转型发展的龙头业务”的战略定位，物贸集团已形成“一总部、二基地、四平台、若干子公司”的管理格局。“一总部”就是物贸集团；“二基地”分别是博汇和南沙两个钢铁综合物流园；“四平台”分别是全供应链式钢铁交易平台、一站式钢铁物流配送平台、创新社交式电子商务平台和集成式钢铁商贸社区平台。是一家经营业务涵盖贸易、物流配送、仓储加工、进出口、商务地产及综合配套、电子商务等服务领域的大型企业集团。经营区域覆盖全国，并在美国、欧盟、东盟、港澳等国家和地区建立了境外分支机构。

物贸集团实施“四大平台”战略，打造钢铁物贸航母，力争2016年实现主营业务收入1000亿元。

地址：广东省广州市经济技术开发区西基工业区隔墙路47号

邮编：510730

金洲集团有限公司

▲ 金洲集团董事长：俞锦方

金洲集团有限公司成立于1981年，主营管道制造、兼营生态旅游，现已跻身于国家重点高新技术企业、中国制造业企业500强、全国民营企业500强和浙江省工业行业龙头骨干企业等行列。

旗下管道产业于2010年在深圳证券交易所成功挂牌上市，成为国内首家以焊接钢管为主业的A股上市公司，具有年产石油天然气等各类管道160余万吨的生产能力，产品广泛应用于石油天然气长输管线、城市管网、重化工、大型输水管线、核能和超高压电力铁塔等国内外重大建设工程。2004年，“金洲”商标在国内同行业中首先荣获“中国驰名商标”；2006年，和“中海油”合资成立中海石油金洲管道有限公司，开发高等级HFW海底管线等，结束了我国海底石油天然气输送管道依赖进口的局面；2011年，与沙钢集团合资合作组建“张家港沙钢金洲管道有限公司”，已建成年产能20万吨的JCOE工艺的大口径直缝双面埋弧焊管生产线。

1995年，金洲集团响应国家开发“老、少、边、穷”地区的号召，积极参与西部大开发，投资数亿元培育创建西双版纳原始森林公园、野象谷景区、勐景来景区、基诺山景区和云南野生动物园等高等级景区，并开发了澜沧江-湄公河的“金三角豪华商务游轮跨国游”，成为云南省旅游业龙头企业之一，荣获“兴滇十大品牌企业”称号。目前公司重点打造以“动植物王国，养身天堂”为主题的“普洱太阳河国家公园”等，实施开发高水准的普洱系列景区，进一步为保护野生动植物资源、传承少数民族独特文化，促进大西南边疆经济发展和社会进步作出积极贡献。

面对二十一世纪新的发展机遇和挑战，金洲集团始终坚持科学发展观，以“百年金洲、报效祖国”为企业愿景，以“专业、高效、合力、爱国”的企业精神，坚定不移地推行实施三个“转型”的经营战略：即实现由“低成本竞争战略”向“产品差异化竞争战略”转型，由“重规模扩张战略”向“品质提升战略”转型，由“产品制造商”向“系统服务供应商”转型，加快转型升级和科技创新，实现管道与旅游产业互动并进，为创建国际化、现代化和可持续发展的大型企业集团，为民族振兴和国家富强做出更大的贡献。

大口径螺旋焊管生产线

▲ “七一”组织党员参观驻湖某部

▲ 金洲成立25周年“双百”助学慈善捐赠

▲ ERW高频直缝焊管生产线

▲ 云南普洱国家公园

▲ 西双版纳原始森林公园——孔雀放飞

▲ 亚洲野象最后的栖息地——野象谷

—— 成 就 蓝 图 之 美 ——

广州・颐德公馆

广州珠江实业集团有限公司（下称“珠江实业集团”）成立于1979年6月，因承建白天鹅宾馆而开创了国内工程总承包的先河，先后总承包建造、开发、或经营管理的代表项目包括：中国大酒店、花园酒店、天河体育中心、广州世贸中心大厦、好世界广场、广州体育馆、体育花园、珠江 园、长沙珠江花城、三亚珠江花园酒店、三亚南田温泉度假区等。多个项目获得国家建筑界最高奖项——“鲁班奖”、“詹天佑土木工程大奖”和国家、部、省、市优秀设计及科技进步奖。房地产开发是珠江实业集团的龙头产业，累计开发面积已突破800多万平方米，在广州、长沙、海南相继开发建造了多个知名的现代高档住宅和生态温泉别墅群，为千百万家庭构筑卓越人居。在发展地产开发核心业务的同时，珠江实业集团在工程服务和物业管理板块，先后培育了“珠江设计”、“珠江监理”、“珠江装修”、“珠江管理”等行业知名品牌，在各自的业务领域中各领风骚、声誉卓越。

珠江实业集团目前注册资本35，507万元，以房地产开发、工程服务、物业经营为三大主业，涵盖房地产投资、建筑设计、施工总承包、工程监理、工程装修、酒店物业经营、物业管理等业务的完整产业链，拥有22家主要子公司，其1家A股上市公司（股票代码：600684）。2012年末全集团总资产125.27亿元，2012年集团主营业务收入73.64亿元，归属于母公司所有者的净利润7.25亿元，主要指标连续保持“双二十”快速增长。

三十多年来，珠江实业集团发扬“奋发图强、主动竞争、以人为本、实业报国”的企业精神，秉承“成就蓝图之美”的品牌理念，以完善的地产开发产业链条，构筑集团长远竞争实力，持续改善人居环境，努力构造精品工程，先后获得广州市国资委授予“2010年度效益贡献奖”、广州市税务局授予“纳税信用等级A级纳税人”、“2010年度广东省房地产企业社会责任示范企业”、“2007年中国房地产知名品牌（商标）企业”、“连续二十年守合同重信用企业”等多项殊荣。珠江实业集团致力于承担社会责任，所开发的项目符合国家的行业、安全、卫生、环保标准和法律法规，在依法经营、纳税的过程中创造企业的阳光利润，在社会中尽到道德责任与慈善责任，将企业的核心价值观贯彻到社会扶贫救助等公益事业中。

新形势下，珠江实业集团正按照“创新发展模式，加快转型升级”的战略部署，开拓进取，积极创新，努力做大做强企业。

广州珠江实业集团有限公司
GUANGZHOU PEARL RIVER ENTERPRISES GROUP LTD.

地　址：广东省广州市环市东路371-375号广州世界贸易中心大厦南塔28、29楼　邮　编：510095
电　话：020-87609899　传　真：020-87779188　网　址：www.gzprg.com.cn

金狮国际酒店荣登“2011年度河北省十佳绿色建筑”榜首

贻成水木清华

贻成豪庭荣获“2013年中国土木工程詹天佑奖优秀住宅小区金奖”

中国第一展

汇万象·展天下

中国对外贸易中心（集团）［以下简称“外贸中心（集团）”］是商务部直属事业单位中国对外贸易中心的全资企业，原名广州外贸中心，于1979年经国务院批准成立，1988年更改为现名。主要业务是承办中国进出口商品交易会（广交会），主办各类大型专业展览；经营广交会展馆；通过旗下子公司及控股/参股公司经营电子商务、广告、进出口贸易、旅游、酒店、餐饮、物业等业务。

外贸中心（集团）积极贯彻国家商务发展战略，依照法律法规，构建现代企业制度，完善企业法人治理结构，努力打造国际一流基地展览机构。2012年，集团经营收入居世界各大展览机构之首；所经营的广交会展馆办展面积639万平方米，列世界各展馆之首；所承办的广交会已成世界第一大展，且多项指标居世界展览业前列，正向世界一流展会迈进；自主举办的家具展、建材展等均为世界知名品牌大展。目前集团正在往北京、上海、天津进行行业布局，致力于在国际会展重心向中国转移的潮流中提升我国会展业的国际话语权。

在努力实现国有资产保值增值的同时，外贸中心（集团）十分注重履行社会责任。集团主营业务的发展为地方带来巨大的社会、经济效益，以广交会为例，对广州经济的拉动效应达到1:13.6，直接和间接带动就业人数分别为10.9万人和194.2万人。集团被评为2012年度广东省现代服务业优秀企业，2013年度广东省服务业百强企业。积极支持公益事业，使集团获得了商务部扶贫开发工作先进集体的荣誉，并连续三年被评为广东省扶贫优秀单位。

中國對外貿易中心(集團)
CHINA FOREIGN TRADE CENTRE (GROUP)

集团董事长王志平拜会希腊外贸协会会长

集团领导深入一线指挥撤换展工作

集团2013年企业经营专题研讨会

采购商在食品展区洽谈采购

展厅一览

展会期间举办的中国企业形象展示活动

汇聚各国客商的广交会盛况

广交会国际会展学院揭牌仪式

春节团拜会

地址：中国广州海珠区阅江中路382号（510335） 电话：4000-888-999 境内，(008620)28-888-999 境外 网址：www.cftc.org.cn

万丰集团董事长、总裁 李成良

在建的万丰集团总部大厦

萬丰集团
WANFENG GROUP

浙江万丰企业集团公司（以下简称万丰集团）是浙江省计经委、省体改委批准的浙江省供销社系统第一家省批企业集团，是与杭州市萧山区供销合作社联合社“一社两体”运作、农工贸产业多元发展的集体企业。自1993年成立以来，万丰集团始终秉承“百年万丰、永攀高峰，敬业报国、追求卓越”的核心价值理念，以强企工程为载体，以流通主业为依托，加强与上下游产业的紧密合作，推动主营业务全产业链发展，不断加快产业集聚化和集团市场化、信息化、国际化、一体化进程，培育并发展了商贸服务、农产品加工贸易与流通、酒店旅游、房产投资与资产经营、工业制造与进出口贸易、市场与物流、职业教育、资本运营、电子商务、文创经济等十大产业板块。现有职工3600余人，成员企业30家，其中，全资5家，控股12家，参股13家。市级农业龙头企业5家，省级龙头4家。自2008年起连续6年荣膺中国服务业500强企业、浙江省和杭州市服务业百强、萧山区百强企业。2012年荣列全国供销社系统百强企业第16位，荣获浙江省信用管理示范企业。

地　址：浙江省杭州市萧山区人民路51号供销大厦
邮　编：311203
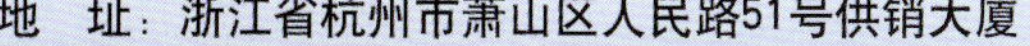
电　话：0571-82622956
传　真：0571-82634783
网　址：www.zjwfgroup.com
邮　箱：zhejiangwanfeng001@163.com

国家级
企业管理现代化创新成果
THE NATIONAL ENTERPRISE MANAGEMENT MODERNIZATION INNOVATION ACHIEVEMENT
第十七届
成果名称：农村供销社新型连锁经营体系的构建与管理
等级：一等
创造单位：萧山区供销合作社联合社、浙江万丰企业集团公司
全国企业管理现代化创新成果审定委员会
二〇一〇年十二月二十四日

万丰集团荣获国家级企业管理创新成果一等奖

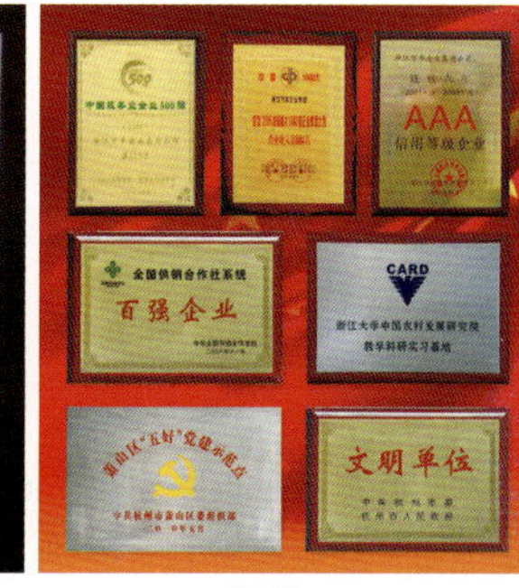

荣誉

浙江省三星级市场－万丰集团河滨路综合市场是一站式服务的老百姓市场

梦想万丰文艺汇演

万丰集团万丰石油公司星级加油站

ENJOYOR®

2012年9月12日，张健董事长到省直属公司检查工作

中国移动广东分公司与我公司进行融合业务签约

2012年11月30日，我公司举办第一届青年岗位能手大比武

广东省广播电视网络股份有限公司

公司成立三年来，秉承“创业创新、永不停步”的企业精神，紧紧把握重要战略发展机遇期，以更加开放、融合的心态主动迎接和参与三网融合，扎实推进改革重组、战略转型、产业升级，再谋新发展、再创新佳绩、再上新台阶，闯过了一道道“激流险滩”，取得了更加优异的成绩。

一、坚持解放思想，敢闯敢试。

公司整合之初，前进的道路处处激流险滩，充满着各种挑战，正如中共中央政治局委员、时任广东省委书记汪洋同志，在公司党委向省委呈报的《公司成立二周年工作情况报告》上的批示中所说：“从来创业都艰辛，尤以这种整合型的创业为甚。”因此，公司解放思想，大胆尝试，取得了一个个令广电同行称赞的“全国第一”：在全国率先对事业人员身份进行整体转换，走上了市场化运作之路；在全国率先引进战略投资者，开启广电网络资本运作新时代；在全国率先与中国移动强强携手，开创广电“全业务”竞争发展新模式；在全国率先在一年时间内完成高清互动电视平台由端到端的“初级版”向异构平台的“升级版”的提升；在全国率先创造“模块化”内容引进方式，整合媒体资源，打造国内第一家广电运营商开放的内容聚合平台；在全国率先与众多厂商、内容供应商、广电同行等产业链上中下游进行战略合作，共同应对未来智能电视的挑战，形成公司大市场、大营销的新格局。

二、坚持审时度势，超前布局。

以战略发展的眼光审时度势，以敢为人先的气魄超前布局。公司成立之初，确立了“科技引领发展，创新驱动转型，创造突破瓶颈”的基本工作方针。面对智能电视、三屏互动、OTT等视频新业态咄咄逼人的竞争态势，公司作为以技术进步为导向的广电运营商，坚定不移、全力推进高清互动电视平台建设，在南粤大地兴起了一场“电视机革命”，让“看电视”、“用电视”和“玩电视”成为一种新的时尚组合和视觉享受；以实现产业转型升级为目标，大力推进全省数字电视整转工作；按照“整体规划，分步实施”的发展思路，全面启动大规模的网络双向化改造工程，为实现双向化网络“从无到有、从有到好、从好到优”的发展目标迈出了坚实的一步。

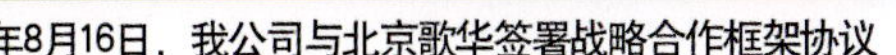
12年8月16日，我公司与北京歌华签署战略合作框架协议

我公司召开十八大安全播出动员大会

2012年2月14日，我公司召开人力资源变革电视电话会议

三、坚持实事求是，试点先行。

紧紧抓住改革、创新、发展过程中的主要矛盾，按照轻重缓急的原则，以点带面，重点突破，一切从广东和公司的实际出发，迎来了公司发展新局面。公司开业运营第一年，主要把精力集中在公司内部建设上，去年开始把工作重心转移到业务发展上。对于网络整合，先从整合县级网络入手，一年时间就基本完成全省县级广电网络的整合挂牌工作。在人力资源变革推进中，按照现代企业制度和公司发展战略规划的要求，有效地搭建起上下贯通、充满活力的组织架构体系，组织多层次、多元化的员工和业务培训，并选择具有代表性的单位率先试点，取得经验后再在全省有序推进。

四、坚持改革创新，勇于开拓。

在变革机制方面，大胆破除一切不适应市场和客户需求的体制和机制障碍，强化全面预算，建立绩效考核体系，推进人才队伍建设，全面提升公司的综合竞争实力；在应对市场方面，全面实施“全员、全方位、全媒体”的“三全营销”战略，大大提升了全员市场营销能力；在聚焦客户方面，有计划、有重点地推动公司业务从单一业务结构向组合业务结构方向转变，大力拓展增值业务产品，培养用户黏度，提高用户ARPU值，产生新的利润增长点；在优化管理方面，以公司使命、愿景和价值观为指引，以效率优先、结果倒逼的绩效考核制度的建立和实施为突破，不断提升公司精细化管理水平；在产业布局方面，积极推进资本市场运作，去年已先后两次成功引进战略投资者，募集资金40亿元，展开第三次面向全体股东的增发工作，募集到15亿多元的股权资本。

五、坚持以人为本，诚信经营。

去年以来，始终坚持以员工为本，积极鼓励广大员工与企业共同成长；坚持以股东为本，以优良的业绩回报股东；坚持以社会为本，主动承担起对全省困难群体实施优惠减免电视收视费的责任，为全省215万多户困难群众优惠减免总金额达3.5亿元，让广大困难群体感受到了党和社会主义大家庭的温暖。同时，我们秉承诚信合作理念，全面实施产业链延伸战略。由于重合同、守信用，很快赢得了行业合作者的良好口碑。

国家5A级旅游景区——天堂寨

开启幸福之旅　引领品质生活

——在转型升级中加速发展的安徽省旅游集团

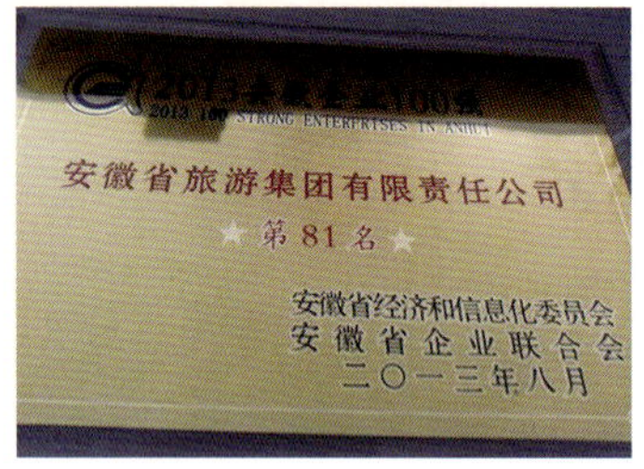

安徽百强企业——安徽省旅游集团

中国服务业500强企业——安徽省旅游集团

高新技术企业——安徽省城市设计研究院

芜湖市最大的城市社区——芜湖中央城

安徽省双凤粮食储备库

农业产业化省级龙头企业——安徽省储运公司

安徽第一高楼——IFC安徽国际金融中心

安徽省旅游集团有限责任公司是经省人民政府批准，经过 2003年11月和2011年6月两次战略重组，新设立的以旅游业、粮食和商贸业、房地产业为主业的省属国有企业，是安徽省属企业中唯一一家从事旅游产业经营的省级旅游企业集团，也是一家集团化管控、产业化经营、多元化发展、专业化协作的大型现代服务类企业。自2009年以来，安徽省旅游集团连续四年跨入“中国旅游集团20强”行列，先后三年进入“安徽省百强企业”排行榜，近两年相继跻身“中国服务业500强”榜单。同时，先后荣获“中国旅游投资金奖”、“安徽旅游行业十大影响力品牌”、“安徽城市建设突出贡献单位”、“安徽房地产品牌企业”和“安徽十大信用品牌”等称号。

近年来，安徽省旅游集团以“稳增长、提效益、调结构、促转型”为目标，科学实践“开启幸福之旅，引领品质生活”的企业使命，大力弘扬“包容、合作、竞争、创想”（简称4C）的企业精神，积极拓展发展路径，不断深化改革创新，集中力量实施了“2351”行动计划，即：全力争创天堂寨国家5A级旅游景区、唐模国际乡村旅游示范区等2个国家5A级风景区；扩建改造了安徽饭店、天堂寨国际度假山庄、芜湖百瑞中央城大饭店等3家具有五星级标准的酒店；投资开发了合肥华侨广场（现银泰中心）、IFC安徽国际金融中心、芜湖中央城、六安安兴正和城、合肥太阳湾养生公馆等5个大型城市综合体项目；开工建设了1座集粮食收购、仓储、加工、销售、物流、运输、信息服务于一体的合肥新桥粮食现代综合产业园。目前，旅游产业“双5A景区、双五星酒店”的经营格局正在加速构建，粮食产业“政策性收储、产业化经营”的发展格局基本形成，房地产业“综合性开发、跨区域发展”的投资格局初步建立，成功走出了一条“以旅游业为主导，以粮食商贸业为基础，以房地产业为支撑，以总部经济为引领”的转型升级之路。

历经近十年的不断改革、创新、整合和发展，安徽省旅游集团现下设各类子企业24家，共有职工近3000人，资产总额逾100亿元，主营业务收入超40亿元。拥有国家5A级旅游景区1个（天堂寨）、4A级旅游景区2个（黄山唐模、泾县桃花潭）、3A级旅游景区1个（江南第一漂），拥有标准四星级以上的酒店3家（安徽饭店、安兴国际度假山庄、芜湖中央城大饭店）、连锁商务酒店4家(华侨商务连锁)、国际乡村酒店1家（中法合作唐模国际乡村旅馆），国际国内功能兼备的旅行社1家（安徽海外旅游公司），省内重点交通运输企业2家（安徽友谊外事旅游汽车公司、天堂寨索道公司），农业产业化省级龙头企业1家（安徽省粮油储运公司），大型现代粮食储备库5座（安徽省机械化粮库、安徽省双凤粮食储备库等），大型房地产开发企业3家（安徽安兴发展股份公司、安徽旅游置业公司、安徽杰成房地产开发公司），国家综合甲级资质建设工程勘察设计院1家（安徽省城建设计研究院），形成了旅游景区、宾馆饭店、旅行接待、旅游地产、粮食收储等五大经营板块。

天津外经集团在印尼苏拉威西开发的260公顷露天镍矿。图为镍矿开采现场

天津外经集团国际矿业业态——印尼红土镍矿装运现场

天津外经集团国际矿业业态——首船满载68808吨的高品位红土镍矿成功运抵国内港口

天津外经集团国际劳务与人才业态——外派的劳务人员往往成为国外用工单位的技术操作主力

TIETCC 天津外经集团

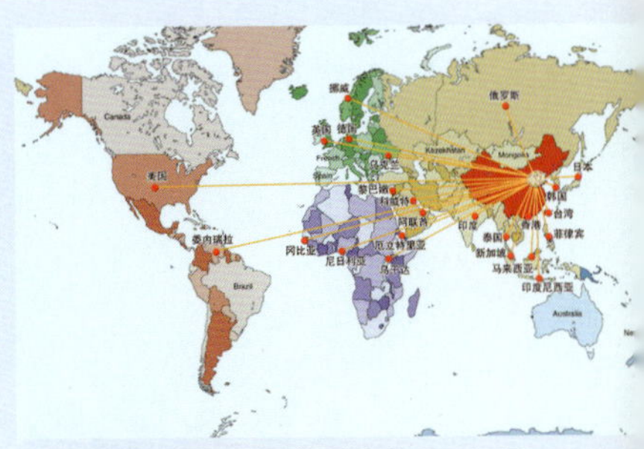

天津外经集团国际贸易业态——经贸业务主要涉及的区域

中国天津国际经济技术合作集团公司（简称：天津外经集团），是一家具有对外承包工程、对外劳务合作、国际海运、国际海陆空货运代理等经营资格的集团公司。

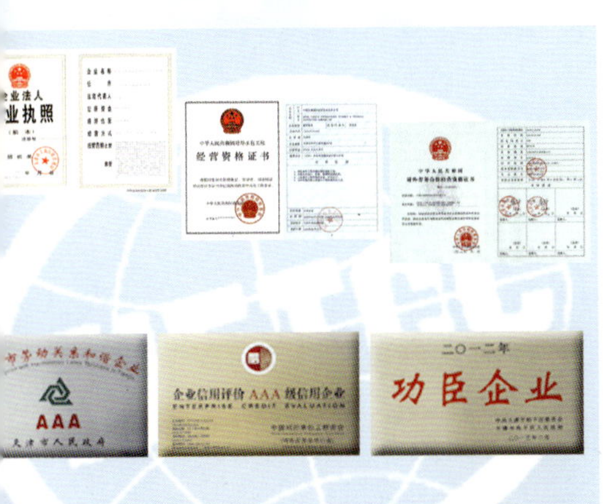

天津外经集团——资质资信情况

天津外经集团前身为1956年成立的中国华北区对外经济联络局和之后的天津市对外经济联络局，1982年经国务院批准改制成立“中国天津国际经济技术合作集团公司”，成为企业法人实体和涉外窗口型企业。其先后通过英国UKAS皇冠标志ISO9001国际标准质量体系认证及GB/T28001-2001职业健康安全管理体系认证、国家海事机关及国外认证机构ISM的管理体系认证。天津外经集团多次被评为天津市劳动关系和谐AAA级企业、全国AAA级外派劳务单位、企业信用评价AAA级信用企业和纳税功臣企业等社会荣誉称号。

近年来，天津外经集团坚持经营理念的创新发展，经营业态和创收实力取得重大突破，现已形成国际矿业、国际海运、国际贸易、国际工程、国际劳务（含海员）和涉外人才服务等以外向型国际化经营为主、互为依托、相互促进、具有鲜明特色与相当实力的主营业务布局。集团整体经营业绩屡创新高。

天津外经集团国际工程业态——承建援厄立特里亚奥罗特医院全貌

天津外经集团国际海运业态——集装箱货运轮

总部地址：天津市和平区睦南道103号　邮编：300050　电话：0086-22-23316851　传真：0086-22-23316213　网站：www.ctietcc.com

天津外经集团国际海运业态——运营的中韩客货滚装班轮（天津——仁川）正在航行

20年植根中国
助力基业常青

成就卓越绩效
管理咨询 | 信息技术 | 经营外包
accenture
埃森哲

Kingdee

华夏幸

CHINA FORTUNE LAND

实践 | 推动中

ACTION, DRIVES CHINA

福基业

EVELOPMENT CO ., LTD

国产业升级

NDUSTRY TO UPGRADE

华夏幸福基业

CHINA FORTUNE LAND DEVELOPMENT

Cfld